Ihre Arbeitshilfen zum Download:

Die folgenden Arbeitshilfen stehen für Sie zum Download bereit:

- Mustersatzung für Wohnungsgenossenschaften (Mitgliederversammlung),
- Mustersatzung für Wohnungsgenossenschaften mit Vertreterversammlung,
- Geschäftsordung für den Vorstand,
- Geschäftsordnung für den Aufsichtsrat,
- Musterschreiben,
- Musterbeschlüsse.

Den Link sowie Ihren Zugangscode finden Sie am Buchende.

Handbuch Wohnungsgenossenschaften

Schlüter/Luserke/Roth

Handbuch Wohnungsgenossenschaften

Genossenschaftsrecht für die Praxis

2. aktualisierte Auflage

Haufe Group
Freiburg · München · Stuttgart

Bibliografische Information der Deutschen Nationalbibliothek

Die Deutsche Nationalbibliothek verzeichnet diese Publikation in der Deutschen Nationalbibliografie; detaillierte bibliografische Daten sind im Internet über http://dnb.dnb.de abrufbar.

Print: ISBN 978-3-648-10735-5 Bestell-Nr. 06765-0002
ePub: ISBN 978-3-648-10736-2 Bestell-Nr. 06765-0101
ePDF: ISBN 978-3-648-10737-9 Bestell-Nr. 06765-0151

Schlüter/Luserke/Roth
Handbuch Wohnungsgenossenschaften
2. aktualisierte Auflage, 2019

www.haufe.de
info@haufe.de

Produktmanagement: Jallad, Jasmin
Lektorat: Text und Design Jutta Cram

Inhaltsverzeichnis

Abkürzungsverzeichnis

a. A.	andere Ansicht
Abs.	Absatz
abw.	abweichend
a. F.	alte Fassung
AG	Amtsgericht oder Aktiengesellschaft
AGG	Allgemeines Gleichbehandlungsgesetz
AGH	Auseinandersetzungsguthaben
AHG	Altschuldenhilfegesetz
AktG	Aktiengesetz
Alt.	Alternative
a. M.	abweichende Meinung
AnzV	Anzeigenverordnung
AO	Abgabenordnung
Az.	Aktenzeichen
BaFin	Bundesanstalt für die Finanzdienstleistungsaufsicht
BB	Der Betriebs-Berater
BeurkG	Beurkundungsgesetz
BFH	Bundesfinanzhof
BGB	Bürgerliches Gesetzbuch
BGBL	Bundesgesetzblatt
BGH	Bundesgerichtshof
BGHZ	Entscheidungen des Bundesgerichtshofs in Zivilsachen (Band und Seite)
BMF	Bundesministerium der Finanzen
BT-Drs.	Drucksachen des Deutschen Bundestags
Buchst.	Buchstabe
bzw.	beziehungsweise
DB	Der Betrieb
DDR	Deutsche Demokratische Republik
d. h.	das heißt
diesbzgl.	diesbezüglich
D & O	Directors-and-Officers
DrittelbG	Gesetz über die Drittelbeteiligung
eG	eingetragene Genossenschaft
EGBGB	Einführungsgesetz zum Bürgerlichen Gesetzbuch
EStG	Einkommensteuergesetz
etc.	et cetera

EU	Europäische Union
e. V.	eingetragener Verein
evtl.	eventuell
f. / ff.	folgende / fortfolgende
FamFG	Gesetz über das Verfahren in Familiensachen und in Gerichtsbarkeit
Fn.	Fußnote
GbR	Gesellschaft bürgerlichen Rechts
gem.	gemäß
GenG	Genossenschaftsgesetz
GenRegV	Verordnung über das Genossenschaftsregister
GewO	Gewerbeordnung
GewStG	Gewerbesteuergesetz
GG	Geschäftsguthaben oder Grundgesetz
ggf.	gegebenenfalls
GmbH	Gesellschaft mit beschränkter Haftung
GmbHG	Gesetz betreffend die Gesellschaften mit beschränkter Haftung
GO-AR	Mustergeschäftsordnung für den Aufsichtsrat von Wohnungsgenossenschaften, Ausgabe 2018
GO-V	Mustergeschäftsordnung für den Vorstand von Wohnungsgenossenschaften, Ausgabe 2018
GRUR	Gewerblicher Rechtsschutz und Urheberrecht
GrEStG	Grunderwerbsteuergesetz
HGB	Handelsgesetzbuch
h. M.	herrschende Meinung
HRegGebV	Handelsregistergebührenverordnung
HRV	Handelsregisterverordnung
Hs.	Halbsatz
i. d. R.	in der Regel
i. H. v.	in Höhe von
insbes.	insbesondere
InsO	Insolvenzordnung
i. S.	im Sinne
i. S. d.	im Sinne des
i. V. m.	in Verbindung mit
jew.	jeweils

KG	Kommanditgesellschaft oder Kammergericht
KonTraG	Gesetz zur Kontrolle und Transparenz im Unternehmensbereich
KostO	Kostenordnung
KSchG	Kündigungsschutzgesetz
KStG	Körperschaftsteuergesetz
KWG	Kreditwesengesetz
LG	Landgericht
Ltd.	Limited Company
MitbestG	Gesetz über die Mitbestimmung der Arbeitnehmer
MS	Mustersatzung für Wohnungsgenossenschaften, Ausgabe 2018
MS-VV	Mustersatzung für Wohnungsgenossenschaften mit Vertreterversammlung, Ausgabe 2018
m. w. Einzelh.	mit weiteren Einzelheiten
m. w. N.	mit weiteren Nachweisen
nachf.	nachfolgend
NJW	Neue Juristische Wochenschrift
Nr.	Nummer
NZG	Neue Zeitschrift für Gesellschaftsrecht
NZM	Neue Zeitschrift für Miet- und Wohnungsrecht
o. Ä.	oder Ähnliches
o. g.	oben genannt
OHG	Offene Handelsgesellschaft
OLG	Oberlandesgericht
RechKredV	Kreditinstituts-Rechnungslegungsverordnung
Rechtsprechungsnachw.	Rechtsprechungsnachweis
REMiet	Rechtsentscheid in Mietsachen
Rn.	Randnummer
s. / S.	siehe bzw. Seite
SE	Societas Europaea
s. o.	siehe oben
sog.	sogenannt
StGB	Strafgesetzbuch
s. u.	siehe unten
TOP	Tagesordnungspunkt
u.	und

u. a.	unter anderem
UMAG	Gesetz zur Unternehmensintegrität und Modernisierung des Anfechtungsrechts
UStG	Umsatzsteuergesetz
UmwG	Umwandlungsgesetz
Var.	Variante
vgl.	vergleiche
VorstAG	Gesetz zur Angemessenheit der Vorstandsvergütung
WuM	Wohnungswirtschaft und Mietrecht
z. B.	zum Beispiel
ZfG	Zeitschrift für das Genossenschaftswesen (so offenbar die frühere Bezeichnung)
ZfgG	Zeitschrift für das gesamte Genossenschaftswesen (früher: ZfG)
ZGB	Zivilgesetzbuch der Deutschen Demokratischen Republik
ZMR	Zeitschrift für Miet- und Raumrecht
ZPO	Zivilprozessordnung

Vorwort zur 2. Auflage

Das vorliegende Buch behandelt wichtige genossenschaftsrechtliche Fragestellungen, die speziell aus der Praxis von Wohnungsgenossenschaften stammen. Soweit die allgemeinen Themen der genossenschaftlichen Rechtsform dargestellt werden, die unabhängig vom konkreten Förderzweck einer Wohnraumversorgung von Bedeutung sind, kann das Buch jedoch auch für Genossenschaften hilfreich sein, die einen anderen Förderzweck verfolgen.

Der Leser erhält einen schnellen Überblick über den Meinungsstand zu wesentlichen und zentralen Fragestellungen aus den einzelnen Themenbereichen des Genossenschaftsrechts. Auf eine wissenschaftliche Aufarbeitung der Themen wurde verzichtet. Als Leitfaden soll das Buch den Mitgliedern des Vorstands und des Aufsichtsrats sowie deren Mitarbeitern, Genossenschaftsmitgliedern und anderen Personen, die beruflich mit Fragen des Genossenschaftsrechts befasst sind (u. a. Rechtsanwälte und Mitarbeiter von genossenschaftlichen Prüfungsverbänden), praktische Hilfestellung im genossenschaftlichen Alltag geben. Beispiele, Praxistipps, Mustertexte und Checklisten runden die Darstellung ab.

Neben den Grundlagen des Genossenschaftsrechts wurden die jüngsten Entwicklungen aus Gesetzgebung und Rechtsprechung eingearbeitet. Hierzu gehört u. a. die Novellierung des Genossenschaftsgesetzes durch das sog. »Bürokratieabbau- und Transparenzgesetz« vom 17. Juli 2017. Erläutert werden hierzu u. a. die Voraussetzungen für den Erwerb der Mitgliedschaft (Beitritts- und Beteiligungserklärung) sowie die Veränderungen, die sich für die Generalversammlung (Einberufung), für den Vorstand und Aufsichtsrat (insbesondere zur Haftung der Mitglieder des Leitungs- und Kontrollorgans) und für die Verbandsprüfung ergeben.

Das für die Praxis stets wichtige Thema, ob die Genossenschaft mit eigenen Forderungen gegen den Anspruch des Mitglieds auf Auszahlung des Auseinandersetzungsguthabens aufrechnen kann, insbesondere auch im Fall einer Pfändung des Guthabens durch den Gläubiger eines Mitglieds oder im Fall einer Verbraucherinsolvenz, wird anhand von Beispielen erläutert. Gleiches gilt für den Abschluss von Beraterverträgen der Genossenschaft mit Aufsichtsratsmitgliedern, was die letzten Jahre über auch verstärkt Thema der Rechtsprechung war. Das erhebliche Spannungsfeld, das zwischen Genossenschafts- und Wohnraummietrecht besteht, nimmt ebenfalls einen gewichtigen Platz im Rahmen der Darstellung ein. Die Behandlung der Rechte und Pflichten von Genossenschaftsmitgliedern gibt Orientierung für das Innenleben einer Genossenschaft.

Der Aufbau des Buchs orientiert sich an der Mustersatzung für Wohnungsgenossenschaften und an den Mustergeschäftsordnungen für den Vorstand und den Aufsichtsrat, die gleichermaßen über den Haufe-Verlag erhältlich sind.

Die Verfasser sind für Anregungen und Kritik jederzeit dankbar.

Düsseldorf, Dresden und München im Frühjahr 2019

Thomas Schlüter / Mirjam Luserke / Stefan Roth

1 Genossenschaftsgründung und Mitgliedschaft im Prüfungsverband

1.1 Gründung einer Wohnungsgenossenschaft

1.1.1 Gesetzliche Anforderungen

Eine einheitliche, umfassende Vorschrift mit den Anforderungen bei der Gründung einer Wohnungsgenossenschaft gibt es nicht. Vielmehr enthält das Genossenschaftsgesetz in seinem ersten Abschnitt mehrere Regelungen, die dabei zu beachten sind: 1

1.1.1.1 Mindestzahl an Mitgliedern

Das Gesetz schreibt zwingend vor, dass die Zahl der Mitglieder einer eG mindestens drei beträgt (§ 4 GenG). Die Herabsetzung der gesetzlichen Mindestzahl – statt bisher sieben entsprechend dem eingetragenen Verein (§ 56 BGB) – erfolgte durch die Genossenschaftsrechtsreform 2006[1]. Damit wurde bezweckt, die Gründung von Genossenschaften zu erleichtern.[2] 2

Sofern die Satzung keine abweichenden Regelungen enthält, kommen als Mitglieder einer Wohnungsgenossenschaft in Betracht:[3] 3

- Natürliche Personen (auch Personen, die nur beschränkt geschäftsfähig (§§ 106 BGB) oder sogar geschäftsunfähig (§ 104 BGB) sind),
- juristische Personen des Privatrechts (z. B. GmbH, AG, eG, e. V.),
- juristische Personen des öffentlichen Rechts (u. a. Kommunen, Kammern der Industrie und des Handwerks, Innungen),
- Personenhandelsgesellschaften (z. B. OHG, KG, GbR),
- Partnerschaftsgesellschaften sowie die Ltd. nach britischem Recht,
- nichtrechtsfähige Vereine und nicht eingetragene Genossenschaften[4],
- Erbengemeinschaften, soweit sie auf Dauer angelegt sind.[5]

---

1 Gesetz zur Einführung der Europäischen Genossenschaft und zur Änderung des Genossenschaftsrechts, BGBl. I 1911, in Kraft getreten am 18.8.2006.

2 So in der Begründung des Gesetzentwurfs, BT-Drs. 16/1025, 81.

3 Siehe dazu u. a. Lang/Weidmüller/*Holthaus/Lehnhoff*, GenG, § 15 Rn. 1 ff.; Hillebrand/Keßler/*Herzberg*, GenG, § 15 Rn. 1, 2.

4 Beuthien/*Beuthien*, GenG, § 15 Rn. 9; Lang/Weidmüller/*Holthaus/Lehnhoff*, GenG, § 15 Rn. 4.

5 U. a. Lang/Weidmüller/*Holthaus/Lehnhoff*, GenG, § 15 Rn. 4; Hillebrand/Keßler/*Herzberg*, GenG, § 5 Rn. 3; differenzierend Beuthien/*Beuthien*, GenG, § 15 Rn. 11.

1.1.1.2 Satzung

1.1.1.2.1 Gründungssatzung

4 Die Gründungssatzung bedarf – wie alle später geänderten Satzungen einer eG (siehe Rn. 11 ff.) – der Schriftform (§ 5 GenG). Eine notarielle Beurkundung ist somit nicht erforderlich. Das Original der Gründungssatzung muss von mindestens drei Mitgliedern (vgl. § 11 Abs. 2 Nr. 1 GenG) unterzeichnet sein. Eine Vertretung durch Bevollmächtigte ist möglich.[6]

5 Die Satzung ist das Grundgesetz einer eG.[7] Sie muss mindestens folgende Punkte enthalten:

- die Firma und den Sitz der Genossenschaft (§ 6 Nr. 1 GenG);
- den Gegenstand des Unternehmens (§ 6 Nr. 2 GenG);
- eine Regelung, ob die Mitglieder bei der Insolvenz der eG sog. Nachschüsse leisten müssen oder nicht (§ 6 Nr. 3 GenG);
- Bestimmungen über die Einberufung und den Vorsitz in der Generalversammlung sowie über die Protokollierung der Beschlüsse der Versammlung (§ 6 Nr. 4 GenG);
- Regelungen über die Form der Bekanntmachungen der eG und die öffentlichen Bekanntmachungsblätter (§ 6 Nr. 5)[8];
- die Höhe des Geschäftsanteils und die darauf zu leistenden Einzahlungen (§ 7 Nr. 1 GenG);
- die Bildung einer gesetzlichen Rücklage (§ 7 Nr. 2 GenG).[9]

6 Die »Mustersatzung für Wohnungsgenossenschaften (MS)«[10], herausgegeben vom GdW Bundesverband deutscher Wohnungs- und Immobilienunternehmen e. V., Berlin, ist in der Praxis der Wohnungsgenossenschaften weit verbreitet. Sie ist allerdings rechtlich nicht verbindlich, sondern enthält nur Empfehlungen. Der Inhalt der Mustersatzung geht weit über die oben genannten Mindestanforderungen des Genossenschaftsgesetzes hinaus und wiederholt auch zum Teil die gesetzlichen Regelungen. Die Mitglieder des Vorstands und Aufsichtsrats, die Vertreter von Genossenschaften, bei denen die Generalversammlung in Form einer Vertreterversammlung besteht, und natürlich die Mitglieder selbst können aus ihren Satzungen, die der Mustersatzung entsprechen, zusammengefasst ihre Aufgaben bzw. Rechte und Pflichten entnehmen.

---

6 Hillebrand//Keßler/*Keßler*, GenG, § 5 Rn. 7.
7 Lang/Weidmüller/*Holthaus/Lehnhoff*, GenG, § 18 Rn. 2.
8 Siehe dazu die Empfehlung in der Mustersatzung (§ 43 MS) sowie Hillebrand/Keßler/*Keßler*, GenG, §§ 6, 7 Rn. 16.
9 Einen Vorschlag für eine Regelung zur Bildung der gesetzlichen Rücklage enthält § 40 Abs. 1, 2 MS.
10 »Mustersatzung für Wohnungsgenossenschaften (MS)«, Ausgabe 2018.

Auch dieses Buch orientiert sich an der »Mustersatzung für Wohnungsgenossenschaften«. Auf die »Mustersatzung für Wohnungsgenossenschaften mit Vertreterversammlung«[11] wird nachfolgend nur Bezug genommen, soweit es im Hinblick auf die Vertreterversammlung und deren Besonderheiten notwendig ist. In allen übrigen Fällen gelten die Verweise auf die »Mustersatzung für Wohnungsgenossenschaften« entsprechend für die Wohnungsgenossenschaften mit Vertreterversammlung. 7

Sofern beabsichtigt wird, von den Mustersatzungen abzuweichen, sollte sehr sorgfältig geprüft werden, ob dies mit dem Genossenschaftsrecht vereinbar ist. Von den Bestimmungen des Genossenschaftsgesetzes darf nämlich nur abgewichen werden, wenn das Gesetz es ausdrücklich erlaubt (§ 18 Satz 2 GenG).[12] 8

Praxis-Beispiel !

Es ist rechtlich nicht möglich, dem Mitglied einer eG in der Satzung eine Kündigungsfrist von einem Monat zum Ende eines Geschäftsjahres einzuräumen. Die Kündigung der Mitgliedschaft muss nach dem Genossenschaftsgesetz mindestens drei Monate vor Ablauf des Geschäftsjahres schriftlich erfolgen. Die Satzung kann nur eine längere, höchstens fünfjährige Kündigungsfrist vorschreiben (§ 65 Abs. 2 Sätze 1 und 2 GenG).

Die Satzung darf aber auch gesetzesergänzende Bestimmungen enthalten. Das setzt voraus, dass das Genossenschaftsgesetz keine (abschließende) Regelung getroffen hat.[13] 9

Praxis-Beispiel !

- Nach § 43 Abs. 5 Satz 3 GenG kann die Satzung persönliche Voraussetzungen für Bevollmächtigte (zur Ausübung des Stimmrechts des Mitglieds in der Generalversammlung) aufstellen, insbesondere die Bevollmächtigung von Personen ausschließen, die sich geschäftsmäßig zur Ausübung des Stimmrechts erbieten.
- § 5 Abs. 1 Satz 1 der Mustersatzung sieht vor, dass bei der Aufnahme ein Eintrittsgeld zu zahlen ist.[14]
- Im Genossenschaftsgesetz gibt es keine Ausschlussfristen für die Einreichung von Vorschlägen für die Wahl von Aufsichtsratsmitgliedern durch die Generalversammlung. Es ist aber zulässig, solche in der Satzung vorzusehen.[15]

---

11 »Mustersatzung für Wohnungsgenossenschaften mit Vertreterversammlung (MS-VV)«, Ausgabe 2018.

12 Siehe u. a. die Übersicht der ausdrücklich zulässigen Abweichungen von den Vorschriften des GenG in einer Satzung bei Beuthien/*Beuthien*, GenG, § 18 Rn. 3; Hillebrand/Keßler/*Herzberg*, GenG, § 18 Rn. 2.

13 Beuthien/*Beuthien*, GenG, § 18 Rn. 2a.

14 Siehe wegen der weiteren Einzelheiten § 5 MS.

15 Siehe u. a. Lang/Weidmüller/*Holthaus/Lehnhoff*, GenG, § 36 Rn. 22; Hillebrand/Keßler/*Keßler*, GenG, §§ 36, 37 Rn. 43 m. w. N.

10 In Zweifelsfällen empfiehlt sich bei Abweichungen von der Mustersatzung, eine rechtliche Einzelfallberatung in Anspruch zu nehmen.

1.1.1.2.2 Satzungsänderungen

11 Spätere Änderungen der Satzung können nur durch die Generalversammlung beschlossen werden (§ 16 Abs. 1 GenG). Hinsichtlich der dafür erforderlichen Mehrheit ist nach dem Gesetz zu differenzieren:

12 Grundsätzlich ist für Satzungsänderungen eine Mehrheit notwendig, die mindestens drei Viertel der abgegebenen Stimmen umfasst, sofern die Satzung nicht andere Erfordernisse enthält (§ 16 Abs. 4 GenG). Es ist danach z. B. auch möglich, geringere Anforderungen an die Beschlussmehrheit festzulegen; die Untergrenze für die Bestimmung der satzungsändernden Mehrheit in diesem Fall ist aber die Hälfte der abgegebenen Stimmen zuzüglich einer Stimme.[16]

13 In folgenden Fällen ist für die Änderung der Satzung eine Mehrheit notwendig, die mindestens drei Viertel der abgegebenen Stimmen umfasst (§ 16 Abs. 2 Satz 1 GenG):

1. Änderung des Gegenstands des Unternehmens
2. Erhöhung des Geschäftsanteils
3. Einführung oder Erweiterung einer Pflichtbeteiligung mit mehreren Geschäftsanteilen
4. Einführung oder Erweiterung der Verpflichtung der Mitglieder zur Leistung von Nachschüssen
5. Verlängerung der Kündigungsfrist auf eine längere Frist als zwei Jahre
6. Einführung oder Erweiterung der Beteiligung ausscheidender Mitglieder an der Ergebnisrücklage nach § 73 Abs. 3
7. Einführung oder Erweiterung von Mehrstimmrechten
8. Zerlegung von Geschäftsanteilen
9. Einführung eines oder Erhöhung des Mindestkapitals
10. Einschränkung des Anspruchs des Mitglieds nach § 73 Abs. 2 Satz 2 und Abs. 4 auf Auszahlung des Auseinandersetzungsguthabens
11. Einführung der Möglichkeit nach § 8 Abs. 2 Satz 1 und 2, investierende Mitglieder zuzulassen

14 Die Satzung kann in diesen Fällen jedoch eine größere Mehrheit und weitere Erfordernisse bestimmen (§ 16 Abs. 2 Satz 2 GenG).

16 Lang/Weidmüller/*Holthaus/Lehnhoff*, GenG, § 16 Rn. 28; Beuthien/*Beuthien*, GenG, § 16 Rn. 9; Hillebrand/Keßler/*Herzberg*, GenG, § 16 Rn. 7.

§ 16 Abs. 3 GenG enthält weitere Fälle, für die andere Beschlussmehrheiten erforderlich sind: 15

Zu einer Änderung der Satzung, durch die eine Verpflichtung der Mitglieder eingeführt oder erweitert wird, Einrichtungen oder andere Leistungen der Genossenschaft in Anspruch zu nehmen oder Sachen bzw. Dienste zu leisten, bedarf es einer Mehrheit, die mindestens neun Zehntel der abgegebenen Stimmen umfasst (§ 16 Abs. 3 Satz 1 GenG). 16

Zu einer Änderung der Satzung, durch die eine Verpflichtung der Mitglieder eingeführt oder erweitert wird, laufende Beiträge für Leistungen zu zahlen, welche die Genossenschaft den Mitgliedern erbringt oder zur Verfügung stellt, bedarf es einer Mehrheit von mindestens drei Vierteln der abgegebenen Stimmen (§ 16 Abs. 3 Satz 2 GenG). Die Satzung kann in den Fällen des § 16 Abs. 3 Satz 1 und 2 eine größere Mehrheit und weitere Erfordernisse bestimmen (§ 16 Abs. 3 Satz 3 GenG). 17

Die Mustersatzung sieht vor, dass Beschlüsse, durch die eine Verpflichtung der Mitglieder eingeführt oder erweitert wird, Einrichtungen oder andere Leistungen der Genossenschaft in Anspruch zu nehmen oder Sachen bzw. Dienste zu leisten, einer Mehrheit von mindestens neun Zehnteln der abgegebenen Stimmen bedürfen (§ 36 Abs. 4 MS). Dies entspricht der Regelung des § 16 Abs. 3 Satz 1 GenG. 18

Alle übrigen Beschlüsse über die Änderung der Satzung bedürfen nach der Mustersatzung einer Mehrheit von drei Vierteln der abgegebenen Stimmen (§ 36 Abs. 2 MS). 19

Spätere Änderungen der Satzung, d. h. nach Abschluss der Gründung der eG, werden erst mit der Eintragung im Genossenschaftsregister für die Zukunft wirksam, d. h. sie wirken nicht auf den Zeitpunkt ihrer Beschlussfassung zurück (§ 16 Abs. 6 GenG).[17] 20

Praxis-Beispiel !

Im Fall einer Erhöhung des Geschäftsanteils sind die Mitglieder erst mit der Eintragung der Satzungsänderung verpflichtet, Einzahlungen auf den erhöhten Geschäftsanteil zu leisten.

Die Generalversammlung kann aber mit dem Beschluss zur Satzungsänderung auch einen späteren Zeitpunkt nach der Eintragung festlegen, zu dem die Änderung wirksam werden soll. 21

17 Siehe zu den Auswirkungen von Satzungsänderungen auf amtierende Organmitglieder (z. B. bei Verkürzung der Bestelldauer oder der Einführung bzw. Herabsetzung einer Altersgrenze) Rn. 603 f. (Vorstand) und Rn. 763 f. (Aufsichtsrat) sowie Lang/Weidmüller/*Holthaus/Lehnhoff*, GenG, § 16 Rn. 40; Beuthien/*Beuthien*, GenG, § 16 Rn. 38.

! **Praxis-Beispiel**

Die Generalversammlung beschließt im Juni 2019, dass ab dem 1. Juni 2020 eine Altersgrenze für Aufsichtsratsmitglieder eingeführt wird. Der Beschluss wird im August 2019 in das Genossenschaftsregister eingetragen, ist aber erst ab dem 1. Juni 2020 wirksam.

22 Die Anmeldung der Satzungsänderung zum Genossenschaftsregister ist vom Vorstand elektronisch in öffentlich beglaubigter Form durch einen Notar einzureichen (§§ 157 Alt. 2 GenG, § 6 Abs. 2 GenRegV, § 39a BeurkG).[18] Im Gegensatz zur Anmeldung einer eG[19] genügt es im Fall der Anmeldung von Satzungsänderungen, wenn dabei die Vorstandsmitglieder in vertretungsberechtigter Zahl mitwirken (§ 7 Abs. 2 GenRegV).[20]

23 Auf die Anmeldung und Eintragung des Beschlusses finden die Vorschriften des § 11 GenG zudem entsprechende Anwendung mit der Maßgabe, dass der Anmeldung der Beschluss nur in Abschrift beizufügen ist (§ 16 Abs. 5 Satz 1 GenG). Der Anmeldung ist der vollständige Wortlaut der Satzung beizufügen; er muss mit der Erklärung des Vorstands versehen sein, dass die geänderten Bestimmungen der Satzung mit dem Beschluss über die Satzungsänderung und die unveränderten Bestimmungen mit dem zuletzt zum Register eingereichten vollständigen Wortlaut der Satzung übereinstimmen. Ist bei Satzungsänderungen der vollständige Wortlaut der Satzung bisher nicht eingereicht worden, so hat der Vorstand zu erklären, dass der eingereichte Wortlaut der Satzung mit dem zuletzt zum Register eingereichten vollständigen Wortlaut der Satzung und allen seither beschlossenen Änderungen übereinstimmt. Die Veröffentlichung des Beschlusses findet nur insoweit statt, wenn er eine der in § 12 Abs. 2 bezeichneten Bestimmungen zum Gegenstand hat (§ 16 Abs. 5 Satz 2 bis 4 GenG).

1.1.1.3 Gutachten des Prüfungsverbands

24 Das Genossenschaftsgesetz regelt nicht die Einzelheiten der Gründungsprüfung.[21] Der Prüfungsverband hat jedoch eine gutachterliche Äußerung dahin gehend abzugeben, ob nach den persönlichen oder wirtschaftlichen Verhältnissen – insbesondere der Vermögenslage der Genossenschaft – eine Gefährdung der Belange der Mitglieder oder der Gläubiger der Genossenschaft zu besorgen ist (§ 11 Abs. 2 Nr. 3 Hs. 2 GenG). Das

18 Siehe zur Anmeldung der Genossenschaft beim Registergericht Rn. 30 ff. Für alle sonstigen Anmeldungen nach dem Genossenschaftsgesetz durch die Vorstandsmitglieder bzw. die Liquidatoren in vertretungsberechtigter Zahl Hillebrand/Keßler/*Keßler*, GenG, § 157 Rn. 3.

19 Siehe dazu Rn. 30.

20 Siehe dazu auch Lang/Weidmüller/*Holthaus/Lehnhoff*, GenG, § 157 Rn. 6.

21 Lang/Weidmüller/*Holthaus/Lehnhoff*, GenG, § 11 Rn. 11.

Gutachten des Prüfungsverbands dient dem Gericht als Grundlage für seine eigene Entscheidung über die Eintragung in das Genossenschaftsregister (siehe Rn. 33 ff.).[22]

Bei der Prüfung der persönlichen Verhältnisse der Gründungsgenossenschaft steht die Eignung der Vorstands- und Aufsichtsratsmitglieder im Vordergrund.[23] Dazu gehört insbesondere, dass die künftigen Vorstandsmitglieder aufgrund einer Ausbildung oder praktischer Erfahrung die kaufmännischen Kenntnisse haben, die für die Leitung einer Wohnungsgenossenschaft notwendig sind.[24] Daneben sind aber auch die persönlichen Verhältnisse der Genossenschaftsmitglieder von Bedeutung, insbesondere wenn die Mitglieder – nach Feststellungen des Prüfungsverbands – offensichtlich nicht in der Lage sind, die Geschäftsguthaben einzuzahlen.[25] Eine Gefährdung der Belange der Mitglieder oder der Gläubiger der Genossenschaft wird insbesondere dann vorliegen, wenn 25

- die notwendige Eigenkapitalausstattung der Genossenschaft nicht erreicht werden kann (wirtschaftliche Verhältnisse) oder
- die künftigen Vorstandsmitglieder von vornherein zur Erfüllung ihrer Aufgaben fachlich und persönlich ungeeignet sind (persönliche Verhältnisse).[26]

Die vertraglichen Bedingungen für die Erstellung des Gründungsgutachtens (u. a. die Höhe des Honorars) sollten im Rahmen der Beauftragung des Prüfungsverbands schriftlich vereinbart werden. Dazu kann auch ein angemessener Kostenvorschuss zur Sicherung des Vergütungsanspruchs gehören. 26

1.1.1.4 Bescheinigung des Prüfungsverbands über die Zulassung zum Beitritt

Das Genossenschaftsgesetz schreibt vor, dass bei der Anmeldung der Genossenschaft zur Eintragung in das Genossenschaftsregister die Bescheinigung des Prüfungsverbands darüber beigefügt wird, dass die Genossenschaft zum Beitritt zugelassen ist (§ 11 Abs. 2 Nr. 3 Hs. 1 GenG). 27

Im Genossenschaftsgesetz gibt es keine Regelung, unter welchen Voraussetzungen ein Prüfungsverband eine Gründungsgenossenschaft als Mitglied aufnehmen muss bzw. einen Antrag auf Aufnahme als Mitglied ablehnen darf. Vorgeschrieben ist aber, dass jede eG einem Verband, dem das Prüfungsrecht verliehen ist (Prüfungsverband), 28

22 Hillebrand/Keßler/*Herzberg*, GenG; § 11a Rn. 7; Siehe auch Lang/Weidmüller/*Holthaus/Lehnhoff*, GenG, § 11a Rn. 4; Beuthien/*Beuthien*, GenG, § 11 Rn. 7.
23 Siehe dazu u. a. Beuthien/*Beuthien*, GenG, § 11 Rn. 7.
24 Siehe dazu auch Müller, GenG, § 11 Rn. 8; Lang/Weidmüller/*Holthaus/Lehnhoff*, GenG, § 11 Rn. 12.
25 Lang/Weidmüller/*Holthaus/Lehnhoff*, GenG, § 11 Rn. 11.
26 Lang/Weidmüller/*Holthaus/Lehnhoff*, GenG, § 11 Rn. 12; Beuthien/*Beuthien*, GenG, § 11 Rn. 7.

angehören muss (sog. Pflichtmitgliedschaft, § 54 GenG). Zunächst ist daher der Prüfungsverband, und zwar unabhängig von der Ausstellung eines Prüfungsgutachtens, verpflichtet, einen Aufnahmeantrag zu prüfen.[27] Der Prüfungsverband ist grundsätzlich zur Aufnahme einer Gründungsgenossenschaft verpflichtet und darf nur dann einen solchen Antrag ablehnen, wenn im konkreten Einzelfall gegen die Aufnahme sachliche Gründe vorliegen.[28] Im Regelfall hängt die Entscheidung auch vom Ergebnis der Gründungsprüfung ab.[29]

29 Sachliche Gründe für die Ablehnung eines Aufnahmeantrags können u. a. sein[30]:

- Nichtzuständigkeit des Prüfungsverbands (örtlich oder sachlich);
- Gefährdung der Belange der Gläubiger oder der Mitglieder der neuen Genossenschaft gemäß § 11 Abs. 2 Nr. 3 GenG (siehe Rn. 24 f.);
- Gefährdung wesentlicher Verbandsinteressen.

1.1.1.5 Anmeldung beim Registergericht

30 Der Vorstand hat die Genossenschaft beim Gericht zur Eintragung in das Genossenschaftsregister anzumelden (§ 11 Abs. 1 GenG). Das Registergericht ist das örtlich zuständige Amtsgericht, in dessen Bezirk die Genossenschaft ihren Sitz hat (§ 1 GenRegV i. V. m. § 1 HRV). Die Anmeldung ist von sämtlichen Vorstandsmitgliedern elektronisch in öffentlich beglaubigter Form durch einen Notar einzureichen (§ 157 Alt. 1 GenG, § 6 Abs. 2 GenRegV, § 39a BeurkG).[31]

31 Für die Anmeldung der Eintragung einer Genossenschaft in das Genossenschaftsregister müssen beim Registergericht folgende Unterlagen eingereicht werden (§ 11 Abs. 2 GenG):

1. die Gründungssatzung, die von mindestens drei Mitgliedern unterzeichnet sein muss,
2. eine Abschrift der Urkunden über die Bestellung des Vorstands und des Aufsichtsrats (i. d. R. die Protokolle der Gründungsversammlung und der ersten Aufsichtsratssitzung),

27 Lang/Weidmüller/*Holthaus/Lehnhoff*, GenG, § 11 Rn. 15.

28 Hillebrand/Keßler/*Herzberg*, GenG, § 11 Rn. 3; Lang/Weidmüller/*Holthaus/Lehnhoff*, GenG, § 11 Rn. 16.

29 Lang/Weidmüller/*Holthaus/Lehnhoff*, GenG, § 11 GenG, Rn. 9.

30 Siehe dazu u. a. Lang/Weidmüller/*Holthaus/Lehnhoff*, GenG, § 11 GenG, Rn. 16; Beuthien/*Beuthien*, GenG, § 54 Rn. 10; Hillebrand/Keßler/*Hillebrand*, GenG, § 54 Rn. 6 ff.

31 Siehe dazu u. a. auch Lang/Weidmüller/*Holthaus/Lehnhoff*, GenG, § 157 Rn. 4; siehe zur Anmeldung von späteren Satzungsänderungen Rn. 22 , 23; siehe für alle sonstigen Anmeldungen nach dem Genossenschaftsgesetz durch die Vorstandsmitglieder bzw. die Liquidatoren in vertretungsberechtigter Zahl Hillebrand/Keßler/*Herzberg*, GenG, § 157 Rn. 3.

3. die Bescheinigung eines Prüfungsverbands, dass die Genossenschaft zum Beitritt zugelassen ist,
4. das Gründungsgutachten des Prüfungsverbands (siehe Rn. 24 f.).

In der Anmeldung ist außerdem anzugeben, welche Vertretungsbefugnis (siehe 32
Rn. 495 ff.) die Vorstandsmitglieder haben (§ 11 Abs. 3 GenG).

1.1.1.6 Prüfung durch das Registergericht

Das Gericht hat zu prüfen, ob die Genossenschaft ordnungsgemäß errichtet und ange- 33
meldet ist. Ist dies nicht der Fall, so hat es die Eintragung abzulehnen (§ 11a Abs. 1 GenG). Das Gericht muss die Eintragung auch dann ablehnen, wenn offenkundig ist oder aufgrund des Gutachtens des Prüfungsverbands eine Gefährdung der Belange der Mitglieder oder der Gläubiger der Genossenschaft zu besorgen ist (§ 11a Abs. 2 Satz 1 GenG).

Praxis-Beispiel !

Das Gründungsgutachten des Prüfungsverbands kommt zu dem Ergebnis, dass die geplante Genossenschaft aufgrund des vorgelegten wirtschaftlichen Konzepts ihren Förderauftrag gegenüber den Mitgliedern, d. h. die Versorgung mit Wohnraum, nicht erfüllen kann.

Ein weiterer Ablehnungsgrund liegt vor, wenn nach den Feststellungen des Prüfungs- 34
verbands die Sacheinlagen überbewertet worden sind (§ 11a Abs. 2 Satz 2 GenG).

Das Gericht darf die Eintragung der eG in das Genossenschaftsregister aber auch bei 35
bestimmten mangelhaften, fehlenden oder nichtigen Satzungsbestimmungen ablehnen (§ 11a Abs. 3 GenG).[32]

Praxis-Beispiel !

Die Satzung einer eG enthält nicht alle gesetzlichen Mindestbestimmungen, weil Angaben zur Nachschusspflicht (§ 6 Nr. 3 GenG) und zur Bildung einer gesetzlichen Rücklage (§ 7 Nr. 2 GenG) fehlen.

Ausgangspunkt der gerichtlichen Prüfung der Eintragung der Genossenschaft im Rah- 36
men des § 11a Abs. 2 GenG ist das Gutachten des Prüfungsverbands.[33] Das Gericht ist zwar nicht an die Beurteilung des Prüfungsverbands gebunden, es dient ihm aber als Grundlage für seine eigene Entscheidung. Eine Ablehnung der Eintragung kommt

32 Siehe dazu im Einzelnen § 11a Abs. 3 GenG.
33 Siehe dazu Rn. 24

daher nur in Betracht, wenn aufgrund sachlicher Anhaltspunkte die Eintragung der eG wegen der persönlichen oder wirtschaftlichen Verhältnisse zu einer Gefährdung der Interessen der Mitglieder oder der Gläubiger führen würde.[34]

1.1.2 Verfahrensablauf zur Gründung einer Wohnungsgenossenschaft

1.1.2.1 Überblick

37 Im Genossenschaftsgesetz ist kein fester Verfahrensablauf zur Gründung einer Wohnungsgenossenschaft vorgeschrieben. Geregelt ist nur, dass beim Registergericht bestimmte Unterlagen eingereicht werden müssen, damit die Genossenschaft in das Genossenschaftsregister eingetragen werden kann (siehe Rn. 31 f.).

Es empfiehlt sich aber in jedem Fall, bereits vor der Gründungsversammlung mit dem zuständigen Prüfungsverband Kontakt aufzunehmen und das weitere Vorgehen abzustimmen. Die Prüfungsverbände handhaben die Einzelheiten der Gründungsprüfung unterschiedlich, z. B. auch die Frage, welche Unterlagen einzureichen sind. Einige Verbände führen im Vorfeld auch ein Beratungsgespräch.

! **Praxis-Tipp**

Die Gründung einer eG kann, soweit bereits ein wirtschaftliches Konzept vorliegt, in folgenden Schritten durchgeführt werden:

1. Antrag auf Mitgliedschaft beim zuständigen Prüfungsverband und Beauftragung des Prüfungsverbands, das Gründungsgutachten zu erstellen (Gründungsprüfung)
2. Gründungsversammlung (Beschluss über die Satzung und Wahl von Vorstand und Aufsichtsrat)
3. Erstellung des Gutachtens durch den Prüfungsverband
4. Entscheidung des Prüfungsverbands über die Aufnahme der Gründungsgenossenschaft als Mitglied
5. Einreichen der Unterlagen beim Registergericht
6. Eintragung der Genossenschaft in das Genossenschaftsregister

1.1.2.2 Gründungsversammlung

38 In der Gründungsversammlung wird die Gründungssatzung beschlossen und anschließend werden die Organe der eG, d. h. der Aufsichtsrat (siehe Rn. 610 ff.) und der Vorstand (siehe Rn. 403 ff.), gewählt. Nach dem Genossenschaftsgesetz ist die Generalversamm-

34 U. a. Hillebrand/Keßler/*Herzberg*, GenG, § 11a Rn. 6; Lang/Weidmüller/*Holthaus/Lehnhoff*, GenG, § 11a Rn. 4; siehe dazu auch Beuthien/*Beuthien*, § 11a Rn. 5.

lung für die Wahl der Vorstandsmitglieder zuständig. In der Praxis der Wohnungsgenossenschaften ist es jedoch üblich, dass der Vorstand aufgrund der Satzung vom Aufsichtsrat bestellt wird (siehe Rn. 425). In diesem Fall sollte der Aufsichtsrat nach der Gründungsversammlung in der konstituierenden Sitzung den Vorstand bestellen.

Praxis-Beispiel !

Die Tagesordnung einer Gründungsversammlung könnte wie folgt aussehen:
TOP 1: Eröffnung der Gründungsversammlung[35]
TOP 2: Wahl eines Versammlungsleiters und eines Schriftführers zur Erstellung des Versammlungsprotokolls; bei größerem Teilnehmerkreis zusätzlich Wahl von Stimmenzählern
TOP 3: Bericht der Gründungsinitiatoren über die Einzelheiten des Gründungsvorhabens[36]
TOP 4: Beschlussfassung über die Satzung (siehe Rn. 4 ff.)[37]
TOP 5: Wahl der Mitglieder des Aufsichtsrats
TOP 6: ggf. Wahl der Mitglieder des Vorstands[38]
TOP 7: Verschiedenes

Zu den Einzelheiten der Wahl der Vorstands- und Aufsichtsratsmitglieder der Gründungsgenossenschaft gelten die Ausführungen zu den Organen bereits bestehender Genossenschaft (siehe Rn. 423 ff. zu Vorstand und Rn. 633 ff. zu Aufsichtsrat). 39

1.1.3 Rechtslage vor und nach der Registereintragung

Nach § 13 GenG hat die Genossenschaft vor ihrer Eintragung in das Genossenschaftsregister nicht die Rechte einer eG. 40

Man unterscheidet zwischen der Vorgründungsgesellschaft, der Vorgenossenschaft und der eingetragenen Genossenschaft. 41

Vorgründungsgesellschaft

Sobald – über die Phase der unverbindlichen Vorplanungen und Vorbesprechungen hinaus – zwischen den Beteiligten bindend vereinbart wird, dass eine Genossenschaft gegründet werden soll, entsteht eine Vorgründungsgesellschaft, und zwar in der Regel in Form einer Gesellschaft bürgerlichen Rechts (GbR gemäß § 705 ff. BGB). Der Zweck einer solchen Gesellschaft ist die Gründung einer eG.[39] 42

---

35 Z. B. durch einen der Gründungsinitiatoren.
36 Insbesondere: Anlass der Gründung, Zweck und Ziele der Genossenschaft, wirtschaftliches Konzept.
37 Nach einstimmigem Beschluss der anwesenden Gründungsmitglieder und von mindestens drei Mitgliedern zur Einreichung beim Registergericht (§ 11 Abs. 2 Nr. 1 GenG) zu unterzeichnen.
38 Sofern nicht der Aufsichtsrat nach der Satzung die Vorstandsmitglieder bestellt.
39 Beuthien/*Beuthien*, GenG, § 13 Rn. 2; Hillebrand/Keßler/*Herzberg*, GenG, § 13 Rn. 3; siehe auch Lang/Weidmüller/*Holthaus/Lehnhoff*, GenG, § 13 Rn. 2.

43 Die Vorgründungsgesellschaft wird durch alle Gesellschafter vertreten, wenn nicht im Gesellschaftsvertrag etwas anderes geregelt ist (§§ 709 Abs. 1, 714 BGB).[40]

44 Für die Verbindlichkeiten der Vorgründungsgesellschaft haften die Gründer, und zwar grundsätzlich mit ihrem gesamten Vermögen als Gesamtschuldner.[41]

Vorgenossenschaft

45 Nachdem die Satzung errichtet und der Vorstand erstmals bestellt worden ist, entsteht eine Vorgenossenschaft.[42] Die Vorgenossenschaft ist (grundsätzlich) nicht rechtsfähig; die Rechtsprechung lässt die Vorgenossenschaft jedoch partiell, d. h. auf bestimmte Bereiche beschränkt, nach außen als Träger von Rechten und Pflichten auftreten.[43] Auch die Vorschriften des Genossenschaftsgesetzes finden bereits weitgehend Anwendung.[44] Das bedeutet, dass z. B. Mitglieder aufgenommen oder Grundstücke erworben werden können und die Vorgenossenschaft als Eigentümerin in das Grundbuch eingetragen werden sowie im Zivilprozess klagen und verklagt werden kann.[45] Die Satzung der Vorgenossenschaft kann auch bereits die Verpflichtung enthalten, dass die Mitglieder bereits vor der Eintragung der Genossenschaft in das Genossenschaftsregister Einzahlungen auf die übernommenen Geschäftsanteile zu leisten haben. Der Vorstand ist dann berechtigt und verpflichtet, die Einzahlungen entgegenzunehmen.[46]

46 Die Vorgenossenschaft wird durch den Vorstand vertreten. Seine Vertretungsmacht ist nach der Rechtsprechung aber grundsätzlich auf die Anmeldung zur Eintragung der eG in das Genossenschaftsregister (§ 11 GenG) und auf alle Handlungen beschränkt, die zum Entstehen der eG und zur Vorbereitung des Geschäftsbetriebs erforderlich sind. Wenn mit dem werbenden Geschäftsbetrieb begonnen und weitere Rechtsgeschäfte vorgenommen werden sollen, ist nach der Rechtsprechung eine besondere Bevollmächtigung der Genossenschaftsgründer notwendig.[47]

47 Auch die Regelungen des Genossenschaftsrechts zur Haftung finden bereits Anwendung auf die Vorgenossenschaft.[48] Eine unmittelbare Haftung der Mitglieder der Vor-

---

40 U. a. Beuthien/*Beuthien*, GenG, § 13 Rn. 3; Lang/Weidmüller/*Holthaus/Lehnhoff*, GenG, § 13 Rn. 2.

41 U. a. Beuthien/*Beuthien*, GenG, § 13 Rn. 3; Hillebrand/Keßler/*Herzberg*, GenG, § 13 Rn. 5; siehe zur Haftung der Gesellschafter einer GbR auch Palandt/*Sprau*, BGB, § 714 BGB, Rn. 11 ff., 18 (Haftungsbeschränkung).

42 U. a. Hillebrand/Keßler/*Herzberg*, GenG, § 13 Rn. 7; siehe auch Lang/Weidmüller/*Holthaus/Lehnhoff*, GenG, § 13 Rn. 4.

43 Lang/Weidmüller/*Holthaus/Lehnhoff*, GenG, § 13 Rn. 7.

44 Lang/Weidmüller/*Holthaus/Lehnhoff*, GenG, § 13 Rn. 4; Hillebrand/Keßler/*Herzberg*, GenG, § 13 Rn. 7 m. w. N.

45 Beuthien/*Beuthien*, GenG, § 13 Rn. 4; Lang/Weidmüller/*Holthaus/Lehnhoff*, GenG, § 13 Rn. 7.

46 Beuthien/*Beuthien*, GenG, § 13 Rn. 14; siehe dazu auch Lang/Weidmüller/*Holthaus/Lehnhoff*, GenG, § 13 Rn. 5.

47 Siehe dazu Beuthien/*Beuthien*, GenG, § 13 Rn. 5; Lang/Weidmüller/*Holthaus/Lehnhoff*, GenG, § 13 Rn. 6, jew. m. w. N.

48 U. a. Lang/Weidmüller/*Holthaus/Lehnhoff*, GenG, § 13 Rn. 8.

genossenschaft gegenüber den Gläubigern der Vorgenossenschaft (Außenhaftung) scheidet daher aus.[49] Die Vorgenossenschaft selbst haftet gegenüber ihren Gläubigern nur mit ihrem Vermögen entsprechend § 2 GenG.[50]

Dagegen haften die Mitglieder gegenüber der Vorgenossenschaft bis zur Eintragung in das Genossenschaftsregister in Form einer Verlustdeckungs- bzw. Unterbilanzhaftung (Innenhaftung). Voraussetzung dafür ist aber, dass alle Mitglieder der Vorgenossenschaft mit der Aufnahme des Geschäftsbetriebs bereits vor der Eintragung der eG in das Genossenschaftsregister einverstanden waren.[51] 48

Neben der Innenhaftung der Mitglieder der Vorgenossenschaft besteht noch eine Haftung der im Namen der Vorgenossenschaft handelnden Organwalter, d. h. in der Regel der Vorstandsmitglieder (Handelndenhaftung).[52] 49

Eingetragene Genossenschaft

Durch die Eintragung in das Genossenschaftsregister wird aus der Vorgenossenschaft die eingetragene Genossenschaft (eG). Die eG ist eine juristische Person und damit rechtsfähig. Im Gegensatz zur Vorgenossenschaft finden auf die eG alle Regelungen des Genossenschaftsgesetzes Anwendung. Für die Verbindlichkeiten haftet eine eG nur mit ihrem Vermögen (§ 2 GenG). Die Verpflichtung der Mitglieder, im Fall der Insolvenz der eG sog. Nachschüsse zu leisten, kann durch eine Regelung in der Satzung auf eine bestimmte Summe (Haftsumme) beschränkt oder ausgeschlossen werden (siehe Rn. 397). 50

Die Geschäftsbriefe einer eingetragenen Genossenschaft, auch z. B. in Form einer E-Mail, müssen folgende Angaben enthalten (siehe dazu im Einzelnen § 25a GenG): 51

- die Rechtsform der eG und deren Sitz,
- das Registergericht des Sitzes der eG und die Nummer, unter der die eG in das Genossenschaftsregister eingetragen ist, sowie
- sämtliche Vorstandsmitglieder und, soweit vorhanden, der Aufsichtsratsvorsitzende mit Familiennamen und mindestens einem ausgeschriebenen Vornamen.

---

49 U. a. Lang/Weidmüller/, GenG, § 13 Rn. 8; Hillebrand/Keßler/*Herzberg*, GenG, § 13 Rn. 9, jew. m. Rechtsprechungsnachweisen; a. M. Beuthien/*Beuthien*, GenG, § 13 Rn. 6.

50 Lang/Weidmüller/*Holthaus/Lehnhoff*, GenG, § 13 Rn. 8.

51 BGH v. 10.12.2001, II ZR 89/01, NJW 2002 S. 824; siehe dazu u. a. auch Hillebrand/Keßler/*Herzberg*, GenG, § 13 Rn. 9; Lang/Weidmüller/*Holthaus/Lehnhoff*, GenG, § 13 Rn. 8.

52 Hillebrand/Keßler/*Herzberg*, GenG, § 13 Rn. 10; siehe zu den grundsätzlichen, auch rechtsdogmatischen Bedenken zur Handelndenhaftung; Lang/Weidmüller/*Holthaus/Lehnhoff*, GenG, § 13 Rn. 8.

1.2 Mitgliedschaft im Prüfungsverband

1.2.1 Pflichtmitgliedschaft

52 Das Genossenschaftsgesetz schreibt zwingend vor, dass jede eG einem Verband, dem das Prüfungsrecht verliehen ist (Prüfungsverband) angehören muss (sog. Pflichtmitgliedschaft, § 54 GenG). Jede Genossenschaft hat den Namen und den Sitz des Prüfungsverbands, dem sie angehört, auf ihrer Internetseite oder, in Ermangelung einer solchen, auf den Geschäftsbriefen anzugeben (§ 54 Satz 2 GenG).

53 Wenn eine eG aus dem Prüfungsverband ausscheidet, z. B. durch eigene Kündigung oder durch Ausschluss, muss der Verband unverzüglich das Registergericht informieren (§ 54a Abs. 1 Satz 1 GenG). Das Registergericht bestimmt dann eine Frist, innerhalb derer die eG Mitglied eines anderen Verbands werden muss (§ 54a Abs. 1 Satz 2 GenG). Weist die eG nicht innerhalb der Frist nach, dass sie die Mitgliedschaft bei einem anderen Prüfungsverband erworben hat, so hat das Registergericht von Amts wegen nach Anhörung des Vorstands die Auflösung der Genossenschaft auszusprechen (§ 54a Abs. 2 Satz 1 GenG).

54 Die Prüfungspflicht und die Pflichtmitgliedschaft jeder Genossenschaft in einem Prüfungsverband haben eine lange Tradition.[53] Sie dienen dem Schutz der Mitglieder und Gläubiger der Genossenschaft, da hier eine Rechtsform besteht, die keine Kapitalgesellschaft ist und damit über keine Mindestkapitalausstattung[54] verfügen muss. Darüber hinaus lässt das Gesetz zu, dass die Nachschusspflicht der Mitglieder durch eine Regelung in der Satzung auf eine bestimmte Summe (Haftsumme) beschränkt oder sogar vollständig ausgeschlossen wird (siehe zur Nachschusspflicht Rn. 397 ff.).

1.2.2 Zweck, Ziel und Umfang der genossenschaftlichen Pflichtprüfung

55 Die Genossenschaft unterliegt der Pflichtprüfung durch den Prüfungsverband nach dem Genossenschaftsgesetz (§§ 53 ff. GenG).[55] Die Pflichtprüfung schützt sowohl die Mitglieder der eG, die Einzahlungen auf ihre Geschäftsanteile geleistet haben, als auch die Gläubiger der eG, die Forderungen gegenüber der Genossenschaft haben, vor wirtschaftlichen Nachteilen. Damit verfolgt die Pflichtprüfung auch den Zweck, die Mitglieder z. B. durch eine gute, sichere und sozial verantwortbare Wohnungsversorgung zu fördern.[56]

53 Siehe dazu u. a. Lang/Weidmüller/*Holthaus/Lehnhoff*, GenG, § 54 Rn. 1; Hillebrand/Keßler/*Hillebrand*, GenG, § 54 Rn. 1 m. w. N.
54 Siehe zur Möglichkeit einer Festsetzung eines Mindestkapitals durch Satzungsregelung (§ 8a GenG) Rn. 373.
55 Siehe zum Prüfungsrecht in Fällen, in denen eine eG mehreren Prüfungsverbänden angehört, § 55 Abs. 4 GenG.
56 Siehe dazu u. a. auch Lang/Weidmüller/*Holthaus/Lehnhoff*, Kommentar zum GenG, § 53 Rn. 18.

Das Genossenschaftsgesetz schreibt als Prüfungsziel die Feststellung der wirtschaftlichen Verhältnisse und der Ordnungsmäßigkeit der Geschäftsführung vor. Um dieses Ziel zu erreichen, sind die Einrichtungen, die Vermögenslage sowie die Geschäftsführung der eG mindestens in jedem zweiten Geschäftsjahr zu prüfen (§ 53 Abs. 1 Satz 1 GenG). 56

Im Rahmen der Genossenschaftsrechtsreform 2017 wurde die Führung der Mitgliederliste als ausdrücklicher Prüfungsgegenstand gestrichen. Die Führung der Mitgliederliste ist aber weiterhin Gegenstand der Prüfung der Ordnungsmäßigkeit der Geschäftsführung. In der Praxis bedeutet dies, dass der Verband dann, wenn es hinsichtlich der Mitgliederliste keine Beanstandungen gab, nicht bei jeder Prüfung im Einzelnen zu prüfen hat, ob die Mitgliederliste vollständig geführt wird, ob sie alle Angaben enthält und ob die Aufbewahrungsfristen eingehalten werden.[57] 56a

Bei Genossenschaften, deren Bilanzsumme 2 Millionen EUR übersteigt, muss die Prüfung in jedem Geschäftsjahr erfolgen (§ 53 Abs. 1 Satz 2 GenG). Im Rahmen der genossenschaftlichen Pflichtprüfung ist auch der Jahresabschluss unter Einbeziehung der Buchführung und des Lageberichts zu prüfen, wenn die Bilanzsumme 1,5 Millionen EUR und die Umsatzerlöse 3 Millionen EUR übersteigen (§ 53 Abs. 2 Satz 1 GenG).[58] Die neuen Größenklassen nach § 53 Abs. 2 Satz 1 GenG sind erstmals auf die Prüfung der Jahresabschlüsse für ein frühestens am 31. Dezember 2017 endendes Geschäftsjahr anzuwenden (§ 164 GenG). 56b

Mit der Reform des Genossenschaftsrechts ist die sog. vereinfachte Prüfung eingeführt worden. Danach beschränkt sich bei Kleinstgenossenschaften (§ 336 Abs. 2 Satz 3 HGB), deren Satzung keine Nachschusspflicht der Mitglieder vorsieht und die im maßgeblichen Prüfungszeitraum von ihren Mitgliedern keine Darlehen nach § 21b Abs. 1 GenG entgegengenommen haben, jede 2. Prüfung nach § 53 Abs. 1 Satz 1 GenG auf eine vereinfachte Prüfung. Eine vereinfachte Prüfung umfasst die Durchsicht der in Abs. 2 Satz 1 genannten Unterlagen und die Feststellung, ob es Anhaltspunkte dafür gibt, an einer geordneten Vermögenslage oder der Ordnungsmäßigkeit der Geschäftsführung zu zweifeln. § 57 Abs. 2 und 4 GenG findet keine Anwendung (§ 53a Abs. 1 GenG).[59] 56c

57 Gesetzentwurf der Bundesregierung v. 13.3.2017, BT-Drucks. 18/11506, 29.

58 Siehe zu den Besonderheiten und Einzelheiten der genossenschaftlichen Pflichtprüfung u. a. insbes. Hillebrand/Keßler/*Hillebrand*, GenG, § 53 Rn. 8 ff. m. w. N. sowie Lang/Weidmüller/*Holthaus/Lehnhoff*, GenG, § 53 Rn. 16 ff.

59 Siehe zu den weiteren Einzelheiten, insbesondere zu den Unterlagen, die bei der vereinfachten Prüfung einzureichen sind, § 53a Abs. 2, 3 GenG sowie Lang/Weidmüller/*Holthaus/Lehnhoff*, GenG, § 53a; Hillebrand/Keßler/*Hillebrand*, GenG, § 53a.

Zu den Kleinstgenossenschaften gehören Genossenschaften, die mindestens 2 der 3 nachstehenden Merkmale nicht überschreiten (§ 336 Abs. 2 Satz 3 HGB, § 267a Abs. 1 HGB):

- 350.000 EUR Bilanzsumme;
- 700.000 EUR Umsatzerlöse in den 12 Monaten vor dem Abschlussstichtag;
- im Jahresdurchschnitt 10 Arbeitnehmer.

57 Die genossenschaftliche Pflichtprüfung ist eine Betreuungsprüfung. Sie ist die umfassendste und intensivste Prüfungsart, deren Prüfungsgegenstände über die Prüfung des Jahresabschlusses (§ 317 HGB) hinausgehen.[60]

58 Im Gegensatz zu einer Auftragsprüfung, d. h. z. B. der Jahresabschlussprüfung einer Wohnungsbaugesellschaft (wie AG oder GmbH)[61], ist für die genossenschaftliche Pflichtprüfung keine Erteilung eines Prüfungsauftrags erforderlich und auch nicht möglich.

59 Nach der Reform des Genossenschaftsrechts ist der Vorstand nicht mehr verpflichtet, die Bescheinigung des Verbands, dass die Prüfung stattgefunden hat (Prüfungsbescheinigung), zum Genossenschaftsregister einzureichen. Vielmehr hat nun der Verband, wenn bei einer der ihm angehörenden Genossenschaften im letzten sich aus § 53 Abs. 1 GenG ergebenden Prüfungszeitraum keine Pflichtprüfung durchgeführt worden ist, dies in einer Anlage zum Verzeichnis unter Angabe der Gründe für die ausstehende Prüfung anzugeben (§ 63d Satz 2 GenG). Die bisherige Positivmeldung des Vorstands durch die Vorlage der Prüfungsbescheinigung, dass die Prüfung stattgefunden hat, ist somit durch eine Negativmeldung des Verbands, dass die Prüfung nicht stattgefunden hat, ersetzt worden. Das Registergericht kann dagegen nicht verlangen, dass der Prüfungsbericht vorgelegt wird (und damit auch nicht das Ergebnis der Prüfung in Form des »zusammengefassten Prüfungsergebnisses«).

60 U. a. Lang/Weidmüller/*Holthaus/Lehnhoff*, GenG, § 53 Rn. 17 m. w. N.

61 Siehe zur Wahl des Abschlussprüfers und zur Erteilung des Prüfungsauftrags bei der Jahresabschlussprüfung von Aktiengesellschaften § 318 AktG.

2 Firma, Sitz, Zweck und Gegenstand der Genossenschaft

2.1 Firma

Unter dem Begriff »Firma« versteht man im Handels- und Gesellschaftsrecht den Namen, unter dem ein kaufmännisches Geschäft betrieben und die Unterschrift abgegeben wird (§ 17 HGB, § 3 GenG). Im täglichen Sprachgebrauch ist mit dem Begriff »Firma« dagegen oftmals gleich das ganze Unternehmen gemeint. Dieser Sprachgebrauch übersteigt die engeren Grenzen des juristischen Begriffs bei Weitem. Überlässt die eG Wohnungen an ihre Mitglieder durch Vermietung, so geschieht dies unter ihrer Firma. Gleiches gilt für alle anderen Vertragsschlüsse: Klagt die eG oder wird sie verklagt, so geschieht dies ebenfalls unter ihrer Firma. Die Firma muss in das Genossenschaftsregister eingetragen werden[1] und zudem in der Satzung festgelegt sein (§ 6 Nr. 1 GenG). Jede Änderung der Firma bedarf einer Satzungsänderung.[2] 60

2.1.1 Allgemeine Grundsätze zur Namensgebung

Bei der Namensgebung war eine eG früher viel stärker eingeschränkt, als dies heute der Fall ist. So musste nach früherem Recht der Name der eG dem Gegenstand des Unternehmens entlehnt sein, bei Wohnungsgenossenschaften somit dem Geschäft der Wohnraumüberlassung. Daher nennen sich die meisten Wohnungsgenossenschaften heute immer noch »Baugenossenschaft«, »Siedlungsgenossenschaft« oder »Wohnungsgenossenschaft« etc. Auch ohne rechtliche Verpflichtung ist dies natürlich sinnvoll. 61

Eine eG darf sich inzwischen jedoch auch Namen geben, die den Geschäftsbetrieb nicht bezeichnen. Eigennamen von lebenden oder schon verstorbenen Personen oder gar Fantasienamen wären heute somit ebenfalls zulässig (z. B. »Hubert Müller eG« oder »Sonnenschein eG«). Allerdings muss die eG bei der Namensgebung die allgemeinen, für jedes Unternehmen geltenden Grenzen des Handels- und Wettbewerbsrechts einhalten. Das bedeutet insbesondere, dass

- die eG als kaufmännisches Unternehmen von anderen am Ort tätigen Unternehmen unterscheidbar bleiben muss (§ 30 HGB),

1 Verordnung über das Genossenschaftsregister (Genossenschaftsregisterverordnung – GenRegV) v. 22.11.1923 (RGBl. S. 1123) in der Fassung der Bekanntmachung v. 16.10.2006 (BGBl I S. 2268), zuletzt geändert durch das Gesetz vom 25.5.2009 (BGBl I S. 1102), enthalten z. B. bei: Pöhlmann/*Fandrich*/Bloehs, GenG.

2 So die einhellige Ansicht der Literatur, für viele: Lang/Weidmüller/*Holthaus/Lehnhoff*, GenG, § 6 Rn. 6.

- mit ihrem Namen den Rechtsverkehr nicht irreführen darf (§ 18 Abs. 2 HGB) und
- für das genossenschaftliche Unternehmen insgesamt auch nur eine einheitliche Firma vorhanden sein darf (Rückschluss aus § 23 HGB[3]).

Die Frage, welche Firma sich die eG geben soll und darf, wird zwar regelmäßig im Rahmen der Gründung einer eG relevant, manchmal aber durchaus auch bei einer schon bestehenden eG – hier oftmals im Zusammenhang mit breit angelegten Satzungsrevisionen oder mit Fusionen.

2.1.2 Genossenschaftsrechtliche Besonderheiten bei der Namensgebung

2.1.2.1 Der Rechtsformzusatz

62 Das Genossenschaftsgesetz schreibt vor, dass die Firma der eG die ausgeschriebene Bezeichnung »eingetragene Genossenschaft« oder wenigstens die Abkürzung »eG« enthalten muss (§ 3 GenG). Dieser Rechtsformzusatz soll dem Rechtsverkehr u. a. im Hinblick auf Haftungsfragen Aufschluss darüber geben, »mit wem er es zu tun hat« und welches Risiko er durch die Geschäftsbeziehung eingeht (entscheidende Frage: Wer haftet mit welchem Vermögen?).

! **Wichtig**

Der Rechtsformzusatz muss im Namen der eG ein selbstständiger Namensbestandteil sein. Er darf also nicht in den sonstigen Namen integriert werden. Das bedeutet, dass die Firma »Eingetragene Wohnungsgenossenschaft X-Stadt« nicht ausreichend wäre. Möglich wäre im Beispiel jedoch die Firma »Wohnungsgenossenschaft X-Stadt eG«. Die Abkürzung der Rechtsformangabe durch »eG« ist nach allgemeiner Ansicht insoweit streng zu sehen.

Manchmal erscheint der abgekürzte Rechtsformzusatz mit Punkten untergliedert (e. G.) oder sogar in Großbuchstaben (EG), teilweise auch hier mit Punkten untergliedert (E. G.). In der Praxis ist festzustellen, dass solche Gestaltungen der Abkürzung nicht nur auf Briefpapieren erscheinen, sondern – zumindest im Fall von älteren Bestands-Genossenschaften – im Rahmen von Satzungsänderungen ohne Beanstandung des Registergerichts eingetragen worden sind. Für Rechnungen nach dem Umsatzsteuergesetz gelten die besonderen Anforderungen des Steuerrechts.

Das Genossenschaftsgesetz nennt in seinem § 3 allerdings nur die Abkürzung »eG«, sodass bei Zugrundelegung einer streng formalen Sichtweise alle anderen Abkürzungsvarianten zumindest im Rahmen der Registereintragung mindestens als proble-

3 Nachweise bei Lang/Weidmüller/*Holthaus/Lehnhoff*, GenG, § 3 Rn. 3.

matisch angesehen werden müssten.[4] In der Praxis haben die in der geschilderten Form abweichenden Kürzel, soweit ersichtlich, jedenfalls bisher nur in sehr wenigen Einzelfällen zu Beanstandungen der Registergerichte geführt (und wenn, dann im Rahmen von Satzungsänderungen, nicht jedoch bei bestehenden Satzungen oder verwendeten Briefpapieren).

Da in jedem Fall klar ist, welche Rechtsform gemeint ist, dürfte nach der hier vertretenen Ansicht – zumindest bei bestehenden Eintragungen – rechtlich eigentlich nichts gegen die entsprechenden Abkürzungsvarianten »E. G.« oder »e. G.« sprechen. Es gibt jedoch auch die strenge Auffassung, die hier keine Kompromisse zulässt, und die Bezeichnung »e. G.«, »eGen« und »E. G.« für unzulässig erklärt.[5] Keine Bedenken bestehen nach Kommentaransicht, wenn die Rechtsformbezeichnung im Schriftverkehr anders lautet als in der Eintragung.[6] Dies soll sogar für den Schriftverkehr mit dem Registergericht gelten.[7] Die Beurteilung wird im Detail also nicht einheitlich vorgenommen.

Der sicherste Weg für den abgekürzten Rechtsformzusatz ist jedoch immer die Verwendung der gesetzlich festgeschriebenen Abkürzungsvariante »eG«. Befindet sich die eG in Liquidation, so ist der Firma der eG ein die Liquidation andeutender Zusatz hinzuzufügen (§ 85 Abs. 3 GenG, »in Liquidation«, »i. L.«).

Nach früherem Genossenschaftsrecht durfte des Weiteren dem Namen keinesfalls ein Zusatz hinzugefügt werden, der anzeigt, ob und in welchem Umfang die Genossenschaftsmitglieder zur Leistung von Nachschüssen verpflichtet sind (z. B. »Siedlungsgenossenschaft X-Stadt eG mit beschränkter Nachschusspflicht« o. Ä.). 63

Diese Regelung ist im Zuge der Genossenschaftsnovelle 2006 ersatzlos entfallen. Dennoch sollte auch in Zukunft auf eine Angabe zur Nachschusspflicht im Namen der eG eher verzichtet werden. In der Satzung ist nach § 6 Nr. 3 GenG hierzu jedoch eine Regelung darüber zu treffen, ob eine unbeschränkte, eine auf eine Haftsumme beschränkte oder gar keine Nachschusspflicht besteht – zu empfehlen: ganz generell zum Schutz der Mitglieder immer ein kompletter Ausschluss der Nachschusspflicht.

4 So z. B. Lang/Weidmüller/*Holthaus/Lehnhoff*, GenG, § 3 Rn. 13, die aber auch auf die Möglichkeit geringfügiger Abweichungen hinweisen; strenger: Beuthien/*Beuthien*, GenG, § 3 Rn. 6.

5 Beuthien/*Beuthien*, GenG, § 3 Rn. 6.

6 So z. B. Lang/Weidmüller/*Holthaus/Lehnhoff*, GenG, § 3 Rn. 13, der dies sogar für die Abkürzung »e. G.« annimmt, allerdings auf der Basis sehr alter Gerichtsentscheidungen aus den 30er-Jahren zum Aktienrecht; ebenso: Pöhlmann/*Fandrich*/Bloehs, GenG, § 3 Rn. 4, jedoch ohne weitere Begründung oder Fundstelle; a. A. Beuthien/*Beuthien*, GenG, § 3Rn. 6, ebenfalls ohne Begründung oder Fundstelle.

7 Lang/Weidmüller/*Holthaus/Lehnhoff*, GenG, § 3 Rn. 13.

2.1.2.2 Die »Gemeinnützigkeit« in der Firma

2.1.2.2.1 Historische Bedeutung der Gemeinnützigkeit

64 Die »Gemeinnützigkeit« im Namen ist auf die bis zum 31.12.1989 bestehende »Gemeinnützigkeit im Wohnungswesen« zurückzuführen. Diese Wohnungsgemeinnützigkeit hat aber nichts mit der heutigen steuerlichen Gemeinnützigkeit im Sinne des § 52 der Abgabenordnung (AO) zu tun. Vielmehr handelte es sich um ein eigenes Rechtsgebiet zur Erstellung und Bewirtschaftung von Wohnraum in Zeiten großer Wohnungsnot, das schwerpunktmäßig in den Jahren des Zweiten Weltkriegs entwickelt wurde und in den Jahrzehnten nach dem Krieg in den alten Bundesländern zuerst im Rahmen des Wiederaufbaus, aber auch noch Jahrzehnte danach weiter wirkte. Durch die Unterstellung unter die strengen Anforderungen des Wohnungsgemeinnützigkeitsrechts, das auch mit einer staatlichen Aufsicht verbunden war, erhielten die Wohnungsunternehmen erhebliche Vorteile, wie z. B. gänzliche Steuerbefreiung und besondere staatliche Förderung durch Wohnbaugelder. Hierfür mussten sich die Unternehmen im Gegenzug entsprechenden Bindungen unterwerfen (insbesondere Miethöhebeschränkungen, Belegungsverpflichtungen, Ausschüttungssperren und Überprüfungen). Die Wohnungsgemeinnützigkeit ist mit dem Einigungsvertrag zum 01.01.1990 ersatzlos abgeschafft worden. Sie hat in dieser Form heute keine inhaltliche Bedeutung mehr.

2.1.2.2.2 Bedeutung der Gemeinnützigkeit heute

65 Die Erwähnung der »Gemeinnützigkeit« in der Firma einer Wohnungsgenossenschaft geht auf die historische Wohnungsgemeinnützigkeit im vorgenannten Sinne zurück. Die Gestaltung der Firma zeigt dann – eben unter diesen historischen Gesichtspunkten – an, dass das Unternehmen in der Zeit des Bestehens der damaligen Wohnungsgemeinnützigkeit als gemeinnützig anerkannt war, weil es sich den vormals geltenden Anforderungen dieser Wohnungsgemeinnützigkeit unterworfen hatte. Landläufig wird mit dem Begriff »gemeinnützig« in einem eher diffusen Verständnis heute noch verbunden, dass die Tätigkeit einer solchen Genossenschaft mit »besonderen Vorteilen« für den Einzelnen und gleichzeitig die Allgemeinheit (z. B. durch Entgelte zu Selbstkostenpreisen oder die Beruhigung des örtlichen Wohnungsmarkts durch verstärkte Bautätigkeit) verbunden ist und daher möglicherweise eine »besondere Förderwürdigkeit« des Unternehmens durch die öffentliche Hand, etwa im Sinne des § 52 AO, besteht. Dies ist natürlich falsch. Dass zur ehemaligen Gemeinnützigkeit im Wohnungswesen tiefgehende Fehlvorstellungen, insbesondere in der Politik und bei den Interessenvereinigungen der Mieter, bestehen, zeigt sich an der gegenwärtigen, im Jahr 2019 und auch schon zuvor geführten politischen Debatte über die um sich greifende Wohnungsnot in den Ballungsgebieten Deutschlands. Zur Lösung dieser

Probleme wird ernsthaft vorgeschlagen, eine »neue« Wohnungsgemeinnützigkeit einzuführen.

Diese Problematik hatte in der Praxis vereinzelt auch schon zu wettbewerbsrechtlichen Streitigkeiten und Abmahnungsversuchen durch Konkurrenten des betreffenden Unternehmens geführt (z. B. im Bereich des Bauträgergeschäfts, z. B. wenn sich die Marktsituation verschlechtert hat). 66

Der BGH hat zu einer vergleichbaren Fallgestaltung entschieden (hier war es um die damalige »DDR-Gemeinnützigkeit« gegangen), dass die Führung der Bezeichnung »gemeinnützig« als Firmenbestandteil jedenfalls dann zur Irreführung geeignet ist, wenn beim Unternehmen die Voraussetzungen hierfür im Zeitpunkt des Schlusses der letzten mündlichen Verhandlung in der Tatsacheninstanz nicht mehr vorlagen. Nach der weiteren Feststellung des BGH ist ein wettbewerbsrechtlicher Unterlassungsanspruch auch nicht deshalb ausgeschlossen, weil das Unternehmen die Firmenbezeichnung zu einem früheren Zeitpunkt einmal zulässigerweise geführt hatte.[8]

Die Entscheidung des BGH wird in der Kommentarliteratur mit unterschiedlicher Gewichtung dargestellt.[9] Von manchen Stimmen wird die Bedeutung dieser Entscheidung für den Fall einer Nennung der Wohnungsgemeinnützigkeit in der Firma der eG eher heruntergespielt, andere wiederum betonen die Gefahr wettbewerbsrechtlicher Auseinandersetzungen.

Wichtig für die Verantwortlichen in einer eG, die den Gemeinnützigkeitszusatz weiter führen soll, ist jedoch im Hinblick auf das Firmenrecht (§§ 18, 13 HGB und Art. 22 Abs.1 EGHGB), dass mit dem Führen des Begriffs der Gemeinnützigkeit im Namen des Unternehmens dann auch Verpflichtungen – zumindest in »analoger« Anwendung der früheren »harten« gesetzlichen Gemeinnützigkeitsvoraussetzungen – verbunden sind, insbesondere was die Grundsätze des Wirtschaftens der Wohnungsgenossenschaft im Hinblick auf die Vermietung und die Gestaltung des Inhalts der Satzung anbelangt (keine überbordenden Dividenden-Ausschüttungen).

Die wesentlichen Kernbestandteile, die in der Zeit der vormaligen Wohnungsgemeinnützigkeit bis zum Ende des Jahres 1989 verlangt worden waren, sind: 67

8 BGH, Urteil v. 27.2.2003, I ZR 25/01, GRUR 2003 S. 448-450.

9 So z. B. Lang/Weidmüller/*Holthaus/Lehnhoff*, GenG, § 3 Rn. 11, die insbesondere auf die amtliche Begründung zum Steuerreformgesetz 1990 verweisen, in dem die Bundesregierung vom Weiterbestehen der Berechtigung ehemaliger gemeinnütziger Wohnungsunternehmen zum Führen des Gemeinnützigkeitszusatzes ausgeht; ebenso das Gutachten von Leisner, Gemeinnützige Wohnungsunternehmen-Firmenname und Wettbewerb, GdW-Schriften Nr. 31, 1989, der zum gleichen Ergebnis kommt, sofern die inhaltlichen Bausteine der Wohnungsgemeinnützigkeit weiter beachtet werden.

- die Versorgung breiter Schichten der Bevölkerung mit sozialverträglichem Wohnraum als Unternehmenszweck,
- die Begrenzung der Höhe der Nutzungsentgelte für die Wohnraumüberlassung auf das gemeinnützigkeitsrechtliche Maß,
- die Freihaltung der Organe, insbesondere des Aufsichtsrats, von Angehörigen des Baugewerbes,
- die Begrenzung von Dividendenausschüttungen auf 4% sowie
- im Fall der Auflösung die Verteilung des Restvermögens an wiederum gemeinnützige Zwecke.

Die eG müsste zudem zum 1.1.1990 als gemeinnützig anerkannt und auch damals schon entsprechend bezeichnet gewesen sein (hiermit scheidet die Aufnahme der »Gemeinnützigkeit« in den Namen der eG bei Neugründungen von vornherein aus; Gleiches wird man nach richtiger Ansicht auch für die Rückfirmierung annehmen müssen, falls die Bezeichnung »gemeinnützig« nach 1990 schon einmal gelöscht worden ist; die Streichung des Gemeinnützigkeitszusatzes im Namen der eG ist also eine »Einbahnstraße«, sie kann nicht mehr rückgängig gemacht werden). Ob dann allerdings wettbewerbsrechtliche Abmahnungen völlig ausgeschlossen sind, bleibt dennoch fraglich, da nach Ansicht des BGH die handelsrechtlichen Bestimmungen über den unzulässigen Gebrauch einer Firma nach den §§13, 37 HGB und der wettbewerbsrechtliche Unterlassungsanspruch nach §3 UWG selbstständig nebeneinanderstehen. Die selbstständige Verwendung der Firmenabkürzung »GWG« hält der BGH dagegen schon dem Grunde nach für nicht problematisch. Hier sei eine Irreführung des Verkehrs nach §3 UWG nicht zu besorgen.

In den Nutzungs- und Mietverträgen sollte auf Bezugnahmen zur Wohnungsgemeinnützigkeit allerdings vollständig verzichtet werden, da hier die Gefahr besteht, dass beim Wohnungsnutzer als Mieter unrealistische Vorstellungen geweckt werden. Gleiches gilt für die Satzung: auch hierin sollte die Miete nicht mehr an Gemeinnützigkeitskriterien gebunden werden. Es reichen Formulierungen, wie z. B. »sozial verträglich« o.Ä. Die Kalkulation des Nutzungsentgelts (Miete) nach den früheren Kriterien der Wohnungsgemeinnützigkeit bewirkt einen nicht mehr vertretbaren Aufwand, wobei auch das Fachwissen heute nicht mehr vorhanden bzw. nicht mehr beschaffbar ist.[10] Das sollte auf keinen Fall zugestanden oder auch nur in Aussicht gestellt werden. Die eG würde sich in Zeiten rasant steigender Grundstückserwerbskosten, Baukosten und Personalkosten sonst außerordentlich – möglicherweise auch in gefährlicher Weise – knebeln.

10 Bis zur Entscheidung des BGH v. 14.6.2006, VIII ZR 128/05 war im Wohnraummietrecht beispielsweise vertreten worden, dass die Erwähnung der Wohnungsgemeinnützigkeit im Nutzungsvertrag und/oder in der Satzung es bei Mietanpassungen erforderlich mache, die neue Miete nach den Grundsätzen der Wohnungsgemeinnützigkeit zu berechnen.

2.2 Sitz

Die eG kann ihren Sitz in Deutschland prinzipiell so wählen, wie sie dies für richtig hält. Das Genossenschaftsgesetz geht jedoch wie selbstverständlich davon aus, dass der Sitz der eG in Deutschland liegt. Eine Verlagerung des Sitzes ins Ausland führt nach älterer Rechtsprechung zur Aktiengesellschaft und auch nach der heutigen Kommentarliteratur zur Auflösung der inländischen eG.[11] 68

Für grenzüberschreitend tätig werdende genossenschaftliche Unternehmen, deren Geschäftstätigkeit und Sitz sich auf das Gebiet mehrerer Mitgliedsstaaten der Europäischen Union verteilen, sieht das Europäische Recht ein besonderes Genossenschaftsstatut vor, das sog. »SCE-Statut« (SCE = Societa Cooperativa Europea, d.h. Europäische Genossenschaft). 69

Anknüpfungspunkt für den Sitz der eG ist der kommunalrechtliche Begriff der Gemeinde. Bei kommunalrechtlichen Gebietsreformen und Zusammenlegungen von mehreren Gemeinden kann die bisherige Gemeinde (jetzt: Gemeindeteil) als Sitz beibehalten werden.[12] Eine Sitzverlegung kann aber auch dann gegeben sein, wenn durch die Verlagerung der Räumlichkeiten der Zuständigkeitsbereich des örtlichen Registergerichts (Amtsgericht) nicht verlassen wird.[13] Der Sitz muss in der Satzung bestimmt sein. Für die Verlegung des Sitzes ist daher eine Satzungsänderung mit nachfolgender Eintragung erforderlich.[14] 70

Die Verlegung der Verwaltung der eG oder einer Betriebsstätte (z.B. Hauptregiebetrieb) allein stellt noch keine Änderung des Sitzes dar. Auch soll die Lage der Geschäftsräume oder der Ort der Tätigkeit hierfür nicht bestimmend sein. Allerdings wird nach einhelliger Ansicht verlangt, dass die eG zum Ort des Sitzes eine »juristische oder betriebliche« Beziehung hat. Der Sitz der eG wird in der Kommentarliteratur auch heute noch gewöhnlich definiert als »der Ort, an dem sich die Geschäftsleitung, die Verwaltung und ein Betrieb der eG befinden«.[15] Ein rein fiktiver Sitz soll die gesamte Satzung nichtig machen.[16] 71

Vom »Sitz« zu unterscheiden ist weiter der hin und wieder verwendete Begriff »Geschäftsbezirk« als das Gebiet, in welchem die eG gänzlich oder auch nur schwerpunktmäßig ihre Geschäfte tätigt.[17] 72

---

11 RGZ 7, 68; 88, 53; 107, 94, zit. bei: Lang/Weidmüller/*Holthaus/Lehnhoff*, GenG, § 6 Rn. 9.
12 Lang/Weidmüller/*Holthaus/Lehnhoff*, GenG, § 6 Rn. 7.
13 Lang/Weidmüller/*Holthaus/Lehnhoff*, GenG, § 6 Rn. 8.
14 Beuthien/*Beuthien*, GenG, § 6 Rn. 5 und 6; Hillebrand/*Keßler*, GenG, § 7 Rn. 5.
15 Beuthien/*Beuthien*, GenG, § 6 Rn. 5.
16 Zum Ganzen: Lang/Weidmüller/*Holthaus/Lehnhoff*, GenG, § 6 Rn. 7 bis 9.
17 Beuthien/*Beuthien*, GenG, § 6 Rn. 5.

73 Der Sitz der eG ist wichtig für die registerrechtlichen (Eintragungsort, § 10 GenG) und prozessualen Angelegenheiten, wie allgemeiner Gerichtsstand (§ 17 ZPO) und bei Klagen aus dem Mitgliedschaftsverhältnis (§ 22 ZPO). So heißt es in § 22 ZPO: »Das Gericht, bei dem [...] Genossenschaften [...] den allgemeinen Gerichtsstand haben, ist für die Klagen zuständig, die von ihnen oder von dem Insolvenzverwalter gegen die Mitglieder als solche oder von den Mitgliedern in dieser Eigenschaft gegeneinander erhoben werden.« Aus § 17 ZPO ergibt sich, dass für die Klagen der Mitglieder der eG gegen diese der Sitz der eG maßgeblich ist. Ein Doppel-Sitz ist generell nicht zulässig. Bei falscher Gestaltung des Sitzes der eG kann eine Klage auf Feststellung der Nichtigkeit der gesamten eG drohen (§§ 94, 95 GenG). Bei einem nachträglichen Auseinanderfallen von satzungsmäßigem und tatsächlichem Sitz soll es jedoch nicht zu einer Auflösung der eG »von Amts wegen« kommen.[18]

2.3 Zweck und Gegenstand der Genossenschaft

2.3.1 Förderzweck

74 Der zulässige Zweck für alle Genossenschaften ist nach dem Gesetz die Förderung der Mitglieder (Förderzweck, Förderauftrag). Im Genossenschaftsgesetz wird dazu abstrakt ausgesagt, dass die Förderung des Erwerbs, der Wirtschaft oder sozialer und kultureller Belange der Mitglieder der eG durch gemeinschaftlichen Geschäftsbetrieb möglich ist (§ 1 Abs. 1 GenG).[19]

75 Im Unterschied zum Förderzweck umfasst der Unternehmensgegenstand alle Tätigkeiten, durch die im Einzelfall der Förderzweck verwirklicht werden soll.[20] Der Unternehmensgegenstand konkretisiert somit den Förderzweck[21] und ist daher nicht mit dem Förderzweck identisch[22], sondern muss vielmehr in der Satzung konkret festgelegt werden (siehe Rn. 79 ff.).

76 Die Förderung des »Erwerbs der Mitglieder« richtet sich auf deren berufliche Lebenssphäre und damit der Unterstützung ihrer Erwerbstätigkeit.[23] Für die Wohnungsgenossenschaften ist dagegen weitgehend nur die »Förderung der Wirtschaft« ihrer Mitglieder von Bedeutung. Darunter ist die Unterstützung des privaten Lebensbereichs zu verstehen, wozu insbesondere auch die Erstellung und Bewirtschaftung von Wohn-

18 Lang/Weidmüller/*Holthaus/Lehnhoff*, GenG, § 6 Rn. 7, unter Bezugnahme auf BayObLG, BB 1982 S. 894.
19 Siehe dazu näher Lang/Weidmüller/*Holthaus/Lehnhoff*, GenG, § 1 Rn. 26 ff.
20 Lang/Weidmüller/*Holthaus/Lehnhoff*, GenG, § 6 Rn. 11.
21 Beuthien/*Beuthien*, GenG, § 6 Rn. 7.
22 Lang/Weidmüller/*Holthaus/Lehnhoff*, GenG, § 6 Rn. 11.
23 Lang/Weidmüller/*Holthaus/Lehnhoff*, GenG, § 1 Rn. 27; Beuthien/*Beuthien*, GenG, § 1 Rn. 12.

raum gehört.[24] Sofern, wie in der Praxis häufig, auch Gewerberaum an die Mitglieder überlassen wird, betrifft die Förderung der eG dann sowohl den privaten als auch den beruflichen Lebensbereich der Mitglieder.

Die Ausgestaltung der Art der Förderung der Mitglieder kann ebenfalls in der Satzung 77
erfolgen[25] und hängt vor allem von der Art der Genossenschaft ab.[26] In der Mustersatzung für Wohnungsgenossenschaften ist geregelt, dass der Zweck der eG in der Förderung ihrer Mitglieder durch eine gute, sichere und sozial verantwortbare Wohnungsversorgung besteht (§ 2 Abs. 1 MS). Die Art der Förderung der Mitglieder hat dann zwangsläufig Auswirkungen auf die Ausgestaltung des Unternehmensgegenstands.

Der Förderauftrag der eG richtet sich aufgrund der ausdrücklichen Regelung im Gesetz 78
an die Mitglieder.[27] Aus dem Förderauftrag ergeben sich konkrete Auswirkungen für die Mitgliedschaft in einer Wohnungsgenossenschaft.[28]

Der Prüfungsverband hat im Prüfungsbericht dazu Stellung zu nehmen, ob und auf 78a
welche Weise die Genossenschaft im Prüfungszeitraum einen zulässigen Förderzweck verfolgt hat (§ 58 Abs. 1 Satz 3 GenG). Diese Neuregelung aufgrund der Reform des Genossenschaftsrechts im Jahr 2017 dient der Transparenz. Der Förderzweck stellt das charakteristische Merkmal der Rechtsform der Genossenschaft dar. Vorstand, Aufsichtsrat und die übrigen Genossenschaftsmitglieder sollen frühzeitig gewarnt werden, falls sich eine Genossenschaft von ihrem Förderzweck entfernt.[29] Außerdem wurde im Rahmen der Genossenschaftsrechtsnovelle 2017 die Vorschrift des § 62 Abs. 3 GenG dahingehend ergänzt, dass der Verband berechtigt ist, der Bundesanstalt für Finanzdienstleistungsaufsicht eine Abschrift eines Prüfungsberichts ganz oder auszugsweise zur Verfügung zu stellen, wenn sich aus diesem Anhaltspunkte dafür ergeben, dass die geprüfte Genossenschaft keinen zulässigen Förderzweck verfolgt, sondern ihr Vermögen gemäß einer festgelegten Anlagestrategie investiert, so dass ein Investmentvermögen im Sinne des § 1 Abs. 1 des Kapitalanlagegesetzbuchs vorliegen könnte.[30]

---

24 Lang/Weidmüller/*Holthaus/Lehnhoff*, GenG, § 6 Rn. 27; Beuthien/*Beuthien*, GenG, § 1 Rn. 13; siehe zur Förderung kultureller und sozialer Belange u. a. Lang/Weidmüller/*Holthaus/Lehnhoff*, GenG, § 1 Rn. 34.

25 Siehe dazu Beuthien/*Beuthien*, GenG, § 6 Rn. 7.

26 Mit der Reform des Genossenschaftsrechts im Jahr 2006 wurde die beispielhafte Aufzählung der typischen Genossenschaftsarten im Gesetz aufgegeben (z. B. § 1 Abs. 1 Nr. 7 GenG a. F.: Vereine zur Herstellung von Wohnungen; siehe dazu näher Lang/Weidmüller/*Holthaus/Lehnhoff*, GenG, § 1 Rn. 41 ff.

27 Zu den Voraussetzungen der Zulassung des Nichtmitgliedergeschäfts siehe Rn. 271.

28 Siehe zum Recht eines Mitglieds auf Inanspruchnahme von Dienstleistungen und Einrichtungen der Genossenschaft nach Maßgabe der Satzungsbestimmungen (so § 13 Abs. 2 MS), d. h. konkret der Nutzung der Genossenschaftswohnung Rn. 268.

29 Gesetzentwurf der Bundesregierung v. 13.3.2017, BT-Drucks. 18/11506, 31.

30 Siehe zur Einschränkung der Verschwiegenheitspflicht gegenüber der BaFin Lang/Weidmüller/*Holthaus/Lehnhoff*, GenG, § 62 Rn. 19a.

2.3.2 Unternehmensgegenstand

2.3.2.1 Anforderungen nach Gesetz und Satzung

79 Der Unternehmensgegenstand konkretisiert die Mittel und die Art und Weise, mit denen bzw. wie der Förderauftrag umgesetzt wird, und darf daher dem Förderauftrag nicht widersprechen.[31] Das Genossenschaftsgesetz verlangt, dass der Unternehmensgegenstand in der Satzung angegeben wird (§ 6 Nr. 2 GenG). Durch die Satzungsregelung muss für die Mitglieder und außenstehende Dritte (vor allem Gläubiger der eG) erkennbar sein, in welchen Geschäftszweigen die Genossenschaft ihre unternehmerische Tätigkeit erbringen soll.[32]

80 Sinnvollerweise wird in der Literatur empfohlen, den Unternehmensgegenstand nicht zu eng zu fassen, weil sonst eventuell notwendige Anpassungen aufgrund geänderter wirtschaftlicher Verhältnisse eine Satzungsänderung erfordern.[33] So sieht auch die Mustersatzung als Unternehmensgegenstand ein weites Feld von Tätigkeiten vor, das Wohnungsgenossenschaften ausüben können: So kann die eG zunächst Bauten in allen Rechts- und Nutzungsformen bewirtschaften, errichten, erwerben, vermitteln, veräußern und betreuen (§ 2 Abs. 2 Satz 1 Hs. 1 MS). Darüber hinaus kann die Genossenschaft aber auch alle im Bereich der Wohnungs- und Immobilienwirtschaft, des Städtebaus und der Infrastruktur anfallenden Aufgaben übernehmen. Hierzu gehören Gemeinschaftsanlagen und Folgeeinrichtungen, Läden und Räume für Gemeinschaftsbetriebe, soziale, wirtschaftliche und kulturelle Einrichtungen und Dienstleistungen (§ 2 Abs. 2 Sätze 1 Hs. 2, 2 MS). Dadurch wird ermöglicht, dass den Mitgliedern nicht nur Wohnraum überlassen wird, sondern zusätzliche Leistungen im Wohnumfeld angeboten werden, wie zum Beispiel die Vermietung von Gewerberäumen, Betreutes Wohnen für Senioren[34] oder Behinderte, die Bereitstellung von Gästewohnungen oder die Beschäftigung von Sozialarbeitern.

81 Fakultativ sieht die Mustersatzung außerdem noch vor, dass die eG an ihre Mitglieder Inhaberschuldverschreibungen ausgeben und ihren Mitgliedern Genussrechte, die keinen unbedingten Rückzahlungsanspruch beinhalten, gewähren kann (§ 2 Abs. 3 MS).[35]

82 Die in der Satzung genannten Tätigkeitsfelder ermöglichen der Genossenschaft, d. h. konkret dem Vorstand als Leitungsorgan (§ 27 Abs. 1 GenG; siehe Rn. 477 ff.), im

---

31 Hillebrand/Keßler/*Keßler*, GenG, §§ 6, 7 Rn. 6.
32 Hillebrand/Keßler/*Keßler*, GenG, §§ 6, 7 Rn. 6.
33 Hillebrand/Keßler/*Keßler*, GenG, §§ 6, 7 Rn. 6.
34 Siehe dazu im Einzelnen Michel/Schlüter, Handbuch Betreutes Wohnen – Wohnen und Dienstleistungen für ältere Menschen.
35 Siehe dazu im Einzelnen Rn. 333 ff.

Rahmen des unternehmerischen Ermessens in diesen Bereichen geschäftlich tätig zu werden. Die Frage, ob, und wenn ja, in welchem Umfang davon Gebrauch gemacht wird, ist abhängig von den Besonderheiten des jeweiligen Einzelfalls, insbesondere in wirtschaftlicher Hinsicht. Eine Pflicht, jederzeit in allen Bereichen des Unternehmensgegenstandes tätig zu sein, besteht deshalb nicht.[36] Die Genossenschaft kann daher nach der Regelung in der Mustersatzung z. B. Neubauten errichten, sie muss es aber nicht!

Eine eG kann zusätzliche Leistungen (i. S. d. § 2 Abs. 2 Satz 1 Hs. 2, 2 MS) nicht nur 83
selbst, sondern ggf. auch zusammen mit Dritten erbringen. Dafür kann insbesondere die Beteiligung der Genossenschaft an Gesellschaften in Betracht kommen. Die Mustersatzung sieht darum auch vor, dass Beteiligungen im Rahmen von § 1 Abs. 2 GenG zulässig sind (§ 2 Abs. 4 MS) (siehe Rn. 88 ff.).

Zum Unternehmensgegenstand aufgrund einer entsprechenden Satzungsregelung 84
gehört bei einigen (größeren) Wohnungsgenossenschaften auch die Unterhaltung einer Spareinrichtung. Damit wird ermöglicht, dass ein begrenzter Personenkreis (Mitglieder und deren Angehörige gemäß 15 der Abgabenordnung (AO)) insbesondere Spareinlagen[37] bei der eG anlegen kann und die Genossenschaft so zusätzliches (Fremd-)Kapital erhält. Wohnungsgenossenschaften mit einer Spareinrichtung gelten als Kreditinstitute[38] und müssen daher die entsprechenden Anforderungen des Gesetzes über das Kreditwesen (Kreditwesengesetz – KWG) erfüllen. Besondere Anforderungen bestehen u. a. für die Vorstandsmitglieder.[39] Die zuständige Aufsichtsbehörde bezüglich der Spareinrichtung ist die Bundesanstalt für die Finanzdienstleistungsaufsicht (BaFin).[40]

Handelt der Vorstand einer eG aber pflichtwidrig, indem er Geschäfte betreibt, die 85
nicht vom Unternehmenszweck gedeckt sind (z. B. unzulässige Spekulationsgeschäfte), kann dies zu Schadensersatzansprüchen führen (siehe dazu auch Rn. 570).[41]

Praxis-Beispiel !

In dem o. g. vom BGH entschiedenen Fall hatte eine Hypothekenbank in der Rechtsform einer Aktiengesellschaft (AG) aufgrund der Entscheidung des Vorstands Zinsderivategeschäfte, u. a. Zinsswap-Geschäfte, getätigt.

---

36 Hillebrand/Keßler/*Keßler*, GenG, §§ 6, 7 Rn. 6.
37 I. S. d. § 21 Abs. 4 der Kreditinstituts-Rechnungslegungsverordnung (RechKredV).
38 Siehe § 1 Abs. 1 Satz 1, Satz 2 Nr. 1 KWG.
39 § 25c Abs. 1 KWG, u. a. fachliche Eignung (»Bankleiterqualifikation»).
40 Siehe zu »Wohnungsgenossenschaften mit Spareinrichtung« auch Lang/Weidmüller/*Holthaus/Lehnhoff*, GenG, § 1 Rn. 67; Hillebrand/Keßler/*Keßler*, GenG, § 1 Rn. 98 ff.
41 BGH, Urteil v. 15.1.2013, II ZR 90/11, NJW 2013 S. 1958.

86 Der individuelle Unternehmenszweck ist also unbedingt zu beachten, wenn »untypische« Rechtsgeschäfte oder Unternehmensbeteiligungen (siehe Rn. 88 ff.) abgeschlossen bzw. eingegangen werden sollen. Abschlüsse von Zinsswap-Geschäften waren insbesondere Ende der 1990er-Jahre auch in der Wohnungswirtschaft kein Einzelfall.

87 Zudem wird im Fall von Geschäften, die nicht vom Unternehmenszweck gedeckt sind, in der Regel ein wichtiger Grund für eine Kündigung der Anstellungsverträge zwischen der Genossenschaft und den betreffenden Vorstandsmitgliedern im Zusammenhang mit dem Widerruf der Bestellungen vorliegen. Die außerhalb des Unternehmensgegenstands abgeschlossenen Verträge bleiben aber gegenüber der eG wirksam.[42]

2.3.2.2 Beteiligungen von Wohnungsgenossenschaften

88 In den Satzungen der Wohnungsgenossenschaften ist aufgrund der Empfehlung in der Mustersatzung (§ 2 Abs. 4 MS) in der Regel ausdrücklich vorgesehen, dass Beteiligungen im Rahmen von § 1 Abs. 2 GenG übernommen werden können. Auch in solchen Fällen müssen jedoch die Anforderungen des Genossenschaftsgesetzes zwingend beachtet werden, unter denen Beteiligungen zulässig sind.

89 Eine gesetzliche (bilanzrechtliche) Definition der »Beteiligung« findet sich in § 271 Abs. 1 Handelsgesetzbuch (HGB). Danach sind Beteiligungen Anteile an anderen Unternehmen, die dazu bestimmt sind, dem eigenen Geschäftsbetrieb durch Herstellung einer dauernden Verbindung zu jenen Unternehmen zu dienen. Dabei ist es unerheblich, ob die Anteile in Wertpapieren verbrieft sind oder nicht. Eine Beteiligung wird vermutet, wenn die Anteile an einem Unternehmen insgesamt den fünften Teil des Nennkapitals dieses Unternehmens oder, falls ein Nennkapital nicht vorhanden ist, den fünften Teil der Summe aller Kapitalanteile an diesem Unternehmen überschreiten.

90 Die Mitgliedschaft in einer eingetragenen Genossenschaft gilt zwar nicht als Beteiligung im Sinne des HGB (§ 271 Abs. 1 Satz 5 HGB). Der Begriff der Beteiligung i. S. d. § 1 Abs. 2 GenG ist aber allgemein gesellschaftsrechtlich zu verstehen und damit weiter als die bilanzrechtliche Definition.[43] Neben dem Erwerb von Geschäftsanteilen an einer GmbH oder einer Gesellschaft bürgerlichen Rechts (§ 705 ff. BGB) sind daher als Beteiligungen insbesondere auch die Mitgliedschaft in einer anderen eG, z. B. einer Genossenschaftsbank, und in einem Verein sowie die Errichtung einer Stiftung grundsätzlich zulässig und in der Praxis weit verbreitet.

42 Hillebrand/Keßler/*Keßler*, GenG, §§ 6, 7 Rn. 7.
43 Beuthien/*Beuthien*, GenG, § 1 Rn. 89.

Nach dem Genossenschaftsgesetz muss eine Beteiligung dem Förderzweck dienen (§ 1 Abs. 2 Nr. 1 GenG). Diese Voraussetzung ist erfüllt, wenn die Beteiligung für die Förderinteressen der Mitglieder unmittelbar oder mittelbar Nutzen bringt. Es genügt aber nicht, wenn die Beteiligung nur allgemeinen Vermögensinteressen der Genossenschaft oder der Mitglieder dient.[44] 91

Eine unmittelbare Förderung der Mitglieder aufgrund einer Beteiligung liegt z. B. vor, wenn eine eG Teile ihres Geschäftsbetriebs auf eine Tochtergesellschaft ausgliedert, die dann selbst die satzungsmäßigen Leistungen gegenüber den Mitgliedern erbringt.[45] Wenn dagegen eine solche Beteiligungsgesellschaft nur Hilfsfunktionen für den Geschäftsbetrieb der Genossenschaft selbst erfüllt, liegt eine mittelbare Förderung der Mitglieder der eG vor.[46] 92

Ein häufiger Fall der Beteiligung von Wohnungsgenossenschaften ist in der Praxis die Gründung einer Tochtergesellschaft, deren Tätigkeiten auch zum Unternehmensgegenstand der eG gehören, aber von der Genossenschaft selbst z. B. zur Vermeidung steuerrechtlicher Nachteile nicht erbracht werden sollen. Wohnungsgenossenschaften sind u. a. von der Körperschaftsteuer sowie der Gewerbesteuer befreit, wenn sie ihre Einnahmen aus der Vermietung von Wohnraum an Mitglieder erzielen.[47] Andere Einnahmen aus (steuerlich nicht begünstigten) Geschäften, unter anderem aus dem Bauträgergeschäft, heben die Befreiung von der Körperschaftsteuer und der Gewerbesteuer auf, sofern sie 10 % der gesamten Einnahmen der eG übersteigen (§ 5 Abs. 1 Nr. 10 Satz 2 KStG, § 3 Nr. 15 GewStG).[48] Eine solche Beteiligung ist grundsätzlich mit dem Förderzweck vereinbar. 93

Beteiligungen von Genossenschaften an Gesellschaften können auch in Betracht kommen, um den Mitgliedern Leistungen im Rahmen oder außerhalb der Wohnungsversorgung zu ermöglichen, die die eG nicht (oder nicht allein) erbringen kann oder will (z. B. Leistungen der Bestandsbewirtschaftung durch rechtlich selbstständige Regiebetriebe wie etwa Gartenpflege oder Hausmeisterdienste, Betreutes Wohnen für Senioren[49], Serviceleistungen wie etwa Reinigungsdienste oder Umzugsservice, Vermittlung von Versicherungen oder Reisen). In der Regel dienen solche Beteiligungen dem Förderzweck. In solchen Fällen sind aber eventuell notwendige behördliche Genehmigungen aufgrund von besonderen gesetzlichen Vorschriften zu beachten. So 94

44 Beuthien/*Beuthien*, GenG, § 1 Rn. 9; siehe dazu auch Lang/Weidmüller/*Holthaus/Lehnhoff*, GenG, § 1 Rn. 94.
45 Siehe zum Abschluss von Geschäftsbesorgungsverträgen Rn. 491 ff.
46 Hillebrand/Keßler/*Keßler*, GenG, § 1 Rn. 107.
47 Siehe zu den steuerbefreiten Tätigkeiten im Einzelnen § 5 Abs. 1 Nr. 10 Satz 1 KStG, § 3 Nr. 15 GewStG.
48 Siehe zur »Vermietungsgenossenschaft« u. a. auch Lang/Weidmüller/*Holthaus/Lehnhoff*, GenG, § 1 Rn. 64.
49 Siehe dazu im Einzelnen Michel/Schlüter, Handbuch Betreutes Wohnen – Wohnen und Dienstleistungen für ältere Menschen.

ist für die gewerbsmäßige Vermittlung des Abschlusses von Versicherungen eine Erlaubnis erforderlich (§ 34d GewO).

95 Durch die Regelung des § 1 Abs. 2 GenG über die Zulässigkeit von Beteiligungen soll die eG insbesondere vor Schäden durch spekulative Beteiligungen geschützt werden, die mit dem Förderzweck nicht vereinbar sind. In der genossenschaftsrechtlichen Literatur ist umstritten, ob eine bloße Kapitalanlage zulässig ist, durch die Gewinne erwirtschaftet werden, die dann an die Mitglieder weitergegeben werden.[50] Eine am Einzelfall ausgerichtete Betrachtung ist insbesondere in solchen Fällen notwendig.

96 Auch die Beteiligung an Gesellschaften, die z. B. die Verbesserung der kommunalen Infrastruktur bezwecken, wie etwa die Errichtung eines Gewerbeparks, muss sich am Maßstab des § 1 Abs. 2 GenG messen lassen. Dies gilt auch für die Errichtung von gemeinnützigen Stiftungen.

97 Eine Beteiligung ist außerdem zulässig, wenn sie – neben der Förderung der Mitglieder – auch gemeinnützigen Bestrebungen der eG dient (§ 1 Abs. 2 Nr. 2 GenG).[51] Im Geschäftsbereich der Wohnungsgenossenschaften kann hierbei ggf. im Einzelfall eine Beteiligung mit dem Ziel der Förderung der Alten- und Jugendhilfe oder des Wohlfahrtswesens in Betracht kommen.

98 Über den Erwerb einer Beteiligung durch die Genossenschaft entscheidet der Vorstand im Rahmen seiner Leitungsverantwortung (§ 27 Abs. 1 GenG).[52]

2.3.2.3 Verkauf von Genossenschaftswohnungen

99 In der Regel erfüllt eine eG ihren Förderauftrag durch die Bewirtschaftung des vorhandenen Wohnraums (einschließlich Instandhaltung und Modernisierung) sowie ggf. durch den Bau und Erwerb neuer Wohnungen.[53] Zahlreiche Genossenschaften schließen in der Praxis weiterhin mit den Mitgliedern Dauernutzungsverträge ab. Dies hat zur Folge, dass eine ordentliche Kündigung durch die eG nur in Ausnahmefällen möglich ist.[54] Zudem werben Genossenschaften häufig mit dem Argument, dass ihre Mitglieder grundsätzlich »lebenslang« bei ihnen wohnen können. Unterschiedliche

---

50 Siehe hierzu näher Hillebrand/Keßler/*Keßler*, GenG, § 1 Rn. 108.

51 Siehe zu den Voraussetzungen im Einzelnen u. a. Lang/Weidmüller/*Holthaus/Lehnhoff*, GenG, § 1 GenG Rn. 98; Hillebrand/Keßler/*Keßler*, GenG, § 1 Rn. 109.

52 Siehe zur frühzeitigen Einbindung des Aufsichtsrats (vorbeugende Überwachung) Hillebrand/Keßler/*Keßler*, GenG, § 1 Rn. 110.

53 Siehe § 2 Abs. 2 MS.

54 Siehe zu den Vertragsformen hinsichtlich der Nutzung einer Genossenschaftswohnung Rn. 274 ff.

Gründe können dennoch auch bei einer eG dazu führen, Teile des Wohnungsbestands zu verkaufen (z. B. erheblicher Sanierungsbedarf eines Objekts).

Das Genossenschaftsgesetz enthält keine (einschränkende) Regelung zu den Voraussetzungen des Verkaufs von Genossenschaftswohnungen. Die Mustersatzung sieht (als Teil des Unternehmensgegenstands) nur vor, dass die eG Bauten in allen Rechts- und Nutzungsformen nicht nur bewirtschaften, errichten, erwerben, vermitteln und betreuen, sondern auch veräußern, d. h. insbesondere verkaufen kann (§ 2 Abs. 2 Satz 1 Hs. 1 MS). 100

Der Vorstand ist aufgrund seiner Leitungsbefugnis (§ 27 Abs. 1 GenG) zuständig für die Veräußerung von Genossenschaftswohnungen, d. h. auch für den Abschluss der Kaufverträge. Nach der Mustersatzung unterliegen u. a. nur die Grundsätze und das Verfahren für die Veräußerung von bebauten Grundstücken der Zustimmung des Aufsichtsrats (§ 28 Buchst. c MS). Dazu kann z. B. die Festlegung gehören, zunächst den Mitgliedern die von ihnen bewohnten Einzelhäuser zum Verkauf anzubieten. Eine Zustimmung des Aufsichtsrats für einen Verkauf konkreter Genossenschaftswohnungen ist zumindest nach der Mustersatzung juristisch nicht erforderlich. 101

Eine ausdrückliche Zuständigkeit der Generalversammlung für den Verkauf von Genossenschaftswohnungen ergibt sich ebenfalls weder aus dem Genossenschaftsgesetz noch aus dem Katalog der Zuständigkeiten der Generalversammlung in den Mustersatzungen (§ 35 MS). Im Einzelfall ist aber zu prüfen, ob im Rahmen eines geplanten Verkaufs eines größeren Teils des Wohnungsbestands der Genossenschaft die Zustimmung der Generalversammlung eingeholt werden muss (siehe Rn. 799 ff.). 102

3 Die Mitgliedschaft

3.1 Begründung der Mitgliedschaft

3.1.1 Der Beitrittsakt und seine Bedeutung

Die Mitgliedschaft in einer eG kann nur durch eine schriftliche und unbedingte Beitrittserklärung des Beitrittswilligen in Verbindung mit der Zulassung des Beitritts durch die eG erfolgen (§ 15 Abs. 1 Satz 1 GenG). Hier ist das Genossenschaftsgesetz in seinem Wortlaut sehr streng formuliert. Die Aufnahme eines neuen Mitglieds in die eG vollzieht sich nach den gesetzlichen Anforderungen somit zwingend in zwei Schritten: Neben der formgerechten Erklärung des Beitrittswilligen in einem ersten Schritt, ist in einem zweiten Schritt noch ein formaler Akt der Zulassung im Sinne einer Willensbildung durch die eG erforderlich. Nur wenn diese beiden Komponenten zusammen vorliegen, kann nach dem gesetzlichen Wortlaut von einem rechtswirksamen Beitritt ausgegangen werden. 103

An den gesetzlichen Voraussetzungen orientieren sich auch die Satzungen der genossenschaftlichen Praxis (§ 4 MS). Die Mustersatzung für Wohnungsgenossenschaften (MS) des GdW[1] hat in § 4 MS die Neuerungen der gesetzlichen Änderungen des Jahres 2017[2] berücksichtigt. So ist dort auch der Information aller Beteiligten wegen festgelegt, dass dem Bewerber vor Abgabe seiner Beitrittserklärung die Satzung in der jeweils gültigen Fassung zur Verfügung zu stellen ist. Daneben wird die Neuregelung des Transparenz- und Bürokratieabbaugesetzes wiedergegeben, wonach es ausreicht, wenn die Satzung im Internet unter der Adresse der eG abrufbar ist und dem Bewerber ein Ausdruck der Satzung angeboten wird. Ergänzend hierzu wird die ebenfalls aus dem Transparenz- und Bürokratieabbaugesetz herrührende Regelung gebracht, dass eine Vollmacht zur Abgabe der Beitrittserklärung der Schriftform bedarf.

Ein »stillschweigender« oder »konkludenter« Beitritt ist vor diesem Hintergrund und nach hier vertretener Auffassung an sich nicht denkbar oder aber zumindest nur schwer vorstellbar (die Beitrittserklärung ist als 1. Akt von dem nachfolgenden 2. Akt, der »Zulassung durch die eG«, zu unterscheiden. Die Zulassung durch die eG erfolgt durch Beschluss des satzungsmäßig zuständigen Organs der eG, meist des Vorstands, 103a

1 Siehe Mustersatzung für Wohnungsgenossenschaften (Ausgabe 2018), herausgegeben vom GdW Bundesverband deutscher Wohnungs- und Immobilienunternehmen e. V., Berlin.

2 Gesetz zum Bürokratieabbau und zur Förderung der Transparenz bei Genossenschaften vom 17.7.2017, BGBl I Nr. 48, Ausgabe 21.7.2017.

an dessen Mitteilung keine strengen formalen Anforderungen gestellt werden; hier geht man allgemein davon aus, dass dieser auch »schlüssig« erfolgen kann).

Die Beitrittserklärung ist eine schriftliche, empfangsbedürftige Willenserklärung.[3] Aber erst mit der Zulassung des Beitritts kommt – nach moderner Auffassung – ein »organisationsrechtlicher Aufnahmevertrag« zustande.[4] Dieser Vertrag ist kein herkömmlicher schuldrechtlicher Vertrag über Leistung und Gegenleistung. Es handelt sich um einen Vertrag, der auf die Erzielung der Mitgliedschaft gerichtet ist. Gegenstand ist hier keine »entgeltliche« Leistung[5]; es handelt sich auch nicht um ein Haustürgeschäft aus dem Verbraucherschutzrecht.[6] Eine Ausnahme hiervon besteht dann, wenn die konkrete Ausgestaltung der eG ein klassisches Entgelt- und Haustürwiderrufsgeschäft nur verdecken soll, wie dies beim Vertrieb von Ferienwohnrechten der Fall war (sog. »time sharing»).[7] Früher sprach man von einer »körperschaftlichen Schöpfungshandlung«, was aber darauf beruhte, dass es eine Eintragung des Neumitglieds in eine gerichtliche Liste gab, was rechtsbegründende Wirkung hatte.[8]

104 Es kann im Rahmen dieses zweiaktigen Vorgangs zu Problemen kommen, insbesondere in der Phase zwischen Beitrittserklärung und Zulassung zur eG, oder auch dann, wenn sich die Beitrittserklärung im Nachhinein als fehlerhaft oder missverständlich erweist bzw. sich die eG nicht an die Zulassung gebunden fühlt.

105 Die Frage, ob ein wirksamer Beitritt vorliegt, ist von größter Wichtigkeit, da mit dem wirksamen Beitritt alle mitgliedschaftlichen Rechte und Pflichten entstehen. Eine wirksame Mitgliedschaft ist beispielsweise auch für die Ausübung eines Amts in den Organen Vorstand und Aufsichtsrat zwingend notwendige Grundlage (§ 9 Abs. 2 Satz 1 GenG; eine Ausnahme wird seit der Genossenschaftsnovelle 2006[9] nur für Vertreter juristischer Personen, wie z. B. die AG, die GmbH, den e. V. oder die eG, und für Vertreter öffentlich-rechtlicher Körperschaften, wie Städte, Gemeinden, Landkreise oder Bezirke, also z. B. der Bürgermeister oder Landrat, sowie für vertretungsberechtigte Personen von Personengesellschaften, OHG, KG oder GbR gemacht). Ebenso kann es eine rechtswirksame Zeichnung und Zahlung von Genossenschaftsanteilen nur auf der Grundlage einer wirksamen Mitgliedschaft geben.

3 Beuthien/*Beuthien*, GenG, § 15 Rn. 14.
4 Beuthien/*Beuthien*, GenG, § 15 Rn. 14.
5 Beuthien/*Beuthien*, GenG, § 15 Rn. 25.
6 BGH, Urteil v. 20.1.1997, II ZR 105/96, NJW 1997 S. 1070.
7 BGH, Urteil v. 20.1.1997, II ZR 105/96, NJW 1997 S. 1070, zit. bei: Pöhlmann/*Fandrich*/Bloehs, GenG, § 15 Rn. 13.
8 Beuthien/*Beuthien*, GenG, § 15 Rn. 14, 15.
9 Novelle zum Genossenschaftsgesetz v. 19.5.2006 (BGBl. I S. 2230); auch: Gesetz zur Einführung der Europäischen Genossenschaft und zur Änderung des Genossenschaftsrechts (BGBl. I S. 1911 ff.).

Die Satzungen legen mitunter auch weitergehend fest, wer Mitglied in der eG sein kann. Hier kann beispielsweise die Zugehörigkeit zu einer bestimmten Berufsgruppe (Eisenbahn, Post o. Ä.) gefordert werden. Jedoch ist diese Handhabung in der heutigen Zeit eher rückläufig. In der Mustersatzung für Wohnungsgenossenschaften sind beteiligungsfähig natürliche Personen, Personenhandelsgesellschaften (OHG, KG, GmbH & Co. KG, Stille Gesellschaft) sowie juristische Personen des privaten (z. B. AG, e. V., eG, GmbH, KGaA) und öffentlichen Rechts (Stadt, Gemeinde, Landkreis) (§ 3 MS). Die Gesellschaft bürgerlichen Rechts (GbR oder BGB-Gesellschaft) kann, seitdem ihr die Rechtsprechung des BGH vor vielen Jahren Rechtsfähigkeit[10] zuerkannt hat, nun ebenfalls Mitglied der eG sein, sofern sie nach außen auftritt (Außengesellschaft, nur dann hat sie Rechtsfähigkeit). Allerdings wäre dann bei Anwendung der Mustersatzung für Wohnungsgenossenschaften eine Erweiterung der Satzungsregelung in § 3 MS notwendig. Personenvereinigungen, die keine Rechtsfähigkeit besitzen, können nicht Mitglied in der eG werden (z. B. Ehepaare, eingetragene Lebenspartner, Erbengemeinschaften, Bruchteilsgemeinschaften, Gesamthandsgemeinschaften). 106

Deswegen darf ein Ehepaar nicht »als Ehepaar« zugelassen werden, sondern nur die einzelnen Ehegatten: entweder eine Person von beiden oder aber beide, nach Personen getrennt. Würde beispielsweise ein Ehepaar gemeinsam zugelassen werden und übernähme einer der Ehegatten später ein Amt im Vorstand oder Aufsichtsrat, könnte dies gravierende rechtliche Fragen aufwerfen. Möglicherweise fehlt bei dieser Person die Mitgliedschaft, weswegen diese das Organamt rechtlich nicht wirksam ausüben könnte.

Insofern ist es für die Praxis einer Genossenschaftsverwaltung wichtig, die Aufnahme von Neumitgliedern im Vorgang möglichst klar und unmissverständlich sowie bezogen auf eine konkrete Person vorzunehmen, d. h. durch Einfordern einer eindeutigen Erklärung des Beitrittswilligen und einen durch die eG bewussten und nach außen hin verdeutlichten Vollzug des Beitritts (z. B. mit Begrüßungsschreiben an das Neumitglied mit Mitteilung über den Beitritt oder Aushändigung der Satzung usw.).

Eine stillschweigende bzw. schlüssige Zulassung des Beitrittswilligen durch die eG wird in der Fachliteratur zwar ebenfalls für möglich gehalten. Es müsste jedoch auch hierbei zu einer nach außen erkennbaren Kundgabe des Aufnahmewillens der eG kommen. Die bloße Überreichung einer Satzung an das Neumitglied genügt hierfür nicht mehr, da seit der Genossenschaftsnovelle 2006 dem Antragsteller vor Abgabe seiner Beitrittserklärung eine Abschrift der Satzung in der jeweils geltenden Fassung zur Verfügung zu stellen ist (§ 15 Abs. 1 Satz 2 GenG). Auch die bloße, d. h. wortlose,

10 BGH, Urteil v. 29.1.2001, II ZR 331/00, NZM 2001 S. 299.

Überlassung von Wohnraum zur Nutzung bewirkt hier nicht immer die erforderliche Eindeutigkeit, sondern kann später Rechtsfragen erheblichen Ausmaßes aufwerfen.

3.1.2 Die »Bekanntgabe« der Satzung

107 Die Genossenschaftsnovelle im Jahr 2006 hatte gesetzlich festgelegt, dass dem Antragsteller schon vor Abgabe seiner Beitrittserklärung eine Abschrift der Satzung in der jeweils geltenden Fassung »zur Verfügung« zu stellen ist (§ 15 Abs. 1 Satz 2 GenG).

Auch vor Einführung dieser Regelung war es empfehlenswert, dem Beitrittswilligen eine Satzung auszuhändigen oder zugänglich zu machen. Denn es dürfte einem allgemeinen Rechtsgrundsatz entsprechen, dass sich eine beitrittswillige Person darüber im Klaren sein muss, was sie mit dem Beitritt zu erwarten hat. Nicht selten wurde bei unterlassener Information des Beitrittswilligen später, beim Ausscheiden aus der eG, darüber gestritten, warum das Mitglied eine Kündigungsfrist abzuwarten hat, bis es sein Geschäftsguthaben (dann als Auseinandersetzungsguthaben) zurückverlangen darf. Ebenso konnten Probleme entstehen, wenn die eG später ihre Satzung änderte und eine Erhöhung der Pflichtbeteiligung beschlossen und vom Mitglied die Zeichnung weiterer Anteile und/oder die Aufzahlung verlangt hatte. Das Lesen der Satzung hätte hierzu die Auskunft gegeben, dass Satzungsänderungen möglich sind.

Das Gesetz legt sich in seinem Wortlaut nicht fest, auf welchem Weg der beitrittswilligen Person die Satzung kenntlich gemacht werden muss. Es spricht nur von »zur Verfügung stellen«. Das würde durchaus auch der Fall sein, wenn dem künftigen Neumitglied ein Satzungsexemplar nur »ausgeliehen« würde. Es versteht sich jedoch von selbst, dass die eG einen solchen Weg nicht beschreiten sollte. Vielmehr wäre es nach der hier vertretenen Ansicht am besten, dem Beitrittswillen einen vollständigen und aktuellen Satzungstext auszuhändigen.

Inzwischen ist durch das »Gesetz zum Bürokratieabbau und zur Förderung der Transparenz bei Genossenschaften«, welches am 22. Juli 2017 in Kraft getreten ist, durch § 15 Abs.1 Satz 2, 2. HS GenG klargestellt, dass es ausreicht, wenn die Satzung im Internet unter der Adresse der Genossenschaft abrufbar ist und dem Antragsteller ein Ausdruck der Satzung angeboten wird.

Eine Aushändigung des Textes in Papierform gegen Empfangsbestätigung bietet der eG wohl immer noch einen gangbaren Weg, die gesetzliche Verpflichtung nachweisbar zu erfüllen.

Die Frage, welche Rechtsfolgen eine unterbliebene Bekanntmachung der Satzung nach sich zieht, ist – soweit ersichtlich – in der Rechtsprechung noch immer nicht, geschweige denn abschließend behandelt worden. In der genossenschaftsrechtlichen Fachliteratur ist man sich über die Rechtsfolgen einer unterbliebenen Zurverfügungstellung der Satzung ebenfalls nicht einig. Teilweise geht man hier von einer Anfechtbarkeit des Beitritts aus.[11] Nach a. A. könnte auch Nichtigkeit die Folge sein[12]. Umstritten ist weiter, ob eine Heilung der Pflichtverletzung durch nachträgliches Überlassen der Satzung möglich ist[13].

3.1.3 Zulassung des Beitritts durch die eG

Das Genossenschaftsgesetz regelt nicht, durch wen die eG bei der Zulassung des Bei- 108
trittswilligen vertreten wird. Allerdings ist der Vorstand umfassend zur Vertretung der eG berechtigt und verpflichtet (§§ 26 Abs. 1, 25 GenG). Folglich kommt ihm schon durch das Genossenschaftsgesetz auch die originäre Zuständigkeit für die Vertretung der eG bei der Begründung einer Mitgliedschaft zu. Entsprechend sieht die Mustersatzung für Wohnungsgenossenschaften die Zuständigkeit des Vorstands als Gesamtgremium vor (§ 4 MS). Der Vorstand sollte, wie im üblichen Geschäftsgang auch, in einer Sitzung einen Beschluss über den Beitritt der betreffenden Personen fassen und dies im Protokoll dokumentieren. Dieser Beschluss und seine Protokollierung können ohne größeren Aufwand bewerkstelligt werden. Aus ihm sollten sich jedoch mindestens die konkret (s. o.) aufgenommene Person sowie das Datum des Beschlusses ergeben. Dies hilft auch, Streitigkeiten darüber zu vermeiden, ob eine bestimmte Person nun zum Mitglied geworden ist oder nicht. Es ist nach der hier vertretenen Auffassung zumindest nicht ausgeschlossen, dass auch der Aufsichtsrat durch entsprechende Satzungsregelung am Beitrittsverfahren beteiligt wird. Daher ist im konkreten Fall auch ein Blick in die Satzung zu empfehlen. Hin und wieder ist in den Satzungen ein sog. »Berufungsverfahren« installiert, wonach eine Ablehnung des Beitrittswunsches durch den Vorstand anschließend noch vom Aufsichtsrat bestätigt werden muss bzw. sich der abgelehnte Bewerber an den Aufsichtsrat wenden kann. Dies stellt jedoch die Ausnahme dar.

Eine besondere Regelung gilt für die sog. »investierenden Mitglieder«, eine Rechtsfi- 108a
gur, die mit der Genossenschaftsnovelle 2006 in das Genossenschaftsgesetz eingeführt worden ist. Es handelt sich hierbei um Mitglieder, die von der eG nicht gefördert werden dürfen und auch in der Teilhabe an der Willensbildung (Aufsichtsrat, General-

11 Lang/Weidmüller/*Holthaus/Lehnhoff*, GenG, § 15 Rn. 6.

12 Für die Unwirksamkeit des Beitritts: Pöhlmann/*Fandrich*/Bloehs, GenG, § 15 Rn. 16 a. F.; gegen Nichtigkeit: Beuthien/*Beuthien*, GenG, § 15 Rn. 16, der aber auch eine Anfechtbarkeit nach § 119 und § 123 BGB (Irrtum und arglistige Täuschung) ausschließt.

13 Dagegen: Beuthien/*Beuthien*, GenG, § 15 Rn. 16; dafür: Lang/Weidmüller/*Holthaus/Lehnhoff*, GenG, § 15 Rn. 6: Heilung ja, wenn nicht unverzügliche Anfechtung.

versammlung) beschränkt sind (§ 8 Abs. 2 GenG). Hier ist in § 8 Abs. 2 Satz 3 GenG geregelt, dass die Zulassung eines investierenden Mitglieds der Zustimmung der Generalversammlung bedarf. Abweichend hiervon könnte die Satzung die Zustimmung des Aufsichtsrats vorschreiben.

3.1.4 Ablehnung des Beitrittsgesuchs

109 Wird das Beitrittsgesuch abgelehnt, hat der Vorstand bestimmte gesetzliche Pflichten zu beachten. Eine Begründung hierfür braucht er nach dem Genossenschaftsgesetz allerdings nicht nach außen zu geben. Er oder ggf. der Aufsichtsrat hat dies jedoch dem Antragsteller unverzüglich mitzuteilen, und zwar unter Rückgabe von dessen Beitrittserklärung (§ 15 Abs. 2 Satz 2 GenG). Es genügt allerdings die Mitteilung darüber, dass der Beitritt zur eG abgelehnt wurde – der Originaltext des ablehnenden Beschlusses sollte dem Antragsteller eher nicht zugesandt werden (anders als beim Ausschluss aus der eG), weil dies eine unnötige Angriffsfläche bieten könnte.

Die eG ist in ihrer Entscheidung, ob sie ein neues Mitglied aufnehmen will, dem Grunde nach völlig frei. Einschränkungen dieser Freiheit können im Einzelfall jedoch dann, zumindest mittelbar und faktisch, gegeben sein, wenn die eG vor dem Hintergrund einer Wohnungsnutzung ein steuerschädliches Nicht-Mitgliedergeschäft vermeiden will. Dies wäre unter anderem dann der Fall, wenn ein bisheriges Mitglied, zu dem ein Nutzungsverhältnis über eine Wohnung besteht, verstorben ist und durch die wohnraummietrechtlichen Vorschriften (§ 563 ff. BGB) eine andere Person, die bisher noch nicht Mitglied ist, in den Mietvertrag eintritt oder diesen fortsetzt. Hier müsste die eG eine Mitgliedschaft also förmlich anbieten bzw. verlangen[14], um eine Steuerschädlichkeit zu vermeiden.

Unnötig wortreiche Begründungen für die erfolgte Ablehnung eines Beitrittsgesuchs könnten auch im Hinblick auf das seit Jahren bestehende »Allgemeine Gleichbehandlungsgesetz« (AGG) Probleme aufwerfen. Das AGG dürfte zwar nach der hier vertretenen Auffassung auf den Beitritt zur eG schon dem Grunde nach nicht anwendbar sein, weil sein zivilrechtlicher Teil nur auf »Schuldverhältnisse« anzuwenden ist. Der Beitritt zur eG ist nach bisheriger Rechtsprechung zwar zu Recht als Vertragsschluss im schuldrechtlichen Sinne gesehen worden, was aber nicht im klassischen Sinne einer Leistung und Gegenleistung zu verstehen ist[15]. Dennoch kann auch heute immer noch nicht rechtssicher abgeschätzt werden, inwieweit sich das AGG, wenigstens aber die

14 Dies führt allerdings im Wohnraummietrecht oftmals zu Problemen, wenn der Wohnungsnutzer die Begründung einer Mitgliedschaft ablehnt und die eG den Mietvertrag daraufhin gemäß § 573 BGB ordentlich kündigen möchte.

15 BGH, Urteil v. 20.1.1997, II ZR 105/96, NJW 1997 S. 1069.

dem AGG zugrunde liegenden europarechtlichen Vorschriften in möglicher direkter Anwendung sowie die Anwendung ungeschriebener europäischer Rechtsgrundsätze (wie z. B. der Anwendungsvorrang des EU-Rechts und seiner Richtlinien bzw. deren direkte Geltung) dennoch auch auf den Beitritt zur eG auswirken könnten. Hier muss die künftige Diskussion und Rechtsfortentwicklung in der Rechtsprechung weiterhin abgewartet werden.

3.1.5 Sonderfragen zum Beitritt

3.1.5.1 Aufnahmezwang

Prinzipiell besteht für die eG kein »allgemeiner« Zwang zur Aufnahme neuer Mitglieder. Zivilrechtlich könnte dies nur bei Vorliegen einer sog. »Monopolstellung« der eG als Anbieter »lebensnotwendiger« Güter am Markt gegeben sein. Nur bei einer solchen Sachlage wäre der zivilrechtliche Grundsatz der Vertragsfreiheit bei der Aufnahme von neuen Mitgliedern (als gravierende Ausnahme von der allgemeinen Vertragsfreiheit) eingeschränkt. Eine Monopolstellung ist bei Wohnungsgenossenschaften jedoch regelmäßig nicht gegeben, und zwar selbst dann nicht, wenn die eG in einem Ballungsgebiet mit stark erhöhter Wohnnachfrage oder gar Wohnungsnot ihre Geschäftstätigkeit ausüben sollte. Auch dann wäre sie keinesfalls »beherrschend« oder gar der »einzige« Anbieter lebensnotwendiger Güter, also der Wohnungen auf dem örtlichen Markt, wie es für eine Einschränkung der Vertragsfreiheit erforderlich wäre. 110

Etwas anderes kann allerdings bei anderen Genossenschaftssparten gelten, so z. B. bei Genossenschaftsbanken oder landwirtschaftlichen Genossenschaften in ländlichen Gebieten (die z. B. teure Maschinen vermieten). Hier kommt es allerdings auf die Umstände des Einzelfalls, insbesondere auch auf eventuell gegebene Ausweichmöglichkeiten des Beitrittswilligen, an.

Eine »abstrakt-generelle« Einordnung von Genossenschaften als Monopolbetrieb scheidet im Fall von Wohnungsgenossenschaften nach hier vertretener Auffassung jedenfalls aus. Wohnungsgenossenschaften müssen nach derzeitiger Rechtslage somit für völlig frei gehalten werden, den Beitritt eines neuen Mitglieds zuzulassen oder abzulehnen, auch wenn dieses sehr dringend eine Wohnung benötigt. Es ist natürlich nicht zu übersehen, dass die europäischen Anti-Diskriminierungsbestrebungen diese Position beständig angreifen.

Die Rechtsform der eG bindet das Unternehmen in der Zielrichtung seines Wirtschaftens zuerst einmal an die vorhandenen Mitglieder (§ 1 GenG) und begrenzt es dadurch. Die eG ist insofern »nach Innen« ausgerichtet. Wer als Neumitglied dazukommen möchte und soll, müsste nach gesellschaftsrechtlichen Grundsätzen alleine der eG zur

Entscheidung überlassen bleiben. Einen »öffentlichen Zweck« hat die eG jedenfalls nicht, und zwar selbst dann nicht, wenn eine Körperschaft des öffentlichen Rechts (Stadt, Gemeinde, Landkreis) an ihr beteiligt sein sollte. In letztgenanntem Fall kann sich eine rechtliche Verpflichtung der eG aber aus Förderverträgen über Belegungsrechte an Genossenschaftswohnungen ergeben. Ein faktischer Druck kann für die eG dadurch entstehen, dass sie dann, wenn sie sich nicht nach den Wünschen der Stadt oder Gemeinde richtet, dadurch diszipliniert wird, dass sie nur schwer an Grundstücke für Neubauprojekte herankommt. Die Rechtsform der eG ist ihrer Natur nach aber keinesfalls dazu da, Ziele zu verfolgen, die dem Staat oder den kommunalen Körperschaften im Sinne des Gemeinwohls verfassungsrechtlich aufgetragen sind. Vielmehr kann sie sich als rein zivilrechtliche Einrichtung zur Selbsthilfe, die von Privatpersonen gegründet wurde und betrieben wird, auf das Grundrecht der Vereinigungsfreiheit (Koalitionsfreiheit) berufen. Dies beinhaltet auch die Abwehr unerwünschter Personen im Mitgliederkreis (durch das Wohnraummietrecht kommt es hier jedoch immer wieder zu Abweichungen und Brüchen im System, da es durch die verschiedenen Lebenssachverhalte möglich sein kann, dass Personen in der Wohnung wohnen, denen eine Mitgliedschaft in der eG zumindest »faktisch« angeboten werden »muss«, um eine möglicherweise gegebene Steuerbefreiung bei der sog. »Vermietungsgenossenschaft« nicht zu gefährden).

In der Praxis gibt es daher durchaus Wohnungsgenossenschaften, die »unter sich« bleiben wollen und keine fremden Personen mehr aufnehmen. Ob dies ein erstrebenswertes Geschäftsmodell ist, muss jedes genossenschaftliche Unternehmen aber natürlich selbst entscheiden. Dies soll nicht den Blick darauf verstellen, dass zahlreiche Wohnungsgenossenschaften, insbesondere in der Phase der Gründung und auch danach, wohl eher froh sein dürften, wenn sie neue Mitglieder aufnehmen können.

3.1.5.2 Allgemeines Gleichbehandlungsgesetz (AGG)

111 Wie vorstehend schon erwähnt, ist seit 2006 das sog. »Allgemeine Gleichbehandlungsgesetz« (AGG) in Kraft. Mit diesem Gesetz setzte die Bundesrepublik Deutschland europäisches Recht in ihr sog. »nationales« Recht um. Das AGG soll Diskriminierungen von Personen verhindern, die bestimmte, im Gesetz aufgezählte Diskriminierungsmerkmale tragen. Hierzu gehören rechtswidrige Benachteiligungen (Diskriminierungen)

- wegen der sog. »Rasse« oder ethnischen Herkunft,
- wegen des Geschlechts,
- wegen einer Behinderung,
- wegen des Alters,
- wegen der sexuellen Orientierung sowie

- wegen der Religion (das Diskriminierungsmerkmal »Weltanschauung« ist, anders als im Arbeitsrecht, für das zivile Vertragsrecht ausgenommen worden).

Das AGG hat zwei große Regelungsteile: Es betrifft einerseits Arbeits- und Beschäftigungsverhältnisse sowie andererseits den Abschluss sonstiger schuldrechtlicher Verträge, zu denen auch Nutzungs- bzw. Mietverträge gehören. Die Aufnahme von Mitgliedern in einen e. V. bzw. in eine eG ist nach der Rechtsprechung des BGH jedoch kein schuldrechtlicher Vertrag[16], sodass der Anwendungsbereich des AGG in seinem zivilrechtlichen Teil schon dem Grunde nach gar nicht eröffnet sein dürfte.

Das würde in letzter Konsequenz bedeuten, dass die Diskriminierungsmerkmale des AGG für den Beitritt bzw. die Ablehnung eines Beitrittsgesuchs eigentlich gar keine Rolle spielen dürften. Die eG müsste sich im Streitfall hierauf berufen und auch die oben beschriebene verfassungsmäßig verbürgte Koalitionsfreiheit ins Feld führen.

Man könnte in diesem Zusammenhang, bei unterstellter Anwendung des AGG auf den Beitritt zur eG, aber auch daran denken, die Ausnahmevorschrift des § 19 Abs. 5 AGG zu bemühen, wonach die zivilrechtlichen Vorschriften des AGG dann nicht gelten sollen, wenn bei »Schuldverhältnissen« ein besonderes »Nähe- oder Vertrauensverhältnis« begründet wird. Immerhin handelt es sich bei der eG um ein gesellschaftsrechtliches Konstrukt in Form eines Vereins. Dies stellt aber nur eine hilfsweise zu bemühende Argumentation dar. Entscheidend müsste vielmehr die grundlegende Nichtanwendbarkeit des AGG auf den Beitrittsakt sowie das verfassungsrechtlich verbürgte Grundrecht der eG auf Vereinigungsfreiheit sein.

Selbstverständlich sollte die eG aber schon aus ethischen Motiven heraus, wie auch wegen ihrer Außendarstellung, niemanden diskriminieren. Gegen unberechtigte Angriffe, die in der Praxis die letzten Jahre über durchaus schon zu verzeichnen waren, könnte die obige Argumentation aber helfen. Eine eG muss auch unter Geltung des AGG und seiner ethisch sicherlich begrüßenswerten Zielsetzung weiterhin frei darüber entscheiden können, wer »zu ihr passt« und wer nicht. Rechtliche Auswirkungen zeitigen »Antidiskriminierungsvorschriften« aber im Hinblick auf den Abschluss bzw. die Fortsetzung von Nutzungsverhältnissen, da es sich hierbei um Mietverträge über Wohnraum handelt und somit um den Austausch einer Leistung und Gegenleistung (s. o. Rn. 109).

16 BGH, Urteil v. 20.1.1997, II ZR 105/96, NJW 1997 S. 1069.

3.1.5.3 Eintrag in die Mitgliederliste

112 Der Eintrag in die Mitgliederliste oder ein sonstiges gerichtliches Verzeichnis hat für die Wirksamkeit des Beitritts schon seit vielen Jahren keine Bedeutung mehr.[17] Der Beitritt kommt, sofern die Voraussetzungen erfüllt sind, auch ohne den Eintrag in die Mitgliederliste wirksam zustande, während umgekehrt der Eintrag in die Mitgliederliste einen unwirksamen Beitritt nicht wirksam werden lassen kann. Dem Eintrag in die Mitgliederliste kommt insoweit auch kein Gutglaubensschutz dergestalt zu, dass bei eingetragenen Personen eine Mitgliedschaft in der eG vermutet wird. Die Mitgliederliste kann, streng genommen, also nur einen ersten Anhaltspunkt dafür geben, ob eine Person Mitglied der eG ist oder nicht. Allerdings ist die Mitgliederliste in der Praxis sicherlich die erste Informationsquelle zu solchen Fragen und man kann sich darauf bei sorgsamer Verwaltung auch verlassen. Das korrekte Führen der Mitgliederliste ist daher immer noch eine wesentliche und verantwortungsvolle Aufgabe des Vorstands der eG (§ 30 Abs. 1 GenG). Denn hiervon hängt es ab, ob die Genossenschaft rechtssicher erkennen kann, wem sie mitgliedschaftliche Rechte zuerkennen darf bzw. muss und wem nicht (z. B. Einladung zur Generalversammlung, Überlassung von Wohnraum, Auszahlung des Auseinandersetzungsguthabens nach Beendigung der Mitgliedschaft usw.).

3.1.5.4 Vertragliche Verpflichtung zum Beitritt

113 Eine Verpflichtung zum Beitritt mithilfe eines entsprechenden Vorvertrags wird für rechtlich zulässig gehalten.[18] Allerdings sind hierfür die gleichen inhaltlichen Anforderungen einzuhalten wie bei der später abzufassenden Beitrittserklärung auch. Das bedeutet, dass der Vorvertrag schriftlich abgeschlossen werden muss und in ihm auch die ausdrückliche Verpflichtung zur Einzahlung auf den gezeichneten Geschäftsanteil enthalten sein muss. Es sind darüber hinaus zudem die weiteren in § 15a GenG geforderten Angaben zu treffen: im Fall einer Nachschusspflicht ist die Haftsummenregelung zu nennen und – eingeführt durch die Genossenschaftsreform 2017 – die ausdrückliche Kenntnisgabe im Fall weiterer Zahlungspflichten oder einer Kündigungsfrist, die mehr als ein Jahr beträgt.[19]

Auf der Grundlage eines wirksamen Vorvertrags könnte die eG dann bei Bedarf die Abgabe der Beitrittserklärung im Klageweg gerichtlich erzwingen.[20] Diese Fallgruppe

17 Beuthien/*Beuthien*, GenG, § 15 Rn. 13.
18 Beuthien/*Beuthien*, GenG, § 15 Rn. 21.
19 Gesetz zum Bürokratieabbau und zur Förderung der Transparenz bei Genossenschaften v. 17.7.2017, BGBl. I, 2017 S. 2434.
20 Beuthien/*Beuthien*, GenG, § 15 Rn. 21.

hatte in der bisherigen Praxis jedoch kaum eine Bedeutung. Im Zuge zahlreicher Neugründungen von Wohnungsgenossenschaften wird allerdings vermehrt nach dieser Möglichkeit gefragt. Hier geht es meist um den Zeitraum vor der Verwirklichung geplanter Wohnungsbauprojekte.

3.1.5.5 Eintrittsgeld

Ein Eintrittsgeld für die Zulassung zur eG ist im Genossenschaftsgesetz nicht erwähnt. 114
Durch Satzungsregelung kann jedoch die Grundlage dafür geschaffen werden. Möchte man ein Eintrittsgeld rechtssicher erheben können, so sollte es eine Satzungsregelung hierzu geben. Ob ein Eintrittsgeld auch ohne entsprechende Satzungsregelung verlangt werden kann, ist umstritten: Nach Auffassung mancher Stimme soll dies auch ohne entsprechende Satzungsregelung möglich sein, etwa durch Vereinbarung zwischen dem Vorstand der eG und dem Beitrittswilligen im Rahmen der Aufnahmeverhandlungen (Vertragsfreiheit).[21] Das OLG Bamberg weist in einer älteren Entscheidung darauf hin, dass es einen Anspruch darauf, ohne Vorbedingungen in eine eG aufgenommen zu werden, nicht gibt und verlangt offenbar eine Satzungsregelung.[22]

In der Praxis ist es daher ratsam, für eine entsprechende Satzungsregelung zu sorgen, will man ein Eintrittsgeld erheben. Sie sollte so flexibel wie möglich formuliert werden, um dem Vorstand den nötigen Freiraum für eine einzelfallbezogene Entscheidung zu lassen. Die konkrete Ausgestaltung der Satzungsregelung ist nämlich auch dafür entscheidend, ob auf die Erhebung eines Eintrittsgelds im Einzelfall verzichtet werden kann (z. B. wegen finanzieller Engpässe beim Beitrittswilligen). Wenn sich die allgemeine Lage so ändert, dass das Eintrittsgeld Beitrittswillige generell abschreckt, dann könnte bei flexibler Satzungsregelung auch ohne Satzungsänderung das Eintrittsgeld gestrichen werden. Ein solcher Freiraum bietet sich an, denn andernfalls wäre der Vorstand bei einer starren Satzungsregelung sogar verpflichtet, das Eintrittsgeld zu erheben. Unterließe er dies, dann läge ein Satzungsverstoß vor, verbunden mit einem, wenn auch geringen, Vermögensschaden in Form des entgangenen Beitrittsgelds für die Genossenschaft.

In der Mustersatzung für Wohnungsgenossenschaften ist ein Eintrittsgeld vorgesehen (§ 5 MS). Über die Höhe beschließen Vorstand und Aufsichtsrat (getrennt) nach Beratung in gemeinsamer Sitzung (§ 28 MS). Als Höchstgrenze ist hier ein Geschäftsanteil vorgesehen. Das Eintrittsgeld kann dem Ehegatten bzw. dem eingetragenen Lebens-

21 Bauer, Genossenschafts-Handbuch, § 7 Rn. 29; Lang/Weidmüller/*Holthaus/Lehnhoff*, GenG, § 7 Rn. 21.

22 OLG Bamberg, Urteil v. 3.12.1980, 3 U 113/80, zit. bei:. Lang/Weidmüller/*Holthaus/Lehnhoff*, GenG, § 7 Rn. 21; anders, also Satzungsregelung nötig: Hanseatisches OLG Hamburg, Urteil v. 7.1.1981, 3 U 113/80, BB 1982 S. 272, juris.

partner eines Mitglieds, den minderjährigen Kindern eines Mitglieds sowie dem die Mitgliedschaft fortsetzenden Erben nach dem Vorschlag der Mustersatzung durch Entscheidung des Vorstands erlassen werden.

3.1.6 Beitritt und Beitrittserklärung

3.1.6.1 Form und Inhalt der Erklärung

115 Das Genossenschaftsgesetz stellt an Form und Inhalt der Beitrittserklärung sehr strenge Anforderungen. So darf die Beitrittserklärung keinesfalls unter eine Bedingung gestellt werden (§ 15 Abs. 1 Satz 1 GenG). Es ist somit z. B. nicht möglich, dass der Beitritt zur eG davon abhängig gemacht wird, dass der Beitrittswillige (überhaupt oder zu einem bestimmten Zeitpunkt) eine konkrete Wohnung erhält. Auch muss die Beitrittserklärung immer schriftlich erfolgen. Das bedeutet, dass sie vom Beitrittswilligen eigenhändig unterschrieben sein muss (sog. Originalerklärung). Es genügt nicht, dass ein Beitrittswilliger eine von ihm (zu Hause) unterschriebene Beitrittserklärung der eG nur per Fax übermittelt. Der eG läge dann nur die Kopie der originalen Unterschrift vor, die sich aber lediglich auf dem Blatt Papier befindet, das beim Absender in dessen Wohnung auf das Faxgerät gelegt wurde. Dasselbe gilt für die Übermittlung per E-Mail oder SMS. Auch diese Übertragungswege genügen dem Schriftformerfordernis nicht.

Etwas anderes gilt für die elektronische Übermittlung jedoch dann, wenn eine rechtswirksame »qualifizierte elektronische Signatur« vorhanden ist (§ 126a BGB) – eine solche qualifizierte elektronische Signatur kann die Schriftform ersetzen. Allerdings muss sich der Betroffenen dafür registrieren lassen.

116 Die Beitrittserklärung muss außerdem einen bestimmten Inhalt aufweisen: So verlangt das Genossenschaftsgesetz, dass die Beitrittserklärung die ausdrückliche Verpflichtung des Genossenschaftsmitglieds enthalten muss, die nach Gesetz oder Satzung geschuldeten Einzahlungen auf den Geschäftsanteil zu leisten (für den Sonderfall, dass auf eine Haftsumme Nachschüsse zu leisten sind, gilt dies auch für diese). Auch wenn es sich nicht aus dem Genossenschaftsgesetz ergibt, so sollte aus der Beitrittserklärung dennoch der Wille deutlich hervorgehen, Mitglied werden zu wollen. In der Praxis werden weithin die Formulare verwendet, die von der Haufe-Lexware GmbH & Co. KG, Freiburg (vormals Hammonia Verlag, Hamburg), vertrieben werden. Dies ist auch zu empfehlen. Einen gesetzlichen Zwang hierzu gibt es aber nicht.

Die Beitrittserklärung kann auch durch einen rechtsgeschäftlichen oder gesetzlichen Vertreter abgegeben werden. Seit 2017 schreibt § 15 Abs.1 Satz 3 GenG vor, dass eine

Vollmacht zur Abgabe der Beitrittserklärung der Schriftform bedarf.[23] Hat der Bevollmächtigte ohne Vertretungsmacht gehandelt, so kann der Vertretene nachträglich zustimmen. Die Zustimmung muss dann aber ebenfalls schriftlich erfolgen.[24]

3.1.6.2 Fehlerquellen bei der Beitrittserklärung

Sind im Rahmen der Beitrittserklärung Fehler passiert, so ist fraglich, ob der Beitritt 117
trotzdem wirksam werden kann. Für entscheidend wird in diesem Zusammenhang insbesondere die Frage gehalten, ob die Zulassung durch die eG schon erfolgt ist. Liegt die Zulassung durch die eG noch nicht vor, so nimmt man in der Fachliteratur weithin an, dass der Beitritt insgesamt unwirksam ist, wenn die Beitrittserklärung unter eine Bedingung gestellt wird.[25] Weiter wird vertreten, dass der Beitretende die Mitgliedschaft dennoch erwirbt, wenn der Vorstand den Beitritt trotz der unzulässigerweise gesetzten Bedingung zulässt.[26] Allerdings wird auch von dieser Ansicht angenommen, dass der Vorstand verpflichtet ist, den Beitritt in einer solchen Fallgestaltung abzulehnen. Der solchermaßen Beitretende darf sich nicht auf die von ihm gesetzte Bedingung berufen und zwar weder der eG gegenüber noch Dritten.[27] Diese und viele weitere Fragen sind bislang von der Rechtsprechung, soweit ersichtlich, noch nicht entschieden worden, sodass hier durchaus eine gewisse Rechtsunsicherheit besteht.

Für die Praxis bietet es sich an, in einem solchen Fall pragmatisch vorzugehen und unter Hinweis darauf, dass es nicht möglich ist, eine Bedingung zu setzen, nachzufragen, wie ernst es dem Beitrittswilligen mit dem Beitritt ist. Ergibt sich hierbei, dass ein Beitritt aus diesem Grund gar nicht mehr gewünscht ist, dann sollte auch die Zulassung zur eG durch Beschluss nicht mehr erfolgen und vom Nichtzustandekommen des Beitritts ausgegangen werden. Wird der Beitritt dennoch gewünscht, so sollte eine formgültige Beitrittserklärung erstellt werden, auf die hin dann der Beschluss im Vorstand gefasst wird.

Die Vorschrift des § 15a GenG stellt inhaltliche Forderungen an die Beitrittserklärung. 118
Es muss die ausdrückliche Verpflichtung des Mitglieds enthalten sein, die nach Gesetz und Satzung geschuldeten Einzahlungen auf den Geschäftsanteil zu leisten. Gleiches gilt für die gegebenenfalls bestehende Verpflichtung zur Leistung von Nachschüssen.

23 Insoweit nicht zutreffend: Beuthien/*Beuthien*, GenG, § 15 Rn. 19, der in der 16. Auflage 2018 noch die frühere Rechtslage darstellt.
24 Lang/Weidmüller/*Holthaus/Lehnhoff*, GenG, § 15 Rn. 8.
25 Lang/Weidmüller/*Holthaus/Lehnhoff*, GenG, § 15 Rn. 10; Bauer, Genossenschafts-Handbuch, § 15 Rn. 19.
26 Beuthien/*Beuthien,* GenG, § 15 Rn. 18.
27 Beuthien/*Beuthien*, GenG, § 15 Rn. 18.

Neu hinzugekommen ist durch die Genossenschaftsnovelle im Jahr 2017 die Anforderung, dass immer dann, wenn die Satzung weitere Zahlungspflichten bestimmt (§ 16 Abs. 3 Satz 2 GenG) oder eine Kündigungsfrist von mehr als einem Jahr geregelt ist, dies in der Beitrittserklärung ausdrücklich zur Kenntnis genommen werden muss (§ 15a GenG).

Sofern in der Beitrittserklärung die ausdrückliche Verpflichtung zur Einzahlung auf den Geschäftsanteil oder die weiteren Angaben fehlen (§ 15a Satz 1 GenG), wird von einer Unwirksamkeit der Beitrittserklärung ausgegangen.[28] Somit wäre auch in diesem Fall der Beitritt unwirksam und eine Mitgliedschaft nicht entstanden.[29] Die eG, vertreten durch den Vorstand, muss die Zulassung des Beitritts ablehnen und die Eintragung in die Mitgliederliste unterlassen.[30] Gleiches gilt, wenn die Schriftform nicht eingehalten wurde (§ 126, 125 BGB).

119 In all diesen Fällen ist ein Beitritt zur eG nicht wirksam erfolgt. Eine Zulassung durch die eG hat zu unterbleiben. Es besteht in solchen Fällen aber auch die Gefahr, dass ein Nichtmitglied in der Mitgliederliste fälschlicherweise als Mitglied geführt wird und die eG diesem mitgliedschaftliche Rechte zu Unrecht zugesteht. Sollte der Beitrittswillige beispielsweise schon Wohnraum überlassen bekommen haben, so würde ein Nichtmitglied die genossenschaftlichen Wohnräume nutzen. Eine mietrechtliche Beendigung vor den Wohnraumgerichten ist hier erfahrungsgemäß nur unter größten Schwierigkeiten möglich. Sollte die eG den Beitritt des Interessenten also »versehentlich« zugelassen haben, so geht man bisher trotzdem von der Unwirksamkeit des Beitritts aus. Die Unwirksamkeit des Beitritts wird auch nicht dadurch geheilt, dass die betreffende Person jahrelang als Mitglied geführt und auch als solches angesehen wurde.

120 Fehlt auf dem Beitrittsformular die Erklärung, die Mitgliedschaft überhaupt erwerben zu wollen, soll dies zumindest dann unschädlich sein, wenn sich der Beitrittswille aus den anderen Erklärungsinhalten der Beitrittserklärung ergibt (z. B. aus der Verpflichtung zur Einzahlung des Geschäftsanteils).

121 Die Beitrittserklärung ist auch wegen Irrtums oder arglistiger Täuschung nach den allgemeinen Regeln anfechtbar (§§ 119, 123 BGB). Hier wird unterschieden: Vor der Zulassung durch die eG zerstört eine wirksame Anfechtung durch den Beitretenden die Beitrittserklärung von Anfang an; nach der Zulassung soll eine Anfechtung nicht mehr möglich sein, sondern sich nach den Grundsätzen der fehlerhaften Gesellschaft

28 Lang/Weidmüller/*Holthaus/Lehnhoff*, GenG, § 15a Rn. 5.
29 Lang/Weidmüller/*Holthaus/Lehnhoff*, GenG, § 15a Rn. 6.
30 Lang/Weidmüller/*Holthaus/Lehnhoff*, GenG, § 15a Rn. 5.

bzw. des fehlerhaften Beitritts richten, und zwar mit Wirkung nur für die Zukunft.[31] Das bedeutet, dass das vermeintliche Mitglied seine Erklärung durch einfachen Widerruf ungeschehen machen kann. Bloße »Motivirrtümer« des Beitretenden, z. B. »falsche« Vorstellungen über die finanziellen Folgen eines Beitritts, berechtigen nicht zur Anfechtung oder zum Widerruf.

3.1.6.3 Fehlerquelle: Gewährung einer Ratenzahlung ohne Satzungsgrundlage

Eine Fehlerquelle, die im Stadium des Beitritts denselben unwirksam macht, besteht 122
darin, dass der Vorstand dem Beitretenden für die Aufzahlung seiner Geschäftsanteile eine Ratenzahlung gewährt, obwohl die Satzung der eG keine Ratenzahlung vorsieht. Schreibt die Satzung der eG vor, dass die Pflichtanteile sofort einzuzahlen sind, so ist dies unbedingt ernst zu nehmen, da die Gewährung einer Ratenzahlung eine konkrete Satzungsgrundlage benötigt (§ 7 Nr. 1 GenG). Der BGH geht bei einem Verstoß gegen § 7 Nr. 1 GenG, also der Gewährung einer Ratenzahlung ohne bzw. ohne passende Satzungsgrundlage, von der Nichtigkeit nicht nur der Ratenzahlungsvereinbarung, sondern regelmäßig auch des Beitritts zur eG aus, wenn auch nur für die Zukunft.[32] Das vermeintliche Genossenschaftsmitglied kann nach dieser Rechtsprechung seine Beitrittserklärung »einfach« widerrufen. Die Erklärung wird als »außerordentliche Kündigung« im Sinne des Zivilrechts behandelt, also nicht nach dem Kanon der verschiedenen Formen einer außerordentlichen Kündigung, die das Genossenschaftsgesetz vorsieht. Die Kündigungsfrist ist – als genossenschaftsrechtliche Besonderheit – einzuhalten.[33] Bis dieser »Widerruf« im Sinne dieser »außerordentlichen Kündigung« erfolgt und wirkt, soll der Betreffende nach Ansicht des BGH mit allen Rechten und Pflichten wie ein Genossenschaftsmitglied behandelt werden. Insbesondere sei das vermeintliche Mitglied zur Leistung seiner Pflichteinzahlung entsprechend der in der Satzung geregelten Fälligkeit verpflichtet, soweit es sie noch nicht vollständig erbracht hat.[34] Eine Ratenzahlungsvereinbarung ist nach ausdrücklicher Feststellung des BGH zudem keine verbotene Kreditgewährung im Sinne des § 22 Abs. 4 Satz 2 GenG, wenn die satzungsmäßige Grundlage hierfür geschaffen ist.[35]

31 Pöhlmann/*Fandrich*/Bloehs, GenG, § 15 Rn. 12; Hillebrand/Keßler/*Herzberg*, GenG, § 15 Rn. 7, Müller, GenG, § 15 Rn. 24.

32 BGH, Urteil v. 16.3.2009, II ZR 138/08.

33 Bauer, Genossenschafts-Handbuch, § 7 Rn. 9 zu BGH, Urteil v. 16.3.2009, II ZR 138/08, BB 2009 S. 1369.

34 BGH, Urteil v. 16.3.2009, II ZR 138/08 und BGH v. 16.12.2002, II ZR 109/01, beide zit. nach: Bauer, Genossenschafts-Handbuch, § 7 Rn. 9.

35 BGH, Urteil v. 16.3.2009, II ZR 138/08.

3.2 Beendigung der Mitgliedschaft

3.2.1 Überblick über die Wege einer Beendigung der Mitgliedschaft

3.2.1.1 Die gesetzlichen Wege einer Beendigung im Genossenschaftsgesetz

123 Die Mitgliedschaft in einer eG kann prinzipiell nur auf den Wegen beendet werden, die das Genossenschaftsgesetz vorsieht. Diese Wege sind:

- **ordentliche fristgerechte** Kündigung des Mitglieds (§ 65 Abs. 1 GenG)
- **außerordentliche** Kündigung des Mitglieds in besonderen Fällen, das sind: **Unzumutbarkeit** der weiteren Mitgliedschaft aufgrund der »persönlichen« oder »wirtschaftlichen« Verhältnisse (§ 65 Abs. 3 GenG, generelle Voraussetzung hierfür ist jedoch u. a., dass die satzungsmäßige Kündigungsfrist länger als zwei Jahre ist und die Mitgliedschaft mindestens ein volles Geschäftsjahr besteht)
- **ordentliche** fristgerechte Kündigung, ausgesprochen **durch** einen **Gläubiger** des Mitglieds (§ 66 GenG)
- **ordentliche** fristgerechte Kündigung, ausgesprochen **durch** den **Insolvenzverwalter** in der Verbraucherinsolvenz des Mitglieds (§ 66a GenG)
- **Kündigung** durch das Mitglied wegen **Aufgabe seines Wohnsitzes,** sofern nach der Satzung die Mitgliedschaft an den Wohnsitz innerhalb eines bestimmten Bezirks geknüpft ist (§ 67 GenG)
- **außerordentliche** Kündigung des Mitglieds nach § 67a GenG wegen **Änderungen der Satzung** in wesentlichen Punkten
- Kündigung **einzelner Geschäftsanteile** (§ 67b GenG) durch das Mitglied unter Einhaltung der Kündigungsfrist (wobei dieser Weg nicht zur Beendigung der Mitgliedschaft, sondern nur zur Verringerung eines bestimmten Beteiligungsumfangs führt)
- **Ausschluss** eines Mitglieds aus der eG (§ 68 GenG)
- **Übertragung** des **gesamten** Geschäftsguthabens auf einen Dritten (§ 76 GenG, bei der nach neuerem Recht möglichen Teilübertragung bleibt die Mitgliedschaft wie bei der Kündigung einzelner freiwilliger Anteile bestehen und nur der Beteiligungsumfang reduziert sich)
- **Tod des Mitglieds** (§ 77 GenG, wobei es hier bei entsprechender Satzungsregelung zu einer Fortsetzung der Mitgliedschaft durch Übergang auf die Erben kommen kann)
- **Auflösung** einer **juristischen** Person, die Mitglied in der eG ist (§ 77a GenG)

3.2.1.2 Formalitäten im Rahmen der Beendigung

124 Im Rahmen einer Beendigung der Mitgliedschaft im Wege der §§ 65, 66, 67, 67a und 68 GenG ist nach der Anordnung des § 69 GenG der Zeitpunkt der Beendigung der Mit-

gliedschaft unverzüglich in die Mitgliederliste (§ 30 GenG) einzutragen. Im Fall der Kündigung einzelner Geschäftsanteile nach § 67b GenG gilt dies ebenfalls für den Zeitpunkt der Herabsetzung der Zahl der Geschäftsanteile sowie für die Zahl der weiterhin verbleibenden Geschäftsanteile (§ 69 GenG). Das Mitglied ist unverzüglich hiervon zu benachrichtigen (§ 69 GenG am Ende).

Im Fall des Todes des Mitglieds ist der Tod sowie der Zeitpunkt der Beendigung der Mitgliedschaft, bei Fortsetzung mit Erben auch die Fortsetzung der Mitgliedschaft durch einen oder mehrere Erben unverzüglich in die Mitgliederliste einzutragen (§ 77 Abs. 3 Satz 1 GenG). Die Erben des verstorbenen Mitglieds sind unverzüglich von der Eintragung zu benachrichtigen (§ 77 Abs. 3 Satz 2 GenG). 125

Die Beendigung der Mitgliedschaft einer juristischen Person oder Personengesellschaft durch Auflösung oder Erlöschen derselben ist ebenfalls unverzüglich in die Mitgliederliste einzutragen, wobei das Mitglied oder der Gesamtrechtsnachfolger hiervon unverzüglich zu benachrichtigen ist (§ 77a Satz 3 GenG). 126

3.2.1.3 Wege der Beendigung außerhalb des Genossenschaftsgesetzes

Fraglich ist, ob es außerhalb der vorstehend aufgezählten Wege auch noch andere Möglichkeiten einer Beendigung der Mitgliedschaft in der eG gibt. Vereinbarungen über eine Verkürzung der Kündigungsfristen erklärt das Genossenschaftsgesetz für unwirksam (§ 65 Abs. 5 GenG). Dies galt nach bisher h. M. und der in der Vorauflage hierzu vertretenen Meinung umfassend, also auch dann, wenn die Verkürzung der Kündigungsfrist »nur im Einzelfall« und »im Nachhinein« vereinbart werden sollte, da das Abweichungsverbot in § 65 Abs. 5 GenG auch kapitalerhaltende Funktion hat.[36] Insofern waren auch Aufhebungsverträge zwischen der eG und einem Mitglied als Verstoß gegen § 65 Abs. 5 GenG für unzulässig gehalten worden. Die Vorschrift will nach tradierter Auffassung nicht nur Erschwerungen des Kündigungsrechts zulasten der Mitglieder, sondern auch einen überraschenden Kapitalabfluss zulasten der eG verhindern. Aber auch im Übrigen wird der vorliegende Katalog von Beendigungswegen als abschließend angesehen.[37] 127

36 A. A. Beuthien/*Beuthien*, GenG, § 65 Rn. 1 und Rn. 6, der Aufhebungsverträge zum Jahresende offenbar jederzeit für möglich hält und darauf hinweist, dass die vertragliche Aufhebung der Mitgliedschaft unter Verzicht auf die Einhaltung der Kündigungsfrist den § 65 Abs. 5 GenG nur dann umgeht, wenn sich die eG im Voraus binden würde; diese Ansicht von Beuthien ist jedoch abzulehnen, da sie den ganz deutlich erkennbaren Zielen des Gesetzgebers und auch dem eindeutigen Wortlaut des Gesetzes widerspricht; die Situation ist mit den Abweichungsverboten des Wohnraummietrechts nicht vergleichbar; in Abweichung zur früher h. M. und zur 37. Auflage, jetzt so, wie Beuthien, a. a. O.: Lang/Weidmüller/*Holthaus/Lehnhoff*, GenG, § 65 Rn. 12.

37 Pöhlmann/*Fandrich*/Bloehs, GenG, § 65 Rn. 3 und Rn. 17.

Inzwischen hat sich hier ein Meinungswandel eingestellt. Unter Bezugnahme auf die Entscheidung des BGH vom 15.5.2018[38] soll jetzt die Mitgliedschaft auch im Rahmen einer schuldrechtlichen Vereinbarung zwischen der eG und dem Mitglied jederzeit zum Ende des Geschäftsjahrs durch Aufhebungsvertrag beendet werden. Die Regelung der §§ 65 und 67a stehe dem nicht entgegen.[39] Die neue Auffassung ist kritisch zu sehen und nach der hier vertretenen Ansicht vorerst abzulehnen. Dem Kapitalerhaltungsrecht kommt bei »juristischen Personen« eine große Bedeutung zu. Es ist der Ausgleich für die Ableitung der Haftung im Fall normaler Geschäftsschulden auf die Rechtsform »eG« und eben nicht auf die handelnden Personen (wie bei den Personengesellschaften). Es geht hier um den Gläubigerschutz.

In Betracht kämen noch:

- die Anfechtung der Beitrittserklärung nach allgemeinem Zivilrecht wegen Irrtums oder arglistiger Täuschung bzw. Drohung (§§ 119, 123 ff. BGB),
- der Eintritt einer auflösenden Bedingung[40] (§ 158 BGB) oder
- das Ausscheiden wegen Störung bzw. des Wegfalls der Geschäftsgrundlage (§ 313 BGB).

Die im Genossenschaftsgesetz aufgezeigten Wege der Beendigung werden jedenfalls für den Zeitraum ab rechtswirksamer Begründung der Mitgliedschaft in der eG zu Recht als abschließend verstanden.[41] Aus diesem Grund wird die Anfechtung der Beitrittserklärung nach wirksam erfolgtem Beitritt – in Form der Zulassung zur eG durch Beschluss des Vorstands – von der weit überwiegenden Mehrheit der Stimmen auch für unzulässig bzw. wirkungslos gehalten. Aufhebungsverträge werden nun jedoch für möglich gehalten.

128 Dies gilt erst recht für das Setzen einer auflösenden Bedingung:[42] Das Genossenschaftsgesetz selbst erklärt das Stellen einer Bedingung bei Abgabe der Beitrittserklärung ausdrücklich für unzulässig (§ 15 Abs.1 Satz 1 GenG, siehe zum Beitritt zur eG Rn. 115).

129 Das aus dem Vertragsrecht herrührende Rechtsinstitut der Störung bzw. des Wegfalls der Geschäftsgrundlage (§ 313 BGB) wegen Unzumutbarkeit des Beibehaltens der Mitgliedschaft passt auf Mitgliedschaften schon deshalb nicht, da es auf Vertragsverhältnisse zugeschnitten ist. Zudem gibt es für den Fall einer Unzumutbarkeit in bestimm-

38 BGH, Urteil v. 15.5.2018, II ZR 2/16.

39 Hillebrand/*Keßler*, GenG, Vor §§ 65 ff. Rn. 2; Lang/Weidmüller/*Holthaus/Lehnhoff*, GenG, § 65 Rn. 55.

40 Für deren Zulässigkeit, zumindest im Einzelfall: Lang/Weidmüller/*Holthaus/Lehnhoff*, GenG, Vor § 65 Rn. 2, jedoch bedenklich und abzulehnen, wie hier: Bauer, Genossenschafts-Handbuch, § 65 Rn. 1; Pöhlmann/*Fandrich*/Bloehs, GenG, § 65 Rn. 3.

41 Pöhlmann/*Fandrich*/Bloehs, GenG, § 65 Rn. 17.

42 So wie hier: Bauer, Genossenschafts-Handbuch, § 65 Rn. 1.

ten Fällen die Möglichkeit einer außerordentlichen Kündigung durch das Genossenschaftsmitglied (§ 65 Abs. 3 GenG, wenn auch nur bei entsprechend langer satzungsmäßiger Kündigungsfrist).

Die Mitgliedschaft muss im Regelfall also auf einem der vorstehend aufgezählten Wege 130 beendet werden. Dass es neben den im Genossenschaftsgesetz aufgezählten Gründen für eine außerordentliche Kündigung durch das Mitglied auch noch den »allgemeinen Grund« der Unzumutbarkeit der weiteren Mitgliedschaft (z. B. aus »Treu und Glauben« gem. § 242 BGB bzw. § 314 BGB analog) gibt, wird mitunter behauptet, hat sich bisher in der Praxis jedoch eher nicht durchgesetzt.[43] Hier ist also Zurückhaltung angesagt. Nach der hier vertretenen Ansicht ist die allgemeine außerordentliche Kündigungsvorschrift des Zivilrechts nicht auf die Mitgliedschaft in einer eG anwendbar.

3.2.1.4 Nichtigkeit des Beitritts

Abzugrenzen von den Fällen der Beendigung einer bestehenden Mitgliedschaft ist die 131 Fallgruppe einer nichtigen Mitgliedschaft. Möglicherweise wird die Nichtigkeit erst später erkannt. War die Mitgliedschaft von Anfang an nichtig und somit unwirksam, dann ist eine Beendigung über die dargestellten Wege überflüssig. Etwaig eingezahltes Geld ist dann nach dem zivilrechtlichen Bereicherungsrecht (§§ 812 ff. BGB) zurückzuzahlen.

Ein für die Praxis bedeutsamer und nicht leicht zu erkennender Fall verdeckter Nichtigkeit des Beitritts ist beispielsweise dann gegeben, wenn die eG dem beitretenden Genossenschaftsmitglied gestattet, die geschuldete Pflichteinlage in Raten zu leisten, und die Satzung der eG keine Regelung enthält, nach der die Einzahlung der Pflichteinlage in Raten erfolgen darf.[44] Dies wird vom BGH als Verstoß gegen § 7 Nr. 1 GenG mit der Rechtsfolge der Nichtigkeit des Beitritts gewertet: § 7 Nr. 1 GenG regelt, dass die Satzung der eG den Betrag bestimmen muss, bis zu welchem sich die einzelnen Mitglieder mit Einlagen beteiligen können (Geschäftsanteil), sowie die Einzahlungen auf den Geschäftsanteil, zu welchem jedes Mitglied verpflichtet ist; diese Einzahlungen müssen bis zu einem Gesamtbetrag von mindestens einem Zehntel des Geschäftsanteils nach Betrag und Zeit bestimmt sein. Ergänzend hierzu muss auch die Vorschrift des § 50 GenG genannt werden, die festlegt, dass ein Beschluss der Generalversammlung erforderlich ist, soweit die Satzung die Mitglieder zu Einzahlungen auf den Geschäftsanteil verpflichtet, ohne dass dieselben nach Betrag und Zeit festgelegt

43 In diesem Sinne ebenfalls zweifelnd: BGH, Urteil v. 8.2.1988, II ZR 228/87, NJW 1988 S. 1729, zit. bei: Pöhlmann/*Fandrich*/Bloehs, GenG, § 65 Rn. 3.

44 BGH, Urteil v. 16.3.2009, II ZR 138/08; in der Satzung war zugrunde gelegt, dass »jeder Geschäftsanteil sofort einzuzahlen ist«.

sind. Die Nichtigkeit des Genossenschaftsbeitritts führt nach der Rechtsprechung des BGH zur Anwendung der »Grundsätze des fehlerhaften Gesellschafts- bzw. Genossenschaftsbeitritts«. Die Folge hiervon ist, dass das betroffene (und vermeintliche) Genossenschaftsmitglied bis zum Zeitpunkt des Wirksamwerdens seines als außerordentliche Kündigung zu behandelnden Widerrufs der Beitrittserklärung »wie ein Genosse mit allen damit verbundenen Rechten und Pflichten behandelt wird«.

Die Anwendung der Grundsätze über den fehlerhaften Beitritt in solchen Sonderfällen führt – in Abweichung zu den Fällen der Nichtigkeit – nur zu einer Unwirksamkeit ab dem Zeitpunkt des Widerrufs und eben nicht rückwirkend. Bis dieser Widerruf erfolgt, bestehen also alle genossenschaftsrechtlichen Pflichten des Mitglieds weiter, auch zur Leistung der Einlage, soweit er sie noch nicht vollständig erbracht hat.[45] Was die »Beendigung« der Mitgliedschaft anbelangt, liegt hier ein Sonderfall vor, bei dem das Mitglied eine »einfache Erklärung« abgeben kann, die »wie eine Kündigung« wirkt. Diese Erklärung ist jedoch losgelöst vom Kanon der Beendigungswege, der nun im Folgenden dargestellt werden soll.

3.2.2 Die Beendigungswege im Einzelnen

3.2.2.1 Fristgerechte Kündigung durch das Mitglied (§ 65 Abs. 1 und 2 GenG)

3.2.2.1.1 Kündigungsfreiheit und Bindung

132 Das Genossenschaftsmitglied kann jederzeit ohne Angabe von Gründen oder Rechtfertigungen durch den wirksamen Ausspruch einer fristgerechten Kündigung seine Mitgliedschaft in der eG beenden (sog. »ordentliche« Kündigung). Entscheidend ist nur, dass die gesetzliche bzw. die satzungsmäßige Kündigungsfrist eingehalten wird. Das Ausscheiden erfolgt dann zum Ablauf der Kündigungsfrist, jeweils zum Schluss eines Geschäftsjahrs, in der Regel zum Ende des Kalenderjahrs. Eine Pflicht des Mitglieds, seine fristgerechte Kündigung zu begründen, könnte weder in der Satzung noch durch eine individuelle Vereinbarung zwischen der eG und dem Mitglied festgelegt werden (§ 65 Abs. 5 GenG). Das Recht des Mitglieds, die eG auch wieder verlassen zu können, ist ein wesentliches Recht. Niemand kann gegen seinen Willen ohne zeitliche Grenze an eine eG gebunden werden, selbst wenn dies den Interessen der eG zuwiderläuft.

45 BGH, Urteil v. 16.3.2009, II ZR 138/08, unter Verweis auf: BGH, Beschluss v. 5.5.2008, II ZR 292/06, ZIP 2008 S. 1018; dies hat u. a. Bedeutung für den Fall einer Insolvenz der eG; der Insolvenzverwalter kann diese dann noch zur Masse einfordern.

Umgekehrt hat die eG ihren Mitgliedern gegenüber kein eigenes ordentliches oder gar außerordentliches Kündigungsrecht. Ein solches ist im Genossenschaftsgesetz nicht vorgesehen. Die eG muss, falls der Impuls für eine Trennung von ihr ausgeht, das genossenschaftsrechtlich hierfür vorgesehene Ausschließungsverfahren gegen ihr Mitglied betreiben (§ 68 GenG, siehe hierzu Rn. 183 ff.).[46] Hierfür wäre dann allerdings ein Ausschließungsgrund erforderlich, der in der Satzung der eG auch niedergelegt sein müsste. Im Genossenschaftsgesetz selbst wird seit der Neuregelung im Jahr 2006 inzwischen kein eigener Ausschließungsgrund mehr genannt. Es ist also wichtig, dass die Satzung praktikable Regelungen zum Ausschluss enthält, und zwar in Form konkret benannter Gründe. 133

Die Beendigung einer Mitgliedschaft im Wege der ordentlichen fristgerechten Kündigung durch das Mitglied ist in der Praxis der Regelfall. Demgegenüber kommt den anderen Beendigungswegen nur in Ausnahmefällen und somit eher selten Bedeutung zu. 134

Wichtigster Punkt im Rahmen der ordentlichen fristgerechten Kündigung durch das Mitglied ist die Einhaltung der Kündigungsfrist. Hier kommt es in der Praxis immer wieder zu Problemen. Dies ist u. a. dann der Fall, wenn sich die kündigenden Mitglieder das Vorliegen der satzungsmäßigen Kündigungsfrist im Zeitpunkt des Beitritts zur eG nicht klargemacht haben: Sie benötigen das eingesetzte Kapital nun schnell für andere Zwecke, etwa weil sie in einem neuen Mietverhältnis bei einem anderen Vermieter eine Kaution stellen müssen oder sie brauchen das für die eG eingesetzte Kapital für die Finanzierung eines Eigenheims (die Pflichtbeteiligung kann sehr hoch sein). Hier geraten gutmütige Vorstandsmitglieder oftmals in einen Zwiespalt, weil sie durch eine frühzeitige Auszahlung helfen möchten, die rechtlichen Vorgaben hier jedoch – zumindest nach der bisher herrschenden Ansicht – zwingend sind, sodass es für einen solchen Zielkonflikt kaum eine zufriedenstellende Lösung gibt. Eine Vereinbarung, die gegen die Regelungen des § 65 Abs. 1–4 GenG verstößt, galt bislang als unwirksam (§ 65 Abs. 5 GenG). Die vorzeitige Auszahlung des Guthabens stellt die Auszahlung von Geschäftsguthaben entgegen dem Genossenschaftsgesetz und der Satzung dar, was zu einer Ersatzpflicht der Vorstandsmitglieder führt (§ 34 Abs. 3 Nr. 1, § 22 Abs. 4 Satz 1 GenG). Auch wenn es in der Praxis ausgesprochen selten zu einer solchen Ersatzpflicht kommt, steht sie nach den gesetzlichen Vorschriften überdeutlich im Raum. Dies hat einerseits Bedeutung für die Feststellungen des Prüfers des genossenschaftlichen Prüfungsverbands. Zu einer handfesten Rechtsverfolgung mit Haftung auf Zahlung andererseits kann es in einem solchen Fall dann kommen, wenn die eG insolvent wird und der Insolvenzverwalter zur Sichtung des Restvermögens der eG alle Ansprüche der eG gegen dritte Personen, also auch gegen Organmitglieder, prüft.

46 Wie hier: Hillebrand/*Keßler*, GenG, § 65 Rn. 1.

Die Problematik des Kapitalabflusses stellt sich insbesondere bei jungen Genossenschaften, die angesichts sehr hoher Grundstückserwerbskosten inzwischen mitunter sehr hohe Einlagen verlangen (bis zu 100.000 EUR). Dieses Geld vor Ablauf der Kündigungsfristen auszuzahlen, stellt nach hier vertretener Auffassung für den handelnden Vorstand ein ganz erhebliches Risiko dar. Nach der jetzt im Vordringen befindlichen Auffassung wäre der Abschluss eines Aufhebungsvertrags möglich, bezieht man das Abweichungsverbot in § 65 Abs. 5 GenG, wie jetzt geschehen, ganz streng auf die Einzelheiten der vorhergehenden Absätze des § 65 GenG und geht man nicht mehr von der absoluten Geschlossenheit des Kanons an Beendigungsmöglichkeiten aus, die in § 65 Abs. 5 GenG ihren Ausdruck findet. Überzeugend ist diese neue Sicht nicht. Sie trägt vielmehr zur Verwässerung der (erforderlichen) Strukturen bei.

135 Bei Auflösung der eG gilt Folgendes: Die Mitgliedschaft endet gemäß § 65 Abs. 4 Satz 1 GenG nicht, wenn die eG vor dem Zeitpunkt, zu dem die Kündigung wirksam geworden wäre, aufgelöst wird. Die Auflösung der eG steht der Beendigung der Mitgliedschaft jedoch nicht entgegen, wenn die Fortsetzung der eG beschlossen wird. In diesem Fall wird der Zeitraum, während dem die eG aufgelöst war, bei der Berechnung der Kündigungsfrist mitgerechnet; die Mitgliedschaft endet jedoch frühestens zum Schluss des Geschäftsjahrs, in dem der Beschluss über die Fortsetzung der eG in das Genossenschaftsregister eingetragen wird. In § 75 GenG wird geregelt: Wird die eG binnen sechs Monaten nach Beendigung der Mitgliedschaft eines Mitglieds aufgelöst, dann gilt die Beendigung der Mitgliedschaft als nicht erfolgt. Wird die Fortsetzung beschlossen, gilt die Beendigung der Mitgliedschaft als zum Schluss des Geschäftsjahrs erfolgt, in dem der Beschluss über die Fortsetzung der eG in das Genossenschaftsregister eingetragen ist.

3.2.2.1.2 Kündigungsfrist und Kündigungszugang

136 Ist in der Satzung nichts über die Kündigungsfrist ausgesagt, so muss die fristgerechte Kündigung mindestens drei Monate vor Schluss des Geschäftsjahrs, das in der Praxis der Wohnungsgenossenschaften meist das Kalenderjahr ist, erfolgen (§ 65 Abs. 2 Satz 1 GenG; ist in der Satzung zum Geschäftsjahr nichts Abweichendes festgelegt, so entspricht das Geschäftsjahr zudem auch automatisch dem Kalenderjahr, § 8 Abs. 1 Nr. 3 GenG). Die Kündigungsfrist kann in der Satzung nicht beliebig festgelegt werden. Vielmehr gibt das Genossenschaftsgesetz für die Kündigungsfrist einen Rahmen von mindestens drei Monaten bis zu maximal fünf Jahren vor. Die Kündigungsfrist muss hierbei immer zum Schluss des Geschäftsjahrs, das im Regelfall dem Kalenderjahr entspricht, berechnet werden (§ 65 Abs. 2 Satz 1 GenG). Nur bei Genossenschaften, bei denen alle Mitglieder als Unternehmer im Sinne des § 14 BGB Mitglied sind, kann die Kündigungsfrist zum Zweck der Finanzierung des Anlagevermögens auf bis zu zehn Jahre festgesetzt werden. Dies ist bei Wohnungsgenossenschaften jedoch nie der Fall, kann aber Bedeutung gewinnen, wenn sich mehrere Wohnungsgenossenschaften zu

einer Kooperationsgenossenschaft mit einem anderen Förderzweck als den der Wohnraumversorgung zusammenschließen.

Bei der Prüfung, ob die Frist für die Kündigung eingehalten ist, kommt es auf den 137
Zugang der Kündigungserklärung bei der eG an. Zugegangen ist die Kündigungserklärung bei der eG dann, wenn sie so in den Machtbereich der eG gelangt ist, dass diese unter »normalen Verhältnissen« zumindest die abstrakte Möglichkeit hatte, von der Erklärung und ihrem Inhalt Kenntnis zu nehmen. Es genügt somit, dass das Kündigungsschreiben bei der eG in den Bürobriefkasten eingeworfen wird. In diesem Fall ist es letztlich dann auch gleichzeitig dem Vorstand als dem gesetzlichen Vertreter der eG zugegangen (§ 24 Abs. 1 GenG). Für den Zeitpunkt des Zugangs kommt es jedoch darauf an, wann mit der Kenntnisnahme in der eG unter Zugrundelegung einer realistischen und billigen Sichtweise zu rechnen ist, im Regelfall also auf die Bürozeiten der eG unter Berücksichtigung der üblichen Postzustellzeiten am jeweiligen Ort.

Praxis-Beispiel !

Wird die Kündigung z. B. an einem Samstagabend, etwa um 22.00 Uhr, in den Briefkasten der eG eingeworfen, so ist der Zugang des Kündigungsschreibens bei der eG regelmäßig erst am darauffolgenden Montag anzunehmen, sofern dieser kein Feiertag ist. Ein verständiger Absender darf nicht damit rechnen, dass beispielsweise am Samstag um 22.00 Uhr im Büro der eG noch Eingangspost bearbeitet wird. Ist das Geschäftsjahr das Kalenderjahr und besteht per Satzung eine Kündigungsfrist von drei Monaten zum Schluss des Geschäftsjahrs, dann muss die Kündigung des Mitglieds der eG spätestens am 30.9. zugegangen sein. Die Regelung zu Sonnabend, Sonn- und Feiertagen nach § 193 BGB soll hier nicht gelten.[47]

3.2.2.1.3 Veränderungen der Kündigungsfrist nach Kündigungszugang

Diskutiert wird die Frage, nach welcher Kündigungsfrist die Kündigung des Mitglieds 138
behandelt wird, wenn nach dem Zugang der Kündigung bei der eG durch Satzungsänderung eine neue Kündigungsfrist festgelegt wird. Es kommt also auf den Zeitpunkt des Zugangs der Kündigung als Willenserklärung an (§ 130 Abs. 1 BGB) und auf den Zeitpunkt, zu welchem die Satzungsänderung eingetragen und somit wirksam wird (§ 16 Abs. 6 GenG). Es muss danach unterschieden werden, ob die Kündigungsfrist verlängert oder verkürzt wird.

Im Fall der Verlängerung (und somit nachträglichen Erschwerung des Austritts) bleibt 139
es nach allgemeiner Überzeugung für die schon bei der eG zugegangenen Kündigungen

47 Lang/Weidmüller/*Holthaus/Lehnhoff*, GenG, § 65 Rn. 10a, unter Verweis auf Bauer, Genossenschafts-Handbuch, § 65 Rn. 12, sowie: BGHZ, 59, S. 267 und BAG, NJW 1970 S. 1470 sowie BGH, DB 1977 S. 639.

bei der vormals kürzeren Kündigungsfrist.[48] Insoweit wird zu Recht der Grundsatz des Vertrauensschutzes angeführt, wonach vollendete Sachverhalte nachträglich keiner anderen Regel unterworfen werden können als derjenigen, die vorher gegolten hatte (hier: zum Zeitpunkt des Kündigungszugangs bei der eG).

140 Wird die in der Satzung festgelegte Kündigungsfrist dagegen verkürzt (und der Austritt somit erleichtert, weil die Kündigungsfrist vormals länger war), so sollen nach einer inzwischen stark vertretenen Ansicht die schon vor dem Wirksamwerden der Satzungsänderung bei der eG zugegangenen Kündigungen an der Verkürzung der Fristen nicht teilnehmen, sondern es soll in diesen Fällen bei der alten (längeren) Kündigungsfrist bleiben.[49] Begründung ist, neben dem Aspekt der Bedeutung des Zugangs von Willenserklärungen nach § 130 Abs. 1 BGB, u. a. folgender Gedanke: Der Kündigende könnte ein Interesse am ursprünglichen Kündigungstermin haben und darf daher schon deshalb nicht bevormundet werden. Es wird von dieser Ansicht weiter darauf hingewiesen, dass es dem Kündigenden unbenommen bleibe, erneut zu kündigen. Die andere Ansicht[50] lässt es dagegen zu, dass sich die Mitglieder, deren Kündigung noch zu Zeiten der längeren Kündigungsfrist bei der eG eingegangen war, nun auch auf die neue, jetzt kürzere, Kündigungsfrist »frei« berufen können. Sie sollen es aber genauso gut bei der längeren Kündigungsfrist belassen können. Nach dieser Ansicht besteht also ein Wahlrecht der Betroffenen, ohne dass es nochmals zu einem formal korrekten Kündigungsakt kommen müsste. Der Grundsatz, dass es bei einseitigen Willenserklärungen auf den Zeitpunkt des Zugangs ankommt, sodass alle Umstände, die in diesem Zeitpunkt vorlagen entscheidend sind, gibt nach der hier vertretenen Auffassung den richtigen Weg vor.

3.2.2.1.4 Form der Kündigung

141 Die Kündigung der Mitgliedschaft muss zwingend immer schriftlich erfolgen (§ 65 Abs. 2 Satz 1 GenG). Das bedeutet, dass die Kündigung nicht mündlich, etwa im Büro der eG oder im Hof der Wohnanlage, erfolgen kann. Eine mündlich ausgesprochene Kündigung durch das Mitglied wäre vollständig unwirksam.

142 Weiter bedeutet dies, dass die Kündigungserklärung vom kündigenden Mitglied auch »eigenhändig unterschrieben« sein muss (§ 126 Abs. 1 BGB). Wie zur Beitrittserklärung ausgeführt, genügt eine Übersendung der Kündigung per Fax nicht.

---

48 Bauer, Genossenschafts-Handbuch, § 65 Rn. 15, unter Verweis auf: OLG München, Urteil v. 22.9.1995, 8 U 2261/95, n. v.; Beuthien/*Beuthien*, GenG, § 65 Rn. 10; Lang/Weidmüller/*Holthaus/Lehnhoff*, GenG, § 65 Rn. 10 a. E. sowie Rn. 11; Pöhlmann/*Fandrich*/Bloehs, GenG, § 65 Rn. 11; Müller, GenG, § 65 Rn. 31; Hillebrand/*Keßler*, GenG, § 65 Rn. 11.

49 Lang/Weidmüller/*Holthaus/Lehnhoff*, GenG, § 65 Rn. 11; Pöhlmann/*Fandrich*/Bloehs, GenG, § 65 Rn. 11, unter Verweis auf: OLG Brandenburg, WM 2006, 2360; Beuthien/*Beuthien*, GenG, § 65 Rn. 10 a. E.

50 Bauer, Genossenschafts-Handbuch, § 65 Rn. 15, unter Verweis auf: OLG München, Urteil v. 22.9.1995, 8 U 2261/95; Müller, GenG, § 65 Rn. 31; Hillebrand/*Keßler*, GenG, § 65 Rn. 10, 11.

Praxis-Beispiel !

Die Kündigungserklärung liegt in diesem Fall am Ort des Absender-Faxgeräts zwar eigenhändig unterschrieben auf dem Gerät. Durch den Übermittlungsvorgang per Fax fehlt die eigenhändige Unterschrift jedoch beim Empfänger, d. h. bei der eG, da dort auf deren Empfangsgerät nur eine Kopie ausgedruckt wird. Dem Empfänger ist somit keine »Originalerklärung« zugegangen.

Die Kündigung der Mitgliedschaft ist somit auch in diesem Fall wegen Verletzung der gesetzlichen Formvorschrift unwirksam. Unterschriften, die »gescannt« wurden und dann in die Kündigungs-E-Mail integriert werden, genügen ebenfalls nicht.

Eine Erklärung der Kündigung auf elektronischem Wege genügt nur dann den Form- 143
erfordernissen, wenn sich der Kündigende im Sinne der »Vorschriften über die elektronische Registrierung« eine entsprechende qualifizierte Signatur zugelegt hat (sog. »Signaturgesetz»). Diese Möglichkeit zur Ersetzung der herkömmlichen Schriftform wurde vor Jahren im Zuge der technischen Weiterentwicklung zur Ersetzung der klassischen Schriftform neu in das Bürgerliche Gesetzbuch aufgenommen (§ 126 Abs. 3, § 126a BGB). Sie stellt immer noch den einzigen Weg dar, rechtswirksam die Schriftform im »klassischen Sinne« zu ersetzen. Auch eine Kündigung per »Textform« gemäß § 126b BGB genügt dem Schriftformgebot nicht. Ist Textform zugelassen, dann würde es genügen, dass die Erklärung in lesbaren Zeichen, unter Angabe der Person des Erklärenden sowie mit formalem Abschluss der Erklärung, etwa durch drucktechnische Nachbildung der Namensunterschrift oder in sonstiger Weise, abgegeben wird. Die »Textform« ist jedoch von der »Schriftform« im klassischen Sinne sowie von der »elektronischen Form« im Sinne des Signaturgesetzes streng zu unterscheiden. Denn sie ist als Ersatz der Schriftform nur zulässig, soweit sie im Gesetz ausdrücklich zugelassen ist. Da dies in § 65 GenG (anders als stellenweise im Mietrecht) nicht der Fall ist, ist die Textform bei der Kündigung der Mitgliedschaft somit auch nicht anwendbar.

Ist die Kündigung des Mitglieds wegen eines Mangels der erforderlichen gesetzlichen 144
Form unwirksam, dann muss das Mitglied die Kündigung wiederholen, um die Mitgliedschaft zu beenden. Hierdurch kann sich durch den späteren Zugangszeitpunkt der Kündigung möglicherweise auch der Beendigungszeitpunkt des Mitgliedschaftsverhältnisses nach hinten verschieben, wenn hierdurch der Beginn der Kündigungsfrist überschritten wird. Da die Beendigung einer Mitgliedschaft in der eG regelmäßig nur zum Ende eines Geschäftsjahrs stattfinden kann (§ 65 Abs. 2 GenG), handelt es sich hierbei um ein weiteres Jahr. Geht bei einer Kündigungsfrist von drei Monaten zum Schluss des Kalenderjahrs die Kündigung in fehlerhafter Form noch vor Ende September in der eG ein und wird der Formfehler erst im Oktober bemerkt, dann kann das Genossenschaftsmitglied zwar jederzeit erneut kündigen. Jedoch kann es aufgrund der Kündigungsfrist nicht mehr rechtzeitig zum Ende des betreffenden Geschäftsjahrs kündigen, sondern erst ein Jahr später. Maßgeblicher Zeitpunkt ist immer der Zugang

der schriftlichen Mitteilung. Dieser kann nicht mit Rückwirkung nachgeholt werden (etwa zuerst nur gefaxtes Kündigungsschreiben und danach dann die schriftliche Kündigungserklärung; hier würde sich der Zeitpunkt des Zugangs der Kündigung nicht auf den Erhalt des Faxes vorverlagern).

145 Die Erklärung des Mitglieds, seine Mitgliedschaft beenden zu wollen, muss nicht auf einem von der eG vorgesehenen Formblatt erfolgen. Einen Formblattzwang sieht das Genossenschaftsgesetz nicht vor. Die Erklärung des Mitglieds muss auch ausgelegt werden. Es ist hierbei der »wirkliche Wille« zu erforschen (§ 133 BGB). Die Bezeichnung »Kündigung« muss sich nicht auf der Erklärung des Mitglieds befinden.[51]

3.2.2.1.5 Rücknahme der Kündigung

146 Es kann geschehen, dass ein Mitglied seine Kündigung gerne zurücknehmen möchte. Die Gründe hierfür sind vielfältiger Natur: Sie reichen von einer voreiligen Kündigung im Rahmen eines Wutanfalls bis hin zu überraschenden Wendungen in der persönlichen Lebensplanung. Dann stellt sich die rechtliche Frage, ob eine Kündigung, nachdem sie der Genossenschaft schon zugegangen ist, vom Mitglied auch wieder zurückgenommen werden kann. Eine einseitige Rücknahme der Kündigung durch das Genossenschaftsmitglied ist jedoch nur möglich, solange der eG die Kündigung noch nicht zugegangen ist und der Widerruf der Kündigung vorher oder spätestens gleichzeitig mit der Kündigung bei der eG eingeht (§ 130 Abs. 1 Satz 2 BGB).

147 Ab widerrufslosem Zugang der Kündigung bei der eG kann die Kündigung vom Genossenschaftsmitglied nicht mehr einseitig rückgängig gemacht werden, sondern nur noch beidseitig, d. h. sie muss unter Mitwirkung der eG, vertreten durch den Vorstand, dann »gemeinsam« aufgehoben werden. Der Vorstand ist zur Mitwirkung hierbei jedoch nicht verpflichtet. Er kann die Kündigung auch gelten lassen. Aus der genossenschaftlichen Treuepflicht heraus ist hier nur im begründeten Einzelfall eine Ermesseneinschränkung des Vorstands anzunehmen. Bevorzugt er die Wirksamkeit der durch das Mitglied vorschnell ausgesprochenen Kündigung, so kann er es zumindest im Regelfall hierbei belassen.

148 Es stellt sich außerdem die Frage, ob die einvernehmliche Rücknahme der Kündigung auch mündlich erfolgen kann. Dies ist zu verneinen. Zwar gibt das Gesetz hierüber keine direkte Auskunft. Es wird jedoch aus dem Schriftformgebot für den Ausspruch der Kündigung zu Recht der Umkehrschluss gezogen, dass auch für die Rücknahme die Schriftform erforderlich ist.[52] In der Praxis wird man daher sicherheitshalber eine

51 Beuthien/*Beuthien*, GenG, § 65 Rn. 8.
52 Beuthien/*Beuthien*, GenG, § 65 Rn. 12.

kurze schriftliche Bestätigung durch die eG verfassen oder sogar eine beidseitige schriftliche Vereinbarung abschließen. Die Rückgabe der ausgesprochenen Kündigung wird nicht für erforderlich gehalten.

Ebenfalls fraglich ist es, ob die einvernehmliche Aufhebung der Kündigung zeitlich 149
unbegrenzt möglich ist. Auch dies ist zu verneinen. Die formwirksame Rücknahme der Kündigung ist nur so lange möglich, wie die Mitgliedschaft in der eG überhaupt noch besteht, was sich nach der jeweils geltenden Kündigungsfrist bestimmt. Nach dem Wirksamwerden des Ausscheidens zum Schluss des jeweiligen Geschäftsjahrs ist auch die beidseitige und formgerechte Rücknahme einer Mitgliedschaftskündigung nicht mehr möglich.[53] Ist die Kündigung des Mitglieds der eG beispielsweise im September zugegangen, dann kann diese im Fall einer dreimonatigen Kündigungsfrist einvernehmlich nur noch bis zum 31.12. zurückgenommen werden. Eine einvernehmliche Rücknahme im Januar des darauffolgenden Jahres wäre zu spät. In diesem Fall müsste dann zur Wiederherstellung der Mitgliedschaft ein neuer Beitritt erfolgen.

3.2.2.1.6 Verhältnis von Mitgliedschafts- und Mietvertragskündigung

Die Kündigung der Mitgliedschaft in der eG ist, rein »technisch« gesehen, unabhängig 150
von der Förderbeziehung und den dort geschlossenen Verträgen, wie z. B. dem Nutzungs- oder Mietvertrag. Das Genossenschaftsmitglied kann die Mitgliedschaft daher kündigen, obwohl es auf der Grundlage eines Nutzungsvertrags, der rechtlich ein Wohnraummietvertrag ist, eine Wohnung der Genossenschaft nutzt. Die Kündigung der Mitgliedschaft ist nicht deshalb schon »als solche« unwirksam, weil das Recht zur Wohnungsnutzung satzungsmäßig an die Mitgliedschaft in der eG gebunden ist. Die Verknüpfung beider Ebenen, der mitgliedschaftlichen und der vertragsrechtlichen aus der Förderbeziehung, kann nicht im Sinne einer auflösenden Bedingung verknüpft werden. Weder wird mit dem Ausspruch einer mitgliedschaftlichen Kündigung gleichzeitig und automatisch auch eine Kündigung des Nutzungsvertrags erklärt, noch bedeutet die Kündigung des Nutzungsvertrags gleichzeitig und automatisch auch eine Kündigung der Mitgliedschaft. Die Wirksamkeit der einen Kündigung kann auch nicht in der Weise mit der anderen Ebene verbunden werden, dass sie als Kündigung nur wirksam wird, wenn das Mitglied gleichzeitig und ausdrücklich auch die Kündigung auf der anderen Ebene erklärt. Selbstverständlich hängen die Mitgliedschaft in der eG und die Nutzung einer Genossenschaftswohnung zusammen. Dies hat auch die wohnraummietrechtliche Rechtsprechung anerkannt, wenn auch in unterschiedlicher Reichweite und zudem nicht ganz widerspruchsfrei.

53 Beuthien/*Beuthien*, GenG, § 65 Rn. 12.

151 Das Genossenschaftsmitglied kann die Mitgliedschaft in der eG daher auch dann wirksam kündigen, wenn es die Wohnung der eG trotzdem noch weiter nutzt, auch nutzen will und sich letztlich weigert, gleichzeitig mit der Kündigung der Mitgliedschaft auch den Nutzungsvertrag zu kündigen. Natürlich setzt sich das Mitglied in einem solchen Fall in Widerspruch zu seinen genossenschaftsrechtlichen sowie zu den im Nutzungsvertrag festgelegten Pflichten.

152 Die Kündigung der Mitgliedschaft trotz weiterer Wohnungsnutzung kann durchaus Folgen für die mietrechtliche Situation haben. In bestimmten Fällen kann die eG in einem solchen Fall das Mietverhältnis ordentlich fristgerecht kündigen, da der selbst verschuldete Verlust der Mitgliedschaft ein »berechtigtes Interesse« im Sinne der wohnraummietrechtlichen Kündigungsvorschriften darstellen kann (§ 573 Abs. 1 BGB, siehe Rn. 160). Die Kündigung der Mitgliedschaft muss von der eG daher »angenommen« werden. Sie darf nicht »abgelehnt« werden. Und sie entfaltet für sich genommen auf der mitgliedschaftlichen Ebene auch ihre Rechtswirkungen. Die Genossenschaft muss dann auf der mietrechtlichen Ebene eben durch den Ausspruch einer Kündigung reagieren. Hier empfiehlt sich durchaus ein entsprechender Hinweis an das kündigende Mitglied.

3.2.2.2 Außerordentliche Kündigung des Mitglieds bei Unzumutbarkeit (§ 65 Abs. 3 GenG)

153 Es gibt den gesetzlichen Sonderfall einer Abkürzung der Kündigungsfrist, wenn das Festhalten des Mitglieds an einer gegebenen langen Kündigungsfrist unzumutbar erscheint (§ 65 Abs. 3 GenG). Die Kündigungsfristen für die ordentliche Kündigung durch das Mitglied sind, wie vorstehend dargestellt, generell einzuhalten. Eine Verkürzung der in der Satzung festgelegten Kündigungsfrist kann dennoch folgendem gesetzlich geregelten Spezialfall in Betracht kommen: Ist nämlich in der Satzung der eG eine Kündigungsfrist von mehr als zwei Jahren festgesetzt, so kann jedes Genossenschaftsmitglied, das wenigstens ein volles Geschäftsjahr der eG angehört hat, mit einer Frist von drei Monaten zum Schluss des Geschäftsjahrs, zu dem es nach der Satzung eigentlich noch nicht kündigen könnte, die Kündigung erklären (§ 65 Abs. 3 Satz 2 GenG). Auch in diesem Fall wirkt die Kündigung ebenfalls nur zum Schluss eines Geschäftsjahrs – wie bei der regulären ordentlichen Kündigung. Weitere Voraussetzung hierfür ist aber noch, dass es dem Mitglied nach seinen persönlichen oder wirtschaftlichen Verhältnissen nicht zugemutet werden kann, bis zum Ablauf der in der Satzung festgesetzten Kündigungsfrist in der eG zu verbleiben (§ 65 Abs. 3 Satz 1 GenG). Die persönlichen und wirtschaftlichen Verhältnisse bestimmen sich nach allen Umständen des Einzelfalls, z. B. ein erzwungener Berufswechsel mit hieraus sich ergebendem Wohnortwechsel, Arbeitslosigkeit und eine daraus folgende wirtschaftliche Not, die Notwendigkeit eines Umzuges in ein Pflegeheim wegen Gebrechlichkeit usw.

3.2.2.3 Fristgerechte Kündigung durch Gläubiger des Mitglieds (§ 66 GenG)

3.2.2.3.1 Gang und Voraussetzungen der Gläubigerkündigung

Die Beendigung der Mitgliedschaft kann auch durch einen genossenschaftsfremden Dritten erfolgen – als sog. »Gläubigerkündigung«. In diesem Fall übt der Gläubiger eines Mitglieds das Kündigungsrecht des Mitglieds aus (§ 66 GenG). Kann das Genossenschaftsmitglied seinem Gläubiger gegenüber die bestehenden Verbindlichkeiten nicht begleichen, so kann der Gläubiger, nachdem er einen rechtskräftigen oder bestandskräftigen gerichtlichen oder notariellen Titel über die Forderungen gegen das Mitglied (Urteil, Vollstreckungsbescheid, notarielles Schuldanerkenntnis) erlangt hat, das Kündigungsrecht des Mitglieds im Wege der zivilrechtlichen Zwangsvollstreckung ausüben und die Mitgliedschaft somit durch Kündigung beenden. Der Gläubiger muss allerdings innerhalb der letzten sechs Monate vor dem Wirksamwerden der Pfändung und Überweisung[54] eine Zwangsvollstreckung in das anderweitige Vermögen des Schuldners versucht haben (§ 66 Abs. 1 Satz 1 GenG). 154

Er muss hierzu zudem noch bestimmte Formalien beachten: 155

- Der Gläubiger muss die Pfändung und Überweisung des Auseinandersetzungsguthabens durch den Erlass eines Pfändungs- und Überweisungsbeschlusses durch das örtlich zuständige Amtsgericht (Vollstreckungsgericht) auf der Grundlage des gerichtlichen Titels erwirkt haben. Der Titel darf nicht nur vorläufig vollstreckbar sein (§ 66 Abs. 1 Satz 2 GenG).
- Der Kündigung muss eine beglaubigte Abschrift der vollstreckbaren Ausfertigung des Titels beigefügt werden sowie der Bescheinigung über den fruchtlosen Verlauf der Zwangsvollstreckung in das übrige Vermögen des Schuldners, also des Genossenschaftsmitglieds (§ 66 Abs. 2 GenG). Eine Rechtsanwaltsbeglaubigung dürfte hierbei genügen. Der Pfändungs- und Überweisungsbeschluss selbst ist der eG bereits gem. § 829 Abs. 2 ZPO zugestellt worden, sodass er nicht mehr »eigens« beigelegt werden muss.[55]

Dann hat der Dritte die Möglichkeit, das Kündigungsrecht des Mitglieds so auszuüben, wie es diesem als Genossenschaftsmitglied zugestanden hätte. Hier werden in der Praxis – durchaus auch von Rechtsanwälten – viele Fehler gemacht: etwa wenn die Herausgabe des Geschäftsguthabens »sofort« oder innerhalb einer »Zweiwochenfrist« verlangt wird. Hin und wieder fehlen auch die beglaubigten Unterlagen. Wichtig ist in diesem Zusammenhang, dass der Vollstreckungsgläubiger das Kündigungsrecht nur so ausüben kann, wie dies dem Mitglied auch nur möglich gewesen wäre. Das bedeu-

54 Lang/Weidmüller/*Holthaus/Lehnhoff*, GenG, § 66 Rn. 5.
55 Beuthien/*Beuthien*, GenG, § 66 Rn. 2.

tet insbesondere, dass die satzungsmäßigen Kündigungsfristen einzuhalten sind. Eine Pflicht der eG, die vollstreckenden Rechtsanwälte oder Dritte über die formalen Voraussetzungen des Verfahrens aufzuklären, besteht selbstverständlich nicht.

3.2.2.3.2 Ausschluss der Gläubigerkündigung

156 Eine im Jahr 2013 neu in das Genossenschaftsgesetz eingeführte Regelung legt für bestimmte Fälle einen Ausschluss der Dritt-Gläubigerkündigung (§ 66 GenG) oder Kündigung durch den Insolvenzverwalter (§ 66a GenG) fest: So ist nach § 67c Abs. 1 GenG die Kündigung der Mitgliedschaft durch einen Gläubiger des Mitglieds (§ 66 GenG) oder durch den Insolvenzverwalter/Treuhänder (§ 66a GenG) dann ausgeschlossen, wenn

- die Mitgliedschaft Voraussetzung für die Nutzung der Wohnung des Mitglieds ist (1. Voraussetzung) und
- das Geschäftsguthaben des Mitglieds höchstens das Vierfache des auf einen Monat entfallenden Nutzungsentgelts ohne die als Pauschale oder Vorauszahlung ausgewiesenen Betriebskosten oder höchstens 2.000 EUR beträgt (2. Voraussetzung).

Übersteigt das Geschäftsguthaben des Mitglieds diese zwei Betragsgrenzen in Absatz 1 Nr. 2, dann ist die Kündigung der Mitgliedschaft nach § 67c Abs. 2 GenG auch dann ausgeschlossen, wenn das Geschäftsguthaben durch Kündigung einzelner Geschäftsanteile nach § 67b GenG auf einen nach Absatz 1 Nr. 2 zulässigen Betrag vermindert werden kann. Diese Vorschrift ist nach langer rechtspolitischer Diskussion jetzt Gesetz geworden, da in den Fällen einer Gläubigerkündigung (wie auch in den Fällen einer Verbraucherinsolvenz, siehe Rn. 173) der Verlust der Wohnung zu befürchten stand, wenn die eG mietrechtlich wegen des Fehlens der Mitgliedschaft in der Folge den Nutzungsvertrag kündigte.

157 Die gesetzliche Neuregelung schafft also zwei Bereiche:

- Liegt der Fall noch innerhalb des neu geregelten Ausschlusses, dann ist die Gläubigerkündigung der Mitgliedschaft ausgeschlossen.
- Liegt er nicht mehr in diesem nun geschützten Bereich, dann bleibt es bei der bisherigen Rechtslage, und die Kündigung wirkt.

Es genügt, wenn das Recht zur Wohnungsnutzung an die Mitgliedschaft in der eG im konkreten Fall und Mietverhältnis gebunden ist, also auch dann, wenn insgesamt keine steuerliche Vermietungsgenossenschaft vorliegt, die ausschließlich an Mitglieder vermietet.

158 Eine weitere Grenze wird dadurch gezogen, dass die vierfache Nettokaltmiete nicht überschritten wird. Wird diese jedoch überschritten, so wirkt die zweite Betragsgrenze in Form der 2.000 EUR. Übersteigt hier das Geschäftsguthaben des Mitglieds den Betrag

von 2.000 EUR nicht, so ist die Kündigung ebenfalls ausgeschlossen, obwohl das Vierfache der Nettokaltmiete überschritten wird. Diese zweite »Grenze« ist also keine zweite, kumulativ zu verstehende Voraussetzung für den Ausschluss der Kündigung, sondern ein »erster Notanker«, falls die erste Grenze der Miethöhe nicht hilft. Ein »zweiter Notanker« besteht dann in der Regelung, dass der geschützte Bereich über die Kündigung einzelner Anteile nach § 67b GenG noch erreicht wird (§ 67c Abs. 2 GenG).

Dieser Mechanismus soll an Beispielen dargestellt werden: 159

Geschäftsguthaben beträgt genau das Vierfache der Nettokaltmiete

Geschäftsguthaben:	2.400 EUR
Nettokaltmiete:	600 EUR
Vierfacher Betrag:	2.400 EUR

Folge:
- Die Kündigungssperre funktioniert, da die erste Grenze gerade noch eingehalten wird.
- Auf den »ersten Notanker« des absoluten Betrags von 2.000 EUR kommt es nicht an.
- Auf den »zweiten Notanker« der Kündigung freiwilliger Anteile kommt es auch nicht an.

Geschäftsguthaben ist geringer als das Vierfache der Nettokaltmiete

Geschäftsguthaben:	2.400 EUR
Nettokaltmiete:	800 EUR
Vierfacher Betrag:	3.200 EUR

Folge:
- Die Kündigungssperre funktioniert, da die erste Grenze »gut« eingehalten wird.
- Auf den »ersten Notanker« des absoluten Betrags von 2.000 EUR kommt es nicht an.
- Auf den »zweiten Notanker« der Kündigung freiwilliger Anteile kommt es auch nicht an.

Geschäftsguthaben ist größer als das Vierfache der Nettokaltmiete

Geschäftsguthaben:	1.800 EUR
Nettokaltmiete:	300 EUR
Vierfacher Betrag:	1.200 EUR

Folge:
- Die erste Grenze wird nicht eingehalten.
- Jedoch hilft der »erste Notanker« des absoluten Betrags von 2.000 EUR.
- Die Kündigungssperre funktioniert.
- Auf den »zweiten Notanker« der Kündigung freiwilliger Anteile kommt es nicht mehr an.

Geschäftsguthaben, bestehend nur aus Pflichtanteilen, ist größer als das Vierfache der Nettokaltmiete und übersteigt auch den absoluten Betrag von 2.000 EUR

Geschäftsguthaben:	2.400 EUR
Nettokaltmiete:	300 EUR
Vierfacher Betrag:	1.200 EUR
Absoluter Betrag:	2.000 EUR

Folge:

- Die erste Grenze wird nicht eingehalten.
- Auch der »erste Notanker« des absoluten Betrags von 2.000 EUR hilft nicht.
- Das Geschäftsguthaben ist größer als beide Grenzen.
- Die Kündigungssperre funktioniert nicht.

Geschäftsguthaben ist größer als das Vierfache der Nettokaltmiete und auch als der absolute Betrag von 2.000 EUR, enthält allerdings auch freiwillige Anteile

Geschäftsguthaben, Pflichtanteile:	2.400 EUR
Geschäftsguthaben, freiwillige Anteile:	2.400 EUR
Geschäftsguthaben gesamt:	4.800 EUR
Nettokaltmiete:	600 EUR
Vierfacher Betrag:	2.400 EUR
Absoluter Betrag:	2.000 EUR

Folge:

- Geschäftsguthaben gesamt: Die erste Grenze wird nicht eingehalten.
- Geschäftsguthaben gesamt: Der »erste Notanker« von 2.000 EUR hilft nicht.
- Die Kündigungssperre funktioniert »an sich« nicht.

Aber:

- Die freiwilligen Anteile aus dem Gesamtgeschäftsguthaben in Höhe von 2.400 EUR können nach § 67b GenG (einzeln) gekündigt werden, womit das verbleibende Geschäftsguthaben, das dann nur noch aus Pflichtanteilen besteht, 2.400 EUR beträgt und somit die erste Grenze der Miethöhe (gerade noch) einhält.
- Die Kündigungssperre funktioniert also doch.
- Der »erste Notanker« ist nicht nötig.

Geschäftsguthaben ist größer als das Vierfache der Nettokaltmiete und auch als der absolute Betrag von 2.000 EUR, es besteht jedoch nur aus Pflichtanteilen

Geschäftsguthaben nur aus Pflichtanteilen insgesamt:	4.800 EUR
Nettokaltmiete:	600 EUR
Vierfacher Betrag:	2.400 EUR
Absoluter Betrag:	2.000 EUR

Folge:
- Geschäftsguthaben gesamt: Die erste Grenze wird nicht eingehalten.
- Geschäftsguthaben gesamt: Der »erste Notanker« von 2.000 EUR hilft nicht.
- Der »zweite Notanker« funktioniert ebenfalls nicht, da keine freiwilligen Anteile vorhanden.
- Die Kündigungssperre funktioniert nicht.
- Die Rechtslage gestaltet sich wie bisher.

Geschäftsguthaben ist größer als das Vierfache der Nettokaltmiete und auch als der absolute Betrag von 2.000 EUR, es bestehen auch freiwillige Anteile, jedoch nur zu einem geringeren Anteil

Geschäftsguthaben: Pflichtanteile:	3.000 EUR
und freiwillige Anteile:	1.800 EUR
Geschäftsguthaben gesamt:	4.800 EUR
Nettokaltmiete:	600 EUR
Vierfacher Betrag:	2.400 EUR
Absoluter Betrag:	2.000 EUR

Folge:
- Geschäftsguthaben gesamt: Die erste Grenze wird nicht eingehalten.
- Geschäftsguthaben gesamt: Der »erste Notanker« von 2.000 EUR hilft nicht.
- Der »zweite Notanker« funktioniert ebenfalls nicht, da zwar freiwillige Anteile vorhanden sind, durch die Kündigung der freiwilligen Anteile aber nicht der (noch) zulässige Betrag von 2.400 EUR oder 2.000 EUR erreicht werden kann.
- Die Kündigungssperre funktioniert nicht.
- Die Rechtslage gestaltet sich wie bisher.

Diese Beispiele zeigen, wie differenziert die Neuregelung wirkt. Sind die Voraussetzungen der Neuregelung nicht erfüllt, so beendet der Gläubiger des Mitglieds die Mitgliedschaft mit der Folge, dass er das frühere Geschäftsguthaben, das nach Ablauf der Kündigungsfrist und nach Ausscheiden des Mitglieds aus der eG ein Auseinandersetzungsguthaben ist, verwerten kann. Bleibt hier etwas übrig, so muss er den Betrag an das frühere Genossenschaftsmitglied auszahlen. 160

Das frühere Genossenschaftsmitglied bewohnt jedoch unter Umständen weiter eine Genossenschaftswohnung, sodass sich auch hier die Frage stellt, ob die eG mietrechtlich nach § 573 Abs. 1 BGB wegen fehlender Mitgliedschaft kündigen kann. Diese Frage hat der BGH für den Fall einer Gläubigerkündigung (§ 66 GenG) oder einer Kündigung durch den Insolvenzverwalter (§ 66a GenG) noch nicht entschieden. Er hat in einer Entscheidung, die zur Fallgestaltung eines wirksamen Ausschlusses des Mitglieds aus der eG wegen genossenschaftsschädlichen Verhaltens ergangen war, ausdrücklich offen gelassen[56].

3.2.2.3.3 Folgen der Pfändung und Überweisung

161 Die Pfändung erfolgt durch einen sog. Pfändungs- und Überweisungsbeschluss, den das örtlich zuständige Amtsgericht erlässt. Die eG ist sog. »Drittschuldner«. Als solcher wird die eG zudem aufgefordert, dem Vollstreckenden Auskunft zu geben, ob der Gegner der Vollstreckung (= das Mitglied) verwertbare Ansprüche gegen den Drittschuldner (= die eG) hat oder zu haben glaubt (zur Drittschuldnererklärung gemäß § 840 ZPO, siehe Rn. 392). Die eG ist als Drittschuldnerin verpflichtet, Auskunft zu geben und kann sich dieser Pflicht nicht verweigern. Sie erleidet hierdurch aber auch keine materiellen Rechtsverluste, etwa dergestalt, dass sie mit der Abgabe der Drittschuldnererklärung die gegen sie gerichteten Ansprüche anerkennen würde. Vielmehr dient die Drittschuldnererklärung nur der Information des Vollstreckungsgläubigers. Die Verweigerung der Abgabe der Drittschuldnererklärung kann zur Schadensersatzpflicht führen (§ 840 Abs. 2 Satz 2 ZPO). Dieser Pfändungs- und Überweisungsbeschluss wird der eG zusammen mit der Aufforderung zur Drittschuldnererklärung meistens über den Gerichtsvollzieher durch Zustellung bekanntgegeben. Mit dem Erlass und der Zustellung dieses Beschlusses an das Genossenschaftsmitglied wird diesem die Verfügungsbefugnis über sein Auseinandersetzungsguthaben entzogen. In diesem Augenblick ist das Guthaben des Mitglieds somit im zwangsvollstreckungsrechtlichen Sinne »verstrickt«. Dem sog. »Drittschuldner«, d. h. der eG als Schuldnerin des Auseinandersetzungsguthabens, wird durch die Bekanntgabe und Zustellung das Verbot auferlegt, den gepfändeten Betrag an den »Schuldner« der Zwangsvollstreckung (also an das Genossenschaftsmitglied) auszuzahlen (§ 829 Abs. 1 Satz 1 ZPO). Das hat insbesondere zur Folge, dass die eG das Auseinandersetzungsguthaben auch später, nämlich zum Zeitpunkt des Ausscheidens, nicht mehr an das Mitglied auszahlen darf. Sie muss es im Umfang der Pfändung und Überweisung vielmehr an den Vollstreckungsgläubiger auszahlen.

162 Zahlt sie dennoch an das ehemalige Mitglied aus, obwohl die Forderung des vollstreckenden Gläubigers noch nicht erfüllt wurde, so muss sie zweimal leisten, nämlich nochmals an den Vollstreckungsgläubiger. Denn nur dieser ist – aufgrund der Zwangsvollstreckung – empfangsberechtigt. Das an das Genossenschaftsmitglied ausgezahlte Geld könnte sie von diesem zwar wieder zurückfordern (§ 812 BGB). Dies kann jedoch aussichtslos sein, weil das Geld vom Genossenschaftsmitglied inzwischen

56 BGH, Urteil v. 10.9.2003, VIII ZR 22/03, NZM 2004 S. 25; siehe zur Thematik auch: Roth, NZM 2000, S. 743; NZM 2004, S. 129; siehe zur mietrechtlichen Problematik auch: Roth, in: 10 Jahre Mietrechtsreformgesetz – Eine Bilanz, Festschrift, S. 782 ff.

schon verbraucht wurde, ohne dass ein entsprechender Gegenwert in dessen Vermögen verblieben ist – womit das Genossenschaftsmitglied dann entreichert wäre.

Zwischen Pfändung und Überweisung und dem Ausscheiden aus der eG liegt bei längeren Kündigungsfristen ein langer Zeitraum, oftmals von Jahren. Die eG muss sich daher Gewissheit darüber verschaffen, wie die »Gläubigerlage« gerade beschaffen ist. Der Vollstreckungsgläubiger könnte sein Geld vom Mitglied zwischenzeitlich schon erhalten haben. Hier könnte eine Kontaktaufnahme mit dem Vollstreckungsgläubiger helfen, um die Sachlage zu klären – etwa durch einen Telefonanruf mit Aktenvermerk oder auf schriftlichem Wege. Lässt sich die Sachlage trotz aller Bemühungen nicht sicher klären, dann könnte auch an eine Hinterlegung des Geldes beim zuständigen Amtsgericht gedacht (Problem hierbei: die Hinterlegungskosten) oder aber das Geld weiter zurückbehalten werden (wodurch allerdings zumindest dem Grunde nach ein Verzugsrisiko entstehen könnte). Letztendlich wird man es jedoch auch als Obliegenheit des Vollstreckungsgläubigers ansehen können, dass er sich rechtsverbindlich darüber erklärt, ob ihm die geltend gemachte Forderung noch in der ursprünglichen Höhe zusteht oder ob er inzwischen aus anderen Teilen des Schuldnervermögens teilweise oder ganz befriedigt wurde (eine diesbezügliche Verweigerung einer Mitarbeit des Vollstreckungsgläubigers würde das Verzugsrisiko wiederum entfallen lassen). 163

3.2.2.3.4 Gläubigerkündigung durch außerordentliche Kündigung

Es stellt sich außerdem die Frage, ob der Vollstreckungsgläubiger möglicherweise doch schneller zu seinem Geld kommen kann, wenn er nicht die fristgerechte Kündigung ausspricht, sondern eine außerordentliche »fristlose« Kündigung wählt (die außerordentlichen Kündigungen des Genossenschaftsgesetzes wirken immer nur zum Ende des Jahres). Dies ist leider umstritten. Manche Fachautoren lehnen dies völlig ab.[57] Andere differenzieren danach, ob es um höchstpersönliche Gründe für das außerordentliche Kündigungsrecht geht (z. B. um die »persönliche« oder »wirtschaftliche« Unzumutbarkeit i. S. d. § 65 Abs. 3 GenG, die jedoch eine Kündigungsfrist von mehr als zwei Jahren voraussetzt) oder um »sonstige Gründe« für das außerordentliche Kündigungsrecht, die nichts mit der persönlichen Situation des Genossenschaftsmitglieds zu tun haben, wie z. B. bei Satzungsänderungen in bestimmten bedeutenden Bereichen gemäß § 67a BGB. In den zuletzt genannten Fällen soll nach einer vertretenen Ansicht der vollstreckende Dritte dann auch dieses besondere Kündigungsrecht in Anspruch nehmen können, weil diese Gründe für eine außerordentliche Kündigung ihrer Natur nach »objektiv« und somit losgelöst von den persönlichen Umständen des Genossenschaftsmitglieds als Schuldner sind.[58] Diese Ansicht ist nach 164

57 Lang/Weidmüller/*Holthaus/Lehnhoff*, GenG, § 66 Rn. 1; Müller, GenG, § 66 Rn. 3; Bauer, Genossenschafts-Handbuch, § 66 Rn. 1; Pöhlmann/*Fandrich*/Bloehs, GenG, § 66 Rn. 2; Hillebrand/*Keßler*, GenG, § 66 Rn. 7.

58 Beuthien/*Beuthien*, GenG, § 66 Rn. 1 stellt auf die wirtschaftlichen Verhältnisse ab.

hier vertretener Auffassung jedoch nicht zwingend, vielmehr ist sie abzulehnen. Rechtsprechung hierzu fehlt, soweit ersichtlich. Die Kündigung einzelner Geschäftsanteile gemäß § 67b GenG ist jedoch möglich (siehe Rn. 179 ff.).

3.2.2.3.5 Bindung des Vollstreckungsgläubigers an die Satzung

165 Der vollstreckende Gläubiger des Genossenschaftsmitglieds kann unter keinem denkbaren Umstand »sofort« die Auszahlung des »Geschäftsguthabens« an sich verlangen. Derartige Formulierungen sind in Anwaltsschriftsätzen in der Praxis nicht selten zu finden. Der vollstreckende Dritte kann sich durch die Vollstreckungsmaßnahme keine Sonderstellung gegenüber der eG verschaffen. Er ist im Ergebnis genauso an die Satzung gebunden wie das Mitglied. Eine Auszahlung von Geschäftsguthaben vor dem Ausscheiden kommt aufgrund des Genossenschaftsrechts von vornherein nicht in Betracht. Die Vorschrift des § 22 Abs. 4 Satz 1 GenG verbietet die Auszahlung von Geschäftsguthaben ausdrücklich und steht in direktem Zusammenhang mit der persönlichen Haftung der Vorstandsmitglieder (§ 34 Abs. 3 Nr. 1 GenG). Das Genossenschaftsmitglied hätte ebenfalls den Ablauf der Kündigungsfrist bis zum Beendigungszeitpunkt abwarten müssen, bevor es »an sein Geld« gekommen wäre. Dasselbe gilt auch für den Dritten, der die Zwangsvollstreckung gegen das Genossenschaftsmitglied betreibt, da er sich nur in die Rolle des Genossenschaftsmitglieds versetzt, darüber hinaus aber keine Sonderstellung erhält.

3.2.2.3.6 Kündigung einzelner Anteile im Rahmen der Zwangsvollstreckung

166 Sofern das Genossenschaftsmitglied neben seiner Pflichtbeteiligung, die meistens aus mehreren Pflichtanteilen besteht, auch noch weitere, freiwillige Anteile hält, wäre eine Kündigung einzelner Anteile nach § 67b GenG im konkreten Fall möglich. Der Vollstreckungsgläubiger darf nach der hier vertretenen Ansicht[59] dann auch nur diese freiwilligen Anteile kündigen, wenn diese ausreichen, seine Forderungen zu bedienen. Dies gebietet schon der Verhältnismäßigkeitsgrundsatz, der das gesamte Zwangsvollstreckungsrecht durchzieht. Denn andernfalls – bei Kündigung der gesamten Mitgliedschaft und Austritt aus der eG – wäre der Schaden für das Genossenschaftsmitglied wegen drohender Probleme auf der mietrechtlichen Ebene (Kündigung des Nutzungsvertrags über die Wohnung, wenn dies auch umstritten ist) unnötig hoch. Das Gesetz spricht in § 66 Abs. 1 Satz 1 GenG nur von der Ausübung des »Kündigungsrechts« des Mitglieds. Worauf sich das Kündigungsrecht bezieht, bleibt allerdings offen. Hierzu ist die Struktur der Finanzverfassung einer eG zu berücksichtigen. Gekündigt werden können, technisch gesehen, nur die freiwilligen Anteile i. S. d. § 67b GenG und die Mit-

59 So auch die allgemeine Meinung, für viele: Pöhlmann/*Fandrich*/Bloehs, GenG, § 66 Rn. 1.

gliedschaft als Ganzes gemäß § 65 GenG, nicht jedoch einzelne Pflichtanteile. Die Kündigung einzelner Pflichtanteile ist im Genossenschaftsgesetz nicht geregelt und somit auch nicht vorgesehen[60]. Insoweit wird durch das Gesetz die dreigliedrige Struktur offengelegt: Mitgliedschaft, Pflichtanteile und freiwillige Anteile. Die Mitgliedschaft ist dem gesetzlichen Wortlaut nach (nur) als Ganzes kündbar (§ 65 Abs. 1 GenG). Hiermit würde sich das gesamte Geschäftsguthaben einschließlich der Pflichtanteile nach Ablauf der Kündigungsfrist zum Auseinandersetzungsguthaben wandeln. Einzelne Pflichtanteile sind dagegen nicht kündbar.

Begründung: Der Fall der Kündigung einzelner Anteile ist in § 67b GenG abschließend geregelt: Somit ergibt sich aus dem Gegenschluss zu § 67b GenG, der nur die Kündigung einzelner, freiwilliger Anteile regelt, die Aussage, dass einzelne Pflichtanteile gerade nicht kündbar sind. Nach § 67b Abs. 1 GenG ist die Kündigung einzelner Anteile nämlich nur möglich, soweit das Mitglied nach der Satzung oder einer Vereinbarung mit der eG nicht zur Beteiligung mit mehreren Geschäftsanteilen verpflichtet ist (dies wäre die Pflichtbeteiligung) oder die Beteiligung mit mehreren Geschäftsanteilen Voraussetzung für eine vom Mitglied in Anspruch genommene Leistung der eG ist (was letztlich, negativ gesehen, wiederum die »Freiwilligkeit« umschreibt, und somit die Möglichkeit einer Kündigung einzelner Anteile hierauf beschränkt, womit diese im Gegenschluss für die Pflichtbeteiligung ausgeschlossen ist).

3.2.2.3.7 Fehler im Pfändungs- und Überweisungsbeschluss – »Kautionspfändung«

Hin und wieder geschieht es in der Praxis, dass im Pfändungs- und Überweisungsbe- 167
schluss »das Geschäftsguthaben« oder »die Kaution« gepfändet wird. Ist der Pfändungs- und Überweisungsbeschluss beim Gegenstand der Pfändung unpräzise formuliert, kann die Pfändung u. U. »ins Leere« gehen. In diesem Fall wäre sie wirkungslos. Der Pfändungs- und Überweisungsbeschluss muss, ist er nicht klar und korrekt im Sinne des gesetzlichen Wortlauts in § 66 Abs. 1 Satz 1 GenG gefasst, von der eG ausgelegt werden. Die Auslegung hat aber auch ihre Grenzen. Äußere Grenze dürfte der im Pfändungs- und Überweisungsbeschluss getroffene Wortlaut sein. Heißt es dort beispielsweise, dass die »Kaution« gepfändet wird (gemeint ist vom Vollstreckungsgläubiger jedoch das Auseinandersetzungsguthaben), dann ist sicherlich das »falsche« Objekt gepfändet worden. Insofern dürfte die Pfändung hier regelmäßig wirkungslos sein. In die Überlegung miteinzubeziehen ist hier, dass zwischen einer »Kaution« im mietrechtlichen Sinne und dem Geschäftsguthaben als konkrete Höhe der Beteiligung an einer eG ein ganz erheblicher, nicht zu überbrückender Unterschied besteht.[61]

60 Im Ergebnis ebenso: Beuthien/*Beuthien*, GenG, § 67b Rn. 4.
61 Roth, NZM 2008, S. 356.

Andernfalls wäre beispielsweise die Höhe der Pflichtbeteiligung an die Obergrenze von drei Monatsnettokaltmieten i. S. d. § 551 Abs. 1 BGB gebunden, was abwegig ist. Ebenso wenig, wie es eine Pflicht zur Verzinsung des Geschäftsguthabens gibt, könnte das kautionsrechtliche Gebot der Vermögenstrennung nach § 551 Abs. 3 Satz 3 BGB eingehalten werden, da die Pflichtbeteiligung gerade ein wesentlicher Bestandteil des Eigenkapitals der eG ist. Die Aufzählung der weiteren Unterschiede zwischen Pflichtanteilen und einer mietrechtlichen Kaution an dieser Stelle ist müßig, da inzwischen auch die Instanzrechtsprechung[62] verstanden hat, dass beide Bereiche vollständig konträr zueinander stehen und entsprechend abwegige Ansichten in der Rechtsprechung[63], soweit ersichtlich, heute nicht mehr vertreten werden.

168 Schwieriger zu beurteilen sind allerdings die Fälle, in denen die Bezeichnung nicht ganz falsch, jedoch »etwas schief« ist. So kann man beispielsweise aus der Pfändung des »Geschäftsguthabens« im Wege der Auslegung durchaus herauslesen, dass es sich hierbei um die Pfändung des »Auseinandersetzungsguthabens« handelt. Beide Bezeichnungen sind voneinander nicht so weit entfernt, wie es bei »Kaution« und »Geschäftsguthaben« der Fall ist. Zudem spricht das Gesetz in § 66 Abs. 1 Satz 1 GenG von dem »bei der Auseinandersetzung« zustehenden »Guthaben«. Inhaltlich ist das Auseinandersetzungsguthaben, das durch Beendigung der Mitgliedschaft »umgewandelte« Geschäftsguthaben.

Werden nur die »Anteile« gepfändet, so spricht einiges dafür, dass die Pfändung »ins Leere« geht. Denn zwischen den Begriffen »Anteil« und »Guthaben« besteht in der genossenschaftsrechtlichen Begriffswelt ebenfalls ein signifikanter Unterschied. Der Anteil bezeichnet nur den kleinsten Baustein einer abstrakten Beteiligungshöhe, während das Geschäftsguthaben die tatsächliche Höhe des durch Einzahlungen auf den Anteil entstandenen Vermögens des Mitglieds, das in der eG gebunden ist, beschreibt. Hier ließe sich also, legt man den korrekten begrifflichen Maßstab an, sehr gut vertreten, dass die Pfändung der »Anteile« ebenfalls »ins Leere« geht. Allerdings ist zu bemerken, dass die Begriffe »Anteile« und »Geschäftsguthaben« umgangssprachlich oftmals verwechselt werden. Rechtsprechung hierzu ist, soweit ersichtlich, noch nicht ergangen oder veröffentlicht worden. Weitere Ungenauigkeiten oder Unschärfen in der Bezeichnung des Vollstreckungsgegenstandes müssen im Einzelfall geprüft werden.

---

62 AG Kiel, Urteil v. 11.8.2011, ZMR 2012 S. 201, sowie LG Regensburg, Urteil v. 18.8.2009, ZMR 2010 S. 368, beide unter Bezugnahme auf: Roth, NZM 2008, S. 356.

63 So noch z. B. das AG Saarbrücken, Beschluss v. 24.7.2007, 37 C 132/07, WuM 2007 S. 506.

3.2.2.3.8 Mehrere Pfändungen durch verschiedene Gläubiger

Im Fall stark überschuldeter Haushalte kann es geschehen, dass bei der Genossenschaft gleich mehrere Pfändungs- und Überweisungsbeschlüsse verschiedener Gläubiger des Mitglieds eingehen. Gehen mehrere Pfändungs- und Überweisungsbeschlüsse bei der eG ein, so ist die jeweils früher bewirkte Pfändung vorrangig. Die Vorschrift des § 804 Abs. 3 ZPO regelt, dass das durch eine frühere Pfändung begründete Pfandrecht demjenigen vorgeht, das durch eine spätere Pfändung begründet wird. Mit der Zustellung des Pfändungsbeschlusses an den Drittschuldner (die eG) ist die Pfändung als bewirkt anzusehen (§ 829 Abs. 3 ZPO). Gehen Pfändungsbeschlüsse gleichzeitig ein, so sind sie gleichrangig. Der Erlös wird dann zumindest im Regelfall im Verhältnis der Forderungen verteilt. Einzelheiten werden in einem Verteilungsverfahren geregelt (§ 827 Abs. 3, §§ 872–882, §§ 853, 854 Abs. 2 ZPO). Voraussetzung für die Vorrangstellung einer Pfändung ist neben dem Erfordernis, dass diese zeitlich auch früher erfolgt ist, jedoch ebenfalls, dass diese auch wirksam werden konnte. Es müssen im Sinne der vorstehenden Ausführungen daher u. a. das »richtige Objekt« gepfändet sowie die oben beschriebenen Formalien eingehalten worden sein. 169

3.2.2.3.9 Abwehrmöglichkeiten der eG

Die Genossenschaft kann die Zwangsvollstreckung des Dritten gegen das Genossenschaftsmitglied nicht verhindern. Auch nicht durch eine Satzungsregelung (verhindern kann sie nur die Kündigung der Mitgliedschaft, wenn die oben beschriebenen Voraussetzungen der gesetzlichen Neuregelung in § 67c GenG gegeben sind). Dies würde einen unzulässigen Eingriff in die Rechte des Dritten darstellen. Insofern besteht auch ein Unterschied zwischen dem freiwilligen »Verpfänden« des Anspruchs auf das Auseinandersetzungsguthaben und der zwangsweise durchgeführten »Pfändung« desselben durch eine von einem Dritten betriebene Zwangsvollstreckung. Eine Satzungsregelung, die eine Pfändung durch Zwangsvollstreckung ausschließen würde, wäre also unwirksam. 170

Eine freiwillige »Verpfändung« des Auseinandersetzungsguthabens könnte dagegen nach wohl überwiegender Ansicht durch die Satzung ausgeschlossen werden. Dies bringt für die eG aber keinen Nutzen, da es ihr nach Beendigung der Mitgliedschaft egal sein kann, an wen sie das Auseinandersetzungsguthaben auszahlt. Für die Aufrechnung durch die eG bringt ein Verpfändungsverbot keinen besonderen Nutzen. 171

Für die Genossenschaft besteht auch auf der mietrechtlichen Ebene keine Möglichkeit, das Verfahren der Zwangsvollstreckung durch einen Drittgläubiger im Sinne eines Weiterbestehens der Mitgliedschaft zu beeinflussen. Der Vollstreckungsschutzantrag, den der Mieter nach § 765a ZPO theoretisch erheben könnte, versagt im Fall einer Pfändung und Überweisung des Anspruchs auf Auszahlung des genossenschaft- 172 lichen Auseinandersetzungsguthabens. Der BGH stellte hierzu klar, dass die Pfändung keine »unzumutbare Härte« im Sinne des § 765a ZPO darstellt, weil sie mittelbar zum Verlust der genossenschaftlichen Wohnungsrechte des Schuldners geführt hat und die Möglichkeit besteht, dass er seine derzeitige Wohnung verliert.[64] Die vorangegangene Instanzrechtsprechung hatte dies noch anders bewertet.

3.2.2.4 Fristgerechte Kündigung durch Insolvenzverwalter des Mitglieds (§ 66a GenG)

173 Die gesetzliche Neuregelung zur Gläubigerkündigung im Sinne der Kündigungssperre bezieht sich auch auf den Fall der Verbraucherinsolvenz (§§ 67c Abs. 1, 66a GenG). Beide Fallgruppen sind parallel geregelt. Ist über das Vermögen eines Genossenschaftsmitglieds das Verbraucherinsolvenzverfahren eröffnet worden, so gestaltet sich die Rechtslage zur Kündigung der Mitgliedschaft wie vorstehend zur Gläubigerkündigung – siehe dazu die oben ausgeführten Beispielsfälle (Rn. 159). Es wurde hiermit klargestellt, dass der Insolvenzverwalter die Mitgliedschaft außerhalb des definierten Schutzbereichs nun tatsächlich kündigen kann. Dies war vorher eine Zeit lang zunehmend in Zweifel gezogen worden, letztlich aber durch den Senat für Insolvenzrecht beim BGH dann doch bestätigt worden.[65] Durch die Neuregelung der Thematik in § 66a GenG ist das Kündigungsrecht des Insolvenzverwalters im Genossenschaftsgesetz jetzt selbst festgeschrieben und muss nicht mehr über das Insolvenzrecht hergeleitet werden.

Eine weitere Frage ist in diesen Fällen – wie auch bei der Gläubigerkündigung – ob die eG ggf. eigene Forderungen, die sie gegen das (frühere) Mitglied hat, gegen den Anspruch des Mitglieds auf Auszahlung des Auseinandersetzungsguthabens, der jetzt aber dem Drittgläubiger oder der Insolvenzmasse zusteht, aufrechnen kann (siehe Auseinandersetzungsguthaben ab Rz. 374). Solche Forderungen können z. B. rückständiges Nutzungsentgelt oder Schadensersatzansprüche aus dem Nutzungsverhältnis sein.

Kündigt der Insolvenzverwalter/Treuhänder die Mitgliedschaft, dann erlischt diese nach Ablauf der satzungsmäßigen oder gesetzlichen Kündigungsfrist. Problematisch ist in diesen Fällen, dass das Mitglied dann trotzdem die Wohnung weiter nutzt. Es liegt also ein Nicht-Mitgliedergeschäft vor, das steuerschädlich ist. In der Praxis gehen viele Genossenschaften bzw. ehemalige Mitglieder der eG den Weg, eine neue Mitgliedschaft zu begründen. Hierzu werden dann oft nach Verfahrenseröffnung neu

64 BGH, Urteil v. 1.10.2009, VII ZR 41/08.
65 BGH, Urteil v. 19.3.2009, IX ZR 58/08, NZM 2009 S. 479, Analogieschluss aus den §§ 66 GenG a. F. und 80 Abs. 1 InsO.

erworbene, eigene finanzielle Mittel des insolventen früheren Mitglieds, etwa im weiteren Verlauf erzieltes Arbeitseinkommen, eingesetzt. Hier ist jedoch zu beachten, dass nach der Rechtsprechung des BGH auch aus pfändungsfreiem Arbeitseinkommen angespartes Vermögen dem Insolvenzbeschlag unterliegt.[66] Der pfändungssichere Weg bestünde darin, dass das ehemalige Mitglied mit Geld, das aus einem Darlehen an ihn herrührt, die neue Mitgliedschaft begründet und die gezeichneten Anteile aufzahlt. Der Darlehensgeber (Jobcenter oder Verwandte bzw. Freunde) lässt sich den Anspruch des Mitglieds gegen die eG auf Auszahlung des Auseinandersetzungsguthabens abtreten und übersendet der eG als Schuldnerin des Rückzahlungsanspruchs eine Abtretungsanzeige (§ 409 BGB), womit diese ihren »guten Glauben« hinsichtlich der Berechtigung zur Entgegennahme des Auseinandersetzungsguthabens verliert.

3.2.2.5 Kündigung des Mitglieds wegen Aufgabe des Wohnsitzes (§ 67 GenG)

Die Aufgabe des Wohnsitzes des Genossenschaftsmitglieds kann auch zur Beendigung 174
der Mitgliedschaft führen, sofern die Mitgliedschaft nach der Satzung an den Wohnsitz innerhalb eines bestimmten Bezirks gebunden ist. Gibt das Mitglied im Fall einer entsprechenden Satzungsregelung seinen Wohnsitz auf, kann es schriftlich zum Ende des Geschäftsjahrs kündigen. Hierbei muss es die Kündigungsfrist nicht einhalten. Über die Aufgabe des Wohnsitzes ist die Bescheinigung einer Behörde vorzulegen, meistens wohl der Meldebehörde, ggf. jedoch auch einer anderen Behörde (gesetzlicher Wortlaut: »einer« Behörde). Fehlt die Bescheinigung der Behörde (Abmeldebescheinigung), dann ist eine wesentliche Voraussetzung für die Wirksamkeit der Kündigung nicht erfüllt.

Es wird in der Fachliteratur jedoch vertreten, dass die Abmeldebescheinigung bis zum Schluss des betreffenden Geschäftsjahrs nachgereicht werden kann, sodass die Kündigung wirksam bleibt und nicht wiederholt werden muss.

Dieser Fall einer (schnellen) Beendigung der Mitgliedschaft hat für die Praxis von Wohnungsgenossenschaften heute keine erkennbare Bedeutung mehr. Früher konnte auch die eG durch eine einfache Erklärung in einem solchen Fall die Mitgliedschaft beenden. Dies ist in der Novelle zum Genossenschaftsgesetz 2006 jedoch ersatzlos entfallen.

66 BGH, Beschluss v. 26.9.2013, IX ZB 247/11.

3.2.2.6 Außerordentliche Kündigung des Mitglieds bei bestimmten Satzungsänderungen (§ 67a GenG)

175 Ein Genossenschaftsmitglied kann auch kurzfristig durch außerordentliche Kündigung aussteigen: Nämlich dann, wenn die Satzung in wesentlichen Punkten, die für die Mitglieder weitreichende Folgen haben, geändert wird. Wichtig ist, dass dieses außerordentliche Kündigungsrecht nicht bei jeder Satzungsänderung wirkt, sondern nur bei ganz bestimmten Änderungen mit gravierendem Inhalt. Da es sich um folgenreiche Satzungsinhalte handelt, muss den überstimmten Mitgliedern aus Gründen der Fairness und Billigkeit eine Möglichkeit gegeben werden, diesen neuen Satzungsregelungen möglichst schnell zu entgehen, indem sie die eG durch Ausübung des Sonderkündigungsrechts relativ zügig verlassen. Kündigt das Mitglied in einem solchen Fall, dann wirkt die neue Satzung für die Dauer seiner Mitgliedschaft in der eG weder für noch gegen das Mitglied (§ 67a Abs. 2 Satz 5 GenG).

176 Auch diese Form der Kündigung bedarf der Schriftform (§ 67a Abs. 2 Satz1 GenG). Sie kann zudem nur »innerhalb eines Monats zum Schluss des Geschäftsjahrs« erklärt werden (§ 67a Abs. 2 Satz 2 GenG). Der Beginn der Frist richtet sich danach, ob das Mitglied in der Generalversammlung erschienen ist (Nr. 1) oder nicht erschienen ist (Nr. 2), weil

- es zur Generalversammlung zu Unrecht nicht zugelassen wurde oder
- die Versammlung nicht ordnungsgemäß einberufen oder
- der Gegenstand der Beschlussfassung nicht ordnungsgemäß angekündigt worden ist.

Ist das Mitglied in der Generalversammlung erschienen (Nr. 1), dann beginnt die Frist mit der Beschlussfassung in der Versammlung. Ist es dort nicht erschienen (Nr. 2), dann beginnt die Frist mit der Erlangung der Kenntnis von der Beschlussfassung, wobei im Streitfall die eG die Beweislast für den Zeitpunkt der Kenntniserlangung trägt (§ 67a Abs. 2 Satz 5 GenG).

In Fallgruppe Nr. 1, wenn das Mitglied also in der Generalversammlung erschienen ist, ist zudem erforderlich, dass das Mitglied gegen den satzungsändernden Beschluss einen Widerspruch zu Protokoll gegeben hat, mindestens aber, dass die Aufnahme seines Widerspruchs in die Niederschrift zur Generalversammlung verweigert worden ist (§ 67a Abs. 1 Satz 1 Nr. 1 GenG).

177 Ein Unterschied zum Kündigungsfall wegen Unzumutbarkeit der weiteren Mitgliedschaft (§ 65 Abs. 3 GenG) besteht darin, dass die Kündigung im Rahmen des § 67a GenG vom Mitglied nicht begründet werden muss. Es ist, abgesehen von der Fallgruppe einer wesentlichen Änderung des Unternehmensgegenstands (§ 67a Abs. 1 Satz 1 GenG) und einer Verlängerung der Kündigungsfrist über zwei Jahre hinaus (§ 16 Abs. 2

Satz Nr. 5 GenG), auch unerheblich, ob die Änderungen im konkreten Einzelfall besonders gravierend oder belastend sind. Vielmehr wird dies vom Gesetz generell unterstellt. Dies bedeutet, dass auch eine vergleichsweise harmlose Erhöhung des Umfangs der Pflichtbeteiligung dieses Sonderkündigungsrecht auslöst. Erfahrungsgemäß wird im Fall der maßvollen Erhöhung einer Pflichtbeteiligung hiervon aber so gut wie kein Gebrauch gemacht.

Folgende Änderungen in der Satzung der eG führen prinzipiell zu diesem besonderen, 178
außerordentlichen Kündigungsrecht des Mitglieds:

- die Erhöhung des Geschäftsanteils (§ 16 Abs. 2, Satz 1 Nr. 2 GenG),
- die Einführung oder Erweiterung einer Pflichtbeteiligung mit mehreren Geschäftsanteilen (§ 16 Abs. 2, Satz 1 Nr. 3 GenG),
- die Einführung oder Erweiterung einer Verpflichtung zur Leistung von Nachschüssen (§ 16 Abs. 2, Satz 1 Nr. 4 GenG),
- die Verlängerung der Kündigungsfrist auf eine längere Frist als zwei Jahre (§ 16 Abs. 2, Satz 1 Nr. 5 GenG),
- die Einführung oder Erhöhung eines »Mindestkapitals« (§ 16 Abs. 2, Satz 1 Nr. 9 GenG),
- die »Einschränkung« des Anspruchs der Mitglieder auf »Auszahlung des Auseinandersetzungsguthabens« wegen Unterschreitung des Mindestkapitals oder anderer Gründe nach (§ 16 Abs. 2, Satz 1 Nr. 10 GenG i. V. m. § 73 Abs. 2 Satz 2 und Abs. 4 GenG),
- die Einführung der Möglichkeit, »investierende« Mitglieder zuzulassen (§ 16 Abs. 2 Satz 1 Nr. 11 GenG i. V. m. § 8 Abs. 2 Satz 1 und 2 GenG).

Ebenso führt die wesentliche Veränderung des Unternehmensgegenstands (§ 67a Abs. 1 Satz 1) oder eine Satzungsänderung, welche die Verpflichtung der Mitglieder zur Inanspruchnahme einer Einrichtung oder Leistung der eG betrifft bzw. den Mitgliedern die Erbringung einer Leistung von Sachen oder Diensten bzw. laufende Zahlungen an die eG auferlegt, zur Möglichkeit einer außerordentlichen Kündigung (§ 16 Abs. 3 GenG).

3.2.2.7 Kündigung einzelner Geschäftsanteile (§ 67b GenG)

Ein Genossenschaftsmitglied kann auch einzelne Geschäftsanteile kündigen, ohne aus 179
der eG insgesamt auszuscheiden. Diese Möglichkeit ist § 67b GenG ausdrücklich vorgesehen. Es muss sich allerdings um »freiwillige« Anteile handeln. Einzelne Pflichtanteile sind nicht kündbar. Dies ergibt sich aus dem gesetzlichen Wortlaut und der hierin erkennbaren Systematik (siehe Rn. 166). Denn der gesetzliche Wortlaut der Vorschrift stellt die Kündbarkeit unter die Voraussetzung, dass das Mitglied nicht »nach der Satzung« oder einer »Vereinbarung mit der eG« zur Beteiligung mit mehreren Geschäfts-

anteilen »verpflichtet« ist – hiermit ist die Pflichtbeteiligung beschrieben. Eine weitere Einschränkung besteht für den Fall, dass die Beteiligung mit mehreren Geschäftsanteilen Voraussetzung für eine vom Mitglied in Anspruch genommene Leistung der eG ist. Der Anwendungsbereich dieser Fallgruppe ist nicht ganz klar. In der Fachliteratur wird hierzu angenommen, dass dies zwar kein Fall einer Pflichtbeteiligung ist, jedoch verdeutlicht, dass sich das Mitglied bei besonderer Förderung durch die eG seiner Verpflichtung, einen Solidarbeitrag zu leisten, dennoch nicht entziehen können soll[67] (Gedanke aus dem Grundsatz von Treu und Glauben, § 242 BGB). Wie dies auch sei, dürfte es sich nach der hier vertretenen Ansicht zumindest um einen vergleichbaren Fall einer »Pflichtbeteiligung« handeln, was an der eingangs aufgezeigten Einschränkung für eine Kündigung einzelner Anteile nichts ändert.

180 Vielmehr bestehen für das Mitglied nur zwei Möglichkeiten:

- Entweder die vollständige Beendigung der Mitgliedschaft nach § 65 GenG und den anderen Fällen einer Kündigung der Mitgliedschaft. Dann sind aber auch die Pflichtanteile betroffen, und zwar als gesamte Pflichtbeteiligung, also alle Pflichtanteile (eventuell mit Folgen für das Nutzungsverhältnis).
- Oder die separate Kündigung einzelner Anteile, dann jedoch nur, sofern keine Pflicht zum Halten dieser Anteile besteht.

Inwieweit sich eine Pflicht des Mitglieds zum weiteren Halten von Anteilen ergeben kann, obwohl es derzeit keine Förderung von der eG bezieht, sondern vielmehr vormals diese Förderung bezogen hat, wird in der Fachliteratur unterschiedlich beurteilt. Nach der hier vertretenen Ansicht kommt es nur darauf an, ob das Mitglied jetzt noch diese Förderung bezieht.[68] Der Gesetzgeber hatte im Zuge der Genossenschaftsnovelle 2006 die Formulierung »verpflichtet war« durch die Formulierung »verpflichtet ist« ersetzt, sodass ein bis 2006 bestehender Meinungsstreit nach hiesiger Ansicht heute keine Bedeutung mehr haben dürfte.[69]

181 Die Frage stellt sich bei Wohnungsgenossenschaften dann, wenn das Mitglied von einer großen Wohnung in eine kleinere umzieht, da die Pflichtbeteiligung häufig nach der Anzahl der Zimmer gestaffelt ist. In einem solchen Fall werden – aufgrund der Reduzierung des Nutzungsumfangs – Pflichtanteile in freiwillige Anteile umgewandelt.

67 Beuthien/*Beuthien*, GenG, § 67b Rn. 4.

68 Unklar: Beuthien/*Beuthien*, GenG, § 67b Rn. 4, der offenbar auch eine Pflicht aus Treu und Glauben annimmt.

69 Damals: LG Bayreuth, ZfG 1977 S. 280.

Praxis-Beispiel

Musste das Genossenschaftsmitglied vormals noch vier Anteile für eine Vierzimmerwohnung halten, so muss es jetzt für die Zweizimmerwohnung nur noch zwei Anteile halten. Zwei Anteile werden also zu freiwilligen Anteilen.

Die Einschränkung des § 67b GenG wirkt nicht mehr, da das Mitglied heute eben nicht mehr zum Halten von vier Anteilen verpflichtet »ist« (früher: »war»).

Auch bei der Kündigung einzelner Geschäftsanteile müssen die jeweiligen Kündigungsfristen sowie die zur ordentlichen fristgerechten Kündigung erläuterten weiteren Voraussetzungen eingehalten werden, wie z. B. die Schriftform (§ 67b Abs. 2 GenG). In der Satzung können für die pflichtgemäßen und für die freiwilligen Anteile unterschiedlich lange Kündigungsfristen bestimmt werden. Bei Kündigung einzelner, freiwilliger Anteile kommt es zu einem Teil-Auseinandersetzungsguthaben. Im Übrigen bleibt es aber beim Geschäftsguthaben. Auch im Rahmen der Gläubigerkündigung durch Einzelzwangsvollstreckung kann es zur Kündigung nur von einzelnen, freiwilligen Anteilen kommen, nämlich wenn diese zur Befriedigung ausreichen (zum Grundsatz der Verhältnismäßigkeit, siehe Rn. 166). 182

3.2.2.8 Ausschließung des Mitglieds aus der eG (§ 68 GenG)

3.2.2.8.1 Funktionsweise und Folgen der Ausschließung

Will sich die eG von einem Mitglied trennen, bleibt ihr nur das genossenschaftliche Ausschließungsverfahren. Das Ausschließungsverfahren fungiert somit im Ergebnis als »außerordentliche, fristlose Kündigung der Mitgliedschaft«, ausgesprochen durch die eG. Dies ist aber nur eine Analogiebetrachtung. Denn ein eigenes außerordentliches Kündigungsrecht im »klassischen Sinne« hat die eG nach allgemeiner Ansicht nicht, und zwar auch nicht aus »wichtigem Grund« – etwa wegen Unzumutbarkeit der weiteren Fortführung der Mitgliedschaft im Sinne der einschlägigen Vorschriften aus dem BGB (§§ 314, 626 BGB, siehe Rn. 130). 183

Der Ausschluss wirkt immer nur zum Ende des Geschäftsjahrs (meistens: des Kalenderjahrs), in dem das Ausschließungsverfahren stattfindet (d. h. insbesondere: der Ausschließungsbeschluss gefasst wird und dem Mitglied zugeht). Das bedeutet, dass das ausgeschlossene Mitglied mit Ablauf des entsprechenden Kalenderjahrs so aus der eG ausscheidet, wie dies der Fall gewesen wäre, wenn das Mitglied selbst gekündigt hätte (§ 65 GenG). Es entsteht ein Auseinandersetzungsguthaben, das dem ausgeschiedenen Mitglied unter den üblichen Voraussetzungen auszuzahlen ist. 184

185 Die Ausschließung ist einerseits ein »scharfes Schwert« der eG. Denn sie zeigt ihre Wirkung teilweise schon vor dem Zeitpunkt des Ausscheidens und auch bevor feststeht, ob der Ausschluss überhaupt gerechtfertigt ist. Mit Absendung der Mitteilung des Ausschließungsbeschlusses verliert das Mitglied das Recht auf Teilnahme an der General- oder Vertreterversammlung sowie die Mitgliedschaft im Vorstand oder Aufsichtsrat (§ 68 Abs. 2 Satz 2 GenG). Mittelbar kann sich das betroffene Mitglied auch nicht mehr zur Wahl in ein Organamt aufstellen lassen. Vom Ausschlussverfahren ist vorsichtig Gebrauch zu machen. Letztlich prüfen die staatlichen Gerichte im Fall einer Klageerhebung später, ob der Ausschluss wirksam ist.

186 In der Praxis ist andererseits die Erfahrung zu machen, dass das Ausschließungserfahren ein eher »stumpfes Schwert« der eG ist, da die Hürden für einen wirksamen Ausschluss in der Instanzgerichtsbarkeit mitunter absurd hoch angesetzt werden. Das betroffene Mitglied kann gegen den Ausschluss gerichtlich vorgehen, und zwar je nach dem Wert seiner Beteiligung vor dem Amts- oder Landgericht. Eine Klagefrist gibt es nicht (anders als bei der Anfechtung von Generalversammlungsbeschlüssen). Nur eine »allgemeine Verwirkung« könnte die Klageerhebung gegen den Ausschluss unzulässig machen. Die Verwirkung hängt jedoch sowohl von einem Zeitmoment wie auch von einem Umstandsmoment ab. Letzteres ist in der Praxis oftmals nicht gegeben.

187 Hat die eG das Ausschließungsverfahren eingeleitet, so muss sie das Mitglied so behandeln, wie wenn der Ausschluss wirksam wäre. Das bedeutet auch, dass sie dem Mitglied nach dem Ausscheiden aus der eG zum Jahresende das Auseinandersetzungsguthaben unter den üblichen Rahmenbedingungen auszahlen muss. Auch darf das ausgeschlossene Mitglied nicht mehr zur Generalversammlung eingeladen werden.

188 Stellt sich später, unter Umständen erst nach Jahren, heraus, dass der Ausschluss unwirksam war, dann muss der Ausschluss rückabgewickelt werden. Insoweit hätte die eG bei der Auszahlung des Geschäftsguthabens und den (nicht erfolgten) Einladungen zur Generalversammlung fehlerhaft gehandelt.

Ein willkürlich initiiertes Ausschließungsverfahren, etwa nur, um die Kandidatur einer unerwünschten Person für ein Organamt zu verhindern, kann als Pflichtverletzung der betreibenden Organmitglieder gewertet werden und ggf. zur Schadensersatzpflicht führen.

3.2.2.8.2 Zuständigkeit für den Ausschluss

189 Das Genossenschaftsgesetz regelt zum Ausschluss eines Mitglieds nicht viel. Insbesondere sind keine gesetzlichen Ausschlussgründe mehr genannt. Vielmehr muss die Satzung solche nennen (§ 68 Abs. 1 Satz 1 GenG). Das Genossenschaftsgesetz regelt auch nicht, welches Organ für den Ausschluss zuständig ist. In der Praxis wird hier

meistens der Vorstand in der Satzung festgelegt (§ 11 Abs. 2 Satz 1 MS) sowie ein Berufungsverfahren zum Aufsichtsrat, der dann für die eG »abschließend« über den Ausschluss entscheidet (§ 11 Abs. 4 Satz 2 MS), eingerichtet sein. Fehlt in der Satzung eine Zuständigkeitsregelung, wird der Generalversammlung zu Recht eine stillschweigende gesetzliche Zuständigkeit zuerkannt.[70]

Sollen Genossenschaftsmitglieder ausgeschlossen werden, die ein Amt im Vorstand 190
oder Aufsichtsrat ausüben, muss hierüber nach allgemeiner Ansicht die Generalversammlung beschließen[71], da dies einer endgültigen Amtsenthebung gleichkommt. Dafür ist die Generalversammlung zuständig (§ 24 Abs. 2 Satz 1, § 40 GenG für den Vorstand und § 36 Abs. 3 Satz 1 GenG für den Aufsichtsrat). Dies gilt für den Ausschluss eines Vorstandsmitglieds seit der Genossenschaftsnovelle 2006 jedoch nur noch dann, wenn, wie vormals gesetzlich zwingend vorgeschrieben, die Generalversammlung auch weiterhin für die vorzeitige, endgültige Amtsbeendigung durch Amtsenthebung zuständig ist. Wurde dagegen von der heute bestehenden Möglichkeit Gebrauch gemacht, durch Satzungsregelung auch die vorzeitige endgültige Amtsenthebung durch den Aufsichtsrat vornehmen zu lassen (§ 24 Abs. 2 Satz 2 GenG), so wäre der Aufsichtsrat konsequenterweise auch für die Ausschließung zuständig.[72]

3.2.2.8.3 Ausschließungsverfahren im Verhältnis zu anderen Beendigungsgründen

Ein Ausschließungsverfahren kann von der Genossenschaft auch dann durchgeführt 191
werden, wenn das Mitglied seine Mitgliedschaft schon selbst gekündigt hat. Dies verkürzt dann die unter Umständen viel längere Kündigungsfrist. Ein schon wirksam durch Eigenkündigung ausgeschiedenes Mitglied kann dagegen nicht mehr »zusätzlich und nachträglich« ausgeschlossen werden. Wenn die Eigenkündigung des Genossenschaftsmitglieds schon zum Ende der Mitgliedschaft geführt hat, dann liefe die Ausschließung durch die eG »ins Leere«. Auf den Bestand der Mitgliedschaft wirkt sich immer der Beendigungsgrund aus, der zu einem früheren Beendigungszeitpunkt führt. Wirken sowohl der Ausschluss wie auch die Kündigung durch das Mitglied zum selben Zeitpunkt, dann wird die Mitgliedschaft aus beiden Gründen gleichzeitig beendet. Die Ausschließung wirkt aufgrund ihrer gesetzlich angeordneten Wirkung zum Schluss eines Geschäftsjahrs (§ 68 Abs. 1 Satz 2 GenG) jedoch meist schneller als die Kündigung der Mitgliedschaft durch das Mitglied selbst (oder mindestens gleich schnell).

Umgekehrt kann ein Mitglied, das den Ausschließungsbeschluss erhalten hat, auch selbst noch seine Mitgliedschaft unter Einhaltung der Kündigungsfrist kündigen und

70 Beuthien/*Beuthien*, GenG, § 68 Rn. 14.
71 Beuthien/*Beuthien*, GenG, § 68 Rn. 14; Lang/Weidmüller/*Holthaus/Lehnhoff*, GenG, § 68 Rn. 47.
72 So zu Recht: Beuthien/*Beuthien*, GenG, § 68 Rn. 14.

dem Ausschluss damit zuvorkommen. Auch die anderen Fälle einer Kündigungsmöglichkeit können eingreifen, wie z. B. die Gläubigerkündigung nach § 66 GenG.

3.2.2.8.4 Ausschlussgründe

192 Das Genossenschaftsgesetz selbst sieht seit dem Jahr 2006 keinen normierten Grund mehr für ein Ausschließungsverfahren vor. Aber auch vorher regelte es hierzu nicht viel, sondern enthielt nur einen – zumindest für die Praxis der Wohnungsgenossenschaften völlig unbedeutenden – Grund: nämlich das Betreiben eines gleichartigen Geschäfts am selben Ort.

193 Daher kommt, wie bisher auch, den Regelungen in der jeweiligen Satzung eine überragende Bedeutung zu. Fehlt eine Satzungsregelung ganz, so stünde der eG ein Ausschließungsverfahren nicht zur Verfügung.

In der Rechtsprechung ist zumindest umstritten, ob als »allgemeiner« und »ungeschriebener« Ausschließungsgrund auch der »wichtige Grund« im Sinne der Regeln zur außerordentlichen, fristlosen Kündigung von Verträgen dienen kann (§§ 315, 626 BGB). Der BGH hatte dies in einer älteren Entscheidung jedenfalls noch abgelehnt[73], während das OLG Stuttgart dies in einer »moderneren« Entscheidung bejaht hat[74]. Eine nicht unerhebliche Rechtsunsicherheit bleibt jedoch bei dieser Frage nach wie vor bestehen. Durch die jeweilige Satzung müssen also konkret und handhabbar formulierte Gründe für eine Ausschließung aus der eG festgesetzt werden. Ein praktisches Bedürfnis besteht für bestimmte Konstellationen allemal, bedenkt man beispielsweise die Fälle

- einer dauerhaften Verletzung genossenschaftlicher Pflichten durch das Mitglied,
- des Herbeiführens von Schäden für die eG oder
- des »Untertauchens« eines Genossenschaftsmitglieds bei »Nacht und Nebel«, ohne dass es sich weiter um seine miet- oder genossenschaftsrechtlichen Pflichten kümmert – ein höchst praxisrelevanter Fall.

194 Ein Verschulden als Voraussetzung für den Ausschlussgrund wird vom Genossenschaftsgesetz nicht verlangt und ergibt sich auch aus allgemeinen rechtlichen Erwägungen nicht eindeutig. In der Fachliteratur zum Genossenschaftsrecht wird das Erfordernis eines Verschuldens zumindest nicht für jeden Fall zur Voraussetzung für eine Ausschließung gemacht. Neuere Rechtsprechung hierzu existiert in veröffentlichter Form freilich nicht.

73 BGH, Urteil v. 13.7.1972, II ZR 55/70, ZfG 1972 S. 222.
74 OLG Stuttgart, Urteil v. 21.2.1992, 2 U 162/91.

Allerdings ist unverkennbar, dass aus der genossenschaftlichen Treuebindung heraus das Vorliegen eines Verschuldens des Genossenschaftsmitglieds im Sinne von Vorsatz und Fahrlässigkeit zumindest für den Regelfall gefordert werden könnte. Zumindest muss das die mitgliedschaftliche Beziehung störende Ereignis dem auszuschließenden Genossenschaftsmitglied und seiner Risikosphäre zuzurechnen sein.

Insbesondere beim Ausschließungsgrund »Eröffnung des Insolvenzverfahrens über das Vermögen des Mitglieds« wäre die Voraussetzung eines Verschuldens des Mitglieds wohl kaum handhabbar, da die Gründe für eine Insolvenz sehr vielfältig sein können und eine »allgemeine Lebensführungsschuld« zu Recht nach allgemeiner Ansicht nicht angenommen wird. Bei diesem oder einem ähnlichen Ausschlussgrund geht es dann also nur um die wirtschaftlichen Belange der eG.

Aber auch in anderen Fallgruppen kann die Belastung für die eG so stark werden, dass das Erfordernis eines Verschuldens in den Hintergrund treten müsste, wenn es beispielsweise um die Schädigung des Ansehens der eG in Form von verbalen Äußerungen des Mitglieds oder um eine erhebliche Belastung der geschäftlichen und verwaltungstechnischen Abläufe der eG durch krankhaftes querulatorisches Verhalten eines Mitglieds geht. Hier könnte eine vorliegende schwerwiegende psychische Erkrankung des Genossenschaftsmitglieds das Verschulden entfallen lassen, obwohl die Belastungen für die eG – und damit möglicherweise auch für die anderen Genossenschaftsmitglieder – erheblich sind.

Beim Thema Ausschluss aus der eG ist immer auch das Interesse der eG im Auge zu behalten, sodass bei entsprechend schwerer Störung der Ausschluss eines Mitglieds nicht immer zwingend an das Vorliegen eines Verschuldens gekoppelt werden darf. Das ideelle Interesse der eG an der Unversehrtheit ihres guten Rufes kann hierbei den vermögensmäßigen Interessen durchaus gleichgestellt werden. Dies sollte bei der Formulierung von Ausschlussgründen in der Satzung berücksichtigt werden.

Die Mustersatzung für Wohnungsgenossenschaften zählt daher aus gutem Grund 195
auch Fallgruppen eines genossenschaftswidrigen Verhaltens auf (§ 11 Abs. 1 Buchst. a bis c MS), die losgelöst von einem Verschulden sind. Die Mustersatzung wurde 2018 geändert und folgt insbesondere hinsichtlich der Ausschlussgründe einer neuen Systematik.

§ 11 Abs. 1 Buchst. a bis c MS:

(1) Ein Mitglied kann zum Schluss des Geschäftsjahres aus der Genossenschaft ausgeschlossen werden,

a) wenn es der Genossenschaft gegenüber seine Pflichten aus der Satzung, aus dem sonstigen Genossenschaftsrecht, aus den allgemeinen Gesetzen sowie aus der Förderbeziehung (insbesondere aus dem Nutzungsvertrag über die Wohnung) schuldhaft oder für die Genossenschaft und ihre Mitglieder unzumutbar verletzt; als Pflichtverletzung in diesem Sinne gilt insbesondere,

- wenn es das Ansehen der Genossenschaft in der Öffentlichkeit schädigt oder zu schädigen versucht,
- wenn es die Beteiligung mit geschuldeten Geschäftsanteilen (Pflichtanteile) sowie die Einzahlungen auf übernommene Geschäftsanteile (Pflichtanteile und weitere Anteile) unterlässt

b) wenn über sein Vermögen ein Antrag auf Eröffnung eines Insolvenzverfahrens gestellt worden ist,

c) wenn es unbekannt verzogen ist, insbesondere keine zustellungsfähige Anschrift hinterlässt oder sein Aufenthalt länger als _______ unbekannt ist.

In § 11 Abs. 1 Buchst. a MS geht es um die Verletzung von Pflichten, die sich aus der Satzung, aus dem sonstigen Genossenschaftsrecht, aus den allgemeinen Gesetzen sowie aus der Förderbeziehung (insbesondere aus dem Nutzungsvertrag über die Wohnung) ergibt. Diese Verletzung kann – in einer Kategorie – schuldhaft erfolgen oder aber – in der zweiten Kategorie – in einer für die eG und ihre Mitglieder unzumutbaren Weise. Danach werden Beispiele gebracht, in denen eine solche Pflichtverletzung nach Meinung der Satzungsgeber jedenfalls gegeben ist (Regelbeispiele). Als Pflichtverletzung in diesem Sinne gilt insbesondere, wenn das Mitglied das Ansehen der eG in der Öffentlichkeit schädigt oder zu schädigen versucht. Auch, wenn es die Beteiligung mit geschuldeten Geschäftsanteilen (Pflichtanteile) sowie die Einzahlungen auf übernommene Geschäftsanteile (Pflichtanteile und weitere Anteile) unterlässt.

Ebenso Buchst. b, wenn über sein Vermögen ein Antrag auf Eröffnung eines Insolvenzverfahrens gestellt worden ist. Abschließend in Buchst. c dann, wenn es unbekannt verzogen ist, insbesondere keine zustellungsfähige Anschrift hinterlässt oder sein Aufenthalt länger als »X-Jahre« unbekannt ist.

§ 11 Abs. 2 MS legt fest, dass in den Fällen des Buchst. a eine Abmahnung unter Androhung des Ausschlusses erforderlich ist, es sei denn, die Abmahnung ist entbehrlich (zur Abmahnung siehe Rn. 202). Die Entbehrlichkeit einer Abmahnung kann sich aus der Schwere der Pflichtverletzung ergeben, oder dann anzunehmen sein, wenn das

Mitglied die Einhaltung seiner Verpflichtungen der eG gegenüber ernsthaft und endgültig verweigert. Als überflüssig wird eine Abmahnung auch dann angesehen, wenn die Pflichtverletzung unverschuldet begangen wurde, etwa im Zustand geistiger Verwirrung, psychischer Ausnahmezustände oder sonstiger Beeinträchtigungen der Steuerungsfähigkeit.

In der Fallgruppe »unbekannt verzogen« (Buchst. c) müsste eine Abmahnung ebenfalls entbehrlich sein, da hier schon die Zustellung bzw. Bekanntgabe aufgrund eines Umstands, der vom Mitglied zu verantworten ist, scheitert. Leider ist die Rechtsprechung bisher zu nachsichtig mit Personen, die vorsätzlich unerreichbar werden, indem sie einfach verschwinden und keine neue Adresse hinterlassen. Dieses unbillige Verhalten müsste zu einer Wertung nach § 242 BGB (Treu und Glauben) führen mit der Folge eines Rechtsverlusts der unbekannt Verzogenen. Oftmals wird hier von den Gerichten aber ein zu milder Maßstab angelegt und angenommen, dass das Schreiben nicht zugegangen bzw. eine Abmahnung nicht erfolgt ist, sodass die eG mit ihrem Ausschließungsverfahren scheitert (Parallel-Problematik besteht im Wohnraummietrecht).

Hiervon hebt sich eine Entscheidung des OLG München aus dem Jahr 2015 wohltuend ab. Das OLG München[75] stellt fest, dass eine Regelung in der Satzung der eG, wonach ein Ausschließungsgrund vorliegt, wenn ein Mitglied der eG unbekannt verzogen oder sein Aufenthalt länger als ein Jahr unbekannt ist, den Ausschluss dieses Mitglieds rechtfertigt, und zwar ausdrücklich auch dann, wenn der einzelne Genosse (über Dritte) erreichbar sei. Das OLG München stützt diese rigide Rechtsauffassung zu Recht auf die Pflicht der eG und des Vorstands, eine Mitgliederliste mit aktueller Anschrift der Mitglieder zu führen. Zudem stehe Dritten hier ein Einsichtsrecht zu und dem »Register« komme zumindest ein »beschränkt öffentlicher Charakter« zu. Auch weist das Gericht auf das »entsprechend zu wertende Personengesellschaftsrecht« hin, wonach jedem Gesellschafter das Recht auf Kenntnis seiner Mitgesellschafter zustehe. Wegen der persönlichen Verbundenheit der einzelnen Genossen bestehe, so das Gericht weiter, ein Anspruch der eG gegen einzelne Genossen auf Nennung der aktuellen Anschrift.

Ständiger »Ärger« mit dem Mitglied im Nutzungs- bzw. Mietverhältnis berechtigt die eG 196
nicht ohne Weiteres zum Ausschluss aus der Genossenschaft. Probleme in der Vertragsbeziehung auf der Förderebene sind im Regelfall dort zu lösen, wo sie angesiedelt

75 OLG München, Urteil v. 14.10.2015, 7 U 995/15, NZM 2016 S. 312, mit kritischer Anmerkung von Roth zu dem Teil der Entscheidung, nach welchem die Nicht-Nutzung einer Wohnung der eG nicht über das Ausschlussverfahren zu sanktionieren sei, sondern nur durch Kündigung des Wohnraummietvertrags; vollständige Zustimmung jedoch bezüglich der Beurteilung der Nicht-Erreichbarkeit.

sind.[76] Da das Nutzungsverhältnis über eine Genossenschaftswohnung ein Wohnraummietvertrag ist, stehen dem Genossenschaftsmitglied prinzipiell auch alle dort angesiedelten Rechte zu, wie beispielsweise die mietrechtlichen Gewährleistungsreche im Fall von Mängeln an der Wohnung oder die Mieterschutzvorschriften im Rahmen von Mieterhöhungen. Gleiches gilt für die Abrechnung von Nebenkosten, was in der Praxis der Wohnungsgenossenschaften oftmals einen neuralgischen Punkt darstellt, da man hier aufgrund der teilweise höchst unterschiedlichen Urteile in der Instanzrechtsprechung viel streiten kann.

Sicherlich steht, zumindest rechtstheoretisch, auch immer die Treuepflicht des Mitglieds seiner eG gegenüber im Raum, die dazu führen könnte, dass ein Genossenschaftsmitglied seiner eG gegenüber auch einmal ein Auge zudrücken müsste. Die Rechtsprechung in Wohnraummietsachen und auch zum Genossenschaftsrecht hat diesen Aspekt im Laufe der letzten Jahrzehnte allerdings immer mehr zurückgedrängt und entscheidet in vielen Streitfällen ohne Berücksichtigung des genossenschaftsrechtlichen Rahmens (wenn manchmal auch zu Unrecht).

Ein Verhalten gilt auf alle Fälle dann nicht als schuldhaft genossenschaftswidrig, wenn lediglich eigene Mieterrechte wahrgenommen werden.[77] Daher sollte ein Ausschlussverfahren vor dem Hintergrund mietrechtlicher Auseinandersetzungen eher nicht angestrengt werden. Anders kann dies zu bewerten sein, wenn es der eG gelingt, dem Mitglied »Schikane« nachzuweisen. Die Rechtsprechung folgert aus der zwischen dem Mitglied und der eG gegebenen Treuebindung, dass die Ausschließung geeignet und erforderlich sein muss, die eingetretene Störung zu unterbinden. Hierbei darf die Ausschließung nie außer Verhältnis zum Anlass stehen. Es handelt sich um das weiche Kriterium einer zum Ausschließungsgrund hinzutretenden Angemessenheitskontrolle. Ein Fall der Unangemessenheit des Ausschließungsverfahrens kann gegeben sein, wenn die Folgen des Ausschlusses für das Genossenschaftsmitglied wirtschaftlich ruinös sind und der Anlass für die Ausschließung unter diesem Aspekt dann doch »nicht so gravierend« erscheint. Dieser Fall dürfte bei Wohnungsgenossenschaften relativ schnell herzuleiten sein, da zumindest theoretisch der Wohnungsverlust droht.[78]

Zur Verdeutlichung, wie schwer es für eine eG oftmals ist, mit einem Ausschluss vor den Instanzgerichten durchzudringen, sei an dieser Stelle nochmals kurz auf die Sachverhalte der Entscheidungen des LG Berlin und des LG Köln eingegangen. In beiden

76 Nach diesem Grundsatz verfährt die Rechtsprechung der Instanzgerichte, so z. B. LG Berlin, MM 1991 S. 26 f., zit. in: LG Berlin, Urteil v. 20.4.2006, 51 S 343/05, WuM 2006 S. 393.

77 LG Berlin, Urteil v. 20.4.2006, 51 S 343/05, WuM 2006 S. 393; LG Köln, Urteil v. 18.5.2006, 20 0 391/05, WuM 2007 S. 22.

78 LG Berlin, Urteil v. 20.4.2006, 51 S 343/05, WuM 2006 S. 393, unter Verweis auf: BGH, Urteil v. 10.9.2003, VIII ZR 22/03, WuM 2003 S. 691.

Fällen scheiterte das Ausschlussverfahren an einem Fehlen der Abmahnung. Die Bemerkungen der Gerichte zu den von der eG erhobenen Vorwürfen können jedoch für ähnlich gelagerte Fälle auch im Hinblick auf die Bewertung möglicher Ausschließungsgründe eine Orientierung geben.

Praxis-Beispiel !

Im Fall des LG Berlin war es um den Vorwurf von Beleidigungen gegen die eG und die dort Verantwortlichen sowie um eine mögliche Rufschädigung der eG gegangen. Das Mitglied der eG hatte nach dem Vortrag der eG vor Gericht aus einer persönlichen Verärgerung heraus von »Nazimethoden« und »Wegsehen wie bei Hitler« gesprochen. Das Genossenschaftsmitglied warf dem Vorstand der eG in Anspielung auf den Berliner Bankenskandal vor, »Millionen an Fördergeldern zu missbrauchen«. Hierzu stellte das Gericht immerhin fest, dass die Bemerkungen des Mitglieds, die sich auf die Zeit der nationalsozialistischen Gewaltherrschaft bezogen haben, »unhaltbare Äußerungen« seien, die »sittlich zu verurteilen sind»[79].
Die Vorwürfe im Hinblick auf den behaupteten Missbrauch von Fördergeldern seien vom Genossenschaftsmitglied nicht belegt worden und wohl auch nicht belegbar. Das Gericht wies noch darauf hin, dass zwischen einer nur genossenschaftsintern geäußerten Kritik an der eG und einer öffentlichkeitswirksam vorgebrachten Kritik zu unterscheiden sei, wobei der Maßstab für »genossenschaftsinterne Beeinträchtigungen und deren zumutbare Folgen« viel höher anzusetzen sei als es bei »externen Äußerungen« der Fall sei. Das bedeutet also, dass sich die eG und deren verantwortliche Organe intern mehr anhören müssen, als dies vor einer Öffentlichkeit der Fall wäre.
Dennoch scheiterte, wie dargestellt, das Ausschließungsverfahren wegen des Fehlens einer Abmahnung. Das Gericht wertete die gegen das Mitglied seitens der eG erhobenen Vorwürfe offenbar auch als nicht so gravierend, dass man in diesem Einzelfall auf eine Abmahnung hätte verzichten können.[80]
Im Fall des LG Köln[81] war es darum gegangen, dass das ausgeschlossene Genossenschaftsmitglied ein anderes Genossenschaftsmitglied wegen unzulässiger gewerblicher Nutzung von Garagen bei der Stadt angezeigt hatte, woraufhin die Stadt als Ordnungsbehörde eine Unterlassungsverfügung an das betroffene Mitglied erließ. Im Mietverhältnis war es um Mängel der Wohnung des ausgeschlossenen Mitglieds gegangen. Der nebenberufliche Hausmeister der eG, auch selbst Mitglied der eG, besichtigte die Wohnung, um die Mangellage zu ermitteln. Nach der Wohnungsbegehung verfasste das Mitglied an die eG ein Schreiben, worin es ausführte, dass der Hausmeister »nicht über den erforderlichen Sachverstand« verfüge und dieser »als Aushilfe« auch »nicht das erforderliche Interesse« zeige. Zudem teilte das ausgeschlossene Genossenschaftsmitglied der eG mit, dass es sich aufgrund des »aggressiven Auftretens« des Hausmeisters vor diesem ängstige. Im weiteren Verlauf des Sachverhalts rief das ausgeschlossene Genossenschaftsmitglied beim Hauptarbeitgeber des Hausmeisters an und fragte dort, ob dieser als Mitarbeiter der Berufsfeuerwehr eine

---

79 LG Berlin, Urteil v. 20.4.2006, 51 S 343/05, WuM 2006 S. 393.
80 Das Entfallen der Notwendigkeit einer vorherigen Abmahnung wegen besonderer Schwere des gegebenen Fehlverhaltens durchzieht als allgemeiner Grundsatz alle Themenbereiche, in denen eine Abmahnung von Bedeutung ist, z. B. im Wohnraummietrecht oder im Arbeitsrecht, aber auch im allgemeinen Schuldrecht.
81 LG Köln, Urteil v. 18.5.2006, 20 0 391/05, WuM 2007 S. 22.

Nebentätigkeitsgenehmigung besitze, woraufhin es zu einem Dienstgespräch zwischen Hauptarbeitgeber und Arbeitnehmer kam. Gegenüber dem Dienstherrn des Hausmeisters im Hauptarbeitsverhältnis brachte das Genossenschaftsmitglied, jedenfalls nach dem Vorbringen der eG, zum Ausdruck, dass die eG den Hausmeister als »Schwarzarbeiter« beschäftige, da die erforderliche Nebentätigkeitsgenehmigung fehle. Ebenfalls stand im Raum, dass der Ehemann des Genossenschaftsmitglieds die eG vor einigen Jahren beim staatlichen Umweltamt und der örtlichen Bauaufsicht wegen einer vermeintlich unzulässigen Nutzung eines genossenschaftseigenen Grundstücks angezeigt habe.
Auch hier schlug das Ausschließungsverfahren fehl, da eine Abmahnung fehlte. Hier ging das Gericht offenbar sogar von einem allgemeinen »Verhältnismäßigkeitsgrundsatz« und einem »zum Kündigungsrecht allgemein entwickelten Rechtsgedanken« aus, was eine Abmahnung auch in der Fallgruppe erforderlich mache, in der nach den Regelungen der konkreten Satzung eine Abmahnung nicht erforderlich ist. Das Gericht stellte zudem darauf ab, dass es sich nicht um ein »wiederholtes Verhalten« gehandelt habe, das eine Abmahnung unter Umständen hätte entbehrlich werden lassen können. Die von der eG vorgebrachten Ausschlussgründe wurden vom Gericht einzeln entwertet. Im Ergebnis stellte das Gericht hierzu sinngemäß fest, dass der eG kein relevanter Schaden entstanden sei, da die Handlungen des ausgeschlossenen Mitglieds entweder andere Personen betrafen, wie den Hausmeister, oder sich aber als sachlich zutreffend herausgestellt hatten (die Anzeigen).

Diese beiden Urteile vermitteln ein realistisches Bild der Erfolgsaussichten eines Ausschließungsverfahrens.

197 Ein weiteres Sonderthema im Bereich des Ausschließungsverfahrens stellt die Frage nach einem Ausschluss von Vorstands- oder Aufsichtsratsmitgliedern dar. Hier soll es nicht um die Zuständigkeit für das Verfahren gehen, sondern um die Frage, ob eine Pflichtverletzung, die sich im Rahmen der Organtätigkeit ereignet, auch geeignet sein kann, ein Ausschlussverfahren zu begründen. Hierzu ist festzustellen, dass Pflichtverletzungen aus der Organbestellung und ggf. dem Anstellungsvertag meistens eher zu

- Abberufungen aus dem Organamt,
- außerordentlichen Kündigungen des Anstellungsvertrags und
- möglicherweise auch zu Schadensersatzansprüchen der eG führen.

Konflikte spielen sich in der Praxis meistens auf diesen Ebenen ab.

198 Theoretisch könnte dazu noch die gesamte Stellung des Organmitglieds auch als Mitglied der eG infrage gestellt werden. Dies hat sicherlich im Fall eines schweren, vorsätzlichen Verhaltens des Organmitglieds, etwa im Fall von Veruntreuung oder Betrug, eine gewisse Erfolgsaussicht. Bei weniger schweren Pflichtverletzungen, etwa im Fall von Nachlässigkeiten oder wenig engagierter Ausübung des Organamtes, bestehen hier dagegen Zweifel.

In der Kommentarliteratur wird allerdings durchaus betont, dass der für Organmitglieder geltende Sorgfaltsmaßstab ein sehr »hoher« ist, da er handelsrechtlich definiert wird

(Sorgfalt eines ordentlichen Geschäftsleiters oder Überwachers). Hieraus wird dann der Schluss gezogen, dass der hohe Sorgfaltsmaßstab auch eine »allgemeine Treuepflicht« des Organmitglieds der eG gegenüber beinhalte.[82] Mitunter wird sogar davon ausgegangen, dass sogar fahrlässige Verstöße gegen die Organpflichten gleichzeitig einen Verstoß gegen die mitgliedschaftliche Treuepflicht darstellen.[83] Es wird vertreten, dass jede Verfehlung im Zusammenhang mit der Ausübung der Organstellung gleichzeitig eine Verfehlung im Rahmen des Mitgliedschaftsverhältnisses ist.[84] Dennoch liegen Praxiserfahrungen vor, wonach es sehr schwer ist, Gerichte hiervon überhaupt zu überzeugen, sofern es sich nicht um ganz schwere Fälle von nachgewiesenen Wirtschaftsstraftaten handelt.

Für Genossenschaftsmitglieder, die das Amt eines Vertreters in einer Vertreterversammlung ausüben (§ 43a GenG), gelten nach der hier vertretenen Ansicht keine Besonderheiten, obwohl das Vertreteramt letztlich auch ein Organamt ist und daher mitunter auch als »organmitgliedschaftliches« Amt bezeichnet wird.[85] Hier wird man wohl noch viel weniger von einem Ausschlussgrund ausgehen können, als dies bei Organmitgliedern von Vorstand und Aufsichtsrat der Fall ist.

3.2.2.8.5 Das Ausschlussverfahren

Da sich die Gerichte erfahrungsgemäß eher weniger gerne mit den inhaltlichen Fragen 199
eines Ausschlusses beschäftigen, wie z. B. der Frage, ob der vorgetragene Ausschlussgrund auch wirklich vorliegt oder gravierend genug ist, den Ausschluss begründen zu können, sondern ein Ausschlussverfahren viel lieber an den Formalien scheitern lassen, muss unbedingt darauf geachtet werden, hier keinen Aspekt zu versäumen.

Vorherige Anhörung

Wichtig ist, dass das betroffene Genossenschaftsmitglied vor der Fassung des Aus- 200
schließungsbeschlusses vom zuständigen Organ angehört wird. Dies gebietet schon der allgemeingültige rechtsstaatliche »Grundsatz des fairen Verfahrens»[86]. Allgemein nimmt man hierzu sogar an, dass die Pflicht zur vorherigen Anhörung im genossenschaftlichen Treuegebot verankert ist. Die Anhörung bewirkt auch, dass sich die eG Gewissheit darüber verschaffen kann, ob

- der angenommene Ausschlussgrund auch tatsächlich gegeben ist,
- sich vielleicht noch andere Aspekte im Fall zeigen, die der Entlastung des Mitglieds dienen, bzw.

82 Lang/Weidmüller/*Holthaus/Lehnhoff*, GenG, § 34 Rn. 16; Pöhlmann/*Fandrich*/Bloehs, GenG, § 34 Rn. 5.
83 Lang/Weidmüller/*Holthaus/Lehnhoff*, GenG, § 68 Rn. 45.
84 Müller, GenG, § 68 Rn. 70.
85 Beuthien/*Beuthien*, GenG, § 43a Rn. 5.
86 Ganz allgemeine Meinung, für viele: Beuthien/*Beuthien*, GenG, § 68 Rn. 15, unter Verweis auf ältere BGH-Rechtsprechung.

- das betroffene Mitglied vielleicht sein Bedauern über die Vorfälle zum Ausdruck bringt, verbunden mit der Versicherung, dass sich dies zukünftig nicht mehr ereignen wird.

Auch in der sich möglicherweise anschließenden gerichtlichen Auseinandersetzung stellt sich die eG mit der Durchführung einer vorherigen Anhörung als »verständige Genossenschaft«, die sich fair verhalten möchte, dar, was der »Stimmung« beim Verhandlungstermin sicherlich dienlich ist. Daher wird in vielen Satzungen ein Anhörungsverfahren zu Recht ausdrücklich vorgeschrieben (§ 11 Abs. 2 Satz 2 MS).

201 Die Anhörung muss nicht zwingend mündlich erfolgen. Sie kann, soweit keine anders lautende Regelung in der Satzung vorhanden ist, auch schriftlich durchgeführt werden. Die eG sollte dem Mitglied die beiden Möglichkeiten zur Wahl stellen.[87] Dies kommt durch eine Satzungsregelung zum Ausdruck, wonach dem betroffenen Mitglied vor Beschlussfassung über die Ausschließung die Möglichkeit zu geben ist, sich zu dem Ausschluss »zu äußern«, ohne dass die Form festgelegt wird (§ 11 Abs. 2 Satz 2 MS). Die ergänzende Aufforderung zur schriftlichen Stellungnahme empfiehlt sich beispielsweise bei Mitgliedern, die den persönlichen Kontakt verweigern oder inzwischen an einem entfernten Ort wohnen. Wichtig ist hierbei nur, dass sich das auszuschließende Genossenschaftsmitglied zu den vorgebrachten Ausschließungsgründen detailliert äußern kann. Hierzu muss die eG im Rahmen der Anhörung die Vorwürfe genau benennen, damit sich das Mitglied dagegen verteidigen kann. Falls sich der Anzuhörende trotz Angebots einer Stellungnahme weigert, Position zu beziehen, kann dies der eG nicht zum Nachteil gereichen. Äußert er sich jedoch, dann muss sich die eG (im Regelfall vertreten durch den Vorstand) vor Herbeiführung des Ausschließungsbeschlusses mit den Ausführungen des Mitglieds beschäftigen und dies im Beschluss auch zu erkennen geben. Muss der Ausschließungsbeschluss in der Generalversammlung gefasst werden, dann besteht natürlich dort ein Rederecht des Betroffenen. Die eG kann dem Mitglied für seine Entgegnung und die Wahl der Anhörungsform eine Frist bestimmen, die allerdings angemessen sein sollte.

202 **Vorherige Abmahnung**

Das Genossenschaftsgesetz regelt das Erfordernis einer vorherigen Abmahnung nicht. In der Satzung kann aber im Rahmen der Ausschlussgründe ein Abmahnungserfordernis festgelegt werden.

Die Vorauflage der Mustersatzung für Wohnungsgenossenschaften formulierte bis zu ihrer Änderung im Jahr 2018 beispielsweise in einer Ausschlussfallgruppe Buchst. bb »wenn es (das Mitglied) trotz schriftlicher Aufforderung unter Androhung des Aus-

87 Für ein Wahlrecht des vom Ausschluss Betroffenen: Lang/Weidmüller/*Holthaus/Lehnhoff*, GenG, § 68 Rn. 22.

schlusses den satzungsmäßigen oder sonstigen Verpflichtungen nicht nachkommt«. In einer weiteren Fallgruppe Buchst. aa waren die Fälle geregelt, in denen eine Abmahnung schon aus logischen Gründen entfiel, etwa weil es um unverschuldetes oder sonst nicht steuerbares Verhalten gegangen ist.

In der Praxis empfiehlt es sich, lieber eine Abmahnung zu viel als zu wenig auszusprechen, weil die Gerichte aufgrund der gravierenden Rechtsfolgen eines Ausschlusses für das Mitglied großen Wert auf die vorherige Abmahnung legen.[88]

Instanzgerichte haben in der Vergangenheit – bezogen auf die frühere Regelung in der Mustersatzung – zu Lasten der ausschließenden eG moniert, dass diese sich beim Ausschluss des Mitglieds auf die Fallgruppe Buchst. aa bezogen hatte; diese Fallgruppe hatte ja gerade auf das Abmahnerfordernis verzichtet, weil bei unverschuldeten Pflichtverstößen eine Abmahnung sinnlos ist. Die Berufung auf die Fallgruppe Buchst. aa wurde als Umgehung des Abmahnungserfordernisses gewertet[89] (siehe Beispiel bei Rn. 196).

Leider war es sehr schwer, in der Argumentation bei den Gerichten mit der Unterscheidung der beiden Ausschlussfallgruppen Buchst. aa und bb durchzudringen und Verständnis für die sachlichen Unterschiede zu finden. Mit der Neugestaltung der Ausschlussgründe in § 11 Abs. 1 MS-2018 soll künftig auch die Frage, wann eine Abmahnung erforderlich ist, klarer einzuschätzen sein. Darüber hinaus schadet eine Abmahnung der eG meistens auch nicht. Mit der Neugestaltung der Ausschlussgründe in § 11 Abs. 1 MS-2018 soll auch die Frage, wann eine Abmahnung erforderlich ist, klarer einzuschätzen sein.

Folge einer Abmahnung ist allerdings, dass die eG danach erst einmal kein Ausschluss- 203
verfahren einleiten kann, sondern abwarten muss, bis sich der gleiche oder zumindest ein vergleichbarer Verstoß gegen die entsprechenden Pflichten noch einmal ergibt. Hier muss zwischen der sog. »Einmalstörung« und den sog. »Dauerstörungen« unterschieden werden:

- Liegt ein dauerndes Störverhalten des Genossenschaftsmitglieds vor, dann vergibt sich die eG nichts, denn die Möglichkeit einer Beendigung der Mitgliedschaft durch den Ausschluss besteht, wenn das Genossenschaftsmitglied das störende Verhalten fortsetzt.
- Im Fall von Einmalstörungen, die naturgemäß keine dauerhafte Komponente haben, sondern nur aus einem sachlich und zeitlich punktuellen Vorgang bestehen,

88 LG Berlin, Urteil v. 20.4.2006, 51 S 343/05, WuM 2006 S. 393; LG Köln, Urteil v. 18.5.2006, 20 0 391/05, WuM 2007 S. 22; vom BGH offenbar als selbstverständlich vorausgesetzt, Urteil v. 10.9.2003, VIII ZR 22/03, WuM 2003 S. 691.

89 LG Köln, Urteil v. 18.5.2006, 20 0 391/05, WuM 2007 S. 22.

bewirkt der Ausspruch einer Abmahnung, dass aufgrund dieses konkreten, abgemahnten Sachverhalts erst einmal keine Ausschließung mehr stattfinden kann (da dies nach den allgemeinen Grundsätzen zur Abmahnung andernfalls ein widersprüchliches Verhalten darstellen würde: denn einerseits würde ein »Warnschuss« abgegeben, aber andererseits trotzdem der Eintritt der in der Abmahnung an sich nur angedrohten Konsequenz erfolgen).

204 **Unverzügliche Mitteilung des Beschlusses durch eingeschriebenen Brief**
Sehr wichtig ist außerdem, dass der Ausschließungsbeschluss dem auszuschließenden Genossenschaftsmitglied unverzüglich durch eingeschriebenen Brief »mitgeteilt« wird (§ 68 Abs. 2 Satz 1 GenG). Fraglich ist, was das Gesetz mit der Formulierung »mitteilen« meint. Dies ist in der Fachliteratur nicht exakt definiert. Sicherheitshalber wird man dies so verstehen müssen, dass dem Mitglied der Beschluss selbst zugehen muss und nicht nur die Mitteilung »über« den Beschluss, d. h. dass der Beschluss bereits vorliegen muss. Daher ist unbedingt zu empfehlen, dass das zur Ausschließung befugte Organ dem Mitglied eine Originalausfertigung seines Beschlusses mit Unterschriften zugehen lässt.

Es liegen Praxiserfahrungen vor, wonach Instanzgerichte gerade Wert darauf legen, dass der Beschluss selbst zugeht – und nicht nur die Mitteilung darüber. Wird in einem Schreiben an das auszuschließende Mitglied nämlich nur das Fassen des Ausschließungsbeschlusses als »abstraktes Ereignis«, wenn dies auch »erläutert« sein mag, mitgeteilt, dann könnte ein mit der Sache befasstes Gericht bei strenger Auslegung des gesetzlichen Wortlauts von einem Formfehler ausgehen. Um diese Gefahr vollständig zu bannen, empfiehlt es sich in der Praxis, dem auszuschließenden Mitglied den Originalbeschluss, unterschrieben von den Vorstandsmitgliedern, nachweisbar zugehen zu lassen, versehen mit einem entsprechenden Begleitschreiben.

Hieraus ergibt sich mittelbar auch, dass ein Beschluss über die Ausschließung schon gefasst sein muss, wenn die »Mitteilung« an das Mitglied erfolgt. Keinesfalls genügt es, dem Mitglied mitzuteilen, dass es ausgeschlossen werden »soll« oder demnächst ausgeschlossen »werden wird« (das Gesetz spricht in § 68 Abs. 2 Satz 1 GenG von »wird« in der Zeitform der Gegenwart und nicht der Zukunft).

205 Außerdem wichtig ist die gesetzliche Anforderung der »unverzüglichen« Mitteilung des Ausschließungsbeschlusses (§ 68 Abs. 2 Satz 1; § 11 Abs. 3 Satz 1 MS-2009). Der Begriff »unverzüglich« wird weder im Genossenschaftsgesetz noch im Bürgerlichen Gesetzbuch definiert. Allgemein versteht man in der zivilrechtlichen Fachliteratur hierunter jedoch, dass die entsprechende Handlung »ohne schuldhaftes Zögern« erfolgt. Mitunter wird, wenig erhellend, darauf hingewiesen, dass die Handlung »unverzüglich« zu erfolgen habe. Eine berechenbare Frist ergibt sich hieraus aber nicht. Insbesondere ist nach der hier vertretenen Ansicht die im Bürgerlichen Gesetzbuch bei der

außerordentlichen Kündigung genannte Zwei-Wochen-Frist nicht anwendbar, weil diese zu starr ist und das Genossenschaftsgesetz gerade keine starre Frist festlegt, sondern offenkundig die Umstände des Einzelfalls berücksichtigt. Der Vorstand oder die anderen für einen Ausschluss zuständigen Organe sollten zwischen dem Bekanntwerden des Anlasses für die Ausschließung und dem Absenden des Beschlusses an das Mitglied dennoch nicht zu viel (vor allem keine unnötige) Zeit verstreichen lassen. Sofern jedoch noch Ermittlungen zum Sachverhalt oder die Anhörung des Betroffenen erforderlich sind, ist eine Zeitverzögerung jedenfalls unschädlich. Ein Zeitraum von drei bis vier Wochen dürfte im Regelfall noch unproblematisch sein. Ist im konkreten Fall die Generalversammlung für den Ausschluss zuständig, dann wird sich die Frist sicherlich verlängern, da es eine gewisse Vorlaufzeit braucht, bis der Sachverhalt ermittelt und die Generalversammlung unter Einhaltung der Einladungsfrist einberufen ist.

Die im Gesetz genannte Form der Mitteilung durch »eingeschriebenen Brief« wirkt auf 206
den ersten Blick wie ein strenges Formerfordernis, von dessen zwingender Einhaltung die Wirksamkeit des Ausschließungsbeschlusses abhängt. Dem ist jedoch nicht so: Ganz allgemein wird die gesetzliche Anordnung eines eingeschriebenen Briefs in der genossenschaftlichen Fachliteratur als »bloße Ordnungsvorschrift« zur Sicherung der besseren Beweisbarkeit des Zugangs des Schreibens angesehen.[90] Die Nichtbeachtung dieser Form führt somit nicht zur Unwirksamkeit des Ausschließungsbeschlusses. Der Ausschließungsbeschluss bzw. die schriftliche Mitteilung hierüber kann dem Mitglied daher auch auf anderen Wegen zugestellt werden: etwa durch persönliche Übergabe oder durch Einwurf in den Wohnungsbriefkasten per Boten. Wichtig ist, dass der Zugang beweisbar ist.

In diesem Zusammenhang ist auch zu erwähnen, dass die Übermittlung durch das klassische Übergabeeinschreiben dann zu Problemen führen kann, wenn das Mitglied die Annahme des Schreibens vereitelt, z. B. indem es die Türe nicht öffnet, wenn der Postbote klingelt. In diesem Fall wird nämlich nur ein Benachrichtigungszettel in den Briefkasten des Mitglieds geworfen, damit dieses das Einschreiben beim nächstgelegenen Postamt abholen kann. Unterbleibt die Abholung jedoch, dann gilt das Schreiben als nicht zugegangen. Hier mit dem Argument der treuewidrigen Zugangsvereitelung zu kontern, ist natürlich dem Grunde nach möglich, hängt jedoch von vielen Unwägbarkeiten, z. B. ggf. konstruierte Entschuldigungsversuche des Mitglieds, ab. Die Bandbreite der Möglichkeiten des Mitglieds, hierzu auch allerlei »halbschattige« Entgegnungen vorzubringen, ist sehr groß.

90 Beuthien/*Beuthien*, GenG, § 68 Rn. 16; Lang/Weidmüller/*Holthaus/Lehnhoff*, GenG, § 68 Rn. 25, 26; Bauer, Genossenschafts-Handbuch, § 68 Rn. 45; Pöhlmann/*Fandrich*/Bloehs, GenG, § 68 Rn. 26; Hillebrand/*Keßler*, GenG, § 68 Rn. 24; keine Stellungnahme hierzu bei: Müller, GenG, § 68 Rn. 38.

Auch das neuere Einwurfeinschreiben kann seine Tücken haben. Hier wird das Schreiben nur in den Briefkasten des Mitglieds geworfen, wobei der Postzusteller einen Vermerk über den Einwurf anfertigt, den der Absender gegen eine Gebühr von der Post anfordern kann. Allerdings haben die Instanzgerichte hierzu vereinzelt auch schon moniert, dass der beim späteren Gerichtstermin vorgelegte Einwurfbeleg nur gescannt sei (daher bloße Kopie), manchmal sogar überhaupt nicht mehr lesbar sei, da die von der Post verwendete Druckerschwärze auch in kürzester Zeit stetig schwächer wird und letztlich verschwindet, womit der Beleg als Beweismittel dann untauglich sei (d. h. keine Privaturkunde im Sinne von § 416 ZPO oder aber eine unleserliche Kopie).

! **Praxis-Tipp**

Sofern es im Einzelfall praktisch zu bewerkstelligen ist, empfiehlt sich eine Übermittlung des Ausschließungsbeschlusses durch Boten der eG.

Der Bote, der den Ausschließungsbeschluss übergibt, darf jedoch nicht dem Vorstand angehören, da der Vorstand später nicht als Zeuge vernommen werden kann (denn er ist Vertreter der Prozesspartei »eG»; ein zeitweiliger Rücktritt der Person als Vorstandsmitglied ist zwar möglich, kann aber mit Komplikationen verbunden sein, wenn es um die dann erforderlich werdende Wiederbestellung geht).

Wichtig ist auch, dass der Vorgang des »Einkuvertierens« des richtigen Schreibens ebenfalls beweisbar dokumentiert wird, da Empfänger gerne vorbringen, dass zwar ein Brief angekommen sei, der Umschlag aber leer oder ein anderes Schreiben darin enthalten war.

Da das Verhältnis zwischen eG und dem betroffenen Mitglied in solchen Fällen meist angespannt sein dürfte, wird die eG kaum auf eine Bestätigung des Empfangs hoffen können.

Daher ist die Zustellung durch Boten, der das Schreiben in den Machtbereich des Empfängers bringt (Einwurf in den Briefkasten) unter Berücksichtigung des vorstehend Ausgeführten, ein durchaus sicherer Weg der Übermittlung, der auch dem gesetzlichen Erfordernis aus § 68 Abs. 2 Satz 1 GenG genügt.

207 Wie aber soll man hinsichtlich des Zugangs des Ausschließungsbeschlusses vorgehen, wenn der Wohnsitz des Auszuschließenden unbekannt ist (insbesondere wenn Ausschlussgrund »unbekannter Wohnsitz« der Grund des Verfahrens ist)? In diesem Fall könnte die öffentliche Zustellung durch Aushang an der Gerichtstafel des örtlich zuständigen Amtsgerichts ein gangbarer Weg sein (§ 132 Abs. 2 BGB). Diese ist für Fälle vorgesehen, in denen eine zustellfähige Adresse oder sogar die Person des Adressaten nicht bekannt ist und dieser Umstand auch nicht auf Fahrlässigkeit des Absenders

beruht. In der genossenschaftsrechtlichen Fachliteratur wird aber auch vertreten, dass in derartigen Fällen eine schriftliche Mitteilung des Ausschließungsbeschlusses als »reine Formalie« sogar ganz unnötig sei[91]. Dem ist inhaltlich zuzustimmen. Immerhin könnte schon aus dem allgemeinen »Gebot von Treu und Glauben« – bei der eG sogar in seiner speziellen Ausprägung als »genossenschaftliche Treuepflicht« – abgeleitet werden, dass sich die Genossenschaftsmitglieder zur Erleichterung der genossenschaftlichen Verwaltungsabläufe, gerade auch zur Wahrung ihrer eigenen Obliegenheiten, erreichbar halten müssten. Andernfalls müssen sie die daraus entstehenden Nachteile eben in Kauf nehmen. Will die eG jedoch möglichst rechtssicher vorgehen und jeden möglichen späteren Einwand des Genossenschaftsmitglieds ausschließen, dann wäre der erstgenannte Weg einer öffentlichen Zustellung (§ 130 BGB oder §§ 191, 185 ZPO) zu empfehlen. Dieses Vorgehen verursacht Kosten, bietet sich aber für Einzelfälle an. Die liberalere Ansicht hierzu ist in der Praxis allerdings oftmals hilfreicher, wenn es darum geht, die Genossenschaftsverwaltung von sog. »Karteileichen« zu bereinigen – also in einer Vielzahl von Fällen.

Inhalt des Ausschließungsbeschlusses 208

Obwohl das Genossenschaftsgesetz selbst nicht ausdrücklich das Erfordernis einer Begründung nennt, jedoch von der »Mitteilung« des Beschlusses spricht, muss der Ausschließungsbeschluss nach hier vertretener Ansicht begründet werden. Dies kann zudem aus der genossenschaftlichen Treuepflicht abgeleitet werden und auch aus dem »Gebot des fairen Verfahrens«. Es versteht sich von selbst, dass das von der Ausschließung betroffene Mitglied wissen muss, warum es ausgeschlossen wird. Dies erfordert in logischer Konsequenz, dass der Auszuschließende natürlich auch den genauen Sachverhalt, der die Ausschließung begründet, kennen muss. Nur so kann er sich gegen die vielleicht ungerechtfertigte Ausschließung verteidigen (siehe zur Anhörung Rn. 201). Nur wenn das Mitglied weiß, warum es ausgeschlossen wird, kann es auch entscheiden, ob es vor Gericht gehen will.

Es genügt hierbei, dass der Sachverhalt, der die Ausschließung tragen soll, im Aus- 209
schließungsbeschluss so beschrieben ist, dass dieser in seinen wesentlichen Teilen als Geschehensablauf für den Leser erkennbar und beispielsweise von anderen Sachverhalten abgrenzbar ist. Der Sachverhalt muss seinem Inhalt nach »bewertet« werden können. Pauschale Darstellungen, wie z. B. dass sich das Genossenschaftsmitglied »immer ungebührlich verhält« oder dass es »die Organe Vorstand und Aufsichtsrat ständig beleidigt« bzw. »die eG in der Öffentlichkeit schlecht macht«,

91 Lang/Weidmüller/*Holthaus/Lehnhoff*, GenG, § 68 Rn. 26; a. A. Pöhlmann/Fandrich/Bloehs, GenG, § 68 Rn. 25, der auch in solchen Fällen die unabdingbare Notwendigkeit einer Zustellung annimmt, ggf. durch öffentliche Zustellung nach den §§ 191, 185 ZPO; wie Lang/Weidmüller/*Holthaus/Lehnhoff*, a. a. O.: Bauer, Genossenschafts-Handbuch, § 68 Rn. 45, der allerdings Pöhlmann/*Fandrich*/Bloehs, GenG, § 68 Rn. 25 fälschlicherweise der Ansicht zuordnet, die eine förmliche Zustellung für entbehrlich hält.

genügen nicht. Es muss genau angegeben werden, um welchen Vorgang es geht und wann dieser stattgefunden hat (Ort, Datum, Uhrzeit). Bei vorgeworfener Schädigung genossenschaftlicher Interessen durch das Mitglied sollte genau beschrieben werden, wodurch diese Schädigung der Genossenschafts- und Mitgliederinteressen gekennzeichnet ist (z. B. »beleidigende und verleumderische Äußerung zur Vorstandsarbeit in der örtlichen X-Zeitung, Ausgabe vom ...«, »durch die Äußerung ... gegenüber ... am ... und hierdurch Beschädigung der Kreditwürdigkeit der eG« oder »Beleidigung des Aufsichtsratsvorsitzenden in der Generalversammlung vom ... durch die Äußerungen ... und Handlungen ...« usw.). Beweismittel müssen im Beschluss jedoch nicht angegeben werden.

Allerdings muss die eG für die Beweisbarkeit ihres Vorbringens im Hinblick auf ein späteres Gerichtsverfahren Sorge tragen, da sie dort die Beweislast für das Vorliegen eines zur Ausschließung berechtigenden Grundes trägt. Auch sollte, wenn möglich, die Unzumutbarkeit einer weiteren Fortführung der Mitgliedschaft im Ausschließungsbeschluss beschrieben werden. Im Beschluss sollte außerdem die erfolgte, jedoch ergebnislose Anhörung bzw. eine früher ausgesprochene Abmahnung erwähnt werden.

210 Es wird in der Fachliteratur nicht verlangt, dass dem Ausschließungsbeschluss eine Rechtsmittelbelehrung beigefügt wird – wie sie in einem gerichtlichen Urteil oder einem Verwaltungsakt der öffentlichen Verwaltung üblich und erforderlich wäre[92]. Von einer solchen Pflicht ist nicht auszugehen. Das Genossenschaftsgesetz selbst ordnet eine solche auch nicht an. Die Prozessordnungen gelten nur für die dort enthaltenen Verfahren. Auch in der jüngeren Rechtsprechung findet sich hierzu keine Stellungnahme. Es existiert jedoch immerhin eine ältere Entscheidung des LG Freiburg, in der die Beifügung einer Rechtsmittelbelehrung abgelehnt wurde.[93] Sicherheitshalber empfiehlt es sich jedoch, sofern vorhanden, zumindest kurz auf die Möglichkeit des genossenschaftsinternen Berufungsverfahrens zum Aufsichtsrat hinzuweisen. Zu weitergehenden Rechtsauskünften, etwa zu weiterführenden Hinweisen zur Ausgestaltung des Rechtsweges vor den staatlichen Gerichten, wird man die eG jedoch keinesfalls für verpflichtet halten müssen.

3.2.2.8.6 Ermessen der eG zur Einleitung eines Ausschlussverfahrens

211 Bei Vorliegen eines oder mehrerer Ausschließungsgründe besteht für die Genossenschaft keine Pflicht zur Einleitung eines Ausschlussverfahrens. In nicht wenigen Fällen wird es aus besagten Gründen sogar ratsam sein, eher hierauf zu verzichten. Die eG ist

92 Pöhlmann/*Fandrich*/Bloehs, GenG, § 68 Rn. 28; Lang/Weidmüller/*Holthaus/Lehnhoff*, GenG, § 68 Rn. 25.
93 LG Freiburg, ZfG 1979 S. 271.

bei gegebenem Ausschlussgrund auch aus dem Gedanken der Treue den anderen Genossenschaftsmitgliedern gegenüber nicht verpflichtet, das betreffende Genossenschaftsmitglied aus der eG auszuschließen. Vielmehr obliegt es allein dem Ermessen der eG, d. h. dem für die Ausschließung zuständigen Organ der eG, ob ein Ausschließungsverfahren betrieben werden soll oder nicht.

Allerdings darf die eG den genossenschaftlichen Gleichbehandlungsgrundsatz bei 212
ihrer Entscheidung nicht außer Acht lassen. Das bedeutet, dass sie ein Genossenschaftsmitglied dann ausschließen muss, wenn sie bei vergleichbarem Sachverhalt vor Kurzem schon einmal ein anderes Mitglied ausgeschlossen hatte oder zeitlich parallel hierzu ein anderes Mitglied im selben oder einem vergleichbaren Fall gerade ausschließt. Weiter zurückliegende Vorfälle führen aber nicht zu einer entsprechenden Ermessensbindung. Die eG kann eine frühere Handhabung auch wieder ändern und muss den einzelnen Sachverhalt immer separat würdigen. Sofern nicht nur unerhebliche Unterschiede im Sachverhalt oder ein anderer nachvollziehbarer sachlicher Grund gegeben sind, kann die eG selbstverständlich auch die Entscheidung treffen, im konkreten Fall nur eines der Mitglieder auszuschließen oder gar völlig hierauf zu verzichten. Hier besteht für die eG dann wieder ein weiter Wertungsspielraum. Als mögliche Kriterien im Rahmen der Wertung können beispielsweise dienen:

- die Größe des vom Mitglied verursachten Schadens,
- das Ausmaß seines Verschuldens,
- sein bisheriges Engagement in der eG oder
- die Veränderung einer künftigen allgemeinen Handhabung bei Verstößen gegen die Interessen der eG.

Die eG ist an einer Ausschließung allerdings dann gehindert, wenn sie sich damit in Widerspruch zu einer früheren Äußerung setzen würde, etwa einer Abmahnung oder einer Aussage, dass sie vom Ausschließungsrecht keinen Gebrauch machen werde. Gleiches gilt, wenn sie in sonstiger Weise einen entsprechenden Anschein durch ihr Verhalten erweckt hat. Ein derartiger Anschein kann dadurch entstehen, dass die eG mit der Ausschließung zu lange wartet. Eine gesetzliche Frist, innerhalb derer das Ausschließungsverfahren eingeleitet werden muss, gibt es aber nicht. Hier besteht nur die allgemeine Grenze der Verwirkung, die sehr stark von den Umständen des Einzelfalls abhängt (Zeitmoment und Umstandsmoment).

Muster: Mitteilung an das Mitglied über Ausschließungsbeschluss !

Anschrift des Mitglieds

Betreff: Mitteilung über die Ausschließung aus der Genossenschaft

Sehr geehrter Herr __________ / sehr geehrte Frau __________,

hiermit teilen wir Ihnen mit, dass Sie der Vorstand der Wohnungsbaugenossenschaft __________ eG mit dem beiliegenden Beschluss vom __________ zum Schluss des Geschäftsjahrs _____, das ist der 31.12.__, aus der Genossenschaft ausgeschlossen hat.
Den Grund/die Gründe hierfür mögen Sie dem beiliegenden Beschluss bitte direkt entnehmen.
Auch die durchgeführte Anhörung vom __________ (mündlich durchgeführt) [*alternativ:* schriftlich durchgeführt mit Schreiben vom __________] hat zu keinem anderen Ergebnis führen können.
Gegen diesen Beschluss können Sie gemäß unserer Satzung Berufung zum Aufsichtsrat der Genossenschaft einlegen.
Wir bedauern diesen Schritt, sehen aufgrund der im Beschluss bezeichneten gravierenden Vorfälle jedoch keine andere Möglichkeit.
Mit freundlichem Gruß
Unterschriften der Vorstandsmitglieder

! **Muster: Ausschließungsbeschluss (nicht gegen Organmitglied)**

Beschluss über die Ausschließung aus der Genossenschaft __________ eG
Der Vorstand der Wohnungsgenossenschaft __________ eG schließt hiermit in seiner Sitzung vom __________ das Mitglied __________ [Vorname, Nachname, Mitgliedsnummer] zum 31.12.__ aus der Genossenschaft aus.
Der Beschluss ergeht: einstimmig / mehrheitlich 2 : 1.
Die Gründe hierfür sind:
__________ [Sachverhalt bzw. Sachverhalte detailliert schildern]
Das vorstehend geschilderte Verhalten des Genossenschaftsmitglieds stellt eine gravierende Verletzung seiner genossenschaftlichen Pflichten, wie sie sich aus dem Genossenschaftsgesetz und der Satzung der Wohnungsgenossenschaft __________ eG ergeben, dar.
Insbesondere hat das Genossenschaftsmitglied durch sein Verhalten in erheblicher Weise gegen die Pflichten aus den §§ __, __ der Satzung sowie gegen die Pflichten aus den §§ __, __ des Genossenschaftsgesetzes sowie gegen das allgemeine und ungeschriebene Gebot der genossenschaftlichen Treue und Rücksichtnahme verstoßen.
Auch die am __________ im Rahmen eines persönlichen Gesprächs [*alternativ:* mit Schreiben vom __________ schriftlich] durchgeführte Anhörung hat hierzu nichts anderes ergeben. Dort wurde zwar vorgetragen, dass ____________ [Wiedergabe des Vortrags].
Dies erscheint uns nach derzeit gegebener Kenntnislage jedoch nicht plausibel bzw. kann als Entschuldigung für das beschrieben Verhalten nicht dienen.
Ort, Datum
Unterschriften der Vorstandsmitglieder

3.2.2.9 Übertragung des gesamten Geschäftsguthabens auf Dritte (§ 76 GenG)

3.2.2.9.1 Voraussetzungen und Wirkungsweise

213 Die Mitgliedschaft in der eG kann während des Jahres nur dann beendet werden, wenn das Mitglied sein gesamtes Geschäftsguthaben durch schriftliche Vereinbarung auf

eine andere Person überträgt. In diesem Fall endet die Mitgliedschaft des Übertragenden ohne Auseinandersetzung (§ 76 Abs. 1 Satz 1 1. Variante GenG) zu dem Zeitpunkt, zu dem alle für den Übertragungsakt gesetzlich oder satzungsmäßig aufgestellten Voraussetzungen erfüllt sind. Im Gegensatz zur Mitgliedschaftskündigung, die immer nur zum Ende des Geschäftsjahrs wirkt, erfolgt die Beendigung der Mitgliedschaft in diesem Fall unterjährig.

Ein wichtiger Aspekt besteht darin, dass es auf diesem Weg zu keiner Auseinandersetzung kommt. Es entsteht daher auch kein Auseinandersetzungsguthaben, sodass die eG hier nicht mit eigenen Forderungen (z. B. rückständigem Nutzungsentgelt o. Ä.) gegen das übertragende Mitglied aufrechnen kann. Dies sollte ein Prüfungspunkt für den Vorstand sein, wenn er im Rahmen eines satzungsmäßigen Zustimmungserfordernisses überlegt, ob er dem Übertragungsakt zustimmt oder nicht.

Sehr wichtig ist, dass sich der materielle Übertragungsakt »außerhalb« der eG 214
abspielt. Das bedeutet, dass bei der eG Geld weder ab- noch zufließt. Vielmehr wird das bei der eG vorhandene Geschäftsguthaben nur »umgebucht«. Eine Auszahlung von Geldbeträgen an den Übertragenden, um dies vom Erwerbenden wieder beizutreiben, wäre gleichbedeutend mit der Auszahlung des Geschäftsguthabens, was gemäß § 22 Abs. 4 Satz 1 GenG verboten ist. Ein Verstoß hiergegen könnte zur Haftung der Vorstandsmitglieder führen (§ 34 Abs. 3 Nr. 1 GenG). Denn durch die vollständige Übertragung des Geschäftsguthabens kommt es zwar zu einer Beendigung der Mitgliedschaft, jedoch eben gerade ohne Auseinandersetzung (§ 76 Abs. 1 Satz 1 GenG). Somit findet auch keine Umwandlung des Geschäftsguthabens in ein Auseinandersetzungsguthaben statt.

Eine weitere Folge dieses Umstandes, dass die Übertragung des Geschäftsguthabens außerhalb der eG angesiedelt ist, besteht darin, dass der Erwerber des Geschäftsguthabens gegen die eG keinen Anspruch auf Zustimmung zur Übertragung und – sofern beim Erwerber noch keine Mitgliedschaft besteht – auch keinen Anspruch auf Aufnahme in die eG hat. Der Ermessensspielraum des Vorstands ist freilich nicht völlig bindungslos. Vielmehr unterliegt die Ausübung des Ermessens der genossenschaftsrechtlichen Treuepflicht dem übertragenden (Noch-) Mitglied gegenüber, und – bezogen auf andere Fälle einer von Mitgliedern gewünschten Übertragung in der eG – auch dem genossenschaftlichen Gleichbehandlungsgrundsatz.

3.2.2.9.2 Gegenstand und Rahmen der Übertragung

Übertragen werden kann nur das Geschäftsguthaben. Dies ist der »reale« Geldbetrag, 215
der sich auch tatsächlich im Vermögen der eG befindet. Umstritten ist die Frage, ob auch ein durch Verluste »auf null« abgeschriebenes Geschäftsguthaben nach § 76

GenG übertragen werden kann.[94] Für die Praxis der Wohnungsgenossenschaften hat diese Frage jedoch so gut wie keine Bedeutung. Der Geschäftsanteil als nominale Beteiligungsgröße und Hülle für das Geschäftsguthaben kann nicht übertragen werden[95], die Mitgliedschaft als Summe aller höchstpersönlichen Rechte und Pflichten des Mitglieds gleichermaßen nicht[96]. Der Übertragende muss seine Geschäftsanteile und seine Mitgliedschaft nicht kündigen. Beides erlischt vielmehr von selbst.[97] Die Beendigung vollzieht sich auf diesem Wege somit umfassend und automatisch.

Dementsprechend muss der Erwerber des Geschäftsguthabens selbst Mitglied der eG werden, sofern er es noch nicht ist. Zudem muss er eigene (ggf. auch weitere) Anteile zeichnen, die er dann mit dem übernommenen Geschäftsguthaben auffüllt.[98] Das Geschäftsguthaben kann nicht größer sein als der Anteil oder die Anteile[99] (§ 19 Abs. 1 Satz 3 GenG). Zu beachten ist im Fall einer schon bestehenden Mitgliedschaft des Aufnehmenden, ob er trotz der erforderlichen Zeichnung weiterer Anteile zur Auffüllung derselben mit dem Geschäftsguthaben etwaige Beteiligungsobergrenzen der Satzung einhält oder ob er diese überschreitet. Sinngemäß gilt dies auch für den Fall, dass das aufnehmende Mitglied bisher nur einen Anteil gezeichnet hat, diesen aber noch nicht aufgezahlt hat, und jetzt ein Geschäftsguthaben in der Höhe mehrerer Anteile übernimmt (§ 76 Abs. 5 und Abs. 1 Satz 1 GenG). Hier sind vom Mitglied neue Anteile zu zeichnen, wofür dann eine weitere Beitrittserklärung erforderlich wäre (§ 15b GenG).

3.2.2.9.3 Übertragung eines Teils des Geschäftsguthabens

216 Möglich ist seit der Genossenschaftsnovelle 2006 auch die Übertragung nur von Teilen des Geschäftsguthabens. Voraussetzung hierfür ist aber, dass das Mitglied, wie im Fall der Kündigung einzelner Geschäftsanteile nach § 67b GenG,

- nicht nach der Satzung oder einer Vereinbarung mit der eG zu einer Beteiligung mit mehreren Geschäftsanteilen verpflichtet ist oder
- die Beteiligung mit mehreren Geschäftsanteilen Voraussetzung für eine vom Mitglied in Anspruch genommene Leistung der eG ist.

Da nach der neueren Gesetzeslage die Teilübertragung des Geschäftsguthabens grundsätzlich möglich ist, müssten die verschiedenen Teile des Geschäftsguthabens auch auf verschiedene Übernehmende übertragen werden können. Mit der nur teil-

94 Beuthien/*Beuthien*, GenG, § 76 Rn. 2, Müller, GenG, § 76 Rn. 2, für die Zulässigkeit; a. A. Lang/Weidmüller/*Holthaus/Lehnhoff*, GenG, § 76 Rn. 5; Bauer, Genossenschafts-Handbuch, § 76 Rn. 4c; Pöhlmann/*Fandrich*/Bloehs, GenG, § 76 Rn. 6.
95 Pöhlmann/*Fandrich*/Bloehs, GenG, § 76 Rn. 2.
96 Bauer, Genossenschafts-Handbuch, § 76 Rn. 4.
97 Beuthien/*Beuthien*, GenG, § 76 Rn. 7.
98 Pöhlmann/*Fandrich*/Bloehs, GenG, § 76 Rn. 7, 8.
99 Beuthien/*Beuthien*, GenG, § 76 Rn. 6.

weisen Übertragung des Geschäftsguthabens kommt es nicht zur Beendigung der Mitgliedschaft, sondern nur zu einer Verringerung der Beteiligung. Die Satzung kann die vollständige und teilweise Übertragung des Geschäftsguthabens völlig ausschließen. Dies ist jedoch nicht zu empfehlen, da dieser Weg in der Praxis oft hilfreich sein kann.

3.2.2.9.4 Zustimmung des Vorstands

Die Satzung kann die Übertragung an weitere Voraussetzungen knüpfen. Das Erfordernis einer Zustimmung durch den Vorstand ist hier regelmäßig empfehlenswert, da es die eG dann in der Hand hat zu bestimmen, ob eine neue Person Mitglied in der eG wird oder nicht. Die Satzung muss allerdings die Übertragung des Geschäftsguthabens, und zwar auch ohne »bloße« Einschränkung, wie z. B. der Vorstandszustimmung, zulassen, wenn in ihr eine verstärkte Kapitalbindung festgelegt ist. Dies gilt für den Fall eines satzungsmäßig festgelegten Mindestkapitals, das durch die Auszahlung von Auseinandersetzungsguthaben nicht unterschritten werden darf (§ 8a Abs. 2, § 73 Abs. 2 Satz 2 GenG), oder für die Festlegung sonstiger Hürden für die Auszahlung der Geschäftsguthaben (z. B. Verlängerung der Auszahlungsfrist, § 73 Abs. 4, Abs. 2 Satz 2 GenG). Gleiches gilt für den bei Wohnungsgenossenschaften allerdings nicht relevanten Fall einer Verlängerung der Kündigungsfrist für die ordentliche fristgerechte Kündigung der Mitgliedschaft auf über fünf Jahre (§ 65 Abs. 2 Satz 3, § 76 Abs. 2 GenG). 217

3.2.2.9.5 Vertragsverhältnis zwischen Übertragendem und Erwerber

Die Vertragsbeziehungen zwischen dem Übertragenden und dem Erwerber können der eG an sich egal sein. Diese wirken jedenfalls nicht zu Lasten der eG. Es kann sich z. B. um einen Kauf- oder Schenkungsvertrag handeln. Ein Vertrag über eine »treuhänderische« Verwaltung des Geschäftsguthabens ist allerdings ausgeschlossen, da der Erwerber ja selbst Mitglied in der eG werden muss und deshalb auch nur für sich selbst alle Rechte und Pflichten einer Mitgliedschaft erwerben kann. Etwaige Vertragsstreitigkeiten zwischen Veräußerer und Erwerber des Geschäftsguthabens, etwa ein Schenkungswiderruf wegen Undankbarkeit oder Verarmung des Schenkers o. Ä., müssen die Beteiligten unter sich ausfechten. Dies gilt auch für den Fall, dass sich das Geschäftsguthaben nachträglich durch eine Verlustabschreibung überraschend reduziert und die schuldrechtliche Vereinbarung zwischen dem Übertragenden und dem Aufnehmenden negativ berührt wird, etwa weil der Wert der Leistung bzw. Gegenleistung nicht mehr »voll« da und somit das Gefüge gestört ist. 218

Fraglich und noch nicht geklärt ist, was geschieht, wenn der Übertragungsvertrag von einer der beiden Vertragsparteien nach den Regeln des Bürgerlichen Gesetzbuchs wegen Irrtums oder arglistiger Täuschung angefochten wird (§§ 119 ff. BGB). Da es sich auch beim Übertragungsvertrag um einen herkömmlichen schuldrechtlichen Vertrag handelt, kann er angefochten werden, was auch die entsprechende Wirkung entfaltet 219

– nämlich rückwirkend die Nichtigkeit des Übertragungsvertrags von Anfang an (§ 142 Abs. 1 BGB). Da die Mitgliedschaft des Übertragenden nicht nach § 65 GenG gekündigt war, sondern im Anwendungsbereich des § 76 GenG automatisch, d. h. ohne weitere Handlung des Übertragenden, in sich zusammengefallen ist, müsste diese auch wieder automatisch aufleben.[100] Der Übertragende wird dann also rückwirkend wieder Mitglied – allerdings ohne dass er einen Geschäftsanteil sein Eigen nennen könnte, geschweige denn ein Geschäftsguthaben besäße. Er wäre nach hier vertretener Ansicht aus seiner Mitgliedschaftsstellung heraus verpflichtet, einen Anteil (oder die in der Satzung für die Mitgliedschaftsbegründung bestimmte höhere Anzahl) zu zeichnen und auch aufzuzahlen. Hierfür kann im Ergebnis der Betrag des »vermeintlichen« Geschäftsguthabens verwendet werden. Der Übertragende hat gegen den Aufnehmenden einen Herausgabe- oder Wertersatzanspruch (§ 812 BGB, Anspruch auf Zustimmung zur Umschreibung). Der Aufnehmende bleibt jedoch Mitglied, weil er seine Mitgliedschaft selbst und mit eigenen Rechtshandlungen begründet hat.[101] Eine Anfechtung seiner Mitgliedschaft kommt nicht infrage. Schon zum einen, weil es der eG gegenüber keinen Anfechtungsgrund gibt und zum anderen, weil eine Anfechtung der Mitgliedschaft nach Zulassung zum Beitritt ausgeschlossen ist (siehe Rn. 121; denkbar und diskussionswürdig wäre wohl die Anwendung der Rechtsfigur der fehlerhaften Gesellschaft, mit Beendigungswirkung durch »Widerruf« im Sinne einer »außerordentlichen Kündigung«, d. h. für die Zukunft).

3.2.2.9.6 Verhältnis zu anderen Beendigungswegen

220 Die Übertragung des Geschäftsguthabens ist auch nach Ausspruch einer Kündigung der Mitgliedschaft, während des Laufs der Kündigungsfrist nach § 65 Abs. 2 Satz 2 GenG oder in den Fällen der §§ 65 Abs. 3, 67, 67a GenG, möglich. Auch im Fall der Ausschließung aus der eG ist die Übertragung wenigstens noch bis zum Ende des Geschäftsjahrs, zu dem die Ausschließung wirkt, möglich. Voraussetzung ist immer, dass die Mitgliedschaft des Übertragenden noch besteht.

221 Schwieriger ist die Frage zu beantworten, wie es sich im Fall einer Gläubigerkündigung nach § 66 GenG verhält. Die Antwort ergibt sich aus dem Zwangsvollstreckungsrecht im Zusammenhang mit dem Bürgerlichen Gesetzbuch: Mit der Zustellung des Pfändungs- und Überweisungsbeschlusses an die eG in ihrer Rolle als Drittschuldner ist die Pfändung »als bewirkt anzusehen« (§ 829 Abs. 3 ZPO) und das Geschäftsguthaben somit verstrickt (§ 829 Abs. 1 Satz 2 ZPO). Dem Schuldner der Zwangsvollstreckung, also dem übertragungswilligen Mitglied, wird hierin das Gebot auferlegt, sich jeder Verfügung über die Forderung (Anspruch auf Auszahlung des »Geschäftsguthabens«

100 So zu Recht: Beuthien/*Beuthien*, GenG, § 76 Rn. 5.
101 Im Ergebnis wohl ebenso: Bauer, Genossenschafts-Handbuch, § 76 Rn. 5.

in Form des Auseinandersetzungsguthabens) zu enthalten. Verfügt er dennoch, so ist diese Verfügung dem Vollstreckungsgläubiger gegenüber unwirksam (§§ 136, 135 BGB, relative Unwirksamkeit). Ist also der in § 66 Abs. 1 Satz 1 GenG genannte Anspruch gepfändet, so ist eine Übertragung des Geschäftsguthabens nach § 76 GenG dem Vollstreckungsgläubiger (und nur diesem gegenüber) unwirksam. Wird im direkten Vorfeld einer Verbraucherinsolvenz des übertragenden Mitglieds die Übertragung des Geschäftsguthabens vorgenommen, dann kommt zudem das »besondere«, insolvenzrechtlich geregelte Anfechtungsrecht des Insolvenzverwalters in Betracht (§§ 129 ff. InsO).

3.2.2.9.7 Übertragung des Geschäftsguthabens im Todesfall

Verstirbt ein Genossenschaftsmitglied, so geht die Mitgliedschaft samt aller weiteren Rechte und Inhaberschaften auf den Erben über (§ 77 Abs. 1 Satz 1 GenG). Im Regelfall endet die Mitgliedschaft des Erben dann mit Ablauf des Sterbejahrs (§ 77 Abs. 1 Satz 2 GenG, siehe ab Rn. 228). Vorher kann der Erbe sein ererbtes Geschäftsguthaben jedoch auf dem Weg des § 76 GenG vollständig auf eine dritte Person übertragen und hierdurch aus der eG ausscheiden. War der Erbe bisher selbst noch nicht Mitglied der eG, so kann er durch Beitritt eine eigene Mitgliedschaft begründen, eine entsprechend ausreichende Zahl von Anteilen zeichnen und sich das ererbte Geschäftsguthaben dann selbst auf dem Weg des § 76 GenG übertragen. Hierdurch würde der Erbe somit zu einem »dauerhaften« Mitglied der eG – mit eigenen Geschäftsanteilen und auch einem eigenen Geschäftsguthaben. Dies ist daher eine Möglichkeit, die vom Genossenschaftsgesetz in der Grundvariante zu beendende ererbte Mitgliedschaft zum Jahresende (§ 77 Abs. 1 Satz 2 GenG) nun doch noch in eine dauerhafte umzuwandeln.[102] Natürlich müssen hierzu alle Voraussetzungen des Übertragungsaktes erfüllt sein, vor allem muss die ererbte Mitgliedschaft noch bestehen – dies funktionier also nur im sog. »Sterbejahr« (siehe Rn. 228). Für den Fall einer unbefristeten Stellung durch Fortsetzung der Mitgliedschaft im Fall einer Satzungsregelung (§ 77 Abs. 2 Satz 1 GenG) wird die Übertragung des Geschäftsguthabens nach § 76 GenG »auf sich selbst« jedoch für unzulässig gehalten.[103] Denn in diesem Fall hat der Erbe ja schon eine eigene dauerhafte Mitgliedschaft. 222

3.2.2.9.8 Abgrenzung zu Abtretung und Verpfändung des Auseinandersetzungsguthabens

Von der Übertragung des Geschäftsguthabens gemäß § 76 GenG muss die Abtretung des Auseinandersetzungsguthabens unterschieden werden. Es ist jedoch umstritten, 223

102 Lang/Weidmüller/*Holthaus/Lehnhoff*, GenG, § 77 Rn. 14.
103 Lang/Weidmüller/*Holthaus/Lehnhoff*, GenG, § 77 Rn. 29.

ob die Abtretung des Auseinandersetzungsguthabens überhaupt möglich ist.[104] Hält man sie zu Recht für möglich, da kein Verstoß gegen § 22 Abs. 4 Satz 1 GenG mehr vorliegt, dann kann das Mitglied diesen Anspruch auch an einen Dritten abtreten (§ 398 BGB) oder verpfänden (§ 1279 BGB), ohne aus der eG auszuscheiden. Der eG entstehen hierdurch zumindest im Regelfall der Praxis keine Nachteile, da sie das Auseinandersetzungsguthaben ja sowieso auszahlen müsste.

224 Schwieriger kann es werden, wenn die Abtretung bzw. Verpfändung mit einer Aufrechnung durch die eG zusammentreffen. Hier kommt es dann auf alle Einzelheiten des Falls für die Beantwortung der Frage an, ob sich die Aufrechnung der eG gegen das abgetretene oder verpfändete Auseinandersetzungsguthaben (bzw. gegen die Hauptforderung darauf) durchsetzt (siehe Rn. 381 bis 396). In vielen Fällen wird dies so sein.[105]

225 Die Satzung kann die Abtretung des Anspruchs auf das Auseinandersetzungsguthaben aber auch ausschließen (§ 12 Abs. 3 Satz 1 MS) – jedoch nur für die Dauer der Mitgliedschaft, da die Satzung nur in diesem Zeitraum als körperschaftliche Rechtsgrundlage Bindungswirkung hat.

226 Geht man von der Wirksamkeit einer Abtretung oder Verpfändung des Auseinandersetzungsguthabens an einen Dritten aus und hat die Satzung kein Verbot dazu festgelegt, dann stellt sich die Frage, ob das Genossenschaftsmitglied auch noch und trotzdem sein Geschäftsguthaben auf eine andere Person übertragen kann. Die eG ist hiervon jedoch nicht betroffen, da beim Übertragungsakt nach § 76 GenG das Geschäftsguthaben bei der eG unangetastet verbleibt und die Abtretung oder Verpfändung des Auseinandersetzungsguthabens während des Bestehens der Mitgliedschaft auch nicht »zu spüren« ist. Eine Abtretung oder Verpfändung des Auseinandersetzungsguthabens an einen Dritten kann an sich keine Wirkung auf dieses, sich jetzt noch in der Gestalt eines Geschäftsguthabens zeigende Guthaben zeitigen. Die Übertragung eines Geschäftsguthabens nach § 76 GenG stellt eine (sachenrechtliche) Verfügung dar. Diese liegt zeitlich vor dem Entstehen der Wirksamkeit der Abtretung oder Verpfändung des Auseinandersetzungsguthabens (dieses entsteht nach der BGH-Rechtsprechung erst, wenn die Beendigung der Mitgliedschaft eingetreten ist, zumindest aber – durch Vorliegen eines Beendigungsakts – sicher zu erwarten ist.[106] Wandelt sich später durch

104 Gegen diese Möglichkeit: Müller, GenG, § 73 Rn. 23; für die Zulässigkeit: Lang/Weidmüller/*Holthaus/Lehnhoff*, Geng, § 73 Rn. 8; Beuthien/*Beuthien*, GenG, § 73 Rn. 8; Bauer, Genossenschafts-Handbuch, § 73 Rn. 16; Pöhlmann/*Fandrich*/Bloehs, GenG, § 73 Rn. 14, jeweils gleichermaßen auch für die Abtretung; offen gelassen vom BGH, Urteil v. 8.1.2009, IX ZR 217/07, zur Frage, ob ein Pfandrecht in der Insolvenz des Mitglieds Wirkung entfalten kann.

105 Siehe zum Thema Aufrechnung: Roth, wohnen, Zeitschrift der Wohnungswirtschaft Bayern (ZdW), Heft 10/2000, S. 462.

106 BGH, Urteil v. 8.1.2009, IX ZR 217/07.

Beendigung der Mitgliedschaft dieses Geschäftsguthaben in ein Auseinandersetzungsguthaben um, dann muss die eG wiederum sowieso auszahlen. Hier hat sie also keinen Nachteil. Streiten sich die beiden dritten Personen, so muss sie das Geld zurückhalten, solange keine rechtssichere Einigung vorliegt, oder ggf. hinterlegen. Im Streit zwischen den beiden dritten Personen dürfte die Übertragung des Geschäftsguthabens nach § 76 GenG als spezielle Regelung des Genossenschaftsrechts jedoch den Vorrang haben, zudem die Abtretung und Pfändung auch »nur« das Auseinandersetzungsguthaben betrifft, nicht jedoch das Geschäftsguthaben, das konkret übertragen wird; dieses ist jedoch durch § 76 GenG übergegangen, sodass sich das spätere Auseinandersetzungsguthaben aus »diesem« Geschäftsguthaben ergibt. Zudem unterhält der Abtretungsempfänger bzw. Pfandrechtsinhaber dem Aufnehmenden gegenüber keine eigene Vertragsbeziehung – das Pfandrecht vermittelt auch keinen Rechtserwerb am Auseinandersetzungsguthaben direkt, sondern eben nur ein Verwertungsrecht, das vertragsrechtlich aber eben gerade nur gegenüber dem Übertragenden besteht. Der Abtretungsempfänger bzw. Pfandrechtsgläubiger hat wegen der vertraglichen Natur der Abtretung oder Verpfändung ggf. wohl nur Schadensersatzansprüche gegen das übertragende Mitglied, zu dem er eine Vertragsbeziehung hat.

3.2.2.9.9 Zusammenfassung der Voraussetzungen nach § 76 GenG

Die in der Praxis relevantesten Voraussetzungen für die wirksame Übertragung des Geschäftsguthabens sind somit 227

- das Vorliegen einer schriftlichen Vereinbarung über die Übertragung zwischen dem Veräußerer und dem Erwerber (strenges Schriftformerfordernis nach § 126 BGB),
- die Anpassung an die satzungsmäßig gegebenen genossenschaftlichen Strukturen von bestehender oder zu erwerbender Mitgliedschaft beim Erwerber,
- zusätzlich die Zeichnung von eigenen Anteilen durch den Erwerber,
- die Beachtung von möglicherweise durch die Satzung vorgegebenen Beteiligungsobergrenzen sowie
- die Zustimmung des Vorstands, soweit die Satzung diese vorsieht.

Weiter darf kein Fall der Pfändung und Überweisung des Geschäftsguthabens durch einen Drittgläubiger des veräußernden Mitglieds gemäß § 66 GenG vorliegen.

3.2.2.10 Tod des Mitglieds (§ 77 GenG)

3.2.2.10.1 Die Rechtsfolgen: Grundregel, Ausnahme und Bedeutung

Die Mitgliedschaft wird zu dem Zeitpunkt, zu dem das Genossenschaftsmitglied verstirbt, nicht sofort beendet, sondern besteht weiter und geht zuerst einmal auf den 228 oder die Erben über (§ 77 Abs. 1 GenG). Die Mitgliedschaft erlischt dann mit dem Ende desjenigen Geschäftsjahrs, in dem der Erbfall eingetreten ist (sog. »Sterbejahr« oder »Sterbegeschäftsjahr»). Dies ist die sog. »Grundvariante«, die in § 77 Abs. 1 GenG geregelt ist. Die Satzung kann jedoch bestimmen, dass im Fall des Todes eines Mitglieds dessen Mitgliedschaft in der eG durch dessen Erben fortgesetzt wird (§ 77 Abs. 2 Satz 1 GenG). Für die Praxis vorteilhafter ist nach hier vertretener Auffassung die Grundregel, da sie der eG die Freiheit gibt, die Mitgliedschaft des Erben am Ende des Sterbejahrs auslaufen zu lassen, wenn sie diesen nicht dauerhaft als Mitglied behalten möchte. Sieht die Satzung dagegen eine unbefristete Fortsetzung der Mitgliedschaft vor, dann muss sie dieses neue Mitglied akzeptieren.

229 Dennoch hat auch die Grundregel eine Schattenseite, die sich auf die Nutzung der Wohnung bezieht: Sofern der Erbe eine nach dem Wohnraummietrecht eintrittsberechtigte Person ist (§ 563 BGB), nutzt er die Wohnung weiter, obwohl zum Schluss des Sterbejahrs die Mitgliedschaft erlischt. Hierdurch entsteht der Widerspruch der Wohnungsnutzung/Förderung durch die eG trotz fehlender Mitgliedschaft. Kann dies nicht in dem Sinne »repariert« werden, dass der Erbe eine eigene Mitgliedschaft erwirbt, dann liegt für reine Vermietungsgenossenschaften, die von Körperschaft- und Gewerbesteuer befreit sind, ein steuerschädliches Geschäft vor. Die Instanzrechtsprechung in Wohnraummietsachen verwehrt der eG hier oftmals die Möglichkeit einer ordentlichen fristgerechten Kündigung des Nutzungsvertrags nach § 573 Abs. 1 BGB (»berechtigtes Interesse« der eG) bzw. einer außerordentlichen Kündigung mit gesetzlicher Auslauffrist nach § 563 Abs. 4 BGB (»wichtiger Grund« in der Person des in den Mietvertrag Eingetretenen), da sie die Forderung der eG auf Begründung einer Mitgliedschaft und auf den Erwerb und die Aufzahlung von Geschäftsanteilen – ohne hierbei auf das Genossenschaftsrecht Rücksicht zu nehmen – als Umgehung oder Erschwerung mietrechtlicher Schutzvorschriften für den Wohnraummieter wertet. Dies ist sachlich falsch und ärgerlich. Der BGH hat hierzu leider bislang auch nur wenig Verwertbares verlauten lassen. Nur in einem Fall hat er die Kündigung der Wohnung durch die eG wegen widersprüchlichen Verhaltens für unwirksam gehalten, weil die eG dem mietrechtlich Fortsetzenden den Erwerb einer Mitgliedschaft verweigert hat, um dann die Kündigung des Nutzungsvertrags gerade wegen des Fehlens der Mitgliedschaft aussprechen zu können.[107] Und aus dem Bereich der Instanzrechtsprechung gibt es Gerichtsentscheidungen, die auch dann, wenn die eG dem neuen Mieter eine Mitgliedschaft erfolglos anbietet, die Begründung der Mitgliedschaft dennoch als »nicht geboten« ansieht, da diese mit der Zeichnung von Anteilen und Zahlungspflichten verbunden ist.[108] Dass hier das Wesen einer Wohnungsgenossenschaft völlig verkannt wird, und dies zu Unrecht, liegt auf der Hand. Es müsste hier die Sicht gelten, dass der Woh-

107 BGH, Hinweisbeschluss v. 20.4.2010, VIII ZR 254/09, die Revision war von der eG daraufhin zurückgenommen worden.
108 OLG Nürnberg, Urteil v. 27.3.2003, 2 U 3258/02, nicht veröffentlicht.

nende durch die eG profitiert. Somit wird es ihm zumutbar sein, die Anteile zu zeichnen und zu zahlen; insbesondere dann, wenn er auch gleichzeitig der Erbe ist, da er in dieser Konstellation letztlich das Geschäftsguthaben des verstorbenen Mitglieds ausgezahlt bekommt (§ 77 Abs.1 GenG).

Die Satzungsregelung, wonach die Mitgliedschaft auch über das Sterbejahr hinaus fortgesetzt wird, führt in manchen Fällen dazu, dass die Wohnungsnutzung und das Innehaben der Mitgliedschaft auch weiter parallel bleiben, sodass diese Probleme erst gar nicht entstehen. Freilich gibt es auch in dieser Variante die Möglichkeit, dass die oben beschriebenen Probleme entstehen, nämlich dann, wenn die Erbenlage und der Kreis der mietrechtlich in den Nutzungsvertrag eintretenden Personen nicht deckungsgleich sind. 230

Praxis-Beispiel !

Der Lebensgefährte bildete mit der verstorbenen Mieterin, die allein Mietvertragspartei und auch Mitglied in der eG war, eine mietrechtliche Haushaltsgemeinschaft im Sinne des § 563 BGB. Die Mieterin hat jedoch ihre Tochter aus einer früheren Verbindung zur Alleinerbin erklärt. In diesem Fall tritt der Lebensgefährte in den Mietvertrag ein, während die Mitgliedschaft in der eG nur von der Tochter dauerhaft fortgesetzt wird. Die eG müsste also dem früheren Lebensgefährten des verstorbenen Mitglieds eine Mitgliedschaft mit der Zeichnung und Aufzahlung von Pflichtanteilen antragen.

Man wird also in keiner Variante eine für alle denkbaren Fälle gleichermaßen gute Lösung finden.

3.2.2.10.2 Unsicherheiten der Erbenlage

Es kann sich im Erbfall, je nach konkreter Erbenlage, natürlich auch um mehrere Erben handeln, die hierdurch automatisch in einer Erbengemeinschaft zusammengefasst sind. Dann erhalten die Erben zusammen die Mitgliedschaft mit allen Rechten und Pflichten, und zwar aufgrund der automatisch entstandenen Erbengemeinschaft in sog. »gesamthänderischer« Verbundenheit. Sie müssen ihr Stimmrecht in der Generalversammlung einheitlich ausüben. 231

Wenn der Erbe die Erbschaft ausschlägt, dann wird er so behandelt, als wäre er nie in die Erbenstellung eingerückt (§ 1953 BGB). Der ausschlagende Erbe steht erbrechtlich also so, als hätte er zum Zeitpunkt der Erbschaft nicht gelebt. An seine Stelle treten nach der gesetzlichen Erbfolge dann diejenigen Personen, die geerbt hätten, wenn, wie unterstellt, der Ausschlagende nicht existiert hätte. Ausschlagungen sind immer möglich, insbesondere wenn der Nachlass überschuldet ist. 232

Eine gewillkürte Erbfolge durch Testament oder Erbvertrag kann eine beliebige Erbfolge aufstellen, selbstverständlich auch mit Personen, die mit dem verstorbenen Genossenschaftsmitglied nicht verwandt sind. 233

234 Die Erbenlage ist immer von der Unsicherheit geprägt, dass sich später noch vom bisherigen Testament abweichende Testamente finden. Die eG muss in jedem Fall versuchen, sich über die »wahre« Erblage Klarheit zu verschaffen, zumindest soweit der Aufwand hierfür vertretbar erscheint, da sie die Mitgliederliste fortschreibt und bei Beendigung der Mitgliedschaft auch das Auseinandersetzungsguthaben an die richtige Person auszahlen muss. Eine »absolute« Sicherheit gibt es hinsichtlich der jeweiligen Erblage nie. Selbst ein Erbschein kann sich später als unrichtig herausstellen, sodass auch dieser keine definitive Sicherheit, wenn auch natürlich eine erhöhte Verlässlichkeit, gewährleistet. Allerdings ist es mitunter schwierig, einen Erbschein zu erhalten. Viele Erben scheuen dies, da der Erbschein Geld kostet. Die Erben sind nicht verpflichtet, einen Erbschein zu beantragen. In manchen Fällen, wenn zum Beispiel Grundstücke vererbt werden, kommen die Erben oftmals aber nicht umhin, zur Berichtigung des Grundbuchs dann doch einen Erbschein zu beantragen. In den »normalen« Erbfällen der Alltagspraxis ist eine solche Sachlage aber meistens gerade eben nicht gegeben. Die eG muss sich die Erbenstellung dann auf anderem Wege nachweisen lassen, etwa durch Vorlage eines Testaments. Falls kein Testament existiert, muss sich die eG die Erbenstellung vom behaupteten Erben und/oder einem glaubhaften Zeugen schriftlich bestätigen lassen, damit sie sich später im Streitfall auf die eigene Gutgläubigkeit berufen kann.

3.2.2.10.3 Fortsetzung der Mitgliedschaft in der Grundvariante

235 Auch dann, wenn in der Satzung der eG die Grundvariante des § 77 Abs. 1 GenG entweder ausdrücklich festgelegt ist oder keine Aussagen dazu enthalten sind, sodass die gesetzliche Regelung automatisch gilt (§ 18 GenG) – also die Mitgliedschaft zum Ablauf des Sterbejahrs endet –, kann dennoch eine unbefristete Fortsetzung der Mitgliedschaft erreicht werden. Hierzu ist allerdings die Mitwirkung des Erben der Mitgliedschaft und derzeit nur vorübergehenden Genossenschaftsmitglieds erforderlich: Der Erbe der Mitgliedschaft kann noch im Sterbejahr eine eigene Mitgliedschaft begründen, sodass er zwei Mitgliedschaften nebeneinander unterhält. Dann zeichnet er die erforderlichen Genossenschaftsanteile und überträgt nach § 76 GenG das ererbte Geschäftsguthaben auf die Anteile, die nun auf Basis seiner eigenen Mitgliedschaft gegründet sind. Durch den Übertragungsakt erlischt die ererbte Mitgliedschaft mit ihren nun leeren Anteilen (siehe Rn. 222). Die neu erworbene Mitgliedschaft setzt sich fort, bis sie später einmal auf den bekannten Wegen beendet wird.

Dieser Vorgang muss sich aber noch innerhalb des Sterbejahrs abspielen, da mit dem Schluss desselben Mitgliedschaft und Geschäftsguthaben nicht mehr bestehen. Nach dem jeweiligen 31.12. bleibt dann nur noch die Möglichkeit, eine neue Mitgliedschaft zu begründen, die erforderlichen Anteile zu zeichnen und diese durch Einzahlung aufzufüllen. Hierzu kann natürlich das Auseinandersetzungsguthaben aus den erloschenen Anteilen verwendet werden. Ein Übertragungsakt nach § 76 GenG liegt in dieser Situation dann jedoch nicht vor.

Ist der Erbe der Mitgliedschaft selbst schon Mitglied der eG, dann kann er nach Zeichnung weiterer Anteile (§ 15b GenG) das ererbte Geschäftsguthaben nach § 76 GenG ebenfalls auf sich übertragen. Oder aber er lässt die geerbte Mitgliedschaft vorerst so stehen und wartet deren »automatisches« Ende ab, sodass er sich dann im Folgejahr das Auseinandersetzungsguthaben auszahlen lassen kann. Für die Auszahlung des Auseinandersetzungsguthabens gilt § 73 GenG, wie im Regelfall einer Beendigung der Mitgliedschaft auch (für diesen Fall gilt auch die Festlegung des Genossenschaftsgesetzes, dass die Beendigung als nicht erfolgt gilt, wenn die eG binnen sechs Monaten nach Beendigung der Mitgliedschaft eines Mitglieds aufgelöst wird, § 75 GenG). Ist eine eigene Mitgliedschaft schon vorhanden, hat der Erbe für das Sterbejahr zwei Mitgliedschaften, die ihm in der Generalversammlung vorübergehend auch zwei Stimmen gewähren.

3.2.2.10.4 Fortsetzung der Mitgliedschaft durch Satzungsregelung

Besteht die Mitgliedschaft des/der Erben durch Satzungsregelung (§ 77 Abs. 2 GenG) 236
auch über das Sterbejahr hinaus, dann muss man sich mit dem Fall einer Erbengemeinschaft befassen: Auf Dauer wird es der eG nicht zuträglich sein, dass sich eine Vielzahl von Personen eine Mitgliedschaft »teilt«, auch wenn diese in der Generalversammlung – schon von Gesetzes wegen – natürlich nur mit einer Stimme sprechen und abstimmen dürften. Die Satzung kann für diesen Fall bestimmen, dass die Mitgliedschaft insgesamt dennoch endet, wenn sie nicht innerhalb einer in der Satzung festgelegten Frist einem der Erben allein übertragen worden ist (§ 77 Abs. 2 Satz 3 GenG). Die Satzung kann im Fall einer Fortsetzungsklausel zudem bestimmen, dass der Rechtsnachfolger bestimmte persönliche Voraussetzungen erfüllen muss (§ 77 Abs. 2 Satz 2 GenG).

3.2.2.10.5 Andere Wege einer Übertragung der Mitgliedschaft für den Todesfall

In der Praxis entsteht bei Genossenschaftsmitgliedern oftmals das Bedürfnis, die 237
»Angelegenheiten mit der eG« erbrechtlich zu regeln. Nach heute weit überwiegend vertretener Auffassung gelten die in § 77 GenG getroffenen Regelungen im Zusammenspiel mit § 1922 BGB (= Definition von Erbfall, Erbschaft und Erben) jedoch als abschließend. Die Vorschrift des § 77 Abs. 1 Satz 1 und Abs. 2 Satz 1 GenG knüpft an die Erbenstellung an. Eine Stellung als Vermächtnis-Begünstigter genügt demgegenüber gerade nicht. Der durch ein Vermächtnis begünstigte ist kein Erbe (§§ 1939, 2147 ff. BGB). Insoweit unterliegen die »Angelegenheiten der eG« tatsächlich den erbrechtlichen Bestimmungen, soweit diese eine Erbenstellung begründen. Darüber hinaus ist

eine erbrechtliche Gestaltung des Mitglieds jedoch nicht möglich (z. B. durch Vermächtnis gemäß der §§ 2147 ff. BGB oder einen Vertrag zugunsten Dritter auf den Todesfall gemäß der §§ 328, 331, 2301 BGB).

Insbesondere durch einen Vertrag zugunsten Dritter auf den Todesfall, der zwischen der eG und dem Mitglied abgeschlossen werden müsste, können weder die Mitgliedschaft noch das Geschäftsguthaben oder der Anspruch auf Auszahlung des Auseinandersetzungsguthabens jenseits einer Erbenstellung auf einen Dritten übertragen werden. In einer älteren Gerichtsentscheidung war dies noch für zulässig gehalten worden.[109] Sieht man sich jedoch das Ineinandergreifen von Genossenschafts- und Erbrecht genauer an, dann muss man der heute überwiegenden Ansicht wohl den Vorzug geben. Ist in der Satzung nichts Abweichendes festgelegt, dann endet die Mitgliedschaft des Erben erst zum Schluss des Sterbejahrs. Aber schon für den Zeitpunkt des Ablebens im Sterbejahr ordnet das Genossenschaftsgesetz an, dass der Erbe die Mitgliedschaft vorläufig weiterführt, womit es auch beim Weiterbestehen des Geschäftsguthabens bleibt. Ein Auseinandersetzungsguthaben ist zu diesem Zeitpunkt noch gar nicht entstanden. Da sich das Auseinandersetzungsguthaben später aber aus dem (inzwischen geerbten) Geschäftsguthaben ergibt, steht auch dieses gemäß § 1922 Abs. 1 BGB schon jetzt zumindest dem Grunde nach allein dem oder den Erben – und keinem Dritten – zu. Die Möglichkeit nach § 2301 BGB, dass eine Verfügung unter Lebenden auf den Todesfall erfolgt, bezieht sich zudem auch nur auf den Todesfall, nicht jedoch auf die Zeit danach, wenn nämlich das Auseinandersetzungsguthaben mit Ablauf des Sterbejahrs entsteht. Das Genossenschaftsrecht lässt, abweichend von der allgemeinen Erbfolge nach § 1922 Abs. 1 BGB durch Erben, also keinen Raum für andere Verfügungen. Es wäre im Ergebnis eine wohl künstlich zu nennende Aufspaltung, wollte man die Mitgliedschaft und das Geschäftsguthaben dem Erben zuschreiben, den Anspruch auf das Auseinandersetzungsguthaben aber wiederum einem Dritten. Erst recht bleibt nach der hier vertretenen Ansicht für abweichende Gestaltungen kein Raum, wenn durch eine satzungsmäßige Fortsetzungsklausel die Mitgliedschaft mit dem Geschäftsguthaben auf unabsehbare Zeit weitergeführt wird.

3.2.2.11 Auflösung oder Erlöschen einer Mitgliedsgesellschaft (§ 77a GenG)

238 Mitglied in einer eG können auch juristische Personen des privaten und des öffentlichen Rechts sein. Vertreten wird die juristische Person in der Generalversammlung durch ihre gesetzlich vertretungsberechtigten Organe, z. B. Geschäftsführer, Vorstand oder Bürgermeister. Auch Personengesellschaften können eine Mitgliedschaft in der

109 LG Kassel, ZfG 1981 S. 68.

eG halten. Vertreten werden diese von ihren vertretungsberechtigten Gesellschaftern. Diesen Genossenschaftsmitgliedern steht selbstverständlich immer auch der Weg einer ordentlichen fristgerechten Beendigung der Mitgliedschaft in der eG offen (§ 65 GenG).

Die Vorschrift des § 77a GenG regelt aber den Sonderfall, der nur bei natürlichen Personen vorkommen kann, nämlich dass die juristische Person oder Personengesellschaft »verstirbt«. Wird die juristische Person oder Personengesellschaft, die in der eG Mitglied ist, im rechtlichen Sinne aufgelöst oder erlischt sie, dann endet auch die Mitgliedschaft in der eG mit dem Abschluss des Geschäftsjahrs, in dem die Auflösung oder das Erlöschen wirksam geworden ist (§ 77a Abs. 1 GenG, die Beendigung der Mitgliedschaft ist unverzüglich in die Mitgliederliste einzutragen). Es kommt also auf den Zeitpunkt an, in welchem die »Auflösung« oder das »Erlöschen« wirksam wird.

Rechtlich unterscheidet man im Gesellschaftsrecht zwischen den Begriffen »Auflösung« und »Erlöschen« einerseits und dem Begriff der »Beendigung« andererseits. Die Auflösung beispielsweise stellt in der Abwicklung einer Gesellschaft nur den ersten Schritt dar, nämlich den Entschluss der Eigentümer des Unternehmens, dass liquidiert werden soll, und – danach – den Beginn der Liquidationsphase, in der von der Gesellschaft keine »werbende« Tätigkeit mehr ausgeübt wird (also keine Entfaltung von Aktivitäten mehr am Markt zur Erreichung des Gesellschaftszwecks bzw. zur Erzielung von Einnahmen usw.), sondern nur noch die Geschäfte zur Abwicklung der Geschäftstätigkeit betrieben werden, damit man zum Schluss sehen kann, ob noch positives Restvermögen vorhanden ist oder nicht. Erst mit der »Beendigung«, also nach Abschluss des Liquidationsverfahrens und Fristablauf, »löst« sich die Gesellschaft auch im umgangssprachlichen Verständnis des Begriffs »auf«. Das bedeutet, dass sie als rechtlich relevanter Körper »erlischt« und sich somit erst ab diesem Zeitpunkt vom Rechtsverkehr »verabschiedet« und gewissermaßen auch »verschwindet«.

Die Auflösung ist somit der erste Schritt in der Abwicklung einer Gesellschaft. Das Erlöschen ist dann das Ergebnis der vorherigen Auflösung und der Liquidationsphase. Eine Gesellschaft in Form einer juristischen Person wird beispielsweise durch einen Beschluss der Generalversammlung über die Liquidation des Gesellschaftsvermögens »aufgelöst« (§ 78 GenG; § 60 Abs. 1 Nr. 2 GmbHG). Aber auch durch die Eröffnung eines Insolvenzverfahrens wird die juristische Person »aufgelöst« (§ 101 GenG; § 60 Abs. 1 Nr. 4 GmbHG). Es gibt im Recht der eG und GmbH natürlich noch zahlreiche weitere Gründe für eine Auflösung der Gesellschaft. Ein Wechsel der Rechtsform lässt die Gesellschaft jedoch nicht erlöschen.

Der gesetzliche Wortlaut ist zudem nicht logisch, da er nicht nur für die »aufgelöste« Gesellschaft, sondern auch für die »erloschene« Gesellschaft eine Fortsetzung der Mitgliedschaft in der eG bis zum Jahresende vorsieht. Ein erloschenes

Subjekt kann aber denklogisch nicht mehr Mitglied in einer Vereinigung sein, da es durch das Erlöschen ja gerade nicht mehr existent ist. Diese Formulierung wird in der Fachliteratur daher als »Fiktion des Fortbestehens« angesehen, damit die Abwicklung im Sinne der Auseinandersetzung mit der eG erleichterte wird. Daher »gilt« durch § 77a GenG die »aufgelöste« und auch die »erloschene« Gesellschaft als »noch« existent.

!

Praxis-Beispiel

Bei der A-eG, die an der B-eG beteiligt ist, fasst die Generalversammlung im Mai 2019 den Beschluss, die eG im Wege der Liquidation zu beenden. Folglich scheidet die A-eG bei der B-eG zum 31.12.2019 aus. Zu diesem Zeitpunkt endet die Mitgliedschaft. Eine Kündigung der Mitgliedschaft unter Einhaltung der Kündigungsfrist, wie im Normalfall einer Beendigung, ist hierzu nicht mehr notwendig. Gleiches gilt, wenn an der B-eG eine GmbH beteiligt ist, dort die Gesellschafterversammlung die Auflösung beschließt oder über das Vermögen der GmbH das Insolvenzverfahren eröffnet wurde.

3.3 Rechte und Pflichten

3.3.1 Rechtliche Grundlagen

239 Grundlagen für die Mitgliedschaftsrechte und -pflichten sind das Genossenschaftsgesetz und die Satzung einer Genossenschaft. Grundsätzlich gilt, dass alles, was hinsichtlich der rechtlichen Gestaltung der Genossenschaft nicht als unbedingt im Gesetz bestimmt ist (vgl. § 6 GenG), durch die Satzung individuell geregelt werden kann (§ 8 GenG).

Zudem sind drei wesentliche Grundsätze zu beachten, die bei der Anwendung des Genossenschaftsrechts berücksichtigt werden müssen:

- der Gleichbehandlungsgrundsatz,
- die Treuepflicht und
- die Duldungspflicht (im Einzelnen siehe nachfolgend).

Sie finden z. B. bei der rechtlichen Auslegung einer Satzungsregelung oder eines Generalversammlungsbeschlusses zwingend Beachtung.

3.3.2 Der Gleichbehandlungsgrundsatz

240 Neben der Treue- und der Duldungspflicht ist der Gleichbehandlungsgrundsatz der gewichtigste Grundsatz. Grundsätzlich bedeutet der Gleichbehandlungsgrundsatz, dass sämtliche Mitglieder einer Genossenschaft die gleichen Rechte in Anspruch

nehmen dürfen, aber auch die gleichen Pflichten gegenüber einer Genossenschaft zu tragen haben.[110]

Die Organe der Genossenschaft haben die Pflicht, das Recht auf Gleichbehandlung der Mitglieder zu wahren.

Entwickelt hat sich diese Grundlage des genossenschaftlichen Miteinanders durch das Wesen der Genossenschaft als Gemeinschaft zur Förderung ihrer Mitglieder und aus der Treuepflicht der genossenschaftlichen Gemeinschaft im Innenverhältnis.[111] In Abgrenzung hierzu ergibt sich z. B., dass wohnende Nichtmitglieder in dieser Gemeinschaft nicht nach diesem genossenschaftsrechtlichen Grundsatz behandelt werden, sondern sich als ganz »normale« Mieter in der Wohnungsgenossenschaft wiederfinden, sofern satzungsmäßig Nichtmitgliedergeschäfte zugelassen sind.

Eine zwingende Gleichbehandlung der Mitglieder ist jedoch nicht in jedem Fall erforderlich. Unterschieden wird daher zwischen dem sog. absoluten und dem sog. relativen Gleichbehandlungsgrundsatz.

3.3.2.1 Absoluter Gleichbehandlungsgrundsatz

Der absoluten Gleichbehandlung unterliegen Sachverhalte, die eine Ungleichbehand- 241
lung aus genossenschaftsrechtlichen Prinzipien nicht zulassen, da sie gesetzlich vorgeschrieben gleich zu behandeln sind. Dies betrifft

- die Höhe des Geschäftsanteils (vgl. § 7 Nr. 1 GenG, § 17 MS),
- die Anzahl der übernommenen (mitgliedschaftsbegründenden und wohnungs-/nutzungsbezogenen) Pflichtanteilen (vgl. §§ 7 Nr. 2 Satz 2, 7a GenG, § 17 MS),
- die Höchstzahl der übernommenen Geschäftsanteile (§ 17 Abs. 7 MS),
- das Kündigungsrecht (vgl. § 65 Abs. 1 GenG, § 7 MS),
- das Kündigungsrecht freiwillig übernommener Geschäftsanteile (§ 67b GenG, § 18 MS),
- die Kündigungsfrist der Mitgliedschaft (§ 65 Abs. 2 GenG, § 7 Abs. 2 MS),
- die Höhe der Haftsumme (§§ 6 Nr. 3, 119 GenG), sofern satzungsrechtlich vorgesehen.

Fraglich ist allerdings, ob der absolute Gleichbehandlungsgrundsatz bezüglich der 242
Pflichtbeteiligung überhaupt noch zeitgemäß ist.[112]

110 Lang/Weidmüller/*Holthaus/Lehnhoff*, GenG, § 18 Rn. 16.
111 Lang/Weidmüller/*Holthaus/Lehnhoff*, GenG, § 18 Rn. 16.
112 So *Keßler*, »Ist der absolute Gleichbehandlungsgrundsatz hinsichtlich der Pflichtbeteiligung noch zeitgemäß?«, ZfgG 62, S. 263 ff.

Gerade Wohnungsgenossenschaften in strukturschwachen Gebieten mit Leerstandsproblematik sind gehalten, sich marktbedingt rasch an eine Änderung des Vermietungsmarktes anzupassen und die Beteiligung höhenmäßig wettbewerbsfähig zu halten. Immer wieder sind daher Veränderungen und Anpassungen der Satzung hinsichtlich der Beteiligung erforderlich, die sich aber auf alle Mitglieder, also auch die Bestandsmitglieder, unter Berücksichtigung des absoluten Gleichbehandlungsgrundsatzes gleichermaßen auswirken müssen. Ein häufig vorkommender Beispielsfall:

!

Praxis-Beispiel

Ältere Mitglieder, die zu einem früheren Zeitpunkt der Genossenschaft beigetreten sind, mussten zum Zeitpunkt ihres Beitritts weniger Geschäftsanteile zeichnen als später Eintretende. Grund für die Ungleichbehandlung ist, dass sich die Vermietungssituation im Laufe der Jahre verbessert hat, sodass aus Gründen des Wettbewerbs die Anzahl der zu übernehmenden Pflichtanteile durch eine Satzungsänderung erhöht wurde. Ältere Mitglieder wären in der Folge genossenschaftsrechtswidrig mit weniger Anteilen pflichtbeteiligt, während neu beigetretene Mitglieder mehr Anteile zeichnen und zahlen müssen. Die Anzahl der zu übernehmenden Geschäftsanteile muss aus Gründen der absoluten Gleichbehandlung zwingend für alle Mitglieder gleich sein. Bezogen auf das Beispiel bedeutet dies, dass die Altmitglieder nach entsprechender Satzungsregelung mehr Pflichtanteile zu halten hätten und die Genossenschaft die fehlenden Pflichtanteile von den Bestandsmitgliedern einfordern müsste.

Eine unzulässige Ungleichbehandlung erfolgt auch, wenn mit der Satzungsregelung zur Pflichtbeteiligung auf das Beitrittsdatum abgestellt würde. Die weit überwiegende Rechtsmeinung[113] sah in der Wirkung einer Satzungsänderung nur für Neumitglieder einen Verstoß gegen den absoluten Gleichbehandlungsgrundsatz. Dieser gilt nach § 7a Abs. 2 Satz 2 GenG hinsichtlich der Pflichtbeteiligung mit mehreren Anteilen. Eine Ungleichbehandlung der Mitglieder wäre somit unter keinen Umständen möglich.

Bei den wohnungsbezogenen Anteilen, die jedes Mitglied bei der Überlassung einer Wohnung zu übernehmen hat, handelt es sich um Pflichtanteile im Sinne des § 7a GenG (vgl. hierzu § 17 Abs. 2 Satz 4 MS). Zwar ist eine unterschiedliche Behandlung durch eine Staffelung je nach Leistung der Genossenschaft möglich. In der Regel ist die Pflichtbeteiligung bei Wohnungsgenossenschaften nach Größe gestaffelt. Jedoch muss auch hier innerhalb der einzelnen Staffeln die Behandlung der Mitglieder absolut gleich sein.[114]

Eine Differenzierung, die zu einer zulässigen Ungleichbehandlung führt, ist somit nur möglich, wenn die Leistungsinhalte sich so unterscheiden, dass hieraus eine eigene Staffel, d. h. satzungsmäßige Kategorie, gebildet werden kann. Kriterien könnten

---

113 Beuthien, GenG, § 7a Rn. 6; Lang/Weidmüller/*Holthaus/Lehnhoff*, GenG, § 7a Rn. 8; Hillebrand/Keßler/*Herzberg*, GenG, § 18 Rn. 21.

114 Vgl. u. a. Beuthien, GenG, § 7a Rn. 6.

neben der Wohnungsgröße z. B. die Lage oder Ausstattung der Wohnungen sein (siehe auch Rn. 347).

Nach dieser Wertung müsste eine Gleichbehandlung der – um im obigen Beispiel zu bleiben – Alt- und Neumitglieder stattfinden. Eine Absenkung der Anteilsanzahl hätte im Übrigen zur Folge, dass die Differenzanteile zur Beteiligung der Bestandsmitglieder zu freiwilligen Anteilen werden, die von dem Mitglied nach Eintragung der Satzungsänderung gekündigt werden könnten und somit der Genossenschaft Eigenkapital verloren ginge.

Die Gegenauffassung[115], die vor der Genossenschaftsreform im Jahr 2006 vertreten war, bejahte eine unterschiedliche Behandlung von Alt- und Neumitgliedern. Sie stützte sich auf den Wortlaut der damaligen gesetzlichen Reglung des § 67b GenG a. F. Dieser lautete: »Ein Genosse ... kann seine Beteiligung ... kündigen, soweit er nicht nach dem Statut oder einer Vereinbarung mit der Genossenschaft zur Beteiligung mit mehreren Geschäftsanteilen verpflichtet ist oder die Beteiligung mit mehreren Geschäftsanteilen Voraussetzung für eine von dem Genossen in Anspruch genommene Leistung der Genossenschaft *war.*»

Aus der Vergangenheitsform am Ende (»*war*») wurde geschlossen, dass die Beteiligung der Mitglieder nach den Satzungsregelungen, die zum Zeitpunkt des Beitritts galten, zu bewerten sein müsste. Altmitglieder hatten somit die Anteile zu halten, die als Pflichtanteile zum Zeitpunkt des Beitritts erforderlich waren, Neumitglieder nach entsprechender Satzungsänderung dann ggf. weniger.

Diese Auslegung nach dem Wortlaut des § 67b GenG sollte durch eine korrespondierende Formulierung in der Satzung noch verstärkt werden. So wurde bei der Regelung der freiwilligen Anteile (§ 18 MS) oftmals die Formulierung des Gesetzestextes unter Verwendung des Wortes »war« übernommen.

Ein Verstoß gegen den Gleichbehandlungsgrundsatz wurde darin nicht gesehen. Allerdings wurde hier auch nicht nach dem Anwendungsbereich des relativen bzw. absoluten Gleichbehandlungsgrundsatz unterschieden. Das Landgericht Zwickau[116] berief sich in einer diese Rechtsauffassung bestätigenden Entscheidung auf die Formulierung »zu übernehmen« in der Satzung (vgl. § 17 Abs. 2 MS: »Jedes Mitglied, dem eine Wohnung überlassen wird oder überlassen worden ist, hat einen angemessenen Beitrag ... nach Maßgabe der ... der Satzung beigefügten Anlage zu übernehmen.»). Daraus ergebe sich, dass – in Ermangelung einer anderen Satzungsregelung – die geltende

115 U. a. AG Dresden, Urteil v. 21.12.2000, 105 C 8598/00; LG Zwickau, Urteil v. 2.8.2002, 6 S 105/02.
116 LG Zwickau, Urteil v. 2.8.2002, 6 S 105/02.

Satzung die vor der Satzungsänderung entstandenen Verpflichtungen zur Übernahme von Geschäftsanteilen als Pflichtanteile unberührt lasse. Hinzu komme, dass die übernommenen Pflichtanteile für das Mitglied im Jahr seines Beitritts Voraussetzung für eine genossenschaftliche Leistung waren, die auch nach der Satzungsänderung noch in Anspruch genommen wird. Die Satzung der beklagten Wohnungsgenossenschaft enthielt dabei im Zusammenhang mit der Kündigung der freiwilligen Anteile entsprechend § 67b GenG die Formulierung »ist«, was das Gericht wie folgt wertete: »Die seinerzeitige Übernahme der Geschäftsanteile als Pflichtanteile war Voraussetzung für das ... begründete Nutzungsverhältnis (§ 67b Abs. 1 GenG [a. F.]) und ist es ... noch zum heutigen Zeitpunkt.»

Abschließend hob das Gericht in seinem Urteil hervor, dass die Ungleichbehandlung durch den gerichtsbekannten überdurchschnittlich hohen Leerstand einen sachlichen Grund habe und daher gerechtfertigt sei.

Das Gericht verkannte hier allerdings, dass bei Anwendung des absoluten Gleichbehandlungsgrundsatzes ein sachlicher Grund für die Ungleichbehandlung – im Gegensatz zur relativen Gleichbehandlung – selbsterklärend nicht gegeben sein kann. Das Argument der Leerstandsproblematik könnte nur dann zum Tragen kommen, wenn es sich um einen Fall der Anwendung einer relativen Gleichbehandlung handeln würde. In diesem Fall müssten dagegen alle Mitglieder gleich behandelt werden, da hier ein Fall die Pflichtbeteiligung betreffend vorliegt und dieser dem absoluten Gleichbehandlungsgrundsatz unterworfen ist (§ 7 Nr. 2 Satz 2 GenG).

243 Im Zuge der Novellierung des Genossenschaftsgesetzes wurde der Wortlaut des § 67b geändert: Das Wort »war« wurde durch das Wort »ist« ersetzt.

Der Gesetzgeber sprach hier von einer Klarstellung[117], da die vorhandene Formulierung zu Auslegungsschwierigkeiten geführt hatte. Mit der Anpassung des Wortlauts der gesetzlichen Regelung sollte klargestellt werden, dass eine Teilkündigung möglich ist, wenn zum Zeitpunkt der Kündigung die auf der Satzung oder einer Vereinbarung beruhende Pflicht zur Übernahme der gekündigten Geschäftsanteile nicht mehr besteht. Damit entfällt die vor der Genossenschaftsreform genutzte Argumentation zur Rechtfertigung einer Ungleichbehandlung (siehe Rn. 242).

244 In Anbetracht der Ausgangslage einer erforderlichen Flexibilität bezüglich wettbewerblicher Gegebenheiten muss somit erst recht die Frage nach der Aktualität des

117 Regierungsentwurf eines Gesetzes zur Einführung der Europäischen Genossenschaft und zur Änderung des Genossenschaftsrechts (BT-Drucks. 16/1025 v. 23.3.2006), zu Nr. 74, Änderung des § 67b Buchst. a.

absoluten Gleichbehandlungsgrundsatzes gestellt werden.[118] Der Grundsatz der Gleichbehandlung korrespondiert mit der akzessorischen Ausrichtung des Förderbetriebs an der korporativen Solidargemeinschaft, welche u. a. mit wirtschaftlichen und sozialen Belangen der Mitglieder verbunden ist. Die Genossenschaft als Unternehmen orientiert sich somit am inneren Markt ihrer Mitglieder und nicht nach außen und legitimiert bei oberflächlicher Betrachtung im Rahmen dieser Innenorientierung so die absolute Gleichbehandlung. Eine Wohnungsgenossenschaft ist allerdings auch und vor allem den wirtschaftlichen Herausforderungen des Vermietungsmarkts unterworfen und somit wenigstens auch wirtschaftlich nach außen orientiert. Dies zumindest dann, wenn Leerstand die wirtschaftliche Situation gefährdet und damit auch die Förderung der Mitglieder beeinträchtigt. Sie ist somit gehalten, auch nach außen zu agieren, indem sie auf Vermietungsbedingungen reagiert. Eine Wohnungsgenossenschaft, deren Beteiligung das Doppelte der mietrechtlich möglichen Kaution beträgt, kann am Markt nicht unbedingt konkurrenzfähig bleiben. Somit muss sich das Wohnungsunternehmen flexibel auch in Hinsicht auf eine attraktive und konkurrenzfähige Beteiligung zeigen. Und dies, ohne gleich einen Abfluss von Eigenkapital befürchten zu müssen von den Bestandsmitgliedern, die infolge einer entsprechenden Satzungsänderung ihre zu freiwilligen Geschäftsanteilen gewordenen Anteile kündigen könnten. Damit orientiert sich die unternehmerische Zielrichtung hin zu einer Wertung, gleich der kooperativen Treuepflicht einer AG zu ihren Aktionären in der Ausprägung des § 53a AktG.[119] Der aktienrechtliche Gleichbehandlungsgrundsatz erstreckt sich zwar ebenfalls in der Regel nur auf den mitgliedschaftlichen Bereich, also die gesellschaftsrechtlich geprägten Gemeinschaftsbeziehungen zwischen der AG und ihren Aktionären.[120] Dabei berührt er jedoch anders als im genossenschaftsrechtlichen Zusammenhang nicht die schuldrechtlichen Individualbeziehungen der AG zu ihren Aktionären, sondern wird dem Bezugs- und Absatzinteresse an den Erfordernissen des Marktes hintangestellt.[121] Die Vorschrift des § 53a AktG stellt den Anspruch der Anteilseigner auf Gleichbehandlung unter den Vorbehalt gleicher Voraussetzungen hinsichtlich der Beurteilungslage, was der Reduktion auf ein Willkürverbot gleichkommen könnte[122], aber unter der Betrachtung eines kooperativen, wirtschaftlich ausgerichteten Bestandsschutzinteresses einen ökonomisch sinnvollen Gestaltungsspielraum eröffnet. In genossenschaftsrechtlicher Analogie ist dies bereits ansatzweise in der Regelung des § 7a GenG zu finden, der eine Ungleichbehandlung bei der Staffelung der Pflichtbeteiligung bei Vorliegen eines sachlichen Grundes zulässt. Innerhalb der ein-

118 *Keßler*, »Ist der absolute Gleichbehandlungsgrundsatz hinsichtlich der Pflichtbeteiligung noch zeitgemäß?«, ZfgG 62, S. 263 ff.

119 Zur Zulässigkeit analoger Anwendung aktienrechtlicher Vorschriften auf das Genossenschaftsrecht: Lang/Weidmüller/*Holthaus/Lehnhoff*, GenG, § 51 Rn. 8 f.; Hillebrand/*Keßler*, GenG, § 51 Rn. 2; Beuthien, GenG, § 51 Rn. 3; Bauer, Genossenschafts-Handbuch, § 51 Rn. 4.

120 BGH, Urteil v. 14.1.1997, KZR 30/95, AG 1997 S. 414.

121 *Keßler*, a. a. O., S. 270.

122 *Keßler*, a. a. O., S. 271.

zelnen Staffeln wird allerdings wieder von einer absoluten Gleichbehandlung ausgegangen.[123] Somit wäre auch in seiner Anwendung eine Ausrichtung an den »objektivierten Erfordernissen der Wirklichkeit»[124] nicht gegeben und er damit nicht der Sache dienlich.

Der BGH[125] hat im Übrigen die im Rahmen einer Verschmelzung durchgeführte Anpassung der Pflichtbeteiligung an die Höhe der Beteiligung der übertragenden Genossenschaft bei beschränkter Haftsumme für rechtmäßig erachtet und so das strenge Diktat der absoluten Gleichbehandlung in diesem Fall aufgebrochen. Da die Mitglieder der übertragenden Genossenschaft mit Eintragung der Verschmelzung Mitglieder der übernehmenden werden, hätten für sie auch die satzungsmäßigen Bedingungen bezüglich der Pflichtbeteiligung gegolten. Sie hätten somit entsprechend Geschäftsanteile nachzeichnen und nachzahlen oder aber die – bei überschießender Beteiligung – dann zu freiwilligen Geschäftsanteilen gewordenen Anteile kündigen können. Hier hat der BGH jedoch entschieden, dass die Mitglieder der übernehmenden Genossenschaft zu einer Nachzeichnung und Nachzahlung verpflichtet wurden, entsprechend der Satzungsregelung der übertragenden Genossenschaft. Zugleich ließ er jedoch die Zulässigkeit einer nach bestimmten Maßstäben gestaffelten Pflichtbeteiligung in diesem Zusammenhang offen.

245 Letztendlich kann übergreifend das Relikt der genossenschaftsrechtlichen »Gleichmacherei« der Pflichtbeteiligung in Form der absoluten Gleichbehandlung nur über eine gesetzgeberische Anpassung der Regelungen des § 7a GenG erfolgen. Ein richtiger Schritt wäre hierfür, die Ausrichtung der Pflichtbeteiligung nicht mehr an dem absoluten, sondern an dem interessengerechteren relativen Gleichbehandlungsgrundsatz zu orientieren.

Als Möglichkeit für diese in der Praxis schwer zu handhabende Situation bietet es sich an, eine kreative Satzungsregelung einzuführen. So z. B., die Beteiligungspflicht am Beitrittsdatum der Alt- bzw. Neumitglieder festzumachen. Nach obigen Ausführungen ist dies durch Verstoß gegen den absoluten Gleichbehandlungsgrundsatz nicht zulässig. In analoger Anwendung der aktienrechtlichen Vorschriften (§ 242 Abs. 2 Satz 1 AktG) gilt nach einem Teil der Rechtsmeinung[126] eine rechtswidrige Satzungsregelung jedoch dann als geheilt, wenn sie länger als drei Jahre ohne Beanstandung eingetragen war. Sollte dieser Zeitraum bereits erfüllt sein und eine rechtswidrige Regelung ohne entsprechende Beanstandung Bestandteil der Satzung gewesen sein und ent-

123 Bauer, Genossenschafts-Handbuch, § 18 Rn. 27; Beuthien, GenG, § 7a Rn. 6; Lang/Weidmüller/*Holthaus/Lehnhoff*, GenG, § 7a Rn. 8; Hillebrand/Keßler/*Herzberg*, GenG, § 18 Rn. 21.

124 *Keßler*, a. a. O., S. 273.

125 BGH, Beschluss v. 19.4.1997, II ZB 3/70, BGHZ 56, S. 110 ff.

126 So u. a. Lang/Weidmüller/*Holthaus/Lehnhoff*, GenG, § 51 Rn. 17, Hillebrand/Keßler/*Keßler*, GenG, § 51 Rn. 5.

sprechend gelebt werden, so ist diese wirksam. Es ist jedoch darauf zu achten, dass nicht im Rahmen einer späteren Änderung der Satzung die geheilte Regelung wieder in Gefahr gerät, indem durch die Neufassung die Heilungsfrist neu zu laufen beginnt.

Problematisch ist bei der Anwendung der Heilungsregelung zudem, dass es sich bei dem Grund für die Schließung von rechtlichen Wertungsspielräumen um eine gesetzliche Änderung handelt. Hier wurde der Wortlaut des § 67b GenG angepasst und damit ein Wertungsspielraum geschlossen. Das Reichsgericht seinerzeit hatte den Bestand einer von einer Gesetzesänderung betroffenen Satzungsregelung verneint.[127] Somit könnte eine Satzungsregelung, die vor Änderung des Gesetzes beschlossen worden ist, durch die Gesetzesänderung unwirksam geworden sein und nunmehr die gesetzliche Regelung, also hier der Wortlaut des § 67b GenG »ist« gelten. 246

Ausgangsfall des Reichsgerichts war, dass eine vom Gesetz in zulässiger Weise abweichende Satzungsbestimmung infolge einer Änderung der Gesetzgebung undurchführbar wurde.

Das Gericht hatte zu beurteilen, ob zur Änderung des rechtswidrigen Zustandes eine Beschlussfassung in der Versammlung notwendig sei oder ob die gesetzliche Regelung ohne eine entsprechende Handlung durchgreift. Das Reichsgericht kam zu dem Schluss, dass eine entsprechende Gesetzesänderung sich ohne weitere Umsetzung über eine satzungsgestalterische Regelung hinwegsetzt. Ähnliches könnte damit auch für die geheilte Regelung hinsichtlich der Ungleichbehandlung gelten: Spätestens mit der Änderung des § 67b GenG (»war« wird zu »ist») könnte dann eine hiervon abweichende (geheilte) Regelung nicht mehr in der Satzung getroffen werden, da das geänderte Gesetz durchschlägt. Es müsste damit ein neuer Tatbestand der Heilung geschaffen werden, indem die gesetzeswidrige Regelung wieder neu, also nach Inkrafttreten der Änderung, beschlossen wird und nach drei Jahren als geheilt gelten kann.

Im Ergebnis wäre damit festzuhalten, dass unter Berücksichtigung dieser Rechtsprechung eine Heilung dieser rechtswidrigen Regelung grundsätzlich möglich sein könnte, allerdings nach vorstehender Wertung erst, nachdem ein neuer Heilungstatbestand geschaffen wurde. Eine für die Praxis absolut unbefriedigende Situation, die einer Anpassung bedarf.

Ein weiteres Beispiel, das die Erforderlichkeit einer Anpassung der gesetzlichen Situation verdeutlicht: 247

127 RG, Urteil v. 19.5.1922, II 550/21, RGZ 104 S. 349.

Praxis-Beispiel

Die Altmitglieder einer Genossenschaft sind mit weniger Anteilen an der Genossenschaft beteiligt, als es die aktuelle Satzungsregelung vorsieht. Die Angleichung der Beteiligung fand aus historischen Gründen nicht statt, denn die Nachzeichnung der Differenzanteile nach neuer Satzungsregelung war nicht gewollt, weil es die Mitglieder betroffen hätte, die am Aufbau der Genossenschaft seinerzeit selbst beteiligt waren und diese Mitglieder genossenschaftspolitisch besonders behandelt werden sollten. Eine Änderung der satzungsmäßigen Beteiligung erfolgte jedoch dann, wenn z. B. altersbedingt ein Umzug in eine kleinere Wohnung stattgefunden hat, für die zwischenzeitlich (nach einer Satzungsanpassung) mehr Anteile als Beteiligung zu zeichnen und zu zahlen waren, als das Mitglied seinerzeit übernommen hatte.
Haftungsrechtlich für den Vorstand eine schwierige Situation, da er verpflichtet wäre, auch von diesen Altmitgliedern die aktuelle Pflichtbeteiligung nachzufordern.

Dieser Sachverhalt ist für die heute gelebte Vermietungspraxis, die durch Marktgegebenheiten bestimmt wird, unbefriedigend. Wohnungsgenossenschaften sind wirtschaftlich ausgerichtete Unternehmen, die dennoch ihrem förderrechtlichen Auftrag als Genossenschaft gerecht werden wollen. In diesem Spannungsfeld sind sie gehalten, sich wettbewerbsfähig aufzustellen. Es erscheint somit fragwürdig, dass private Vermieter allgemein gesetzliche bzw. vertragliche Spielräume nutzen, um sich den Marktgegebenheiten anzupassen, Wohnungsgenossenschaften dies aufgrund der Ausrichtung auf die interne Förderung der Mitglieder aber nicht tun dürfen. Mit der Schaffung einer wirtschaftlich stabilen Situation durch die optimale Vermietung des genossenschaftlichen Wohnraums werden auch die Bestandsmitglieder gefördert (siehe Rn. 244). Auch hier zeigt sich das Erfordernis einer gesetzlichen Aktualisierung der über hundert Jahre alten Regelungen in Bezug auf die nunmehr maßgeblichen Verhältnisse.

3.3.2.2 Relative Gleichbehandlung

248 Die relative Gleichbehandlung gilt als genossenschaftsrechtlicher Grundsatz überall dort, wo nicht die absolute Gleichbehandlung Anwendung findet. Sie ist jedoch nur dann zulässig, wenn ein sachlicher Grund für die Ungleichbehandlung gegeben ist. Sind die Voraussetzungen dagegen gleich, darf nicht ungleich behandelt werden. Fälle der relativen Gleichbehandlung ergeben sich zumeist, wenn es um die Inanspruchnahme der Einrichtungen der Genossenschaft durch ihre Mitglieder geht. Der genossenschaftliche Gleichbehandlungsgrundsatz gilt gerade nicht nur für die sich aus der Mitgliedschaft ergebenden Beziehungen zwischen der Genossenschaft und ihren Mitgliedern – so z. B. bei der genossenschaftlichen Pflichtbeteiligung –, sondern auch für die Einhaltung der Rechte und Pflichten, die sich für die einzelnen Mitglieder aus der Beanspruchung von Genossenschaftseinrichtungen ergeben.[128]

128 BGH, Urteil v. 11.7.1960, II ZR 24/58.

Ein solcher sachlicher Grund, der zu einer zulässigen Ungleichbehandlung führen kann, kann durch eine Änderung der wirtschaftlichen Bedingungen in der Wohnungsgenossenschaft vorliegen. Dies betrifft z. B. Fälle der Gestaltung der Nutzungsgebühr, die aufgrund einer Änderung der wirtschaftlichen Situation für die Gewinnung neuer Mitglieder bzw. Nutzer abgesenkt werden musste (siehe Rn. 249). Allerdings erfordert die Abwägung hinsichtlich der Gleichbehandlung eine willkürfreie, auf sachlich nachvollziehbare Kriterien gestützte Behandlung der Genossenschaftsmitglieder.[129] In diesem Rahmen hat der Vorstand einer Genossenschaft einen weiten Ermessensspielraum, welche tatsächlichen Umstände er als gleich oder ungleich ansehen will, sodass sie eine gleiche oder ungleiche Behandlung rechtfertigen. Der Ermessensspielraum findet seine Grenzen im Rahmen des § 27 Abs.1 Satz 1 GenG.

Fallbeispiel Nutzungsgebühren 249

Ein Fall der relativen Gleichbehandlung zeigt sich bei der Gestaltung der Nutzungsgebühren bei Vermietung von Genossenschaftswohnungen. Oft wundern sich wohnende Genossenschaftsmitglieder, wenn bei einer anstehenden Neuvermietung bekannt wird, dass die Wohnung ähnlicher Lage und Zuschnitts wie die der Bestandsmieter günstiger vermietet wird. Grund für eine solche Differenzierung ist dabei meist die sich verschlechternde Lage des Vermietungsmarkts, die dazu führt, dass der Mietpreis abgesenkt wird, damit die Genossenschaft konkurrenzfähig bleibt. Die Anwendung des relativen Gleichbehandlungsgrundsatzes in diesem Fall setzt voraus, dass für die Unterscheidung ein sachlicher Grund gegeben sein muss (siehe Rn. 248) und die Behandlung wiederum für alle Mitglieder, die von diesem Grund betroffen sind, zu gelten hat.

Praxis-Beispiel !

Ergibt sich, dass eine Wohnung innerhalb eines bestimmten Zeitraums zu dem ursprünglich verlangten Quadratmeterpreis aufgrund der Lage am Vermietungsmarkt nicht mehr zu vermieten ist und sogar Leerstand droht, so ist es sachlich gerechtfertigt, diese Wohnung einem Interessenten zu einem niedrigeren Preis anzubieten. Dies darf auch dann geschehen, wenn vormals Wohnungen gleicher Art und Ausstattung an Genossenschaftsmitglieder zum »alten«, höheren Preis vermietet wurden.

Die wirtschaftlich umsichtige Geschäftsführung erfordert es, bei Vermietungsschwierigkeiten abzuwägen, wie der Leerstand von Wohnungen zu vermeiden ist und wie sich daraus ergebende Bewirtschaftungsverluste durch Anpassung des Angebots an die veränderten Marktverhältnisse verringert werden können. Die Reduzierung des Nutzungsentgelts bei Abschluss von Nutzungsverträgen kann solch ein Mittel sein, um

129 *Keßler*, Der genossenschaftliche Gleichbehandlungsgrundsatz im Recht der Wohnungsgenossenschaften, in: Genossenschaftliches Nutzungsverhältnis und Mietrecht, 2003, S. 38 f.; Hannemann/Wiegner/*Flaute*, Münchener Anwaltshandbuch, 3. Aufl. 2010, § 33 Rn. 184.

wirtschaftliche Beeinträchtigungen der Genossenschaft und der einzelnen Mitglieder zu verhindern. Allerdings muss diese Ungleichbehandlung vom Vorstand auf Grundlage eines formalen Vorstandsbeschlusses gut und nachvollziehbar begründet sein, um den Vorwurf der Willkür auszuschließen und eine entsprechende Beweislage für die gerechtfertigte Ungleichbehandlung zu schaffen.

Bestandsmieter können in diesem Fall keine Anpassung an die geänderte Marktlage und eine Anpassung der Nutzungsgebühr verlangen. Diese Ungleichbehandlung der bestehenden und der neu abgeschlossenen Nutzungsverhältnisse hinsichtlich der Nutzungsgebühr ist durch die relative Gleichbehandlung gerechtfertigt.

250 Die oben genannten Grundsätze wurden durch die Rechtsprechung bestätigt.[130] Diese bestimmte darüber hinaus als weiteres Kriterium für eine in diesem Fall gerechtfertigte Ungleichbehandlung den Zeitfaktor: Dieser bedeutet, dass der zeitliche Abstand zwischen den Ereignissen zu berücksichtigen ist, die zu der Ungleichbehandlung geführt haben. So hat das Landgericht Berlin[131] entschieden, dass die Überlassung von zwei übereinanderliegenden Wohnungen gleichen Zuschnitts, die im Abstand von einem Monat bezogen wurden, zu unterschiedlichen Nutzungsgebühren gegen den Gleichbehandlungsgrundsatz verstößt. Das Gericht sah keine Rechtfertigung für eine sachlich begründete Ungleichbehandlung der Mitglieder, die die Wohnung in diesem zeitlich kurzen Abstand bezogen hatten.

Dagegen hat das Landgericht Berlin in einem weiteren Urteil[132] entschieden, dass kein Verstoß gegen den genossenschaftlichen Gleichbehandlungsgrundsatz gegeben ist, wenn zwischen den jeweiligen Vermietungen ein Zeitraum von neun Monaten liegt. Dieser Zeitraum reiche für die Annahme eines sachlichen Unterschieds bei der Behandlung der Mitglieder aus. Anderes müsste dann gelten, wenn die neue Begründung von Nutzungsverhältnissen der einzelnen Mitglieder in einem zeitlich nahen Zusammenhang steht.

Die Berücksichtigung der zeitlichen Komponente muss kritisch bewertet werden. Denn es ist z. B. einer großen Genossenschaft kaum möglich, ihre grundsätzlich zu einer geringeren Nutzungsgebühr vermietbaren Wohnungen unvermietet zu lassen, um den zeitlichen Abstand zwischen den Vermietungen einhalten zu können. Unter Umständen ist nicht nur eine Wohnung von dieser Situation betroffen, sondern mehrere, was damit auch den finanziellen Ausfall an Nutzungsgebühren erheblicher macht. Es ist hier sinnvoller, durch eine genaue Dokumentation der Vermietungssituation den Vorwurf der Missachtung des Gleichbehandlungsgrundsatzes zu entkräften.

---

130 LG Berlin, Urteil v. 23.3.1999, 63 S 231/98.
131 LG Berlin, Urteil v. 23.3.1999, 63 S 231/98.
132 LG Berlin, Urteil v. 27.10.1998, 63 S 148/98.

Denn der sensible Vermietungsmarkt mit seinen ihm immanenten Schwankungen erfordert eine Flexibilität der Genossenschaft in der Mietpreispolitik, die letztendlich auch den einzelnen Mitgliedern zugute kommt. Eine Dokumentation der Vermietungssituation, z. B. durch Gutachten, Mietspiegel usw. belegt, kann helfen, Zweifel hinsichtlich einer Gleichbehandlung bei den Bestandsmitgliedern auszuräumen.

Fallbeispiel Mitgliederförderung 250a

Der relative Gleichbehandlungsgrundsatz steht im Übrigen in Zusammenhang mit der Mitgliederförderung.[133] Sie ist »Bemessungsgrundlage« für die Frage des relativen Gleichbehandlungserfordernisses.

Die Mitgliederförderung ist Erstauftrag der genossenschaftlichen Unternehmensform. Bei Genossenschaften ergibt sich der Förderrahmen aus dem genossenschaftlichen Förderzweck, der in der Satzung beschrieben sein muss. Bei Wohnungsgenossenschaften beinhaltet die Förderung der Mitglieder als Hauptzweck die gute, sichere und sozial verantwortbare Wohnraumversorgung (so § 2 MS). Nebenzweck ist dabei auch die Verfolgung von ideellen oder karitativen Zwecken, wenn dies in sachlichem Bezug zum Hauptzweck steht, wie z. B. die Unterstützung von Vereinen mit sozialer Ausrichtung zur Unterstützung älterer Mitglieder. Der Förderzweck gibt somit grundsätzlich den Spielraum des Vorstandshandelns vor und definiert seine Geschäftsführungsbefugnis. Damit gilt als Leitgedanke für das Vorstandshandeln: »Je allgemeiner der Wortlaut der Satzung, desto größer der Handlungsspielraum, je konkreter der Satzungswortlaut, desto geringer der Rahmen des Ermessens«.[134] Die Beschreibung des Förderzwecks nach der Mustersatzung gibt einen weiten Handlungsspielraum vor.

Praxis-Beispiel !

Beispiele aus der Praxis

1. Ein Mitglied ist bereits 30 Jahre Mitglied in der Genossenschaft, nimmt aber keine Leistung in Anspruch. Altershalber möchte es in eine altengerechte Wohnung der Genossenschaft umziehen. Wird auf die Dauer der Mitgliedschaft hinsichtlich der Vergabe der Wohnung abgestellt, so kann dieses Mitglied gegenüber anderen Mitgliedern, deren Mitgliedschaft kürzer dauert, bevorzugt werden, denn durch die zeitliche Erfassung der Dauer der Mitgliedschaft ist der Grund für die Ungleichbehandlung objektiv bestimmbar und willkürfrei. Der erforderliche Bezug zum Förderzweck wird durch den direkten Bezug zum mitgliedschaftlichen Verhältnis hergestellt.
2. Umzugswillige Mitglieder werden anhand der Nutzungsdauer der Wohnung bei der Vergabe z. B. von kleineren Wohnungen bevorzugt. Diese Mitglieder könnten für ein langjährig störungsfreies Mietverhältnis im vorigen Nutzungsverhältnis und Sichein-

133 Vgl. Broschüre »Förderbericht – Mitgliederförderung, Sponsoring, Marketing« des Verbands Sächsischer Wohnungsgenossenschaften e. V., August 2016.

134 Herzberg, »Zur Frage der Bewirtschaftung des Immobilienbestandes einer Wohnungsgenossenschaft – Replik auf Cirsovius«, ZMR 2014, S. 701.

bringen in die genossenschaftliche Gemeinschaft »belohnt« werden. Durch die zeitliche Erfassung der Dauer der Wohnzeit ist der Grund für die Ungleichbehandlung objektiv bestimmbar und willkürfrei. Der erforderliche Bezug zum Förderzweck wird durch den direkten Bezug zur wohnlichen Versorgung des Mitglieds hergestellt.

3. Eine Reduzierung der Nutzungsgebühr soll ab dem Alter eines Mitglieds von 90 Jahren gewährt werden. Durch die Bezugnahme auf das Alter ist zwar der Grund für die Ungleichbehandlung objektiv bestimmbar und willkürfrei. Allerdings fehlt hier der Bezug zum Förderzweck. Allein das Alter eines Mitglieds ist für die Förderung des Mitglieds nicht maßgebend bzw. bei einer Wohnungsgenossenschaft kein Kriterium für eine Bevorzugung des Mitglieds und damit eine Ungleichbehandlung gegenüber anderen Mitgliedern.
4. Gleiches gilt für die sog. »Babyprämie«. Auch Familienzuwachs bietet keinen sachlichen Grund für eine Ungleichbehandlung dieser Mitglieder. Motivation ist das Streben nach Mitgliederbindung und Stärkung der Wettbewerbsfähigkeit zu anderen Vermietern. Damit stehen bezüglich des Grunds für die Ungleichbehandlung eher wettbewerbsbezogene Aspekte und damit Wertungen bezüglich der Marktlage im Vordergrund, die keine rein objektive Ausrichtung haben.

Fälle der relativen Gleichbehandlung ergeben sich in diesem Zusammenhang zumeist aus Konstellationen, welche durch die Inanspruchnahme der Einrichtungen der Genossenschaft durch ihre Mitglieder begründet sind. Anzuraten ist ggf. auch die Erstellung einer Ordnung, in der die Mitgliederförderung definiert und geregelt wird. Dies geschieht z. B. unter der Verwendung einer sog. »Vergabeordnung«, welche die Vergabe von Wohnungen an Mitglieder der Genossenschaft regelt (siehe unten Rn. 268).

Die Darstellung der Mitgliederförderung hat aber im Übrigen steuerliche Tücken. Hierbei geht es vor allem um die Problematik der verdeckten Gewinnausschüttung. Sie bedeutet steuerrechtlich eine Vermögensminderung oder verhinderte Vermögensmehrung, die durch das Gesellschaftsverhältnis veranlasst ist, sich auf die Höhe des Einkommens auswirkt und in keinem Zusammenhang mit einer offenen Ausschüttung steht (R 36 Abs. 1 KStR). Aufgrund der Besonderheiten der genossenschaftlichen Rechtsform hat der BFH[135] Regelungen zur verdeckten Gewinnausschüttung in Bezug auf Genossenschaften wie folgt ausgelegt: Bei der Beurteilung der Frage, ob eine Vermögensminderung (verhinderte Vermögensmehrung) durch Genossenschaftsverhältnisse veranlasst ist, ist auf das Handeln eines ordentlichen und gewissenhaften Geschäftsleiters einer Genossenschaft abzustellen. D. h., wenn eine Förderung des Satzungszwecks im Vordergrund steht, liegt keine verdeckte Gewinnausschüttung vor. Wenn Nichtmitgliedergeschäfte somit zulässig sind, dann ist auf Gleichbehandlung von Mitglied und Nichtmitglied zu achten. Dadurch wird automatisch der erfor-

135 BFH, Urteil v. 11.10.1989, I R 208/85, BB 1990 S. 541.

derliche Fremdvergleich erreicht. Somit ist bei Wohnungsgenossenschaften zu beachten: Ist das Mietverhältnis betroffen, liegt keine verdeckte Gewinnausschüttung vor, wird dagegen allein das Mitgliederverhältnis betroffen, ist sie gegeben. Zwar betrifft die begünstigte Maßnahme das Mietverhältnis, hat aber ihre Ursache in der genossenschaftlichen Mitgliedschaft. Soweit dagegen die Maßnahme satzungsmäßigen Zwecken entspricht, d. h. eine Maßnahme dient der Förderung der Mitglieder, liegt auch steuerlich keine verdeckte Gewinnausschüttung vor, es sei denn, die Nichtmitglieder werden dadurch benachteiligt oder es erfolgen besondere Zuwendungen nur an einzelne Mitglieder.

Fallbeispiel Modernisierung 251

Wird ein Mieterhöhungsverlangen nur gegen ein Mitglied der genossenschaftlichen Gemeinschaft gestellt, so ist dies unter bestimmten Umständen kein Verstoß gegen den genossenschaftsrechtlichen Gleichbehandlungsgrundsatz. Der BGH[136] hat hierzu entschieden, dass der relative Gleichbehandlungsgrundsatz unter einer mietrechtlichen Bewertung nur dann in Anspruch genommen werden kann, wenn der Vermieter auf eine Mieterhöhung verzichtet und die Bewertung des Modernisierungssachverhalts im Gegenzug ausschließlich auf genossenschaftsrechtlicher Basis erfolgt. Anders ausgedrückt: Der Mieter/Nutzer hat kein Recht, sich die »Rosinen« des Miet- bzw. Genossenschaftsrechts im Fallverlauf herauszupicken, sondern muss sich auf den von ihm einmal eingeschlagenen Weg – Mietrecht oder Genossenschaftsrecht – auch im für ihn ungünstigen Fall verweisen lassen.

Praxis-Beispiel !

Der BGH entschied im zugrunde liegenden Fall, dass das Mitglied einer Genossenschaft, das sich während der Modernisierungsarbeiten auf das ihm zustehende mietrechtliche Minderungsrecht beruft, nicht im Nachgang auch den genossenschaftlichen Gleichbehandlungsgrundsatz bemühen darf, wenn die Genossenschaft nach Abschluss der Arbeiten eine Mieterhöhung nur ihm gegenüber verlangt.

Das Genossenschaftsmitglied hatte von seinem Mietminderungsrecht Gebrauch gemacht, obwohl alle anderen von der Baumaßnahme betroffenen Mitglieder auf ihr Minderungsrecht aus genossenschaftlichen Gründen verzichtet hatten. Im Gegenzug wurde ihnen durch die Genossenschaft zugesichert, von einer Mieterhöhung im Zuge der Modernisierung abzusehen.

Aus der Mietminderungsberechtigung des betroffenen Genossenschaftsmitglieds folgt nicht – so der BGH –, dass es der Genossenschaft verwehrt ist, auf die berechtigte Minderung mit einer ebenfalls berechtigten Mieterhöhung zu reagieren. Das Minderungsrecht ist zwar rechtlich unabdingbar, jedoch kann der Mieter grundsätzlich auf eine konkrete, aus einem bestimmten Anlass gerechtfertigte Minderung verzichten.

136 BGH, Urteil v. 14.10.2009, VIII ZR 159/08, WuM 2009 S. 744.

Die Genossenschaft hatte mit einem Schreiben an das betroffene Mitglied – wie allen übrigen Mitgliedern – in Aussicht gestellt, dass sie auf eine Mieterhöhung verzichte, wenn es seinerseits auf das Minderungsrecht verzichten würde. Damit hatte das Mitglied die Wahl, auf eine Minderung – zu der es berechtigt war – zu verzichten oder eine Erhöhung der Nutzungsgebühr in Kauf zu nehmen. Der BGH sah in diesem Angebot keinen Verstoß gegen den Gleichbehandlungsgrundsatz, wenn sich die Genossenschaft gegenüber diesem Mitglied genauso verhält wie gegenüber den anderen Mitgliedern. Auch diese hatten vor Durchführung der Maßnahme diese Wahlmöglichkeit gehabt. Das betroffene Mitglied berief sich auf den Gleichbehandlungsgrundsatz: Aus Gründen der Gleichbehandlung müsse es wie die übrigen Mitglieder behandelt werden. Die Genossenschaft dürfe deshalb keine Mieterhöhung nur ihm gegenüber geltend machen. Der BGH sah dies anders. Unter dem Gesichtspunkt der Gleichbehandlung aller Genossenschaftsmitglieder kann nicht verlangt werden, dass dieses eine Mitglied sowohl in den Genuss der Mietminderung als auch des freiwilligen Verzichts der Genossenschaft auf eine zulässige Erhöhung der Nutzungsgebühr kommt. Zeitpunkt der Beurteilung, ob eine (un-)zulässige Gleichbehandlung vorliegt, ist der Zeitpunkt der Wahlmöglichkeit. Hier müssen die Genossenschaftsmitglieder gleiche Voraussetzungen für das Treffen einer Entscheidung haben. Dies war im vorliegenden Fall gegeben. Nach Ausübung der Wahlmöglichkeit hat sich das Genossenschaftsmitglied der Möglichkeit einer genossenschaftsrechtlichen Gleichbehandlung begeben und ist somit nach rein mietrechtlichen Gesichtspunkten zu behandeln.

251a Dagegen sah das AG Köln[137] eine Ungleichbehandlung dann als gegeben an, wenn eine Mieterhöhung einer Wohnungsgenossenschaft nur gegenüber einem Nutzer geltend gemacht wird, der mit der Wohnungsgenossenschaft in erheblichem Umfang Rechtsstreitigkeiten führt, welche einen erhöhten Verwaltungsaufwand nach sich ziehen. Dies stelle keinen sachlichen Grund für eine Ungleichbehandlung dar. Es gehöre zum allgemeinen Risiko und dem Geschäftsbetrieb eines Vermieters, mit Forderungen der Mieter konfrontiert zu werden. Einen sachlichen Grund für eine Ungleichbehandlung sah das Amtsgericht dagegen dann als gegeben an, wenn, wie im Urteil des BGH entschieden[138], ein Mieterhöhungsverlangen nur an den Mieter gerichtet werde, der infolge von Modernisierungsarbeiten von seinem gesetzlichen Minderungsrecht Gebrauch gemacht habe.

Würde man den Verwaltungsaufwand als sachlichen Grund für eine selektive Mieterhöhung zulassen, bestünde nach Auffassung des Amtsgerichts die Gefahr, dass Nutzer nicht mehr von ihren Rechten Gebrauch machen. Sie müssten befürchten, bei zu häufigen Auseinandersetzungen wegen eines dadurch bedingten erhöhten Verwaltungsaufwands zu Mieterhöhungen herangezogen zu werden. Dies würde auf eine unzulässige Sanktion hinauslaufen.

137 AG Köln, Urteil v. 4.6.2013, 205 C 592/12, WuM 2015 S. 628.
138 BGH, Urteil v. 14.10.2009, a. a. O.

3.3.2.3 Verstoß gegen den Gleichbehandlungsgrundsatz – Konsequenzen

Bei einem Verstoß gegen den absoluten oder relativen Gleichbehandlungsgrundsatz 252
haben die Mitglieder grundsätzlich einen Anspruch auf Gleichstellung mit dem bevorzugten Mitglied.[139] Je nach dem, um was es sich handelt, kann die Gleichstellung durch

- einen Anspruch auf Erfüllung,
- einen Anspruch auf Unterlassen,
- Freistellung von Pflichten oder
- Schadensersatz

verwirklicht werden.

Im vertragsrechtlichen Bereich kann sich ein solcher Verstoß gegen die Gleichbehandlung z. B. durch eine Erhöhung der Nutzungsgebühr aus disziplinarischen Gründen, z. B. bei Mitgliedern, die notorisch die Miete mindern, ergeben. Im mitgliedschaftlichen Bereich kann er z. B. durch eine willkürliche – losgelöst von einer Satzungsregelung – Festsetzung der Pflichtanteile vorliegen.

Bei einem Verstoß gegen die Gleichbehandlung durch einen Beschluss der Generalversammlung kann der Beschluss nach § 51 GenG angefochten werden. Erst eine Feststellung der Unwirksamkeit des Beschlusses durch ein Gericht lässt aber zu, dass sich ein Mitglied auf den Verstoß berufen kann. Wird keine Anfechtungsklage erhoben, bleibt der Verstoß also ohne Konsequenzen.

Wird der Beschluss durch das Gericht für nichtig erklärt, so können sich auch diejenigen Mitglieder darauf berufen, die ihm ursprünglich zugestimmt haben (siehe Rn. 987).

Wird der Beschluss oder eine rechtliche Handlung, die einen Verstoß beinhaltet, von Vorstand oder Aufsichtsrat gefasst bzw. vorgenommen, so ist die jeweilige Maßnahme ggf. unwirksam (zu den weiteren Konsequenzen siehe Rn. 540).

3.3.2.4 Beseitigung einer Ungleichbehandlung

Grundsätzlich kann die Genossenschaft nach einer Verletzung des Gleichbehand- 253
lungsgrundsatzes die bevorzugten Mitglieder den benachteiligten gleichstellen. Diese Möglichkeit wird in der Praxis jedoch schwer durchführbar sein. So wird in der Regel wohl der dem bevorzugten Mitglied verschaffte Vorteil wieder beseitigt werden, um

139 BGH, Urteil v. 11.7.1960, II ZR 24/58, NJW 1960 S. 2142.

eine Gleichstellung zu erreichen, oder die Benachteiligung, die zu einer möglichen Ungleichbehandlung führte, wieder abgeschafft werden.[140]

Letztendlich ist in Fällen der praktizierten Ungleichbehandlung auf den Einzelfall abzustellen. Auch die Rechtsprechung bietet hier keine einheitliche Lösung an: So hat der BGH[141] z. B. entschieden, dass ein Vorteil, der nur einzelnen Mitgliedern gewährt worden ist, unter diesen und den benachteiligten Mitgliedern aufzuteilen ist. Diese Variante der Beseitigung einer Ungleichbehandlung ist jedoch in der Praxis kaum durchführbar.

Was nun passiert, wenn der Vorteil für die bevorzugten Mitglieder aus Billigkeitsgründen nicht wieder entzogen werden kann, die benachteiligten aber aus wirtschaftlichen Gründen nicht gleichgestellt werden können, bleibt eine Einzelfallentscheidung.[142] Ein praktikabler Weg liegt wohl in einer Interessenabwägung im Einzelfall, denn z. B. die Insolvenz der Genossenschaft als Folge einer konsequenten Abwicklung des Verstoßes gegen den Gleichbehandlungsgrundsatz, kann nicht im Sinne der benachteiligten Mitglieder sein.

3.3.3 Treuepflicht

3.3.3.1 Rechtliche Grundlage

254 Bei der Treuepflicht handelt es sich um einen gesellschaftsrechtlichen Grundsatz, der seine Grundlage in dem von gegenseitigem Vertrauen getragenen Gemeinschaftsverhältnis hat, das auf dem Gesellschaftsvertrag beruht.[143] Besondere Bedeutung gewinnt der Treuegrundsatz durch die persönlich ausgerichtete Struktur einer Genossenschaft.

3.3.3.2 Begriff

255 Die Treuepflicht verbündet die genossenschaftliche Gemeinschaft. Die Beziehung des Mitglieds zur Genossenschaft beinhaltet die Verpflichtung, die Interessen dieser Gemeinschaft, der man seit Begründung der Mitgliedschaft angehört, zu wahren und zu unterstützen und jedes Verhalten zu vermeiden, das zu einer Schädigung der

140 Lang/Weidmüller/*Holthaus/Lehnhoff*, GenG, § 18 Rn. 24.
141 BGH, Urteil v. 11.7.1960, II ZR 24/58, NJW 1960 S. 2142.
142 Pöhlmann/Fandrich/Bloehs/*Pöhlmann*, GenG, § 18 Rn. 21.
143 Bauer, Genossenschafts-Handbuch, § 18 Rn. 56.

Gemeinschaft führen könnte. Eine Grenze findet diese Verpflichtung nur, wenn übergeordnete allgemeine oder persönliche Interessen entgegenstehen.

3.3.3.3 Umfang der Treuepflicht

Da bei einer Genossenschaft der Förderzweck der Mitglieder im Mittelpunkt steht, 256
orientiert sich die Verpflichtung an den wirtschaftlichen Förderinteressen aller Mitglieder. Es ist daher alles zu unterlassen, was diesen Interessen schaden könnte. Dieser Grundsatz bezieht sich nicht nur auf das Gebot, schädigendes Verhalten zu unterlassen, sondern auch auf die Mitwirkungsrechte und -pflichten der Mitglieder, so z. B. bei der Ausübung des Stimmrechts, bei der Teilnahme an Wahlen usw.

3.3.3.3.1 Fallbeispiel Kritik an den Genossenschaftsorganen

Die Prinzipien der Selbstverwaltung und Selbstverantwortung als Ausdruck der indi- 257
vidualistischen Organisationsform einer genossenschaftlichen Gemeinschaft zeigen sich in der Verflechtung der Mitgliedsrechte und der Besetzung der Organe: Mitglieder/Vertreter wählen den Aufsichtsrat und dieser nach Satzung den Vorstand. Diese Verflechtung wird getragen vom gegenseitigen Vertrauen der Organe unter Ausübung der Kontrollpflichten des Aufsichtsrats. Kontrolle bedeutet auf die Treuepflicht bezogen auch die Fähigkeit, durch konstruktive Kritik genossenschaftswidrigem Verhalten entgegenzuwirken. Kritik in Form von sachlicher Auseinandersetzung, die direkt, ausgewogen und nach sorgfältiger Prüfung möglichst auch inhaltlich belegbar ist, gilt als angemessen und muss so auch erwünscht sein. Ein Verstoß gegen diese Grundsätze ist beispielsweise aber dann anzunehmen, wenn eine Gruppe von Mitgliedern versucht, massiv gegen den Vorstand und dessen Geschäftspolitik einzuwirken und dadurch Entscheidungen in ihrem Sinne erzwingen will. Dieses Vorgehen würde durchaus einen Verstoß gegen den Treuegrundsatz darstellen. Auch in diesem Fall muss die richtige Kommunikationsplattform die Generalversammlung sein – wenn auch möglicherweise durch die Wahrnehmung des Einberufungsrechts der Minderheit nach §45 GenG durch ein Zehntel der Mitglieder (siehe Rn. 808). Hier bietet das Genossenschaftsrecht basisdemokratische Instrumente, um auf die Geschäftspolitik im Rahmen der genossenschaftsrechtlich festgelegten Kompetenzbereiche Einfluss zu nehmen und die Interessen und das Informationsbedürfnis einer Minderheit abzubilden.

Das LG Berlin[144] hat festgestellt, dass ein Genossenschaftsmitglied als Mieter einer Wohnungsgenossenschaft zwar ein berechtigtes Interesse hat, Kritik an der Durchfüh-

144 LG Berlin, Urteil v. 23.1.1996, 55 S 159/95.

rung von Modernisierungsmaßnahmen zu üben, jedoch rechtfertigt dieses berechtigte Interesse nicht jedes Maß und jede Form der Kritik. Ein Verstoß gegen die Treuepflicht ist dann anzunehmen, wenn die Kritik in Form, Dauer und Intensität das nötige Maß überschritten hat und sie geeignet ist, das Ansehen der Genossenschaft und ihrer Organe insbesondere in der Öffentlichkeit herabzusetzen.[145]

3.3.3.3.2 Fallbeispiel Minderung der Nutzungsgebühr

258 Oft stellt sich die Frage, ob eine mietrechtliche Minderung der Nutzungsgebühr im Zusammenhang mit der Durchführung von Modernisierungs- oder Instandsetzungsmaßnahmen zulässig ist oder der genossenschaftlichen Solidarität widerspricht. In vielen Fällen duldet die Mehrheit der Genossenschaftsmitglieder solche Maßnahmen, ohne auf eine mietrechtlich zulässige Minderung zu bestehen. Einige Genossenschaftsmitglieder versuchen jedoch manchmal, die Beeinträchtigungen durch eine Minderung der Nutzungsgebühr zu kompensieren. Genossenschaftsrechtlich widerspricht das Verhalten dieser Minderheit den genossenschaftlichen Interessen, da die Entscheidung zur Durchführung der Maßnahmen von den Mitgliedern grundsätzlich als der Genossenschaft bzw. dem Förderzweck dienlich mitzutragen ist.

259 Die Rechtsprechung[146] bewertete dies bisher fast ausschließlich aus mietrechtlicher Sicht und lehnte die genossenschaftsrechtliche Betrachtung eines solchen Sachverhalts ab. Die Treuepflichten eines Mitglieds – die zweifelsohne über die Pflichten normaler Mietvertragsparteien hinausgehen – dürfen demnach nicht dazu führen, dass gesetzlich eingeräumte Mieterschutzrechte eines Genossenschaftsmitglieds entfallen. Andernfalls wäre das erforderliche Gleichgewicht des synallagmatischen, also gegenseitigen, Verhältnisses zwischen der Genossenschaft als Vermieter und dem Nutzer als Mieter mit der Verpflichtung zur Leistung und Gegenleistung empfindlich gestört: Der Nutzer wäre verpflichtet, seine Leistung (die Zahlung der Nutzungsgebühr) vollständig zu erbringen, während die Genossenschaft ihre Leistung (die geschuldete mangelfreie Überlassung der Wohnung) nicht erbringen müsste. Dieses Missverhältnis ist dem Genossenschaftsmitglied nach der Argumentation der Rechtsprechung nicht zumutbar. Hinzu kommt, dass das Mitglied auf die Art und den Umfang der Beeinträchtigungen keinerlei Einfluss nehmen kann, sodass aus diesem Grund kein treuwidriges Verhalten gesehen werden kann.

Auch im Nutzungsvertrag kann unter dem Hinweis auf das Gebot der Treuepflicht das Minderungsrecht der Nutzungsgebühr nicht ausgeschlossen werden.

145 So auch AG Bremen-Blumendahl, Urteil v. 23.7.1980, 2a C 474/79.
146 LG Dresden, Urteil v. 14.10.1997, 15 S 316/97.

Allerdings hat der BGH[147] diese Auffassung unter dem Aspekt des Gleichbehandlungsgrundsatzes etwas eingeschränkt und die genossenschaftsrechtliche Bewertung gestärkt. So ist es einem Mitglied nicht möglich, den einmal eingeschlagenen Weg der Inanspruchnahme mietrechtlich zulässiger Minderung aufzugeben und genossenschaftsrechtliche Vergünstigungen im Zusammenhang mit einer Modernisierungsmaßnahme für sich in Anspruch zu nehmen (siehe oben Rn. 251).

3.3.3.3.3 Fallbeispiel Leistung der Genossenschaft

Das AG Hamburg-Altona[148] hatte entschieden, dass es der Treuepflicht eines Mitglieds gegenüber der Genossenschaft nicht widerspräche, wenn ein Genossenschaftsmitglied die Erhaltung einer gemeinschaftlichen Waschmaschine als Gemeinschaftseinrichtung auch dann einfordere, wenn alle anderen Mitglieder diese nicht nutzen. Dies gilt auch dann, wenn die Bereitstellung erhebliche Kosten veranlasst und das Mitglied in seiner Wohnung selbst eine Waschmaschine installiert hat bzw. aufstellen könnte. Maßgeblich sei der nutzungsvertragliche Anspruch, den das Genossenschaftsmitglied als Wohnungsnutzer geltend macht. Die Geltendmachung eines ihm zustehenden mietrechtlichen Anspruchs darf nach Auffassung des Gerichts nicht zum Schaden des Genossenschaftsmitglieds sein und wird somit nicht als Verstoß gegen den Treuegrundsatz gewertet. 260

Allerdings ist dieses Urteil kritisch zu sehen. Maßgeblich im vorliegenden Fall ist die Abwägung zwischen den Interessen eines einzelnen Genossenschaftsmitglieds und den Interessen der übrigen genossenschaftlichen Mitgliedergemeinschaft. Mit der Vorhaltung einer Waschmaschine, die ursprünglich zu Zeiten angeschafft wurde, als die Anschaffung einzelner Waschmaschinen teuer und schwierig war, waren der Genossenschaft erhebliche Kosten entstanden. Die Unterhaltung einer Gemeinschaftswaschmaschine war zu teuer geworden und deshalb wollte die Genossenschaft sie aus wirtschaftlichen Gründen aufgeben. Demgegenüber stand das Interesse eines Einzelnen, die Maschine punktuell nutzen zu wollen. Allein diese Interessenabwägung ist im vorliegenden Fall unter genossenschaftsrechtlichen Gesichtspunkten maßgeblich, nicht aber unter rein mietrechtlichen Aspekten. Das Gericht hat diese klare Trennung verkannt und über die mietrechtlichen Vorgaben die Treuepflicht der Genossenschaft konstruiert. Stellt man so die Interessen der Gemeinschaft dem Einzelinteresse gegenüber, wird schnell deutlich, dass dieses hinter den Interessen der Gemeinschaft zurückzustehen hat. Denn die Kosten, die der Genossenschaft entstehen, sind letztendlich Kosten, welche die genossenschaftliche Gemeinschaft, also die übrigen Mitglieder, zu tragen haben.

147 BGH, Urteil v. 14.10.2009, VIII ZR 159/08, WuM 2009 S. 744.
148 AG Hamburg-Altona, Urteil v. 23.11.2003, 318 C 97/03.

Nach § 28 Buchst. b der Mustersatzung ist der Vorstand zudem berechtigt, Grundsätze über die Benutzung von Einrichtungen der Genossenschaft in Abstimmung mit dem Aufsichtsrat aufzustellen. Die Generalversammlung könnte mehrheitlich entscheiden, ob diese Einrichtungen erhalten bleiben oder nicht. Würde hier immer das individualvertraglich geschützte Einzelinteresse unter Beanspruchung des Treuegrundsatzes vorgehen, so wären diese satzungsrechtlich festgelegten Regelungen obsolet und würden einen unzumutbaren Eingriff in genossenschaftsrechtlich geschützte Autonomie darstellen.

261 Die Treuepflicht besteht auch grundsätzlich seitens der Genossenschaft gegenüber dem Mitglied. Die Genossenschaft hat dafür Sorge zu tragen, dass das Mitglied in seinen genossenschaftlichen Interessen geschützt wird. Ausdruck genossenschaftlicher Treuepflicht gegenüber dem Mitglied ist z. B. der Schutz vor einer Kündigung der Mitgliedschaft durch einen Gläubiger nach § 66 GenG (siehe Rn. 154). Hier hat die Genossenschaft alles rechtlich Mögliche zu unternehmen, um die Kündigung zu verhindern. So ist sie gehalten, z. B. die Erfordernisse, die das Genossenschaftsgesetz an die Gläubigerkündigung stellt, sorgfältig zu prüfen und im Fall eines Verstoßes oder Nichterfüllens der Bedingungen dagegen vorzugehen und die Kündigung als unwirksam zurückzuweisen.

262 Auch die Mitglieder untereinander sind an die Treuepflicht gebunden (vgl. auch § 16 Abs. 3 MS). Zum Ausdruck kommt dies z. B. bei der Vergabe der Genossenschaftswohnungen, wenn eine gerechtere Verteilung der Wohnungen angestrebt wird und einzelne Mitglieder auf ihre Wunschwohnung in Erfüllung der aufgestellten Vergabebedingungen verzichten müssen.

! **Praxis-Beispiel**

Ein einzelnes Mitglied möchte eine große Wohnung beziehen, die auch eine mitgliedschaftlich gebundene Familie mit mehreren Kindern haben möchte. Dem einzelnen Mitglied kann das Treuegebot einen Verzicht auf die Wohnung zugunsten der Familie abverlangen, wenn im Einzelfall nicht noch andere Vergabekriterien zu berücksichtigen sind, wie z. B. Wartezeiten, Dauer der Mitgliedschaft usw.

3.3.3.4 Verletzung der Treuepflicht

263 Wenn das Mitglied die Treuepflicht gegenüber der Genossenschaft verletzt, hat diese u. U. einen Schadensersatzanspruch gegen das Mitglied. In Betracht kommen kann in einer solchen Situation auch der Ausschluss des Mitglieds aus der Genossenschaft (vgl. § 11 Abs. 1a) MS).

Praxis-Beispiel !

Ein Mitglied prangert in schädigender Absicht bei der örtlichen Presse die Geschäftspolitik der Genossenschaft an, was zu einem Rückgang der Vermietungszahlen führt.

3.3.4 Duldungspflicht

3.3.4.1 Rechtliche Grundlage

Neben dem Gleichbehandlungsgrundsatz (siehe Rn. 239) und der Treuepflicht (siehe 264
Rn. 254) gibt es im mitgliedschaftlichen Verhältnis als weitere Pflicht die Duldungspflicht. Sie geht aus der genossenschaftlichen Treuepflicht hervor und ist ein selbstständiger Teil dieser Pflicht.[149]

Diese Pflicht bedeutet, dass das einzelne Mitglied sich Mehrheitsbeschlüssen der Generalversammlung zu beugen und Beschlüsse der Organe der Genossenschaft hinzunehmen hat, sofern sie nicht in seine geschützten Rechtspositionen eingreifen (z. B. Eingriffe in Mitgliedschaftsrechte oder auch Eingriffe in laufende Verträge mit dem Mitglied).

3.3.4.2 Umfang der Duldungspflicht

Die Duldungspflicht ist nicht beliebig erweiterbar. Die Grenze findet sich in Genos- 265
senschaftsgesetz, Satzung und vertraglichen Beziehungen zwischen der Genossenschaft und dem Mitglied. Das Genossenschaftsgesetz sieht ausdrücklich Minderheitsrechte vor, in die keinesfalls unter Verweis auf die Duldungspflicht eingegriffen werden darf. Dazu gehören z. B. die Mitgliedschaftsrechte in der Generalversammlung, wie das Stimmrecht nach § 43 Abs. 3 GenG, das Einsichtsrecht des Mitglieds nach § 48 Abs. 3 GenG (Auslage des Jahresabschlusses, des Lageberichts und des Berichts des Aufsichtsrats in den Geschäftsräumen) oder das Recht zur Einberufung der Generalversammlung durch eine Minderheit der Mitglieder entsprechend § 45 GenG usw. Diese Rechte können auch nicht z. B. durch Mehrheitsbeschluss außer Kraft gesetzt werden.

Die Rechtsprechung hat außerdem bestimmt, dass das Mitglied auch die Erweiterung der Pflichtbeteiligung auf mehrere Pflichtanteile zu dulden hat.

149 Bauer, Genossenschafts-Handbuch, § 18 Rn. 100.

266 Der BGH[150] hat festgestellt, dass es der Generalversammlung einer Genossenschaft möglich ist, auch gegen den Willen einer Minderheit eine satzungsändernde Regelung zu treffen, die das einzelne Mitglied unmittelbar oder mittelbar mit einer neuen, in der Satzung bis dahin nicht vorgesehenen Verpflichtung belastet. Eine Mehrheit von drei Vierteln der abgegebenen Stimmen ist ausreichend, um einschneidende genossenschaftliche Veränderungen herbeizuführen. Hierzu gehört auch die Änderung des Gegenstands des Unternehmens (§ 16 Abs. 2 GenG) ebenso wie die Erhöhung des Geschäftsanteils oder der Haftsumme usw. (§ 16 Abs. 2 GenG bzw. § 121 GenG).

In diesen Bestimmungen hat die genossenschaftliche Duldungspflicht ihren Ausdruck, so der BGH, gefunden. Sie bedeutet, dass sich jedes Mitglied in den durch Gesetz, Satzung und den Grundsatz der gleichmäßigen Behandlung aller Mitglieder gezogenen Grenzen dem Mehrheitswillen beugen muss – auch wenn es zu belastenden Entscheidungen kommt. Dies gilt vor allem dann, wenn die Finanzkraft der Genossenschaft erhalten oder gestärkt werden soll. Hierunter fällt auch die Erweiterung der Pflichtbeteiligung auf mehrere Anteile. Denn auch diese Maßnahme trägt dazu bei, die Kapitalgrundlage und damit die Wettbewerbsfähigkeit der Genossenschaft zu sichern.

Die Grenze der Duldungspflicht wird allerdings dadurch gesichert, dass das Mitglied darauf vertrauen können muss, dass es von neuen Verpflichtungen verschont bleibt, mit denen es bei seinem Eintritt in die Genossenschaft nicht rechnen konnte.[151] Die Einführung einer gleichmäßigen Pflichtbeteiligung auf mehrere Anteile ist aber eine Maßnahme, die das einzelne Mitglied im Ergebnis wirtschaftlich nicht anders beschwert als andere im Gesetz ausdrücklich vorgesehene und im Interesse aller hinzunehmende satzungsändernde Mehrheitsbeschlüsse.

3.3.4.3 Verletzung der Duldungspflicht

267 Die Verletzung der Duldungspflicht kann zu Erfüllungs- oder Schadensersatzansprüchen der Genossenschaft gegen das Mitglied führen.[152] Bei Bestehen individualrechtlicher Vereinbarungen sind primär die schuldrechtlichen und nicht die genossenschaftsrechtlichen Regelungen heranzuziehen. Genossenschaftsrechtliche Regelungen sind nur dann anwendbar, wenn der Verstoß unmittelbare Folgen auf das mitgliedschaftliche Verhältnis hat.

---

150 BGH, Urteil v. 19.4.1971, II ZB 3/70.
151 So BGH, Urteil v. 15.6.1978, II ZR 13/77.
152 Pöhlmann/Fandrich/Bloehs/*Pöhlmann,* GenG, § 18 Rn. 17.

3.3.5 Nutzungsvertrag

3.3.5.1 Nutzungsvertrag und genossenschaftlicher Förderzweck

Mit der Begründung der Mitgliedschaft in einer Wohnungsgenossenschaft stellt sich 268
für das Mitglied die Frage, ob es damit einen Anspruch auf Nutzung einer Wohnung in der Genossenschaft erworben hat. Die Mustersatzung formuliert den Förderzweck als Förderung der günstigen und sozial verantwortbaren Wohnungsversorgung (vgl. § 2 Abs. 1 MS), woraus zunächst ein solcher Anspruch abgeleitet werden könnte. Allerdings wird dieser grundsätzlich bestehende Anspruch durch die Formulierung in der Mustersatzung konkretisiert, dass ein Anspruch (auf eine bestimmte Wohnung) aus dieser Bestimmung eben nicht abgleitet werden könne (vgl. § 14 Abs. 2 MS).

Auch kann die Überlassung einer Wohnung durch die Genossenschaft von weiteren Voraussetzungen abhängig gemacht werden: So legen nach der Mustersatzung Vorstand und Aufsichtsrat per Beschluss die Grundsätze für die Vergabe von Wohnungen fest (vgl. § 28 Buchst. b MS).

In Anwendung von § 27 Abs. 1 Satz 2 GenG sieht die Mustersatzung nach § 28 somit eine Beschränkung der Leitungshoheit des Vorstands vor. Da Kernbereiche der Leitungsbefugnis auch nicht durch Satzungsregelungen eingeschränkt werden dürfen, sieht die Mustersatzung hier die Mitwirkungskompetenz des Aufsichtsrats nur bei grundlegenden Entscheidungen und bei der Gestaltung von Rahmenbedingungen für die operative Tätigkeit des Vorstands vor, nicht aber bei Umsetzungsfragen.[153] Der Begriff »Grundsätze« bedeutet somit, dass die Regelungen so weit zu fassen sind, dass dem Vorstand ein ausreichender Entscheidungsspielraum zur selbstverständlichen Wahrnehmung der Geschäftsführung verbleibt. Die Grundätze dürfen daher umgekehrt nicht so eng gefasst sein, dass der Vorstand keine situationsgerechte Einzelfallentscheidung mehr treffen kann.[154]

Grundsätzlich kann die Satzung das Verfahren der Wohnungsvergabe näher ausgestalten und auch von der Erfüllung bestimmter Voraussetzungen abhängig machen. Die Satzung kann auch die Organe ermächtigen, bestimmte Voraussetzungen festzulegen. Dies ist im Rahmen des § 28 MS erfolgt. Üblicherweise legen so Vorstand und ggf. Aufsichtsrat in Regionen mit einem angespannten Wohnraumangebot bezüglich der Vergabe von Wohnungen eine Vergabeordnung fest.

153 Siehe auch GdW Arbeitshilfe 80, »Erläuterungen und Alternativregelungen zur Mustersatzung«, S. 32.
154 Vgl. auch GdW Arbeitshilfe 29, »Mustersatzung für Wohnungsgenossenschaften 1999«, S. 17.

Die Vergabegrundsätze können sich unter Berücksichtigung des relativen Gleichbehandlungsgrundsatzes (siehe oben Rn. 248) z. B. an der Dauer der Zugehörigkeit zur Genossenschaft, an Wartefristen oder sozialen Kriterien wie der Bevorzugung von Familien oder älterer Mitglieder für bestimmte Wohnungstypen usw. orientieren. Der GdW hat hierzu einen Leitfaden mit Grundsätzen für die Vergabe von Genossenschaftswohnungen herausgegeben.[155]

Im Übrigen können auch für weitere Leistungen der Genossenschaft, wie die Vergabe von Gärten oder Garagen, Richtlinien erstellt werden.

Einen Anspruch auf Zuteilung der Wohnung, wenn Vergabekriterien erfüllt sind, hat das Mitglied erst, wenn ein entsprechender Zuteilungsbeschluss durch den Vorstand erfolgt ist. Dieser Zuteilungsbeschluss liegt konkludent spätestens mit Abschluss des Nutzungsvertrags vor. Zuvor hat das Mitglied keinen Anspruch, sofern die Satzung nichts anderes vorsieht. Die Mustersatzung schließt diesbezüglich ausdrücklich einen Anspruch aus (§ 14 Abs. 2 MS).

Es besteht somit für das Mitglied lediglich eine Anwartschaft auf Zuteilung der Wohnung sowie im Rahmen des Bewerbungsverfahrens ein Anspruch auf gleichberechtigten diskriminierungsfreien Zugang nach Maßgabe der Satzung bzw. den Richtlinien.

268a Das LG Heidelberg hat in Bezug auf das Erfordernis einer formalen Vergabeordnung eine richtungsweisende Entscheidung getroffen.[156] Es ging hierbei um die Kündigung durch eine Genossenschaft wegen Fehlbelegung einer genossenschaftlichen Wohnung.

Das Gericht setzte sich mit Frage auseinander, ob eine Fehlbelegung einer Genossenschaftswohnung als Kündigungsgrund nach § 573 Abs. 1 BGB anzuerkennen sei. Der Erbe hatte im vorliegenden Fall zunächst in Gemeinschaft mit einem langjährigen Genossenschaftsmitglied ein Siedlungshaus der Genossenschaft bewohnt. Nach Versterben des Mitglieds kündigte die Genossenschaft dem Erben mit der Begründung, dass nach Entscheidung des Vorstands die Vergabe der Häuser an Familien vorgesehen sei. Es gab keine verbindliche Vergaberichtlinie.

Das Gericht sah das Merkmal der Fehlbelegung als nicht gegeben und enthielt sich damit der Entscheidung, ob dies einen Kündigungsgrund darstelle oder nicht. Ohne eine entsprechende Vergaberichtlinie, so das Gericht, ist kein Beurteilungsspielraum zur Bewertung als Kündigungsgrund gegeben. Es sind demnach Vergabegrundsätze

155 GdW, »Leitfaden zu Grundsätzen für die Vergabe von Genossenschaftswohnungen«, Stand 9. Januar 2015.
156 LG Heidelberg, Urteil v. 25.11.2013, 5 S 33/13, GE 2014 S. 1339.

erforderlich, anhand derer man das Vorliegen einer Fehl- oder Unterbesetzung feststellen kann. Diese Grundsätze müssten klar, verbindlich und allgemeingültig in der Genossenschaft zu beachten sein. Eine Entscheidung des Vorstands hielt das Gericht in dem Zusammenhang für nicht ausreichend.

Das Urteil belegt, dass auch in diesem Zusammenhang das Vorliegen einer Vergabeordnung für Rechtssicherheit sorgen kann.

3.3.5.2 Verhältnis von Genossenschaftsrecht und Mietrecht

3.3.5.2.1 Abgrenzung Genossenschaftsrecht und Mietrecht

Das Nutzungsverhältnis eines Mitglieds berührt die Rechtsgebiete Mietrecht und 269
Genossenschaftsrecht, deren Anwendung zu unterschiedlichen, ja bisweilen völlig gegensätzlichen rechtlichen Ergebnissen führen kann:

- Zum einen ist das Mitglied Teil der genossenschaftlichen Gemeinschaft und damit den genossenschaftlichen und satzungsmäßigen Pflichten unterworfen, es kann sich jedoch auch auf die hieraus resultierenden Rechte berufen.
- Zum anderen ist das Mitglied mit dem abgeschlossenen Nutzungsvertrag mietrechtlicher Vertragspartner der Genossenschaft. Auch aus diesem Vertragsverhältnis entstehen für das die Wohnung nutzende Mitglied mietvertragliche Rechte und Pflichten.

Nicht selten kommt es zwischen den unabhängig voneinander bestehenden Rechtskreisen Mietrecht/Genossenschaftsrecht zu Kollisionen. Die Rechtsprechung hat grundsätzlich das Mietrecht für auf genossenschaftliche Nutzungsverhältnisse anwendbar erklärt.[157]

Die dennoch bestehende Besonderheit einer Mitgliedschaft in einer Wohnungsgenossenschaft, mit der in Wertung der Rechtsprechung ein Mietvertrag besteht, kommt auch durch die speziellen Begrifflichkeiten, die in diesem Verhältnis verwendet werden, zum Ausdruck.

Der Begriff »Nutzer« für den Mieter einer Genossenschaftswohnung spiegelt die 270
besondere Behandlung und den Einfluss des Genossenschaftsrechts im Mietrecht wider, wird in der wohnungswirtschaftlichen Praxis aber nur sehr eingeschränkt ver-

157 U. a. BGH, Urteil v. 14.10.2009, VIII ZR 159/08, WuM 2009 S. 744; BGH, Urteil v. 10.9.2003, VIII ZR 22/03, WuM 2003 S. 691; OLG Karlsruhe, RE v. 21.1.1985, 3 RE-Miet 8/84, OLGZ 1985 S. 106; OLG Hamburg, Urteil v. 7.10.1990, 4 U 111/90, WuM 1990 S. 542; LG Trier, Urteil v. 25.8.1992, 1 S 77/92; LG Dresden, Urteil v. 14.10.1997, 15 S 0316/97.

wendet. Meist finden sich dort die Begriffe »Mieter« und »Mietverhältnis« auch in Bezug auf genossenschaftliches Wohnen. Ein Mieter ist der Vertragspartner des Vermieters in einem »normalen« Mietverhältnis, während man als »Nutzer« den Vertragspartner der Genossenschaft im sog. Nutzungsverhältnis bezeichnet. Das Nutzungsverhältnis ist wiederum das Mietverhältnis zwischen der Genossenschaft und dem Nutzer. Der Mieter zahlt Miete, der Nutzer die sog. Nutzungsgebühr. Der Nutzer ist immer Mitglied der Genossenschaft, umgekehrt muss aber ein Mitglied nicht immer Nutzer einer Wohnung in der Genossenschaft sein, sondern kann dieser auch angehören, ohne eine Wohnung zu nutzen. Hat dagegen ein Nutzer seine Mitgliedschaft in der Genossenschaft gekündigt und ist aus dieser ausgeschieden, so wird er vom Nutzer zum »normalen« Mieter und zum Nichtmitglied.

271 Grundsätzlich darf eine Wohnungsgenossenschaft auch mit einem Nichtmitglied Verträge abschließen. Dies ist jedoch davon abhängig, ob nach der Satzung das Nichtmitgliedergeschäft zugelassen ist oder nicht.

Die Mustersatzung sieht in §2 Abs. 5 optional die Zulassung von Nichtmitgliedergeschäften vor. Wenn nach der Satzung Nichtmitgliedergeschäfte erlaubt sind, bestehen grundsätzlich keine genossenschaftlichen Bedenken, Mietverträge über Wohn- und Geschäftsräume oder Garagen und Stellplätze mit Nichtmitgliedern abzuschließen, solange Mitglieder vorrangig berücksichtigt werden (§ 14 MS). Partiell steuerpflichtige Wohnungsgenossenschaften müssen zudem beachten, dass die Einkünfte aus solchen »Nichtmitgliedergeschäften« nicht die Grenze von 10% der gesamten Einnahmen übersteigen (so die Regelung in §5 Abs. 1 Nr. 10 Satz 2 KStG), da sie sonst voll steuerpflichtig würden.

272 Ist in der Satzung dagegen die Formulierung enthalten, dass die Wohnungen ausschließlich an Genossenschaftsmitglieder zu vergeben sind, so bedeutet dies, dass das sog. Zweckgeschäft einer Vermietungsgenossenschaft, nämlich die nach der Satzung festgelegte Versorgung mit Wohnraum, nur Mitgliedern gewährt werden kann. Die Genossenschaftswohnungen dürfen somit nicht an Nichtmitglieder vermietet werden. Unberührt von dieser Satzungsregelung bleiben selbstverständlich Geschäfte mit Nichtmitgliedern, die zum Nutzen der Genossenschaft selbst sind – wie z.B. die Beauftragung von Handwerkern, der Einkauf von Baumaterialien usw.

273 Möglich ist aber auch eine durch Gremienbeschluss zu konkretisierende »Mischvariante«. Hier findet sich in der Satzung dann die Formulierung, dass Wohnungen »in erster Linie« an Mitglieder zu vermieten sind. Die Einzelheiten sind dann durch Beschluss von Vorstand und Aufsichtsrat festzulegen. Gerade die für Vermieter angespannte Situation auf dem Wohnungsmarkt in strukturschwachen Regionen erfordert von der Genossenschaft Flexibilität. Insofern ermöglicht diese Formulierung in der Satzung, den Geschäftsbetrieb auch auf Nichtmitgliedergeschäfte auszudehnen. Dies

jedoch unter der Bedingung, dass bei der Vermietung von Wohnraum, also dem Kern- bzw. Zweckgeschäft der Genossenschaft, immer vorrangig – »in erster Linie« also – Mitglieder zu berücksichtigen sind. Diesem Grundsatz folgend dürfen dann aber Wohnungen auch Nichtmitgliedern zur Verfügung gestellt werden, wenn andernfalls z. B. eine finanzielle Beeinträchtigung durch Leerstand entstehen würde.

Muster: Beschluss zu Nichtmitglieder-/ Mitgliedergeschäften !

Beschlussformulierungen nach § 28 Mustersatzung bezüglich der Regelung zu Nichtmitglieder-/ Mitgliedergeschäften:

Allgemeine Formulierung:

In Ausführung von § 2 bzw. § 28 Buchst. f der Satzung beschließen Aufsichtsrat und Vorstand nach gemeinsamer Beratung in getrennter Abstimmung: Wohnungen der Genossenschaft werden ausschließlich an Mitglieder der Genossenschaft vermietet. Nichtmitgliedergeschäfte sind nur zugelassen, sofern sie mietrechtlich unumgänglich sind.

Eingeschränkte Formulierung mit genauer Benennung der Ausnahmefälle:

Wohnungen der Genossenschaft werden in erster Linie an Mitglieder der Genossenschaft vermietet. Nichtmitgliedergeschäfte sind in diesem Bereich nur mit Studenten und/oder Auszubildenden gestattet.

oder

1. Wohnungen der Genossenschaft werden ausschließlich an Mitglieder der Genossenschaft vermietet. Aus einer Kündigung der Mitgliedschaft folgt der Verlust der Wohnung.
2. Nichtmitgliedergeschäfte sind grundsätzlich gestattet bei der Vermietung von
   - Gewerberaum der Genossenschaft und
   - Garagen der Genossenschaft

   Mitglieder sind bei der Vergabe grundsätzlich jedoch bevorzugt zu berücksichtigen. Die Entscheidung über die Zuweisung obliegt dem Vorstand.

Offene Formulierung für Nichtmitgliedergeschäfte:

Wohnungen können auch an Nichtmitglieder vermietet werden. Gemäß § 14 Abs. 1 der Satzung sind sie jedoch in erster Linie an Mitglieder der Genossenschaft zu vermieten.

Sollte in der Satzung die Formulierung »Zuweisung der Wohnungen in erster Linie an Mitglieder« gewählt worden sein, so ist darauf zu achten, dass in § 2 der Mustersatzung korrespondierend Nichtmitgliedergeschäfte zugelassen sind.

Wenn sich die Genossenschaft in der Satzung für eine Formulierung entschieden hat, die nur Mitgliedergeschäfte zulässt, ist ebenfalls darauf zu achten, dass in § 2 der Mustersatzung – korrespondierend mit der Formulierung in § 14 Abs. 1 MS – die Formulierung »Nichtmitgliedergeschäfte sind nicht zugelassen« gewählt wird.

3.3.5.2.2 Vertragsformen bezüglich der Nutzung einer Genossenschaftswohnung

Die Genossenschaft kann Verträge mit Mitgliedern ebenso wie mit Nichtmitgliedern – 274
wenn dies nach der Satzung zulässig ist – schließen. Sie kann ihren Nutzern ein dauerndes Nutzungsrecht ebenso einräumen wie einen Vertrag anbieten, der einem norma-

len Mietverhältnis entspricht. Entsprechend unterschiedlich werden die Vertragstypen behandelt. Zu unterscheiden sind folgende Vertragsarten:

275 **Mietvertrag**
Schließt die Genossenschaft einen Vertrag über Wohnraum mit einem Nichtmitglied, so handelt es sich dabei um einen gewöhnlichen Mietvertrag. Dieser unterliegt in allen Bereichen dem allgemeinen Mietrecht.

276 **Dauernutzungsvertrag bzw. Nutzungsvertrag**
Wird mit einem Genossenschaftsmitglied ein Vertrag geschlossen, der das ordentliche Kündigungsrecht der Genossenschaft nach § 573 BGB ausschließt, so handelt es sich um einen Dauernutzungsvertrag. Der Dauernutzungsvertrag zeichnet sich dadurch aus, dass sich die Genossenschaft vertraglich verpflichtet, das Nutzungsverhältnis nicht zu beenden. Ein Kündigungsrecht des Vermieters ist also ausgeschlossen[158] und der Vermieter muss sich damit die vertragliche Beschränkung der Kündigungsbefugnis unter Berücksichtigung von § 543 BGB ggf. entgegenhalten lassen. Das Mitglied erhält ein sog. dauerndes Nutzungsrecht, also einen Vertrag mit einer sog. Dauernutzungsklausel.

277 Wird einem Mitglied eine Wohnung ohne eine Dauernutzungsklausel überlassen, so handelt es sich um einen Nutzungsvertrag. Dieser Nutzungsvertrag kann nach den allgemeinen mietrechtlichen Bestimmungen beendet werden: In diesem Fall hat das Mitglied ebenso ein Recht auf ordentliche Kündigung des Vertragsverhältnisses wie die Genossenschaft. Es muss allerdings auch ein berechtigtes Interesse der Genossenschaft an der Beendigung des Vertragsverhältnisses gegeben sein.

278 Für beide Vertragsarten ist die Begründung der Mitgliedschaft die Voraussetzung. Allerdings ist unter Verweis auf die oben (siehe Rn. 269) festgestellte Trennung beider Rechtskreise darauf hinzuweisen, dass bei einem wirksamen Beitritt zur Genossenschaft die Rückzahlung der Geschäftsanteile nicht verlangt werden kann, wenn ein Nutzungsvertrag über eine Wohnung nicht zustande kommt bzw. der Nutzungsvertrag außerordentlich gekündigt wird. Es muss dann eine Kündigung der Mitgliedschaft bzw. der zu freiwilligen Geschäftsanteilen gewordenen wohnungsbezogenen Geschäftsanteile erfolgen.

Zwar wird in der Regel der Abschluss eines Nutzungsvertrags von der Begründung der Mitgliedschaft abhängig gemacht, jedoch führt diese Anforderung nicht ohne Weiteres auch zu einer rechtlichen Einheit im Sinne eines Entstehungs- bzw. Wirksamkeitszusammenhangs – trotz der Beziehung zwischen körperschaftlicher Bindung zwischen

158 Hillebrand/Keßler/*Keßler*, GenG, § 1 Rn. 32.

der Genossenschaft und ihren Mitgliedern und dem gemeinsamen durch die Satzung festgelegten wirtschaftlichen Zweck des Zusammenschlusses. Vielmehr bedarf es im Fall einer Beendigung des Nutzungsverhältnisses einer gesonderten Beendigung der Mitgliedschaft. Umgekehrt endet auch das Nutzungsverhältnis nicht automatisch, wenn die Mitgliedschaft in der Genossenschaft beendet wird.

Abweichendes gilt auch dann nicht, wenn kein Mietverhältnis zustande gekommen ist. Denn die rechtliche Verbindung zweier grundsätzlich voneinander unabhängiger Rechtsgeschäfte erfolgt nur ausnahmsweise und setzt voraus, dass die Parteien zumindest stillschweigend eine rechtliche Verbindung der Verträge vereinbart haben. Dies ist bei der Fallkonstellation eines gekündigten Vertrags und eines wirksamen Beitritts zur Genossenschaft nicht der Fall.[159] Es liegen keine Anhaltspunkte vor, dass die Parteien den Beitritt unter die Bedingung gestellt haben, dass auch ein Mietvertrag zustande kommt. Dies wäre genossenschaftsrechtlich auch nicht möglich, da die Beitrittserklärung bedingungsfeindlich ist (§ 15 GenG). Somit liegt eine wirksame Begründung der Mitgliedschaft vor, wenn eine entsprechende Erklärung erfolgt ist und der Beitritt durch den Vorstand zugelassen wurde. Die Beendigung der Mitgliedschaft kann damit auch nur nach den Regelungen des Genossenschaftsgesetzes bzw. der Satzung erfolgen, nicht aber durch eine Beendigung des Nutzungsvertrags oder dessen Nichtzustandekommen nach erfolgtem Beitritt.

Findet sich in der Satzung der Genossenschaft – wie in § 15 Abs. 1 MS – die Formulierung »dauerndes Nutzungsrecht«, könnte sich ein Widerspruch ergeben, wenn mit einem Nutzer ein Nutzungsvertrag ohne die entsprechende Dauernutzungsklausel abgeschlossen wird. Mit dieser Formulierung in der Satzung muss jedoch nicht zwangsläufig eine Dauernutzungsklausel im oben beschriebenen Sinn (also Ausschluss des ordentlichen Kündigungsrechts der Genossenschaft) gemeint sein. 279

Zur Vermeidung von Rechtsunsicherheiten sollte in der Satzung klargestellt werden, dass sich die Beendigung des Nutzungsverhältnisses nach den jeweiligen vertraglichen Vereinbarungen richtet. Eine entsprechende Regelung findet sich z. B. in § 15 Abs. 2 MS: »Das Nutzungsverhältnis … kann während des Bestehens der Mitgliedschaft nur unter den im Nutzungsvertrag festgesetzten oder gesetzlichen Bedingungen aufgehoben werden.»

Zu allen Vertragstypen hat der GdW in Zusammenarbeit mit den zugehörigen Regionalverbänden Musterverträge herausgegeben.[160]

159 AG Oldenburg, Urteil v. 5.2.2008, 23 (22) C 378/07.
160 GdW, Miet- und Nutzungsverträge, zu beziehen über Haufe-Lexware GmbH & Co. KG, www.haufe.de/shop.

3.3.5.3 Anwendung des Mietrechts auf einen (Dauer-)Nutzungsvertrag

280 Grundsätzlich wird auf einen (Dauer-)Nutzungsvertrag Mietrecht angewendet, denn der wesentliche Inhalt eines Nutzungsvertrags ist mit dem gewöhnlichen Inhalt eines Mietvertrags vergleichbar.[161] Die Bindung des Nutzungsrechts an die Mitgliedschaft der Genossenschaft hat keine so erhebliche Bedeutung, dass der Charakter des Vertrags grundsätzlich verändert wird. Maßgeblich ist der Leistungsinhalt. Diese Forderungen und Ansprüche sind als Ausdruck schuldrechtlicher Rechtsbeziehungen im Miet- und Nutzungsvertrag gleich.

281 Die abweichenden Bezeichnungen wie z. B. »Nutzungsverhältnis« und »Mietvertrag« oder »Nutzer« und »Mieter« haben dabei nach Auffassung der Gerichte keine rechtliche Bedeutung. Meist sind die Formulierungen im genossenschaftlichen Nutzungsvertrag so gewählt, dass der Bezug zum Mietrecht ausdrücklich zum Ausdruck kommt, so z. B. beim Hinweis auf die gesetzlichen Kündigungsfristen für den Nutzer oder im Hinblick auf den Bezug zur Betriebskostenverordnung, die im Mietrecht bei der Umlage der Nebenkosten angewendet wird.

Die einzige grundlegende Abweichung vom gewöhnlichen Mietvertrag liegt in der Bindung des Nutzungsrechts der Wohnung an die Mitgliedschaft bei der Genossenschaft. Diese Abrede, die aus der besonderen rechtlichen Beziehung zwischen der Genossenschaft und ihren Mitgliedern entstanden ist, hat jedoch nach der Auffassung in Rechtsprechung und Literatur keine so erhebliche Bedeutung, dass dadurch der grundsätzliche Charakter des Vertrags verändert wird. Maßgebend für den Rechtscharakter eines Vertrags sei der seine Grundlage bildende Leistungsinhalt, also das, was die Vertragsparteien durch die vertraglichen Regelungen fordern und beanspruchen können. Und diese Forderungen und Ansprüche seien als Ausdruck der schuldrechtlichen Rechtsbeziehungen im Miet- bzw. Nutzungsvertrag gleich.[162] Ausdrücklich hat der Bundesgerichtshof[163] diese Meinung in seinem Urteil zur Kündigung einer Genossenschaftswohnung wegen des Ausschlusses eines Mitglieds aus der Genossenschaft bestätigt und erklärt, dass die mietrechtlichen Regelungen auch auf einen Dauernutzungsvertrag anwendbar sind.

282 Dennoch darf das Mietrecht nicht undifferenziert auf die Vermietung einer Genossenschaftswohnung angewendet werden (siehe Rn. 280). Wohnungsgenossenschaften unterscheiden sich – obwohl rein äußerlich nicht ohne Weiteres erkennbar –

161 U. a. BGH, Urteil v. 14.10.2009, VIII ZR 159/08, WuM 2009 S. 744; BGH, Urteil v. 10.9.2003, VIII ZR 22/03, WuM 2003 S. 691; OLG Karlsruhe, RE v. 21.1.1985, 3 RE-Miet 8/84, OLGZ 1985 S. 106; OLG Hamburg, Urteil v. 7.10.1990, 4 U 111/90, WuM 1990 S. 542; LG Trier, Urteil v. 25.8.1992, 1 S 77/92; LG Dresden, Urteil v. 14.10.1997, 15 S 0316/97.

162 Vgl. OLG Karlsruhe, RE v. 21.1.1985, 3 RE-Miet 8/84, OLGZ 1985 S. 106.

163 BGH, Urteil v. 10.9.2003, VIII ZR 22/03, WuM 2003 S. 691.

durch sehr spezielle Organisations- und Strukturprinzipien von anderen privaten Vermietern.

Argumente für die Beachtung des genossenschaftlichen Nutzungsverhältnisses in Bezug auf das allgemeine Mietrecht ergeben sich aus der besonderen Stellung der Genossenschaft als Selbstverwaltungsorganisation, die durch ihre Verbindung von Mitgliedschaft und Recht auf Nutzung einer Wohnung den Nutzern einen erheblichen Schutz gewährt. Einzelne Mitglieder sind nicht als »gewöhnliche« Mieter anzusehen, sondern haben als Anteilseigner am »Unternehmen Genossenschaft« die Möglichkeit, über die Besetzung der Organe die Vermietungspolitik mitzugestalten und in diesem Rahmen mitzubestimmen. Sie verfügen damit über eine wesentlich stärkere institutionelle Position als der Mieter.[164]

Auch der gesellschaftsrechtliche Ansatz, selbstbestimmt zu entscheiden, wer Mitglied in diesem personalisierten Verbund wird und bleibt, stellt die Vermieterstellung dar und zeigt deren grundsätzliche Stärke. Dabei gibt es durchaus genossenschaftsrechtliche Instrumentarien, die im Gleichlauf zum sozialen Mietrecht stehen und die dessen Anwendung aus Gründen des Mieterschutzes nicht erforderlich machen. Hierzu gehört z. B. die erschwerte Kündigungsmöglichkeit der Mitgliedschaft von außen durch einen Dritten (Gläubigerkündigung), die auch in der Regelung des § 67c GenG ihren Ausdruck findet. Hiermit wird der Verlust der Wohnung durch eine Gläubigerkündigung erschwert und in ein ausgewogenes Verhältnis der Interessen des Gläubigers an der Befriedigung seiner Forderungen und des Schuldners am Erhalt seiner Wohnung hergestellt.

Gerade in den Bereichen Kündigung und Modernisierung von Wohnraum (siehe Rn. 283, 284 ff.) kommt dem genossenschaftlichen Nutzungsverhältnis in Abgrenzung zum mietrechtlichen Wohnverhältnis eine besondere Eigenständigkeit zu.

Gleiches gilt auch für die Leistung einer Mietkaution des Nutzers zusätzlich zu den 282a Geschäftsanteilen für die Wohnungsnutzung. Auch hier ist trotz des wirtschaftlichen Zusammenhangs eine strenge Trennung beider Rechtsbereiche vorzunehmen. Das Genossenschaftsrecht geht dem Mietrecht nicht vor; die Geschäftsanteile dienen der Liquidität der Genossenschaft im Allgemeinen, während die Kaution auf das konkrete Mietverhältnis bezogen ist.[165] Das AG Kiel[166] sah auch in der Leistung einer Kaution keinen Verstoß gegen das Allgemeine Gleichbehandlungsgesetz (AGG), wenn die Kaution

164 Feßler/Roth, »Zum Einfluss des Wohnraummietrechts auf das Genossenschaftsrecht: Kann die Kautionsvorschrift des § 551 BGB den Umfang einer genossenschaftlichen Beteiligung begrenzen?« WuM 2010, S. 67 ff.

165 Anm. *Gies* zu AG Kiel, Urteil v. 11.8.2011, 108 C 24/11, jurisPR-MietR 20/2011 Anm. 2.

166 AG Kiel, Urteil v. 11.8.2011, 108 C 24/11, WuM 2011 S. 667; zuvor bereits LG Regensburg, Urteil v. 18.8.2009, 2 S 82/09, NZM 2010 S. 360.

lediglich der Sicherung des Vermieters für den Ausfall seitens (nur) eines Mieters geschuldeter Zahlungen dienen soll.

Dem Argument einer Übersicherung trat das Amtsgericht dadurch entgegen, dass durch die strenge Trennung der gesellschaftsrechtlichen und mietrechtlichen Rechtsbereiche § 139 BGB keine Anwendung finde. Das Urteil steht somit auch der früheren Rechtsprechung des AG Saarbrücken entgegen, welches wohnungsbezogene Pflichtanteile als Kaution wertete.[167]

»Gleichgestellt« wird die Pflichtbeteiligung mit einer Kaution allerdings im Zusammenhang mit Wohnungsinseraten. Hier ist § 3 i. V. m. § 5 Abs. 1 und 2 Nr. 2 UWG (Gesetz gegen den unlauteren Wettbewerb) zu beachten. Gleich einer Kautionssumme sind in der Anzeige auch die Anzahl der Geschäftsanteile, die für die Wohnung zu zeichnen und zu zahlen sind, anzugeben, um sich im Fall des Unterlassens nicht dem Vorwurf einer unlauteren geschäftlichen Handlung auszusetzen.

3.3.5.4 Besonderheiten genossenschaftlicher Nutzungsverhältnisse

3.3.5.4.1 Fallbeispiel: Durchführung von Modernisierungen

283 Der BGH[168] differenzierte im bereits oben zitierten Urteil (siehe Rn. 251) bezüglich der Anwendung des Mietrechts und des Genossenschaftsrechts. Im zugrunde liegenden Fall musste sich ein Genossenschaftsmitglied, das sich weigerte, wie alle übrigen Mitglieder auf eine Mietminderung während der Modernisierungsarbeiten zu verzichten und dafür keine Erhöhung der Nutzungsgebühr zu erhalten, darauf verweisen lassen, dass nach Geltendmachung der ihm zustehenden Minderung eine Mieterhöhung nach § 558 BGB zulässig sei.

Mit dieser Aussage trennt der BGH die genossenschaftsrechtliche und die mietrechtliche Behandlung eines Genossenschaftsmitglieds und legt indirekt dar, dass diese zwei Rechtsverhältnisse auch unter der Besonderheit des genossenschaftlichen Wohnens zu betrachten sind. Denn nur im genossenschaftlichen Nutzungsverhältnis ist es zulässig, sich überhaupt auf den Gleichbehandlungsgrundsatz zu berufen. Ein allgemeines Recht auf Gleichbehandlung kennt das Mietrecht dagegen nicht.[169] Auch hier erfolgt eine Klarstellung durch den BGH. Unter dieser Wertung ist das Urteil insofern auch als höchstrichterlicher Hinweis zu sehen, dem Genossenschaftsrecht in Bezug

167 AG Saarbrücken, Urteil v. 24.7. 2007, 37 C 132/07 mit ablehnender Anm. von *Feßler/Kegel* in WuM 2007 S. 693 ff.
168 BGH, Urteil v. 14.10.2009, VIII ZR 159/08, WuM 2009 S. 744.
169 Schmidt-Futterer/*Eisenschmid*, Mietrecht, § 535 Rn. 96; Börstinghaus in jurisPR-MietR 2/2009.

auf das Mietrecht eine eigenständige Rolle zukommen zu lassen – dies entspricht allerdings oft nicht der Haltung unterinstanzlicher Gerichte.

3.3.5.4.2 Fallbeispiele genossenschaftlicher Kündigungsgründe

Fallbeispiel: Kündigung des Nutzungsverhältnisses nach Beendigung der Mitgliedschaft 284

Genossenschaftsrechtliche Nutzungsverhältnisse (und deren besondere Behandlung) stehen in besonderem Zusammenhang mit der Beendigung der Mitgliedschaft. Wegweisend für die Beurteilung ist ein Urteil des BGH.[170] In dem zugrunde liegenden Sachverhalt war ein Mitglied, das zudem Vertreter war, aufgrund von massiven Zerwürfnissen mit dem Vorstand aus der Genossenschaft ausgeschlossen worden. Nach Wirksamwerden des Ausschlusses kündigte die Genossenschaft die vom Mitglied bewohnte Wohnung und berief sich dabei als Kündigungsgrund auf die nicht mehr bestehende Mitgliedschaft. Die Nutzung einer Genossenschaftswohnung war sowohl durch die Satzung als auch nutzungsvertraglich an eine Mitgliedschaft gebunden. Nichtmitgliedergeschäfte waren satzungsmäßig ausgeschlossen.

Der BGH ließ die Kündigung unter bestimmten Voraussetzungen zu, stellte dabei jedoch die Besonderheiten des genossenschaftlichen Nutzungsverhältnisses in Bezug auf die Vermieterseite heraus.

Ausgangspunkt der rechtlichen Bewertung bildete die Frage, ob ein berechtigtes Interesse an einer Kündigung durch die Genossenschaft nach den mietrechtlichen Regelungen des § 573 BGB auch im Fall der Beendigung der Mitgliedschaft zu bejahen ist.

Nach mietrechtlichen Gesichtspunkten könnte der Gedanke naheliegen, dies abzulehnen. Nach der besonders schützenswerten Bedeutung des Wohnraums für den Mieter als Lebensmittelpunkt muss ein erhebliches Interesse des Vermieters an einer durchsetzbaren Kündigung gegeben sein. Die Beendigung der Mitgliedschaft in einer gesellschaftsrechtlich organisierten Einheit wie einer Genossenschaft könnte demnach für einen Kündigungsgrund des Vermieters nach mietrechtlicher Wertung nicht ausreichen. Denn die rechtlichen und sozialen Folgen einer Mitgliedschaftsbeendigung lassen sich nicht den beispielhaft aufgezählten gesetzlichen Gründen für eine Beendigung des Mietverhältnisses durch Kündigung – wie Pflichtverletzung, Eigenbedarf oder wirtschaftliche Verwertung – gleichstellen.

Allerdings muss hier das genossenschaftliche Nutzungsverhältnis von einem gewöhn- 285
lichen Mietverhältnis abgegrenzt werden. Sein besonderer Charakter gibt dem Ganzen

170 BGH, Urteil v. 10.9.2003, VIII ZR 22/03, WuM 2003 S. 691.

dadurch eine außerordentliche Prägung, dass eine besondere Bindung zwischen der Genossenschaft und dem Mitglied durch die Satzung und dem gegenseitigen Treuegebot gegeben ist. Diese – so der BGH – wird gebildet durch

- die körperschaftliche Bindung zwischen der Genossenschaft und ihren Mitgliedern,
- den gemeinsamen, durch die Satzung festgelegten wirtschaftlichen Zweck des Zusammenschlusses sowie
- die sich daraus ergebenden beiderseitigen Treuepflichten.

Das Mitglied ist also nicht nur Teil einer Organisationsstruktur, sondern persönlich verwobener Teil einer genossenschaftlichen Gemeinschaft. Die Wohnungen einer Genossenschaft wurden grundsätzlich generationsübergreifend nur für die Mitglieder errichtet. Es werden nicht Einzelinteressen verwirklicht, sondern die Verwirklichung stützt sich auf das gemeinsame Zielkonstrukt eines solidarischen Miteinanders.

Der Aspekt der Nachhaltigkeit im Hinblick auf die Schaffung und Erhaltung eines Lebensmittelpunkts darf in der Tradition einer Wohnungsgenossenschaft auch bei der Frage der Kündigung bzw. Beendigung des Nutzungsverhältnisses nicht unberücksichtigt bleiben.

Durch diese, an die Mitgliedschaft in der Genossenschaft gebundene Rechtstellung ist es gerechtfertigt, so der BGH, das Erlöschen der Mitgliedschaft durch freiwilligen Austritt oder durch einen gerechtfertigten Ausschluss grundsätzlich als eine Voraussetzung für die Geltendmachung eines berechtigten Interesses der Vermieterin an der Beendigung des Dauerschuldverhältnisses (Dauernutzungsverhältnisses) anzuerkennen.

Für eine Berechtigung zur Kündigung legte der BGH folgende Bedingungen fest:

- Der Nutzer muss durch sein Verhalten den Grund für eine Beendigung der Mitgliedschaft durch die Genossenschaft gelegt haben. Erfolgt die Beendigung der Mitgliedschaft freiwillig durch das Mitglied oder durch Ausschluss aus der Genossenschaft, dem ein Fehlverhalten des Mitglieds vorausging, so liegt dies im Selbstverantwortungsbereich des Nutzers. Er zeigt dadurch eine gewisse Risikobereitschaft, seinen mietrechtlich grundsätzlich geschützten Lebensmittelpunkt aufzugeben, und ist daher nicht mehr in vollem Umfang schützenswert. Das ausscheidende Mitglied ist im Fall des Ausschlusses durch die Genossenschaft auch vor einer willkürlichen Kündigung durch die strikte Regelung des Ausschlussverfahrens in § 68 GenG bzw. der Satzung ausreichend geschützt.
- Ferner müssten durch das Aufrechterhalten des Mietverhältnisses mit dem ausgeschlossenen Mitglied andere Mitglieder bzw. potenzielle Mitglieder der Genossenschaft bezüglich der Wohnraumversorgung satzungswidrig benachteiligt werden. Die mietrechtlich erzwungene Fortsetzung eines Mietverhältnisses mit einem

> Nichtmitglied würde regelmäßig zu einer satzungswidrigen Benachteiligung eines Mitglieds führen, dem noch keine oder keine angemessene Genossenschaftswohnung zur Verfügung steht. Dies wäre ein genossenschaftsrechtlicher Verstoß gegen die Förderpflicht, der der Genossenschaft nicht zugemutet werden kann.

Zusätzlich wird in dem Urteil nicht ausgeschlossen, dass die Genossenschaft den Nachweis zu erbringen hat, dass weitere wohnungsinteressierte Mitglieder vorhanden sind.

Fraglich ist, ob dieser Nachweis überhaupt und wenn ja wie er zu führen ist. Da der BGH keinen konkreten Nachweis fordert, bietet sich in der Praxis an, den Nachweis des Bedarfs durch unterschiedliche Maßnahmen zu bestätigen: Der Bedarf an der konkreten Wohnung oder einer Wohnung vergleichbarer Art könnte durch Vorlage einer Warteliste oder anhand der Bewerbungen anderer Mitglieder für die konkrete Wohnung nachgewiesen werden.

Hier stellt sich die Frage, in welcher Form eine solche Warteliste aufzustellen ist. In 286
Gegenden mit extremem Wohnungsbedarf und einer hohen Interessentenzahl für die einzelnen Wohnungen wird möglicherweise genossenschaftsintern eine Warteliste geführt. Umgekehrt ist in Regionen mit hohen Leerstandsquoten die Erstellung einer Warteliste nicht möglich und nötig. Ausreichend muss es in diesen Fällen sein, den Nachweis zu führen, dass für die betroffene Wohnung Interessenten und somit potenzielle Mitglieder vorhanden sind. Die Angaben haben dann anonymisiert zu erfolgen.

Üblicherweise suchen sich Nichtmitglieder eine Wohnung aus und treten der Genossenschaft dann bei, um die Wohnung unter genossenschaftsspezifischen Voraussetzungen nutzen zu können. Hier ergibt sich allerdings ein Widerspruch zu den vom BGH aufgestellten Grundsätzen. Denn diese Interessenten, mögen sie noch so zahlreich sein, sind noch keine Mitglieder, die in den Genuss der Rechte aus einem Mitgliedschaftsverhältnis kommen und daher noch nicht die Vorzüge genossenschaftlichen Wohnens beanspruchen können. Es muss also in diesen Fällen ausreichend sein, dass z. B. drei Interessenten ihr Interesse erklären, die Wohnung anzumieten und der Genossenschaft beizutreten.

Handelt es sich bei einem Interessenten bereits um ein Mitglied der Genossenschaft, das bestätigt, dass es diese Wohnung im Rahmen einer Dauernutzung anzumieten wünscht, muss dies ausreichen.

Wie die Frage der Berechtigung zur Kündigung zu beurteilen ist, wenn nach der Sat- 287
zung auch Nichtmitgliedergeschäfte zulässig sind, lässt der Bundesgerichtshof ausdrücklich offen. Auch wenn hier vermeintlich eine Aufweichung der Kündigungsberechtigung gegeben sein könnte, da das ehemalige Mitglied nun als Nichtmitglied die

Wohnung nutzt und dies nach der Satzung zulässig wäre, gibt es Überschneidungen mit den Argumenten zur oben dargestellten Situation des satzungsmäßigen Verbots von Nichtmitgliedergeschäften:

In diesem Fall werden andere wohnungsinteressierte Mitglieder genossenschaftsrechtlich in unzulässiger Weise benachteiligt. Ausdrücklich ist in der Satzung meist der Zusatz enthalten, die Nutzung einer Genossenschaftswohnung stehe »in erster Linie« Genossenschaftsmitgliedern zu (§ 14 Abs. 1 MS). Dies zu berücksichtigen ist die Genossenschaft verpflichtet.

Die Genossenschaft wäre mangels Kündigungsmöglichkeit einer Entscheidung beraubt, wer als Nichtmitglied zur Nutzung einer Genossenschaftswohnung berechtigt sein soll. Gerade bei der Zulassung von Nichtmitgliedern in die genossenschaftliche Gemeinschaft muss es aber für die Genossenschaften möglich sein, hoheitlich zu entscheiden, an wen vermietet wird und an wen nicht. Ein ehemaliges Mitglied, dessen Verhalten zu einem Ausschluss geführt hat, könnte sich sonst als Nichtmitglied so wieder in die genossenschaftliche Gemeinschaft »einschleichen«.

288 Beendet das Mitglied freiwillig seine Mitgliedschaft, um z. B. die Vorteile eines »normalen« Mietverhältnisses zu nutzen,

- indem es keine Anteile zeichnen muss und
- weil es das Auseinandersetzungsguthaben mit Beendigung der Mitgliedschaft zurückerhält und
- aber trotzdem das sozial verantwortbare Wohnen in einer Genossenschaft beansprucht,

kann dieses Verhalten einer Genossenschaft nicht ohne entsprechende Reaktionsmöglichkeiten aufgezwungen werden.

Die Aufnahme eines Kündigungsgrunds wegen Beendigung der Mitgliedschaft in einen Nutzungsvertrag (vgl. so § 6 Abs. 3 Musternutzungsvertrag[171]) zeigt dem Mitglied die Bedeutungsschwere seiner Entscheidung, einer Genossenschaft beizutreten und deren Wohnung zu bewohnen. Dieser Verpflichtung unterwirft sich das Mitglied durch die Unterzeichnung des Vertrags bewusst.

Durch die zwangsweise Umwandlung eines Nutzungsverhältnisses in ein normales Mietverhältnis nach der Mitgliedschaftskündigung könnte es zudem zu einer Überschreitung der Steuerschädlichkeitsgrenze kommen (§ 5 KStG), wenn dies in erheblichem

171 GdW, Musternutzungsvertrag, Stand Januar 2017, Mat.-Nr. 06536-0090.

Umfang geschieht. Der Genossenschaft könnten so u. U. beträchtliche finanzielle Nachteile entstehen.

Fallbeispiel: Kündigung aufgrund von Eigenbedarf eines Erwerbers der Genossenschaftswohnung 289

Das nutzungsvertragliche Verhältnis eines Mitglieds einer Wohnungsgenossenschaft kann nicht unter Berufung auf Eigenbedarf durch den Erwerber beendet werden. Dies hatte das OLG Karlsruhe[172] seinerzeit in einem wegweisenden Urteil entschieden. Im zugrunde liegenden Fall wurde das Hausgrundstück, auf dem das Genossenschaftsmitglied wohnte, an einen Dritten verkauft. Dieser kündigte unter Berufung auf Eigenbedarf. Das Mitglied berief sich dagegen auf den Dauernutzungsvertrag, in dem geregelt war, dass die Genossenschaft als Vermieter während des Fortbestands der Mitgliedschaft von sich aus die Wohnung nicht kündigen durfte.

Neben der grundlegenden und für die weitere Rechtsprechung wichtigen Feststellung, dass ein Dauernutzungsvertrag rechtlich als Mietvertrag zu behandeln ist, legte das Gericht fest, dass auch die im Vertrag festgehaltene Bindung des Nutzungsrechts an die Mitgliedschaft auf den Erwerber übergeht. Diese Abrede, so das Gericht, die sich aus der körperschaftlichen Beziehung zwischen einer Genossenschaft und ihren Mitgliedern ergibt, gibt einem Dauernutzungsvertrag jedoch kein Gepräge, das ihn grundlegend von einem Mietverhältnis unterscheidet. Maßgeblich ist sein Leistungsinhalt.

Kündigungsbeschränkungen, wie sie in dem Dauernutzungsvertrag enthalten waren, gelten nach § 571 BGB a. F. auch für den Erwerber, da es sich nicht um ein höchstpersönliches Recht handelt, das nach dem Rechtsübergang auf der Vermieterseite seinen Inhalt und Sinn verloren hat. Diese Beschränkung der Kündigungsmöglichkeit stellt eine allgemeine Abrede dar, die nicht an die Person des Vermieters gebunden ist. Der Rechtscharakter der Verpflichtung, welche der Vermieter übernimmt, wird durch einen Vermieterwechsel, soweit der Mieter derselbe ist, nicht berührt. Nur wenn der Mietvertrag selbst die Einschränkung der Kündigungsbefugnis an die Person des Vermieters gebunden hätte, läge eine höchstpersönliche, auf den Erwerber nicht übergehende Rechtspflicht vor.

Der Übergang der Kündigungsbeschränkung schließt jedoch die Geltendmachung von 290
Eigenbedarf nicht grundsätzlich aus. Auf Eigenbedarf kann die Kündigung dann gestützt werden, wenn die dafür geltend gemachten Gründe die verschärften Voraussetzungen eines wichtigen berechtigten Interesses erfüllen, das die Beendigung des Mietverhältnisses notwendig macht. Welche Anforderungen an dieses berechtigte

172 OLG Karlsruhe, RE v. 21.1.1985, 3 RE-Miet 8/84, OLGZ 1985 S. 106.

Interesse zu stellen sind, ließ das Gericht ausdrücklich offen und verwies auf die erforderliche Abwägung in den Einzelfällen.

291 Sich auf dieses Urteil berufend hat das LG Freiburg[173] ebenso in einem ähnlichen Fall entschieden. Auf einen im Nutzungsvertrag mit einer Genossenschaft vereinbarten Ausschluss einer ordentlichen Kündigung kann sich das Mitglied auch gegenüber dem Erwerber der Genossenschaftswohnung, der Eigenbedarf anmeldet, berufen. Diese Kündigungsbeschränkung entfällt auch dann nicht, wenn das Mitgliedschaftsverhältnis durch die Insolvenz der Genossenschaft erlischt. Im vorliegenden Fall war die Kündigungsbeschränkung ebenfalls an die Mitgliedschaft gebunden. Das Gericht begründet diese Einschätzung damit, dass der Fall des Erlöschens der Mitgliedschaft zu unterscheiden sei von den Fällen, in denen die Mitgliedschaft durch Ausscheiden aus der Genossenschaft oder Ausschluss beendet wird. Die Beibehaltung der Wohnung in diesen Fällen würde zu einer unangemessenen Benachteiligung der anderen wohnungsinteressierten Mitglieder führen und die Genossenschaft zu einer Verletzung ihrer Treuepflicht gegenüber den Mitgliedern zwingen. Diese Fallkonstellation führt grundsätzlich dazu, dass in diesen Fällen das Interesse der Genossenschaft an einer Beendigung des Nutzungsverhältnisses wegen nicht mehr bestehender Mitgliedschaft überwiegt und die Kündigungsbeschränkung hier nicht zum Tragen kommt. Diese Einschränkung entfällt jedoch mit dem Verkauf der Wohnung an einen Dritten. Die Wohnung war damit der Vergabe durch die Genossenschaft entzogen und konnte einem weiteren Genossenschaftsmitglied nicht mehr zur Verfügung gestellt werden, sodass die Kündigungsmöglichkeit wegen nicht mehr bestehender Mitgliedschaft entfallen ist und sich der Erwerber auf den bestandskräftigen Ausschluss der ordentlichen Kündigung im Nutzungsvertrag verweisen lassen muss.

292 **Fallbeispiel: Kündigung des Nutzungsverhältnisses nach Gläubigerkündigung/ Kündigung durch den Insolvenzverwalter**

Unter bestimmten Voraussetzungen ist es für einen Insolvenzverwalter bzw. Gläubiger möglich, die Mitgliedschaft des Schuldners in einer Genossenschaft zu kündigen, um auf das entstehende Auseinandersetzungsguthaben zurückgreifen zu können. Vielfach wurden und werden Mitgliedschaften durch die Gläubiger bzw. Insolvenzverwalter beendet und den Wohnungsgenossenschaften dadurch nicht nur Kapital entzogen, sondern auch Nichtmitgliedergeschäfte aufgezwungen, wenn die Nutzungsverhältnisse mit dem Schuldner fortzusetzen waren. In diesen Fällen stellt sich die Frage, ob eine Wohnungsgenossenschaft gezwungen ist, das Nutzungsverhältnis fortzusetzen, oder ob sie es aufgrund der nicht mehr bestehenden Mitgliedschaft kündigen kann.

173 LG Freiburg, Urteil v. 21.7.2011, 3 S 103/11.

Mit der Aufnahme des § 67c in das Genossenschaftsgesetz[174] ist es gelungen, einen jahrelangen unbefriedigenden Zustand wenigstens teilweise zu beheben (siehe Rn. 173), da die Regelung eine Kündigung der Mitgliedschaft durch den Insolvenzverwalter für bestimmte Fälle ausschließt. Mit der Einführung dieser Regelung sahen sich die Wohnungsgenossenschaften am Ziel eines optimierten Schutzes ihrer schutzwürdigen Mitglieder, die unverschuldet in eine finanzielle Notlage geraten waren und versuchen mussten, diese durch ein geregeltes Verbraucherinsolvenzverfahren in den Griff zu bekommen. Sich in dieser Situation mit dem drohenden Verlust der Wohnung durch eine Kündigung der Mitgliedschaft durch den Insolvenzverwalter auseinandersetzen zu müssen, war nicht zielführend und vom Gesetzgeber mit Einführung des § 67c GenG ausdrücklich nicht mehr gewollt. Ziel des Verbraucherinsolvenzverfahrens ist, dem Schuldner einen wirtschaftlichen Neuanfang zu ermöglichen, indem er von der Restschuld befreit wird. Dieser wirtschaftliche Neuanfang soll dabei ohne einen drohenden Wohnungsverlust einhergehen. 293

Diesen Anspruch hatte der Gesetzgeber seinerzeit für Mietwohnungen in § 109 Abs. 1 Satz 2 InsO umgesetzt. Intention des Gesetzgebers war es bei der Neueinführung der Regelung gewesen, die Insolvenzmasse von den mietvertraglichen Verpflichtungen zumindest ab einem gewissen Zeitpunkt zu befreien und dem Mieter durch ein Fortbestehen des Mietvertrags die Möglichkeit zu eröffnen, in seiner bisherigen Wohnung zu bleiben. Der Gesetzgeber wollte damit das Kündigungsrecht des Insolvenzverwalters bei Wohnraummietverträgen »vollständig verdrängen»[175].

Dieser Wille spiegelt sich nun in der Regelung des § 67c GenG konsequent wider. Es liegt ein wertungsmäßiger Gleichlauf mit dem sozialen Mietrecht vor. Es darf hierbei jedoch nicht verkannt werden, dass es sich bei dem bei einer Kündigung frei werdenden Auseinandersetzungsguthaben um eine gesellschaftsrechtliche Beteiligung und nicht um einen auf einem mietrechtlichen Verhältnis beruhenden Kautionsanspruch handelt. Beide Rechtsverhältnisse sind an dieser Stelle unabhängig voneinander zu betrachten (siehe Rn. 282). 294

Die systematische Stellung der §§ 66 ff. GenG im Gesetz macht deutlich, dass dem hohen Gut einer grundsätzlichen Unkündbarkeit der Mitgliedschaft durch Dritte Rechnung getragen wird. Das Verlassen des Verbunds der genossenschaftlichen Gemeinschaft soll nach der gesetzlichen Intention grundsätzlich selbstbestimmt innerhalb der gesellschaftsrechtlichen Wechselbeziehung Genossenschaft und Mitglied erfolgen. Der Gläubiger eines Genossenschaftsmitgliedes darf als an dem kooperativen

174 Durch das Gesetz zur Verkürzung des Restschuldbefreiungsverfahrens und zur Stärkung der Gläubigerrechte v. 15.7.2013 (BGBl I 2013, S. 2379, 2385).

175 BT-Drs.14/5680, Begründung der Bundesregierung zu Art. 1 Ziff. 10.

Verbund Unbeteiligter hier nur überaus restriktiv geregelt von außen eingreifen (vgl. § 66 GenG).

Ferner ist zu berücksichtigen, dass Wohnungsgenossenschaften sich durch sehr spezielle Organisations- und Strukturprinzipien von anderen privaten Vermietern unterscheiden, was § 109 InsO nicht berücksichtigte, die Regelung des § 67c GenG jedoch aufnimmt. Gerade die Bindung der Mitgliedschaft an die Nutzung einer Wohnung ist hierbei eine Besonderheit, die mit einer ungeregelten Kündigung der Mitgliedschaft durch Dritte zerstört wurde, ohne dass die betroffene Wohnungsgenossenschaft bzw. das Mitglieds Einfluss nehmen konnte. Der gesellschaftsrechtliche Ansatz, selbstbestimmt zu entscheiden, wer Mitglied in dem genossenschaftlichen Verbund sein soll, ist als hohes Gut zu sehen.

295 Unter diesen Aspekten muss auch eine Kündigung der Wohnung durch die Genossenschaft infolge einer Gläubigerkündigung betrachtet werden. Denn in außerhalb des Anwendungsbereichs des § 67c GenG liegenden Fällen kann die Mitgliedschaft durch die Gläubiger nach § 66 GenG gekündigt werden. Es sind bezüglich einer Vermieterkündigung dann die allgemein geltenden Grundsätze für eine Kündigung wegen nicht mehr bestehender Mitgliedschaft heranzuziehen (siehe Rn. 284).

296 **Fallbeispiel: Kündigung des Nutzungsverhältnisses bei Tod des Mitglieds**
Im Fall des Todes eines Mitglieds und daraus folgender Kündigung muss wieder auf die Abgrenzungskriterien beider Rechtsgebiete – Mietrecht und Genossenschaftsrecht – Bezug genommen werden (siehe Rn. 269). So hat der BGH[176] entschieden, dass eine Wohnungsgenossenschaft gehalten ist, das Nutzungsverhältnis mit dem Sohn eines verstorbenen Mitglieds fortzusetzen, auch wenn die Mitgliedschaft nach den Regelungen der Satzung mit dem Tod des Mitglieds zum Ende des Geschäftsjahrs ausläuft. Die Fortsetzung des Nutzungsverhältnisses wurde als zumutbar angesehen. Einen wichtigen Grund für die Beendigung des Nutzungsverhältnisses sah das Gericht nicht als gegeben an. Der Sohn hatte sich zuvor über mehrere Jahre beanstandungsfrei in die häusliche Gemeinschaft eingefügt. Dem wurde eine größere Bedeutung beigemessen als der Tatsache, dass er nun strafrechtlich verurteilt und drogenabhängig war. Auch die durch die Satzungsregelung ausgelaufene (ererbte) Mitgliedschaft sah das Gericht nicht als wichtigen Grund an, das bestehende Nutzungsverhältnis zu beenden. Dies gelte zumindest dann, wenn das Nichtmitglied als Erbe des verstorbenen genossenschaftlichen Wohnungsnutzers seine Aufnahme in die Genossenschaft begehrt.[177] Dies war im vorliegenden Fall geschehen, von der Genossenschaft jedoch nicht zugelassen worden.

176 BGH, Urteil v. 20.4.2010, VIII ZR 254/09, GE 2010 S. 1050.
177 Vorgehend LG Hamburg, Urteil v. 28.8.2009, 311 S 17/09.

Dem kann nicht gefolgt werden. Bei Aufrechterhaltung dieser Argumentation wäre der Genossenschaft die Entscheidung, wer Mitglied der genossenschaftlichen Gemeinschaft wird, vollständig entzogen. Es würde ihr ein in der Genossenschaft wohnendes Nichtmitglied aufgezwungen, obwohl sie sich in der Satzung für den Weg der Beendigung der Mitgliedschaft im Todesfall entschieden hat, gerade um sich die Entscheidungsbefugnis über die Fortführung der Mitgliedschaft mit dem Erben zu bewahren.

Das Gericht stellte zudem darauf ab, dass der Vermieter bei Bejahung eines Kündi- 297
gungsgrunds aufgrund nicht mehr bestehender Mitgliedschaft gegenüber jedem anderen Vermieter ohne sachlichen Grund privilegiert wäre. Dies widerspricht, so das Gericht, dem mit § 563 BGB verfolgten Bestandsschutz des dort genannten Personenkreises.

Dem kann ebenfalls nicht gefolgt werden. Liegt ein Fall des § 563 BGB vor, tritt die eintrittsberechtigte Person anstelle des verstorbenen Nutzers in den Nutzungsvertrag ein. Damit hat die Genossenschaft als Vermieter u. U. einen Mieter bzw. Vertragspartner, den sie sich nicht ausgesucht und möglicherweise auch nicht gewünscht hat. Ihre Möglichkeiten, gegen den Eintritt vorzugehen, sind äußerst begrenzt.

Sie hat lediglich die Möglichkeit, das Nutzungsverhältnis innerhalb eines Monats, nachdem sie vom endgültigen Eintritt in den Nutzungsvertrag Kenntnis hatte, zu beenden, indem sie es außerordentlich kündigt (§ 563 Abs. 4 BGB). Dies ist aber wiederum nur möglich, wenn in der Person des Eintretenden ein wichtiger Grund liegt. Dieser wichtige Grund kann aber, wie oben festgestellt wurde, nicht in der fehlenden Mitgliedschaft der eintretenden Person liegen: Da § 563 BGB eine zwingende Vorschrift darstellt, treten die betroffenen Personen kraft Gesetzes in das Nutzungsverhältnis ein. § 563 BGB enthält einen besonderen Bestandsschutz des Mietverhältnisses gegenüber bestimmten schutzbedürftigen Personengruppen[178], hinter dem die Individualität einer genossenschaftlichen Organisationsform zurückzutreten hat. Dies gilt in jedem Fall für Genossenschaften, die Nichtmitgliedergeschäfte zulassen, aber auch für Genossenschaften, die ausschließlich Mitgliedergeschäfte zulassen.

Ausdrücklich sei noch darauf hingewiesen, dass im Musternutzungsvertrag auch auf die gesetzlichen Bestimmungen bzw. deren Gültigkeit Bezug genommen wird[179] (vgl. § 13 Abs. 3 des Musternutzungsvertrags). Diese vertragliche Regelung unterstützt die obige rechtliche Einschätzung und lässt seitens der Genossenschaft keine andere Wertung zu.

178 Palandt/*Weidenhaff*, BGB, § 563 Rn. 1.
179 GdW, Musternutzungsvertrag, Stand Januar 2017, Mat.-Nr. 06536-0090.

298 **Fallbeispiel: Kündigung wegen Unter- bzw. Fehlbelegung nach bestehenden genossenschaftlichen Vergabegrundsätzen**

Das LG Heidelberg[180] (siehe hierzu im Zusammenhang mit der Notwendigkeit der Erstellung einer Vergabeordnung auch oben Rn. 268a) hat sich mit der Frage auseinandergesetzt, ob eine Unter- oder Fehlbelegung einer Genossenschaftswohnung als Kündigungsgrund nach § 573 Abs. 1 BGB anzuerkennen ist. Im vorliegenden Fall hatte der Erbe zunächst in Gemeinschaft mit einem langjährigen Genossenschaftsmitglied ein Siedlungshaus der Genossenschaft bewohnt. Die Genossenschaft kündigte dem Erben nach Versterben des Genossenschaftsmitglieds mit der Begründung, dass genossenschaftliche Siedlungshäuser nach Entscheidung des Vorstands für eine Vergabe an Genossenschaftsmitglieder mit Familien vorgesehen seien. Eine verbindliche Vergaberichtlinie bestand in der Genossenschaft nicht. Das Gericht sah das Merkmal einer Fehl- oder Unterbelegung als nicht gegeben an und enthielt sich damit der Entscheidung, ob dies ein Kündigungsgrund sei oder nicht. Dies wird in der Literatur widersprüchlich gesehen.[181] Zur Beurteilung einer Fehl- oder Unterbelegung und einer möglichen Kündigung aus diesem Grund bedarf es jedoch, so das Gericht, verbindlicher Vergabegrundsätze, anhand derer man das Vorliegen einer Fehl- oder Unterbelegung feststellen kann. Diese Grundsätze müssten klar, verbindlich und allgemeingültig in der Genossenschaft zu beachten sein. Da dies im vorliegenden Fall nicht gegeben war, schloss das Gericht eine Kündigungsmöglichkeit bereits aus diesem Grunde aus.

299 **Fallbeispiel: Kündigung aufgrund einer Beendigung der Mitgliedschaft durch Ausschluss aus der Genossenschaft**

Eine Kündigung des Nutzungsverhältnisses aufgrund eines berechtigten Ausschlusses eines Mitglieds aus der Genossenschaft hat der BGH bereits grundsätzlich bejaht.[182] Das genossenschaftsrechtliche Ausschlussverfahren bietet ausreichenden Schutz vor einer willkürlichen Kündigung der Genossenschaft als Vermieter. Nach Sinn und Zweck der Vorschrift des § 68 GenG bzw. der einschlägigen Regelungen in der Satzung rechtfertigt nur ein genossenschaftswidriges Verhalten von erheblichem Ausmaß einen Ausschluss.

300 Auch formal ist das Mitglied vor einem unberechtigten Ausschluss geschützt, da ein Entzug der Mitgliedschaft gegen den Willen des Mitglieds an strenge Voraussetzungen geknüpft ist. Hinzu kommt, dass genossenschaftsrechtlich eine Abmahnung erforderlich sein kann[183] und eine Anhörung des Mitglieds zu erfolgen hat[184]. Zusätzlich bleibt

180 LG Heidelberg, Urteil v. 25.11.2013, 5 S 33/13, GE 2014 S. 1339.

181 Verneinend OLG Karlsruhe, RE v. 23.12.1983, 9 REMiet 4/83; bejahend OLG Stuttgart, RE v. 11.06.1991, 8 REMiet 1/91; *Drasdo*, »Genossenschaftliches Wohnen« NZM 2012, S. 596.

182 BGH, Urteil v. 10.9.2003, VIII ZR 22/03, WuM 2003 S. 691.

183 So LG Berlin, Urteil v. 20.4.2006, 51 S 343/05, WuM 2006 S. 393.

184 Ergibt sich aus der Treuepflicht: BGH, Urteil v. 25.8.1992, II ZR 77/95, MDR 1996 S. 1137.

dem Mitglied ggf. ein Beschwerderecht ebenso wie der Klageweg gegen den Ausschluss.

Das berechtigte Interesse an einer Kündigung durch die Genossenschaft könnte allerdings dann nicht vorliegen, wenn über die Rechtmäßigkeit des Ausschlusses gerichtlich erst noch zu entscheiden ist. Denn solange keine gerichtliche Entscheidung vorliegt, ist es auch nicht sicher, ob der Ausschluss wirksam bleibt. Für die Praxis ist zu empfehlen, die Voraussetzungen für die Wirksamkeit des Ausschlusses besonders genau zu prüfen (z. B. Ablauf der satzungsmäßigen Berufungsfrist), um eine spätere Feststellung der Nichtigkeit des Ausschlusses durch ein Gericht und darauf begründete Schadensersatzforderungen zu vermeiden. 301

Gestaltung einer Kündigung aufgrund der Beendigung der Mitgliedschaft 302

Sollte dennoch in Einzelfällen eine Kündigung aufgrund der Beendigung der Mitgliedschaft durch die Genossenschaft ausgesprochen werden, so sind – unter Abwägung sämtlicher oben dargestellter rechtlicher Risiken – formale Kriterien einzuhalten.

Grundsätzlich ist in den Dauernutzungsverträgen die Kündigungsmöglichkeit auf »wichtige berechtigte Interessen« beschränkt. Zu einem berechtigten Interesse an einer Kündigung führen die in § 563 BGB aufgeführten Fälle. Der Inhalt des Kündigungsschreibens richtet sich also danach, welche Gründe als berechtigtes Interesse enthalten sein sollen. Im Kündigungsschreiben muss die Genossenschaft dies so darstellen, dass der Nutzer die Gründe schon allein aufgrund des Schreibens nachvollziehen kann.

Dazu gehört die Darstellung des Kündigungsgrunds »nicht mehr bestehende Mitgliedschaft«. Dieser Kündigungsgrund ist im Nutzungsvertrag festgelegt (vgl. § 6 Abs. 3 Musternutzungsvertrag;[185]) und ergibt sich aus der Satzung der Genossenschaft (vgl. § 14 MS). Dargelegt werden sollte auch, dass die Beendigung der Mitgliedschaft durch im »Verschuldensbereich« des Nutzers liegende Gründe erfolgt.

Ferner sollte – wenn möglich – durch die Genossenschaft dargelegt werden, welche Mitglieder für die zukünftige Nutzung der Wohnung vorgesehen sind. So könnten – mit deren Einwilligung – die Namen und Anschriften der (potenziellen) Mitglieder aufgeführt werden, um dem gekündigten Nutzer zu ermöglichen, die Bedarfssituation der (potenziellen) Mitglieder selbst zu überprüfen. Der Wille zur Anmietung der Wohnung muss erkennbar sein. Hier ergibt sich das Praxisproblem, dass die Mitglieder sich im Laufe einer möglichen gerichtlichen Auseinandersetzung eventuell schon anderweitig Wohnraum beschafft haben. Dies wiederum könnte dazu führen, dass der Kündi- 303

185 GdW, Musternutzungsvertrag, Stand Januar 2017, Mat.-Nr. 06536-0090.

gungsgrund mangels eines zu bejahenden Kündigungsinteresses der Genossenschaft hinfällig wäre. Ein Anspruch des gekündigten Nutzers auf Weiternutzung der Wohnung wäre die mögliche Folge. Kann die Genossenschaft in dieser Situation jedoch anhand der Warteliste nachweisen, dass andere als im Kündigungsschreiben angegebene Mitglieder die Wohnung anmieten wollen, bleibt die Annahme des Kündigungsgrundes vor Gericht möglicherweise haltbar.

Die Rechtsprechung des BGH[186] in diesem Zusammenhang macht deutlich, dass eine Durchsetzung der Kündigung sehr von den jeweiligen Gegebenheiten abhängig und somit grundsätzlich schwer durchsetzbar ist.

!

Muster: Kündigung wegen nicht mehr bestehender Mitgliedschaft

Anschrift des Mitglieds

Kündigung aufgrund Generalklausel (§ 573 Abs. 1 Satz 1 BGB) wegen nicht mehr bestehender Mitgliedschaft

Sehr geehrter Herr __________,
sehr geehrte Frau __________,
wir kündigen das bestehende Nutzungsverhältnis über die Wohnung __________ gemäß Nutzungsvertrag vom __________ zum nächstzulässigen Zeitpunkt. Das ist der __________. Die Kündigung wird wie folgt begründet:
Gemäß § 573 Abs. 1 Satz 1 BGB kann der Vermieter ein Mietverhältnis – im vorliegenden Fall ein Nutzungsverhältnis über Wohnraum – kündigen, wenn er ein berechtigtes Interesse an der Beendigung des Nutzungsverhältnisses hat. Dieses wird nachstehend im Einzelnen begründet: __________ *[hier folgt die genaue und umfassende Mitteilung der tatsächlichen Umstände, die die Kündigung stützen – zum Beispiel:]*
Die von Ihnen bewohnte Wohnung ist eine Genossenschaftswohnung. Bei Überlassung der Wohnung waren Sie Mitglied der Genossenschaft. Aus dem auch Ihnen zugegangenen Gerichtsbeschluss und der unsrerseits erfolgten Benachrichtigung wissen Sie, dass Sie aus der Genossenschaft wirksam ausgeschlossen worden sind. Mit Ablauf des __________ sind Sie kein Mitglied unserer Genossenschaft mehr. Den Ausschließungsbeschluss und die Gründe für den Ausschluss legen wir diesem Schreiben bei. Hieraus können Sie ersehen, dass der Grund für den Ausschluss durch Ihr Verhalten gesetzt worden ist.
Aus § __ unserer Satzung sowie aus § __ Ihres Nutzungsvertrags ist ersichtlich, dass die Wohnungsnutzung in unserer Genossenschaft grundsätzlich an eine Mitgliedschaft gebunden ist. Wir führen eine Warteliste für Ihre Wohnung. Da wir nur über wenige Wohnungen in der Größe Ihrer Wohnung verfügen, besteht ein gesteigerter Bedarf für andere Mitglieder an Wohnraum dieser Art. Auf der Warteliste für Ihre Wohnung ist an erster Position das Mitglied Herrn __________ wohnhaft in __________ verzeichnet. Dieses Mitglied wartet bereits seit drei Jahren auf eine Wohnung dieser Art und Größe, da es diese für sich, seine Frau und sein Kind dringend benötigt. Eine anderweitige Möglichkeit der Deckung dieses Wohnbedarfs in

186 BGH, Urteil v. 10.9.2003, VIII ZR 22/03, WuM 2003 S. 691.

unserer Genossenschaft besteht nicht. Eine entsprechende Erklärung des Mitglieds, die bekundet, dass es bereit ist, Ihre Wohnung anzumieten, legen wir bei.
Entsprechend einer gesetzlichen Verpflichtung weisen wir Sie darauf hin, dass Sie der Kündigung nach dem Gesetz widersprechen und Fortsetzung des Nutzungsverhältnisses verlangen können, wenn Sie meinen, dass die vertragsgemäße Beendigung des Nutzungsverhältnisses für Sie/Ihre Familie oder einen anderen Angehörigen Ihres Haushalts eine Härte bedeuten würde, die auch unter Würdigung unserer berechtigten Vermieterinteressen nicht zu rechtfertigen ist. Der Widerspruch muss schriftlich erfolgen und bis spätestens zwei Monate vor Beendigung des Nutzungsverhältnisses bei uns eingehen. Der Widerspruch sollte begründet sein. Gemäß § 545 BGB erklären wir schon jetzt, dass eine stillschweigende Fortsetzung des Nutzungsverhältnisses über den Beendigungszeitpunkt hinaus nicht in Betracht kommt.
Mit freundlichem Gruß

3.3.5.5 Kündigungsfristen des Nutzungsverhältnisses/der Mitgliedschaft

3.3.5.5.1 Grundsätzliches

In der Regel sind die Kündigungsfristen für die Beendigung der Mitgliedschaft und die 304
ordentlichen Kündigungsfristen zur Beendigung des Nutzungsverhältnisses unterschiedlich lang. Das Mitglied, das die Kündigung der Mitgliedschaft erklärt, scheidet zum Ende des Geschäftsjahrs zum 31.12. nach Ablauf der satzungsmäßigen Kündigungsfrist aus. Auch in Bezug auf die Kündigungsfristen müssen die Rechtsbereiche Mietrecht und Genossenschaftsrecht unabhängig voneinander gesehen werden. Dies hat zur Konsequenz, dass die Fristen der Kündigung der Mitgliedschaft und der Kündigung des Nutzungsverhältnisses unterschiedlich lange sind. Es kann also der Fall eintreten, dass ein bereits ausgeschiedenes Mitglied u. U. noch bis zum Ablauf der Kündigungsfrist des Nutzungsverhältnisses als Nichtmitglied eine Wohnung bewohnt.

Praxis-Beispiel !

Der Nutzer kündigt die Mitgliedschaft in der Genossenschaft am 27. September 2018. Laut Satzung muss die Kündigung drei Monate vor Ablauf des Kalenderjahrs erfolgen, die Mitgliedschaft endet dann zum Ablauf des Geschäftsjahrs, da das Geschäftsjahr meist dem Kalenderjahr entspricht.
Da der Nutzer rechtzeitig gekündigt hat, endet seine Mitgliedschaft zum 31. Dezember 2018. Ab dem 1. Januar 2019 ist er kein Mitglied mehr. Seinen Nutzungsvertrag kündigt der Nutzer erst am 15. Dezember 2018. Da im Nutzungsvertrag geregelt ist, dass sich die Kündigung nach den gesetzlichen Bestimmungen richtet (so in § 6 Abs. 3 Musternutzungsvertrag[187] geregelt), endet das Nutzungsverhältnis gem. § 573c BGB zum 31. März 2019. Damit wäre der Nutzer zwar ab 1. Januar 2019 kein Mitglied mehr, würde die Genossenschaftswohnung

187 GdW, Musternutzungsvertrag, Stand Januar 2017, Mat.-Nr. 06536-0090.

für die Dauer der Kündigungsfrist des Nutzungsvertrags noch bewohnen, da dieser bis zum 31. März 2019 fortbesteht.

Dieses Auseinanderfallen der Mitgliedschaft und des Nutzungsverhältnisses ist für den Bestand des Nutzungsvertrags in diesem Fall unerheblich. Der Nutzer bliebe – ohne Mitglied zu sein – bis zum Ablauf der Kündigungsfrist Mieter der Wohnung.

Die gleiche Situation kann auch eintreten, wenn der Vermieter das Nutzungsverhältnis kündigt oder die Mitgliedschaft durch Ausschluss beendet wird. Auch hier muss zunächst eine unabhängige Beurteilung beider Rechtsverhältnisse erfolgen.

Ein Auseinanderfallen von Mitgliedschaft und Wohnungsnutzung ist allerdings grundsätzlich zu vermeiden. Der Vorstand ist verpflichtet, auf die Einhaltung des Gleichlaufs der Kündigungsfristen hinzuwirken. Ein Anspruch auf Einhaltung seitens der Genossenschaft besteht jedoch aufgrund der Unabhängigkeit der Rechtsbereiche Mietrecht und Genossenschaftsrecht bedauerlicherweise nicht.

3.3.5.5.2 Besonderheiten ehemaliger DDR-Nutzungsverträge (Altverträge)

305 Häufig stellt sich in der Praxis die Frage, ob Altverträge grundsätzlich – z. B. aus Anlass gewünschter Änderungen oder Ergänzungen – neu geschrieben werden müssen. Dies ist nicht der Fall. Auch der Wunsch mancher Genossenschaft nach einer Neuordnung der Unterlagen und Anpassung der alten Verträge an den heutigen Standard (verbunden mit inhaltlichen Änderungen) ist ohne die Einwilligung des Vertragspartners nicht möglich – davon abgesehen aber auch rechtlich nicht erforderlich. Für DDR-Altverträge ist der Art. 232 § 2 Abs. 1 EGBGB die rechtliche Grundlage für eine Fortgeltung. Diese Vorschrift besagt, dass Mietverträge, die vor dem Wirksamwerden des Beitritts geschlossen wurden, sich von diesem Zeitpunkt an inhaltlich grundsätzlich nach den Vorschriften des Bürgerlichen Gesetzbuchs richten. Dies gilt damit auch für die vor dem 3.10.1990 abgeschlossenen Nutzungsverträge, die mit den damaligen Arbeiterwohnungsbaugenossenschaften (AWG) abgeschlossen wurden.

Demnach behalten die Altverträge ihre inhaltliche Wirksamkeit – mit wenigen Einschränkungen, die sich inzwischen meist durch Zeitablauf erledigt haben.

306 Die Anwendung des BGB auf Verträge aus dieser Zeit gilt allerdings nicht uneingeschränkt. So sind Besonderheiten z. B. bezüglich der Kündigungsfrist zu beachten. In den meisten Nutzungsverträgen aus DDR-Zeiten findet sich eine Kündigungsfrist von zwei Wochen zugunsten des Nutzers. Grundsätzlich gelten die in den Altnutzungsverträgen enthaltenen Kündigungsfristen fort. Das EGBGB knüpft in Art. 232 § 2 Abs. 1 an die bestehenden, unter Geltung des Zivilgesetzbuches (ZGB) der DDR geschlossenen Mietverträge an und stellt sie den unter Geltung des BGB vereinbarten gleich. Dies bedeutet, dass die getroffenen Regelungen ihre Gültigkeit behalten, wenn sie als

zwischen den Parteien vereinbart zu werten sind und nicht gegen zwingendes Recht verstoßen.

Die Annahme einer solchen Kündigungsregelung als vereinbart wurde von einem Teil der Rechtsprechung[188] wenigstens dann abgelehnt, wenn die Formulierung im Vertrag als Wiederholung der einschlägigen ZGB- Vorschrift (§ 120 Abs. 2 Satz 1 ZGB: »Der Mieter kann das Mietverhältnis jederzeit mit einer Frist von zwei Wochen kündigen») zu werten war und keinen eigenen Regelungscharakter besaß. Ein anderer Teil der Gerichte[189] ließ auch die wörtliche oder sinngemäße Wiederholung von gesetzlichen Regelungen zu und bestätigte ihr eine rechtserläuternde und vertragsgestaltende Funktion.

Die Qualität einer vertraglichen Vereinbarung wurde nach Auffassung der Gerichte[190] nicht dadurch infrage gestellt, dass die Vertragsfreiheit durch die Verwendung der damals empfohlenen Mustermietverträge stark eingeschränkt war – dies gilt auch bei Vertragsschluss eines Mieters mit einer Arbeiterwohnungsbaugenossenschaft. In den meisten Fällen ist damit von einer Wirksamkeit der zweiwöchigen Kündigungsfrist zugunsten des Nutzers als vereinbart auszugehen.

Soweit keine Frist im Vertrag geregelt wurde, findet § 573 Abs. 1 BGB Anwendung.[191] Für den Nutzer gilt dann die allgemeine Kündigungsfrist von drei Monaten.

Geht man von einer Wirksamkeit der Vereinbarung einer verkürzten Kündigungsfrist 307
aus, so könnte man – je nach Formulierung in den Altverträgen – zu dem Schluss kommen, dass diese kurze Frist auch für die Genossenschaft als kündigender Vermieter gelten könnte. Da mit der Regelung in Art. 232 § 2 EGBGB erreicht werden sollte, dass auch die vor dem 3.10.1990 geschlossenen Verträge grundsätzlich den sozialen Wirkungen des Mietrechts im BGB unterliegen, war nun die Kündigung des Mietverhältnisses auch für den Vermieter unter den rechtlichen Bedingungen des BGB umsetzbar. Dies war zuvor nach den Bestimmungen des ZGB grundsätzlich nicht möglich gewesen. Wohnraummietverhältnisse konnten nur auf Antrag des Vermieters aus im Gesetz festgelegten Gründen durch eine gerichtliche Entscheidung aufgehoben werden (vgl. §§ 120 ff. ZGB). Geht man nun von dem damaligen rechtlichen Hintergrund aus, so konnten die Vertragsparteien das Kündigungsverbot des Vermieters überhaupt nicht umgehen, ohne zu riskieren, dass die Regelung damit unwirksam werden würde. Das

188 AG Brandenburg a. d. Havel, Urteil v. 15.5.2001, 32 C 502/00; KG Berlin, RE v. 22.1.1998, 8 RE-Miet 6765/97, WuM 1998 S. 149.

189 Schmitt-Futterer/*Blank,* Mietrecht, § 573c Rn. 26 m. w. N.; KG Berlin, RE v. 22.1.1998, 8 RE-Miet 6765/97, WuM 1998 S. 149.

190 LG Berlin, Urteil v. 7.7.1997, 62 S 569/96.

191 AG Halle-Saalkreis, Urteil v. 9.12.2005, 105 C 5909/04.

Fehlen der Bezugnahme auf eine Kündigungsmöglichkeit muss also so verstanden werden, dass die Regelung des ZGB zum Vertragsinhalt hinsichtlich der Kündigungsmöglichkeit des Vermieters gemacht werden sollte. Da dieses Kündigungsverbot jedoch mit Inkrafttreten der Regelung des EGBGB aufgehoben wurde, traten die mietrechtlichen Bestimmungen des BGB an dessen Stelle. Somit gelten bei Altverträgen hinsichtlich der Kündigungsfristen für den Vermieter immer die gesetzlichen Bestimmungen des Bürgerlichen Gesetzbuches.

3.3.5.5.3 Nutzung der Wohnung durch ein Mitglied und ein Nichtmitglied

308 **Nutzung der Wohnung durch Familienangehörige des Mitglieds**
Bei Bestehen einer Ehe oder nichtehelichen Lebensgemeinschaft müssen grundsätzlich nicht beide Partner Mitglied der Genossenschaft werden. Sollte die Genossenschaft satzungsgemäß nur Mitgliedergeschäfte zulassen, so könnte man meinen, dass beide Partner Mitglieder der Genossenschaft werden müssen. Dies ist aber nicht unbedingt der Fall. Das Genossenschaftsrecht beinhaltet auch den Grundsatz, dass keine Fehlförderung vorliegen kann, wenn ein Partner durch seine Mitgliedschaft gefördert werden darf, der andere aber durch das Mietrecht in seiner Berechtigung, die Wohnung zu nutzen, geschützt ist. Ein denkbarer Unterlassungsanspruch seitens der Genossenschaft ist damit in diesen Fällen nicht durchsetzbar.

Diese Wertung gilt unabhängig von den Regelungen in der Satzung. Selbst für den Fall, dass ausschließlich Mitgliedergeschäfte erlaubt sind, hat die Genossenschaft kein Recht, auf die Belegung der Wohnung so Einfluss zu nehmen. Der in der Satzung verankerte Förderzweck bezieht sich auf die Förderung der Mitglieder, zu dem die Genossenschaft verpflichtet ist. Die Leistung der Genossenschaft besteht im Zurverfügungstellen von definiertem Wohnraum an ein Mitglied. Diese Leistungserfüllung ist mit dem Überlassen der Wohnung gegeben. Hierfür ist eine wohnungsbezogene Pflichtbeteiligung zu leisten, nicht aber eine personenbezogene. Diese wird über die mitgliedschaftsbegründenden Pflichtanteile abgedeckt. Die kooperative Rechtsbeziehung in Form der Mitgliedschaft grenzt sich hier von der vertragsrechtlichen in Form des Nutzungsvertrags ab.[192] Die Aufnahme von bestimmten Personen in die Wohnung ist somit rein mietvertraglich zu beurteilen.

Ähnlich entschied das LG Köln.[193] Für die Begründung eines Untermietverhältnisses käme es nicht auf die Mitgliedschaft des Untermieters in der Genossenschaft an, es sei nur die Mitgliedschaft des Hauptmieters maßgeblich.

192 *Roth*, »Genossenschaftsausschluss als berechtigtes Kündigungsinteresse – wohnbedarfsabhängig?« NZM 2004, S. 129.
193 LG Köln, Urteil v. 8.11.2012, 1 S 7/12, NRWE (Rechtsprechungsdatenbank NRW).

In der Mustersatzung ist dieser Grundsatz in § 17 Abs. 2 mit aufgenommen worden. Hier heißt es: »Ist eine Wohnung mehreren Mitgliedern (z. B. Ehegatten, Lebenspartnern, Familienangehörigen) überlassen, so ist eine Beteiligung mit den nutzungsbezogenen Pflichtanteilen ... nur von einem Mitglied zu übernehmen.« Denkbar wäre daher auch, dass bei mehreren Bewohnern, die auch alle Mitglied der Genossenschaft sind, die Anteile für die Wohnung nur einmal aufgebracht werden und die Mitglieder diese Anteile unter sich aufteilen können. Diese Anteile ergeben dann addiert die erforderlichen wohnungsbezogenen Pflichtanteile.

Auch bei einer Trennung der Partner liegt keine Fehlförderung vor. Maßgebend ist der 309
Bestand des Nutzungsvertrags. Bei Auszug eines Partners bleibt grundsätzlich das Nutzungsverhältnis bestehen. Kein Nutzer/Mieter ist mietrechtlich zur Nutzung der angemieteten Wohnung verpflichtet. Solange er seine vertraglichen Pflichten erfüllt, ist seine Lebensgestaltung Ausdruck einer individuellen Prägung, die mietrechtlich unerheblich ist. Etwas anderes gilt nur dann, wenn er sich vertragswidrig verhält und z. B. keine Nutzungsgebühr mehr zahlt. Hier greift das Mietrecht und gewährt dem Vermieter ein Kündigungsrecht nach den allgemeinen Regelungen des BGB.

Gleiches gilt genossenschaftsrechtlich bezüglich der Nutzung einer Genossenschaftswohnung.[194] Sind einerseits die Sphären der Mitgliedschaft in einer Genossenschaft nach Satzung, Nutzungsverträgen und gelebter Praxis und andererseits der Nutzung an Genossenschaftswohnungen nur lose miteinander verknüpft, kann ein Mitglied nicht wegen Nichtnutzung der ihm überlassenen Genossenschaftswohnung aus der Genossenschaft ausgeschlossen werden. Der Genossenschaft ist es vielmehr zuzumuten, den Weg zur Beendigung des Nutzungsverhältnisses nach den Regelungen des Nutzungsvertrags und der gesetzlichen Bestimmungen zu gehen.

In der Regel wird der Nutzungsvertrag auch mit Wirkung für den Ehepartner geschlossen, sodass dieser ebenfalls Schuldner der Nutzungsgebühr ist. Beide Eheleute haften in diesem Zusammenhang als Gesamtschuldner; solange sich das in der Wohnung verbleibende Nichtmitglied vertragstreu verhält, gibt es keine rechtliche Möglichkeit für die Genossenschaft, hier eine Änderung herbeizuführen.

Bei einer nichtehelichen Lebensgemeinschaft dagegen, wo in der Regel nur das Mitglied Vertragspartner geworden ist, reicht es grundsätzlich aus, bei vertragswidrigem Verhalten des Mitglieds das Nutzungsverhältnis zu kündigen. Auch hier ist die Wertung des Einzelfalls entscheidend.

194 OLG München, Urteil v. 14.10.2015, 7 U 995/15, ZMR 2016 S. 418.

310 Erfolgte eine Eheschließung bereits zu DDR-Zeiten so ergeben sich folgende genossenschaftsrechtlichen Besonderheiten:

Die Mustersatzungen der Arbeiterwohnungsgenossenschaften aus DDR-Zeiten sahen vor, dass die Ehegatten ihren Beitritt zur Genossenschaft nur gemeinsam schriftlich erklären konnten. Als Rechtsfolge erwarben sie die Mitgliedschaft gemeinsam und konnten so die Rechte und Pflichten der Mitgliedschaft auch nur gemeinsam wahrnehmen, wie z. B. in den Versammlungen nur eine Stimme abgeben oder nur gemeinsam den Anspruch auf Zuteilung einer Genossenschaftswohnung erwerben. Diese Regelung wurde durch die Anlage zur Verordnung zur Einführung des Genossenschaftsgesetzes vom 15.8.1990 (sog. Einführungsverordnung)[195] geändert. Grundsätzlich sollte durch die Einführungsverordnung sowohl die Wiedereinführung des bundesdeutschen Genossenschaftsgesetzes als auch die Außerkraftsetzung der in der DDR geltenden Fassung erreicht werden. Zur Regelung der Mitgliedschaft von Ehegatten wurde bestimmt, dass die Ehegatten seit August 1990 (Inkrafttreten des Gesetzes) innerhalb einer Frist von drei Monaten dem Vorstand schriftlich mitzuteilen hatten, welcher von beiden Ehegatten die Mitgliedschaft fortzusetzen wünschte. Für den anderen endete dann die Mitgliedschaft zum Zeitpunkt der Abgabe der schriftlichen Erklärung.[196] Nach dieser Erklärung war somit nur noch ein Ehepartner Mitglied der Genossenschaft.

Auswirkungen hinsichtlich des Nutzungsverhältnisses hatte dies allerdings keine. Denn auch in diesem Fall blieb der Ehegatte als Nichtmitglied Partner des Nutzungsvertrags – zum einen aus den mietrechtlichen Schutzbestimmungen heraus, die über Art. 232 § 2 EGBGB auch auf diesen angewendet werden mussten, zum anderen weil die Besonderheiten des ZGB in diesen Fällen nach wie vor Anwendung fanden und somit der Ehepartner auch bei Unterzeichnung des Vertrags durch den anderen Vertragspartner geworden war (§ 100 Abs. 3 ZGB).

Wird infolge einer Scheidung einem Ehepartner, der nicht Mitglied der Genossenschaft ist, die Wohnung zugewiesen, so hat dies zur Folge, dass das Nutzungsverhältnis mit diesem Ehepartner als Vertragspartner fortgesetzt werden muss, grundsätzlich ohne dass der Vermieter darauf Einfluss nehmen kann (§ 1568a BGB). Allerdings hat der Vermieter ein Sonderkündigungsrecht analog § 563 Abs. 4 BGB. Ein wichtiger Grund kann somit unter bestimmten Voraussetzungen auch das Fehlen der Mitgliedschaft des in der Wohnung verbleibenden Ehegatten sein.[197]

---

195 Verordnung zur Einführung des Gesetzes betreffend die Erwerbs- und Wirtschaftsgenossenschaften der Bundesrepublik Deutschland für Wohnungsgenossenschaften der Deutschen Demokratischen Republik vom 15.8.1990 (Gesetzblatt I S. 1072).

196 Wie vor.

197 So Palandt/*Brudermüller,* BGB, § 1568a Rn. 15.

Nutzung der Wohnung durch Minderjährige 311

Ein Nutzungsverhältnis kann grundsätzlich auch mit Minderjährigen abgeschlossen werden. Gründe hierfür können ein beginnendes Ausbildungsverhältnis oder der Wunsch der Eltern und Kinder sein, in getrennten Wohnungen zu wohnen. Grundsätzlich ist bei der Verwirklichung dieser Pläne zu beachten, dass nach § 107 BGB die Zustimmung der gesetzlichen Vertreter, also meist der Eltern, zum Abschluss eines Nutzungsvertrags, erforderlich ist, solange das Kind minderjährig ist.

Die Einwilligungserklärung der gesetzlichen Vertreter des Minderjährigen (meist also der Eltern) zum Abschluss eines Nutzungsvertrags könnte folgendermaßen aussehen:

Muster: Einwilligung des gesetzlichen Vertreters !

Einwilligung
Hiermit erteilen wir __________ [Name der Eltern/gesetzlichen Vertreter] die Einwilligung zum Abschluss des Nutzungsvertrags zwischen __________ eG [Name der eG] und unserem Sohn/unserer Tochter __________ [Name des Kindes].

Anmerkung:
Diese Formulierung kann in den Nutzungsvertrag aufgenommen werden (z. B. unter »Verschiedenes« oder »Schlussbestimmungen« o. Ä.). Die Einwilligung kann aber auch gesondert erklärt und das Schriftstück dann den Unterlagen beigelegt werden.
Der Minderjährige unterschreibt den Vertrag selbst.

War das Alter des Interessenten der Genossenschaft nicht bekannt und stellt sich im 312
Nachhinein heraus, dass dieser minderjährig war, so können die gesetzlichen Vertreter (meist die Eltern) den Vertragsabschluss auch noch später genehmigen (§ 108 BGB). Die Genossenschaft muss die gesetzlichen Vertreter zur Abgabe dieser Erklärung auffordern. Diese haben dann eine Frist von zwei Wochen, um auf die Aufforderung zu reagieren. Erfolgt keine Reaktion, so gilt die Genehmigung als verweigert.

Wird die Genehmigung nicht erteilt, so ist der Vertrag unwirksam und muss rückabgewickelt werden, was natürlich für die Genossenschaft immer einen erheblichen Verwaltungsaufwand bedeutet.

Wird der Minderjährige im Laufe der Mietzeit volljährig, so ändert sich am Nutzungsverhältnis und den sich daraus ergebenden Verpflichtungen nichts. Die Erklärungen des (vormals) Minderjährigen treten dann an die Stelle der Erklärungen der gesetzlichen Vertreter.

Nutzungsverhältnis und Verkauf von Genossenschaftswohnungen 313

Genossenschaften werden immer wieder mit den rechtlichen Problemen für die Nutzer bei der Veräußerung von Wohnungsbestand aus wirtschaftlichen Gründen konfrontiert (siehe Rn. 289). Dabei geht es vor allem um die Befürchtung der Mitglieder, die durch das Wohnen in einer Genossenschaft vermittelte Sicherheit eines Dauernutzungsrechts könne ihnen mit einer Veräußerung von Wohnungsbeständen entzogen werden. Diese Befürchtung hat das wegweisende Urteil des Oberlandesgerichts Karlsruhe[198] relativiert (siehe Rn. 289). Das Gericht erklärte auch in diesem Fall die Regelung des § 571 BGB für anwendbar. Dies bedeutet, dass das Genossenschaftsmitglied grundsätzlich auch bei einem Verkauf von Wohnungen mit seinen im Nutzungsverhältnis erworbenen Rechten und Pflichten geschützt bleibt.[199]

314 **Nutzungsverhältnis und Abriss eines vermieteten Gebäudes**
Nicht nur im Rahmen des von Bund und Ländern initiierten Stadtumbaus muss eine Genossenschaft sich immer wieder aus wirtschaftlichen Gründen von einem Teil ihres Bestands trennen.[200] Auch beim Abriss oder dem Rückbau von Gebäuden, die Nutzungsverhältnisse der Mitglieder betreffen, ist der Fördergrundsatz zu berücksichtigen.

Das mit einem Abriss verbundene Sonderopfer für das betroffene Mitglied hat die Genossenschaft auszugleichen.[201]

Im zum Thema »Sonderopfer« wegweisenden Urteil hatte sich das Landgericht Hannover mit dem Verkauf eines größeren Teils des Wohnungsbestands einer Wohnungsgenossenschaft zu befassen. Hierbei sollten 15,4 % des Bestands an ein Unternehmen verkauft werden. Die Vertreterversammlung der Genossenschaft genehmigte dieses Vorgehen durch einfachen Mehrheitsbeschluss. Das Gericht entschied hier gegen ein klagendes Mitglied, dass eine Wohnungsgenossenschaft grundsätzlich aus allgemeinen wirtschaftlichen Gründen Wohnungen veräußern darf, solange sie insgesamt noch den Zweck verfolgt, eine Wohnungsversorgung für alle ihre Mitglieder sicherzustellen. Mit der Frage, ob der Verkauf einer solchen Wohnanlage der Zustimmung der Vertreterversammlung bedurfte, hat sich das Landgericht Hannover nicht auseinandergesetzt, da ein entsprechender Beschluss vorlag.

Allerdings sah das Gericht einen Anspruch des betroffenen Genossenschaftsmitglieds auf Ausgleich des Sonderopfers, das ihm durch den Verkauf entstand. Dieser Anspruch besteht zunächst in der Verschaffung einer gleichwertigen Genossenschaftswohnung und ggf. auch in der Erstattung der Umzugskosten sowie in einem Ausgleich des etwaigen Wohnkostenmehraufwands, der durch ein neues Mietverhältnis entsteht.

198 OLG Karlsruhe, Urteil v. 21.1.1985, 3 REMiet 8/84, OLGZ 1986 S. 437.
199 LG Freiburg, Urteil v. 21.7.2011, 3 S 103/11.
200 KG Berlin, Urteil v. 4.11.1998, Kart U 672/98.
201 LG Hannover, Urteil v. 31.1.2003, 9 O 5509/01, sog. »Gartenheim-Urteil«.

Um diese rechtlichen und finanziellen Unwägbarkeiten zu umgehen, werden bei den meisten Genossenschaften im Zusammenhang mit Abriss- bzw. Rückbaumaßnahmen Aufhebungsverträge abgeschlossen, in denen individuell getroffene Vereinbarungen die Abwicklung des Nutzungsverhältnisses für beide Vertragspartner erleichtern.

Das mitgliedschaftliche Verhältnis bleibt vom Verlust der Wohnung unberührt. Es gelten dieselben mitgliedschaftsrechtlichen Voraussetzungen wie bei einem »normalen« Auszug aus einer Genossenschaftswohnung. Ein Sonderkündigungsrecht der Mitgliedschaft besteht nicht. Nach Ablauf der satzungsmäßigen Kündigungsfrist und der Feststellung der Bilanz kann das Auseinandersetzungsguthaben ausgezahlt werden. Das Mitglied hat aber die Möglichkeit, die Anteile zu kündigen, die die Pflichtanteile für eine neue Wohnung innerhalb derselben Wohnungsgenossenschaft übersteigen (vgl. § 18 MS). Ebenso wäre eine Teilübertragung des Geschäftsguthabens auf ein anderes Mitglied möglich. Etwas anderes gilt nur dann, wenn das Mitglied aufgrund einer Vereinbarung die Anteile weiter in ursprünglicher Höhe zu halten verpflichtet wäre.

Der Aspekt, ob das Vorstandshandeln von der Einhaltung des Förderzwecks im 314a
Zusammenhang mit Stadtumbaumaßnahmen gedeckt ist, zeigt sich bei der Frage, ob ein Vorstandsmitglied im Rahmen seines unternehmerischen Ermessenspielraums in planerischer Voraussicht Maßnahmen ergreifen darf, die zum Handlungszeitpunkt der Förderung einzelner Mitglieder oder Mitgliedergruppen unter dem Aspekt einer gesicherten Wohnungsversorgung entgegenstehen.

Beispielhaft sei hier die Situation benannt, dass der Vorstand in Umsetzung städtebaulicher Maßnahmen in bestimmten Gebieten Wohnungen nicht mehr mit Mitgliedern besetzt, um das Gebiet auf die Rückbau- bzw. Abrissmaßnahmen vorzubereiten oder auch Abrissobjekte durch Kündigung der Nutzungsverhältnisse »leerzieht«, um ein Objekt abreißen zu können. Zugleich ist der Vorstand – im Gegensatz zur städtischen Gesellschaft – nicht gezwungen, sich wegen Stadtumbaumaßnahmen vertraglich zu verpflichten. Er ist in seiner Entscheidung diesbezüglich im Rahmen der Privatautonomie gegenüber Dritten frei. Bei einer positiven Entscheidung könnte dem also entgegenstehen, dass der Vorstand als Vertretung der Genossenschaft satzungsmäßig verpflichtet ist, im Rahmen des Förderzwecks die Mitglieder vorrangig durch »eine gute, sichere und sozial verantwortbare Wohnungsversorgung« zu fördern. Durch den Abriss oder Rückbau ist eine solche Förderung in Frage zu stellen. Gleichzeitig bewegt sich der Vorstand in Rahmen der Beschreibung des Unternehmensgegenstands, wenn er Bauten in allen Rechtsformen veräußert, sich also Objekten entäußert, was auch durch Abriss der Fall sein kann. Die Grenzen der Leitungsmacht eines Vorstands bestimmte das LG Hannover[202] so, dass es darauf ankomme, ob die Zweckverfolgung

202 LG Hannover, Urteil v. 31.1.2003, a. a. O.

der Genossenschaft noch erkennbar sei, die Wohnungsversorgung für alle Mitglieder sicherzustellen. In der Literatur wird dieser Ansatz als zu weitgehend empfunden.[203] Eine faktische Aufhebung des Fördergrundsatzes könnte demnach nicht einmal durch eine Satzungsänderung bewirkt werden. Somit könne auch die Satzungsregelung nicht zu einer Legitimation der Bestandsveräußerungen gleich in welchem Umfang führen. Entscheidend sind demnach neben dem quantitativen Aspekt, also im vorliegenden Beispielsfall, wieviel im Verhältnis zum Gesamtbestand rückgebaut/abgerissen werden soll, vor allem die Satzungsnähe der jeweiligen Handlungsbefugnis und damit die zu erwartenden Auswirkungen auf die Erfüllung des Förderzwecks.[204]

Ist die Genossenschaft demnach in der Lage, auch nach Umsetzung der stadtumbauplanerischen Vereinbarungen die angemessene Wohnraumversorgung zu sichern, so ist die Maßnahme vom legitimen Vorstandshandeln in eigenständiger Leitungsbefugnis gedeckt und widerspricht nicht dem Fördergrundsatz. Dies gilt auch, wenn und soweit das Mitglied zur Wahrnehmung der Förderleistung zu einem Umzug in eine gleichwertige Genossenschaftswohnung gezwungen ist. Stehen keine genossenschaftseigenen Wohnungen zur Verfügung und kann satzungsgemäß die Veräußerung »in allen Rechts- und Nutzungsformen« erfolgen, so sind hiermit in Bezug stehende Maßnahmen durch die Geschäftsführungs- und Vertretungsbefugnis des Vorstands gedeckt. Gleiches gilt dort, wo die Maßnahmen der Existenzsicherung der Genossenschaft insgesamt ohne entsprechende Alternativen dienen. Hier gebietet die Treuepflicht der Mitglieder die Duldung der Maßnahme.[205] Maßnahmen im Zusammenhang mit einem Stadtumbau dienen per se der Erhaltung der städtischen Infrastruktur und Attraktivität und sind damit grundsätzlich ein Kriterium für die Existenzerhaltung der Genossenschaft. Insofern ist das Vorstandshandeln auch unter diesem Aspekt von der Förderpflicht gedeckt.

315 **Erwerb von Wohnungen durch eine Genossenschaft – Umgang mit Bestandsverträgen**
Erwirbt eine Genossenschaft Wohnungsbestand, so stellt sich die Frage, wie mit den Mietern des Kaufobjekts in Bezug auf eine Mitgliedschaft in der Käufergenossenschaft umzugehen ist.

Selbstverständlich wird die Genossenschaft zunächst bestrebt sein, auch diese Mieter als Genossenschaftsmitglieder zu werben. Den Mietern ist meist allerdings ein mit finanziellem Aufwand verbundener Beitritt schwer zu vermitteln, da sich an ihren Wohnungsverhältnissen vordergründig aufgrund des mietrechtlichen Schutzes bzw. des § 571 BGB nichts ändern wird. Treten die Mieter nicht freiwillig bei, so liegt zunächst

203 Hillebrand/Keßler/*Keßler*, GenG, § 27 Rn. 9.
204 Hillebrand/Keßler/*Keßler*, a. a. O.
205 Hillebrand/Keßler/*Keßler*, GenG, § 27 Rn. 16.

der Gedanke nahe, dass durch den Erwerb, verbunden mit dem dadurch erreichten Vermieterstatus der Genossenschaft, ein durchsetzbarer Anspruch auf einen Beitritt bzw. die Kündigung des Vertrags bei Nichterwerb der Mitgliedschaft möglich wäre. Durch den Erwerb des Grundstücks ist die Genossenschaft aber in das Mietverhältnis des vormaligen Eigentümers nach § 566 Abs. 1 BGB eingetreten. Dieser Eintritt hat nun bewirkt, dass jene mietrechtlichen Regelungen maßgebend sind, die Gegenstand des vormaligen Mietvertrags waren. Dies betrifft auch Regelungen zur Beendigung des Mietvertrags. Dort wird sich selbsterklärend keine Beendigungsmöglichkeit bei fehlender Mitgliedschaft finden.

Die Anwendbarkeit der vorhandenen Regelungen wird auch nicht durch die Satzung 316
beeinflusst, in der i. d. R. festgelegt ist, dass das Nutzungsverhältnis an einer Genossenschaftswohnung während des Bestehens der Mitgliedschaft nur unter den im Nutzungsvertrag festgelegten Bedingungen aufgehoben werden kann. Die Mieter des Kaufobjekts sind nicht automatisch Mitglieder der Genossenschaft geworden. Auch hier ist wieder die strikte Trennung des Genossenschaftsverhältnisses vom Mietverhältnis (siehe Rn. 269) bemerkbar: Es ist zu unterscheiden zwischen dem bestehenden Mietverhältnis, für das die mietrechtlichen Vorschriften gelten, und dem genossenschaftsrechtlichen, unmittelbaren Mitgliedschaftsverhältnis, dessen Rechte und Pflichten sich unmittelbar aus der Satzung ergeben. Dies hat hier erst recht die Wirkung, dass die fehlende Mitgliedschaft kein Kündigungsgrund sein kann.

Gleiches gilt auch für den Fall, dass der Mieter zwar seinen Beitritt erklärt, aber keine wohnungsbezogenen Anteile erwirbt. Aus den oben dargestellten Gründen kann auch hier keine andere Beurteilung vorgenommen werden. Die Begründung ist historisch zu bewerten, da die Genossenschaft bereits einen »mieterbesetzten« Bestand übernommen hat und dieser Erwerb in dem Wissen erfolgte, dass die Wohnungen von Nichtmitgliedern genutzt werden. Der Mieter, der nun seinen Beitritt unter dem Druck der Genossenschaft erklärt, kann nicht schlechter gestellt werden als der Mieter, der nichts erklärt hat und aufgrund der mietrechtlichen Umstände Wohnungsnutzer bleiben darf.[206]

Im Fall einer Verschmelzung zweier Genossenschaften geht die Mitgliedschaft automatisch über. Die Satzung der übernehmenden Genossenschaft gilt dann auch für die Mitglieder der übertragenden. Die übernehmende Genossenschaft tritt dann im Wege der Rechtnachfolge (§ 20 Abs. 1 Nr. 1 UmwG) in die bestehenden Nutzungsverträge ein. § 566 BGB findet keine Anwendung.[207] Nach Auffassung des BGH gilt der Übergang auf den Rechtsnachfolger auch dann, wenn es sich um ein Dauerschuldverhältnis handelt,

206 AG Weißwasser, Urteil v. 10.4.2003, 6 C 0720/02, WuM 2003 S. 331.
207 Palandt/*Weidenkaff*, BGB, § 535 Rn. 12.

das von der Notwendigkeit eines gegenseitigen Vertrauensverhältnisses geprägt ist. Insofern ändert sich für ein Mitglied der übertragenden Genossenschaft nichts an den Rechten und Pflichten des bestehenden Nutzungsvertrags.[208]

3.3.5.6 Vorstandsbeschlüsse und ihre Auswirkung auf nutzungsvertragliche Regelungen

317 **Fallbeispiel Tierhaltungsverbot durch Vorstandsbeschluss**
Vorstandsbeschlüsse können grundsätzlich nicht in das individuell bestehende Nutzungsverhältnis eines Mitglieds mit der Genossenschaft eingreifen. Das Mietrecht setzt sich in diesen Fällen über die genossenschaftliche Entscheidungsbefugnis hinweg. So hat das AG Hamburg[209] entschieden, dass sich ein Tierhaltungsverbot, das der Vorstand einer Wohnungsgenossenschaft beschlossen hatte, nicht einzelvertraglich auswirken kann. Das betroffene Mitglied hatte sich einen kleinen Hund angeschafft. Im Nutzungsvertrag war zwar ein Hundehaltungsverbot geregelt, das allerdings durch ein uneingeschränkt geregeltes Tierhaltungsverbot unwirksam war. Ein entsprechender Vorstandsbeschluss lag nicht vor. Der Vorstand der Genossenschaft fasste somit den Beschluss, die Haltung von Kleintieren zu gestatten, die Hundehaltung dagegen nicht. Unter Hinweis auf den Gleichbehandlungsgrundsatz und Verweis auf die Wirkung des Vorstandsbeschlusses und der damit verbundenen Duldungspflicht eines Genossenschaftsmitglieds verweigerte der Vorstand die Genehmigung der Hundehaltung.

Für ein generelles Verbot der Hundehaltung genügt nach Auffassung des Gerichts kein Vorstandsbeschluss. Der Vorstand hat nicht Befugnis und Kompetenz, Rechte und Befugnisse der Mitglieder eigenständig einzuschränken, vor allem wenn es sich um Einschränkungen handelt, die grundrechtlich geschützte Bereiche betreffen (hier Art. 2 GG).

Das Gericht ließ allerdings in diesem Zusammenhang eine Zuständigkeit der Generalversammlung für derartige Entscheidungen zu und verwies weiter auf die Satzungshoheit, solche grundlegenden Regelungen dort zu treffen. Diese Auffassung ist allerdings kritisch zu sehen. In der oben vorgenommenen Abgrenzung (siehe Rn. 269) der rechtlichen Bereiche Genossenschafts- und Mietrecht handelt es sich in diesem Fall allein um eine das Nutzungsverhältnis betreffende Angelegenheit. Insofern ist hier nicht von einer zulässigen Entscheidungskompetenz der Versammlung auszugehen, die mit einem Beschluss in die mietrechtlichen Individualverträge »eingreifen« würde,

208 BGH, Urteil v. 27.11.2009, LwZR 15/09, NZM 2010 S. 280.
209 AG Hamburg, Urteil v. 14.5.2003, 46 C 552/02, WuM 2003 S. 558.

sollte sie zu diesem Beschlussgegenstand überhaupt Entscheidungskompetenz besitzen (siehe Rn. 791).

3.3.5.7 Versammlungsbeschlüsse und ihre Auswirkungen auf nutzungsvertragliche Regelungen

Die Generalversammlung besitzt die Beschlusszuständigkeit über Angelegenheiten, 318
die im Genossenschaftsgesetz oder Umwandlungsgesetz ausdrücklich genannt oder in analoger Anwendung gesetzlicher Regelungen – wie z. B. dem Aktiengesetz – maßgebend sind.

Eine ungeschriebene Zuständigkeit der Generalversammlung besteht bezüglicher solcher Angelegenheiten, die den Bestand der Genossenschaft berühren sowie bezüglich der Angelegenheiten, welche die wirtschaftlichen Grundlagen der Genossenschaft betreffen (siehe Rn. 798 ff.).

Diese ungeschriebene Zuständigkeit wurde durch Rechtsprechung und Literatur aus den allgemeinen Grundsätzen des Gesellschaftsrechts entwickelt. Grundlage hierfür bildet die sog. »Holzmüller»-Entscheidung des BGH[210]. Hier wurde für die Aktiengesellschaft eine ungeschriebene – im Gesetz somit nicht geregelte – Mitwirkungsbefugnis der Hauptversammlung für grundlegende Geschäftsführungsmaßnahmen des Vorstands festgestellt. Die Anwendung dieser Rechtsprechung auch auf Genossenschaften erfolgt unabhängig davon, ob eine entsprechende Mitwirkungsbefugnis der Generalversammlung bei Grundlageentscheidungen in der Satzung geregelt ist. Die Kommentierung greift dieses Urteil in der Bewertung der ungeschriebenen Zuständigkeit der Generalversammlung als grundlegend auf und weist der Versammlung dann ungeschriebene Zuständigkeit zu, wenn es um Entscheidungen geht, die den Kernbereich der Genossenschaft betreffen und das Gepräge einer Genossenschaft ändern.[211]

Die Grenze bzw. die Wesentlichkeitsschwelle für die Mitwirkung der Generalversammlung hat die Rechtsprechung nachfolgend durch das Urteil des BGH[212] – sog. »Gelatine-Entscheidung« – bestimmt. Es präzisierte zu der »Holzmüller-Entscheidung»[213] die Anforderungen an eine ungeschriebene Zuständigkeit der Hauptversammlung und betonte ihren Ausnahmecharakter. So konnte die ausufernde Zuweisung einer Zuständigkeit an die Generalversammlung, wie sie durch die »Holzmüller-Entscheidung«

210 BGH, Urteil v. 25.2.1982, II ZR 174/80, BGHZ 83 S. 122.

211 *Müller*, GenG, § 43 Rn. 4b; Lang/Weidmüller/*Holthaus/Lehnhoff*, GenG, § 43 Rn. 10; Hillebrand/Keßler/*Keßler*, GenG, § 27 Rn. 5.

212 BGH, Urteil v. 26.4.2004, II ZR 155/02, BGHZ 159 S. 30.

213 BGH, Urteil v. 25.2.1982, a. a. O.

hervorgerufen wurde, wieder eingedämmt werden. Der BGH wies im »Gelatine-Urteil« ausdrücklich darauf hin, dass eine ungeschriebene Zuständigkeit nur dann gegeben sei, wenn der jeweilige Gegenstand, der zur Beschlussfassung anstehe, zur einer Satzungsänderung führen würde. Dies wäre beispielsweise bei einer Veränderung des Unternehmensgegenstandes der Fall oder wenn die Genossenschaft ihr ganzes Vermögen auf einen neuen Rechtsträger (Tochtergesellschaft) übertragen wollte. Es reiche hier nicht aus, dass die Schwellenwerte der wirtschaftlichen Bedeutung einer solchen Maßnahme zwischen 10% und 50% des Gesellschaftsvermögens liegen. Von einer wesentlichen Beeinträchtigung der Mitwirkungsbefugnisse könne erst dann gesprochen werden, wenn sie die Ausmaße des »Holzmüller-Falls« erreiche – hierbei ging es allerdings um 80% des Gesellschaftsvermögens, das veräußert werden sollte.

319 Damit wurden klare numerische Grenzen benannt, ab denen man bezüglich bestimmter Fallkonstellationen, welche existenzielle Bedeutung für das Unternehmen haben, von einer Zuständigkeit ausgehen kann.

Insofern ist eine ungeschriebene Entscheidungskompetenz der Generalversammlung bezüglich der Nutzungsverhältnisse grundsätzlich abzulehnen.

Die Mitglieder-/Vertreterversammlung kann dem Vorstand nach h. M. auch keine verbindlichen Weisungen in diesem Zusammenhang erteilen.[214] Dies steht – auch in Wertung der Ausführungen oben – außerhalb des Zuständigkeitsbereichs einer Generalversammlung. Auch eine Regelung in der Satzung kann ein Weisungsrecht nicht bewirken. Sie wäre unwirksam.[215]

Nur innerhalb bestimmter Grenzen kann es umgekehrt dem Vorstand gestattet sein, Fragen der Geschäftsführung der Versammlung, welche durch eine ungeschriebene Zuständigkeit, wie z. B. bei dem Verkauf von Wohnungsbeständen, bestehen, dieser zur Entscheidung vorzulegen.[216]

Unbenommen bleibt es der Versammlung aber, hinsichtlich einzelner Geschäftsführungsmaßnahmen – somit auch bezüglich grundsätzlicher Entscheidungen, welche die Nutzungsverhältnisse betreffen – eine Empfehlung auszusprechen. Diese Empfehlungen bleiben allerdings unverbindlich.[217] Ein Nichtbeachten hätte dann auch keine haftungsrechtlichen Folgen, aber eine Beachtung für den Vorstand auch keine befreiende Wirkung: Die Regelung des Haftungsausschlusses nach § 34 Abs. 4 GenG

214 U. a. Beuthien, GenG, § 27 Rn. 7; Keßler/Hillebrand/*Keßler*, GenG, § 27 Abs. 1 Rn. 3; Lang/Weidmüller/*Holthaus/Lehnhoff*, GenG, § 27 Rn. 11.
215 Beuthien, GenG, § 27 Rn. 9; so auch LG Berlin, Urteil v. 17.11.2017, 94 O 48/17.
216 Keßler/Hillebrand/*Keßler*, GenG, § 34 Rn. 53.
217 Lang/Weidmüller/*Holthaus/Lehnhoff*, GenG, § 27 Rn. 16.

korrespondiert mit der Zuständigkeit der Versammlung. Eine Haftungsfreistellung des Vorstands durch einen Beschluss der Versammlung ist nur dann möglich, wenn eine grundsätzliche Beschlusszuständigkeit der Versammlung besteht.

Auch aus mietrechtlichen Gesichtspunkten muss eine solche Einflussnahmemöglichkeit abgelehnt werden. 320

Das Mitglied kann generell nicht durch Mehrheitsbeschluss genötigt werden, auf bestimmte unentziehbare Rechte zu verzichten, welche sich aus einem Individualvertrag ergeben, so z. B. auf eine Mietminderung nach §§ 536 ff. BGB. Dies würde zu einer Aushöhlung des mietrechtlichen Schutzes führen und im Fall einer Minderung gegen § 536 Abs. 4 BGB verstoßen, in dem geregelt wird, dass zum Nachteil des Mieters getroffene Vereinbarungen unwirksam sind.

Auch genossenschaftsrechtlich besteht keine allgemeine Verpflichtung für den Nutzer, auf einmal erworbene Rechte zu verzichten.[218]

Eine Beschlussfassung der Versammlung über eine Modernisierung und die vom Mitglied vorzunehmenden Eigenleistungen verpflichtet das Mitglied im Übrigen nicht zu einem über die passive Duldungspflicht des § 554 BGB hinausgehenden aktiven Mitwirken des Mitglieds.

3.4 Geschäftsanteil

Die Genossenschaft »lebt« von der Beteiligung ihrer Mitglieder auch als Ausdruck einer wirtschaftlichen Solidargemeinschaft. 321

Die Beteiligung des Mitglieds am Unternehmen erfolgt durch die Zeichnung von Geschäftsanteilen.

In der Satzung ist zwingend die summenmäßige Höhe eines Geschäftsanteils festzulegen (§ 7 Abs. 1 Nr. 1 GenG: »Die Satzung muss ferner bestimmen, ... den Betrag, bis zu welchem sich die einzelnen Mitglieder mit Einlagen beteiligen können...«). Der Geschäftsanteil zeigt aber nicht an, wie hoch die Beteiligung der einzelnen Mitglieder tatsächlich ist. Diese geht informativ aus der Mitgliederliste hervor, in die nach § 30 Abs. 2 Ziff. 2 GenG die Zahl der »weiteren Geschäftsanteile« einzutragen sind. Ebenso ist einzutragen der Zeitpunkt einer Änderung der Beteiligung und die Aktualisierung der Beteiligung.

218 So auch BGH, Urteil v. 14.10.2009, VIII ZR 159/08, WuM 2009 S. 744.

Der Gesetzeswortlaut »weitere Geschäftsanteile«, die einzutragen sind, grenzt zu »einem mitgliedschaftsbegründenden Geschäftsanteil« ab, der nicht einzutragen ist. In der Regel besteht die mitgliedschaftsbegründende Beteiligung satzungsmäßig aus einem Geschäftsanteil. Möglich ist aber auch eine mitgliedschaftsbegründende Beteiligung mit mehreren Geschäftsanteilen. Mit weiteren Geschäftsanteilen sind entsprechend dem Kundmachungszweck der Vorschrift nicht nur die weiteren freiwilligen Geschäftsanteile (§§ 7a Abs. 1 Satz 1, 15b Abs. 3 GenG) gemeint, sondern bei einer Pflichtbeteiligung mit mehreren Geschäftsanteilen (§ 7a Abs. 2 Satz 1 GenG) auch alle über den ersten Geschäftsanteil hinausgehenden Pflichtanteile. Der erste Geschäftsanteil wird somit nicht eingetragen, weil ihn kraft Gesetzes jedes Mitglied übernehmen muss.[219]

! **Praxis-Beispiel**

Der Geschäftsanteil wird nach Satzung mit 500 EUR summenmäßig festgelegt. Für die Begründung der Mitgliedschaft hat das Mitglied einen Geschäftsanteil zu zeichnen. Das Mitglied hat einen Geschäftsanteil gezeichnet. Sein tatsächliches Geschäftsguthaben beträgt aber nur 200 EUR, da z. B. Ratenzahlung vereinbart worden ist und die übrigen Raten später zu zahlen sind. In der Mitgliederliste wird bezüglich der Spalte der weiteren Geschäftsanteile keine Eintragung zu finden sein, da es sich hier nur um den mitgliedschaftsbegründenden, ersten Geschäftsanteil handelt, der nach § 30 GenG nicht einzutragen ist.

Die Summe eines Geschäftsanteils muss für alle Mitglieder gleich hoch sein und in der Satzung benannt sein (§ 7 Nr. 1 GenG). Dies folgt zwingend aus dem absoluten Gleichbehandlungsgrundsatz (siehe Rn. 241). Einen Höchst- oder Mindestbetrag sieht das Genossenschaftsgesetz nicht vor. Der Geschäftsanteil ist somit – anders als das Geschäftsguthaben – eine feste Größe.

3.4.1 Arten von Geschäftsanteilen

322 Geschäftsanteile, oft auch nur als »Anteile« bezeichnet, sind aufzuteilen in sog. Pflichtanteile und in sog. freiwillige Geschäftsanteile. Die Pflichtanteile teilen sich bei Wohnungsgenossenschaften regelmäßig auf in mitgliedschaftsbegründende und wohnungs(nutzungs)bezogene Pflichtanteile. Als »weitere Geschäftsanteile« werden häufig auch die über den/die mitgliedschaftsbegründende(n) Geschäftsanteil(e) hinausgehenden Geschäftsanteile bezeichnet, also die weiteren Pflichtanteile (der mitgliedschaftsbegründende ist auch ein Pflichtanteil) und ggf. die freiwilligen Geschäftsanteile sowie die durch schuldrechtliche Vereinbarung nach § 67b GenG zu übernehmenden Geschäftsanteile.

219 *Beuthien*, GenG, § 30 Rn. 5; BT-Drucksache 12/5553, S. 111.

3.4.1.1 Pflichtanteile

Pflichtanteile sind die Geschäftsanteile, die das Mitglied nach den Regelungen der Satzung verpflichtend zeichnen *muss*, um bestimmte Leistungen zu erhalten, z. B. Aufnahme in die Genossenschaft oder Überlassung einer Wohnung. Sie werden dann auch oft »mitgliedschaftsbegründende« bzw. »wohnungs- oder nutzungsbezogene« Pflichtanteile genannt, was für die Unterscheidung und die Handhabung der Beteiligung in der Satzung durchaus Sinn macht (ausführlich siehe Rn. 364). So auch in der Mustersatzung. 323

3.4.1.2 Freiwillige Geschäftsanteile

Die freiwilligen Geschäftsanteile kann das Mitglied zeichnen, muss es aber nicht. Sie werden in der Mustersatzung auch als »weitere Anteile« bezeichnet (§ 17 Abs. 5 MS). Damit gemeint sind lediglich freiwillig übernommene weitere Anteile, die über die Anzahl der (Pflicht-)Anteile hinausgehen und deshalb mit dem Begriff »weitere« belegt sind. 324

3.4.1.2.1 Grund für die Übernahme von freiwilligen Anteilen

Grund für die Zeichnung der freiwilligen Anteile kann z. B. der Wunsch eines Mitglieds sein, »seiner« Genossenschaft etwas Gutes zu tun – also ihr mehr Eigenkapital zu verschaffen –, aber auch einfach nur, um in den Genuss einer an der Beteiligung orientierten Dividendenzahlung zu kommen oder eine mögliche Verzinsung in Anspruch zu nehmen (siehe Rn. 328). Dies muss dann jedoch in der Satzung entsprechend geregelt sein (§ 21a GenG). 325

3.4.1.2.2 Zulassung der Übernahme

Die Beteiligung mit freiwilligen Geschäftsanteilen muss, gesetzlich vorgeschrieben, durch den Vorstand zugelassen werden. In den §§ 15b Abs. 3 Satz 1 und 15 Abs. 2 Satz 1 GenG ist festgelegt, dass die Genossenschaft die weitere Beteiligung mit (freiwilligen) Geschäftsanteilen zuzulassen hat. Nach der Mustersatzung obliegt die Entscheidung über die Zulassung dem Vorstand (vgl. § 17 Abs. 4 MS). Es kann jedoch auch satzungsmäßig ein anderes Organ für die Zulassung bestimmt werden. Ebenso kann die Satzung die Voraussetzungen für die Zulassung bestimmen. 326

Ist eine Höchstgrenze in der Satzung (vgl. optional in § 17 Abs. 7 MS) festgelegt, so kann der Vorstand die Anzahl der freiwilligen Anteile bis zum Erreichen der satzungsmäßigen Höchstanzahl festlegen. Möglich erscheint auch eine Regelung, nach der der Vorstand ermächtigt wird, die Höchstzahl der freiwilligen Beteiligung selbst festzulegen. Begründbar ist dies, da der Vorstand grundsätzlich ohnehin über die Zulassung einer weiteren Beteiligung zu entscheiden hat, sofern er als das für die Zulassung zuständige Organ bestimmt ist. Mit einer entsprechenden Satzungsregelung wird die dem Vorstand zustehende Entscheidungsfreiheit lediglich konkretisiert (siehe Rn. 110).

Die Zulassung mit weiteren Pflichtanteilen, z. B. bei der Überlassung einer größeren Wohnung an das Mitglied, kann nicht davon abhängig gemacht werden, ob die vorhergehenden Pflichtanteile, die z. B. für die Nutzung der kleineren Wohnung erforderlich waren, bereits voll eingezahlt wurden. Andernfalls ergäbe § 7 Ziff. 1 GenG, in dem die anteilige Zahlung von bis zu mindestens einem Zehntel geregelt ist, keinen Sinn. Die weiteren Bedingungen der Einzahlungen auf die Pflichtanteile bleiben dann der Satzung oder den Beschlüssen der Generalversammlung (z. B. Stundung, Ratenzahlung, § 50 GenG) überlassen.

!

Muster: Zulassung mit freiwilligen Anteilen

Die Beteiligung von Herrn __________ von Frau __________ mit ____ [Zahl einfügen] freiwilligen Geschäftsanteilen wird zugelassen.
(Vorstand)

3.4.1.2.3 Auswirkungen der Beteiligung mit freiwilligen Geschäftsanteilen

327 Keinesfalls begründet diese Art der Beteiligung eine mehrfache Mitgliedschaft.[220] Es tritt daher auch keine Vermehrung der Mitgliedschaftsrechte – auch nicht des Stimmrechts o. Ä. – ein. Auch kann das Mitglied nicht mit einer Gegenleistung der Genossenschaft rechnen. Der Grund für die Übernahme mehrerer freiwilliger Anteile liegt in dem Wunsch des Mitglieds, der Genossenschaft eine breitere Kapitalbasis zu verschaffen bzw. in der Erlangung von Vergünstigungen wie Zinsen oder einer Dividende.

327a Die Aufnahme einer Deckelung der Beteiligung durch eine Höchstzahlregelung in der Satzung (vgl. § 17 Abs. 7 MS) steht auch in Zusammenhang mit der Gefahr, dass gerade in kleineren Genossenschaften mit nur wenigen Mitgliedern die Kündigung eines Mitglieds mit einer sehr hohen Beteiligung die Genossenschaft durch den Abzug von Eigenkapital in eine wirtschaftliche Schieflage geraten lassen kann.

Auch kann eine Kündigungsregelung in der Satzung diese Gefahr nicht unbedingt verhindern.

220 BGH, Urteil v. 15.6.1978, II ZR 13/77, NJW 1978 S. 2595.

Die Satzung kann grundsätzlich die Kündigungsfrist für die Kündigung von (freiwilligen) Geschäftsanteilen asymmetrisch zur Kündigung der Mitgliedschaft bestimmen, soweit der Rahmen des § 65 Abs. 2 GenG eingehalten wird (vgl. auch § 18 MS).[221] So könnte die Kündigungsfrist für freiwillige Geschäftsanteile auf maximal 5 Jahre verlängert werden (§ 65 Abs. 2 Satz 2 GenG). Die Kündigung einzelner Geschäftsanteile ist dabei den gleichen Regelungen unterworfen, die auch für die Kündigung einer Mitgliedschaft gelten[222] bzw. § 67b Abs. 2 i. V. m. § 65 Abs. 2 bis 5 GenG. Dies betrifft u. a. die Form der Abgabe und den Zeitpunkt der Kündigung (vgl. § 65 Abs. 2 GenG).

Eine Anwendung eines außerordentlichen Kündigungsrechts der Mitgliedschaft nach § 67a GenG im Fall der Verlängerung der Kündigungsfrist, mit der sich das freiwillig beteiligte Mitglied der Verlängerung entziehen und der Genossenschaft Kapital entziehen könnte, scheint ausgeschlossen. § 67a GenG gibt einen Kündigungsgrund nur nach Durchführung bestimmter Satzungsänderungen (§ 16 Abs. 2 Nr. 2 bis 5, Abs. 3 GenG) abschließend vor. Der aufgeführte Katalog enthält keine entsprechende Satzungsänderung bezogen auf die Verlängerung der Kündigungsfrist freiwilliger Anteile. § 16 Ziff. 5 GenG bzw. § 7 Abs. 3 Buchst. c MS führen zwar als Kündigungsgrund die Verlängerung der Kündigungsfrist auf mehr als zwei Jahre an. Ziel dieser Regelung ist es jedoch, dem Mitglied durch die kündigungsfristbedingte längere wirtschaftliche Bindung die Möglichkeit zu geben, sich dieser Bindung durch Kündigung zu entziehen.[223] Damit ist die Verlängerungsregelung auf die Kündigung der Mitgliedschaft, nicht jedoch auf die der freiwilligen Beteiligung bezogen. In der vorliegenden Konstellation bleibt der Rückzug dem Mitglied jedoch mit Kündigung der Mitgliedschaft erhalten, welche in der Regel mit einer kürzeren Kündigungsfrist verbunden ist. Denn eine Kündigung der Mitgliedschaft nach den satzungsmäßigen Bedingungen ist auch nach der Satzungsänderung mit Verlängerung der Kündigungsfrist der freiwilligen Beteiligung möglich. Durch eine Kündigung der Mitgliedschaft werden auch die freiwilligen Anteile gekündigt und diese dann als Gesamtauseinandersetzungsguthaben früher ausbezahlt. Somit ist das Mitglied hier ausreichend geschützt. § 67a GenG findet demnach auf die Verlängerung der Kündigungsfrist für die freiwillige Beteiligung keine Anwendung; eine außerordentliche Kündigung der Beteiligung ist nicht möglich.

3.4.1.2.4 Verzinsung von freiwilligen Geschäftsanteilen

Um Mitgliedern Anreize zu schaffen, freiwillige Geschäftsanteile zu zeichnen, gibt es 328
zum einen die Möglichkeit der Verzinsung der freiwilligen Geschäftsanteile und zum anderen die der Ausschüttung einer Dividende bemessen am Geschäftsguthaben der freiwilligen Beteiligung.

221 *Müller*, GenG, § 67b Rn. 2; Pöhlmann/*Fandrich*, GenG, § 67b Rn. 3.
222 So auch BT-DS 7/97, S. 27.
223 *Müller*, GenG, § 16 Rn. 23.

Die Verzinsung stellt für das Mitglied eine Vergütung für die Übernahme freiwilliger Geschäftsanteile dar, wodurch der Genossenschaft Eigenkapital zufließen kann.

Für die Verzinsung ist eine entsprechende Satzungsregelung erforderlich (§ 21a Abs. 1 GenG). So ist es üblich, eine Festlegung des Mindestzinssatzes in der Satzung zu treffen und dem Vorstand einen Ermessensspielraum für eine höhere Verzinsung einzuräumen.

Die Berechnung der Zinsen für die Geschäftsguthaben erfolgt zwingend am Schluss des abgelaufenen Geschäftsjahrs. Eine Garantieverzinsung gibt es allerdings nicht. Die Auszahlung ist nicht möglich, wenn der Jahresabschluss einen Jahresfehlbetrag oder einen Verlustvortrag ausweist, der nicht ganz oder teilweise durch die Ergebnisrücklagen oder Jahresüberschüsse gedeckt ist (§ 21a Abs. 1 GenG).

! **Muster: Satzungsregelung zur Verzinsung von Geschäftsanteilen**

(1) Der Bilanzgewinn kann unter den Mitgliedern als Gewinnanteil verteilt werden; er kann zur Bildung von anderen Ergebnisrücklagen verwendet werden.
(2) Der Gewinnanteil soll 6 % des Geschäftsguthabens nicht übersteigen.
(3) Die Verteilung als Gewinnanteil erfolgt nach dem Verhältnis der Geschäftsguthaben bei Beginn des Geschäftsjahrs, für das der Jahresabschluss aufgestellt ist.
(4) Solange ein Geschäftsanteil nicht voll erreicht ist, wird der Gewinnanteil nicht ausgezahlt, sondern dem Geschäftsguthaben zugeschrieben. Das gilt auch, wenn das Geschäftsguthaben zur Deckung eines Verlustes vermindert worden ist.
(5) Die Geschäftsguthaben auf die weiteren Geschäftsanteile i. S. v. § 17 Abs. 5 nehmen nicht an der Gewinnverteilung teil. Sie werden mit einem Satz von mindestens ___ % jährlich verzinst. Der Vorstand legt vor der Aufstellung des Jahresabschlusses den für das jeweilige Geschäftsjahr endgültig zu zahlenden Zinssatz fest. Die Zinsen berechnen sich nach dem Stand der Geschäftsguthaben auf die freiwilligen Geschäftsanteile am Schluss des vorhergegangenen Geschäftsjahrs. Sie sind spätestens sechs Monate nach Schluss des Geschäftsjahrs auszuzahlen, für das sie gewährt werden. Ist in der Bilanz für ein Geschäftsjahr ein Jahresfehlbetrag oder ein Verlustvortrag ausgewiesen, der nicht ganz oder teilweise durch die Ergebnisrücklagen, einen Jahresüberschuss und einen Gewinnvortrag gedeckt ist, so dürfen in Höhe des nicht gedeckten Betrags Zinsen für dieses Geschäftsjahr nicht gezahlt werden.

3.4.1.2.5 Zahlung einer Dividende

329 Bei der Dividende handelt es sich um die Auszahlung des am Ende eines Geschäftsjahrs entstandenen Überschusses (Gewinn), der vollständig oder teilweise an die Mitglieder verteilt wird. Grundlage für die Ausschüttung in bestimmter Höhe ist ein entsprechender Beschluss der Mitgliederversammlung. Die Dividendenausschüttung kann – wie die Verzinsung – nach dem Geschäftsguthaben aus den Pflichtanteilen und dem aus freiwilligen Geschäftsanteilen getrennt werden.

Muster: Satzungsregelung zur Dividendenausschüttung

!

(1) Der Bilanzgewinn kann unter den Mitgliedern als Gewinnanteil verteilt werden; er kann zur Bildung von anderen Ergebnisrücklagen verwendet werden.
(2) Der Gewinnanteil soll 6 % des Geschäftsguthabens nicht übersteigen. Der Gewinnanteil darf mit unterschiedlichen Prozentsätzen bezogen auf das Geschäftsguthaben, getrennt nach Pflichtanteilen i. S. v. § 17 Abs. 2 und weiteren Geschäftsanteilen i. S. v. § 17 Abs. 5 beschlossen werden. Der zugewiesene Gewinnanteil soll dabei bezüglich der Geschäftsguthaben auf die weiteren Geschäftsanteile mindestens ___ % dieser Geschäftsguthaben betragen.
(3) Die Verteilung als Gewinnanteil erfolgt nach dem Verhältnis der Geschäftsguthaben bei Beginn des Geschäftsjahrs, für das der Jahresabschluss aufgestellt ist.
(4) Solange ein Geschäftsanteil nicht voll erreicht ist, wird der Gewinnanteil nicht ausgezahlt, sondern dem Geschäftsguthaben zugeschrieben. Das gilt auch, wenn das Geschäftsguthaben zur Deckung eines Verlustes vermindert worden ist.

Der Gewinn ermittelt sich auf der Grundlage des Jahresabschlusses für das abgelaufene Geschäftsjahr, der von der Mitglieder-/Vertreterversammlung gem. § 48 GenG festgestellt wird. Allein der Jahresabschluss ist somit die Grundlage für die Bemessung des Gewinns. Die auf dieser Bemessungsgrundlage erfolgende Verteilung des Gewinns richtet sich grundsätzlich nach § 19 GenG. Gem. § 19 Abs. 2 GenG kann jedoch von den gesetzlichen Vorgaben des § 19 Abs. 1 GenG durch entsprechende Satzungsregelungen abgewichen werden.

In der Mustersatzung ist in § 41 Abs. 3 bestimmt, dass sich die Verteilung als Gewinnanteil nach dem Verhältnis der Geschäftsguthaben bei Beginn des Geschäftsjahrs bestimmt, für das der Jahresabschluss aufgestellt ist. Daraus folgt, dass die zum 31.12. des Vorjahrs verbliebenen Mitglieder mit ihren Geschäftsguthaben dividendenberechtigt sind. Die Mitglieder, die jedoch mit Ablauf des 31.12. des vergangenen Geschäftsjahrs ausgeschieden sind, sind dagegen nicht für das Geschäftsjahr dividendenberechtigt, für das der Jahresabschluss aufgestellt ist.

Mitglieder, die unterjährig in die Genossenschaft eintreten, kommen nicht in den vollen Genuss einer auf das gesamte Geschäftsjahr bezogenen Dividendenausschüttung, sofern die Regelung des § 41 Abs. 3 der Mustersatzung angewendet wird. Hier wird lediglich die Gestaltungsoption des § 19 Abs. 2 GenG bezüglich der Gewinnverteilung in Anspruch genommen.

Praxis-Beispiel

!

Ein im Jahr 2018 entstandener Gewinn ist im Jahr 2019 an die Mitglieder zu verteilen, die am 1.1.2018 ein Geschäftsguthaben (»bei Beginn des Geschäftsjahrs») bei der Genossenschaft hatten. Sollte ein Mitglied 2018 zum Geschäftsjahresende ausgeschieden sein, ist es gem. Satzung für 2018 dividendenberechtigt, wenn es zum 1.1.2018 Mitglied gewesen ist und ein Geschäftsguthaben bei der Genossenschaft hatte. Spätere Beitritte zur Genossenschaft bleiben diesbezüglich unberücksichtigt.

3.4.1.2.6 Genossenschaftliche Rückvergütung

330 Die genossenschaftliche Rückvergütung ist im Genossenschaftsrecht nicht definiert. Auch von § 19 GenG, der die Gewinn- und Verlustverteilung regelt, ist sie nicht umfasst. Ihren gesetzlichen Hintergrund hat die genossenschaftliche Rückvergütung jedoch in § 22 Körperschaftsteuergesetz nicht als Gewinnausschüttung, sondern in Form der Überschussbeteiligung. Der erwirtschaftete Geschäftsüberschuss wird dabei ganz oder zum Teil an die einzelnen Mitglieder entsprechend ihrem mit der Genossenschaft getätigten Geschäftsverkehr ausgeschüttet. Hintergrund ist dabei, dass durch die Rückvergütung das Mitglied nur das zurückerhält, was ihm nach der Idee einer Förderung (hier sozial verantwortbare Wohnraumversorgung) der Mitglieder durch die Genossenschaft gar nicht hätte abverlangt werden dürfen.[224] Die Höhe der Rückvergütung richtet sich dabei nach dem Umsatz.

Da die Rückvergütung keine Gewinnverteilung darstellt, fällt die Entscheidung über ihre Zahlung nicht notwendigerweise in den Zuständigkeitsbereich der Mitgliederversammlung.[225] Die Festsetzung und die Durchführung sind grundsätzlich Aufgaben des Vorstands im Rahmen seiner Vertretungsbefugnis nach § 27 Abs. 1 GenG.[226] Abzuleiten ist dies aus seiner Befugnis, die Leistungsentgelte in Form von Nutzungsgebühren festzusetzen. Es kann jedoch auch in der Satzung eine andere Zuständigkeit festgelegt werden – so z. B. im Rahmen einer gemeinsamen Beschlussfassung durch den Vorstand und den Aufsichtsrat in Ergänzung des § 28 MS. Ein Anspruch eines Mitglieds auf Auszahlung einer Rückvergütung besteht nur, wenn die Zahlung von Rückvergütungen in der Satzung festgelegt ist. Legt der Vorstand diese fest, entsteht der Anspruch erst mit der Beschlussfassung hierzu. Erst dann wäre der Anspruch pfändbar, abtretbar und kann verpfändet werden.

!

Muster: Satzungsregelung über Rückvergütung

[Abschnitt der Satzung: **Rücklagen, Gewinnverteilung und Verlustdeckung**]

Rückvergütung

»Ob und in welcher Höhe eine Rückvergütung ausgeschüttet wird, beschließen Vorstand und Aufsichtsrat vor Aufstellung der Bilanz.»

Anmerkung:

§ 28 (Gemeinsame Beschlussgegenstände) müsste ggf. entsprechend um diesen Beschlussgegenstand erweitert werden.

224 Lang/Weidmüller/*Holthaus/Lehnhoff*, GenG, § 19 Rn. 25; Hillebrand/Keßler/*Herzberg*, GenG, § 19 Rn. 9.

225 So aber h. M., vgl. *Hillebrand*, »Rückvergütung bei Wohnungsgenossenschaften«, Studien zum Deutschen und Europäischen Immobilienwirtschafts- und Genossenschaftsrecht, S. 117.

226 *Beuthien*, GenG, § 19 Rn. 15.

3.4.1.2.7 Kündigung freiwilliger Geschäftsanteile

Für die Kündigung freiwilliger Geschäftsanteile gelten die allgemeinen Bestimmungen 331
wie für die Kündigung von Pflichtanteilen. Die Satzung kann aber für die Kündigung freiwilliger Geschäftsanteile eine kürzere Kündigungsfrist vorsehen (so § 18 Abs. 1 MS). (Siehe zur Kündigung freiwilliger Geschäftsanteile auch Rn. 327).

3.4.1.3 § 67b GenG – Übernahme weiterer Geschäftsanteile aufgrund einer vertraglichen Vereinbarung

§ 67b GenG lässt die Ableitung zu, dass ein Mitglied zur Übernahme und zum Halten 331a
von Geschäftsanteilen nicht nur satzungsrechtlich, sondern auch bzw. nur schuldrechtlich verpflichtet sein kann.

In § 67b GenG heißt es:

> Ein Mitglied, das mit mehreren Geschäftsanteilen beteiligt ist, kann die Beteiligung mit einem oder mehreren seiner weiteren Geschäftsanteile ... kündigen, soweit es nicht nach...einer Vereinbarung mit der Genossenschaft zur Beteiligung mit mehreren Geschäftsanteilen verpflichtet ist...«

Das Genossenschaftsgesetz lässt diese Möglichkeit somit ausdrücklich zu.

Genossenschaftsrechtlich bestimmt die Satzung, mit wie vielen Geschäftsanteilen das Mitglied sich zu beteiligen hat, um die Mitgliedschaft zu begründen bzw. wie viele Geschäftsanteile für die Inanspruchnahme von Leistungen der Genossenschaft zu übernehmen sind (§ 7a Abs. 2 GenG). Ist die Verpflichtung für die Übernahme entfallen, z. B. durch einen Umzug in eine kleinere Wohnung, für die weniger Geschäftsanteile gezeichnet werden müssen, so ist eine Kündigung der nun zu freiwilligen Geschäftsanteilen gewordenen Anteile möglich.[227] Die Kündigung freiwilliger, also über die Pflichtanteile hinaus gehender »weiterer« Anteile, ist jederzeit unter Einhaltung der satzungsrechtlichen Kündigungsfrist (vgl. § 18 MS) möglich, außer das Mitglied ist durch einen Vertrag (»Vereinbarung« nach § 67b GenG) mit der Genossenschaft an diese Beteiligung mit freiwilligen Anteilen gebunden.[228]

227 Bauer, Genossenschafts-Handbuch, § 67b Rn. 3 lit. b).
228 Lang/Weidmüller/*Holthaus/Lehnhoff*, GenG, § 67b Rn. 7; *Beuthien*, GenG, § 67b Rn. 3; LG Bayreuth, ZfgG 1977 S. 283.

Dem Mitglied bleibt allerdings genossenschaftsrechtlich die Kündigung der Mitgliedschaft insgesamt unbenommen, eine entgegenstehende vertragliche Vereinbarung wäre unwirksam (vgl. § 65 Abs. 5 GenG).

Eine verbindliche Vereinbarung zur Übernahme weiterer Geschäftsanteile außerhalb der aus der Satzung abgeleiteten Zeichnungs- und Zahlungspflicht zu schließen, ist somit grundsätzlich zulässig und bindet das Mitglied im Rahmen der schuldrechtlichen Vereinbarung.

3.4.1.4 Möglichkeiten des Leistungsaustauschs zwischen Mitglied und Genossenschaft nach der Satzung – Umlagen und Entgelte

331b Die Modalitäten eines Leistungsaustauschs zwischen der Genossenschaft und ihren Mitgliedern können im Rahmen der Satzung geregelt werden.[229] Hat die mitgliedschaftliche Beziehung ausschließlich in der Satzung ihre Grundlage, so gehört dies der korporationsrechtlichen und nicht der schuldrechtlichen Sphäre an. Etwas anderes gilt nur dann, wenn sich aus einer an objektiven Maßstäben auszurichtenden Auslegung der Satzung ergäbe, dass es sich nur um eine äußerliche (als unechter Satzungsbestandteil) in die Satzung aufgenommene vorformulierte Regelung allgemeiner schuldrechtlicher Beziehungen ohne materiellen (echten) Satzungscharakter handelt. Die so in der Satzung formulierten Pflichten kennzeichnen, dass sie unmittelbar auf der Satzung beruhen und mit der Mitgliedschaft in der Satzung stehen und fallen.[230] In Abgrenzung hierzu enden dagegen schuldrechtliche Verpflichtungen nach Maßgabe des Vertragsablaufs.

Um diese Modalitäten als »echten« Satzungsbestandteil zu definieren und von einer schuldrechtlichen Vereinbarung abzugrenzen, hat der BGH folgende Voraussetzungen aufgestellt:

Die Verpflichtung
- beruht auf einer Satzungsregelung,
- entsteht mit Erwerb der Mitgliedschaft ohne weiteren Vertragsschluss,
- endet nach Satzungsbestimmung mit dem Ende der Mitgliedschaft.

Auf diese mitgliedschaftlichen Beziehung finden dann nach BGH-Rechtsprechung die Regelungen zu Allgemeinen Geschäftsbedingungen weder unmittelbar noch nach ihren Grundgedanken Anwendung, welche der Inhaltskontrolle nach §§ 307 ff. BGB

229 BGH, Urteil v. 8.2.1988, II ZR 228/87, BGHZ 103 S. 219.
230 BGH, Urteil v. 8.2.1988, a. a. O.

unterliegen. Dies ergibt sich u. a. aus der Regelung des § 310 Abs. 4 BGB, wonach Verträge auf dem Gebiet des Gesellschaftsrechts nicht der Anwendung der §§ 305 ff. BGB unterliegen. Zum Gesellschaftsrecht im engeren Sinne gehört nach den Ausführungen des BGH mit weiterer Begründung auch das Genossenschaftsrecht. Die für diese Leistungen entstehenden Kosten können als Umlage dann auf die Mitglieder im Rahmen einer entsprechenden Satzungsregelung umgelegt werden. Sie stehen außerhalb von Pflichtbeteiligungen und sind als zusätzliche Pflichten damit auf die Mitglieder umlegbar.

Die Satzung kann grundsätzlich auch Nebenleistungspflichten statuieren. Dabei war 331c
früher strittig, ob dies auch Geldleistungspflichten beinhalten kann. Seit der Genossenschaftsnovelle im Jahr 2006 ist mit der Regelung des § 16 Abs. 3 Satz 2 GenG klargestellt, dass auch finanzielle Verpflichtungen Leistungsinhalt sein können. In der genossenschaftlichen Praxis hatte sich das Bedürfnis eingestellt, besondere Einrichtungen oder Leistungen, welche die Genossenschaft ihren Mitgliedern im Fördergeschäftsverkehr zur Verfügung stellt, nicht nur durch eine entsprechend Kapitalausstattung durch die Geschäftsanteile, sondern auch durch laufende Beiträge der Mitglieder zu finanzieren.[231] Mit der gesetzlichen Regelung wird eine entsprechende Satzungsautonomie eingeräumt, verbunden mit der Klarstellung, dass dies immer einer Grundlage in der Satzung bedarf. Die zu vergütende Leistung als zulässige Nebenleistungspflicht muss der Fördergeschäftsbeziehung zwischen der Genossenschaft und ihren Mitgliedern dienen und allen Mitgliedern zugute kommen. Nicht zulässig ist es, laufende Geldleistungspflichten umzulegen, die nur der Finanzierung allgemeiner Unkosten[232] oder eines Verlustausgleichs dienen.

3.4.1.5 Sacheinlage

Geschäftsanteile können auch in Form von sog. Sacheinlagen erbracht werden. Die 332
Satzung kann Sacheinlagen als Einzahlung auf den Geschäftsanteil zulassen. Zulässig als Sacheinlagen sind allerdings nur Vermögensgegenstände, deren wirtschaftlicher Wert feststellbar ist.[233] Zur Feststellung des Werts wird der Prüfungsverband herangezogen. Bei der Gründung einer Genossenschaft wird der Wert in Form einer gutachterlichen Äußerung nach § 11 Abs. 1 Nr. 3 GenG festgestellt. Wird die Sacheinlage erst später in Form einer entsprechenden Satzungsänderung eingeführt, so erfolgt die Bewertung im Rahmen der Pflichtprüfung.

231 BT-Drucks. 16/1025 v. 23.3.2006, zu Nr. 20 § 16 lit. c).
232 BGH, Urteil v. 18.12.1978, II ZR 189/77, NJW 1979 S. 2248.
233 Regierungsentwurf eines Gesetzes zur Einführung der Europäischen Genossenschaft und zur Änderung des Genossenschaftsrechts (BT-Drucks. 16/1025 v. 23.3.2006), zu Nr. 8 – § 7a.

Dienstleistungseinlagen sind in der Regel nicht einlagefähig.[234] Auch die sog. »Muskelhypothek« – also der Einsatz körperlicher Arbeit – kann so nicht auf die Geschäftsanteile angerechnet werden.

Zu DDR-Zeiten wurden Dienstleistungen in Form von Arbeitsleistungen angerechnet. In den Satzungen aus damaliger Zeit war eine Regelung enthalten, dass diese Arbeitsleistungen in den unteilbaren Fonds der Genossenschaft einflossen. Nach der Wiedervereinigung mussten mit der DM-Eröffnungsbilanz diese Anteile neu bewertet werden. In der Regel wurden die Geschäftsanteile aus DDR-Zeiten 1:1 in die Nachwendezeit übertragen. Die Arbeitsleistungen blieben dagegen in der Regel unbewertet und wurden als nicht rückzahlbare Zuschüsse behandelt.

3.4.1.6 Inhaberschuldverschreibungen

333 Inhaberschuldverschreibungen sind Wertpapiere, mit denen das Versprechen einer Leistung in einer Urkunde verbrieft ist. Diese Urkunde wird von der Genossenschaft nach Begleichung des Werts des verbrieften Versprechens an das Mitglied ausgegeben. Die Besonderheit ist dabei, dass die Urkunde, also das Papier, das bestimmende Element ist: Das Recht aus dem Papier folgt dem Recht am Papier. Derjenige, der die Urkunde besitzt, hat Anspruch auf die Leistungen, die in der Urkunde beschrieben sind.

Will eine Genossenschaft Inhaberschuldverschreibungen ausgeben, so hat sie einige Besonderheiten zu beachten.[235]

Die Ausgabe von Inhaberschuldverschreibungen muss grundsätzlich in der Satzung geregelt sein (vgl. §§ 2, 35 MS).

334 In Anwendung des Wertpapierprospektgesetzes ist die Ausgabe von Inhaberschuldverschreibungen bei bestehender Vertreterversammlung grundsätzlich prospektpflichtig. Die Ausgabe ist zwar kein erlaubnispflichtiges Bankgeschäft nach § 1 KWG, Inhaberschuldverschreibungen sind aber Wertpapiere, sodass bei einem öffentlichen Angebot eine Prospektpflicht nach § 3 WpPG besteht. Die Erstellung eines Prospekts unterliegt bestimmten rechtlichen Anforderungen und ist daher zeit- und kostenaufwendig. Eine Möglichkeit, die Prospekterstellung zu vermeiden, besteht darin, einen Beschluss zur Ausgabe der Inhaberschuldverschreibungen bei bestehender Vertreterversammlung durch die Mitgliederversammlung herbeizuführen. Hierin sieht die Bun-

234 Hillebrand/Keßler/*Keßler*, GenG, § 7a Rn. 12; a. A. Pöhlmann/Fahndrich/Bloehs/*Fandrich*, GenG, § 7a Rn. 9.
235 Siehe hierzu auch GdW Information 125, »Inhaberschuldverschreibungen – ein alternatives Finanzierungsinstrument für Wohnungsgenossenschaften«, Juni 2010.

desanstalt für Finanzdienstleistungsaufsicht (BaFin) den Verbraucherschutz gewahrt und damit von dem Erfordernis der Prospekterstellung ab.[236]

Grundlage für die Öffnung – weg vom Prospekt und hin zur Zuständigkeit der Mitgliederversammlung – ist jedoch eine Satzungsänderung (§43a Abs. 1 Satz 2 GenG). So müsste die turnusmäßige Vertreterversammlung zunächst eine Satzungsänderung dahingehend beschließen, dass die Mitgliederversammlung für die Beschlussfassung über die Ausgabe von Inhaberschuldverschreibungen zuständig ist. Nach der Eintragung im Genossenschaftsregister wäre diese Regelung wirksam. Danach könnte eine Mitgliederversammlung einberufen werden, die über die Ausgabe der Inhaberschuldverschreibungen entscheidet.

Zuvor ist nach §28 Buchst. i MS ein gemeinsamer Beschluss von Vorstand und Aufsichtsrat zur Ausgabe von Inhaberschuldverschreibungen herbeizuführen. Eine Beschlussvorlage mit entsprechenden Ausgabemodalitäten sollte für die Mitgliederversammlung vorbereitet werden, um ausufernde Diskussionen zu vermeiden. Bewährt hat sich dabei auch, bezüglich der Verzinsung eine variable Zinsfestsetzung in Form einer Spanne aufzunehmen. Dies ermöglicht dem Vorstand im Nachgang ein flexibles Handeln bezüglich der Ausgabemodalitäten, ohne hierzu einen Beschluss der Versammlung zu benötigen.

3.4.1.7 Genussrechte

Genossenschaften können auf Grundlage einer entsprechenden Satzungsregelung 334a
Genussrechte anbieten (siehe §2 Abs. 3 Satz 2 MS) und so den Mitgliedern eine Beteiligung am Erfolg der Genossenschaft ermöglichen. Der Anleger erwirbt dann sog. Genussscheine, welche als Genussrechtskapital bezeichnet werden. Die Gewährung von Genussrechten ist durch relativ strikte gesetzliche Auflagen für Genossenschaften unattraktiver geworden. Wie bei der Ausgabe von Inhaberschuldverschreibungen, ist zum einen auch in diesem Fall von einer Prospektpflicht auszugehen, die ggf. nur durch einen Beschluss der Mitgliederversammlung bei bestehender Vertreterversammlung umgangen werden kann (siehe Rn. 334). Hierzu sind aber entsprechende Satzungsregelungen erforderlich.[237]

Zum anderen ist die Gewährung von Genussrechten mit unbedingtem Rückzahlungsanspruch – das Genussrechtskapital nimmt also nicht am Verlust des emittierenden

236 BMF, Schreiben v. 22.7.2008, Prospektpflicht für die Ausgabe von Inhaberschuldverschreibungen an Mitglieder von Wohnungsgenossenschaften; siehe auch Merkblatt der BaFin zum Tatbestand des Einlagengeschäfts v. 11.3.2014.

237 Siehe GdW Information 125, a. a. O.

Unternehmens teil – ein erlaubnispflichtiges Einlagengeschäft (§ 1 Abs. 1 Nr. 1 KWG). Die Genossenschaft braucht daher eine Genehmigung der BaFin (§ 32 Abs. 1 Satz 1 KWG). Dem Registergericht muss dann bezüglich der Eintragung als erlaubnispflichtige Geschäftstätigkeit eine entsprechende Erlaubnis nachgewiesen werden.

3.4.1.8 Mitgliederdarlehen nach § 21b GenG

334b § 21b GenG[238] schuf Rechtsklarheit für Genossenschaften, in welchen Fällen die Entgegennahme von Mitgliederdarlehen möglich sein sollte.[239] Bis zur Einführung der Regelung ins Genossenschaftsgesetz bestand Rechtsunsicherheit, unter welchen Bedingungen ein Ausnahmetatbestand zur Erlaubnispflicht eines Einlagengeschäfts nach dem Kreditwesengesetz für Genossenschaften bezüglich der Hereinnahme von Mitgliederdarlehen gegeben ist. Nach § 32 Abs. 1 Satz 1 KWG bedarf der schriftlichen Erlaubnis der Bundesanstalt für Finanzdienstleistungsaufsicht, wer im Inland gewerbsmäßig oder in einem Umfang, der einen in kaufmännischer Weise eingerichteten Geschäftsbetrieb erfordert, Bankgeschäfte betreiben oder Finanzdienstleistungen erbringen will. Die Erlaubnis setzt u. a. voraus, dass die mit der Entgegennahme von Darlehen befassten Vorstandsmitglieder bestimmte fachliche und persönliche Anforderungen erfüllen müssen, wenn sie als Geschäftsleiter nach den jeweiligen Aufsichtsgesetzen bestellt werden.[240] Diese Voraussetzungen sind als bankspezifische Voraussetzungen aus zeitlichen und organisatorischen Gründen für Vorstandsmitglieder einer Wohnungsgenossenschaft meist schwer erfüllbar. Mit der Einführung des § 21b GenG sollte die Entgegennahme von Darlehen außerhalb der Regelungen des KWG erleichtert werden.

Zum Zweck der Finanzierung oder Modernisierung von zu ihrem Anlagevermögen gehörenden Gegenständen kann so eine Genossenschaft, auch wenn sie über keine Erlaubnis zum Betreiben des Einlagengeschäfts nach dem Kreditwesengesetz verfügt, Darlehen ihrer Mitglieder entgegennehmen.

Die gesetzlichen Voraussetzungen hierfür beinhalten:

1. Im Darlehensvertrag ist zu vereinbaren, dass das Darlehen zweckgebunden nur zugunsten eines konkreten Investitionsvorhabens der Genossenschaft in ihr Anlagevermögen verwendet werden darf (§ 21b Abs. 1 Nr. 1 GenG).
   Diese Zweckbindung orientiert sich am Schreiben des ehemaligen Bundesaufsichtsamts für das Kreditwesen vom 30.9.1976[241], wonach in langjähriger Verwal-

238 Eingeführt mit dem Gesetz zum Bürokratieabbau und zur Förderung der Transparenz bei Genossenschaften v. 17.7.2017.
239 Vgl. BT/DS 18/11506.
240 BaFin, »Merkblatt zu den Geschäftsleitern gemäß KWG, ZAG und KAGB« v. 4.1.2016, geändert am 31.1.2017.
241 Siehe Reischauer/Kleinhans, KWG, Band 1, Anh. 3 zu § 1.

tungspraxis das Einlagengeschäft ausnahmsweise als nicht erfüllt galt, wenn die Darlehen nur von Genossenschaftsmitgliedern aufgenommen und die Gelder zweckgebunden verwendet wurden.

2. Die Darlehenssumme darf beim jeweiligen Mitglied 25.000 EUR nicht übersteigen (§ 21b Abs. 1 Nr. 2 GenG).
   Die Begrenzung soll dem Schutz des einzelnen Mitglieds dienen, sofern dieses Verbraucher ist.
3. Der Gesamtbetrag sämtlicher von Genossenschaftsmitgliedern zu dem o. g. Zweck gewährten Darlehen darf 2,5 Mio. EUR nicht übersteigen (§ 21b Abs. 1 Nr. 3 GenG).
   Die in Nr. 3 benannte Grenze schließt im Übrigen nicht aus, dass ein darüber hinaus bestehender Finanzierungsbedarf auf andere Weise gedeckt wird.[242]
4. Der vereinbarte jährliche Sollzinssatz darf den höheren der folgenden beiden Werte nicht übersteigen (§ 21b Abs. 1 Nr. 4 GenG):
   a) 1,5 Prozent
   b) Die marktübliche Emissionsrendite für Anlagen am Kapitalmarkt in Hypothekenpfandbriefen mit gleicher Laufzeit.

Die Grenzen in Abs. 1 Nr. 3 und 4 orientieren sich an den Grenzen für Schwarmfinanzierungen sowie denen für soziale, gemeinnützige oder religionsgemeinschaftliche Projekte nach den §§ 2a bis 2c des Vermögensanlagegesetzes.

Der Vorstand wird in § 21b Abs. 2 GenG darüber hinaus verpflichtet, dafür zu sorgen, dass den Mitgliedern vor Vertragsschluss die wesentlichen Informationen über das Investitionsvorhaben sowie mögliche Risiken aus der Darlehensgewährung zur Verfügung gestellt werden.

Er hat während der gesamten Laufzeit des Darlehens die Einhaltung der Zweckbindung sicherzustellen. Diese Geschäftsführungspflichten unterliegen der Überwachung im Rahmen der regelmäßigen Prüfung der Ordnungsmäßigkeit der Geschäftsführung nach § 53 GenG.

Die Zweckbindung kann nur unter festgelegten Bedingungen zugunsten eines anderen zulässigen Investitionsvorhabens geändert werden. Das jeweilige Mitglied muss der Änderung schriftlich zustimmen, nachdem es die wesentlichen Informationen über das andere Investitionsvorhaben erhalten hat (§ 21b Abs. 3 Satz 2 GenG).

Schließlich beinhaltet § 21b Abs. 4 GenG ein Widerrufsrecht, orientiert an § 2d des Vermögensanlagengesetzes.

242 BT/DS 18/11506, S. 26.

Das Mitglied ist dann bei einem wirksamen Widerruf an seine Willenserklärung, die auf Abschluss des Darlehensvertrags gerichtet ist, nicht mehr gebunden.

3.4.2 Zeichnung mehrerer Geschäftsanteile

335 In der Regel verpflichtet die Satzung der Genossenschaft das Mitglied, mehrere Geschäftsanteile zu zeichnen, um Leistungen der Genossenschaft in Anspruch nehmen zu können (vgl. § 7a Abs. 2 GenG). Für die Begründung der Mitgliedschaft ist dagegen meist nur ein Geschäftsanteil notwendig. Ferner kann das Mitglied auch auf freiwilliger Basis mehrere (freiwillige) Geschäftsanteile übernehmen, sofern die Satzung dies zulässt. Gewöhnlich enthalten die Satzungen diese Möglichkeit, so auch die Mustersatzung (§ 17 Abs. 2 MS).

Die Anzahl der zu übernehmenden Pflichtanteile ist in der Satzung festgelegt. Bei der freiwilligen Beteiligung bzw. der Beteiligung eines Mitglieds insgesamt kann die Satzung eine Höchstzahl festlegen. Sinn der Festlegung ist dabei zumeist, einen existenzgefährdenden Abfluss von Eigenkapital zu vermeiden, wenn ein Mitglied, das eine hohe Anzahl von Anteilen hält, aus der Genossenschaft ausscheidet. Eine gesetzliche Beschränkung der Anzahl sieht das Genossenschaftsgesetz dagegen nicht vor (siehe hierzu auch oben Rn. 324 ff.).

3.4.3 Zeichnung und Zahlung von Geschäftsanteilen

336 Das Mitglied muss gemäß Satzung Pflichtanteile zeichnen, um bestimmte Leistungen der Genossenschaft erhalten zu können. Geregelt ist die Pflichteinzahlung in § 7 Nr. 1 Fall 2 GenG.

Durch die Zahlung der Pflichtanteile soll die Genossenschaft ein Mindestbetriebskapital erhalten.

Nach § 15a GenG ist es für die Beitrittserklärung erforderlich, dass das künftige Mitglied eine schriftliche Verpflichtungserklärung abgibt, aus der hervorgeht, dass das es bereit ist, die geschuldeten Einzahlungen auf den Geschäftsanteil und ggf. erforderliche Nachschüsse zu leisten. Diese formalen Voraussetzungen der Beitrittserklärung müssen in jedem Fall vorliegen. Zwar ist es nicht erforderlich, die geschuldete Einzahlung als Betrag zu benennen[243], jedoch ist diese Erleichterung nur dann gegeben, wenn anhand der festgelegten Anzahl der Anteile ein Rückschluss auf die geschuldete Ein-

243 Lang/Weidmüller/*Holthaus/Lehnhoff*, GenG, § 15a Rn. 4 m. w. N.

zahlung (vgl. Wortlaut des § 15a GenG) möglich ist. Sollte dies nicht möglich sein, so ist die gesamte Beitrittserklärung unwirksam.

3.4.3.1 Entstehen des Einzahlungsanspruchs

Mit der Eintragung der Satzung (§ 10 GenG) oder ihrer Änderung (§ 16 GenG) bzw. mit 337
dem Beitritt des Mitglieds (§ 15 Abs. 1 GenG) zur Genossenschaft entsteht auch die Pflicht des Mitglieds zur Zeichnung der Anteile in der erforderlichen Anzahl. Aufgrund der gezeichneten Anteile entsteht die Verpflichtung zur Zahlung.

Der Vorstand hat im Rahmen seiner Möglichkeiten dafür zu sorgen, dass tatsächlich eine Zahlung auf die Anteile erfolgt. Dies ergibt sich aus § 34 Abs. 1 GenG, wonach der Vorstand gehalten ist, bei der Geschäftsführung die Sorgfalt eines ordentlichen und gewissenhaften Geschäftsleiters anzuwenden. Die Einzahlungspflicht ist im Zusammenhang mit der Leistungspflicht der Mitglieder zu sehen. Sinn dieser Regelung ist die Verpflichtung des Vorstands, für die Erhaltung der Kapitalbasis der Genossenschaft zu sorgen.

3.4.3.2 Erlöschen des Einzahlungsanspruchs

Der Einzahlungsanspruch erlischt mit der Beendigung der Mitgliedschaft, also in der 338
Regel mit dem Ablauf der Kündigungsfrist zum Ende des Geschäftsjahrs. Ist der Anspruch auf Einzahlung von der Genossenschaft nicht rechtzeitig geltend gemacht worden, so findet die Auseinandersetzung nach Beendigung der Mitgliedschaft entsprechend § 73 Abs. 2 GenG statt.

Nach Ausspruch der Kündigung des Mitglieds bleibt der Einzahlungsanspruch der Genossenschaft zunächst erhalten. Erfolgt daher die Zahlung während der Dauer der Kündigungsfrist, wird dies genau so behandelt, als ob die Zahlung erfolgt wäre, bevor die Kündigung ausgesprochen wurde. Ein Rückzahlungsanspruch des Mitglieds besteht in diesem Zeitraum also nicht.

Nach Ablauf der Kündigungsfrist und dem damit verbundenen Ausscheiden des Mitglieds aus der Genossenschaft entsteht ein auf Auseinandersetzung gerichtetes Abwicklungsverhältnis, das den Anspruch auf Einzahlung grundsätzlich erlöschen lässt. Das ausgeschiedene Mitglied müsste in diesem Fall nicht mehr zahlen. Das ausscheidende Mitglied muss die Pflichteinzahlungen nur dann leisten, wenn die Geschäftsguthaben der verbliebenen Mitglieder zur Deckung von Bilanzverlusten herangezogen werden, dafür aber nicht ausreichen.

Der Anspruch auf Einzahlung verjährt in zehn Jahren (§ 22 Abs. 6 GenG).

339 Wenn das Mitglied seinen Verpflichtungen aus der Satzung oder den Vereinbarungen mit der Genossenschaft nicht nachkommt, so kann ggf. eine Zahlungsklage erhoben und gegen das Mitglied vollstreckt werden.

Die Genossenschaft kann auch gem. §§ 284 Abs. 2 Satz 1 i. V. m. § 288 BGB Verzugszinsen geltend machen. Weigert sich das Mitglied hartnäckig, kann es aus der Genossenschaft ausgeschlossen werden. Zu unterscheiden ist in dieser Situation, ob es um die Zeichnung der Anteile oder um die Zahlung auf die Anteile geht. In jedem Fall ist der Vorstand verpflichtet, dem Säumnis des Mitglieds nachzugehen. Andernfalls macht er sich schadensersatzpflichtig. Geht es um die Zeichnung der Anteile, so muss der Vorstand das Mitglied auf Vornahme einer Handlung verklagen. Eine Zahlungsklage wäre hier nicht zulässig, da die Vorstufe der Zahlung, nämlich die Zeichnung, noch aussteht. Allerdings ist zu bedenken, dass die Zeichnung der Anteile in der Regel mit der Beitrittserklärung erfolgt. Hierbei verpflichtet sich das zukünftige Mitglied zur Zeichnung. Da erst mit Zulassung des Beitritts durch den Vorstand eine wirksame Begründung der Mitgliedschaft erfolgt, ist davon auszugehen, dass keine willentliche Zeichnung trotz so erfolgter Beitrittserklärung nur in Ausnahmefällen vorliegt.

Geht es dagegen um die Zahlung der Anteile, so könnte über ein kostengünstiges Mahnverfahren der Anspruch auf Zahlung durchgesetzt werden.

Hat die Genossenschaft Ansprüche gegen das Mitglied, so kann sie sich das Auseinandersetzungsguthaben abtreten lassen oder mit ihren Forderungen aufrechnen (siehe Rn. 222 sowie Rn. 385).

! **Muster: Abtretungserklärung an die Genossenschaft**

Abtretungserklärung
Herr/Frau __________,
Mitglied der Wohnungsbaugenossenschaft __________, Mitgliedsnummer __________,
erklärt:
Hiermit trete ich das nach Beendigung meiner Mitgliedschaft zum Ablauf des _______ entstehende Auseinandersetzungsguthaben als Teil des auszuzahlenden Gesamtbetrags
in Höhe von _______ EUR
bei Fälligkeit an die Wohnungsbaugenossenschaft __________ ab.
Der Aufrechnungsbetrag ergibt sich aus den rückständigen fälligen Nutzungsgebühren für den Zeitraum _______ auf Grundlage des zwischen mir und der Genossenschaft bestehenden Nutzungsvertrags. Eine Verjährung der Forderung der Genossenschaft wird mit dieser Erklärung ausgeschlossen.
Der Genossenschaft bleibt die Aufrechnung des Auseinandersetzungsguthabens mit weiteren, über den Betrag der Abtretung hinausgehenden, zwischenzeitlich entstandenen bzw. entstehenden Forderungen unbenommen.
(Datum, Unterschriften)

3.4.3.3 Stundung

Die Zahlung auf die Geschäftsanteile kann gestundet werden. Die Stundung beinhaltet das Hinausschieben der Fälligkeit für eine bestimmte Zeit. 340

Hierfür sind jedoch einige Besonderheiten zu beachten:

Zuständig für die Stundung ist nicht der Vorstand, sondern grundsätzlich die Mitglieder-/Vertreterversammlung. Die Stundung bzw. deren Zulässigkeit kann auch in der Satzung geregelt sein. Die Bedingungen der Gewährung sind dann entweder dort festgehalten oder die Mitglieder-/Vertreterversammlung kann darüber bestimmen. Sieht die Satzung keine Regelung vor, so muss die Versammlung zumindest einen entsprechenden Stundungsbeschluss fassen. Dies kann dann z. B. im Rahmen der verpflichtenden Beschlussfassung zu § 49 GenG erfolgen, indem die Zulässigkeit der Stundung bzw. deren Modalitäten in den gesamten Beschluss zur Kreditgewährung aufgenommen werden. Möglich ist es aber auch, einen gesonderten Beschluss zur Stundung zu fassen.

Gleiches kann bei Gewährung einer Ratenzahlung auf die Geschäftsanteile erfolgen. In 341
vielen Satzungen, die Regelungen zur Ratenzahlung beinhalten, ist festgelegt, dass ein Zehntel des Betrags der Pflichtanteile sofort fällig ist. Setzt man die Stundung mit dem Hinausschieben der Fälligkeit bei einer Ratenzahlung gleich, so ist diese Soforteinzahlungspflicht unbedingt zu berücksichtigen. Das heißt, dass das Mitglied den in der Satzung benannten Betrag sofort bezahlen muss, der Restbetrag kann dann im Rahmen eines Beschlusses der Versammlung gestundet werden.

Ein Beschluss der Mitglieder-/Vertreterversammlung zur Stundung könnte wie folgt aussehen:

Muster: Beschluss über eine Stundung !

Stundung

Die Mitgliederversammlung/Vertreterversammlung beschließt die Möglichkeit einzuführen, eine Zahlung auf die Pflichtanteile nach folgenden Bedingungen für neu beitretende Mitglieder über den satzungsmäßig sofort zu leistenden Betrag (§ __ der Satzung) hinaus zu stunden:

Eine Stundung ist nur im Rahmen eines sog. flexiblen Wohnungstausches möglich. Hierbei wird ein bisheriges (wohnendes) Mitglied einer anderen Wohnungsgenossenschaft Mitglied bei der Wohnungsgenossenschaft __________ eG, um dort eine Wohnung anzumieten.

Zur Sicherung des Zahlungsanspruchs auf die so erforderlichen Pflichtanteile wird das bei Ausscheiden des Mitglieds aus der bisherigen Wohnungsgenossenschaft entstehende Auseinandersetzungsguthaben mit einer gesondert abzuschließenden Erklärung an die Wohnungsgenossenschaft __________ eG abgetreten.

Die Dauer der Stundung bestimmt sich damit nach der Fälligkeit dieses Auseinandersetzungsguthabens. Die Stundungsdauer darf zwei Jahre nicht überschreiten.
Über die so mögliche Bewilligung einer Stundung entscheidet der Vorstand.
Nach Ablauf der Stundungsdauer wird der Vorstand dafür Sorge tragen, dass eine umgehende Zahlung auf die Pflichtanteile entsprechend den Regelungen der Satzung erfolgt.

342 Im Übrigen kann ein Stundungsbeschluss auch erforderlich sein, wenn z. B. bestimmten Personengruppen wie Studenten oder Auszubildenden aufgrund fehlender wirtschaftlicher Leistungskraft die Zahlung auf die Pflichtanteile gestundet werden soll. Auch hierfür ist ein entsprechender Stundungsbeschluss erforderlich, der die soeben benannten Grundsätze zu berücksichtigen hat. Formulierungsbeispiel:

! **Muster: Beschluss über eine Stundung für bestimmte Personengruppen**

Stundung
Die Mitgliederversammlung/Vertreterversammlung beschließt, die Zahlung auf die Pflichtanteile nach folgenden Bedingungen für neu beitretende Mitglieder über den satzungsmäßig sofort zu leistenden Betrag (§ __ der Satzung) hinaus zu stunden:
für Auszubildende während der Dauer ihrer Ausbildung, maximal aber drei Jahre,
für Studenten während der Dauer ihres Studiums, maximal aber vier Jahre.
Über die Bewilligung einer Stundung entscheidet der Vorstand. Die Rechtmäßigkeit der Inanspruchnahme der Stundung hat das Mitglied zu Beginn der Stundungsdauer sowie nach Aufforderung durch den Vorstand regelmäßig durch entsprechende Belege des Arbeitgebers/der Universität/Fachhochschule nachzuweisen.
Nach Beendigung der Ausbildung/des Studiums bzw. der Maximaldauer der Stundung wird der Vorstand dafür Sorge tragen, dass eine Zahlung auf die Pflichtanteile entsprechend den Regelungen der Satzung erfolgt.

3.4.3.4 Zahlungsarten

3.4.3.4.1 Einzahlung bis zu einem Zehntel je Geschäftsanteil

343 Das Genossenschaftsgesetz schreibt vor, dass in der Satzung für bis zu einem Zehntel je Geschäftsanteil bestimmt ist, wie auf den Geschäftsanteil nach Betrag und Zeit einzuzahlen ist (§ 7 Nr. 1 Fall 2 HS 2 GenG). Obwohl das Gesetz vom »Geschäftsanteil« spricht und damit auch mehrere Geschäftsanteile meint, gilt die zu bestimmende Quote von bis zu einem Zehntel für jeden einzelnen Geschäftsanteil.[244]

Diese Regelung ist im Gesetz so getroffen, um der Genossenschaft ein Mindestmaß an Kapital zu sichern. Auf diese Weise soll erreicht werden, dass der Genossenschaft ein sich aus der Satzung ergebender Mindestbetrag an Geschäftsguthaben auch tatsäch-

244 Hillebrand/Keßler/*Keßler*, GenG, §§ 6, 7 Rn. 25.

lich zur Verfügung gestellt und nicht – z. B. durch eigenwillige Stundungsregelungen – umgangen wird.

Diese Regelung betrifft grundsätzlich jeden Geschäftsanteil, also auch die freiwilligen Anteile.

Allerdings ist für die freiwilligen Anteile hierbei die Regelung des § 15b Abs. 2 GenG zu beachten.

Dort gilt die Volleinzahlungspflicht für die zuvor gezeichneten Geschäftsanteile. Eine Beteiligung mit weiteren Anteilen darf nicht zugelassen werden, bevor nicht alle Geschäftsanteile des Mitglieds, bis auf den zuletzt neu übernommenen, voll eingezahlt sind. Der »zuletzt neu übernommene« ist also derjenige, auf den sich die Beteiligungserklärung bezieht.[245]

Alle Geschäftsanteile, die vorher übernommen worden sind, müssen voll eingezahlt worden sein. Wenn mehrere Geschäftsanteile übernommen worden sind, so müssen alle bis auf den letzten voll eingezahlt sein. Diese Regelung dient dem Schutz der Gläubiger einer Genossenschaft, die nicht über deren Finanzsituation und unbekannte Vereinbarungen getäuscht werden sollen.[246]

Mit der Mustersatzung 2017 wurde die Regelung zur Einzahlungspflicht von mindestens einem Zehntel nach § 7 Nr. 1 Fall 2 HS 2 GenG in § 17 Abs. 4 MS gestrichen. Hintergrund ist, dass gemäß § 17 Abs. 4 Satz 1 MS eine sofortige Einzahlungspflicht des gesamten Geschäftsanteils/der gesamten Geschäftsanteile vorgesehen ist. Das gesetzliche Erfordernis der 1/10-Regelung ist damit bereits erfüllt. Diese Festlegung wird mit der Fixierung der Volleinzahlungspflicht obsolet.[247] Die Einzahlungspflichten bezüglich der Ratenzahlung werden davon nicht berührt, sodass die Satzung bezüglich der Festlegung der Fälligkeit und Höhe der Raten frei ist.

3.4.3.4.2 Ratenzahlung

Der Pflichtanteil ist, sofern nichts anderes geregelt ist, sofort fällig. Allerdings lässt 344
das Gesetz eine Ratenzahlung zu. Hierfür gilt, sofern nicht eine Volleinzahlungspflicht grundsätzlich in der Satzung geregelt ist (siehe oben Rn. 343), dass ein Zehntel der Summe je Geschäftsanteil nach den in der Satzung festgelegten Fälligkeitsbestimmungen zu zahlen ist (vgl. § 7 Nr. 1 Fall 2 2. Halbsatz GenG; § 17 Abs. 3 Satz 2 MS). Dabei

245 Lang/Weidmüller/*Holthaus/Lehnhoff*, GenG, § 15b Rn. 9.
246 Lang/Weidmüller/*Holthaus/Lehnhoff*, GenG, a. a. O.
247 Vgl. GdW Arbeitshilfe 80, Band 1, Mustersatzungen, Mustergeschäftsordnungen und Musterwahlordnung für Wohnungsgenossenschaften 2017, S. 16.

sagt das Gesetz zur Zahlungspflicht dieses Zehntels, dass die Satzung »bis zu einem Gesamtbetrage von mindestens einem Zehntel des Geschäftsanteiles« die Zahlung nach Betrag und Zeit bestimmt.

! **Praxis-Beispiel**

In der Satzung ist Ratenzahlung der Pflichtanteile zugelassen. Ein Geschäftsanteil hat den Wert von 300 EUR. Zur Begründung der Mitgliedschaft sind laut Satzung drei Anteile zu zeichnen. Ein Zehntel pro Geschäftsanteil ist nach Satzung sofort zu zahlen. Dies bedeutet, dass das Mitglied sich verpflichten muss, 30 EUR je Anteil, insgesamt also 90 EUR, zu zahlen, um überhaupt in den Genuss der Mitgliedschaft zu kommen. Dieser Betrag entspricht einem Zehntel pro Anteil. Wann dieser Betrag zu zahlen ist, regelt ebenfalls die Satzung. Die restlichen 270 EUR pro Anteil, also 810 EUR insgesamt, werden dann über die in der Satzung oder über die durch Beschluss der Generalversammlung (vgl. § 50 GenG) festgelegten Ratenzahlungen nach Betrag und Zeit bestimmt.

345 **Festlegung von Ratenzahlungen – Regelung in der Satzung**

In der Satzung müssen die Bedingungen für die Ratenzahlung festgelegt werden. Bis zur Wertigkeit z. B. des ersten Zehntels der Anteile müssen Betrag und Zeit der Zahlung ausdrücklich bestimmt sein. Die Einzahlung der weiteren 9/10 kann entweder nach Betrag und Zeit genau bestimmt oder allgemein – d. h. dass eine Ratenzahlung grundsätzlich möglich ist – festgesetzt werden. Wenn diese allgemeine Formulierung in der Satzung gewählt wird, dann steht die Entscheidung darüber, wann und in welchen Raten die übrigen 9/10 zu zahlen sind, der Generalversammlung zu (vgl. § 50 GenG). Wie die Raten zu zahlen sind, kann der Vorstand nicht selbstständig bestimmen. Er kann nur über das »Ob« der Ratenzahlung entscheiden, nicht über das »Wie«. Er darf auch nicht durch eine individuelle Abrede von den Satzungsregelungen abweichen. Bei den Zahlungsvarianten geht es um das Eigenkapital der Genossenschaft, über dessen Verfügbarkeit hier bestimmt wird.[248] Darüber liegt die Entscheidung aber ausschließlich in den Händen der Generalversammlung, die über die Satzungsregelung oder durch Beschluss über die Ratenzahlung entscheidet.

Entscheidet der Vorstand, dass Ratenzahlung bei einem Mitglied zugelassen werden soll, also über das »ob«, so hat er dabei den Gleichbehandlungsgrundsatz zu beachten (siehe Rn. 241).

Eine Möglichkeit, dem Vorstand einen gewissen Entscheidungsspielraum zuzugestehen, besteht darin, dass die Ratenzahlung zwar in der Satzung festgelegt wird, auch die zur Verfügung stehenden Höhen der einzelnen Raten, jedoch jede dort benannte Rate fallbezogen vereinbart werden kann. Der Vorstand kann dann eigenständig ent-

248 Lang/Weidmüller/*Holthaus/Lehnhoff*, GenG, § 50 Rn. 3, § 7 Rn. 9.

scheiden, welche Ratenhöhe er dem Mitglied zubilligt. Diese Regelung findet sich in § 17 Abs. 4 MS wieder. Hier wurde die Regelung zur Einzahlungspflicht von mindestens einem Zehntel nach § 7 Nr. 1 Fall 2 HS 2 GenG allerdings gestrichen. Hintergrund ist, dass gemäß § 17 Abs. 4 Satz 1 MS die sofortige Einzahlungspflicht des gesamten Geschäftsanteils/der gesamten Geschäftsanteile vorgesehen ist. Das gesetzliche Erfordernis der 1/10-Regelung ist somit bereits erfüllt, die Satzung kann die Festlegung der Fälligkeit und Höhe der Raten frei bestimmen.

Die Regelung zur Anzahlung betrifft auch die wohnungs-/nutzungsbezogenen Geschäftsanteile, da es sich hierbei nach der Bestimmung der Satzung normalerweise ebenfalls um Pflichtanteile handelt. Allerdings – im Gegensatz zu den mitgliedschaftsbegründenden Anteilen – erst dann, wenn eine konkrete Wohnung bezogen werden soll. Das Mitglied kann auch Mitglied der Genossenschaft sein, ohne eine Wohnung zu bewohnen.

Folgen der Beendigung der Mitgliedschaft trotz laufender Pflichteinzahlung mit Ratenzahlungsvereinbarung 346

Während des Laufs der Kündigungsfrist bleibt die Pflicht zur Ratenzahlung bestehen. Bei langen Kündigungsfristen können die fälligen Raten eingeklagt werden, bei kurzen Fristen ist dies aus zeitlichen Gründen in der Regel nicht mehr möglich. Hier gibt es auch keine Vorfälligkeit der Raten. Die getroffene Vereinbarung zur Fälligkeit der Ratenzahlung bleibt bestehen.

Ist das Mitglied ausgeschieden, erlöschen der Zahlungsanspruch und damit auch die Vereinbarung zur Ratenzahlung. Die Genossenschaft hat dann keinen Leistungsanspruch mehr gegen das ehemalige Mitglied.

Muster: Ratenzahlungsvereinbarung !

Zwischen der Wohnungsgenossenschaft __________ eG, __________ (Anschrift)
und
Herrn/Frau __________, __________ (Anschrift)
– nachfolgend Mitglied genannt –
wird folgender Vertrag geschlossen:

§ 1 Geschäftsanteil und Zulassung der Ratenzahlung

Das Mitglied hat aufgrund der Satzung und der beigefügten Anlage __ Geschäftsanteile zu je ______ EUR als Pflichtanteile zu zahlen und erkennt seine Zahlungspflicht hiermit an. Hiermit wird durch den Vorstand die Ratenzahlung zugelassen.

§ 2 Verzichtserklärung

Der Schuldner verzichtet auf Einwendungen jeglicher Art hinsichtlich des Grundes und der Höhe der Forderung sowie der Mahnkosten.

§ 3 Ratenzahlung

Nach Zulassung der Beteiligung sind sofort ______ EUR einzuzahlen.

Mit Beginn des folgenden Monats*) / Quartals*), ab ________, sind monatlich*) /vierteljährlich*) weitere 25*) / 75*) / 100 *) EUR einzuzahlen, bis die Pflichtanteile voll erreicht sind.
*) Nichtzutreffendes streichen.
Der Schuldner verpflichtet sich daher, auf die mit dieser Ratenvereinbarung zu tilgende Schuldsumme von insgesamt ______ EUR, zuzüglich Zinsen ______ EUR, auf welche er bei Abschluss der Ratenvereinbarung einen Betrag von ______ EUR gezahlt hat, den Restbetrag in Höhe von ______ EUR
wie folgt zu zahlen:

1. Rate am ________ in Höhe von	________ EUR
2. Rate am ________ in Höhe von	________ EUR
3. Rate am ________ in Höhe von	________ EUR
4. Rate am ________ in Höhe von	________ EUR
5. Rate am ________ in Höhe von	________ EUR
Schlussrate am ________ in Höhe von	________ EUR

Die Zahlungen sind so zu leisten, dass die Genossenschaft zu dem vereinbarten Termin über die Raten verfügen kann. Das heißt, die Rate muss spätestens zum Fälligkeitstermin auf einem der Geschäftskonten der Genossenschaft gutgeschrieben worden sein.
Alle Zahlungen zur Erfüllung dieser Vereinbarung sind unter Angabe der Mitglieds-Nr. ________ und dem Zusatz »Ratenzahlung« zu leisten.
Der Schuldner erklärt, zur Zahlung der vereinbarten Beträge in der Lage zu sein.
Es steht ihm frei, Raten vor der Fälligkeit zu zahlen, die Raten ohne Abstimmung zu erhöhen oder den Restbetrag in einer Summe zu tilgen. Die vorzeitige Volleinzahlung der Pflichtanteile ist zugelassen.
Die Zahlungsfrist ist auch gewahrt, wenn der jeweilige Betrag spätestens am Tag des Fristablaufs bar bei der Genossenschaft eingezahlt wurde.
Kommt das Mitglied mit einer Rate in Verzug, wird die gesamte Restschuld sofort zur Zahlung fällig.
Nebenabreden zu dieser Vereinbarung bestehen nicht. Änderungen und Ergänzungen zu dieser Vereinbarung bedürfen der Schriftform. Alle bisherigen Abreden zwischen den Parteien bezüglich der hier geregelten Forderung werden mit Abschluss des Vertrags unwirksam.
(Ort, Datum, Unterschriften)

346a **Anfechtung der Ratenzahlungsvereinbarung durch den Insolvenzverwalter**

Problematisch war vor Änderung der Insolvenzordnung[249] die Anfechtung einer Ratenzahlungsvereinbarung durch den Insolvenzverwalter. Dies vor allem, weil eine für die Anfechtung erforderliche Benachteiligung des Gläubigers und eine

249 Gesetz zur Verbesserung der Rechtssicherheit bei Anfechtung nach der Insolvenzordnung und nach dem Anfechtungsgesetz, in Kraft seit dem 5.4.2017.

Kenntnis des Vertragspartners von der bevorstehenden Insolvenz des Schuldners teilweise bereits im Abschluss einer solchen Ratenzahlungsvereinbarung gesehen wurde und so eine Anfechtung der Vereinbarung durch den Insolvenzverwalter sehr leicht war. Mit § 133 Abs. 3 Satz 2 InsO wurde ausdrücklich klargestellt, dass eine Zahlungsvereinbarung oder die sonstige Gewährung einer Zahlungsverpflichtung durch den Vereinbarungspartner an den Schuldner keinen Beweis dafür erbringt, dass der andere Teil zur Zeit der Handlung die Zahlungsunfähigkeit kannte. Eine Genossenschaft, die so auf Bitten eines Schuldners eine Ratenzahlungsvereinbarung abschließt, hat somit keinen Anlass, von dessen Zahlungsunfähigkeit auszugehen. Will der Insolvenzverwalter diese Vermutung widerlegen, so muss er konkrete Umstände darlegen und das Gegenteil, nämlich die Kenntnis der Genossenschaft, nachweisen.

3.4.4 Staffelung von Pflichtanteilen

Eine Staffelung der Pflichtanteile ist unter den Voraussetzungen des § 7a Abs. 2 GenG 347
möglich. Sie wird bei Genossenschaften z. B. dann durchgeführt, um die Intensität der Inanspruchnahme der genossenschaftlichen Einrichtungen zu bewerten (§ 7a Abs. 2, 1. Alt. GenG).

Bei den wohnungs-/nutzungsbezogenen Geschäftsanteilen handelt es sich nach Festlegung der Mustersatzung (vgl. § 17 Abs. 2 Satz 3 MS) ebenfalls um Pflichtanteile.

Die wohnungsbezogenen Geschäftsanteile sind üblicherweise ihrer Anzahl nach entsprechend der Beschaffenheit des zu überlassenden Wohnraumes gestaffelt. So muss z. B. für eine 4-Raum-Wohnung eine höhere Anzahl übernommen werden als für eine 2-Raum-Wohnung. Manche Genossenschaften bestimmen die Staffelung nach der Anzahl der Quadratmeter, welche die jeweilige Wohnung aufweist.

Die Einführung der Staffelung von Pflichtanteilen bedarf im Übrigen einer Satzungsänderung, die mit einer Mehrheit von Dreivierteln der Stimmen zu beschließen ist (§ 16 Abs. 2 Nr. 3 GenG). Die Zustimmung aller Mitglieder ist hierfür nicht erforderlich. Die Satzung kann aber auch strengere Kriterien für die Einführung aufstellen.

Mitglieder, die den gefassten Beschluss zur Erweiterung der Pflichtbeteiligung ablehnen, können gem. § 67a i. V. m. § 16 Abs. 2 Nr. 3 GenG außerordentlich kündigen.[250]

250 Lang/Weidmüller/*Holthaus/Lehnhoff*, GenG, § 7a Rn. 9.

Weigert sich das Mitglied, die satzungsmäßig dann (neu) zu übernehmenden Geschäftsanteile zu zeichnen, so kann es nicht auf Zahlung, sondern auf Abgabe einer Beteiligungserklärung nach § 15b GenG verklagt werden.

Bei der Staffelung der Pflichtanteile ist der absolute Gleichbehandlungsgrundsatz (siehe Rn. 241) zu beachten. Die Staffelung muss in der Satzung klar und eindeutig geregelt sein und den Voraussetzungen des § 7a Abs. 2 GenG entsprechen. In der Praxis erfolgt dies meist durch eine Regelung in einer Anlage zur Satzung. Die Berücksichtigung des relativen Gleichbehandlungsgrundsatzes findet wiederum in § 7a Abs. 2 Satz 2 GenG Ausdruck und ist daher innerhalb der einzelnen Staffeln zu beachten[251] (vgl. oben Rn. 239).

Muster: Pflichtbeteiligungsregelung in der Satzung[252]

§ ___

Für den Erwerb der Mitgliedschaft ist jedes Mitglied verpflichtet, einen mitgliedschaftsbegründenden Geschäftsanteil zu übernehmen.
Jedes Mitglied, dem eine Wohnung überlassen wird oder überlassen worden ist, hat einen angemessenen Beitrag zur Aufbringung der Eigenleistung durch Übernahme weiterer wohnungsbezogener Geschäftsanteile wie folgt zu übernehmen:
Je angefangenem m^2 Wohnfläche ist ein Geschäftsanteil zu übernehmen.
Auf dieser Berechnungsgrundlage wird nachfolgende Staffelung nach Wohnwertmerkmalen vorgenommen. Mehrere Wohnmerkmale können zugleich vorliegen:

Lage der Wohnung		Beschaffenheit der Wohnung		Ausstattung der Wohnung	
• Ausrichtung Süd • Ausrichtung Waldblick	2 Geschäftsanteile zusätzlich	Großer Balkon	1 Geschäftsanteil zusätzlich	Einbauküche	2 Geschäftsanteile zusätzlich
• Ausrichtung Südwest • Ausrichtung Südost	1 Geschäftsanteil zusätzlich	Kleiner Balkon	1 Geschäftsanteil weniger	Markise	1 Geschäftsanteil zusätzlich

251 Lang/Weidmüller/*Holthaus/Lehnhoff*, GenG, § 7a Rn. 8; Hillebrand/Keßler/*Keßler*, GenG, § 7a Rn. 9.
252 Dieses Muster ist sehr individuell gehalten.

Lage der Wohnung		Beschaffenheit der Wohnung		Ausstattung der Wohnung	
Lage an der Straße	1 Geschäftsanteil weniger	• Erdgeschoss • Angrenzende Nachbarbebauung	2 Geschäftsanteile weniger	Besondere Duschausstattung	2 Geschäftsanteile zusätzlich
Ausrichtung Nordwest	3 Geschäftsanteile weniger	Kein Balkon	5 Geschäftsanteile weniger		
Ausrichtung Nord	6 Geschäftsanteile weniger				

Alle so zu übernehmenden Geschäftsanteile sind Pflichtanteile.
Soweit das Mitglied bereits weitere Anteile gemäß Abs. 4 gezeichnet hat, werden diese auf die Pflichtanteile angerechnet

3.4.5 Eintragung der Beteiligung in die Mitgliederliste

Die Beteiligung ist in die Mitgliederliste einzutragen (vgl. § 15 i. V. m. § 15b Abs. 3 Satz 2 348
GenG). Der erste (mitgliedschaftsbegründende) Geschäftsanteil wird nicht in die Mitgliederliste eingetragen, weil ihn Kraft Gesetzes ohnehin jedes Mitglied zu übernehmen hat. Einzutragen sind demnach alle über den ersten Pflichtanteil hinausgehenden Pflichtanteile.

Auch alle weiteren – freiwilligen – Geschäftsanteile müssen eingetragen werden. Die gesetzliche Formulierung »weitere Geschäftsanteile« i. S. von § 30 Abs. 2 Nr. 2 GenG als in die Mitgliederliste einzutragende Pflichtangabe ist insoweit missverständlich, da hiermit sowohl die freiwilligen als auch die Pflichtanteile gemeint sind, die eingetragen werden müssen. Das Mitglied ist über die Eintragung zu informieren[253] (siehe hierzu auch oben ausführlich Rn. 321).

3.4.6 Änderung der Pflichtbeteiligung

Für eine Änderung der Pflichtbeteiligung bestehen zwei Möglichkeiten: 349

- Zum einen kann der Geschäftsanteil, also auch der Pflichtanteil selbst, summenmäßig erhöht werden,

253 Bauer, GenG, § 30 Rn. 15.

- zum anderen kann aber auch eine Erweiterung der Pflichtbeteiligung um einen oder mehrere zusätzliche Geschäftsanteile vorgenommen werden.

Umgekehrt kann die Höchstzahl oder die Summe der Pflichtbeteiligung herabgesetzt werden.

Des Weiteren gibt es die Möglichkeit der Zerlegung eines Geschäftsanteils. Diese Änderungen wirken sich dann auf jede Anteilsart aus, also auch auf die freiwilligen Anteile.

3.4.6.1 Erhöhung eines Pflichtanteils

350 Für die summenmäßige Erhöhung eines Pflichtanteils muss

- dieser auf einen bestimmten Betrag festgesetzt werden,
- die Erhöhung für alle Pflichtanteile gleich sein,
- die Erhöhung sachlich geboten und
- die Erhöhung für alle Mitglieder wirtschaftlich zumutbar sein, d.h. sie muss in einem angemessenen Verhältnis zum wirtschaftlichen Gehalt und der Funktion der Mitgliedschaft in der eG stehen.

Es ist immer mindestens eine Mehrheit von drei Vierteln der abgegebenen Stimmen notwendig, um diese Änderung durchzusetzen. In der Satzung kann aber auch bestimmt werden, dass die Zustimmung aller abgegebenen Stimmen Voraussetzung ist.

Eine Erhöhung unter einer Bedingung ist nicht zulässig. Allerdings kann die Erhöhung zu jedem Zeitpunkt beschlossen werden. So kann etwa festgelegt werden, dass der Geschäftsanteil regelmäßig zu einem bestimmten Zeitpunkt (etwa zu Beginn eines jeden Geschäftsjahrs) erhöht werden soll.

Gründe für die Erhöhung eines Pflichtanteils sind z. B. die Stärkung der Eigenkapitalquote. Durch die Erhöhung kann aber auch die Möglichkeit geschaffen werden, bei der Auseinandersetzung einen Teil der im Nutzungsverhältnis entstandenen Forderungen gegen ein Mitglied erfüllbar aufzurechnen. Die Erhöhung orientiert sich dann an den »Erfahrungswerten« hinsichtlich der Höhe der Forderungen.

3.4.6.2 Herabsetzung eines Pflichtanteils

351 Auch eine summenmäßige Herabsetzung des Pflichtanteils ist möglich. Allerdings muss die Herabsetzung aus Gründen der absoluten Gleichbehandlung für alle Mitglieder gleich sein.

Da die Höhe des Geschäftsanteils in der Satzung zu regeln ist, muss auch jede Änderung entsprechend durch eine Änderung der Satzung (§ 22 Abs. 1 GenG) mit einer Mehrheit von mindestens Dreivierteln der abgegebenen Stimmen erfolgen.[254]

Der Hauptgrund für eine Herabsetzung ist die Erhöhung der Attraktivität des Wohnens in einer Genossenschaft in Abgrenzung zu anderen privaten Vermietern am Markt. Die Pflichtbeteiligung orientiert sich summenmäßig daher besonders in strukturschwachen Gebieten oft an der Höhe der dort marktüblichen Kaution. Andere Gründe können z. B. aber auch die Erfüllung von Bedingungen im Rahmen einer Sanierungsvereinbarung mit einer Bank sein.

Die formalen Anforderungen an einen Beschluss zur Herabsetzung stellt das Genossenschaftsgesetz auf. So ist neben den allgemeinen Regelungen, denen eine Satzungsänderung unterliegt, zu beachten, dass der wesentliche Inhalt des Beschlusses der Generalversammlung durch das Registergericht bekannt zu machen ist (§ 22 Abs. 1 GenG).[255] Diese Bekanntmachung dient dem Gläubigerschutz und geschieht von Amts wegen, also ohne ein Zutun der Genossenschaft selbst. In der Bekanntmachung muss auf die Rechte der Gläubiger hingewiesen werden.

Zu beachten sind die Besonderheiten bei Wohnungsgenossenschaften mit Spareinrichtungen. Sie haben die Herabsetzung der Bundesanstalt für die Finanzdienstleistungsaufsicht (BaFin) und der Bundesbank nach Maßgabe des § 9 AnzV anzuzeigen.

Praxis-Tipp !

Es empfiehlt sich, den Gläubigeraufruf bei der Beantragung der Eintragung der Satzungsänderung mit aufzunehmen, um zu vermeiden, dass er vom Registergericht übersehen wird. Dies könnte wie folgt formuliert werden:
»Daneben bitten wir, den Gläubigeraufruf gem. § 22 GenG durchzuführen.«

Der Beschluss zur Satzungsänderung wird erst wirksam, wenn die Änderung im Genossenschaftsregister eingetragen ist. Es handelt sich dabei allerdings um eine relative Wirksamkeit. Erst mit dem Ablauf von sechs Monaten oder sobald allen Gläubigern, die sich nach der Bekanntmachung und innerhalb dieser Frist gemeldet hatten, Sicherheit geleistet wurde (§ 22 Abs. 3 GenG) wird er absolut wirksam.

Die Sicherheitsleistung ergibt sich als Pflicht aus § 22 Abs. 2 GenG. Sie räumt dem 352
Gläubiger die Möglichkeit ein, durch die Leistung von Sicherheit ein Recht durchzusetzen oder ein Gegenrecht abzuwenden. Hier können alle Gläubiger, die eine

254 Lang/Weidmüller/*Holthaus/Lehnhoff*, GenG, § 22 Rn. 2.
255 Lang/Weidmüller/*Holthaus/Lehnhoff*, GenG, § 22 Rn. 2.

Forderung gegen die Genossenschaft haben, von dieser Sicherheit verlangen.[256] Die Regelung stellt einen eigenen, einklagbaren Anspruch dar. Um welche Forderung (vertragliche oder außervertragliche Geldleistungs-, Sachleistungs- oder Unterlassungsansprüche) es sich dabei handelt, ist gleich. Es muss jedoch eine bereits zum Zeitpunkt der Eintragung der Satzungsänderung begründete Forderung sein. Ein Gläubiger kann aber nur für solche Forderungen Sicherheit verlangen, die noch nicht befriedigt werden können.

Auf welche Weise Sicherheit geleistet wird, richtet sich nach den in den §§ 232 bis 240 BGB aufgezählten Mitteln, also z. B. Hinterlegung von Geld oder Wertpapieren oder die Stellung eines Bürgen. Üblicherweise wird als Sicherheit ein Pfandrecht bestellt oder ein Bürge gestellt. Die Genossenschaft kann bestimmen, wie Sicherheit geleistet wird.[257]

Der Gläubiger muss sich innerhalb der nach Bekanntmachung beginnenden Frist von sechs Monaten bei der Genossenschaft melden, um seinen Anspruch geltend zu machen. Tut er dies nicht, so erlischt der Anspruch auf Sicherheitsleistung.

Falls die Höhe der Forderung des Gläubigers streitig ist, ist der möglicherweise geschuldete Betrag beim zuständigen Amtsgericht zu hinterlegen. Erfolgt keine Einigung, muss der Gläubiger Klage auf Leistung von Sicherheit erheben.

353 Bei der Herabsetzung eines Geschäftsanteils entsteht meist ein Differenzbetrag zur vorherigen Wertigkeit der Anteile. Es handelt sich hier dann nicht mehr um das Geschäftsguthaben, sondern um einen freien Betrag, der unabhängig von einer Auseinandersetzung auszahlbar ist. Als Vermögensrecht ist der Anspruch eines Mitglieds auf die Rückzahlung des Geschäftsguthabens, das den herabgesetzten Geschäftsanteil übersteigt, auch abtretbar, verpfändbar und pfändbar. Die durch die Herabsetzung zu erfolgende Zurückzahlung des Differenzbetrags an die Mitglieder darf nicht vor Ablauf der Frist des Gläubigeraufrufs erfolgen.

3.4.6.3 Erweiterung der Pflichtbeteiligung

354 Wie bereits oben dargestellt, gibt es nicht nur die summenmäßige Erhöhung des einzelnen Pflichtanteils (siehe Rn. 350), sondern es ist auch eine Erhöhung der Anzahl der Geschäftsanteile möglich. Erforderlich wird dies, wenn eine nachträgliche Änderung der Beteiligung in der Satzung erfolgen soll.

256 Hillebrand/Keßler/*Kern*, GenG, § 22 Rn. 4 ff.
257 *Beuthien*, GenG, § 22 Rn. 3; Lang/Weidmüller/*Holthaus/Lehnhoff*, GenG, § 22 Rn. 4.

Eine entsprechende Satzungsänderung unterliegt bestimmten Mehrheitserfordernissen. Maßgebend ist hier wiederum § 16 Abs. 2 Nr. 3 GenG. Dieser verlangt für eine Änderung eine Mehrheit von drei Vierteln der abgegebenen Stimmen.

Da diese Satzungsänderung für die Mitglieder u. U. eine erhebliche finanzielle Belastung bedeuten kann, hat der Gesetzgeber durch § 67a GenG die Möglichkeit einer außerordentlichen Kündigung der Mitgliedschaft für die Mitglieder vorgesehen, welche die Änderung nicht mittragen wollen.

Praxis-Tipp !

Wichtig: Die Mitglieder sind in diesem Zusammenhang verpflichtet, gem. § 15b GenG eine Beteiligungserklärung zur Übernahme der weiteren Geschäftsanteile abzugeben.[258] Der Wortlaut des Gesetzestextes ist allerdings irreführend: Mit »Beitrittserklärung« ist nicht etwa eine weitere Mitgliedschaft gemeint, sondern eben jene Beteiligungserklärung. In der Praxis stellt die Abgabe dieser Erklärung meist das Hauptproblem dar: Die Zahlung der Anteile wird zwar geleistet, aber die Erklärung »verbummelt«. Hier ist die Genossenschaft gehalten, darauf einzuwirken, dass eine entsprechende Erklärung abgegeben wird. Es empfiehlt sich, angesichts dieser praktischen Schwierigkeiten von der Möglichkeit einer Erweiterung der Pflichtbeteiligung umsichtig Gebrauch zu machen.

Dessen ungeachtet sind für eine Erweiterung die Grenzen generell dort zu ziehen, wo die Maßnahme wirtschaftlich nicht mehr vertretbar ist und für die Mitglieder einen unzumutbaren Eingriff darstellen würde. Ist dies der Fall, brauchen die Mitglieder sich nicht auf die Kündigungsmöglichkeit verweisen lassen, sondern können den entsprechenden Beschluss anfechten.

Grund für die Erweiterung der Pflichtbeteiligung ist meist – wie bei der Erhöhung der Pflichtanteile – die Stärkung der Kapitalbasis der Genossenschaft.

3.4.6.4 Zusammenlegung von Pflichtanteilen

Eine Zusammenlegung von Pflichtanteilen ist ebenfalls möglich. Hierbei wird die 355
Anzahl der Pflichtanteile zusammengefasst, d. h. es werden z. B. drei Pflichtanteile zu 100 EUR zu einem zu 300 EUR zusammengelegt.

Obwohl die Zusammenlegung nicht im Genossenschaftsgesetz geregelt ist, wird sie doch allgemein für zulässig gehalten.[259] Da sie als besondere Form der Herabsetzung

258 Bauer, GenG, § 15b Rn. 2 Ziff. 3.
259 Bauer, GenG, § 22b Rn. 26; Lang/Weidmüller/*Holthaus/Lehnhoff*, GenG, § 7 Rn. 4.

von Geschäftsanteilen behandelt wird, sind auch die entsprechenden gesetzlichen Regelungen hierfür einschlägig (§§ 22 Abs. 1–3 und 22a GenG).

Einer Sicherung der Forderungen der Gläubiger nach diesen Vorschriften bedarf es auch dann nicht, wenn die Zusammenlegung durch eine gleichzeitig beschlossene Erhöhung der Geschäftsanteile und Haftsummen wieder ausgeglichen wird. Da den Gläubigern die gleiche Haftsumme zur Verfügung steht, ist eine Sicherung ihrer Forderungen hier nicht nötig.

Auch für die Zusammenlegung bedarf es einer Satzungsänderung nach § 16 Abs. 4 GenG, also mit entsprechenden Mehrheitsverhältnissen (drei Viertel der abgegebenen Stimmen).

3.4.6.5 Zerlegung von Pflichtanteilen

356 Eine Zerlegung von Pflichtanteilen ist nach § 22b GenG möglich. Dabei wird ein Geschäftsanteil in mehrere selbstständige neue Anteile zerlegt. Die Gesamtsumme dieser neuen Geschäftsanteile entspricht dann der des bisherigen Geschäftsanteils. Wie viele neue Geschäftsanteile so aus dem alten entstehen, ist gleichgültig. Erforderlich ist, dass die allgemeinen Voraussetzungen erfüllt sind so u. a.:

- Die genaue Höhe muss beziffert sein,
- sie muss für alle Mitglieder gleich hoch sein und
- eine Zerlegung in gleiche Teile muss erfolgen.

! **Praxis-Beispiel**

Aus Geschäftsanteilen in Höhe von 500 EUR sollen zwei Anteile zu je 250 EUR werden. Damit ist summenmäßig die gleiche Höhe erreicht.

Eine Zerlegung kann auch mit einer Erhöhung oder Herabsetzung der Geschäftsanteile verbunden sein, wenn durch die Teilung keine gleichen Summen der einzelnen Geschäftsanteile erreicht werden können.

! **Praxis-Beispiel**

Aus Geschäftsanteilen in Höhe von 500 EUR sollen drei Anteile zu je 200 EUR geschaffen werden. Um eine summenmäßig gleiche Höhe der einzelnen Anteile zu erreichen, muss der Geschäftsanteil erhöht werden.
Umgekehrt kann auch eine Herabsetzung erforderlich werden: Aus einem Geschäftsanteil in Höhe von je 250 EUR sollen zwei Anteile in Höhe von 100 EUR geschaffen werden. Hier ist eine Herabsetzung erforderlich.

Die Herabsetzung oder Erhöhung der Geschäftsanteile kann vor der Zerlegung – dann beim alten Geschäftsanteil – oder nach der Zerlegung bei den neu entstandenen Anteilen erfolgen.

3.4.6.5.1 Vorgehen

Der Zerlegung von Pflichtanteilen muss ein satzungsändernder Beschluss zugrunde 357
liegen. Die Beschlussfassung erfolgt nach den Voraussetzungen des § 16 Abs. 2 Satz 1 Nr. 8 GenG. Dort ist ausdrücklich auf die erforderliche Mehrheit von drei Vierteln der abgegebenen Stimmen verwiesen, die für eine positive Beschlussfassung erforderlich sind. In der Satzung der Genossenschaft können noch weitere Erfordernisse aufgestellt werden (vgl. § 35 MS).

Die Vorschrift zu den Voraussetzungen der Herabsetzung von Geschäftsanteilen (§ 22 GenG) wird bei der Zerlegung nicht angewendet. Selbstverständlich müssen die Voraussetzungen aber bei der damit möglicherweise verbundenen Herabsetzung oder Erhöhung der Anteile berücksichtigt werden.

Der Beschluss für eine Zerlegung könnte wie folgt aussehen:

Muster: Beschluss über die Zerlegung von Geschäftsanteilen !

Beschluss ________

Die Versammlung beschließt, den Geschäftsanteil, der bisher nach § __ der Satzung auf ________ EUR festgelegt ist, in ___ Geschäftsanteile zu je ________ EUR zu zerlegen.

Die Satzung muss entsprechend geändert werden. Hier ist darauf zu achten, dass sich durch die Zerlegung der Anteile eventuell auch die Anzahl der zu übernehmenden Pflichtbeteiligung verändert. Ist dies der Fall, so müsste die Satzung auch in Hinblick auf die Übernahme der Pflichtanteile angepasst werden.

Praxis-Tipp !

In diesem Zusammenhang ist darauf zu achten, dass die Satzungsänderungen aufeinander abgestimmt sind und nur »im Paket« eingetragen werden. Andernfalls läuft die Genossenschaft Gefahr, dass bei Bestehen eines Eintragungshindernisses nur eine Satzungsänderung eingetragen wird und diese dann die gewünschten Ergebnisse verfehlt. Dies wäre z. B. dann der Fall, wenn ein Eintragungshindernis bei der Zerlegung und Neufestlegung der Anteile besteht, die erforderliche Erhöhung der Anzahl der Pflichtbeteiligung aber eingetragen wird. Dies hätte zur Konsequenz, dass die Mitglieder eine höhere Beteiligung mit der bisherigen Anteilshöhe zu erfüllen hätten.

3.4.6.5.2 Wirksamwerden des Beschlusses

358 Mit der Eintragung des Beschlusses in das Genossenschaftsregister ist die Zerlegung erfolgt. Jedes Mitglied ist an der Genossenschaft mit der Zahl der Geschäftsanteile beteiligt, die sich aus der Zerlegung ergibt. Eine Bekanntmachung muss im Rahmen einer Zerlegung nicht erfolgen. Der Vorstand muss die Mitgliederliste entsprechend berichtigen.

Ist die Zerlegung von Geschäftsanteilen mit einer Erhöhung oder Herabsetzung der Zahlung auf die Anteile verbunden, so sind entsprechende begleitende Beschlüsse erforderlich (Zerlegungs-, Zahlungserhöhungs- bzw. -herabsetzungsbeschluss). Ist einer dieser Beschlüsse unwirksam, ist davon auszugehen, dass sich dessen Unwirksamkeit auch auf die übrigen Beschlüsse erstreckt. Für diese Annahme spricht, dass die Beschlüsse in ihrer Entstehung so eng miteinander verknüpft sind, dass sie ohne einander keinen Sinn machen.

In welcher Reihenfolge sie gefasst worden sind, spielt im Übrigen keine Rolle.

3.4.6.5.3 Gründe für eine Zerlegung

359 Ein Grund für die Zerlegung kann sein, dass die Beteiligung insgesamt aus marktwettbewerblichen Gründen herabgesetzt werden soll. Bisweilen wird eine Zerlegung auch bei der Planung der Verschmelzung zweier Genossenschaften erforderlich.

3.4.6.5.4 Auswirkung auf die Haftsumme

360 Wenn die Summe der neuen Anteile derjenigen der alten Anteile entspricht, so berührt dieser Vorgang die Haftsumme nicht.[260] Die Gläubiger haben in diesem Fall die gleiche Sicherheit wie vor der Zerlegung. Etwas anderes gilt, wenn mit der Zerlegung auch eine Herabsetzung der Anteile verbunden ist. Hier muss die Haftsumme – so satzungsmäßig vorhanden – heraufgesetzt werden, um den Gläubigern die entsprechende Sicherheit zu gewährleisten. Hierfür ist dann eine entsprechende Satzungsänderung notwendig (vgl. § 16 Abs. 2 Nr. 4 GenG), die wiederum einer Dreiviertelmehrheit der abgegebenen Stimmen bedarf. In der Mustersatzung ist keine Haftsumme vorgesehen. Die Mitglieder haften in diesem Fall nur mit ihren Geschäftsguthaben.

260 Bauer, GenG, § 22b Rn. 23.

3.4.6.5.5 Verteilung des Geschäftsguthabens

Zur Verteilung des Geschäftsguthabens gibt es keine gesetzlichen Regelungen. Die 361
Generalversammlung kann frei entscheiden, wie das Geschäftsguthaben zu verteilen ist. Für den entsprechenden Beschluss reicht die einfache Mehrheit aus, da die Regelung keinen Satzungsgegenstand darstellt. Eine Verbindung mit dem Zerlegungsbeschluss ist ebenfalls nicht erforderlich.

Wenn die Generalversammlung hierzu keinen Beschluss fasst, ist das Geschäftsguthaben auf die neuen Geschäftsanteile gleichmäßig zu verteilen. Es müssen dabei jedoch zumindest die Pflichtanteile abgedeckt sein, andernfalls müssten die Mitglieder durch die Zerlegung weitere Einzahlungen auf die Pflichtanteile leisten. Entsprechendes kann jedoch von der Generalversammlung beschlossen werden.

3.4.7 Wohnungs-/nutzungsbezogene Anteile (Pflichtanteile): Regelung in der Anlage der Satzung

3.4.7.1 Rechtsqualität der Anlage der Satzung

Die Anlage der Satzung wird in der Regelung des § 17 Abs. 2 Satz 2 der Mustersatzung 362
ausdrücklich als Bestandteil der Satzung bezeichnet. Dies bedeutet, dass die Anlage wie eine in den Fließtext der Satzung eingearbeitete Vorschrift zu behandeln ist. Damit ist auch eine Änderung der Anlage grundsätzlich als Satzungsänderung zu behandeln (siehe Rn. 853). Dass die Regelung der wohnungs-/nutzungsbezogenen Geschäftsanteile normalerweise in der Anlage der Satzung erfolgt, beruht neben anderem auch auf praktischen Erwägungen.

3.4.7.2 Festlegung der wohnungs-/nutzungsbezogenen Geschäftsanteile und Änderung der Anlage

Eine Vorbereitung der Festlegung der wohnungs-/nutzungsbezogenen Geschäftsan- 363
teile erfolgt nach betriebswirtschaftlichen bzw. sozialen Gesichtspunkten durch den Vorstand und den Aufsichtsrat nach Maßgabe des § 28 Buchst. b MS (»Grundsätze für die Vergabe von Genossenschaftswohnungen») durch gemeinsame Beratung und getrennte Abstimmung.

Die Generalversammlung trifft schließlich per Beschluss die rechtsverbindliche Entscheidung mit Wirkung für alle Mitglieder, wie die Anteile in der Anlage festgelegt werden sollen.

3.4.7.3 Satzungsformulierung zur Festlegung der wohnungsbezogenen Anteile

!

Muster: Satzungsformulierung zur Festlegung wohnungsbezogener Anteile

§ __

Der Geschäftsanteil beträgt 100 EUR. Für den Erwerb der Mitgliedschaft ist jedes Mitglied verpflichtet, einen Anteil zu übernehmen. Jedes Mitglied, dem eine Wohnung überlassen wird oder worden ist, hat einen angemessenen Beitrag zur Aufbringung der Eigenleistung durch Übernahme von weiteren Geschäftsanteilen wie folgt zu übernehmen:

Wohnung	mitgliedschaftsbegründender Pflichtanteil	wohnungsbezogene Pflichtanteile	Summe in EUR gesamt
bis 49 m²	1	34	3.500,00 EUR
50 m² bis 60 m²	1	40	4.100,00 EUR
61 m² bis 63 m²	1	42	4.300,00 EUR
64 m² bis 68 m²	1	46	4.700,00 EUR
69 m² bis 80 m²	1	53	5.400,00 EUR
81 m² bis 85 m²	1	57	5.800,00 EUR
86 m² bis 91 m²	1	60	6.100,00 EUR

Diese Anteile sind Pflichtanteile. Soweit das Mitglied bereits weitere Anteile gemäß Abs. 4) gezeichnet hat, werden diese angerechnet.

Anmerkung: Mit dieser Aufschlüsselung (im Beispiel nicht als Anlage, sondern im Fließtext der Satzung formuliert) ist die Übersichtlichkeit der Aufteilung der Anteile gewährleistet – in mitgliedschaftsbegründende und wohnungsbezogene. In der Praxis werden bei der Berechnung oft die mitgliedschaftsbegründenden Anteile »vergessen«, da diese nicht in der Summe der zu übernehmenden benannt sind bzw. die wohnungsbezogenen Anteile vom Mitglied als Gesamtsumme gesehen werden. Gerade im Zusammenhang damit, dass einem Mitglied vor Beitritt die aktuell gültige Fassung der Satzung auszuhändigen bzw. es auf die Veröffentlichung auf der Homepage hinzuweisen ist, ist dem Interessenten sogleich ersichtlich, mit welcher Beteiligung er in welcher Höhe zu rechnen hat. Gleiches gilt bei geplantem Umzug in eine andere Wohnung. Bei der Formulierung »Jedes Mitglied, dem eine Wohnung überlassen wird oder überlassen worden ist …« ist darauf zu achten, dass sich eine Satzungsänderung im Rahmen einer Änderung der Beteiligung auf die Beteiligung sämtlicher Mitglieder bezieht. Eine Differenzierung der Beteiligung nach »Bestandsmitgliedern« und Neumitgliedern aus Gründen des absoluten Gleichbehandlungsgrundsatzes ist grundsätzlich nicht möglich (siehe Rn. 241).

Die nach der Mustersatzung verwendete Begrifflichkeit »nutzungsbezogene Pflichtanteile« (so z. B. in § 17 Abs. 2 MS) bezieht sich darauf, dass es nicht nur für die Nutzung von Wohnraum, sondern auch z. B. für die von Garagen oder Gärten eine Pflichtbeteiligung geben kann. »Nutzungsbezogen« ist demnach ein Oberbegriff für die individuelle Pflichtbeteiligung, abgegrenzt von der mitgliedschaftsbegründenden Pflichtbeteiligung. Werden also für die Nutzung von Garagen etc. keine Pflichtanteile verlangt, sondern – wie meist üblich – nur Wohnraum zur Verfügung gestellt, kann die Bezeichnung »wohnungsbezogene Pflichtbeteiligung« (weiter) verwendet werden. Die Kategorien in der Satzung nach obigem Beispiel können je nach Nutzungsart dann entsprechend erweitert werden.

3.4.7.4 Herabsetzung der Anzahl der wohnungsbezogenen Geschäftsanteile

Wurde im Satzungsänderungsverfahren und durch Eintragung der Änderung im Genossenschaftsregister die Anzahl der Anteile herabgesetzt und betrifft diese Änderung auch die Bestandsmitglieder, so werden die ehemaligen wohnungsbezogenen Pflichtanteile, die nun als »Überschuss« übrig sind, zukünftig als freiwillige Geschäftsanteile geführt (vgl. § 67b GenG). 365

3.4.7.5 Aufhebung der Anlage

Die Anlage kann auch ganz aufgehoben und eine entsprechende Anteilsregelung bei 366
der Vergabe der Wohnungen direkt in der Satzung getroffen werden (siehe Rn. 364). Nachteil für die Praxis ist allerdings, dass bei einer Änderung der zu übernehmenden Anzahl wohnungs-/nutzungsbezogener Geschäftsanteile die Satzung neu gedruckt werden muss.

Die Folgen einer Änderung entsprechen im Übrigen den Folgen der Änderung der Anlage (siehe Rn. 853).

3.4.7.6 Erhöhung der wohnungs-/nutzungsbezogenen Pflichtanteile und Verrechnung weiterer Geschäftsanteile des Mitglieds

Die Erhöhung der wohnungsbezogenen Pflichtanteile und die Verrechnung weiterer 367
Geschäftsanteile sind in der Mustersatzung geregelt (vgl. § 17 Abs. 3 MS): Die Regelung legt fest, dass bei der Überlassung einer Wohnung für die hierfür zu übernehmenden Pflichtanteile den bereits übernommenen freiwilligen Anteile des Mitglieds angerechnet werden sollen. Das Mitglied wird somit durch die Übernahme weiterer Pflichtan-

teile finanziell nicht belastet, sondern es findet eine »Umwidmung« der freiwilligen Anteile bis zur Höhe der dann zu übernehmenden wohnungsbezogenen Pflichtanteile statt.

3.4.8 Herabsetzung der satzungsmäßigen Höchstzahl der Anteile

368 Grundlage für eine Herabsetzung der Höchstzahl der Anteile ist eine entsprechende Satzungsänderung und Beschlussfassung. Jedes Mitglied ist dann verpflichtet, die das neue Höchstmaß übersteigenden Geschäftsanteile sofort zu kündigen, sofern eine Höchstzahl in der Satzung festgelegt ist.[261]

Die Kündigungserklärung kann durch § 894 ZPO erzwungen werden.

Ein besonderer Gläubigerschutz wie bei der summenmäßigen Erhöhung der Pflichtbeteiligung ist hier nicht erforderlich, da diese Maßnahme keine Verminderung des Eigenkapitals darstellt.

Die Erzwingung der Kündigung ist dann nicht erforderlich, wenn in der Satzung keine Höchstgrenze festgelegt ist. Dann werden die überschießenden Anteile zu freiwilligen Anteilen und können so stehen bleiben.

3.4.9 Kündigung von freiwilligen Geschäftsanteilen

Siehe dazu Rn. 331.

3.4.10 Investierende Mitglieder

369 Investierende Mitglieder haben grundsätzlich die gleiche Rechtsposition wie ordentliche Mitglieder. Allerdings müssen sie bei der Stimmberechtigung Einschränkungen hinnehmen, bis hin zum gänzlichen Ausschluss (vgl. § 8 Abs. 2 Satz 2 GenG), damit gewährleistet ist, dass die Entscheidungsbefugnis in wichtigen Angelegenheiten den ordentlichen Mitgliedern vorbehalten bleibt.

Die Möglichkeit, investierendes Mitglied einer Genossenschaft zu werden, ist nach dem »europäischen« Genossenschaftsrecht vorgesehen und wurde seinerzeit deshalb

261 Hillebrand/Keßler/*Keßler*, GenG, § 7a Rn. 5.

in das deutsche Genossenschaftsrecht eingebracht.[262] Investierende Mitglieder sind von ordentlichen Mitgliedern einer Genossenschaft abzugrenzen:

- Ordentliche Mitglieder stehen in einer Förderbeziehung zur Genossenschaft, weil sie Wohnungen nutzen. Auch dann, wenn dies nicht (mehr) der Fall ist, kann das Genossenschaftsmitglied jederzeit wieder in eine Förderbeziehung zur Genossenschaft treten, indem es z. B. wieder eine Wohnung nutzt.
- Investierende Mitglieder dagegen sind nie dem Kreis der zu fördernden Mitglieder zuzurechnen.

Die Unterscheidung gestaltet sich insofern schwierig und erfolgt daher nach streng formalen Gesichtspunkten. So sind z. B. investierende Mitglieder als solche in der Mitgliederliste zu kennzeichnen.

Für die Zulassung von investierenden Mitgliedern ist zu beachten, dass hier eine Entscheidung der Generalversammlung einzuholen ist. Die Zustimmung bedarf einer Dreiviertelmehrheit.

3.5 Geschäftsguthaben

3.5.1 Begriff

Das Geschäftsguthaben ist vom Geschäftsanteil streng zu unterscheiden. Es bezeich- 370
net nicht den gesamten Vermögenswert der Mitgliedschaft, da es sich nicht anteilig auf Rücklagen oder sonstige Vermögenswerte der eG erstreckt.[263] Es gibt nur die Vermögensbeteiligung des Mitglieds an, die auch in der Bilanz erscheint. Es ist damit auch keine starre Größe, sondern wird gebildet aus den Einlagen und den Gewinnzuschreibungen abzüglich der Verlustabschreibungen.

3.5.2 Bedeutung

Eine Rolle spielt das Geschäftsguthaben insbesondere bei 371

- der Bestimmung des Auseinandersetzungsguthabens im Fall des Ausscheidens des Mitglieds (siehe Rn. 374),
- der Übertragung des Geschäftsguthabens und

262 Regierungsentwurf eines Gesetzes zur Einführung der Europäischen Genossenschaft und zur Änderung des Genossenschaftsrechts (BT-Drucks. 16/1025 v. 23.3.2006), zu Nr. 9 – § 8.

263 Hillebrand/Keßler/*Keßler*, GenG, §§ 6, 7 Rn. 20.

- der Gewinn- und Verlustverteilung nach § 19 GenG, nach der sich der bilanzierte Gewinn bzw. Verlust der Genossenschaft durch Zu- oder Abschreibungen auf das Vermögen des Mitglieds verteilt.

Das Geschäftsguthaben kann durch eine entsprechende Satzungsbestimmung auch verzinst werden. Die Zinsen berechnen sich dann gem. § 21a Abs. 1 Satz 2 GenG nach dem Stand des Geschäftsguthabens am Schluss des vorangegangenen Geschäftsjahrs (siehe Rn. 370).

Auch bei der Auflösung der Genossenschaft oder bei ihrer Umwandlung ist das Geschäftsguthaben maßgebend. Im Fall der Auflösung erfolgt die Verteilung des Vermögens unter den Mitgliedern auf Grundlage der in der Liquidationsbilanz ermittelten Geschäftsguthaben.

3.5.3 Auszahlung während der Dauer der Mitgliedschaft

372 Ausgezahlt wird das Geschäftsguthaben im Rahmen der Auseinandersetzung unter den hierfür geltenden Bedingungen. Das Geschäftsguthaben ist ein mit der Mitgliedschaft verbundener Vermögenswert und dient der Kapitalerhaltung der Genossenschaft. Deshalb darf es vor Ausscheiden des Mitglieds nicht ausgezahlt, abgetreten oder verpfändet werden (siehe Rn. 370)

Dagegen ist während der Dauer der Mitgliedschaft eine Übertragung des gesamten oder eines Teils des Geschäftsguthabens auf ein anderes Mitglied möglich (siehe Rn. 213).

3.5.4 Festsetzung eines Mindestkapitals

373 Mit der Genossenschaftsnovellierung haben die Genossenschaften die Möglichkeit erhalten, per Satzung ein Mindestkapital festzulegen. Im Gegensatz zu den Kapitalgesellschaften ist für eine Genossenschaft kein gesetzliches Mindestkapital vorgeschrieben. Ein einheitliches Mindestkapital gesetzlich festzulegen wäre auch schwierig, da sich die Genossenschaften in ihrer Unternehmensgröße erheblich unterscheiden.

Die Höhe des Mindestkapitals und die Art seiner Berechnung zu regeln, bleibt der Satzung überlassen. Es kann z. B. eine prozentuale Bemessung nach dem Gesamtbetrag der Geschäftsguthaben vorgenommen werden. Durch die Festsetzung ist die Genossenschaft gezwungen, eine bestimmte Mindestgrenze bei der Kapitalausstattung nicht zu unterschreiten. Dies bedeutet auch, dass der Auszahlungsanspruch auf das

Auseinandersetzungsguthaben z. B. bei drohender Unterschreitung des Mindestkapitals eingeschränkt wird (vgl. § 73 Abs. 2 Satz 2 GenG).[264] Die Auszahlung des Auseinandersetzungsguthabens wird in diesem Fall zwingend ausgesetzt, solange durch die Auszahlung das festgesetzte Mindestkapital unterschritten werden würde. Gleiches gilt bei Kündigung einzelner Geschäftsanteile nach § 67b GenG. Hinsichtlich der »Konkurrenz« der Auszahlung, wenn mehrere Mitglieder betroffen sind, regelt die Satzung Näheres. Dies gilt allgemein auch für die Bestimmungen zur Auszahlung. Auch dies regelt die Satzung autonom.

Unter Umständen kann mit der Einführung eines Mindestkapitals die Verbesserung der Kreditfähigkeit der eG erreicht werden.

Die »Auszahlungssperre« bei drohender Unterschreitung des Mindestkapitals kann auch ein Instrument sein, ein Ausbluten der eG durch willkürliche Kündigungen der Mitgliedschaft zu vermeiden. Erst wenn neue Mitgliedschaften und somit Kapitalfluss begründet werden, kann das Auseinandersetzungsguthaben ausgezahlt werden. Eine gewisse wirtschaftliche Ausgewogenheit könnte so gewahrt sein.

3.6 Der Begriff Auseinandersetzungsguthaben – Grundsätze

Der Begriff »Auseinandersetzungsguthaben« wird im Genossenschaftsgesetz in § 73 Abs. 4 genannt. Es handelt sich hierbei um das »Geschäftsguthaben«, das dem Mitglied nach seinem Ausscheiden aus der eG durch Beendigung der Mitgliedschaft auszuzahlen ist (§ 73 Abs. 2 Satz 2 GenG; auch im Fall der Gläubigerkündigung nach § 66 Abs. 1 Satz 1 GenG spricht das Gesetz vom »Guthaben«, das dem Mitglied »bei der Auseinandersetzung mit der eG« zusteht). Während das Geschäftsguthaben in der Zeit des Bestehens der Mitgliedschaft nicht ausgezahlt werden darf (§§ 22 Abs. 4 Satz 1, 34 Abs. 3 Nr. 1 GenG), verhält sich dies ab dem Zeitpunkt der Beendigung der Mitgliedschaft anders, da das »Geschäftsguthaben« dann im Lichte der anstehenden Auseinandersetzung zu sehen ist. Nach Beendigung der Mitgliedschaft erfolgt eine Auseinandersetzung der eG mit dem ausgeschiedenen Mitglied (§ 73 Abs. 1 Satz 1 GenG). 374

Diese Auseinandersetzung bestimmt sich nach der Vermögenslage der Genossenschaft und der Zahl ihrer Mitglieder zum Zeitpunkt der Beendigung der Mitgliedschaft (§ 73 Abs. 1 Satz 2 GenG). Die Auseinandersetzung erfolgt unter Zugrundelegung der Bilanz (§ 72 Abs. 2 Satz 1 GenG). Die Auseinandersetzung wird daher unter Umständen durch einen in der Bilanz ausgewiesenen Verlust beeinflusst.[265] Erst das nach etwaigen 375

264 Hinweisbeschluss des OLG Dresden v. 14.12.2017, 8 U 1433/17.
265 BGH, Urteil v. 26.5.2003, II ZR 169/02, NZG 2003 S. 882; instruktiv auch: OLG Dresden, Urteil v. 10.12.2003, 12 U 1209/03.

Verlustabschreibungen festgestellte Geschäftsguthaben des Ausgeschiedenen ergibt dessen Auseinandersetzungsguthaben.[266] Gemäß § 48 GenG entscheidet die Generalversammlung jedoch darüber, ob und inwieweit ein Verlust von den Geschäftsguthaben abgeschrieben (§ 19 Abs. 1 GenG), durch Heranziehung von Rücklagen gedeckt oder auf neue Rechnung vorgetragen wird.[267] Idealerweise wird man im Fall einer Verlustabschreibung von einer zumindest »im Ergebnis« gleichmäßigen »Belastung« aller Geschäftsguthaben, also derjenigen der in der eG verbleibenden, wie derjenigen der aus der eG ausscheidenden Mitglieder, auszugehen haben[268]. Diese »Belastung« kann sich darin zeigen, dass die Auseinandersetzungsguthaben anteilig um die aufgelaufenen Verluste gekürzt werden, ungeachtet des Vorliegens einer förmlichen Abschreibung der verbleibenden Geschäftsguthaben.[269] Denn die »Schonung« der Geschäftsguthaben der verbleibenden Mitglieder durch den Verlustvortrag sei lediglich eine »formale« Schonung, da sie mit dem Verlustvortrag belastet bleiben und dieser einer Gewinnausschüttung im selben Umfang entgegensteht, wie eine Verlustabschreibung von den Geschäftsguthaben.[270] Der BGH hatte vor der Entscheidung des OLG Dresden entschieden, dass eine Regelung in der Satzung einer eG, wonach ein in der Bilanz ausgewiesener Verlust beim Auseinandersetzungsguthaben ausscheidender Mitglieder anteilig zu berücksichtigen ist, wirksam sei.[271]

376 Das Auseinandersetzungsguthaben ist dem ausgeschiedenen Mitglied binnen sechs Monaten nach Beendigung der Mitgliedschaft auszuzahlen. Eine Verzögerung der Auszahlung über den Fälligkeitstermin hinaus führt grundsätzlich zur Pflicht der eG, das Auseinandersetzungsguthaben zu verzinsen. Trifft die Satzung hierzu keine Regelung, richtet sich die Verzinsung nach dem gesetzlichen Verzugszinssatz (§§ 247, 288 BGB). Wird der Jahresabschluss von der Generalversammlung schon eher festgestellt, so ist die Fälligkeit schon in diesem Zeitpunkt anzunehmen (dies ergibt sich aus der Formulierung »binnen»). Auf Rücklagen und das sonstige Vermögen der eG hat das Mitglied im weitaus überwiegenden Fall keinen Anspruch (§ 73 Abs. 2 Satz 3 GenG; die Satzung könnte eine eigens für diesen Zweck vorgesehene Ergebnisrücklage bilden; dies wird bei Wohnungsgenossenschaften jedoch so gut wie nie praktiziert; vielmehr bekräftigt § 12 Abs. 2 Satz 1 MS die gesetzliche Ausgangsregelung). Das ausscheidende Genossenschaftsmitglied befindet sich also in einer völlig anderen Rolle als ein ausscheiden-

---

266 BGH, Urteil v. 26.5.2003, II ZR 169/02, NZG 2003 S. 882, unter Bezugnahme auf: Lang/Weidmüller/*Holthaus/Lehnhoff*, GenG, § 48 Rn. 19.

267 BGH, Urteil v. 26.5.2003, II ZR 169/02, NZG 2003 S. 882.

268 OLG Dresden, Urteil v. 10.12.2003, 12 U 1209/03.

269 In diesem Punkt anders noch: LG Bautzen, Urteil v. 3.7.2003, NZM 2003 S. 735, das hierin eine Ungleichbehandlung zwischen den verbleibenden und den ausgeschiedenen Mitgliedern annahm (jedoch ebenfalls feststellte, dass nicht ausschließlich die ausscheidenden Mitglieder mit den Verlusten belastet werden können, sog. Totalabschreibung des Auseinandersetzungsguthabens).

270 OLG Dresden, Urteil v. 10.12.2003, 12 U 1209/03.

271 BGH, Urteil v. 26.5.2003, II ZR 169/02, NZG 2003 S. 882.

der Personengesellschafter oder Gesellschafter einer GmbH, der auch einen Teil des Wertzuwachses beanspruchen kann (§ 738 Abs. 1 Satz 2 BGB).

Seit der Genossenschaftsnovelle 2006 kann die Satzung die Voraussetzungen, die Modalitäten und die Frist für die Auszahlung des Auseinandersetzungsguthabens (§ 73 Abs. 2 Satz 2, Abs. 4 GenG) abweichend von den gesetzlichen Vorgaben regeln. In der Praxis wird, wenn hiervon Gebrauch gemacht wird, meistens die Auszahlungsfrist von sechs Monaten verlängert. Eine interessante Variante könnte darin bestehen, eine Satzungsregelung zu treffen, wonach als Beschränkung für den Auszahlungsanspruch des ausgeschiedenen Mitglieds festgelegt wird, dass das Auseinandersetzungsguthaben u. a. »nicht vor Beendigung des Nutzungsverhältnisses für genossenschaftlichen Wohnraum verlangt werden kann«. Eine solche Satzungsregelung hat in einem Gerichtsfall dem Angriff des Insolvenzverwalters des Mitglieds auf Amtsgerichtsebene immerhin schon einmal standgehalten.[272] Sie kann jedoch eine Kündigung der Mitgliedschaft durch den Insolvenzverwalter nach der neuen Vorschrift des § 66a GenG oder eine Kündigung durch den Vollstreckungsgläubiger nach § 66 GenG nicht verhindern. Diese wäre nur ausgeschlossen, soweit der ebenfalls neue Schutzbereich des § 67c eröffnet ist, der die Kündigung in bestimmten Fällen ausschließt. Sofern dies aber nicht der Fall ist und somit die Kündigung der Mitgliedschaft wirkt, wäre die Mitgliedschaft in der eG auch bei bestehender Satzungsregelung erloschen. Damit wäre ein für die Vermietungsgenossenschaft steuerschädliches Nichtmitgliedergeschäft trotzdem gegeben (wenn auch das Auseinandersetzungsguthaben noch nicht ausgezahlt würde). Für die Situation einer Aufrechnung durch die eG birgt diese Lösung somit keine Vorteile, da es hier vor allem auch auf die Frage ankommt, ab wann die Hauptforderung (auf Auszahlung des Auseinandersetzungsguthabens) erfüllbar ist[273], und nicht, ab wann diese fällig ist. 377

Der BGH hat 2018 entschieden[274], dass sich eine Wohnungsgenossenschaft gegenüber dem Insolvenzverwalter, der die Mitgliedschaft des Schuldners in der Wohnungsgenossenschaft wirksam gekündigt hat, nicht auf eine Satzungsbestimmung berufen kann, nach der der Anspruch auf Auszahlung des Auseinandersetzungsguthabens erst ab dem Zeitpunkt der Beendigung des Nutzungsverhältnisses oder der Rückgabe des Nutzungsobjekts besteht, wenn dadurch eine Auszahlung des Auseinandersetzungsguthabens tatsächlich ausgeschlossen wird, ohne dass dies durch schützenswerte Interessen der eG oder des Schuldners gerechtfertigt ist. In diesen Fällen scheide bei einer vor Inkrafttreten des § 67c GenG ausgesprochenen Kündigung eine geltungser-

272 AG Potsdam, Urteil v. 18.7.2013, 24 C 109/13.

273 BGH, Urteil v. 24.6.2002, II ZR 256/01, NZG 2002 S. 1072: der Anspruch des ausscheidenden Genossen auf Auszahlung des Auseinandersetzungsguthabens ist ab Ausscheiden aus der eG erfüllbar.

274 BGH, Urteil v. 26.4.2018, IX ZR 56/17.

haltende Reduktion der Satzungsbestimmung auf einen noch zulässigen Umfang regelmäßig aus.

378 Wichtig in diesem Zusammenhang ist, daran zu erinnern, dass im Fall von Erschwerungen des Auszahlungsanspruchs des ausscheidenden Mitglieds keine weiteren Voraussetzungen an die Übertragung des Geschäftsguthabens nach § 76 GenG und § 8 MS geknüpft werden dürfen. Auch das Erfordernis einer Zustimmung des Vorstands ist eine Erschwerung und darf daher folgerichtig auch keine Voraussetzung mehr sein. Das Erfordernis der Zustimmung des Vorstands ist für die Praxis jedoch durchaus sinnvoll, da hiermit unerwünschte Personen – jedoch nur unter Beachtung des Gleichbehandlungsgrundsatzes – ferngehalten werden können (§ 76 Abs. 2 GenG). Erst recht darf die Übertragung des Geschäftsguthabens auch nicht komplett ausgeschlossen werden. Die Satzung kann nicht bestimmen, dass über Voraussetzungen oder über den Zeitpunkt der Auszahlung ausschließlich der Vorstand zu entscheiden hat (§ 73 Abs. 4 2. HS GenG).

Eine Erschwerung kann auch die Einrichtung eines Mindestkapitals nach § 8a GenG sein. In der Satzung der eG kann ein Mindestkapital der eG bestimmt werden, das durch die Auszahlung des Auseinandersetzungsguthabens von Mitgliedern, die ausgeschieden sind oder einzelne Geschäftsanteile gekündigt haben, nicht unterschritten werden darf (§ 8a Abs. 1 GenG). Bestimmt die Satzung ein Mindestkapital, dann ist die Auszahlung des Auseinandersetzungsguthabens ausgesetzt, solange durch die Auszahlung das Mindestkapital unterschritten würde (§ 8a Abs. 2 Satz 1 GenG). Das Nähere regelt – nach der ausdrücklichen Anordnung des § 8a Abs. 2 Satz 2 GenG – die Satzung. Korrespondierend hierzu bestimmt § 73 Abs. 2 Satz 2 GenG, dass das »Geschäftsguthaben« des Mitglieds vorbehaltlich des § 8a Abs. 2 GenG binnen sechs Monaten auszuzahlen ist. In § 73 Abs. 4 GenG ist ganz allgemein hierzu geregelt, dass die Satzung die Voraussetzungen, die Modalitäten und die Frist für die Auszahlung des Auseinandersetzungsguthabens abweichend von der Anordnung in § 73 Abs. 2 Satz 2 GenG (= binnen sechs Monaten nach Beendigung der Mitgliedschaft) regeln kann. Das OLG Dresden[275] hat im Jahr 2017 hierzu in einem Hinweisbeschluss entschieden, dass auf Grund der Entscheidung des Gesetzgebers (§ 8a GenG und § 73 Abs. 2 Satz 2 GenG) Satzungsbestimmungen einer eG wirksam sind, nach denen die Auszahlung eines Auseinandersetzungsguthabens ein Mindestkapital der eG voraussetzt. Dies gelte auch dann, wenn dies letztlich zu einer unbefristeten Auszahlungssperre zu Lasten des ausscheidenden Mitglieds führen kann. Das Genossenschaftsmitglied werde im Fall einer erstmaligen Verankerung eines Mindestkapitals in der Satzung durch § 67a GenG (= »außerordentliches« Kündigungsrecht) hinreichend geschützt. § 8a GenG und § 73 Abs. 2 Satz 2 GenG sind auch anwendbar, wenn das Ausscheiden des Genossen-

275 OLG Dresden, Beschluss v. 14.12.2017, 8 U 1433/17, ZMR 2018 S. 467.

schaftsmitglieds nicht auf einer ordentlichen Kündigung beruht, sondern auf Grund einer außerordentlichen Kündigung oder eines Widerrufs nach den Grundsätzen der »fehlerhaften Gesellschaft« erfolgt.[276]

Zur Verjährung des Anspruchs auf Auszahlung des Auseinandersetzungsguthabens 379
enthält das Genossenschaftsgesetz keine eigene Regelung. Die Verjährung richtet sich daher nach den allgemeinen Regeln der §§ 195 ff. BGB. In § 12 Abs. 4 Satz 2 MS sind die drei Jahre der Regelverjährungsfrist festgeschrieben. Sofern in der Satzung, wie vor der Schuldrechtsmodernisierung 2002 üblich, eine zweijährige Verjährung festgeschrieben ist, dürfte dies wohl weiter wirksam bleiben, da diese Regelung nach hier vertretener Auffassung keine treuewidrige Verkürzung der Verjährungsfrist darstellt – denn nicht nur die Verzinsungs-, sondern auch die Verjährungsvorschriften des BGB sind vertraglich abdingbar, erst recht jedoch durch Satzungsregelung.[277]

Der Beginn des Laufs der Verjährungsfrist richtet sich nach den §§ 195, 199 Abs. 1 und 380
Abs. 4 BGB. Dies bedeutet, dass der Lauf der Verjährungsfrist mit dem Schluss des Jahrs beginnt, in dem der Anspruch entstanden ist und der Gläubiger (das Mitglied) Kenntnis erlangt oder grob fahrlässig nicht erlangt hat (was hier unproblematisch ist). Da der Anspruch auf Auszahlung des Auseinandersetzungsguthabens erst nach dem Ausscheiden aus der eG mit Ablauf des 31.12. endgültig wirksam entsteht[278] und erst noch später fällig wird, stellt der Schluss des Jahres nach dem Ausscheiden aus der eG den Beginn des Laufs der dreijährigen Verjährungsfrist dar. Scheidet das Mitglied daher mit Ablauf des 31.12.2019 aus der eG aus, so liegen die endgültige Entstehung des Anspruchs sowie der Eintritt der Fälligkeit (als Maßstab für das verjährungsrechtliche Entstehen des Anspruchs) im Laufe des Jahres 2020. Mit Ablauf des 31.12.2020 beginnt dann der Lauf der dreijährigen Verjährungsfrist, sodass diese mit dem 31.12.2023 endet.

3.6.1 Der Kampf um das Auseinandersetzungsguthaben (AGH)

Das Geschäftsguthaben wird mit dem Ende der Mitgliedschaft zum Auseinanderset- 381
zungsguthaben. Das Geschäftsguthaben ist in der Phase der bestehenden Mitgliedschaft gemäß § 22 Abs. 4 GenG gebunden. Mit dem Ausscheiden aus der eG zum Ablauf des 31.12. wandelt sich das Geschäftsguthaben in ein Auseinandersetzungsguthaben um, auf dessen Auszahlung das ehemalige Mitglied der eG einen Anspruch hat. Nach der Rechtsprechung des BGH handelt es sich beim Anspruch auf Auszahlung des Auseinandersetzungsguthabens um einen »künftig fällig werdenden« Anspruch auf Aus-

276 OLG Dresden, Beschluss v. 14.12.2017, a. a. O.
277 Beuthien/*Beuthien*, GenG § 73 Rn. 6, am Ende.
278 Beuthien/*Beuthien*, GenG, § 73 Rn. 6, am Anfang; BGH, Urteil v. 8.1.2009, IX ZR 217/07.

zahlung. Dieser »entsteht« oder wird »begründet« als künftiger Anspruch (seinen Umrissen und »dem Grunde nach») schon zum Zeitpunkt des Beitritts zur eG; er »entsteht« jedoch erst voll-»wirksam« mit dem Ausscheiden aus der eG. Dieses »endgültige« Entstehen stellt sich aber nicht ohne weiteres Zutun der Parteien, eG und Mitglied, ein (wie etwa bei einer Befristung und deren vorhersehbarem Ablauf), sondern es bedarf noch einer späteren Handlung bzw. Willenserklärung (nämlich einer Kündigung durch das Mitglied oder einer Ausschließung des Mitglieds aus der eG), was zum Zeitpunkt des Beitritts allerdings schon als Handlung noch völlig unabsehbar ist, im Fall der Ausschließung auch hinsichtlich des rechtlichen Erfolgs.[279] Die Entstehung des Auseinandersetzungsguthabens (im Fall des BGH war dies der verpfändete Anspruch) hängt von rechtsgeschäftlichen Erklärungen ab.

Betont sei an dieser Stelle, dass die im Folgenden erläuterten Fälle einer Aufrechnung der eG bei Pfändung durch einen Drittgläubiger und bei einer Verbraucherinsolvenz beim Mitglied nach der neueren Rechtslage nur entstehen, wenn diese das Kündigungsrecht ausüben können, nicht jedoch, wenn der neu eingeführte Schutzbereich greift (§§ 66, 66a, 67c GenG, siehe Rn. 159).

3.6.1.1 Die Aufrechnung der eG gegen das AGH des Mitglieds

382 Wichtig ist, dass die eG das Geschäftsguthaben des Genossenschaftsmitglieds niemals dazu verwenden darf, um eigene finanzielle Ansprüche gegen ihr Mitglied erfüllt zu bekommen. Das Genossenschaftsgesetz spricht hier eine klare Sprache (§ 22 Abs. 4 Satz 1 GenG): Das Geschäftsguthaben darf hiernach, »solange das Genossenschaftsmitglied nicht ausgeschieden ist«, von der eG »nicht ausgezahlt« oder »im geschäftlichen Betriebe« »zum Pfand genommen« werden. Eine Aufrechnung gegen das Geschäftsguthaben ist daher während des Bestehens der Mitgliedschaft nicht möglich. Will die eG das eingezahlte Geschäftsguthaben aber dennoch verwerten, muss es erst zu einer Beendigung der Mitgliedschaft kommen. Das Genossenschaftsmitglied müsste also entweder selbst kündigen oder von der eG wirksam ausgeschlossen werden. Erst dann wandelt sich das Geschäftsguthaben zu einem »Geschäftsguthaben in Form eines Auseinandersetzungsguthabens« um. Und erst im Zuge dieses Ausscheidens des Mitglieds aus der Genossenschaft wird die Frage relevant, ob die Genossenschaft das dem ausgeschiedenen Mitglied zustehende Auseinandersetzungsguthaben zur Befriedigung eigener Ansprüche einbehalten kann. Der Weg hierzu ist die Aufrechnung (§ 387 ff. BGB). Die zu erfüllenden Voraussetzungen sind:

279 BGH, Urteil v. 8.1.2009, IX ZR 217/07; dies ist dann auch der Grund dafür, dass der Anspruch insolvenzrechtlich nicht nach § 95 Abs. 1 Satz 1 InsO geschützt ist; somit wirken weder eine Verpfändung noch eine Abtretung des Auseinandersetzungsguthabens an die eG und auch nicht die Aufrechnung.

- Aufrechnungslage (Gegenüberstehen zweier Geldforderungen: Hauptforderung, gegen die aufgerechnet wird und die schon erfüllbar sein muss sowie Gegenforderung, mit der gegen die Hauptforderung aufgerechnet wird und die fällig und einredefrei sein muss),
- Erklärung der Aufrechnung sowie
- kein vertragliches oder gesetzliches Verbot der Aufrechnung.

3.6.1.1.1 Aufrechnungslage

Die Hauptforderung ist im vorliegenden Zusammenhang der Anspruch des ausschei- 383
denden Genossenschaftsmitglieds gegen die eG auf Auszahlung des Auseinandersetzungsguthabens (womit die eG Schuldnerin ist). Die Gegenforderung steht demgegenüber der eG zu. Sie ist gegen das ausgeschiedene Mitglied gerichtet und wird sich in der Praxis der Wohnungsgenossenschaften in der Regel aus dem Nutzungsverhältnis (Mietvertrag) ergeben. Die Gegenforderung der eG ist somit meistens eine mietrechtliche Forderung, etwa in Form rückständiger Nutzungsentgelte, Betriebskostennachzahlungen oder Schadensersatz aus Vertragsverletzungen im Mietverhältnis. Es könnte sich bei der Gegenforderung der eG aber auch um eine Forderung aus einem genossenschaftsrechtlichen Schadensersatzanspruch der eG gegen das ehemalige Mitglied handeln (z. B. wegen Pflichtwidrigkeiten bei Ausübung der Organstellung, Verletzung der genossenschaftlichen Treuepflicht usw.).

3.6.1.1.2 Hauptforderung – Erfüllbarkeit

Hauptforderung und Gegenforderung stehen sich gegenüber. Die Hauptforderung 384
muss erfüllbar sein. Sie braucht demgegenüber noch nicht fällig zu sein. »Erfüllbarkeit« bedeutet, dass die Hauptforderung erfüllt werden darf, jedoch noch nicht erfüllt werden muss, da sie eben noch nicht fällig ist. Die Hauptforderung ist ab dem Zeitpunkt des Ausscheidens aus der eG erfüllbar.[280] Nach dem 31.12. des betreffenden Jahres (§ 65 Abs. 2 Satz 1 GenG) kann die eG auszahlen, auch wenn der Jahresabschluss noch nicht aufgestellt ist. Dies ist zwar in vielerlei Hinsicht riskant (etwa weil noch nicht feststeht, ob das Auseinandersetzungsguthaben vielleicht abzuschreiben ist). Das Auszahlungsverbot des § 22 Abs. 4 GenG gilt jedoch ab diesem Zeitpunkt nicht weiter. Die Fälligkeit ist noch nicht eingetreten (§ 73 Abs. 2 Satz 2 GenG), d. h. das Mitglied kann die Auszahlung zu diesem Zeitpunkt noch nicht verlangen.

280 BGH, Urteil v. 24.6.2002, II ZR 256/01, NZG 2002 S. 1072.

3.6.1.1.3 Gegenforderung – Fälligkeit und Einredefreiheit

385 Die Gegenforderung, mit der die eG gegen das Mitglied aufrechnet, muss zum Zeitpunkt der Aufrechnungserklärung (§ 388 BGB) nicht nur erfüllbar, sondern schon fällig geworden sein. Das bedeutet – entsprechend der vorstehend genannten Unterscheidung zwischen Fälligkeit und Erfüllbarkeit einer Forderung –, dass der Gläubiger (eG) seine Forderung schon gegen den Schuldner (Mitglied) rechtlich geltend machen kann, d. h. der Schuldner muss leisten: Er kann sich nicht mehr aussuchen, ob er schon leisten will, oder nicht.

Die Fälligkeit der Gegenforderung der eG ist in den meisten Fällen kein Problem. Da es sich bei der Gegenforderung um Forderungen aus dem Nutzungsverhältnis bzw. Mietvertrag handelt, sind diese Forderungen in aller Regel im Zeitpunkt, in welchem die Aufrechnung (erst) möglich wird, auch schon längst fällig geworden.

! **Praxis-Beispiel**

- Die rückständige Mietforderung ist am dritten Werktag des entsprechenden Kalendermonats fällig geworden.
- Die Ansprüche auf Schadensersatz wegen Beschädigung der Mietsache werden regelmäßig im Zeitpunkt ihres Entstehens sofort fällig.

Gemäß § 390 BGB darf der Gegenforderung, mit der gegen die Hauptforderung aufgerechnet wird, keine Einrede entgegenstehen. Einer Mietforderung könnte die Einrede der eingetretenen Mietminderung wegen Mängeln an der Wohnung entgegnet werden (§ 536 BGB).

3.6.1.1.4 Erklärung, Wirkung und Zeitpunkt der Wirkung der Aufrechnung

386 Der Aufrechnungswillige (eG) muss dem anderen Teil (Mitglied) die Aufrechnung erklären (§ 388 BGB). Nur wenn diese Erklärung auch tatsächlich nach außen erfolgt, wirkt die Aufrechnung. Die Erklärung muss dem anderen Teil somit zugehen. Sie muss nicht zwingend schriftlich erfolgen – dies ist aber zu empfehlen. Die Erklärung darf nicht unter einer Bedingung oder Zeitbestimmung abgegeben werden (§ 388 BGB). Als Folge dieser Aufrechnungserklärung erlöschen dann beide Forderungen, soweit sie sich der Höhe nach entsprechen (§ 389 BGB). Die Forderungen gelten insoweit als erloschen in dem Zeitpunkt, in welchem sie, »zur Aufrechnung geeignet«, einander gegenübergetreten sind. Sicherheitshalber sollte die Aufrechnungserklärung erfolgen in dem Zeitpunkt, in welchem die Aufrechnungslage schon entstanden ist.

3.6.1.1.5 Sonderfall: Verjährung der Gegenforderung

Es wurde ausgeführt, dass die Aufrechnung nur funktioniert, wenn der Gegenforderung, mit der aufgerechnet wird, keine Einrede entgegensteht (siehe Rn. 385). Eine Ausnahme von diesem Grundsatz wird für den Fall gemacht, dass der Gegenforderung die Einrede der Verjährung (§ 214 Abs. 1 BGB) entgegensteht (§§ 215 BGB). Voraussetzung hierfür ist, dass die Gegenforderung zu dem Zeitpunkt noch nicht verjährt war, zu dem erstmals aufgerechnet werden konnte. Im Ergebnis bedeutet dies, dass sich Gegenforderung und Hauptforderung einmal zu einem Zeitpunkt gegenübergestanden haben, als die Gegenforderung noch nicht verjährt, die Hauptforderung aber schon erfüllbar war (»aufgerechnet werden konnte»): 387

- Forderungen der eG auf das Nutzungsentgelt verjähren als Mietforderung in drei Jahren (§ 195 BGB), beginnend mit dem Schluss des Kalenderjahrs, in dem sie »entstanden« und dem Gläubiger bekannt geworden sind (§ 199 Abs. 1 BGB).
- Forderungen der eG auf Schadensersatz wegen Veränderungen oder Verschlechterungen der Mietsache verjähren in sechs Monaten, beginnend mit dem Rückerhalt der Mietsache (§ 548 Abs. 1 Satz 1 und Satz 2 BGB).

Da die Forderungen der eG auf rückständige Miete mit einer Frist von drei Jahren, gerechnet ab dem Ende des Jahres, in dem sie entstanden sind, erst relativ spät verjähren, gibt es hier in der Praxis kaum Probleme. Wird die Mitgliedschaft noch innerhalb dieses Zeitraums beendet, in dem die Mietforderung noch nicht verjährt ist, so entsteht mit Ablauf des 31.12. (= Ende der Mitgliedschaft) das Auseinandersetzungsguthaben, das – beginnend mit dem 1.1. des neuen Jahres – auch erfüllbar ist, womit die Aufrechnungslage in einem Zeitpunkt gegeben wäre, in dem die Mietforderung als Gegenforderung noch nicht verjährt ist. 388

Fällt das Ende der Verjährungsfrist für die Mietforderung genau auf den gleichen 31.12., auf den auch das Ende der Mitgliedschaft fällt, dann sieht dies anders aus.

Verjährte Mietforderung der eG

Das Genossenschaftsmitglied scheidet zum 31.12.2019 aus der eG durch Eigenkündigung oder wirksamen Ausschluss aus. Die eG kann ab 1.1.2020 mit rückständigem Nutzungsentgelt (Miete) aufrechnen, da mit dem 1.1.2020 der Anspruch des Mitglieds auf das Auseinandersetzungsguthaben erfüllbar (wenn auch noch nicht fällig) geworden ist (siehe Rn. 384). Am 1.1.2020 darf die Mietforderung als Gegenforderung der eG aber noch nicht verjährt gewesen sein.

- Alle Mietforderungen, die aus dem Jahr 2016 herrühren, verjähren zum 31.12.2019 (drei Jahre, § 195 BGB, beginnend mit dem 31.12.2016, § 199 Abs. 1 BGB: 2017, 2018, 31.12.2019).
- Die Mietforderungen aus 2016 und aus allen Jahren davor sind schon verjährt.

Das bedeutet: Die eG kann mit Mietforderungen aufrechnen, die in den Jahren 2017, 2018 und 2019 entstanden sind, auch wenn diese später ebenfalls verjähren sollten (was aber unwahrscheinlich ist, da die eG die Aufrechnung wohl schon im Jahr 2020 erklären wird, in einer Zeit, in der diese Mietforderungen noch nicht verjährt sind).
Mit Mietforderungen aus dem Jahr 2016 oder vorher kann die eG dagegen nicht mehr aufrechnen. Mit Ablauf des 31.12.2019 sind die Mietforderungen aus 2016 verjährt; vor Ablauf des 31.12.2019 ist der Anspruch des Mitglieds gegen die eG auf Auszahlung des Auseinandersetzungsguthabens (früheres Geschäftsguthaben) noch nicht erfüllbar.

389 Problematischer ist die Aufrechnung der eG mit Schadensersatzansprüchen wegen Veränderung oder Verschlechterung der Mietsache (§ 548 Abs. 1 BGB):

Verjährter Schadensersatzanspruch der eG
Das Genossenschaftsmitglied scheidet zum 31.12.2015 aus der eG aus. Der eG wird die Wohnung im Oktober 2019 zurückgegeben. Die eG macht Schadensersatz wegen unterlassener Schönheitsreparaturen geltend. Im Juni 2020 war die Verjährung des Schadensersatzanspruchs (Gegenforderung der eG) schon eingetreten. Die Generalversammlung findet im Juli 2020 statt. Danach will die eG die Aufrechnung erklären. Das ehemalige Mitglied verlangt die uneingeschränkte Auszahlung des Auseinandersetzungsguthabens.
Hier wirkt die Aufrechnung durch die eG, da die Schadensersatzforderung der eG im Juli 2020 zwar schon verjährt ist, sich beide Forderungen, die Hauptforderung (Auseinandersetzungsguthaben) und die Gegenforderung (Schadensersatz) jedoch einmal aufrechenbar gegenübergestanden haben. Ab dem 1.1.2020 war der Anspruch des Mitglieds auf das Auseinandersetzungsguthaben erfüllbar. In den ersten Monaten des Jahres 2020 war der Schadensersatzanspruch der eG noch nicht verjährt. In dem Zeitpunkt, als die eG die Aufrechnung erklärt, war für den Schadensersatzanspruch die Verjährung allerdings schon eingetreten. Dies ist jedoch unschädlich. Die eG kann im Juli 2020 auch mit der verjährten Gegenforderung aufrechnen (§ 215 BGB). Die eG hätte die Aufrechnung allerdings auch schon im Januar 2020 erklären können, nicht jedoch vorher (dann wäre die Aufrechnungserklärung ins Leere gelaufen).
Im vorstehenden Beispiel wäre eine Aufrechnung nicht möglich, wenn der eG die Wohnung beispielsweise schon im Mai 2019 zurückgegeben worden wäre. Denn dann wäre die Verjährung der Schadensersatzforderung (Gegenforderung) unter regelmäßigen Umständen schon im November 2019 eingetreten. In diesem Zeitpunkt war jedoch die Hauptforderung (Auseinandersetzungsguthaben) noch gar nicht erfüllbar, da das Ausscheiden des Mitglieds aus der eG erst mit Ablauf des 31.12.2019 erfolgt. Freilich spielen in solchen Konstellationen alle anderen Aspekte einer möglichen Hemmung des Laufs der Verjährungsfrist auch eine Rolle (z. B. § 203 BGB: Hemmung der Verjährung bei Verhandlungen, oder § 204: Hemmung der Verjährung durch Rechtsverfolgung, in Form der Klageerhebung, §§ 253 ff. ZPO, oder in Form der Zustellung eines gerichtlichen Mahnbescheids, §§ 688 ff. ZPO usw.).

3.6.1.2 Die Aufrechnung im Fall der Drittgläubigerpfändung (§ 66 GenG)

390 Im Fall der Gläubigerkündigung gemäß § 66 GenG wird die Forderung des Mitglieds auf Auszahlung des Auseinandersetzungsguthabens im Wege der Einzelzwangsvollstreckung

beschlagnahmt. Im Ergebnis steht die Forderung auf Auszahlung des Auseinandersetzungsguthabens nun dem Vollstreckungsgläubiger zu. Fraglich ist in solchen Fällen, ob die Aufrechnung durch die eG dennoch durchgreift.

Die Vorschrift des § 392 BGB trifft hierfür eine Regelung: Durch die Beschlagnahme wird die Aufrechnung mit einer Gegenforderung durch die eG nur dann ausgeschlossen, wenn die eG ihre Gegenforderung erst nach Beschlagnahme erworben hat. Sie wird auch dann ausgeschlossen, wenn die Gegenforderung der eG erst nach der Beschlagnahme fällig geworden ist und – zusätzlich – wenn die Gegenforderung der eG auch noch später fällig geworden ist als die in Beschlag genommene Hauptforderung auf Auszahlung des Auseinandersetzungsguthabens.

Die beiden Ausschlussfallgruppen stehen selbstständig nebeneinander. Hieran muss sich dann die Prüfung, vor dem Hintergrund der obigen Ausführungen, orientieren. Das Gesetz sagt also, dass eine Pfändung im Rahmen der Zwangsvollstreckung in der Grundregel die Aufrechnung nicht verhindert. Sie verhindert sie nur dann, wenn entweder der erste Ausschluss gegeben ist, oder dann, wenn der zweite Ausschluss gegeben ist.

Folgende Beispiele verdeutlichen diesen Sachverhalt: 391

»Entstehung« der Gegenforderung (Miete) vor der Pfändung

Fall:

- **Nutzungsvertrag** ist **2017** abgeschlossen worden
- Gegenforderung der eG: rückständiges **Nutzungsentgelt** aus **Mai 2019**
- **Pfändung** durch Drittgläubiger erfolgte im **Juli 2019**
- Ausscheiden des Mitglieds aus der eG zum 31.12.2019

Lösung:

Die in § 392 BGB genannten Ausschlussfallgruppen greifen aufgrund der Daten im Fall nicht ein. Daher bleibt es bei der Grundregel des § 392 BGB, dass die Aufrechnung durch die Pfändung nicht verhindert wird.

Begründung:

Die Gegenforderung der eG (Miete) ist hier ganz ohne Zweifel schon vor der Beschlagnahme durch die Pfändung »erworben« worden. Die Gegenforderung Nutzungsentgelt/Miete der eG stammte aus dem Monat Mai 2019. Die Pfändung erfolgte erst später, nämlich im Juli 2019. Die erste Ausschlussgruppe des § 392 BGB ist somit nicht gegeben.

Aber auch der zweite Ausschlussgrund des § 392 BGB liegt nicht vor: Denn die Gegenforderung der eG (Miete) aus Mai 2019 wird nicht erst nach der Pfändung im Juli 2019 fällig, sondern schon vorher, eben im Mai 2019. Die Gegenforderung (Miete) wird zudem nicht erst nach der Hauptforderung (Auseinandersetzungsguthaben) fällig. Das Auseinandersetzungsguthaben wird vielmehr sogar erst im Laufe des Jahres 2020 fällig.

! **»Entstehung« der Gegenforderung (Miete) »nach« der Pfändung**

Fall:

- **Nutzungsvertrag** ist **2017** abgeschlossen worden
- Gegenforderung der eG: rückständiges **Nutzungsentgelt** aus **August 2019**
- **Pfändung** durch Drittgläubiger erfolgte aber schon im **Juli 2019**
- Ausscheiden des Mitglieds aus der eG zum 31.12.2019

Lösung:

Die in § 392 BGB genannten Ausschlussfallgruppen greifen aufgrund der Daten im Fall ebenfalls nicht ein. Daher bleibt es bei der Grundregel des § 392 BGB, dass die Aufrechnung durch die Pfändung nicht verhindert wird.

Begründung:

In diesem Beispiel könnte auf den ersten Blick problematisch sein, dass die Gegenforderung (Miete) aus dem Monat August 2019 herrührt und somit zweifelsohne erst aus der Zeit nach der Pfändung stammt, die schon im Juli 2019 erfolgt war.

Jedoch wird das »Entstehen« der Gegenforderung durch die Rechtsprechung des BGH in besonderer Weise ausgestaltet: Geht nämlich eine Forderung auf ein sog. Dauerschuldverhältnis zurück, so soll es nach – zumindest bislang – ständiger Rechtsprechung des BGH[281] gerade nicht auf den Zeitraum ankommen, in dem die einzelne Forderung fällig geworden ist, sondern auf den Entstehungsgrund für die Forderung, mit welcher aufgerechnet wird – und dies ist der Vertrag über die Wohnungsnutzung.

Es kommt für die Festlegung des richtigen Zeitpunkts also auf den Zeitpunkt des Vertragsabschlusses an. Der Mietvertrag war im Beispiel aber schon im Jahr 2017 abgeschlossen worden und somit weit vor dem Zeitpunkt der Pfändung im Wege der Zwangsvollstreckung, die erst im Juli 2019 erfolgt ist. Damit ist auch hier der erste Ausschlussgrund nicht gegeben. Der zweite Ausschlussgrund liegt hier ebenfalls nicht vor (siehe vorstehendes Beispiel).

! **Abschluss des Nutzungsvertrags erst nach erfolgter Pfändung**

Fall:

- Mitgliedschaft ist im Mai 2019 begründet worden
- Pfändung durch Drittgläubiger erfolgte im Juli 2019
- Nutzungsvertrag ist im September 2019 abgeschlossen worden
- Gegenforderung der eG: rückständiges Nutzungsentgelt aus Oktober 2019
- Ausscheiden des Mitglieds aus der eG zum 31.12.2019

Lösung:

In dieser Variante scheitert die Aufrechnung der eG.

Begründung:

Die Gegenforderung, mit der die eG aufrechnen will (Miete), ist auch unter Zugrundelegung der vorstehend dargestellten Rechtsprechung des BGH erst nach erfolgter Pfändung

281 BGH, Urteil v. 12.12.2005, II ZR 283/03, NZG 2006 S. 106 (zur GbR); BGH, Urteil v. 7.4.2003, II ZR 56/02, NZG 2003 S. 577 (zur GbR); BGH, Urteil v. 29.4.2002, II ZR 330/00 (zum Mietrecht); BAG, Urteil v. 19.5.2004, 5 AZR 405/03 (zum Gesellschaftsrecht); BGH, Urteil v. 22.11.1979, VII ZR 322/78, NJW 1980 S. 584 (zur Aufrechnung des Drittschuldners gegen eine gepfändete Forderung); BGH, Urteil v. 2.6.1976; VIII ZR 267/74, NJW 1976 S. 1351 (zur Aufrechnung durch einen Schuldner bei Vorausabtretung von Forderungen); BGH, Urteil v. 12.6.1961, VII ZR 63/60, BB 1961 S. 844 (zur Aufrechnung nach Forderungsabtretung).

erworben worden. Der erster Ausschlussgrund des § 392 BGB ist somit gegeben, denn der Nutzungsvertrag (September 2019) als Schuldgrund der einzelnen Mietforderung ist erst nach der Pfändung (Juli 2019) zustande gekommen.
Auf den zweiten gesetzlichen Ausschlussgrund der Fälligkeiten kommt es somit gar nicht mehr an.

Fälligkeit der Gegenforderung erst nach Beschlagnahme und nach Fälligkeit der Hauptforderung !

Fall:

- Mitgliedschaft ist im Mai 2019 begründet worden
- Nutzungsvertrag ist im Juli 2019 abgeschlossen worden
- Pfändung durch Drittgläubiger erfolgte im September 2019
- Ausscheiden des Mitglieds aus der eG zum 31.12.2019
- Weiterbestehen des Mietvertrags über das Ausscheiden aus der eG hinaus
- Gegenforderung der eG: rückständiges Nutzungsentgelt aus Juli 2020

Lösung:
In dieser Variante scheitert die Aufrechnung der eG ebenfalls.
Begründung:
Auch in dieser Variante ist die Aufrechnung durch die eG aufgrund des § 392 BGB ausgeschlossen. Zwar ist hier nicht der erste Ausschlussgrund des § 392 BGB verwirklicht, da die Pfändung (September 2019) auch hier erst nach dem Abschluss des Nutzungsvertrags (Juli 2019) stattfand (und somit die Gegenforderung nicht »erst nach Pfändung«, sondern gemäß der Rechtsprechung des BGH zu Dauerschuldverhältnissen schon vorher erworben worden war).
Jedoch ist in dieser Variante der zweite Ausschlussgrund des § 392 BGB gegeben: Denn die Fälligkeit der Gegenforderung der eG in Form der rückständigen Miete aus Juli 2020 tritt erst nach der Pfändung (September 2019) und zudem auch erst nach der Fälligkeit der Hauptforderung ein (Auseinandersetzungsguthaben, Fälligkeit spätestens mit Ablauf des 30.6.2020, § 73 Abs. 2 Satz 2 GenG).
Interessanter Aspekt: Wäre die Fälligkeit des Auseinandersetzungsanspruchs nach den neueren Möglichkeiten aus der Genossenschaftsnovelle 2006 gemäß § 73 Abs. 4 GenG auf einen späteren Zeitpunkt, im vorliegenden Fall z. B. auf den 31.12.2020, verschoben, so wäre die Aufrechnung wieder möglich, da dann die zweite Komponente des zweiten Ausschlussgrundes nicht mehr gegeben wäre (die erste sowieso nicht).

3.6.1.2.1 Drittschuldnererklärung (§ 840 ZPO)

Zusammen mit dem Pfändungs- und Überweisungsbeschluss wird der eG eine sog. »Drittschuldnererklärung« zugesandt (zur Zwangsvollstreckung, siehe Rn. 161). Dies ist im Vollstreckungsrecht der Zivilprozessordnung so vorgesehen, um dem Vollstreckungsgläubiger Informationen darüber zu liefern, ob das Betreiben der Zwangsvollstreckung für ihn überhaupt Sinn macht (§ 840 ZPO). Immerhin ist das Betreiben der Zwangsvollstreckung für den Gläubiger mit nicht unerheblichem Verwaltungs- und Kostenaufwand verbunden: Er muss Vorschüsse an die Vollstreckungsorgane (Amts- 392 gericht und Gerichtsvollzieher) entrichten. Der Drittschuldner (eG), gegen den der Vollstreckungsschuldner (Mitglied) einen Anspruch hat (Anspruch auf Auszahlung des Auseinandersetzungsguthabens) muss dem Vollstreckungsgläubiger somit Auskunft über das Bestehen und den Umfang der Forderung geben, die seitens des Vollstreckungsschuldners gegen ihn gerichtet ist.

Die eG muss im Fall einer Pfändung des Geschäftsguthabens unbedingt die Drittschuldnererklärung abgeben. Versäumt sie dies, so läuft sie Gefahr, sich dem Vollstreckenden gegenüber schadensersatzpflichtig zu machen (§ 840 Abs. 2 ZPO). Die Abgabe der Drittschuldnererklärung schadet der eG aber nicht. Ob die eG mit eigenen Forderungen gegen ihr Mitglied aufrechnen kann, hängt nicht von der Abgabe oder Verweigerung der Abgabe der Drittschuldnererklärung ab.

In der Praxis sollte in die Drittschuldnererklärung aber dennoch vorsorglich der Satz aufgenommen werden, dass es sich die eG »schon jetzt vorbehält, mit bestehenden oder künftigen Forderungen, insbesondere aus dem Nutzungsvertrag über die Wohnung, gegen die Forderungen des Mitglieds aufzurechnen«. Der Drittschuldner hat dem Gläubiger nach der gesetzlichen Vorschrift des § 840 ZPO auf Verlangen zu erklären,

- ob und inwieweit er die Forderung als begründet anerkennt und Zahlung zu leisten bereit ist (hier sollte der Vorbehalt der Aufrechnung erklärt werden),
- ob und welche Ansprüche andere Personen an die Forderung geltend machen und
- ob und wegen welcher Ansprüche die Forderung bereits für andere Gläubiger gepfändet ist.

Die Drittschuldnererklärung muss dem Vollstreckungsgläubiger binnen zwei Wochen zugehen – gerechnet von der Zustellung des Pfändungsbeschlusses an. Für den Zugang ist der Absender, also die eG, beweispflichtig. Hier empfiehlt es sich in der Praxis, zumindest bei Vorliegen besonderer Umstände, eine Zustellung mit Nachweis zu wählen oder sich ggf. durch ein Telefonat vom Eingang der Drittschuldnererklärung beim Vollstreckungsgläubiger bzw. Gerichtsvollzieher zu überzeugen.

3.6.1.3 Die Aufrechnung im Fall der Abtretung des AGH

393 Für die Aufrechnung im Fall der Abtretung gilt der Struktur nach das zur Pfändung Gesagte (siehe Rn. 390). Die Abtretung ist die Übertragung eines Anspruchs auf einen Dritten. Der Gläubiger wechselt somit – der Schuldner muss die Forderung nach erfolgter Abtretung jetzt an einen anderen begleichen, als dies ursprünglich der Fall war. Das verschlechtert seine Rechtsstellung allerdings nicht, da er so gestellt ist, wie er bis zur Abtretung gegenüber seinem bisherigen Gläubiger stand. So kann der Schuldner (eG) beispielsweise seine Einwendungen gegen die Schuld auch dem neuen

Gläubiger entgegenhalten lassen. Der eG kann es jedoch im Regelfall egal sein, an wen sie das Auseinandersetzungsguthaben auszahlt, da sie es sowieso hätte auszahlen müssen.

Etwas anderes gilt nur dann, wenn die eG mit eigenen Forderungen aufrechnen will, wie vorstehend dargestellt (siehe Rn. 390). Allerdings bleibt der eG als Schuldner des Auszahlungsanspruchs prinzipiell auch die Aufrechnung erhalten. Die Voraussetzungen hierfür entsprechen inhaltlich und ihrer Struktur nach denjenigen, die bei einer Pfändung durch Dritte gelten (§ 406 BGB), sie sind nur sprachlich etwas anders formuliert. Der Zeitpunkt der Beschlagnahme wird durch den Zeitpunkt ersetzt, in welchem der Schuldner (eG) Kenntnis von der Abtretung erlangt.

§ 406 BGB lautet: Der Schuldner (hier: die eG) kann eine ihm gegen den bisherigen Gläubiger (ausgeschiedenes Mitglied) zustehende Forderung auch dem neuen Gläubiger (Empfänger der abgetretenen Forderung) gegenüber aufrechnen, es sei denn, dass er (der Schuldner, die eG) bei dem Erwerb der Forderung (Miete) von der Abtretung Kenntnis hatte oder dass die Forderung (Miete) erst nach der Erlangung der Kenntnis und später als die abgetretene Forderung (Auseinandersetzungsguthaben) fällig geworden ist. Mit den Begriffen »Erwerb« der Forderung verhält es sich genauso, wie mit dem Begriff »Entstehen« im Fall der Aufrechnung (siehe vorstehend).

3.6.1.4 Die Aufrechnung im Fall der Verbraucherinsolvenz (§ 66a GenG)

Die Eröffnung des Insolvenzverfahrens beim Genossenschaftsmitglied wirkt sich leider sehr negativ auf die Möglichkeit der eG aus, mit eigenen Forderungen aufzurechnen. Die Regelungen zu den Aufrechnungsmöglichkeiten sind im Einzelnen komplex (§ 95, 96 InsO). Vereinfachend lässt sich jedoch feststellen, dass die InsO nur eine Aufrechnungslage, die schon bei Eröffnung des Insolvenzverfahrens gegeben war, erhalten will. Die InsO schützt also den aufrechnungswilligen Gläubiger (eG) des überschuldeten Mitglieds insoweit, als er schon vor Eröffnung des Verfahrens hätte aufrechnen können. 394

Und genau hier liegt das Problem: Meistens wird eine Verbraucherinsolvenz während des Bestehens der Mitgliedschaft in der eG eröffnet. Zu dieser Zeit ist eine Aufrechnungslage aber noch nicht gegeben, da die Hauptforderung (Anspruch auf Auszahlung des Auseinandersetzungsguthabens) noch nicht erfüllbar ist (§ 22 Abs. 4 GenG).[282]

282 BGH, Urteil v. 24.6.2002, II ZR 256/01, NZG 2002 S. 1072.

! **Aufrechnung wegen Insolvenzverfahrens nicht möglich**

Im Mai 2019 wird über das Vermögen des Genossenschaftsmitglieds das Insolvenzverfahren eröffnet. Durch wirksamen Ausschluss oder die Wirkung der vom Insolvenzverwalter ausgesprochenen Kündigung – mit satzungsmäßig kurzer Kündigungsfrist – scheidet das Mitglied zum 31.12.2019 aus der eG aus. Die eG hat Forderungen aus dem Nutzungsverhältnis, wobei der Mietvertrag im Jahr 2017 abgeschlossen worden ist. Es handelt sich um Mietrückstände aus den Monaten Dezember 2018 sowie Januar und Februar 2019.

Folge:

Die eG kann in dieser Fallkonstellation nicht aufrechnen. Zum Zeitpunkt der Eröffnung des Verbraucherinsolvenzverfahrens im Mai 2019 bestand keine Aufrechnungslage. Im Mai 2019 war die Hauptforderung, gegen welche die eG gerne aufrechnen möchte (Anspruch auf das Auseinandersetzungsguthaben), noch nicht erfüllbar (§ 22 Abs. 4 GenG). Da sich das Ausscheiden aus der eG erst zum Ablauf des 31.12.2019 vollzieht, ist die Aufrechnungslage, um deren Schutz es geht, erst zu diesem Zeitpunkt und damit nach der Eröffnung des Insolvenzverfahrens entstanden.

! **Aufrechnung trotz Insolvenzverfahrens möglich**

Durch wirksamen Ausschluss oder Eigenkündigung scheidet das Mitglied zum 31.12.2019 aus der eG aus. Im Februar 2020 wird über das Vermögen des Genossenschaftsmitglieds das Insolvenzverfahren eröffnet. Die eG hat noch Forderungen aus dem Nutzungsverhältnis. Es handelt sich um Mietrückstände aus den Monaten November und Dezember 2019.

Folge:

Die eG kann trotz der Eröffnung des Insolvenzverfahrens aufrechnen. Zum Zeitpunkt der Eröffnung des Verbraucherinsolvenzverfahrens im Februar 2020 bestand nämlich schon längst eine Aufrechnungslage. Denn im Februar 2020 war die Hauptforderung, gegen welche die eG mit ihren eigenen Forderungen gerne aufrechnen möchte (Anspruch auf das Auseinandersetzungsguthaben) schon erfüllbar (§ 22 Abs. 4 GenG), wenn auch noch nicht fällig. Dies genügt aber, um eine Aufrechnungslage herzustellen.

3.6.1.5 Verpfändung und Abtretung des Anspruchs auf das AGH im Fall der Verbraucherinsolvenz

396 Die Verpfändung des Auseinandersetzungsguthabens hilft für den Fall der Verbraucherinsolvenz nicht (Gleiches gilt für die Sicherungsabtretung). Der entscheidende Punkt ist darin zu sehen, dass der Anspruch auf Auszahlung des Auseinandersetzungsguthabens erst mit dem Ausscheiden aus der eG, und zwar mit Ablauf des entsprechenden Kalenderjahrs, wirksam entsteht. Zu Beginn der Mitgliedschaft, wie auch später noch, in der Zeit vor der Eröffnung der Insolvenz, ist noch nicht klar, ob und wann sich das Ausscheiden zeitlich genau ereignet, da es erst noch einer Kündigung der Mitgliedschaft oder eines Ausschlusses aus der eG bedarf. Es ist hier eben nicht von vornherein schon »alles festgelegt«, sodass das Ausscheiden aus der eG von Beginn der Mitgliedschaft an planmäßig berechenbar wäre.

Der Pfandrechtsgläubiger und der Abtretungsempfänger müssten bereits vor der Insolvenz eine gesicherte Rechtsposition erlangt haben, damit diese insolvenzfest geschützt werden kann. Beide haben an einer künftig erst entstehenden Forderung (wie dem Anspruch auf Auszahlung des Auseinandersetzungsguthabens) die erforderlich gesicherte Rechtsposition nach der Rechtsprechung des BGH nur dann, wenn das gepfändete oder abgetretene Recht ohne weiteres Zutun der Parteien später automatisch entsteht. Insoweit entfaltet der Umstand, dass die gepfändete Hauptforderung (Auseinandersetzungsguthaben) erst nach Eröffnung des Insolvenzverfahrens »richtig« und »wirklich« entsteht, seine Wirkung.[283]

Anders wäre dies, denkt man die vom BGH aufgestellten Grundsätze weiter, wenn das Mitglied beispielsweise schon vor Eröffnung des Insolvenzverfahrens gekündigt hätte. Dann wäre zu diesem Zeitpunkt eine Lage entstanden, in der das Entstehen des Auseinandersetzungsguthabens sicher absehbar gewesen wäre. Die Parteien müssten hier nichts mehr unternehmen, damit das Auseinandersetzungsguthaben später entsteht. Vielmehr liegt in diesem Fall schon vor Insolvenzeröffnung alles vor, damit das Auseinandersetzungsguthaben später entsteht. Hier müsste sich dann auch das Pfandrecht auswirken.[284]

Der BGH unterscheidet also zwischen der Beendigung der Verfügung (Pfandrechts- oder Abtretungsvertrag) und der Wirksamkeit des dort zugunsten des Pfandgläubigers oder Abtretungsempfängers festgelegten Rechtsübergangs.

3.7 Nachschusspflicht

3.7.1 Nachschusspflicht und Haftsumme

Im Fall der Insolvenz der Genossenschaft sind die Mitglieder grundsätzlich verpflich- 397
tet, über den oder die übernommenen Geschäftsanteile hinaus sog. Nachschüsse zu leisten, um die Ansprüche der Gläubiger gegenüber der Genossenschaft auszugleichen. Die Einzelheiten dazu sind im Genossenschaftsgesetz geregelt (siehe § 105 Abs. 1 GenG). Die Nachschusspflicht erhöht deshalb die Kreditwürdigkeit der Genossenschaft.[285]

283 BGH, Urteil v. 8.1.2009, IX ZR 217/07; BGH, Urteil v. 24.6.2002, II ZR 256/01, NZG 2002 S. 1072; auch der Aufbau einer neuen Mitgliedschaft mit Anteilen ist schwierig, da der BGH entschieden hat, dass Vermögen, das der Schuldner nach der Verfahrenseröffnung aus pfändungsfreiem Arbeitseinkommen angespart und auf ein Konto eines Kreditinstituts eingezahlt hat, dem Insolvenzbeschlag unterliegt, BGH, Urteil v. 26.9.2013, IX ZB 247/11.

284 Der BGH, Urteil v. 8.1.2009, IX ZR 217/07, äußert sich nicht zu dieser Fallvariante.

285 Siehe dazu u. a. Hillebrand/Keßler/*Keßler*, GenG, §§ 6, 7 Rn. 8.

398 Das Genossenschaftsgesetz unterscheidet danach, ob die Nachschusspflicht auf eine bestimmte Summe, nämlich die sog. Haftsumme, beschränkt oder unbeschränkt ist (§ 6 Nr. 3 GenG). Wenn die Mitglieder verpflichtet sind, Nachschüsse im Insolvenzfall zu leisten, und die Nachschusspflicht beschränkt ist, dann darf die Haftsumme in der Satzung nicht niedriger als ein Geschäftsanteil sein (§ 119 GenG). Eine Haftsumme gibt es deshalb nur im Fall der beschränkten Nachschusspflicht; dagegen besteht keine Haftsumme, wenn die Nachschusspflicht unbeschränkt ist oder keine Nachschusspflicht besteht.

399 Um zu vermeiden, dass die Mitglieder im Fall der Insolvenz der eG mit finanziellen Verpflichtungen belastet werden, ist es möglich, dass die Nachschusspflicht in der Satzung ausgeschlossen wird (§ 105 Abs. 1 Satz 1 GenG). In der Praxis haben in der Regel die Wohnungsgenossenschaften in ihren Satzungen entsprechend der Empfehlung in der Mustersatzung die Nachschusspflicht ausgeschlossen (s. § 19 MS).

3.7.2 Satzungsregelungen zur Nachschusspflicht

400 Das Genossenschaftsgesetz schreibt vor, dass in der Satzung geregelt sein muss, ob die Mitglieder für den Fall der Insolvenz der Genossenschaft Nachschüsse zu leisten haben (beschränkt auf eine Haftsumme oder unbeschränkt) oder überhaupt nicht (§ 6 Nr. 3 GenG).

401 In der genossenschaftsrechtlichen Literatur[286] wird die Meinung vertreten, dass eine unbeschränkte Nachschusspflicht so lange besteht, bis folgende Satzungsmängel geheilt worden sind:

- Die Satzung enthält keine Angaben zu einer Nachschusspflicht,
- die Haftsumme ist nicht der Höhe nach konkret genannt,
- die Haftsumme ist niedriger als ein Geschäftsanteil oder
- die Haftsumme wird, wenn der Geschäftsanteil nachträglich angehoben wird, nicht mit erhöht.

! **Praxis-Tipp**

In der Satzung sollte überprüft werden, ob einer der o. g. Mängel vorliegt, um gegebenenfalls in der nächsten Generalversammlung eine entsprechende Satzungsänderung durchzuführen.

286 Beuthien/*Beuthien*, GenG, § 119 Rn. 3; s. auch Lang/Weidmüller/*Holthaus/Lehnhoff*, GenG, § 119 Rn. 7; Hillebrand/Keßler/*Herzberg*, GenG, § 119 Rn. 1; Müller, GenG, § 119 Rn. 3, 4.

3.7.3 Beschränkung oder Herabsetzung der Nachschusspflicht

Das Genossenschaftsgesetz schreibt – wie auch im Fall der Herabsetzung von Geschäftsanteilen – vor, dass das Registergericht einen satzungsändernden Beschluss zur Beschränkung oder Herabsetzung der Nachschusspflicht im Bundesanzeiger bekannt machen muss (§§ 22a Abs. 1; 22 Abs. 1; 156 Abs. 1 GenG). Die Bekanntmachung erfolgt aus Gründen des Gläubigerschutzes und gibt den Gläubigern der eG unter bestimmten Voraussetzungen das Recht, für ihre Forderungen eine Sicherheitsleistung zu verlangen (siehe dazu § 22 Abs. 2 GenG). 402

Praxis-Tipp !

Um zu vermeiden, dass vom Registergericht der Gläubigeraufruf nicht beachtet wird, sollte dem Gericht bei der Beantragung der Eintragung der Satzungsänderung vorsorglich folgender Hinweis gemacht werden:
»Daneben bitten wir, den Gläubigeraufruf gem. §§ 22a Abs. 1, 22 Abs. 1 GenG durchzuführen.»

4 Organe der Genossenschaft

4.1 Vorstand

4.1.1 Der Vorstand als Organ der Genossenschaft

Der Vorstand ist ein gesetzlich vorgeschriebenes Organ der Genossenschaft. Jede Genossenschaft muss daher einen Vorstand haben (§ 9 Abs. 1 Satz 1 GenG); ein Verzicht aufgrund einer Satzungsregelung ist deshalb – im Gegensatz zu einem Verzicht auf einen Aufsichtsrat bei sog. Kleinstgenossenschaften (§ 9 Abs. 1 Satz 2 GenG) (siehe Rn. 610) – nicht möglich. 403

Die Aufgaben des Vorstands können auch nicht durch eine Satzungsregelung – und zwar weder ganz noch teilweise – auf andere Organe übertragen werden. Abweichungen von den Bestimmungen des Genossenschaftsgesetzes durch die Satzung sind nämlich nur insoweit möglich, als dies das Gesetz ausdrücklich zulässt (§ 18 Satz 2 GenG). So hat nach dem Genossenschaftsgesetz der Vorstand die Genossenschaft unter eigener Verantwortung zu leiten (Leitungsbefugnis, § 27 Abs. 1 Satz 1 GenG). Das Gesetz lässt in diesem Zusammenhang aber zu, dass die Satzung Beschränkungen der Leitungsbefugnis vorsieht (Zustimmungsvorbehalte), die der Vorstand zu beachten hat (§ 27 Abs. 1 Satz 2 GenG). Die Mustersatzung enthält solche Zustimmungsvorbehalte (»Gegenstände der gemeinsamen Beratungen von Vorstand und Aufsichtsrat«, § 28 MS) (siehe Rn. 544 ff.). 404

Nach der Reform des Genossenschaftsrechts im Jahr 2017 kann die Satzung bei Genossenschaften mit nicht mehr als 20 Mitgliedern vorsehen, dass der Vorstand an Weisungen der Generalversammlung gebunden ist (§ 27 Abs. 1 Satz 3 GenG). Nach der Begründung des Gesetzentwurfs kann sich eine solche Satzungsregelung insbesondere für Genossenschaften mit geringer Mitgliederzahl anbieten, bei denen die Mitglieder gleichberechtigt agieren wollen und sich der Vorstand im Wesentlichen nur als Vertreter nach außen versteht. Weiter wird in der Gesetzesbegründung dazu ausgeführt, dass auch Genossenschaften, die künftig alternierend der vereinfachten Prüfung unterfallen, prüfen könnten, ob eine solche Satzungsregelung als Ausgleich dazu, dass die Ordnungsmäßigkeit der Geschäftsführung nur noch eingeschränkt vom Prüfungsverband geprüft wird, sinnvoll wäre; dabei sollten aber auch mögliche Nachteile wie etwa eine Verlangsamung von Geschäftsführungsentscheidungen in die Überlegungen einbezogen werden.[1] 404a

1 Gesetzentwurf der Bundesregierung v. 13.3.2017, BT-Drs. 18/11506, 27; siehe dazu auch Lang/Weidmüller/*Holthaus/Lehnhoff*, GenG, § 27 Rn. 22a.

405 Die Stärkung der Stellung des Vorstands gegenüber den übrigen Organen der Genossenschaft erfolgte bereits durch die Reform des Genossenschaftsrechts im Jahr 1973 (Genossenschaftsnovelle 1973). Deren Ziel war u. a., die Chancengleichheit der Genossenschaft im Wettbewerb mit den anderen Rechtsformen, insbesondere der Aktiengesellschaft, zu gewährleisten. Darum entspricht die Leitungsverantwortung des Vorstands der eG nach § 27 Abs. 1 Satz 1 GenG der Leitungsverantwortung des Vorstands der AG (§ 76 Abs. 1 AktG).[2]

4.1.2 Anzahl der Vorstandsmitglieder

406 Das Genossenschaftsgesetz schreibt vor, dass eine Genossenschaft mindestens zwei Vorstandsmitglieder haben muss (§ 24 Abs. 2 Satz 1 GenG). Eine Ausnahme besteht nur bei Genossenschaften, die nicht mehr als 20 Mitglieder haben (Kleinstgenossenschaften). In diesem Fall kann in der Satzung geregelt werden, dass der Vorstand nur aus einer Person besteht (§ 24 Abs. 2 Satz 3 GenG). Die Möglichkeit, hier vom zwingenden Vier-Augen-Prinzip bei der Besetzung des Vorstands abweichen zu dürfen, wurde durch die Genossenschaftsreform 2006 eingeführt, um u. a. dadurch die Zugangsvoraussetzungen zur Rechtsform der Genossenschaft für kleinere Unternehmen zu erleichtern und deren Neugründungen zu fördern.[3]

407 Das Gesetz lässt darüber hinaus ausdrücklich zu, dass die Satzung eine höhere Zahl als die gesetzliche Mindestzahl von zwei Vorstandsmitgliedern bestimmt (§ 24 Abs. 2 Satz 2 GenG). Hierfür kommen mehrere Alternativen in Betracht:[4]

- Die Satzung kann eine feste höhere Zahl als die gesetzliche Mindestzahl vorschreiben (»Der Vorstand besteht aus drei Mitgliedern.»).
- In der Satzung wird eine flexible höhere Mindestzahl bestimmt (»Der Vorstand besteht mindestens aus drei Mitgliedern.»).
- Die Satzung enthält eine Kombination von Mindest- und Höchstzahl (»Der Vorstand besteht aus mindestens zwei und höchstens vier Mitgliedern.»)

408 Die Mustersatzung empfiehlt eine flexible Mindestzahl, überlässt dabei aber der Genossenschaft aufgrund der Besonderheiten des Einzelfalls die Festlegung der konkreten Mindestzahl (»Der Vorstand besteht aus mindestens ____ Personen«, § 21 Abs. 1 Satz 1 MS).

2 Siehe dazu im Einzelnen u. a. Beuthien/*Beuthien*, GenG, § 27 Rn. 2.
3 Hillebrand/Keßler/*Keßler*, GenG, § 24 Rn. 4.
4 Siehe u. a. Hillebrand/Keßler/*Keßler*, GenG, § 24 Rn. 3; Lang/Weidmüller/*Holthaus/Lehnhoff*, GenG, § 24 Rn. 14.

4.1.3 Anforderungen an die Vorstandsmitglieder

4.1.3.1 Gesetzliche Anforderungen

4.1.3.1.1 Überblick

Als Vorstandsmitglieder kommen nur natürliche und unbeschränkt geschäftsfähige 409
Personen in Betracht. Darüber hinaus dürfen sie während ihrer Vorstandstätigkeit bestimmte andere Ämter nicht ausüben. Außerdem müssen sie – von wenigen Ausnahmen abgesehen[5] – für die Dauer ihrer Amtszeit Mitglied der Genossenschaft sein.

4.1.3.1.2 Natürliche Person mit unbeschränkter Geschäftsfähigkeit

Vorstandsmitglieder können nur natürliche Personen sein (§ 9 Abs. 2 Satz 1 GenG), die 410
– entsprechend § 76 Abs. 3 Satz 1 AktG – unbeschränkt geschäftsfähig sind.[6] Daher scheiden sowohl juristische Personen als auch beschränkt geschäftsfähige natürliche Personen für die Übernahme des Vorstandsamts einer Genossenschaft aus.

4.1.3.1.3 Unvereinbarkeit bestimmter Ämter mit der Vorstandstätigkeit

Nach dem Genossenschaftsgesetz dürfen Vorstandsmitglieder nicht zugleich dem 411
Aufsichtsrat angehören (§ 37 Abs. 1 Satz 1 Alt. 1 GenG). Außerdem dürfen Vorstandsmitglieder nicht Mitglied der Vertreterversammlung sein (§ 43a Abs. 2 Satz 1 GenG).

Für bestimmte Berufsgruppen (u. a. Beamte, Notare, Steuerberater und Wirtschafts- 412
prüfer) bestehen außerdem gesetzliche Sonderregelungen, die eine Übernahme des Vorstandsamts in einer Wohnungsgenossenschaft ausschließen.[7]

4.1.3.1.4 Mitgliedschaft in der Genossenschaft

Das Genossenschaftsgesetz verlangt grundsätzlich, dass die Mitglieder des Vorstands 413
– wie auch die des Aufsichtsrats – Mitglieder der Genossenschaft sind (Grundsatz der Selbstorganschaft, § 9 Abs. 2 Satz 1 GenG). Es reicht jedoch aus, wenn die bestellten Vorstandsmitglieder mit Beginn ihrer Amtsausübung die Mitgliedschaft erwerben. Somit können auch Nichtmitglieder für die Tätigkeit im Vorstand der eG gewonnen werden. Dies ist insbesondere bei der erstmaligen Bestellung von hauptamtlichen Vorstandsmitgliedern üblich.

---

5 Siehe Rn. 414.

6 Siehe u. a. Beuthien/*Beuthien*, GenG, § 24 Rn. 7.

7 Siehe dazu Lang/Weidmüller/*Holthaus/Lehnhoff*, GenG, § 24 Rn. 21 ff.; Hillebrand/Keßler/*Keßler*, GenG, § 24 Rn. 8.

414 Eine Ausnahme vom Grundsatz der Selbstorganschaft besteht aber dann, wenn der Genossenschaft eingetragene Genossenschaften selbst als Mitglied angehören: In dem Fall können deren Mitglieder, sofern sie natürliche Personen sind, in den Vorstand oder Aufsichtsrat der Genossenschaft berufen werden (§ 9 Abs. 2 Satz 2 Hs. 1 GenG). Gehören der Genossenschaft andere juristische Personen oder Personengesellschaften an, gilt dies für deren zur Vertretung befugte Personen (§ 9 Abs. 2 Satz 2 Hs. 2 GenG). In diesen Ausnahmefällen ist es daher nicht erforderlich, dass die in den Vorstand – bzw. in den Aufsichtsrat – berufenen Personen die Mitgliedschaft in der Genossenschaft erwerben müssen.

4.1.3.2 Anforderungen aufgrund der Satzung

4.1.3.2.1 Überblick

415 Es ist zulässig, dass die Satzung weitere besondere Anforderungen für die Wahl in den Vorstand vorsieht. In der Praxis der Wohnungsgenossenschaften kommen dabei vor allem Altersgrenzen, der Ausschluss von Interessenkollisionen und die Einhaltung einer Wartezeit in Betracht. Zulässig sind auch Satzungsregelungen, die vorschreiben, dass dem Vorstand eine bestimmte Anzahl von Frauen und Männern angehören muss (Geschlechterquoten).[8]

4.1.3.2.2 Altersgrenzen

416 In den Satzungen der Wohnungsgenossenschaften sind Altersgrenzen (Höchstgrenzen) für die Wahl und Wiederwahl in den Vorstand weitverbreitet. Die Mustersatzung sieht deshalb auch vor, dass die Bestellung eines hauptamtlichen Vorstandsmitglieds spätestens mit Ende des Kalenderjahres endet, in dem das Vorstandsmitglied das jeweils geltende individuelle gesetzliche Renteneintrittsalter erreicht (§ 21 Abs. 4 Satz 3 Hs. 1 MS). Die Mustersatzung empfiehlt daneben die Festlegung einer Altersgrenze für neben- und ehrenamtliche Vorstandsmitglieder (»…; die Bestellung eines nebenamtlichen oder ehrenamtlichen Vorstandsmitglieds endet spätestens mit Vollendung des ___ Lebensjahres.«, § 21 Abs. 4 Satz 3 Hs. 2 MS).

417 Im Zusammenhang mit der Bestellung von Vorstandsmitgliedern ist trotz zulässiger Altersgrenzen in den Satzungen das Verbot der Altersdiskriminierung nach dem Allgemeinen Gleichbehandlungsgesetz (AGG) zu beachten. § 6 Abs. 3 AGG schreibt vor, dass

8 Siehe zu den Frauen- bzw. Geschlechterquoten im Aufsichtsrat Rn. 621; siehe zur Pflicht des Aufsichtsrats, bei einer eG, die der Mitbestimmung unterliegt, Zielgrößen für den Frauenanteil im Aufsichtsrat und im Vorstand festzulegen, § 9 Abs. 4 GenG sowie Lang/Weidmüller/*Holthaus/Lehnhoff*, GenG, § 9 Rn. 19a ff., § 36 Rn. 17a, 93a.

der persönliche Anwendungsbereich dieses Gesetzes, soweit es u. a. die Bedingungen für den Zugang zur Erwerbstätigkeit betrifft, auch für Organmitglieder, insbesondere Geschäftsführer oder Vorstände gilt. Nach einem Urteil des Bundesgerichtshofs[9] finden die Vorschriften des AGG über den Schutz vor Benachteiligung wegen des Alters daher z. B. auch Anwendung, wenn sich ein Geschäftsführer einer GmbH, dessen Bestellung und Anstellung aufgrund einer Befristung abläuft, erneut um das Amt bewirbt.

Praxis-Beispiel

!

Nach der Entscheidung des BGH lagen im vorliegenden Fall die Voraussetzungen für die gesetzliche Vermutung einer Benachteiligung nach dem AGG vor: Der Vorsitzende des Gremiums, das über die Wiederbestellung des Klägers, d. h. des bisherigen Geschäftsführers der GmbH, zu entscheiden hatte (hier: der Aufsichtsrat), hatte unwidersprochen in der Öffentlichkeit die Gründe für die Entscheidung benannt. Daraus ergaben sich Indizien für eine Benachteiligung wegen des Alters. Nach Auffassung des Gerichts war zudem auch der sog. sachliche Anwendungsbereich des AGG eröffnet, d. h. hier der Zugang zur Erwerbstätigkeit nach § 2 Abs. 1 Nr. 1 AGG. Dort ist geregelt, dass u. a. Benachteiligungen wegen des Alters nach Maßgabe des AGG unzulässig sind in Bezug auf die Bedingungen – einschließlich Auswahlkriterien und Einstellungsbedingungen – für den Zugang zu unselbstständiger und selbstständiger Erwerbstätigkeit, und zwar unabhängig von Tätigkeitsfeld und beruflicher Position, sowie für den beruflichen Aufstieg. Unter das Merkmal des Zugangs zur Erwerbstätigkeit fallen nach der Begründung des Gerichts sowohl die organrechtliche Bestellung (hier zum Geschäftsführer der GmbH, §§ 6, 35 ff. GmbHG) als auch der schuldrechtliche Abschluss des Anstellungsvertrags für das Organmitglied. Zum Zugang zur Erwerbstätigkeit gehört nach der Urteilsbegründung auch der Fall, dass sich der bisherige Geschäftsführer nach Fristablauf erneut um eine Wiederbestellung bewirbt.

In der Sitzung des Aufsichtsrats, die über die Nichtbestellung des bisherigen Geschäftsführers und die Neubestellung des Mitbewerbers beschlossen hatte, war allein über das Alter des bisherigen Geschäftsführers und nicht über vermeintliche Leistungsdefizite gesprochen worden.

Die Benachteiligung des Klägers war auch nicht aufgrund anderer Vorschriften des AGG zulässig, d. h. u. a. nach § 10 Satz 3 Nr. 5 AGG sowie der Generalklausel des § 10 Satz 1 AGG. In § 10 Satz 3 Nr. 5 AGG ist geregelt, dass eine Vereinbarung zulässig ist, mit der die Beendigung des Beschäftigungsverhältnisses ohne Kündigung mit Erreichen des Renteneintrittsalters sichergestellt werden soll. Im vorliegenden Fall fehlte bereits eine solche Vereinbarung; außerdem hatte der Kläger zum Zeitpunkt der Entscheidung des Aufsichtsrats noch keine Möglichkeit, eine Altersrente zu beantragen.

Der BGH hat ausdrücklich die Entscheidung offengelassen, ob es in Entsprechung zu Nr. 5.1.2 des »Deutschen Corporate Governance Kodex« allgemein zulässig ist, eine

9 BGH, Urteil v. 23.4.2012, II ZR 163/10, DB 2012 S. 22.

Altersgrenze für Organmitglieder auch unterhalb von 65 Jahren zu bestimmen, da die GmbH eine solche Altersgrenze (hier: 62 Jahre) weder eingeführt hatte, noch dies beabsichtigte.

! **Praxis-Tipp**

Bei der Besetzung der Positionen von Vorstandsmitgliedern in Wohnungsgenossenschaften sollte genau darauf geachtet werden, dass die Entscheidung zwischen mehreren Bewerbern anhand des Anforderungsprofils der ausgeschriebenen Position erfolgt und nicht aufgrund von Kriterien, die nach dem AGG unzulässig sind (neben dem Alter u. a. das Geschlecht oder die Religion).

4.1.3.2.3 Ausschluss von Interessenkollisionen

418 Die Satzung kann vorsehen, dass bestimmte Fällen von Interessenkollisionen der Wahl in den Vorstand entgegenstehen. Die Bestellung zum Vorstandsmitglied der eG kann z. B. auch durch eine Satzungsregelung ausgeschlossen werden, wenn bereits Angehörige des Bewerbers (Ehegatten, Lebenspartner oder Verwandte) dem Vorstand oder Aufsichtsrat angehören. Die Mustersatzung sieht in diesem Zusammenhang vor, dass folgende »Angehörige« eines Vorstands- oder Aufsichtsratsmitglieds nicht Mitglieder des Vorstands sein können (§ 21 Abs. 2 MS):

1. Ehegatten, Verlobte, Mitglieder einer eheähnlichen oder lebenspartnerschaftsähnlichen Gemeinschaft oder eingetragene Lebenspartner,
2. Geschwister der in Nr. 1 genannten Personen,
3. Eltern, Kinder, Enkel oder Geschwister sowie deren Ehegatten, Verlobte, Mitglieder einer eheähnlichen oder lebenspartnerschaftsähnlichen Gemeinschaft oder eingetragene Lebenspartner.

4.1.3.2.4 Einhaltung einer Wartezeit

419 In der Satzung kann auch geregelt werden, dass ein Wechsel vom Aufsichtsrat in den Vorstand erst nach Ablauf einer Wartezeit möglich ist. Darüber hinaus kann sogar durch eine Satzungsregelung vorgeschrieben werden, dass ein solcher Wechsel ganz ausgeschlossen ist.

420 Für die Regelung einer Wartezeit spricht, dass durch eine zeitliche Unterbrechung vor dem Wechsel vom Kontroll- in das Leitungsorgan der eG Interessenkonflikte vermieden und die Unabhängigkeit des Vorstandsamts gestärkt werden.[10] Dementsprechend

10 GdW Arbeitshilfe 55, Band 1, Neufassung der Mustersatzungen und Mustergeschäftsordnung für Wohnungsgenossenschaften 2007, S. 35; siehe zu den Besonderheiten beim Wechsel vom Vorstand in den Aufsichtsrat Rn. 651 ff.

enthält auch die Mustersatzung die Empfehlung, dass ehemalige Aufsichtsratsmitglieder erst zwei Jahre nach Ausscheiden aus dem Amt und nach erteilter Entlastung in den Vorstand bestellt werden können (§ 21 Abs. 3 Satz 1 MS).

4.1.3.2.5 Sonstige Anforderungen

Als weitere zulässige Anforderungen an die Wahl von Vorstandsmitgliedern aufgrund 421
der Satzung können u. a. auch ein Mindestalter, eine bestimmte Mindestdauer der Mitgliedschaft oder bestimmte fachliche Qualifikationen in Betracht kommen.[11]

4.1.3.3 Fachliche Anforderungen an die Vorstandsmitglieder

Das Genossenschaftsgesetz enthält keine Regelungen zu konkreten fachlichen Anfor- 422
derungen an die Mitglieder des Vorstands. Bei der Erfüllung ihrer Aufgaben müssen die Vorstandsmitglieder die Sorgfalt eines ordentlichen und gewissenhaften Geschäftsleiters einer eG anwenden (§ 34 Abs. 1 Satz 1 GenG) (siehe Rn. 557 ff.). Die Aufgaben der Vorstandsmitglieder ergeben sich aus dem Genossenschaftsgesetz (Leitung und Vertretung der eG, §§ 27 Abs. 1 Satz 1, 25 Abs. 1 Satz 1 GenG) (siehe Rn. 477 ff., 494 ff.). Die fachlichen Anforderungen an die jeweils zu besetzende Vorstandsposition sind über die allgemeinen gesetzlichen Anforderungen hinaus abhängig vom Einzelfall (u. a. die Unternehmensgröße sowie z. B. besondere berufliche Qualifikation und Berufserfahrung als kaufmännisches oder technisches Vorstandsmitglied).[12] Dabei ist zu berücksichtigen, dass in der Praxis der Wohnungsgenossenschaften Vorstandsmitglieder nicht ausschließlich hauptamtlich, sondern auch nebenamtlich oder ehrenamtlich tätig sind und dass sich dementsprechend das Leitungsorgan von Genossenschaften z. B. häufig aus hauptamtlichen und nebenamtlichen Vorstandsmitgliedern zusammensetzt.[13]

4.1.4 Wahl (Bestellung) der Vorstandsmitglieder

4.1.4.1 Begriff der Bestellung

Die Wahl (»Bestellung») eines Vorstandsmitglieds erfolgt durch einen einseitigen 423
Organisationsakt des zuständigen Bestellungsorgans der Genossenschaft. Mit der Annahme der Wahl wird die Bestellung wirksam. Der Gewählte übernimmt sofort oder

11 Hillebrand/Keßler/*Keßler*, GenG, § 24 Rn. 9; Lang/Weidmüller/*Holthaus/Lehnhoff*, GenG, § 24 Rn. 26.
12 Siehe zum Verbot der Altersdiskriminierung im Zusammenhang mit der Bestellung von Vorstandsmitgliedern nach dem AGG Rn. 417 ff.
13 Siehe dazu auch Rn. 429.

zu einem festgelegten späteren Zeitpunkt das Amt des Vorstandsmitglieds. Er gehört damit bereits dem Leitungsorgan der eG mit den damit verbundenen organisationsrechtlichen Rechten und Pflichten an.[14] Der organschaftliche Bestellungsakt ist jedoch vom schuldrechtlichen Verhältnis zwischen den Beteiligten (Anstellungsvertrag zwischen der Genossenschaft und dem Vorstandsmitglied) zu trennen.[15]

4.1.4.2 Bestellungsorgan

424 Das Genossenschaftsgesetz geht davon aus, dass die Vorstandsmitglieder von der Generalversammlung bestellt werden. Möglich ist aber, dass die Satzung Abweichendes regelt (§ 24 Abs. 2 Satz 1, 2 GenG).

425 Im Bereich der Wohnungsgenossenschaften werden die Vorstandsmitglieder in der Regel vom Aufsichtsrat bestellt. Dafür spricht, dass das Überwachungsorgan der eG von der Generalversammlung gewählt und als dessen Vertrauensgremium für die Wahl der Mitglieder des Leitungsorgans besonders geeignet ist.[16] Im Vergleich zur Generalversammlung verfügen die Mitglieder des Aufsichtsrats grundsätzlich über die besseren Kenntnisse im Hinblick auf die konkreten Anforderungen an die Vorstandsmitglieder. In der Mustersatzung wird daher auch empfohlen, dass die Vorstandsmitglieder vom Aufsichtsrat bestellt werden (§ 21 Abs. 4 Satz 1 MS). Die Vorstandsmitglieder haben zwar keinen Anspruch auf Beteiligung am Verfahren der Auswahl und Bestellung neuer oder weiterer Mitglieder für das Leitungsorgan. Dennoch ist eine vorherige Abstimmung zwischen den Mitgliedern der beiden Organe in solchen Fällen aufgrund der Erfahrungen in der Praxis grundsätzlich zu empfehlen und folgt aus der Sorgfaltspflicht der Aufsichtsratsmitglieder gemäß § 41 GenG.[17]

4.1.4.3 Dauer der Bestellung

426 Das Genossenschaftsgesetz trifft keine Aussage darüber, wie lange der Bestellzeitraum ist. Somit ist auch eine Bestellung der Vorstandsmitglieder auf unbestimmte Zeit möglich. Die Mustersatzung empfiehlt jedoch eine befristete Bestellung, lässt deren Dauer aber offen (§ 21 Abs. 4 Satz 1 MS). Auch hier muss im Einzelfall von jeder eG eine konkrete Festlegung erfolgen. In der Regel sehen die Satzungen von Wohnungsgenossenschaften vor, dass Vorstandsmitglieder für die Dauer von fünf Jahren bestellt werden.

14 Beuthien/*Beuthien*, GenG, § 24 Rn. 13; siehe dazu auch Hillebrand/Keßler/*Keßler*, GenG, § 24 Rn. 16.
15 Siehe u. a. Hillebrand/Keßler/*Keßler*, GenG, § 24 Rn. 16.
16 Lang/Weidmüller/*Holthaus/Lehnhoff*, GenG, § 24 Rn. 38.
17 Lang/Weidmüller/*Holthaus/Lehnhoff*, GenG, § 24 Rn. 38.

Eine Begrenzung der Amtszeit der Vorstandsmitglieder ist vor allem aus wirtschaftlichen Gründen sinnvoll. Vorstandsmitglieder können zwar jederzeit abberufen werden (§ 24 Abs. 3 Satz 2 Hs. 1 GenG). Dafür ist nach der Mustersatzung im Fall der Zuständigkeit der Generalversammlung aber eine Mehrheit von drei Vierteln der abgegebenen Stimmen erforderlich (§ 36 Abs. 2 Buchst. c MS). Entschädigungsansprüche aus bestehenden Verträgen, d. h. den Anstellungsverträgen mit den hauptamtlichen oder nebenamtlichen Vorstandsmitgliedern, bleiben in solchen Fällen zudem unberührt (vgl. § 24 Abs. 3 Satz 2 Hs. 2 GenG). Anstellungsverträge von Vorstandsmitgliedern, die auf unbestimmte Zeit bestellt worden sind, lassen in der Regel nur die Kündigung aus wichtigem Grund – oder ggf. nach Einhaltung einer längeren Kündigungsfrist – zu. Die Abberufung eines auf unbestimmte Zeit bestellten Vorstandsmitglieds ist daher in der Regel für die eG mit erheblichen finanziellen Belastungen verbunden. 427

4.1.4.4 Satzungsregelungen zur befristeten Bestelldauer

Hinsichtlich der satzungsrechtlichen Ausgestaltung einer befristeten Bestelldauer für die Vorstandsmitglieder kommen insbesondere folgende Alternativen in Betracht:[18] 428

- Die Satzung kann eine feste befristete Bestelldauer vorsehen (»Die Vorstandsmitglieder werden auf die Dauer von fünf Jahren bestellt.«).
- Die Satzung kann eine Befristung mit einer flexiblen Höchstdauer vorschreiben (so § 21 Abs. 4 Satz 1 der Mustersatzung: »Die Vorstandsmitglieder werden vom Aufsichtsrat auf die Dauer von höchstens ____ Jahren bestellt.«).
- In der Satzung wird eine Mindestdauer bestimmt (»Die Vorstandsmitglieder werden auf die Dauer von mindestens ____ Jahren bestellt.«).
- Die Satzung enthält eine Kombination von Mindest- und Höchstdauer (»Die Vorstandsmitglieder werden auf die Dauer von mindestens ____ und höchstens _____ Jahren bestellt.«).
- Die Bestelldauer endet mit Erreichen einer Altersgrenze, ohne dass es einer Abberufung bedarf (so § 21 Abs. 4 Satz 3 der Mustersatzung: »Die Bestellung eines hauptamtlichen Vorstandsmitgliedes endet spätestens mit Ende des Kalenderjahres, in dem das Vorstandsmitglied das jeweils geltende individuelle gesetzliche Renteneintrittsalter erreicht; die Bestellung eines nebenamtlichen oder ehrenamtlichen Vorstandsmitgliedes endet spätestens mit Vollendung des ____ Lebensjahres.«)
- Die Satzung enthält – ggf. in Kombination mit den o. g. Alternativen – eine unterschiedliche Bestelldauer für hauptamtliche, nebenamtliche und ehrenamtliche Vorstandsmitglieder (»Die hauptamtlichen Vorstandsmitglieder werden auf die

18 Siehe u. a. Hillebrand/Keßler/*Keßler*, GenG, § 24 Rn. 28.

Dauer von höchsten fünf Jahren, die nebenamtlichen und ehrenamtlichen Vorstandsmitglieder werden auf die Dauer von fünf Jahren bestellt.»).

4.1.4.5 Art der Ausübung der Vorstandstätigkeit

429 In der Praxis der Wohnungsgenossenschaften üben die Vorstandsmitglieder ihr Amt in unterschiedlicher Art, insbesondere in unterschiedlichem zeitlichem Umfang aus. Es gibt hauptamtliche, nebenamtliche und ehrenamtliche Mitglieder in den Leitungsorganen der Wohnungsgenossenschaften, und zwar in verschiedenen Kombinationen. Insbesondere in Abhängigkeit von der Unternehmensgröße setzen sich die Vorstandsgremien vor allem zusammen aus:

- ausschließlich hauptamtlichen Vorstandsmitgliedern,
- hauptamtlichen und nebenamtlichen Vorstandsmitgliedern,
- ausschließlich nebenamtlichen Vorstandsmitgliedern.[19]

430 Das Genossenschaftsgesetz unterscheidet grundsätzlich nicht zwischen hauptamtlichen, nebenamtlichen und ehrenamtlichen Vorstandsmitgliedern. Alle Vorstandsmitglieder sind daher juristisch gleichberechtigt; eine Differenzierung im Rahmen der Haftung für die Vorstandstätigkeit (Sorgfaltspflicht gemäß § 34 GenG) kommt seit der Genossenschaftsrechtsreform 2017 aber dann in Betracht, wenn ein Vorstandsmitglied im Wesentlichen unentgeltlich tätig ist (§ 34 Abs. 2 Satz 3 GenG, siehe Rn. 576a).

431 Haupt- und nebenamtliche Vorstandsmitglieder sind in vollem bzw. begrenztem Umfang ihrer Arbeitskraft aufgrund eines Dienstverhältnisses für die Genossenschaft gegen Entgelt (Vergütung) tätig. Ehrenamtliche Vorstandsmitglieder üben dagegen grundsätzlich ohne Entgelt aufgrund eines Auftragsverhältnisses ihr Amt für die eG aus. Sie erhalten für ihre Tätigkeit, deren zeitlicher Umfang in der Regel der Tätigkeit eines nebenamtlichen Vorstandsmitglieds entspricht[20], nur eine Aufwandsentschädigung, auch »Auslagenersatz« genannt.[21]

4.1.4.6 Praktische Umsetzung

432 Es sollte streng zwischen dem Beschluss über die Bestellung (oder Wiederbestellung) des Vorstandsmitglieds und dem Beschluss über den Abschluss des Anstellungsver-

19 Ggf. führt in Fällen, in denen der Vorstand lediglich aus nebenamtlichen oder sogar ehrenamtlichen Organmitgliedern besteht, ein »Geschäftsführer« das Tagesgeschäft; siehe dazu Rn. 487 ff.

20 Beuthien/*Beuthien*, GenG, § 24 Rn. 15.

21 Siehe zu den weiteren Einzelheiten der Vorstandstätigkeit im Haupt-, Neben- und Ehrenamt Lang/Weidmüller/*Holthaus/Lehnhoff*, GenG, § 24 Rn. 28 ff.; Beuthien/*Beuthien*, GenG, § 24 Rn. 15; siehe zur Abgrenzung »Auslagenersatz/Vergütung« Rn. 639 ff.

trags (siehe Rn. 446 ff., 476) zwischen der eG und dem Vorstandsmitglied getrennt werden.

Der Tagesordnungspunkt (TOP) sowie der entsprechende Beschlussvorschlag der Aufsichtsratssitzung zur Bestellung/Wiederbestellung eines Vorstandsmitglieds könnten so aussehen:

Muster: TOP und Beschlussvorschlag zur Bestellung/ Wiederbestellung eines Vorstandsmitglieds !

TOP ___: Bestellung/Wiederbestellung von Herrn/Frau ____________ (Name des Vorstandsmitglieds) zum Vorstandsmitglied
Beschlussvorschlag zu TOP ___
Herr/Frau ____________ (Name des Vorstandsmitglieds) wird ab dem ________ gemäß § ___ der Satzung für ___ Jahre zum Vorstandsmitglied bestellt/wiederbestellt.

4.1.4.7 Fehler bei der Bestellung von Vorstandsmitgliedern

Bei der Bestellung eines Vorstandsmitglieds kommen als Fehler in der Praxis insbe- 433
sondere Verstöße gegen die Satzung in Betracht:

Praxis-Beispiel !

1. Das bisherige nebenamtliche Vorstandsmitglied (65 Jahre alt) ist wiederbestellt worden, obwohl nach der Satzung die Bestellung eines nebenamtlichen Vorstandsmitglieds spätestens mit Vollendung des 65. Lebensjahres endet.
2. Der Aufsichtsrat hat ein Vorstandsmitglied für die Dauer von sechs Jahren bestellt. Die Satzung schreibt aber vor, dass die Amtszeit eines Vorstandsmitglieds fünf Jahre beträgt.
3. Der Aufsichtsrat hat ein Vorstandsmitglied für drei Jahre bestellt, obwohl die Satzung zwingend vorschreibt, dass die Bestelldauer fünf Jahre beträgt.
4. Vorstand und Aufsichtsrat haben übersehen, dass die Amtszeit eines Vorstandsmitglieds abgelaufen ist. Es übt sein Amt deshalb wie bisher weiter aus, ohne dass vom Aufsichtsrat über eine Wiederbestellung beraten und beschlossen wird.

In den ersten drei Beispielsfällen verstößt die Bestellung des Vorstandsmitglieds 434
gegen Satzungsrecht. Solche fehlerhaften Bestellungen führen aber nicht zu deren Nichtigkeit.[22] Es wird jedoch die Auffassung vertreten, dass das Wahlorgan in solchen

22 Siehe Lang/Weidmüller/*Holthaus/Lehnhoff*, GenG, § 24 Rn. 27 m. w. N.; zum Begriff der »Nichtigkeit« siehe Rn. 435.

Fällen verpflichtet ist, die Bestellung zu widerrufen. Zudem dürften wohl auch die Voraussetzungen für eine außerordentliche Kündigung des Anstellungsvertrags vorliegen.[23]

435 Beschlüsse von Organen der eG, d. h. des Vorstands und des Aufsichtsrats sowie der Generalversammlung, können (uneingeschränkt) wirksam, vorläufig wirksam, aber anfechtbar, sowie unwirksam, d. h. nichtig, sein.[24] Beschlüsse, die »nur« anfechtbar im Wege der Anfechtungsklage (§ 51 GenG) sind, werden mit Ablauf der Anfechtungsfrist von einem Monat (siehe § 51 Abs. 1 Satz 2 GenG) unanfechtbar und bestandskräftig.[25]

Dagegen sind nichtige Beschlüsse per se unwirksam, ohne dass es einer Anfechtung oder einer gerichtlichen Entscheidung bedarf. Solche Beschlüsse entfalten weder zwischen den Organen der eG (Innenverhältnis) noch gegenüber Dritten (Außenverhältnis) Wirkung.[26] Die Nichtigkeit von Beschlüssen der Generalversammlung oder der Vertreterwahl kann von Mitgliedern sowie dem Vorstand und dem Aufsichtsrat im Wege der sog. Nichtigkeitsklage (§ 249 AktG analog) begehrt werden.[27] Wenn Dritte ein rechtliches Interesse an der Feststellung der Nichtigkeit solcher Beschlüsse haben (Feststellungsinteresse), steht ihnen die Möglichkeit der allgemeinen Feststellungsklage (§ 256 ZPO) offen.[28]

436 Im o. g. 4. Beispiel ist nach Beendigung der Amtszeit keine Wiederbestellung erfolgt. Das ehemalige Vorstandsmitglied hat seine Organstellung und damit seine Rechte und Pflichten eines Vorstandsmitglieds nicht wiedererlangt. Wenn das ehemalige Vorstandsmitglied jedoch sein Amt tatsächlich weiter ausübt, so sind die Handlungen sowohl im Außenverhältnis (z. B. der Abschluss von Verträgen) als auch im Innenverhältnis (etwa Vorstandsbeschlüsse) wirksam und unterliegen den gleichen Regeln wie denen eines wirksam bestellten Vorstandsmitglieds.

437 Ein solches »faktisches Vorstandsmitglied« hat deshalb die gesetzlichen Pflichten eines ordentlichen Vorstandsmitglieds und haftet entsprechend. Im Außenverhältnis, d. h. gegenüber Dritten (z. B. Geschäftspartner der eG), gilt bei fehlerhaften Bestellungen zum Schutz des Rechtsverkehrs zudem die Publizität des Genossenschaftsregisters, z. B. wenn das faktische Vorstandsmitglied eingetragen wurde.[29] § 29 Abs. 1 Satz 1 GenG sieht vor: Solange eine Änderung des Vorstands oder der Vertretungsbefugnis

---

23 Beuthien/*Beuthien*, § 24 Rn. 8; Lang/Weidmüller/*Holthaus/Lehnhoff*, GenG, § 24 Rn. 27, jew. m. w. N.
24 Hillebrand/Keßler/*Keßler*, GenG, § 51 Rn. 2.
25 Hillebrand/Keßler/*Keßler*, GenG, § 51 Rn. 23.
26 Hillebrand/Keßler/*Keßler*, GenG, § 51 Rn. 2.
27 Hillebrand/Keßler/*Keßler*, GenG, § 51 Rn. 8.
28 Hillebrand/Keßler/*Keßler*, GenG, § 51 Rn. 7.
29 U. a. Hillebrand/Keßler/*Keßler*, GenG, § 24 Rn. 29 m. w. N.

eines Vorstandsmitglieds nicht in das Genossenschaftsregister eingetragen und bekannt gemacht ist, kann sie von der Genossenschaft einem Dritten nicht entgegengesetzt werden – es sei denn, dass sie diesem bekannt war. Ist dagegen die Änderung eingetragen und bekannt gemacht worden, muss ein Dritter sie gegen sich gelten lassen (§ 29 Abs. 2 Satz 1 GenG).[30]

Praxis-Tipp !

In Fällen, in denen die Bestellung eines Vorstandsmitglieds gegen die Satzung verstößt, sollte zunächst versucht werden, im Einvernehmen mit dem betroffenen Vorstandsmitglied eine Korrektur des Fehlers unter Einschluss des abgeschlossenen Anstellungsvertrags zu erreichen. Sofern allerdings der eG aufgrund des satzungswidrigen Beschlusses des Aufsichtsrats ein Schaden entsteht, weil keine gütliche Einigung mit dem Vorstandsmitglied erreicht werden kann, kann ggf. eine Haftung der Aufsichtsratsmitglieder in Betracht kommen, die für diesen Beschluss gestimmt haben.

4.1.4.8 Ehrenmitglieder des Vorstands

Ausscheidende Mitglieder des Vorstands wurden vor allem in der Vergangenheit in Einzelfällen aufgrund ihrer langjährigen Verdienste für die eG zu Ehrenmitgliedern oder Ehrenvorsitzenden des Vorstands ernannt. Es handelt sich dabei aber nur um Ehrentitel, d. h. durch die Auszeichnung wird keine neue Organstellung mit den Rechten und Pflichten eines Vorstandsmitglieds begründet.[31] 438

4.1.5 Vorläufige Amtsenthebung von Vorstandsmitgliedern

Für den Fall, dass der Aufsichtsrat nach der Satzung nur befugt ist, die Vorstandsmitglieder zu bestellen (so § 21 Abs. 4 Satz 1 MS) und die Generalversammlung über die Abberufung entscheiden muss (siehe §§ 21 Abs. 4 Satz 4; 35 Abs. 1 Buchst. h MS), sieht das Genossenschaftsgesetz die Möglichkeit der vorläufigen Amtsenthebung der Vorstandsmitglieder vor.[32] 439

Der Aufsichtsrat ist dementsprechend befugt, nach seinem Ermessen von der Generalversammlung abzuberufende Mitglieder des Vorstands vorläufig, und zwar bis zur Entscheidung der unverzüglich einzuberufenden Generalversammlung, von ihren

30 Siehe aber wegen der weiteren Ausnahmen § 29 Abs. 2 Satz 2, Abs. 3 GenG.

31 U. a. Beuthien/*Beuthien*, GenG, § 24 Rn. 16; siehe dazu entsprechend die Ausführungen zu den Ehrenmitgliedern im Aufsichtsrat unter Rn. 658 ff.

32 Siehe zur Änderung des Anwendungsbereichs des § 40 GenG nach der Genossenschaftsnovelle 2006 Hillebrand/Keßler/*Keßler*, GenG, § 40 Rn. 1 m. w. N.

Geschäften zu entheben und wegen einstweiliger Fortführung derselben das Erforderliche zu veranlassen (§ 40 GenG).

Der Aufsichtsrat kann in einem solchen Fall von der Möglichkeit der vorläufigen Amtsenthebung nach pflichtgemäßem Ermessen Gebrauch machen. Maßstab ist dabei die Sorgfaltspflicht und Verantwortlichkeit der Aufsichtsratsmitglieder (§§ 41, 34 Abs. 1 GenG). Entscheidend ist dabei, ob der Aufsichtsrat davon überzeugt ist, dass die vorläufige Abberufung unter Abwägung der widerstreitenden Gesichtspunkte im Interesse der eG zur Abwendung von Schäden geboten ist.[33] Eine willkürliche vorläufige Amtsenthebung eines Vorstandsmitglieds kann zu Schadensersatzansprüchen der Genossenschaft gegenüber den Mitgliedern des Aufsichtsrats führen.[34]

440 Der Beschluss über die vorläufige Abberufung erfolgt nach dem Gesetz mit einfacher Mehrheit der Mitglieder des Aufsichtsrats.[35] Nach der Mustersatzung ist jedoch für einen solchen Beschluss eine Mehrheit von drei Vierteln aller Mitglieder des Aufsichtsrats notwendig (§ 21 Abs. 5 Satz 2 MS). Vor einer Entscheidung über eine vorherige Amtsenthebung ist die Anhörung des betreffenden Vorstandsmitglieds zwar nicht zwingend, aber regelmäßig geboten.[36]

! **Praxis-Beispiel**

Zwischen dem Aufsichtsrat der eG und einem Vorstandsmitglied bestehen gravierende Meinungsunterschiede über die künftige Geschäftspolitik der eG. Der Aufsichtsrat befürchtet erhebliche wirtschaftliche Risiken für die eG, wenn das Vorstandsmitglied seine bisherige Arbeit fortsetzt. Der Aufsichtsrat besteht aus neun Mitgliedern und beschließt mit sieben Ja-Stimmen und zwei Nein-Stimmen, dass das Vorstandsmitglied vorläufig von seinem Amt abberufen wird

441 Als Folgen einer vorläufigen Amtsenthebung eines Vorstandsmitglieds hat der Aufsichtsrat unverzüglich eine Generalversammlung einzuberufen, die in dem Fall endgültig über die Abberufung des Vorstandsmitglieds zu entscheiden hat. Nach der Mustersatzung entscheidet die Generalversammlung nicht mit der einfachen Mehrheit, sondern der Mehrheit von drei Vierteln der abgegebenen Stimmen (§ 36 Abs. 2 Buchst. c MS). Das vorläufig des Amtes enthobene Vorstandsmitglied ist zumindest nach der Mustersatzung zwingend in der Generalversammlung anzuhören (§ 21 Abs. 5 Satz 4 MS).[37]

33 Hillebrand/Keßler/*Keßler*, GenG, § 40 Rn. 4 m. w. N.
34 Beuthien/*Beuthien*, § 40 Rn. 4; Hillebrand/Keßler/*Keßler*, GenG, § 40 Rn. 6.
35 U. a. Hillebrand/Keßler/*Keßler*, GenG, § 40 Rn. 4.
36 Siehe u. a. Hillebrand/Keßler/*Keßler*, GenG, § 40 Rn. 5 m. w. N. sowie Beuthien/*Beuthien*, GenG, § 40 Rn. 4.
37 Siehe hinsichtlich der unterschiedlichen Auffassungen nach der allgemeinen Rechtslage Hillebrand/Keßler/*Keßler*, GenG, § 40 Rn. 12, § 24 Rn. 90, jew. m. w. N.

Die Generalversammlung ist für die endgültige Entscheidung über die Abberufung des Vorstandsmitglieds »unverzüglich« einzuberufen. »Unverzüglich« bedeutet »ohne schuldhaftes Zögern« (§ 121 Abs. 1 Satz 1 BGB). Bezogen auf den Fall einer (außerordentlichen) Generalversammlung bedeutet dies, dass die Einladung innerhalb einer nach den Umständen des Einzelfalls zu bemessenden Prüfungs- und Überlegungsfrist erfolgen muss.[38] Die Einberufungsfrist nach Gesetz und Satzung ist jedoch auch hier einzuhalten.[39] Es müssen daher schnellstmöglich die organisatorischen Voraussetzungen dafür geschaffen werden, dass die Generalversammlung endgültig über die Abberufung des vorläufig seines Amts enthobenen Vorstandsmitglieds entscheiden kann (Anmietung eines geeigneten Versammlungsraums, Vorbereitung der Einberufung der Generalversammlung, Versand der Einladungen bzw. Bekanntmachung im Bekanntmachungsblatt etc.). 442

Aufgrund einer vorläufigen Amtsenthebung entfällt mit sofortiger Wirkung die Befugnis des Vorstands, die Genossenschaft zu leiten und zu vertreten.[40] Die Suspendierung des Vorstandsmitglieds ist von Vorstandsmitgliedern in vertretungsberechtigter Zahl zum Genossenschaftsregister anzumelden (§§ 28, 157 GenG; §§ 6 Abs. 2 Nr. 4; 18 Abs. 1 Satz 2 GenRegV).[41] Bis zur Entscheidung der Generalversammlung hat deshalb der Aufsichtsrat das Erforderliche für die einstweilige Fortführung der Geschäfte der eG zu veranlassen. Sofern durch die vorläufige Amtsenthebung die Zahl der Vorstandsmitglieder nicht mehr für eine ordnungsgemäße Geschäftsführung ausreicht, insbesondere die Vertretung der Genossenschaft, ist der Aufsichtsrat befugt, einzelne seiner Mitglieder befristet als Stellvertreter für verhinderte Vorstandsmitglieder zu bestellen (§ 37 Abs. 1 Satz 2 GenG) (siehe Rn. 518 ff.) oder ggf. beim Amtsgericht die Bestellung eines Notvorstands (§§ 29 BGB, 85 AktG analog) (siehe Rn. 523 ff.) zu beantragen. 443

4.1.6 Eintragung in das Genossenschaftsregister

Die Anmeldung der Eintragung der Bestellung eines Vorstandsmitglieds bzw. der Beendigung eines Vorstandsamts in das Genossenschaftsregister muss vom Vorstand in öffentlich beglaubigter Form erfolgen (§§ 28 Abs. 1 Satz 1, 157 GenG). Es genügt hier nach § 7 Abs. 2 GenRegVO, dass der Vorstand durch seine Mitglieder in vertretungsberechtigter Zahl vertreten wird. Die Eintragung hat aber nur deklaratorische, d. h. rechtsbekundende, Wirkung.[42] Das Vorstandsamt beginnt unabhängig davon bereits mit der Bestellung bzw. zu einem späteren, bei der Bestellung festgelegten Zeitpunkt. 444

38 Siehe dazu Palandt/*Ellenberger*, BGB, § 121 Rn. 3 m. w. N.
39 U. a. Hillebrand/Keßler/*Keßler*, GenG, § 40 Rn. 10.
40 Beuthien/*Beuthien*, GenG, § 40 Rn. 2; Hillebrand/Keßler/*Keßler*, GenG, § 40 Rn. 7 m. w. N.
41 U. a. Lang/Weidmüller/*Holthaus/Lehnhoff*, GenG, § 40 Rn. 6.
42 Lang/Weidmüller/*Holthaus/Lehnhoff*, GenG, § 28 Rn. 17.

! **Praxis-Beispiel**

Ein Vorstandsmitglied ist vom Aufsichtsrat mit Wirkung zum 1. Januar 2019 zum Vorstandsmitglied bestellt worden. Die Anmeldung der Eintragung in das Genossenschaftsregister erfolgte erst im März 2019. Das Vorstandsamt begann trotz fehlender Eintragung in das Genossenschaftsregister bereits entsprechend der Bestellung am 1. Januar 2019.

445 Solange allerdings die Beendigung des Vorstandsamts nicht im Genossenschaftsregister eingetragen und bekannt gemacht worden ist, muss die eG Dritte so behandeln, als sei die Änderung nicht erfolgt. Dies gilt aber nicht, wenn dem Dritten die Beendigung des Vorstandsamts bekannt ist (§ 29 Abs. 1 GenG).[43]

! **Praxis-Beispiel**

Ein Vorstandsmitglied, das nach der Satzung allein vertretungsberechtigt ist, schließt nach Beendigung seiner Amtszeit für das Unternehmen noch einen Werkvertrag mit einem Handwerker ab. Die Beendigung des Vorstandsamts war noch nicht in das Genossenschaftsregister eingetragen und dem Handwerker auch nicht bekannt. Obwohl das ehemalige Vorstandsmitglied nicht mehr berechtigt war, sein Unternehmen zu vertreten, muss die eG den Vertrag erfüllen.

4.1.7 Abschluss und Beendigung von Verträgen mit Vorstandsmitgliedern

4.1.7.1 Vertretung der Genossenschaft gegenüber den Vorstandsmitgliedern

4.1.7.1.1 Abschluss von Anstellungsverträgen

446 Grundsätzlich vertritt der Vorstand die Genossenschaft als dessen Leitungsorgan (§ 24 Abs. 1 Satz 1 GenG). Gegenüber den Vorstandsmitgliedern wird die eG jedoch gerichtlich und außergerichtlich vom Aufsichtsrat vertreten (§ 39 Abs. 1 Satz 1 GenG). Der Grund dieser besonderen Kompetenzzuweisung an den Aufsichtsrat liegt darin, dass Interessenkollisionen vermieden werden sollen. Somit ist ausschließlich der Aufsichtsrat für den Abschluss der Anstellungsverträge mit den Vorstandsmitgliedern für die Genossenschaft zuständig.[44] Dies gilt ebenso für eventuelle spätere Änderungen und Ergänzungen sowie die Beendigung der Anstellungsverträge.[45] Es kommt auch nicht darauf an, dass die konkrete Gefahr einer Interessenkollision im Fall einer Vertretung der eG durch Vorstandsmitglieder besteht; vielmehr genügt die abstrakte

43 Siehe zu den Einzelheiten des Einwands der unverschuldeten Unkenntnis mit der Milderung durch eine fünfzehntägige Schonfrist (§ 29 Abs. 2 GenG) und zum Schutz des Dritten bei unrichtiger Bekanntmachung (§ 29 Abs. 3 GenG) Beuthien/*Beuthien*, GenG, § 29 Rn. 19 ff.; Lang/Weidmüller/*Holthaus/Lehnhoff*, GenG, § 29 Rn. 9 ff.

44 U. a. Hillebrand/Keßler/*Keßler*, GenG, § 39 Rn. 2 bis 4 m. w. N.; Beuthien/*Beuthien*; GenG, § 39 Rn. 1, 6.

45 Lang/Weidmüller/*Holthaus/Lehnhoff*, § 39 Rn. 6; Hillebrand/Keßler/*Keßler*, GenG, § 39 Rn. 4.

Gefahr einer nicht unbefangenen Vertretung der Genossenschaft in solchen Fällen. Die Regelung in § 39 Abs. 1 Satz 1 GenG ist zwingend und kann auch durch eine Satzungsregelung nicht abbedungen werden.[46]

Wenn dagegen nach der Satzung kein Aufsichtsrat gebildet werden muss (Kleinstgenossenschaften, § 9 Abs. 1 Satz 2 GenG), wird die eG gegenüber den Vorstandsmitgliedern von einem Bevollmächtigten vertreten, der von der Generalversammlung gewählt wird (§ 39 Abs. 1 Satz 2 GenG). Der Bevollmächtigte muss nicht zwingend Mitglied der Genossenschaft sein.[47] 447

Das Genossenschaftsgesetz sieht außerdem vor, dass die Generalversammlung aufgrund einer Satzungsregelung über die Führung von Prozessen gegen die Vorstandsmitglieder entscheiden kann (§ 39 Abs. 1 Satz 3 GenG). Dementsprechend empfiehlt die Mustersatzung, dass die Mitgliederversammlung u. a. über die Führung von Prozessen gegen im Amt befindliche – und darüber hinaus gegen ausgeschiedene – Vorstandsmitglieder wegen ihrer Organstellung beschließt (§ 35 Abs. 1 Buchst. k MS). 448

Eine weitere Sonderregelung sieht das Gesetz bei der Kreditgewährung an Vorstandsmitglieder vor: Soweit die Kreditgewährung nicht durch die Satzung geregelt, noch an andere Erfordernisse geknüpft oder sogar ganz ausgeschlossen ist, bedarf jede Kreditgewährung der Genehmigung des Aufsichtsrats (§ 39 Abs. 2 Satz 1 GenG). Die Genehmigung des Aufsichtsrats ist ebenso notwendig, wenn ein Vorstandsmitglied eine Bürgschaft für die Kreditgewährung der eG an Dritte übernimmt (§ 39 Abs. 2 Satz 2 GenG).[48] 449

4.1.7.1.2 Abschluss von (sonstigen) Verträgen der Genossenschaft mit den Vorstandsmitgliedern

Der Aufsichtsrat vertritt nach § 39 Abs. 1 Satz 1 GenG die Genossenschaft nicht nur beim Abschluss der Anstellungsverträge mit den Vorstandsmitgliedern. Er ist darüber hinaus zur Vermeidung von Interessenkollisionen auch in allen sonstigen Vertragsangelegenheiten mit den Vorstandsmitgliedern zuständig, die nicht notwendig mit der Vorstandstätigkeit zusammenhängen.[49] Dazu gehört unter anderem der Erwerb einer 450

46 Hillebrand/Keßler/*Keßler*, GenG, § 39 Rn. 2 bis 4 m. w. N.

47 Hillebrand/Keßler/*Keßler*, GenG, § 39 Rn. 9.

48 Hillebrand/Keßler/*Keßler*, GenG, § 39 Rn. 24; siehe dazu im Einzelnen Beuthien/*Beuthien*, GenG, § 39 Rn. 12.

49 Hillebrand/Keßler/*Keßler*, GenG, § 39 Rn. 4, 5 m. w. N.; differenzierend Lang/Weidmüller/*Holthaus/Lehnhoff*, GenG, § 39 Rn. 14 ff.: Beschränkung – vorbehaltlich § 39 Abs. 32 GenG – auf die Bereiche der Vorstandstätigkeit, nicht aber auf Verträge mit Vorstandsmitgliedern als Kunden der eG; Beuthien/*Beuthien*; GenG, § 39 Rn. 1: Zuständigkeit des Aufsichtsrats nur, wenn ein Vorstandsmitglied in einer besonderen Rechtsbeziehung außerhalb des Fördergeschäftsverkehrs, also nicht als Mitgliedskunde auftritt.

Immobilie der eG durch ein Vorstandsmitglied. Von der Vertretung der Genossenschaft ist in solchen Fällen nicht nur das befangene Vorstandsmitglied ausgeschlossen, sondern ebenso der gesamte Vorstand, selbst wenn dieser auch mit den übrigen unbefangenen Vorstandsmitgliedern handlungsfähig bleibt, sowie Prokuristen und Handlungsbevollmächtigte, weil diese gegenüber dem Vorstand weisungsabhängig sind.[50] Die Rechtsprechung hat bisher aber noch nicht entschieden, ob Rechtsgeschäfte zwischen der Genossenschaft und Vorstandsmitgliedern, die mit der Förderbeziehung im Zusammenhang stehen, insbesondere der Abschluss von Nutzungsverträgen, auch von § 39 GenG erfasst werden.[51] In die ausschließliche Zuständigkeit des Aufsichtsrats fallen jedoch auch einseitige Rechtsgeschäfte und Gestaltungsakte (Kündigungen) gegenüber den Vorstandsmitgliedern.[52]

450a Die Mustersatzung enthält in § 30 eine Regelung zu den Rechtsgeschäften der eG mit Vorstandsmitgliedern und deren Angehörigen.[53]

4.1.7.2 Vertretung der Genossenschaft gegenüber ehemaligen Vorstandsmitgliedern

4.1.7.2.1 Rechtsgeschäfte im ursächlichen Zusammenhang mit der Vorstandstätigkeit

451 Der Aufsichtsrat vertritt die eG nach der Rechtsprechung des Bundesgerichtshofs auch gegenüber ehemaligen Vorstandsmitgliedern, soweit die betreffenden Rechtsgeschäfte im ursächlichen Zusammenhang mit der früheren Vorstandstätigkeit stehen. Dazu gehört z. B. der Widerruf einer Versorgungszusage gegenüber den Hinterbliebenen eines ehemaligen Vorstandsmitglieds.[54]

4.1.7.2.2 Sonstige Rechtsgeschäfte

452 Im Unterschied zu amtierenden Vorstandsmitgliedern ist der Aufsichtsrat aber nicht für sonstige Rechtsgeschäfte mit ehemaligen Vorstandsmitgliedern zuständig, die keinen ursächlichen Zusammenhang mit der früheren Organstellung aufweisen. Dazu

50 U. a. Beuthien/*Beuthien*, GenG, § 39 Rn. 2; Lang/Weidmüller/*Holthaus/Lehnhoff*, GenG, § 39 Rn. 19.

51 Siehe dazu GdW Arbeitshilfe 80, Band 1, Mustersatzungen, Mustergeschäftsordnungen und Musterwahlordnung für Wohnungsgenossenschaften 2017, S. 35, 28 und Rn. 450a.

52 Hillebrand/Keßler/*Keßler*, GenG, §§ 39 Rn. 4; 24 Rn. 100, 101; siehe aber differenzierend im Hinblick auf die außerordentliche Kündigung des Anstellungsvertrags Rn. 466.

53 Siehe dazu Rn. 506 sowie zum Anwendungsbereich des § 30 der Mustersatzung GdW Arbeitshilfe 80, Band 1, Mustersatzungen, Mustergeschäftsordnungen und Musterwahlordnung für Wohnungsgenossenschaften 2017, S. 35, 27.

54 BGH, Urteil v. 16.10.2006, II ZR 7/05, DB 2006 S. 2805, u. a. mit Bezugnahme auf BGH, Urteil v. 26.6.1995, II ZR 122/94, NJW 1995 S. 2559.

gehören insbesondere Vertretungshandlungen der Genossenschaft gegenüber ehemaligen Vorstandsmitgliedern im Rahmen der Förderbeziehung, d. h. dem Nutzungsverhältnis. Dieser Bereich fällt in die Zuständigkeit des amtierenden Vorstands gemäß § 25 Abs. 1 Satz 1 GenG.[55]

4.1.7.3 Abschluss des Anstellungsvertrags

4.1.7.3.1 Abgrenzung Anstellung – Bestellung

Die Bestellung eines Vorstandsmitglieds erfolgt durch die Wahl in das Leitungsorgan der eG aufgrund eines einseitigen Organisationsakts des Bestellungsorgans, d. h. in der Regel durch den Aufsichtsrat. Im Gegensatz dazu ergeben sich aus dem Anstellungsvertrag die schuldrechtlichen Rechte und Pflichten, die zwischen dem Vorstandsmitglied als Dienstverpflichtetem und der Genossenschaft bestehen.[56] Nicht nur aufgrund der Bestellung zum Vorstandsmitglied, sondern auch aus dem Anstellungsvertrag ergibt sich für das Vorstandsmitglied die Pflicht, sein Vorstandsamt ordnungsgemäß auszuüben.[57] 453

Anstellungsverträge mit hauptamtlichen und nebenamtlichen Vorstandsmitgliedern sind in der Regel Dienstverträge (§ 611 ff. BGB) und keine Arbeitsverträge. Deshalb sind für Streitigkeiten zwischen der Genossenschaft und Vorstandsmitgliedern aus Anstellungsverträgen auch nicht die Arbeitsgerichte, sondern die »ordentlichen« Zivilgerichte zuständig.[58] 454

4.1.7.3.2 Form und Inhalt des Anstellungsvertrags

In der Mustersatzung ist ausdrücklich geregelt, dass mit hauptamtlichen und nebenamtlichen Vorstandsmitgliedern schriftliche Anstellungsverträge für die Dauer der Bestellung abgeschlossen werden sollen (§ 21 Abs. 6 Satz 1 MS). 455

55 Hillebrand/Keßler/*Keßler*, GenG, § 39 Rn. 7 m. w. N.
56 Beuthien/*Beuthien*, GenG, § 24 Rn. 14.
57 Beuthien/*Beuthien*, GenG, § 24 Rn. 14.
58 Hillebrand/Keßler/*Keßler*, GenG, § 24 Rn. 45.

456 Im Anstellungsvertrag sollten insbesondere folgende Einzelheiten geregelt werden:

- Vertragslaufzeit
- Vergütung
- Aufwendungsersatz (Erstattung von Reisekosten und Spesen)
- Gehaltsfortzahlung im Krankheitsfall
- Urlaub
- Ausübung von Nebentätigkeiten
- Rückgabe von Unterlagen und sonstigen Gegenständen der eG bei Beendigung des Anstellungsverhältnisses (Dienstwagen, Notebook, Mobiltelefon etc.).

457 Hinsichtlich der Festsetzung und Anpassung der Vergütung der Vorstandsmitglieder ist § 87 AktG analog anzuwenden.[59] § 87 Abs. 1 Satz 1 dieser Regelung schreibt vor, dass der Aufsichtsrat bei der Festsetzung der Gesamtbezüge des einzelnen Vorstandsmitglieds dafür zu sorgen hat, dass diese in einem angemessenen Verhältnis zu den Aufgaben und Leistungen des Vorstandsmitglieds sowie zur Lage der Gesellschaft stehen und die übliche Vergütung nicht ohne besondere Gründe übersteigen. Die Gesamtbezüge des Vorstandsmitglieds setzen sich nach dieser Vorschrift zusammen aus Gehalt, Gewinnbeteiligungen, Aufwandsentschädigungen, Versicherungsentgelte, Provisionen, anreizorientierten Vergütungszusagen wie z. B. Aktienbezugsrechten und Nebenleistungen jeder Art. Die entsprechende Anwendung des § 87 Abs. 2 AktG sieht darüber hinaus die Möglichkeit der Herabsetzung der Bezüge des Vorstandsmitglieds bei einer Verschlechterung der Lage der Genossenschaft nach der Festsetzung vor.

! **Praxis-Tipp**

Im Fall des Abschlusses eines Anstellungsvertrags mit einem Vorstandsmitglied ist im Hinblick auf die wirtschaftlichen Auswirkungen grundsätzlich eine juristische Einzelfallberatung zu empfehlen.

4.1.7.4 Beteiligung des Aufsichtsratsgremiums beim Vertragsabschluss

458 Nach der Mustersatzung unterzeichnet der Aufsichtsratsvorsitzende zwar im Namen der Genossenschaft die Anstellungsverträge mit den Vorstandsmitgliedern (§ 21 Abs. 6 Satz 2 MS). Der Aufsichtsratsvorsitzende kann den Aufsichtsrat einer Genossenschaft aber nicht in der Willensbildung zum Abschluss oder zur Änderung des Anstellungsvertrags mit dem Vorstand vertreten.[60] Die Beschlüsse des Aufsichtsrats werden daher vom Vorsitzenden lediglich ausgeführt (so ausdrücklich § 25 Abs. 8 MS).

59 Hillebrand/Keßler/*Keßler*, GenG, § 24 Rn. 54 m. w. N.
60 BGH, Urteil v. 17.3.2008, II ZR 239/06, DB 2008 S. 1181.

Im Genossenschaftsrecht ist zwar anerkannt, dass ein Aufsichtsrat aus seiner Mitte Ausschüsse bilden kann, insbesondere um seine Verhandlungen und Beschlüsse vorzubereiten (so auch §25 Abs. 6 MS).[61] Vor allem bei größeren Wohnungsgenossenschaften werden z. B. Personalausschüsse eingerichtet, deren Aufgabe es vor allem ist, für den Aufsichtsrat Verhandlungen mit Vorstandsmitgliedern zu führen (Bestellung und Abschluss/Änderung von Anstellungsverträgen). Das Gesetz lässt in bestimmten Fällen auch zu, dass einem Aufsichtsratsausschuss eine Entscheidungskompetenz verbunden mit der entsprechenden Vertretungsbefugnis übertragen wird (siehe § 107 Abs. 3 AktG analog).[62] Die (endgültige) Entscheidung über die Ausgestaltung, Änderung und Ergänzung des Anstellungsvertrags bleibt jedoch gemäß § 107 Abs. 3 Satz 3 AktG analog zwingend dem Gesamtaufsichtsrat der Genossenschaft vorbehalten.[63] 459

4.1.7.5 Beendigung des Anstellungsvertrags

4.1.7.5.1 Überblick

Der Anstellungsvertrag zwischen der Genossenschaft und dem Vorstandsmitglied kann aus verschiedenen Gründen enden. In der Praxis spielen vor allem folgende Beendigungsgründe eine Rolle:[64] 460

- Ablauf der vereinbarten Befristung,
- Erreichen der vertraglich vereinbarten Altersgrenze,
- ordentliche Kündigung,
- außerordentliche Kündigung,
- Abschluss eines Aufhebungsvertrags.

Als weitere Gründe zur Beendigung des Anstellungsvertrags kommen der Tod des Vorstandsmitglieds sowie die Anfechtung des Vertragsschlusses in Betracht.[65] 461

4.1.7.5.2 Ablauf der vereinbarten Befristung

In der Mustersatzung ist ausdrücklich geregelt, dass mit hauptamtlichen und nebenamtlichen Vorstandsmitgliedern Anstellungsverträge für die Dauer der Bestellung abgeschlossen werden sollen (§21 Abs. 6 Satz 1 MS) (siehe Rn. 455). Mit Ablauf der 462

61 Siehe dazu u. a. Hillebrand/Keßler/*Keßler*, GenG, §§ 36, 37 Rn. 88 ff. m. w. N.
62 Hillebrand/Keßler/*Keßler*, GenG, §§ 39 Rn. 10, §§ 36, 37 Rn. 88 ff.
63 Hillebrand/Keßler/*Keßler*, GenG, § 39 Rn. 10 unter Bezugnahme auf das Gesetz zur Angemessenheit der Vorstandsvergütung (VorstAG) v. 31.7.2009, BGBL. I 2509; Beuthien/*Beuthien*, GenG, § 39 Rn. 2.
64 Siehe dazu im Einzelnen u. a. Hillebrand/Keßler/*Keßler*, GenG, § 24 Rn. 76 ff.
65 Hillebrand/Keßler/*Keßler*, GenG, § 24 Rn. 76.

Bestelldauer endet in solchen Fällen der befristete Anstellungsvertrag des Vorstandsmitglieds »automatisch«, ohne dass eine Kündigung erforderlich ist.

4.1.7.5.3 Erreichen der vertraglich vereinbarten Altersgrenze

463 Die Satzung kann auch vorsehen, dass die Bestelldauer mit Erreichen einer Altersgrenze endet, ohne dass es einer Abberufung bedarf (so § 21 Abs. 4 Satz 3 MS: »Die Bestellung eines hauptamtlichen Vorstandsmitglieds endet spätestens mit dem Ende des Kalenderjahres, in dem das Vorstandsmitglied das jeweils geltende individuelle gesetzliche Rentenalter erreicht.»). Unter dieser Voraussetzung endet mit der Bestellung auch der Anstellungsvertrag, sofern dieser auf die Dauer der Bestellung abgeschlossen wurde.

4.1.7.5.4 Ordentliche Kündigung

464 Anstellungsverträge mit Vorstandsmitgliedern sind Dienstverträge i. S. d. § 611 BGB. Die Vorschriften des allgemeinen Kündigungsschutzes nach dem Kündigungsschutzgesetzes (KSchG) finden auf die Anstellungsverträge von Vorstandsmitgliedern einer Genossenschaft aber keine Anwendung (§ 14 Abs. 1 Nr. 1 KSchG). Sofern das ordentliche Kündigungsrecht nicht ausgeschlossen ist, gelten in entsprechender Anwendung jedoch mindestens die Kündigungsfristen für Arbeitsverhältnisse.[66]

465 Die Mustersatzung sieht ausdrücklich vor, dass der Aufsichtsrat, vertreten durch seinen Vorsitzenden, für die Kündigung des Anstellungsverhältnisses eines Vorstandsmitglieds unter Einhaltung der vertraglichen oder gesetzlichen Frist zuständig ist (§ 21 Abs. 6 Satz 3 MS). In der Praxis der Wohnungsgenossenschaften ist es aber üblich, dass der Anstellungsvertrag mit einem Vorstandsmitglied auf die Dauer der Bestellung abgeschlossen und das Recht zur ordentlichen Kündigung ausgeschlossen ist.

4.1.7.5.5 Außerordentliche Kündigung

466 Erfolgt die Abberufung der Vorstandsmitglieder nach der Satzung durch die Generalversammlung, ist diese auch für die außerordentliche Kündigung des Anstellungsvertrags mit einem Vorstandsmitglied zuständig.[67] Eine entsprechende ausdrückliche Regelung für einen solchen Fall findet sich in der Mustersatzung (§§ 21 Abs. 6 Satz 4; 35 Abs. 1 Buchst. i MS).

66 Lang/Weidmüller/*Holthaus/Lehnhoff*, GenG, § 24 Rn. 71; Hillebrand/Keßler/*Keßler*, GenG, § 24 Rn. 102; siehe dazu im Einzelnen § 622 BGB; § 624 BGB sieht zudem ein vorzeitiges außerordentliches Kündigungsrecht von Vorstandsmitgliedern bei längerfristigen Anstellungsverträgen nach Ablauf von fünf Jahren vor.

67 Siehe dazu Lang/Weidmüller/*Holthaus/Lehnhoff*, GenG, § 24 Rn. 75 sowie Hillebrand/Keßler,/*Keßler*, GenG, § 24 Rn. 82, jew. m. w. N.

Das Genossenschaftsgesetz lässt aber zu, dass anstelle der Generalversammlung der Aufsichtsrat nicht nur für die Bestellung, sondern auch für die Abberufung der Vorstandsmitglieder zuständig ist (§ 24 Abs. 2 Satz 2 GenG) (siehe Rn. 605). Erfolgt also aufgrund einer Satzungsregelung auch die Abberufung der Vorstandsmitglieder durch den Aufsichtsrat, so ist dieser nicht nur für den Abschluss der Anstellungsverträge (§ 39 Abs. 1 GenG), sondern auch für deren außerordentliche Kündigung zuständig.[68] 467

Die außerordentliche Kündigung des Anstellungsverhältnisses eines Vorstandsmitglieds ohne Einhaltung einer Kündigungsfrist ist aber nur aus wichtigem Grund entsprechend den Regelungen des allgemeinen Dienstvertragsrechts möglich.[69] § 626 Abs. 1 BGB schreibt vor, dass das Dienstverhältnis von jeder Vertragspartei aus wichtigem Grund ohne Einhaltung einer Kündigungsfrist gekündigt werden kann. Dies gilt dann, wenn Tatsachen vorliegen, aufgrund derer dem Kündigenden unter Berücksichtigung aller Umstände des Einzelfalles und unter Abwägung der Interessen beider Vertragsparteien die Fortsetzung des Dienstverhältnisses bis zum Ablauf der Kündigungsfrist oder bis zur vereinbarten Beendigung des Dienstverhältnisses nicht zugemutet werden kann. 468

Ob konkret ein wichtiger Grund für eine außerordentliche Kündigung des Anstellungsvertrags eines Vorstandsmitglieds vorliegt, hängt von den Umständen des Einzelfalls ab.[70] Außerordentliche Kündigungsgründe können u. a. sein:[71] 469

- grob fahrlässige (ggf. wiederholte) Schlechterfüllung,
- Verstöße gegen Gesetz und Satzung[72],
- Organisations- und Informationspflichtverletzungen oder
- Verdacht strafbarer Handlungen.

Praxis-Beispiel !

- Die Vorstandsmitglieder einer Wohnungsgenossenschaft haben grob fahrlässig ihre Pflichten verletzt, indem sie leichtfertig und ohne Analyse der Bedingungen des örtlichen Immobilienmarkts in großem Umfang in das Bauträgergeschäft eingestiegen sind. Aufgrund von Absatzschwierigkeiten sind der eG dadurch erhebliche Verluste entstanden.
- Die Vorstandsmitglieder einer eG haben Geschäftsunterlagen gefälscht und den Aufsichtsrat über die wirtschaftliche Lage des Unternehmens getäuscht.

68 Hillebrand/Keßler/*Keßler*, GenG, § 24 Rn. 82 m. w. N.
69 U. a. Hillebrand/Keßler/*Keßler*, GenG, § 24 Rn. 83.
70 Hillebrand/Keßler/*Keßler*, GenG, § 24 Rn. 87.
71 Siehe dazu im Einzelnen Beuthien/*Beuthien*; GenG, § 24 Rn. 26; Lang/Weidmüller/*Holthaus/Lehnhoff*, GenG, § 24 Rn. 79 ff. Hillebrand/Keßler/*Keßler*, GenG, § 24 Rn. 87, 88.
72 U. a. notwendige Zustimmungsvorbehalte gem. §§ 27 Abs. 1 Satz 2 GenG, 28 MS, siehe dazu im Einzelnen Rn. 544 ff.

470 Eine außerordentliche Kündigung kann nur innerhalb von zwei Wochen erfolgen (§ 626 Abs. 2 Satz 1 BGB). Die Frist beginnt mit dem Zeitpunkt, zu dem der Kündigungsberechtigte Kenntnis von den Tatsachen erlangt, die für die Kündigung maßgebend sind (Abs. 2 Satz 2).

471 In einer Entscheidung hat auch der Bundesgerichtshof[73] bestätigt, dass es für die Kenntnis der Tatsachen, die für die außerordentliche Kündigung (hier: eines Geschäftsführeranstellungsvertrags) maßgebend sind und deren Kenntnis die Zweiwochenfrist nach § 626 Abs. 2 BGB in Lauf setzt, auf den Wissensstand des Gremiums der Gesellschaft ankommt, das zur Entscheidung über die fristlose Kündigung berufen und bereit ist. »Kenntnis« im o. g. Sinn liegt nach dem Urteil des BGH vor, wenn alles in Erfahrung gebracht worden ist, was als notwendige Grundlage für eine Entscheidung über Fortbestand oder Auflösung des Dienstverhältnisses anzusehen ist.

472 Wenn daher ein Vorstandsmitglied einer Wohnungsgenossenschaft abberufen werden soll und die Generalversammlung nach der Satzung über die außerordentliche Kündigung des Anstellungsvertrags entscheidet, kommt es für den Beginn der Zweiwochenfrist des § 626 BGB nicht auf die Kenntnis des Aufsichtsrats an. Der Aufsichtsrat muss allerdings nach Vorliegen der von ihm aufgrund seiner Sorgfaltspflicht in Erfahrung gebrachten Tatsachen (ggf. auch mit anschließender juristischer Beratung durch einen Rechtsanwalt) in einer angemessen kurzen Frist die Generalversammlung einberufen, um eine Entscheidung über die Kündigung des Anstellungsvertrags herbeizuführen. In solchen Fällen ist die Zweiwochenfrist noch nicht abgelaufen, weil die Generalversammlung als zuständiges Organ erst dann über maßgebende Umstände für eine Kündigung Kenntnis erlangt.

! **Praxis-Beispiel**

Vorstandsmitglied A hat die Mitglieder des Aufsichtsrats in einem Gespräch mit Geschäftspartnern schwer beleidigt. Nach Prüfung des Vorgangs und abschließender juristischer Beratung durch einen Rechtsanwalt wird innerhalb von drei Wochen eine außerordentliche Generalversammlung einberufen, um u. a. eine Entscheidung über die außerordentliche Kündigung des Anstellungsvertrags des Vorstandsmitglieds herbeizuführen. Die Zweiwochenfrist ist noch nicht abgelaufen, weil die Generalversammlung erst dann über die maßgebenden Umstände für eine Kündigung Kenntnis erlangt.

73 BGH, Urteil v. 9.4.2013, II ZR 273/11, DB 2013 S. 1102.

4.1.7.5.6 Abschluss eines Aufhebungsvertrags

Wenn nach der Satzung der Aufsichtsrat nicht nur für die Bestellung, sondern auch für die Abberufung der Vorstandsmitglieder zuständig ist, vertritt der Aufsichtsrat die Genossenschaft sowohl beim Abschluss des Anstellungsvertrags als auch bei dessen Aufhebung. 473

In den Mustersatzungen ist geregelt, dass der Aufsichtsrat für die Kündigung des Anstellungsverhältnisses eines Vorstandsmitglieds unter Einhaltung der vertraglichen oder gesetzlichen Frist »sowie für den Abschluss von Aufhebungsvereinbarungen mit Vorstandsmitgliedern« zuständig ist (§ 21 Abs. 6 Satz 3 MS). 474

Hat aber der Aufsichtsrat nach der Satzung nur die Aufgabe der Bestellung der Vorstandsmitglieder, während die Generalversammlung für den Widerruf der Bestellung und die fristlose Kündigung des Anstellungsvertrags zuständig ist (so auch die Empfehlung in der Mustersatzung (§§ 21 Abs. 4 Satz 1; 35 Abs.1 Buchst. h, i MS), dann darf der Aufsichtsrat durch den Abschluss eines Aufhebungsvertrags nicht einem Beschluss der Generalversammlung über den Widerruf der Bestellung vorgreifen.[74] Außerdem ist in einem solchen Fall kein Verzicht auf Schadensersatzansprüche der Genossenschaft gegenüber dem ehemaligen Vorstandsmitglied möglich.[75] 475

4.1.7.6 Praktische Umsetzung

Es sollte streng zwischen dem Beschluss über den Abschluss des Anstellungsvertrags zwischen der eG und dem Vorstandsmitglied und dem Beschluss über die Bestellung (oder Wiederbestellung) getrennt werden (siehe Rn. 423 ff., 432). 476

Der Tagesordnungspunkt (TOP) der Aufsichtsratssitzung zum Abschluss (oder der Änderung/Ergänzung) des Anstellungsvertrags eines Vorstandsmitglieds sowie der Beschlussvorschlag könnten so aussehen:

Muster: TOP und Beschlussvorschlag zu einem Anstellungsvertrag !

TOP ___: Abschluss (Änderung/Ergänzung) des Anstellungsvertrags zwischen der … eG und Herrn/Frau … (Name des Vorstandsmitglieds)
Beschlussvorschlag zu TOP ___
Der Aufsichtsrat stimmt dem Abschluss (der Änderung/der Ergänzung) des Anstellungsvertrags mit Herrn/Frau ____________ (Name des Vorstandsmitglieds) in der als Entwurf

74 Beuthien/*Beuthien*, GenG, § 24 Rn. 37; Hillebrand/Keßler/*Keßler*, GenG, § 24 Rn. 103.
75 Hillebrand/Keßler/*Keßler*, GenG, § 24 Rn. 103.

vorliegenden Fassung (Anlage ___ des Protokolls) zu. Der Aufsichtsratsvorsitzende wird ermächtigt, im Namen der Genossenschaft den Anstellungsvertrag zu unterzeichnen.

Anmerkung: Der Entwurf des Anstellungsvertrags sollte unbedingt dem Protokoll der Aufsichtsratssitzung als Anlage beigefügt werden.

4.1.8 Aufgaben des Vorstands

4.1.8.1 Leitungsbefugnis

4.1.8.1.1 Leitung der Genossenschaft und des Unternehmens

477 Der Vorstand leitet die eG unter eigener Verantwortung (§§ 27 Abs. 1 Satz 1 GenG). Darunter fällt sowohl die Leitung der eG selbst als auch des Unternehmens, das die Genossenschaft betreibt (Doppelfunktion).[76]

! **Praxis-Beispiel**

Als Leiter der eG nimmt der Vorstand gesellschaftsrechtliche Aufgaben wahr, indem er die Niederschrift über die Beschlüsse der Generalversammlung unterschreibt (innergesellschaftlicher Vorgang) oder eine Eintragung in das Genossenschaftsregister anmeldet (Vertretung der Genossenschaft gegenüber dem Registergericht).[77]

478 Damit die Genossenschaft ihren Förderauftrag erfüllen kann, d. h. bei Wohnungsgenossenschaften insbesondere die Versorgung der Mitglieder mit Wohnraum, ist es notwendig, ein Wohnungsunternehmen zu betreiben. Als Leiter des Unternehmens ist der Vorstand dabei u. a. für die Unternehmensorganisation und die Geschäftspolitik sowie die Führung und Aufsicht über die Mitarbeiter zuständig.[78]

4.1.8.1.2 Wesentliche Aufgaben des Vorstands

479 Zu den wesentlichen einzelnen Aufgaben des Vorstands im Rahmen seiner Leitungsverantwortung gehören (vgl. § 23 Abs. 2 MS):

480 **Geschäftsführung/ Ordnungsgemäßer Geschäftsbetrieb**

Die Geschäftsführung durch den Vorstand umfasst alle notwendigen Maßnahmen und Handlungen zur Leitung der eG und des Unternehmens.[79] Der Vorstand hat die not-

76 Beuthien/*Beuthien*, GenG, § 27 Rn. 3.
77 Beuthien/*Beuthien*, GenG, § 27 Rn. 3.
78 Beuthien/*Beuthien*, GenG, § 27 Rn. 3.
79 Beuthien/*Beuthien*, GenG, § 27 Rn. 4.

wendigen personellen, sachlichen und organisatorischen Maßnahmen rechtzeitig zu planen und durchzuführen, die für einen ordnungsgemäßen Geschäftsbetrieb notwendig sind (§ 23 Abs. 2 Buchst. b MS). Inwieweit der Vorstand einzelne Leitungsaufgaben selbst erbringt oder bestimmte Aufgaben leitenden Angestellten überträgt, hängt insbesondere von der Unternehmensgröße ab.[80]

Ordnungsgemäßes Rechnungswesen 481

Der Vorstand ist für ein ordnungsgemäßes Rechnungswesen verantwortlich. Er hat entsprechend den gesetzlichen Vorschriften nach Ablauf eines jeden Geschäftsjahres den Jahresabschluss aufzustellen (siehe im Einzelnen auch § 38 Abs. 2–4 MS).

Zulassung von Mitgliedern 482

Nach der Mustersatzung entscheidet der Vorstand über die Zulassung von Mitgliedern (§ 4 Satz 2 MS).

Überwachung der Einzahlungen auf übernommene Geschäftsanteile 483

Aufgrund der Mitgliedschaft ist jedes Mitglied verpflichtet, Geschäftsanteile entsprechend der Regelung in der Satzung zu übernehmen und fristgemäß Einzahlungen hierauf zu leisten (vgl. § 16 Abs. 1 Buchst. a MS). Der Vorstand hat dementsprechend die Pflicht, die Zeichnung der Geschäftsanteile und die fristgemäßen Einzahlungen zu überwachen und die bestehenden Forderungen bei Verzug ggf. gerichtlich geltend zu machen.

So hat der Bundesgerichtshof entschieden[81], dass der Vorstand – und der Aufsichtsrat 484
– einer Genossenschaft in Fällen, in denen sie vor Eröffnung des Insolvenzverfahrens über das Vermögen der eG schuldhaft pflichtwidrig versäumt haben, die nach der Satzung vorgeschriebene Zeichnung weiterer Geschäftsanteile und die daraus folgende Pflichteinzahlung durchzusetzen, der Genossenschaft für den daraus entstehenden Beitragsausfallschaden haften. Nach Ansicht des Gerichts kann der Schaden unter diesen Voraussetzungen auch nicht mit der Begründung verneint werden, dass der Insolvenzverwalter die säumigen Mitglieder wegen des Verzugs auf Zahlung der ausstehenden Beträge in Anspruch nehmen könnte.

Führung der Mitgliederliste nach Maßgabe des Genossenschaftsgesetzes 485

Im Genossenschaftsgesetz ist geregelt, dass folgende Angaben jedes Mitglieds in die Mitgliederliste einzutragen sind (§ 30 Abs. 2 Satz 1 GenG):

- bei natürlichen Personen: Familienname, Vorname und Anschrift,
- bei juristischen Personen (z. B. GmbH, AG, andere eG oder e. V.) und Personenhandelsgesellschaften (OHG und KG): Firma und Anschrift,

80 Siehe dazu Beuthien/*Beuthien*, GenG, § 27 Rn. 4.
81 BGH, Urteil v. 1.12.2003, II ZR 216/01, DB 2004 S. 534.

- bei anderen Personenvereinigungen (z. B. Gesellschaft bürgerlichen Rechts (GbR)): Bezeichnung und Anschrift der Vereinigung oder Familiennamen, Vornamen und Anschriften ihrer Mitglieder,
- Zahl der vom Mitglied übernommenen weiteren Geschäftsanteile,
- Ausscheiden aus der eG (insbesondere Kündigung, Tod oder Übertragung des gesamten Geschäftsguthabens).

486 Anzugeben ist auch der Zeitpunkt, zu dem der Beitritt, eine Veränderung der Zahl weiterer Geschäftsanteile oder das Ausscheiden wirksam wird oder geworden ist (§ 30 Abs. 2 Satz 3 GenG).

4.1.8.1.3 »Geschäftsführer« einer eG

487 Im Genossenschaftsrecht gibt es zwar keinen Geschäftsführer, der entsprechend dem Geschäftsführer einer GmbH eine Organstellung hat. Es kommt jedoch gerade bei kleineren oder mittleren Wohnungsgenossenschaften, deren Vorstand nur aus nebenamtlichen oder ehrenamtlichen Mitgliedern besteht, durchaus vor, dass ein Angestellter als »Geschäftsführer« bezeichnet wird und nicht dem Vorstand angehört.[82] Der Geschäftsführer leitet häufig die Geschäftsstelle, führt das Tagesgeschäft und nimmt in der Regel auch an den Vorstandssitzungen teil. Vereinzelt wird dem Geschäftsführer auch Prokura[83] erteilt, um ihm eine weitreichende Vertretungsbefugnis im Außenverhältnis zu ermöglichen.

488 Zuständig für die Einstellung eines solchen Geschäftsführers und den Abschluss des Anstellungsvertrags ist aufseiten der eG aber nicht der Aufsichtsrat, sondern der Vorstand. Ggf. ist nach der Satzung für die Erteilung einer Prokura allerdings die Zustimmung des Aufsichtsrats erforderlich (so § 28 Buchst. k MS).

489 In solchen Fällen ist aber zu beachten, dass die nebenamtlichen oder ehrenamtlichen Vorstandsmitglieder durch einen »Geschäftsführer« nicht von ihrer Leitungsbefugnis sowie ihrer Sorgfaltspflicht und Verantwortung entbunden sind. Sie müssen daher über alle wesentlichen Vorgänge in der eG informiert sein.

490 Es kommt in Praxis auch vor, dass ein hauptamtliches Vorstandsmitglied als »geschäftsführendes Vorstandsmitglied« oder z. B. als »Geschäftsführer und Vorstand« bezeichnet wird. In solchen Fällen führt dieses Vorstandsmitglied in der Regel – im Gegensatz zu den daneben vorhandenen nebenamtlichen oder ehrenamtlichen Vorstandsmitgliedern – das Tagesgeschäft der Genossenschaft.

---

82 Siehe auch Lang/Weidmüller/*Holthaus/Lehnhoff*, GenG, § 34 Rn. 9; Hillebrand/Keßler/*Keßler*, GenG, § 34 Rn. 4; siehe dazu bereits Rn. 429 Fn. 19.

83 Siehe dazu §§ 42 GenG, 48 bis 53 HGB.

4.1.8.1.4 Geschäftsbesorgungsverträge

In der Praxis schließen häufig kleinere Genossenschaften, vor allem wenn der Vorstand nur aus ehrenamtlichen Mitgliedern besteht, mit anderen Wohnungsgenossenschaften und Wohnungsunternehmen in der Rechtsform der GmbH Geschäftsbesorgungsverträge ab. Darin kann z.B. vereinbart werden, dass die Aufgaben und Geschäfte der eG, die sich aus Gesetz und Satzung ergeben und nicht zwingend dem Vorstand der eG vorbehalten sind, durch das Personal des Vertragspartners durchgeführt werden. Dazu gehören häufig kaufmännische und technische Verwaltungsleistungen, insbesondere die Hausbewirtschaftung, das Rechnungswesen sowie die Mitgliederverwaltung.[84] Der Abschluss eines Geschäftsbesorgungsvertrags kann auch der Vorbereitung einer späteren Verschmelzung der beteiligten Genossenschaften dienen.[85] 491

Die Verantwortlichkeit und Haftung der Mitglieder des Vorstands und des Aufsichtsrats der eG bleiben jedoch durch den Geschäftsbesorgungsvertrag unberührt. Es ist deshalb insbesondere notwendig, dass der Vorstand sich regelmäßig und zeitnah über den Stand der Durchführung der Aufgaben und Geschäfte der eG aufgrund des Geschäftsbesorgungsvertrags berichten lässt.[86] 492

Es kommt in der Praxis auch vor, dass Geschäftsbesorgungsverträge mit Tochtergesellschaften von Wohnungsgenossenschaften abgeschlossen werden.[87] 493

4.1.8.2 Vertretung der Genossenschaft

4.1.8.2.1 Vertretung juristischer Personen

Die Genossenschaft ist eine juristische Person und damit rechtsfähig (§ 17 Abs. 1 GenG). Als juristische Person wird die eG durch ihre Organe, d.h. in der Regel durch den Vorstand, vertreten.[88] Die Genossenschaft wird durch die vom Vorstand in ihrem Namen abgeschlossenen Rechtsgeschäfte berechtigt und verpflichtet (§ 26 Abs. 1 Hs. 1 GenG). 494

84 Siehe dazu u.a. auch Hillebrand/Keßler/*Keßler*, GenG, § 1 Rn. 135 ff. (»Geschäftsführungsverträge»).
85 Siehe auch Hillebrand/Keßler/*Keßler*, GenG, § 1 Rn. 135.
86 Siehe dazu u.a. Hillebrand/Keßler/*Keßler*, GenG, § 1 Rn. 136 ff.
87 Siehe zu den Beteiligungen von Wohnungsgenossenschaften durch Gründung von Tochtergesellschaften Rn. 92 ff.
88 Siehe zur (ausnahmsweisen) Vertretung der eG durch den Aufsichtsrat (§ 39 GenG) Rn. 446 ff.

4.1.8.2.2 Vertretung der Genossenschaft durch den Vorstand

495 Die eG wird grundsätzlich nur durch alle Vorstandsmitglieder gemeinsam vertreten (§ 25 Abs. 1 Satz 1 GenG, Gesamtvertretung). Die Satzung kann aber von der Vertretung der eG durch alle Vorstandsmitglieder abweichen (§ 25 Abs. 1 Satz 2 GenG).

496 Die Mustersatzung (§ 22 Abs. 2 MS) sieht alternativ vor, dass die eG vertreten wird durch

- jedes Vorstandsmitglied allein (Einzelvertretung),
- ein Vorstandsmitglied in Gemeinschaft mit einem anderen Vorstandsmitglied (modifizierte Gesamtvertretung)[89] oder
- ein Vorstandsmitglied in Gemeinschaft mit einem Prokuristen (unechte Gesamtvertretung)[90].

497 Jede eG muss unter Berücksichtigung der Umstände des jeweiligen Einzelfalls entscheiden, welche Regelung sie für ihre Satzung wählt. Die Regel ist die Vertretung der eG durch zwei Personen (»Vier-Augen-Prinzip«).

4.1.8.2.3 Besonderheiten bei Verträgen mit Aufsichtsratsmitgliedern (Beraterverträge)

498 Auch in der Praxis der Wohnungsgenossenschaften kommt es durchaus häufiger vor, dass Verträge mit dafür qualifizierten Aufsichtsratsmitgliedern abgeschlossen werden, z. B. für bestimmte Dienst- oder Werkleistungen für das Unternehmen, etwa im Bereich der Rechts- oder Steuerberatung oder der Erbringung von Architekten- und Ingenieurleistungen. Für den Abschluss solcher Verträge, z. B. von Beratungsverträgen, im Namen der Genossenschaft gegenüber »Dritten«, auch wenn es sich um Aufsichtsratsmitglieder handelt, ist grundsätzlich der Vorstand aufgrund seiner Leitungs- und Vertretungsbefugnis zuständig.[91]

499 In solchen Fällen ist aber zu beachten, dass die Aufsichtsratsmitglieder im Rahmen ihrer jeweiligen Qualifikation und ggf. ihrer besonderen beruflichen Kenntnisse dazu beitragen sollen, dass das Gesamtgremium seinen Aufgaben nachkommt. Es ist daher nicht möglich, dass z. B. ein Aufsichtsratsmitglied, das Jurist ist und damit gegenüber den übrigen Mitgliedern des Aufsichtsrats über besondere fachliche Qualifikationen verfügt, einen Beratervertrag abschließt, um eine Vergütung für die Überwachungs-

89 Hillebrand/Keßler/*Keßler*, GenG, §§ 25, 26, 27 Rn. 26; dagegen Lang/Weidmüller/*Holthaus/Lehnhoff*, GenG, § 25 Rn. 5: unechte Gesamtvertretung.

90 Hillebrand/Keßler/*Keßler*, GenG, §§ 25, 26, 27 Rn. 27; dagegen Beuthien/*Beuthien*, § 25 Rn. 8; Lang/Weidmüller/*Holthaus/Lehnhoff*, GenG, § 25 Rn. 8: gemischte Gesamtvertretung.

91 Siehe u. a. Hillebrand/Keßler/*Keßler*, GenG, §§ 36, 37 Rn. 65.

tätigkeit unter Hinweis auf seine juristische Qualifikation zu erhalten. Als Gegenstände eines Beratungsvertrags zwischen der Genossenschaft und einem einzelnen Aufsichtsratsmitglied kommen vielmehr nur Leistungen in Betracht, die besondere Fachgebiete betreffen und folglich nicht in den Aufgabenbereich des Aufsichtsrats fallen, wie z. B. eine arbeitsrechtliche Einzelfallberatung.[92] Im Übrigen muss jedes Aufsichtsratsmitglied Kenntnis von den für seine Tätigkeit maßgeblichen gesetzlichen Vorschriften sowie den Regelungen der Satzung haben.

Wenn einzelne Aufsichtsratsmitglieder aufgrund von vertraglichen Vereinbarungen 500 mit der eG besondere Beratungsleistungen erbringen, dann unterstützen sie die betreffenden Mitglieder des Überwachungsorgans und die Vorstandsmitglieder bei der Erfüllung ihrer Aufgaben. Eine mögliche Interessenkollision zwischen der Aufsichtsratstätigkeit und einer Beratertätigkeit muss daher in jedem Fall vermieden werden. Die wichtigste Aufgabe des Aufsichtsrats ist die Überwachung des Vorstands.

Der Bundesgerichtshof hat sich in einem Urteil aus dem Jahr 2012[93] (»Fresenius»-Ent- 501 scheidung) mit der Zulässigkeit und den Anforderungen an den Abschluss von Beraterverträgen mit Aufsichtsratsmitgliedern einer Aktiengesellschaft beschäftigt. Der Vorstand handelt danach jedenfalls im Regelfall rechtswidrig, wenn er an ein Aufsichtsratsmitglied eine Vergütung zahlt, obwohl der Aufsichtsrat dem zugrunde liegenden Beratungsvertrag noch nicht nach § 114 Abs. 1 AktG zugestimmt hat. Nach dieser Vorschrift hängt die Wirksamkeit des Vertrags von der Zustimmung des Aufsichtsrats ab, wenn sich ein Aufsichtsratsmitglied außerhalb seiner Tätigkeit im Aufsichtsrat durch einen Dienstvertrag (durch den aber kein Arbeitsverhältnis begründet wird) oder durch einen Werkvertrag gegenüber der Gesellschaft zu einer Tätigkeit höherer Art verpflichtet.

In dem Fall, der der Entscheidung zugrunde lag, war die Klägerin Aktionärin einer 502 Aktiengesellschaft des Europäischen Rechts (SE). Sie erhob Anfechtungsklage gegen Beschlüsse, die in der Hauptversammlung im Jahr 2009 über die Entlastung des Vorstands und des Aufsichtsrats für das Geschäftsjahr 2008 gefasst worden waren. Nach Ansicht der Klägerin hatte der Vorstand gegen § 114 AktG verstoßen. Die Beklagte SE und ihre Tochtergesellschaft hatten Beratungsverträge mit einer Anwaltssozietät geschlossen, deren Partner der stellvertretende Aufsichtsratsvorsitzende der Beklagten war. Die im Jahr 2008 geschlossenen Beratungsverträge, für die bereits Honorare in Höhe von 1 Mio. Euro gezahlt worden waren, wurden erst in einer späteren Aufsichtsratssitzung Ende 2008 genehmigt.

92 Hillebrand/Keßler/*Keßler*, GenG, §§ 36, 37 Rn. 67.
93 BGH, Urteil v. 10.7.2012, II ZR 48/11, NJW 2012 S. 3235.

Der BGH hat in seiner Urteilsbegründung zunächst ausgeführt, dass nach seiner Rechtsprechung ein Beschluss der Hauptversammlung über die Entlastung des Vorstands und des Aufsichtsrats gegen § 120 Abs. 2 Satz 1 AktG verstößt und deshalb anfechtbar ist (§ 243 Abs. 1 AktG), wenn damit ein Verhalten gebilligt wird, das einen schwerwiegenden und eindeutigen Gesetzes- oder Satzungsverstoß darstellt. Zwar lag im vorliegenden Fall durch die Zahlung der Beratungshonorare an die Anwaltssozietät ein Gesetzesverstoß (§ 114 AktG) vor, obwohl der Aufsichtsrat den zugrunde liegenden Verträgen nicht zugestimmt hatte. Da der Aufsichtsrat diese Praxis nicht beanstandet hatte, verhielt er sich nach Ansicht des Gerichts ebenfalls rechtswidrig. Der BGH hat in dem Verhalten aber keinen schweren und eindeutigen Verstoß gesehen, sodass die Entlastungsbeschlüsse nicht angefochten werden konnten.

Weiter hat das Gericht darauf hingewiesen, dass ein Vorstand wegen der Vorschrift des § 114 AktG grundsätzlich keine Honorare an ein Aufsichtsratsmitglied oder seine Sozietät auszahlen darf, bevor nicht die zugrunde liegenden Beratungsverträge vom Aufsichtsrat genehmigt worden sind. Der Zweck der Regelung des § 114 AktG ist nach der Rechtsprechung des BGH im Zusammenhang mit demjenigen des § 113 AktG zu sehen. Danach entscheidet – sofern die Satzung dies nicht bereits vorsieht – die Hauptversammlung über die Höhe der Vergütung der Aufsichtsratsmitglieder. § 114 AktG solle es dem Aufsichtsrat durch präventive Prüfung des Beratungsvertrags ermöglichen, eine Umgehung des § 113 AktG in der Form zu verhindern, dass er Gegenstände enthält, die zur Aufsichtsratstätigkeit gehören. Außerdem solle der Aufsichtsrat durch die Offenlegung des Beratungsvertrags die Möglichkeit erhalten, sachlich ungerechtfertigte Sonderleistungen der Gesellschaft – z. B. überhöhte Vergütungen – an einzelne Mitglieder des Kontrollorgans oder auch bei »nicht ganz geringfügigen Leistungen« an eine Gesellschaft, an der ein Aufsichtsratsmitglied beteiligt ist zu unterbinden. Damit soll auch eine Beeinflussung des Aufsichtsratsmitglieds durch den Vorstand verhindert werden.

Der BGH hat aber – trotz des festgestellten Gesetzesverstoßes nach § 114 AktG durch den Vorstand – auch ausgeführt, dass diese Vorschrift nach Abs. 2 Satz 1 ermöglicht, dass der Aufsichtsrat auch (nachträglich) den Beratervertrag genehmigt, und zwar sogar noch nach Zahlung der Vergütung. Die Möglichkeit der (nachträglichen) Genehmigung führt aber nach Meinung des Gerichts – entgegen einer in der Literatur vertretenen Ansicht – nicht dazu, dass ein Vorstand pflichtgemäß handelt, wenn er Zahlungen wie im vorliegenden Fall bereits vor der Genehmigung durch das Gesamtgremium leistet, da der Vertrag bis dahin schwebend unwirksam ist. Die anschließende Genehmigung der bereits erfolgten Zahlung führe zwar dazu, dass der Vertrag als von Anfang an wirksam gilt (§ 184 Abs. 1 BGB), ändere jedoch nichts an dem grundsätzlich regelwidrigen Verhalten des Vorstands.

Der BGH hat ergänzend darauf hingewiesen, dass es dem Vorstand unbenommen ist, einen Beratungsvertrag mit einem Aufsichtsratsmitglied zu schließen und von diesem bereits einseitig erfüllen zu lassen. Allerdings sei die erst nach der Genehmigung durch das Kontrollorgan zulässige Zahlung der Vergütung der Preis, den das Aufsichtsratsmitglied als Auftragnehmer der Gesellschaft in solchen Fällen zu zahlen habe.

Zur Begründung, dass der Gesetzesverstoß nicht »eindeutig und schwerwiegend« ist, um ein Recht zur Anfechtung der Entlastungsbeschlüsse zu begründen, hat das Gericht ausgeführt, dass zum Zeitpunkt der Entscheidung der Hauptversammlung über die Entlastungsbeschlüsse die o. g. Rechtslage zum rechtswidrigen Verhalten eines Vorstandsmitglieds in solchen Fällen nicht eindeutig war.

Nach Meinung des BGH ergab sich auch kein Anfechtungsrecht aus § 161 AktG für börsennotierte Gesellschaften, da die sog. Entsprechenserklärung nicht unrichtig war und der im Geschäftsbericht enthaltene Corporate-Governance-Bericht den Interessenkonflikt des betreffenden Aufsichtsratsmitglieds und seine Behandlung durch das Gesamtgremium ausreichend offengelegt habe.

Im Hinblick darauf, ob ein Anfechtungsrecht wegen einer Verletzung des Auskunftsrechts des Aktionärs aufgrund gestellter Fragen zu den Beratungsverträgen in der Hauptversammlung vorlag, hat das Gericht die Sache für die weiteren notwendigen Feststellungen an das Berufungsgericht zurückverwiesen.

Der Bundesgerichtshof hat trotz des festgestellten Gesetzesverstoßes durch den Vorstand nur aufgrund der Besonderheiten des Einzelfalles ein Anfechtungsrecht der Klägerin als Aktionärin der Gesellschaft gegen die Entlastungsbeschlüsse der Hauptversammlung abgelehnt. In künftigen Fällen, gerade auch im Hinblick auf die neue Rechtsprechung, muss aber damit gerechnet werden, dass Gerichte ein Anfechtungsrecht bejahen, wenn Zahlungen aufgrund von Beratungsverträgen ohne Genehmigung des Aufsichtsrats erfolgen. 503

Für Wohnungsunternehmen in der Rechtsform der Aktiengesellschaft findet das Urteil des BGH unmittelbar Anwendung. Im Hinblick auf die Auswirkungen dieser Entscheidung auf Wohnungsgenossenschaften ist Folgendes zu beachten: 504

Im Genossenschaftsgesetz gibt es keine Regelung, ob bzw. unter welchen Voraussetzungen eine Genossenschaft Verträge mit ihren Aufsichtsratsmitgliedern, insbesondere Beraterverträge, abschließen darf. Aufgrund der analog für das Genossenschaftsrecht anzuwendenden Vorschrift des § 113 Abs. 1 Satz 2 AktG kann auch für die Mitglieder des Aufsichtsrats einer Wohnungsgenossenschaft nur in der Satzung oder durch Beschluss der Generalversammlung – und nicht durch den Vorstand – eine Vergütung festgesetzt werden (siehe Rn. 645). Für den Abschluss von Verträgen im Namen der Genossenschaft gegenüber »Dritten«, auch wenn es sich um Aufsichtsratsmitglieder handelt, ist – wie bereits ausgeführt – grundsätzlich der Vorstand aufgrund seiner

Leitungs- und Vertretungsbefugnis zuständig. Es ist daher sicherzustellen, dass das Leitungsorgan nicht mittelbar Einfluss auf die Vergütung der Aufsichtsratsmitglieder gewinnt. Die relevanten Vorschriften des Aktiengesetzes sind deshalb analog auf das Genossenschaftsrecht anzuwenden.[94] Die Entscheidung des BGH findet damit auch für Wohnungsunternehmen in der Rechtsform der eG Anwendung.

505 In der Mustersatzung für Wohnungsgenossenschaften ist eine umfassende Regelung zu den Rechtsgeschäften der eG mit Aufsichtsratsmitgliedern und deren dort näher bestimmten nahen Angehörigen enthalten (§ 30a MS) (siehe Rn. 506 ff.). Danach ist ebenso die Zustimmung des Aufsichtsrats zu dem Abschluss von Beraterverträgen mit einzelnen Aufsichtsratsmitgliedern notwendig.

4.1.8.2.4 Besonderheiten bei Rechtsgeschäften mit Angehörigen von Vorstands- und Aufsichtsratsmitgliedern

506 Die Mustersatzung differenziert zwischen Rechtsgeschäften der eG mit Vorstandsmitgliedern bzw. deren Angehörigen (§ 30 MS) und Rechtsgeschäften der Genossenschaft mit Aufsichtsratsmitgliedern bzw. deren Angehörigen (§ 30a MS).[95] Beide Regelungen verlangen jedoch, dass das Kontrollorgan der Genossenschaft dem Abschluss der dort näher bezeichneten Rechtsgeschäfte zustimmt.

507 Die Mustersatzung sieht vor, dass ein Rechtsgeschäft der Genossenschaft mit einem Mitglied des Vorstands sowie seinen Angehörigen gemäß § 21 Abs. 2 Nr. 1 MS nur mit Zustimmung des Aufsichtsrats abgeschlossen werden darf (§ 30 Abs. 1 Satz 1 MS).[96]

508 Die Regelung des § 30 Abs. 1 MS gilt auch für ein Rechtsgeschäft zwischen der eG und juristischen Personen oder Personengesellschaften, an denen ein Mitglied des Vorstands oder seine in Abs. 1 genannten Angehörigen mit jeweils mindestens 20 % beteiligt sind oder auf die sie maßgeblichen Einfluss haben (§ 30 Abs. 2 MS).

! Praxis-Beispiel

- Die Ehefrau eines Vorstandsmitglieds möchte Gewerberäume der eG mieten. Der Mietvertrag darf nur mit Zustimmung des Aufsichtsrats abgeschlossen werden.
- Eine OHG, an der die Verlobte eines Vorstandsmitglieds mit 25 % als Gesellschafterin beteiligt ist, möchte eine Immobilie der Genossenschaft erwerben. Auch für den Abschluss des Kaufvertrags ist die Zustimmung des Aufsichtsrats erforderlich.

---

94 Hillebrand/Keßler/*Keßler*, GenG, §§ 36, 37 Rn. 65 m. w. N.

95 Siehe zum Abschluss von (sonstigen) Verträgen mit Vorstandsmitgliedern Rn. 450, 450a.

96 Satz 1 gilt auch für einseitige Rechtsgeschäfte durch die Genossenschaft, insbesondere für die Änderung und Beendigung von Verträgen (§ 30 Abs. 1 Satz 2 MS).

Nach der Mustersatzung darf auch ein Mitglied des Aufsichtsrats sowie seine Angehörigen gemäß § 21 Abs. 2 Nr. 1 MS ein Rechtsgeschäft mit der Genossenschaft nur mit Zustimmung des Aufsichtsrats abschließen (§ 30a Abs. 1 Satz 1 MS).[97] 509

§ 30a Abs. 1 MS gilt auch für ein Rechtsgeschäft zwischen der Genossenschaft und juristischen Personen oder Personengesellschaften, an denen ein Mitglied des Aufsichtsrats oder seine in Abs. 1 genannten Angehörigen mit jeweils mindestens 20 % beteiligt sind oder auf die sie maßgeblichen Einfluss haben (§ 30a Abs. 2 MS).

Praxis-Beispiel !

- Die Verlobte eines Aufsichtsratsmitglieds möchte eine Wohnung der eG mieten. Der Dauernutzungsvertrag darf nur mit Zustimmung des Aufsichtsrats abgeschlossen werden.
- Ein Architekturbüro in der Rechtsform einer GmbH, an der die Ehefrau eines Aufsichtsratsmitglieds mit 33 % als Gesellschafterin beteiligt ist, möchte im Rahmen eines Neubauvorhabens für die Genossenschaft Architektenleistungen erbringen. Für den Abschluss des Architektenvertrags ist die Zustimmung des Aufsichtsrats notwendig.

Außerdem sieht die Mustersatzung zur Klarstellung vor, dass in Fällen, in denen sich ein Aufsichtsratsmitglied außerhalb seiner Tätigkeit im Aufsichtsrat durch einen Dienstvertrag, durch den ein Arbeitsverhältnis nicht begründet wird, oder durch einen Werkvertrag gegenüber der Genossenschaft zu einer Tätigkeit höherer Art verpflichtet, für den jeweiligen Vertrag § 114 AktG zur Anwendung kommt (§ 30a Abs. 3 MS). 510

Praxis-Beispiel !

Ein Aufsichtsratsmitglied soll für die Genossenschaft Steuerberatungsleistungen erbringen. Für den Abschluss des Beratungsvertrags ist die Zustimmung des Aufsichtsrats erforderlich.

4.1.8.2.5 Erteilung von Vollmachten

Im Genossenschaftsgesetz ist ausdrücklich geregelt, dass die eG – neben der Prokura – auch Handlungsvollmacht erteilen kann (§ 42 GenG). Das bedeutet, dass der Vorstand der eG neben der Erteilung von Vollmachten in konkreten Einzelfällen auch generell regeln kann, unter welchen Voraussetzungen Mitarbeiter der eG im Außenverhältnis rechtsverbindliche Erklärungen abgeben dürfen.[98] Die Erteilung einer Vollmacht entlastet die Mitglieder des Vorstands aber nicht von ihrer Verantwortung (vgl. § 6 Abs. 5 der Geschäftsordnung für den Vorstand (GO-V)). 511

97 Satz 1 gilt auch für einseitige Rechtsgeschäfte durch die Genossenschaft, insbesondere für die Änderung und Beendigung von Verträgen (§ 30a Abs. 1 Satz 2 MS).

98 Siehe dazu im Einzelnen Lang/Weidmüller/*Holthaus/Lehnhoff*, GenG, § 42 Rn. 18 ff.; Hillebrand/Keßler/*Keßler*, GenG, § 42 Rn. 7 ff.

512 Bevollmächtigungen von Mitarbeitern für bestimmte Geschäfte oder bestimmte Arten von Geschäften sollten immer schriftlich erfolgen (so ausdrücklich § 6 Abs. 1 GO-V). Es empfiehlt sich, dabei konkret festzulegen, in welchen Fällen Mitarbeiter allein oder in Verbindung mit einem Vorstandsmitglied oder einem Prokuristen vertretungsberechtigt sind (z. B. Vergabe von Instandhaltungsaufträgen bis zu einer bestimmten Auftragssumme).

513 Die Mustergeschäftsordnung für den Vorstand sieht zudem ausdrücklich vor, dass Kassenvollmachten in der Geschäftsstelle der eG an sichtbarer Stelle ausgehängt werden müssen und anzugeben ist, in welcher Weise Bevollmächtigte für die eG handschriftlich zeichnen dürfen (§ 6 Abs. 4 GO-V).

4.1.8.2.6 Vertretungsregelungen

514 In der Praxis der Wohnungsgenossenschaften ergibt sich zwangsläufig das Problem, dass vor allem während des Urlaubs oder ggf. aufgrund von Erkrankungen einzelner Vorstandsmitgliedern eine eG u. U. nicht vertreten werden kann. Besteht der Vorstand dann z. B. nur aus zwei Mitgliedern und ist in der Satzung keine Vertretung der Genossenschaft durch ein Vorstandsmitglied in Verbindung mit einem Prokuristen vorgesehen (siehe Rn. 496), können verschiedene Lösungsmöglichkeiten in Betracht kommen:

515 **Ermächtigung einzelner Vorstandsmitglieder zur Vornahme von Geschäften**
Das Genossenschaftsgesetz lässt zu, dass einzelne Vorstandsmitglieder ermächtigt werden, bestimmte Geschäfte oder bestimmte Arten von Geschäften auch allein vorzunehmen (§ 25 Abs. 3 Satz 1 GenG). Die Geschäfte, die von einzelnen Vorstandsmitgliedern allein vorgenommen werden dürfen, müssen allerdings inhaltlich zumindest bestimmbar sein. Eine Ermächtigung dahingehend, sämtliche Geschäfte des Genossenschaftsbetriebs (Generalvollmacht) oder eines bestimmten Geschäftsbereichs oder bis zu einer bestimmten Wertgrenze vornehmen zu dürfen, ist dagegen unzulässig.[99] Die Ermächtigung muss durch die zur Gesamtvertretung befugten Vorstandsmitglieder – d. h. alle übrigen oder bei abweichender Satzungsregelung durch die Vorstandsmitglieder in vertretungsberechtigter Zahl (siehe Rn. 495 f.) – erfolgen.[100] Die Ermächtigung bedarf keiner Form, d. h. sie kann auch formlos (schlüssig) erfolgen und befristet oder unbefristet erteilt werden.[101]

99 Beuthien/*Beuthien*, GenG, § 25 Rn. 14; Lang/Weidmüller/*Holthaus/Lehnhoff*, GenG, § 25 Rn. 13.
100 Hillebrand/Keßler/*Keßler*, GenG, §§ 25, 26, 27 Rn. 22.
101 Beuthien/*Beuthien*, GenG, § 25 Rn. 15; s. aber § 5 Abs. 1 GO-V.

Umstritten ist, ob bzw. inwieweit das Vorstandsmitglied, das ermächtigt werden soll, bei der Beschlussfassung mitwirken, also abstimmen darf.[102] Bei einem Vorstand, der nur aus zwei Mitgliedern besteht, darf jedoch auch ein Vorstandsmitglied allein das andere ermächtigen.[103] 516

Praktische Umsetzung 517

Der Tagesordnungspunkt (TOP) und Beschlussvorschlag einer Vorstandssitzung zur Ermächtigung eines Vorstandsmitglieds zur Vornahme bestimmter Geschäfte oder bestimmter Arten von Geschäften könnten so aussehen:

Muster: TOP und Beschlussvorschlag zur Ermächtigung eines Vorstandsmitglieds !

TOP ___: Ermächtigung eines Vorstandsmitglieds zur Vornahme bestimmter Geschäfte/bestimmter Arten von Geschäften gemäß § 25 Abs. 3 GenG

Beschlussvorschlag zu TOP ___

Der Vorstand ermächtigt das Vorstandsmitglied ____________ (Name des Vorstandsmitglieds), folgende Geschäfte/folgende Arten von Geschäften der Genossenschaft allein vorzunehmen: ____________________

Die Ermächtigung ist unbefristet/befristet bis zum _________ (Datum).

Befristete Bestellung von Aufsichtsratsmitgliedern zu Stellvertretern verhinderter Vorstandsmitglieder 518

Aufsichtsratsmitglieder dürfen zwar (insbesondere) nicht zugleich Vorstandsmitglieder der eG sein (§ 37 Abs. 1 Satz 1 GenG, Unvereinbarkeit von Geschäftsleitung und Geschäftsleitungsaufsicht[104]). Der Aufsichtsrat kann aber für einen im Voraus bestimmten Zeitraum einzelne seiner Mitglieder zu Stellvertretern verhinderter Vorstandsmitglieder bestellen (§§ 37 Abs. 1 Satz 2 Hs. 1 GenG). »Verhinderung« bedeutet, dass Vorstandsmitglieder ihr Amt voraussichtlich für einen nicht nur geringfügigen Zeitraum nicht oder nicht mehr ordnungsgemäß ausüben können.[105] In der Praxis handelt es sich dabei vor allem um Fälle wie Tod und Amtsniederlegung sowie sehr schwere Erkrankungen; Abwesenheit wegen kurzfristiger Erkrankungen oder Urlaub gehören nicht hierzu.[106]

Die Regelung des § 37 Abs. 1 Satz 2 GenG ermöglicht, dass in Fällen, in denen der Vorstand nicht mehr beschlussfähig ist, die Handlungsfähigkeit der eG gewährleistet 519

102 Siehe dazu u. a. Beuthien/*Beuthien*, GenG, § 25 Rn. 15 m. w. N.; Lang/Weidmüller/*Holthaus/Lehnhoff*, GenG, § 25 Rn. 13.
103 Beuthien/*Beuthien*, GenG, § 25 Rn. 15.
104 Beuthien/*Beuthien*, GenG, § 37 Rn. 2.
105 Hillebrand/Keßler/*Keßler*, GenG, §§ 36, 37 Rn. 25 m. w. N.; Beuthien/*Beuthien*, GenG, § 37 Rn. 3.
106 Hillebrand/Keßler/*Keßler*, GenG, §§ 36, 37 Rn. 25 m. w. N.; Beuthien/*Beuthien*, GenG, § 37 Rn. 3.

wird. Ein ausreichend besetzter Vorstand, der die eG gegenüber Dritten vertritt, hat sogar Vorrang vor einem Aufsichtsrat, der durch den vorübergehenden Wechsel eines seiner Mitglieder in den Vorstand vorübergehend beschlussunfähig wird.[107]

520 Wichtig ist, dass der Aufsichtsrat einen konkreten Zeitraum für die Dauer des Wechsels eines seiner Mitglieder in den Vorstand beschließt, d. h. Beginn und Ende des Bestellzeitraums müssen bestimmbar sein.[108] Vorratsbeschlüsse für künftige, unbestimmte Fälle der Verhinderung von Vorstandsmitgliedern sind unzulässig.[109]

521 Der Beginn und das Ende der Tätigkeit des vom Aufsichtsrat bestellten Stellvertreters für das verhinderte Vorstandsmitglied als neues, rechtlich vollwertiges Mitglied des Leitungsorgans der eG sind nach §§ 28, 157 GenG zur Eintragung in das Genossenschaftsregister anzumelden.[110] Das Vorstandsmitglied nach § 37 Abs. 1 Satz 2 GenG gehört auch weiterhin dem Aufsichtsrat an; es darf aber dieses Amt für die Dauer der Bestellung zum Vorstandsmitglied nicht ausüben.[111] Es darf seine Aufsichtsratstätigkeit auch nicht sofort nach Ablauf des festgelegten Zeitraums als Vorstand wieder antreten, sondern erst nach der Entlastung für seine Tätigkeit als Vorstandsmitglied durch die Generalversammlung (§ 37 Abs. 1 Satz 2 Hs. 2 GenG).

522 **Praktische Umsetzung**

Der Tagesordnungspunkt sowie der Beschlussvorschlag der Aufsichtsratssitzung zur befristeten Bestellung eines seiner Mitglieder in den Vorstand könnten so aussehen:

! **Muster: TOP und Beschlussvorschlag zur befristeten Bestellung eines Stellvertreters**

TOP ___: Bestellung eines Aufsichtsratsmitglieds als Stellvertreter für das Vorstandsmitglied ____________ (Name des Vorstandsmitglieds) gem. §§ 37 Abs. 1 Satz 2 GenG

Beschlussvorschlag zu TOP ___

Der Aufsichtsrat bestellt gemäß § 37 Abs. 1 Satz 2 Genossenschaftsgesetz (GenG) ____________ (Name des Aufsichtsratsmitglieds) für die Zeit vom _________ bis zum _________ zum Stellvertreter des verhinderten Vorstandsmitglieds ____________ (Name des Vorstandsmitglieds).

523 **Gerichtliche Bestellung eines Notvorstands**

In dringenden Fällen kann die Bestellung eines oder mehrerer Vorstandsmitglieder durch das Amtsgericht in Betracht kommen (§§ 29 BGB, 85 AktG analog).[112] Diese Mög-

107 So Beuthien/*Beuthien*, GenG, § 37 Rn. 3.
108 Hillebrand/Keßler/*Keßler*, GenG, §§ 36, 37 Rn. 26 m. w. N.
109 Hillebrand/Keßler/*Keßler*, GenG, §§ 36, 37 Rn. 26 m. w. N.
110 Beuthien/*Beuthien*, GenG, § 37 Rn. 3.
111 Beuthien/*Beuthien*, GenG, § 37 Rn. 3.
112 Siehe dazu im Einzelnen u. a. Hillebrand/Keßler/*Keßler*, GenG, § 9 Rn. 11 ff.

lichkeit ist aber auf Ausnahmefälle beschränkt, d. h. wenn z. B. der eG Schaden droht, weil keine Vertretung gewährleistet ist.

Praxis-Beispiel !

Der Vorstand einer Genossenschaft besteht aus zwei Mitgliedern. Die eG wird durch beide Vorstandsmitglieder gemeinsam vertreten. Nach dem Tod eines Vorstandsmitglieds hat das verbleibende Mitglied allein keine Kontovollmacht, um fällige Zahlungen an Handwerker und Mitarbeiter der eG anweisen zu können. Der Aufsichtsrat ist nicht beschlussfähig, weil einige seiner Mitglieder urlaubsbedingt abwesend sind. Ein zweites Vorstandsmitglied kann daher nicht kurzfristig bestellt werden. In diesem Fall kommt die Bestellung des fehlenden zweiten Vorstandsmitglieds durch das Amtsgericht in Betracht.

4.1.8.3 Zusammenarbeit der Vorstandsmitglieder

4.1.8.3.1 Gesamtverantwortung und Einzelzuständigkeiten

Der Vorstand hat die Genossenschaft unter eigener Verantwortung zu leiten (§ 27 Abs. 1 GenG). Die Leitungsverantwortung betrifft den Vorstand als Organ der Genossenschaft, d. h. alle Vorstandsmitglieder zusammen als Gremium.[113] Vor allem bei größeren Wohnungsgenossenschaften kommt es häufig vor, dass bei der Bestellung z. B. einem Vorstandsmitglied die Zuständigkeit für den kaufmännischen oder den technischen Bereich zugewiesen wird oder der Anstellungsvertrag eine entsprechende Regelung enthält. Auch im Außenverhältnis treten die jeweiligen Vorstandsmitglieder dann oft als »kaufmännisches Vorstandsmitglied« oder z. B. als »Vorstand Technik« auf. Dennoch gilt auch in solchen Fällen das Prinzip der Gesamtgeschäftsführung.[114] Daraus folgt, dass alle (hauptamtlichen sowie ggf. nebenamtlichen und ehrenamtlichen) Vorstandsmitglieder ohne Einschränkung gemeinschaftlich für die Leitung der eG verantwortlich sind; insoweit kommt es auch nicht auf die vertragliche Ausgestaltung des Aufgabenbereichs (z. B. als »technisches Vorstandsmitglied») an.[115] 524

Die Mustergeschäftsordnung für den Vorstand von Wohnungsgenossenschaften (GO-V)[116] sieht zur Klarstellung vor, dass sich die Verantwortlichkeit des einzelnen Vorstandsmitglieds für die Geschäftsführung nicht auf die ihm obliegenden Aufgaben beschränkt. Bei der Führung der Geschäfte haben die Vorstandsmitglieder zusammenzuarbeiten und sich gegenseitig zu unterstützen. Die Vorstandsmitglieder sollen sich über die Angelegenheiten der Genossenschaft unterrichten. Über wichtige Fragen 525

113 Siehe dazu u. a. Hillebrand/Keßler/*Keßler*, GenG, § 27 Rn. 21.
114 U. a. Müller, GenG, § 24 Rn. 15.
115 Hillebrand/Keßler/*Keßler*, GenG, § 27 Rn. 21.
116 Geschäftsordnung für den Vorstand von Wohnungsgenossenschaften (GO-V), Ausgabe 2018

der Geschäftsführung ist gemeinsam zu beraten und zu beschließen (§ 2 Abs. 2 Satz 1, 2, 5 und 6 GO-V).[117]

4.1.8.3.2 Sitzungen des Vorstands

526 **Gesetzliche Regelungen**
Das Genossenschaftsgesetz enthält keine Regelungen über die Zusammenarbeit des Vorstands im Rahmen von Sitzungen, d. h. u. a. über deren Einberufung und die Beschlussfassung o. Ä. Im Genossenschaftsgesetz gibt es auch keine Regelung, welches Organ für den Erlass einer Geschäftsordnung für den Vorstand zuständig ist.

527 **Regelungen in der Satzung**
Die Satzung kann Regelungen zur Zusammenarbeit von Vorstandsmitgliedern enthalten. In der genossenschaftsrechtlichen Literatur ist aber umstritten,

- ob sich der Vorstand selbst eine Geschäftsordnung geben kann,
- ob die Aufgabe der Generalversammlung zukommt,
- ob die Aufgabe durch Satzungsregelung der Generalversammlung oder dem Aufsichtsrat übertragen werden kann oder
- ob die Satzung vorsehen kann, dass die Geschäftsordnung für den Vorstand der Zustimmung des Aufsichtsrats oder der Generalversammlung bedarf.[118]

528 Die Mustersatzung sieht zur Klarstellung vor, dass sich der Vorstand – allein und ohne Beteiligung des Aufsichtsrats und der Generalversammlung – eine Geschäftsordnung gibt. Sie ist von jedem Mitglied des Vorstands zu unterschreiben (§ 22 Abs. 9 MS; siehe dazu auch § 16 GO-V).

529 Es kann zwar nach Ansicht eines Teils der o. g. Fachliteratur in der Satzung geregelt werden, dass insbesondere der Aufsichtsrat der Geschäftsordnung des Vorstands zustimmen muss.[119] Materielle (inhaltliche) Vorgaben zu den Entscheidungen des Vorstands, die über die formellen Bindungen einer Geschäftsordnung hinausgehen, können aber nicht Gegenstand einer Geschäftsordnung sein. Hierfür kommt nach überwiegender Meinung in der Fachliteratur – selbst aufgrund einer entsprechenden satzungsrechtlichen Grundlage – auch keine Regelung im Rahmen einer Geschäftsanweisung in Betracht. Im Gegensatz zum Recht der Wohnungsgesellschaften (GmbH) sind im Bereich des Genossenschaftsrechts Geschäftsanweisungen nicht mit dem Grundsatz der Leitungsautonomie (§ 27 Abs. 1 GenG) zu vereinbaren.[120] Möglich sind

117 Siehe wegen der weiteren Einzelheiten § 2 Abs. 2 GO-V.
118 Siehe zum Meinungsstreit Beuthien/*Beuthien*, GenG, § 27 Rn. 17; Hillebrand/Keßler/*Keßler*, GenG, § 27 Rn. 29, jew. m. w. N.
119 Siehe dazu Hillebrand/Keßler/*Keßler*, GenG, § 27 Rn. 29 m. w. N.
120 Siehe auch hierzu u. a. Hillebrand/Keßler/*Keßler*, GenG, § 27 Rn. 31.

dagegen aber Beschränkungen der Leitungsmacht in Form von Zustimmungsvorbehalten gemäß § 27 Abs. 1 Satz 2 GenG.

Praxis-Beispiel !

Der Vorstand soll künftig vor Erteilung der Prokura für Mitarbeiter der eG die Zustimmung des Aufsichtsrats einholen. Eine solche Beschränkung seiner Leitungsmacht als Vorstand ist nach dem Genossenschaftsgesetz nicht durch eine Geschäftsordnung oder aufgrund einer Geschäftsanweisung, sondern nur durch einen Zustimmungsvorbehalt aufgrund einer Satzungsregelung möglich. Dementsprechend sehen auch die Mustersatzungen vor, dass Vorstand und Aufsichtsrat über die Erteilung einer Prokura beschließen (§ 28 Buchst. k MS) (siehe Rn. 546 ff.).

4.1.8.3.3 Geschäftsordnung für den Vorstand

Durch eine Geschäftsordnung sind Regelungen der inneren Ordnung des Gremiums 530
und Verfahrensfragen möglich. Darüber hinaus können aber Rechte und Pflichten im Verhältnis zur eG bzw. zu deren anderen Organen weder begründet noch geändert werden.[121]

Die Mustergeschäftsordnung für den Vorstand enthält – neben dem Verweis bzw. der 531
Wiederholung von relevanten Vorschriften im Genossenschaftsgesetz und der Mustersatzung – u. a. eigenständige Regelungen bezüglich Geschäftsverteilung und Verantwortlichkeit sowie Sitzungen und Beschlussfassung.

Anzahl der Sitzungen 532

Nach § 7 Abs. 1 GO-V hält der Vorstand nach Bedarf oder auf Verlangen eines Vorstandsmitglieds Sitzungen ab.[122]

Einberufung der Sitzungen 533

Konkrete Regelungen zur Einberufung der Vorstandssitzungen, z. B. zu Form, Frist und Tagesordnung, enthält die Mustergeschäftsordnung nicht. Die entsprechende Planung der Sitzungen sollte unter Berücksichtigung der jeweiligen betrieblichen Besonderheiten zwischen den beteiligten Vorstandsmitgliedern einvernehmlich erfolgen. Besondere Fristen und Formalien dürften zumindest dann wohl nicht erforderlich sein, wenn der Vorstand nur aus hauptamtlichen Mitgliedern besteht und keine weiteren neben- und/oder ehrenamtlichen Vorstandsmitglieder beteiligt werden müssen, die nicht regelmäßig in der Geschäftsstelle der Genossenschaft anwesend sind.

---

121 Siehe zum Inhalt einer Geschäftsordnung u. a. Hillebrand/Keßler/*Keßler*, GenG, § 27 Rn. 30; Beuthien/*Beuthien*, GenG, § 27 Rn. 17.

122 Siehe zu alternativen Formen der Beschlussfassung anstelle von Vorstandssitzungen Rn. 536.

534 **Beschlussfähigkeit**

Die konkrete Festlegung über die Beschlussfähigkeit des Vorstands bleibt nach der Mustersatzung der jeweiligen Genossenschaft vorbehalten (»Der Vorstand ist mit ________ seiner Mitglieder beschlussfähig«, § 22 Abs. 6 Satz 2 MS).

535 **Beschlussfassung**

Die Mustergeschäftsordnung (§ 7 Abs. 2 Satz 1 GO-V) sieht vor, dass die Beschlüsse des Vorstands mit der Mehrheit der abgegebenen Stimmen gefasst werden.[123]

Bei Stimmengleichheit gilt ein Antrag als abgelehnt. Bei der Ermittlung des Abstimmungsergebnisses werden Stimmenthaltungen und ungültige Stimmen nicht mitgezählt (§ 7 Abs. 2 Sätze 2, 3 GO-V).

536 **Alternative Formen der Beschlussfassung**

Als Alternative zu der Einberufung von Vorstandssitzungen können nach der Mustergeschäftsordnung Vorstandsbeschlüsse auch wie folgt herbeigeführt werden (§ 7 Abs. 3 Satz 1 GO-V):

- schriftlich oder
- im Wege von Fernkommunikationsmedien.

! **Wichtig**

Die alternativen Formen der Beschlussfassung kommen aber nur in Betracht, wenn sich alle Vorstandsmitglieder mit diesem Verfahren einverstanden erklären (§ 7 Abs. 3 GO-V). Beschlussfassungen des Vorstands nach § 7 Abs. 3 Satz 1 GO-V kommen nicht im Rahmen der gemeinsamen Sitzungen von Vorstand und Aufsichtsrat gemäß § 29 der Satzung in Betracht (§ 7 Abs. 3 Satz 2 GO-V).

537 **Protokollierung der Beschlüsse**

Niederschriften über die Beschlüsse sind von allen bei der Beschlussfassung beteiligten Vorstandsmitgliedern zu unterschreiben. Die Vollständigkeit und Verfügbarkeit der Niederschriften ist sicherzustellen (§ 22 Abs. 8 MS, § 7 Abs. 4 Sätze 1 und 4 GO-V).

Die Niederschriften sind den anderen Vorstandsmitgliedern zur Kenntnis zu geben und die Kenntnisnahme ist durch Unterschrift bestätigen zu lassen (§ 7 Abs. 4 Satz 2 GO-V).[124]

---

123 Siehe auch § 22 Abs. 6 Satz 1 MS.

124 Siehe zum notwendigen Inhalt der Niederschrift § 7 Abs. 4 Satz 3 Go-V.

Zustimmungsbedürftige Beschlüsse 538

Beschlüsse über die Vornahmen von Geschäften und Rechtsgeschäften, die nach Gesetz oder Satzung der Zustimmung des Aufsichtsrats bedürfen, sind dem Aufsichtsrat zuzuleiten. Sie dürfen erst ausgeführt werden, wenn dessen Zustimmung vorliegt (§ 7 Abs. 5 GO-V).

Praxis-Beispiel !

Die Verlobte eines Vorstandsmitglieds möchte eine Genossenschaftswohnung nutzen. Der Beschluss des Vorstands, der Verlobten die Genossenschaftswohnung zur Nutzung zu überlassen und den entsprechenden Dauernutzungsvertrag abzuschließen, ist dem Aufsichtsrat zur notwendigen Einholung der Zustimmung zum Vertragsabschluss zuzuleiten.[125]

Befangenheit von Vorstandsmitgliedern 539

Vorstandsmitglieder, die bei einem Beratungsgegenstand persönlich oder wirtschaftlich beteiligt sind, dürfen bei der Beratung und Beschlussfassung über diesen Gegenstand nicht mitwirken (§ 7 Abs. 6 GO-V; siehe auch § 30 Abs. 1 Satz 3 MS).

Praxis-Beispiel !

Die Vorstandsmitglieder wollen im Rahmen eines Bauvorhabens einen Auftrag an eine GmbH vergeben. Die Ehefrau eines Vorstandsmitglieds ist Gesellschafterin der GmbH. Dieses Vorstandsmitglied darf daher bei der Beratung und Beschlussfassung über die Vergabe des Auftrags nicht mitwirken.[126]

Fehlerhafte Beschlüsse des Vorstands 540

Beschlüsse des Vorstands können fehlerhaft sein, weil sie gegen die Satzung oder andere Rechtsvorschriften verstoßen. So kann bei der Beschlussfassung des Gremiums nicht die erforderliche Zahl von Vorstandsmitgliedern vorhanden gewesen (Beschlussunfähigkeit) oder die erforderliche Mehrheit für einen Beschluss nicht erreicht worden sein. Solche Beschlüsse sind nichtig.[127]

Daneben können Beschlüsse des Vorstands gegen materielles Genossenschaftsrecht verstoßen.

---

125 Siehe zu den Besonderheiten bei Rechtsgeschäften mit Angehörigen von Vorstands- und Aufsichtsratsmitgliedern Rn. 506 ff.

126 Siehe im Übrigen zu den Besonderheiten beim Abschluss von Verträgen mit Angehörigen von Vorstands- und Aufsichtratsmitgliedern Rn. 506 ff.

127 Siehe dazu u. a. Beuthien/*Beuthien*, GenG, § 36 Rn. 20a zu Beschlussmängeln des Aufsichtsrats: »Entsprechendes gilt bei Vorstandsbeschlüssen«.

! **Praxis-Beispiel**

Eine eG gewährt ihrer Tochtergesellschaft, die im Bauträgergeschäft tätig ist, ein Darlehen in Höhe von 1 Mio. Euro. Die Generalversammlung hat aber gemäß § 49 GenG beschlossen, dass Kredite an denselben Schuldner nur bis zu einer Höhe von 500.000 Euro gewährt werden dürfen.

541 Die Vergabe des Darlehens an die Tochtergesellschaft ist trotz des Verstoßes gegen die Kreditbeschränkung wirksam.[128] Der Vorstand kann sich aber schadensersatzpflichtig machen (vgl. § 34 Abs. 3 Nr. 5 GenG: Gewährung von Kredit, siehe Rn. 584).

4.1.8.3.4 Vorstandsvorsitzender und Vorstandssprecher

542 Im Bereich der Wohnungsgenossenschaften kommt es vor, dass ein Vorstandsmitglied als »Vorstandsvorsitzender« oder vereinzelt auch als »Vorstandssprecher« bezeichnet wird. Eine gesetzliche Regelung enthält das Genossenschaftsgesetz dazu nicht. Lediglich das Aktiengesetz sieht in § 84 Abs. 2 vor, dass der Aufsichtsrat ein Mitglied zum Vorsitzenden des Vorstands ernennen kann.

543 Alle Vorstandsmitglieder, also auch die neben- und ehrenamtlichen, sind juristisch gleichberechtigt (siehe Rn. 430). Es ist daher nicht zulässig, einem Vorstandsvorsitzenden oder Vorstandssprecher eine besondere Kompetenz, etwa eine Richtlinienkompetenz gegenüber den übrigen Vorstandsmitgliedern zukommen zu lassen.[129] Der Vorstandsvorsitzende oder Vorstandssprecher hat dann vor allem die Aufgabe, Vorstandssitzungen vorzubereiten und zu leiten, gegenüber anderen Organen der eG Erklärungen für den Vorstand abzugeben (z. B. der Bericht des Vorstands in der Generalversammlung) und die eG in der Öffentlichkeit zu repräsentieren (u. a. durch Kontakte mit der Presse).[130]

4.1.8.4 Zustimmungsvorbehalte des Aufsichtsrats

544 Der Vorstand hat im Rahmen seiner Leitungsverantwortung die Beschränkungen zu beachten, die durch die Satzung festgesetzt worden sind (§ 27 Abs. 1 Satz 2 GenG; vgl. auch § 22 Abs. 1 Satz 2 MS).[131] Dies darf allerdings nicht dazu führen, dass durch die Beschränkungen die Leitungsverantwortung des Vorstands ausgehöhlt wird.[132] Die

128 Siehe dazu u. a. Hillebrand/Keßler/*Keßler*, GenG, §§ 43, 49, 50 Rn. 29 m. w. N.

129 Siehe dazu u. a. Beuthien/*Beuthien*, GenG, § 24 Rn. 9a; Lang/Weidmüller/*Holthaus/Lehnhoff*, GenG, § 24 Rn. 34 sowie ausführlich zur Möglichkeit eines Stichentscheids oder eines Vetorechts für den Vorstandsvorsitzenden Hillebrand/Keßler/*Keßler*, GenG, § 27 Rn. 24.

130 U. a. Hillebrand/Keßler/*Keßler*, GenG, § 24 Rn. 32.

131 Siehe zu den Zustimmungsvorbehalten u. a. auch Hillebrand/Keßler/*Keßler*, GenG, § 27 Rn. 18 bis 20.

132 Lang/Weidmüller/*Holthaus/Lehnhoff*, GenG, § 27 Rn. 13 m. w. N.

Zuweisung der Leitungsverantwortung an den Vorstand darf nicht im Kernbereich beschränkt werden.[133] Vielmehr müssen die Beschränkungen die Geschäftsführungsbefugnis, die für den gewöhnlichen Geschäftsbetrieb notwendig ist, unberührt lassen. Es empfiehlt sich daher, dass nur für besonders wichtige Geschäfte eine gemeinsame Beratung und getrennte Beschlussfassung durch den Vorstand und den Aufsichtsrat aufgrund einer Satzungsregelung vorgeschrieben wird.[134]

Satzungsrechtliche Beschränkungen der Befugnis des Vorstands, die eG zu vertreten, 545
d. h. auch Zustimmungsvorbehalte, sind allerdings auf das Innenverhältnis der Genossenschaft beschränkt (§ 27 Abs. 2 GenG).[135] Ein vom Vorstand ohne Zustimmung des Aufsichtsrats abgeschlossenes zustimmungspflichtiges Rechtsgeschäft ist daher im Außenverhältnis wirksam.[136]

Die Mustersatzungen enthalten einen Katalog von Gegenständen der gemeinsamen 546
Beratung von Vorstand und Aufsichtsrat auf der Grundlage von Vorlagen des Vorstands (§ 28 MS). So ist dort u. a. geregelt, dass über

- die Aufstellung des Neubau- und Modernisierungsprogramms,
- die Regeln für die Vergabe von Genossenschaftswohnungen,
- das Eintrittsgeld,
- die Erteilung einer Prokura,
- die Einstellung in Ergebnisrücklagen bei der Aufstellung des Jahresabschlusses (unverbindliche Vorwegzuweisung),
- die Entnahme aus Ergebnisrücklagen bei der Aufstellung des Jahresabschlusses (unverbindliche Vorwegentnahme),
- den Vorschlag zur Verwendung des Bilanzgewinns oder zur Deckung des Verlusts (§ 39 Abs. 2 MS)

Vorstand und Aufsichtsrat nach gemeinsamer Beratung durch getrennte Abstimmung beschließen.

Die »Regeln« bzw. »Grundsätze« nach § 28 MS, insbesondere über die Vergabe von 547
Genossenschaftswohnungen (§ 28 Buchst. b MS) sollten grundsätzlich möglichst weit gefasst werden, damit der Vorstand im jeweiligen konkreten Einzelfall sachgerechte Entscheidungen treffen kann. Dies gilt entsprechend auch für die Aufstellung des Neubau- und Modernisierungsprogramms (§ 28 Buchst. a MS). Weil der Vorstand die Leitungsbefugnis hat, ist es auch seine Aufgabe, dem Aufsichtsrat zunächst Vorschläge über die Aufstellung der »Regeln« bzw. »Grundsätze« i. S. d. § 28 MS vorzulegen. Des-

133 Hillebrand/Keßler/*Keßler*, GenG, § 27 Rn. 19.
134 Lang/Weidmüller/*Holthaus/Lehnhoff*, GenG, § 27 Rn. 13; so auch die Regelung in § 28 MS, siehe Rn. 546.
135 U. a. Hillebrand/Keßler/*Keßler*, GenG, § 27 Rn. 20.
136 U. a. Lang/Weidmüller/*Holthaus/Lehnhoff*, GenG, § 38 Rn. 36.

halb enthält die Mustersatzung auch ausdrücklich die Formulierung »auf der Grundlage von Vorlagen des Vorstands«.

548 Nach der Mustersatzung müssen Vorstand und Aufsichtsrat über Anträge nach § 28 getrennt abstimmen (§ 29 Abs. 2 Satz 2 MS).[137] Anträge, deren Annahme nicht jedes der beiden Organe ordnungsgemäß beschließt, gelten als abgelehnt (§ 29 Abs. 2 Satz 3 MS).

549 Stimmt dagegen der Aufsichtsrat Handlungen des Vorstands zu – auch wenn seine Zustimmung dafür rechtlich nicht notwendig ist –, wird der Vorstand dadurch aber nicht von seiner Haftung aufgrund einer eventuellen Sorgfaltspflichtverletzung befreit (§ 34 Abs. 4 GenG).[138]

! **Praxis-Beispiel**

Entsprechend der Regelung in der Mustersatzung ist der Vorstand einer eG allein für den Verkauf eines Gebäudes zuständig. Der Aufsichtsrat stimmt dennoch ausdrücklich dem Abschluss des Kaufvertrags zu. In diesem Fall kann trotzdem eine Haftung des Vorstands in Betracht kommen, wenn z. B. der Verkaufspreis zu niedrig war und der eG dadurch ein Schaden entstanden ist.

550 Durch die erteilte Zustimmung wird der Aufsichtsrat in solchen Fällen aber dennoch im Wege der (vorweggenommenen) Kontrolle des Vorstands tätig.[139] Eine eigene Haftung des Kontrollorgans ist deshalb möglich, wenn erkennbare Fehler des Handelns des Vorstands zu Schäden für die eG führen.

551 Sieht die Satzung Zustimmungsvorbehalte entsprechend der Mustersatzung vor, dann ist auch der Aufsichtsrat verpflichtet, davon Gebrauch zu machen.[140]

! **Praxis-Beispiel**

Die Satzung der eG schreibt vor, dass Vorstand und Aufsichtsrat über die Regeln für die Vergabe von Genossenschaftswohnungen beschließen müssen. Nach eingehender Diskussion zwischen Vorstand und Aufsichtsrat einigen sich beide Organe auf konkrete Regeln und stimmen jeweils durch getrennte Abstimmung dem erreichten Ergebnis zu.

552 Kommt der Aufsichtsrat jedoch seiner Pflicht nicht nach, solche Regeln und Grundsätze gemäß seiner Satzung mit dem Vorstand zu beschließen, dann liegt nicht nur ein

137 Siehe im Einzelnen zu den gemeinsamen Sitzungen von Vorstand und Aufsichtsrat § 29 MS sowie Rn. 728 ff.
138 Siehe zur Haftung von Aufsichtsratsmitgliedern im Einzelnen Rn. 741 ff.
139 Siehe zur Überwachungspflicht des Aufsichtsrats Rn. 675 ff.
140 § 28 MS lautet ausdrücklich: »Vorstand und Aufsichtsrat beschließen auf der Grundlage von Vorlagen des Vorstands nach gemeinsamer Beratung über …«.

Satzungsverstoß, sondern darüber hinaus eine Verletzung der Grundsätze der Ordnungsmäßigkeit der Geschäftsführung vor. Zu den Grundsätzen der Ordnungsmäßigkeit der Geschäftsführung gehört nämlich, dass auch die Bestimmungen der Satzung eingehalten werden.

Der Vorstand ist seinerseits gehalten, Vorlagen für die Gegenstände der gemeinsamen Beratung zu erstellen, damit darüber nach Beratung mit dem Aufsichtsrat Beschlüsse gefasst werden können. 553

Zu beachten ist im Rahmen von Beschlussfassungen über Zustimmungsvorbehalte gemäß der §§ 27 Abs. 1 Satz 2 GenG, 28 MS aber, dass die Ausführung solcher Maßnahmen, z. B. der Abschluss von einzelnen Mietverträgen, die konkrete Durchführung von Mieterhöhungen oder die individuelle Vergabe von konkreten Bauaufträgen, zur Leitungsverantwortung gehören. Die genannten Einzelmaßnahmen fallen damit in die alleinige Zuständigkeit und Verantwortung des Vorstands gemäß § 27 Abs. 1 Satz 1 GenG. Der Vorstand hat dem Aufsichtsrat u. a. über die beabsichtigte Geschäftspolitik zu berichten (vgl. § 23 Abs. 3 Satz 1 MS). Dazu gehört auch die Mietpreisgestaltung der Genossenschaft. Lehnt der Aufsichtsrat, obwohl hier seine Zustimmung nicht erforderlich ist, geplante Mieterhöhungen ab, muss der Vorstand entscheiden, ob er die Maßnahme dennoch durchführt, vor allem wenn sie betriebswirtschaftlich notwendig ist. 554

4.1.9 Haftung der Vorstandsmitglieder

4.1.9.1 Allgemeine Voraussetzungen der Haftung

4.1.9.1.1 Anwendungsbereich des § 34 GenG

Die gesetzliche Haftungsregelung des § 34 GenG richtet sich an alle Vorstandsmitglieder, d. h. unabhängig vom Umfang, in dem diese das Vorstandsamt (haupt-, neben- oder ehrenamtlich) für die Genossenschaft ausüben.[141] Die Vorschrift ist zwingend und kann, da das Gesetz dies nicht ausdrücklich zulässt (vgl. § 18 Satz 2 GenG), auch durch eine Satzungsregelung weder gemildert noch verschärft werden.[142] Der Prüfungsmaßstab des § 34 GenG ist immer nur das mögliche Fehlverhalten eines individuellen Vorstandsmitglieds und nicht des Gesamtorgans »Vorstand«.[143] 555

Die Vorschrift des § 34 GenG begründet die Haftung von Vorstandsmitgliedern gegenüber der Genossenschaft (Innenhaftung). Außenstehende (Gläubiger und Mitglieder) 556

141 BGH, Urteil v. 1.12.2003, II ZR 216/01, DB 2004 S. 534; Hillebrand/Keßler/*Keßler*, GenG, § 34 Rn. 3 m. w. N.
142 Siehe dazu u. a. auch Hillebrand/Keßler/*Keßler*, GenG, § 34 Rn. 2.
143 Siehe zur gesamtschuldnerischen Haftung von (mehreren) Vorstandsmitgliedern Rn. 576 ff.

können Ansprüche wegen Verletzung der Sorgfaltspflicht von Vorstandsmitgliedern aufgrund des § 34 GenG grundsätzlich nur gegenüber der eG geltend machen.[144] Eine »Außenhaftung« der Vorstandsmitglieder gegenüber Dritten ist darüber hinaus im Einzelfall aufgrund anderer gesetzlicher Regelungen möglich, u. a. aus vertraglicher Haftung oder unerlaubter Handlung.[145]

4.1.9.1.2 Objektiver Sorgfaltsmaßstab

557 Die Vorstandsmitglieder müssen bei der Erfüllung ihrer Aufgaben die Sorgfalt eines ordentlichen und gewissenhaften Geschäftsleiters einer eG anwenden (§ 34 Abs. 1 Satz 1 GenG).

558 Die Sorgfaltspflicht des § 34 Abs. 1 Satz 1 GenG als Maßstab jeder vorzunehmenden Einzelfallprüfung ist objektiv (objektiver Sorgfaltsmaßstab). Konkret bedeutet dies, dass festgestellt werden muss, wie der typische Geschäftsleiter einer eG handeln muss, um seine Pflichten ordentlich und gewissenhaft zu erfüllen.[146] Entscheidend sind daher nicht die individuellen Fähigkeiten und Kenntnisse des betroffenen Mitglieds des Vorstands. Es kommt vielmehr darauf an, welche Fähigkeiten im Hinblick auf die Größe, den Geschäftszweig sowie die personelle und finanzielle Ausstattung der Genossenschaft angesichts der übernommenen Aufgabe zu verlangen sind.[147]

559 Auch die Haftung von Vorstandsmitgliedern setzt ein persönliches Verschulden (Vorsatz oder Fahrlässigkeit, § 276 Abs. 1 Satz 1 BGB) voraus, obwohl dies in § 34 GenG nicht ausdrücklich erwähnt ist. Vielmehr wird das Verschulden beim Vorliegen einer objektiven Pflichtwidrigkeit des Verhaltens des betreffenden Vorstandsmitglieds vermutet. Dies wird durch die Beweislastregel (siehe Rn. 580 ff.) nach § 34 Abs. 2 Satz 2 GenG deutlich.[148]

560 Jedes Vorstandsmitglied muss sich über seine Pflichten informieren und insbesondere Kenntnis von den sich aus Gesetz, Satzung und den Geschäftsordnungen für den Vorstand und den Aufsichtsrat ergebenden wesentlichen Vorschriften haben. Liegen die erforderlichen Kenntnisse und Fähigkeiten[149] nicht vor, erfüllt das Vorstandsmitglied damit bereits ein Verschulden aufgrund der Übernahme (sog. »haftungsbegrün-

144 Siehe zur Ausnahme bei Zahlungsunfähigkeit der eG gemäß § 34 Abs. 5 GenG Hillebrand/Keßler/*Keßler*, GenG, § 34 Rn. 1, 47 ff. sowie Beuthien/*Beuthien*, GenG, § 34 Rn. 7.

145 Lang/Weidmüller/*Holthaus/Lehnhoff*, GenG, § 34 Rn. 157, 158 m. w. N.; siehe zur Außenhaftung von Vorstandsmitgliedern für Steuerverbindlichkeiten und Sozialversicherungsbeiträge und zur Insolvenzhaftung von Vorstandsmitgliedern im Einzelnen Hillebrand/Keßler/*Keßler*, GenG, Anhang zu § 34 Rn. 1 ff.

146 Lang/Weidmüller/*Holthaus/Lehnhoff*, GenG, § 34 Rn. 19.

147 OLG Hamm, Urteil v. 21.6.1985, 4 Ws 163/85. NJW 1986 S. 2653.

148 Beuthien/*Beuthien*, GenG, § 34 Rn. 8.

149 Siehe zu den fachlichen Anforderungen an die Vorstandsmitglieder bereits Rn. 422.

dendes Übernahmeverschulden») oder aufgrund der Beibehaltung des Amtes ohne notwendige Fortbildung.[150] Unkenntnis schützt also auch ein Vorstandsmitglied nicht.

4.1.9.1.3 Handlungsspielraum bei unternehmerischen Entscheidungen

Der Zweck der Wohnungsgenossenschaften ist die Förderung ihrer Mitglieder vorrangig 561
durch eine gute, sichere und sozial verantwortbare Wohnungsversorgung (Förderzweck, Förderauftrag, § 1 Abs. 1 Satz 1 GenG, § 2 Abs. 1 MS). Die Mustersatzung sieht als Unternehmensgegenstand ein weites Feld von Tätigkeiten vor, das Wohnungsgenossenschaften ausüben können, um den Förderzweck im Einzelfall zu verwirklichen (siehe Rn. 80).[151] Aber selbst bei Einhaltung der geschuldeten Sorgfaltspflichten der Vorstandsmitglieder lässt sich dennoch die Gefahr von Fehleinschatzungen bei unternehmerischem Handeln zwangsläufig nicht völlig vermeiden. Auch in der Wohnungswirtschaft müssen unter Umständen geschäftliche Risiken eingegangen werden, um sich am Markt behaupten zu können und um wirtschaftliches Wachstum, z. B. durch das Erschließen neuer Geschäftsfelder, erreichen zu können.[152] Dadurch bedingte Fehlentwicklungen führen deshalb nicht ohne Weiteres zu einer Haftung der Vorstandsmitglieder. Die Mitglieder des Leitungsorgans der eG haften somit grundsätzlich nicht für den Erfolg des Unternehmens, sondern (nur) für die Erfüllung ihrer Sorgfaltspflichten.[153]

Der Bundesgerichtshof hat in seiner »ARAG/Garmenbeck-Entscheidung»[154] ausge- 562
führt, dass dem Vorstand bei der Leitung der Geschäfte – im vorliegenden Fall einer Rechtsschutzversicherung in Form einer Aktiengesellschaft – ein weiter Handlungsspielraum zugebilligt werden muss, ohne den eine unternehmerische Tätigkeit schlechterdings nicht denkbar ist. Dazu gehört nach der Entscheidung des BGH neben dem bewussten Eingehen geschäftlicher Risiken grundsätzlich auch die Gefahr von Fehlurteilen und Fehleinschätzungen, der jeder Unternehmensleiter, mag er auch noch so verantwortungsbewusst handeln, ausgesetzt ist. Gewinnt der Aufsichtsrat den Eindruck, dass dem Vorstand das nötige Gespür für eine erfolgreiche Führung des Unternehmens fehlt, er also keine »glückliche Hand« bei der Wahrnehmung seiner Leitungsaufgabe hat, kann ihm das Veranlassung geben, auf dessen Ablösung hinzuwirken. Eine Schadenersatzpflicht des Vorstands kann nach den Ausführungen des Gerichts daraus aber nicht hergeleitet werden. Diese kann vielmehr erst unter den folgenden Voraussetzungen Betracht kommen:

- Die Grenzen, in denen sich ein von Verantwortungsbewusstsein getragenes, ausschließlich am Unternehmenswohl orientiertes, auf sorgfältiger Ermittlung der

150 Siehe dazu BGH, Urteil v. 14.3.1983, II ZR 103/82, NJW 1983 S. 1856.
151 Siehe dazu § 2 Abs. 2 MS.
152 Lang/Weidmüller/*Holthaus/Lehnhoff*, GenG, § 34 Rn. 19.
153 Siehe u. a. auch Lang/Weidmüller/*Holthaus/Lehnhoff*, GenG, § 34 Rn. 23.
154 BGH, Urteil v. 21.4.1997, II ZR 175/95, NJW 1997 S. 1926.

Entscheidungsgrundlagen beruhendes unternehmerisches Handeln bewegen muss, sind deutlich überschritten,
- die Bereitschaft, unternehmerische Risiken einzugehen, sind in unverantwortlicher Weise überspannt worden oder
- das Verhalten des Vorstands muss aus anderen Gründen als pflichtwidrig gelten.

563 In seiner weiteren Rechtsprechung hat der BGH – unter Bezugnahme auf die »ARAG/Garmenbeck-Entscheidung« – bestätigt, dass auch dem Vorstand einer Genossenschaft – konkret einer Bank in der Rechtsform einer eG – im Grundsatz bei der Leitung der Geschäfte ein weiter Handlungsspielraum zuzubilligen ist, ohne den eine unternehmerische Tätigkeit schwerlich denkbar ist. Dieser Handlungsspielraum kann auch im Ansatz das bewusste Eingehen geschäftlicher Risiken mit der Gefahr von Fehlurteilen und Fehleinschätzungen umfassen. Er ist jedoch dann überschritten, wenn aus der Sicht eines ordentlichen und gewissenhaften Geschäftsleiters einer Genossenschaft (hier konkret: einer Genossenschaftsbank) das hohe Risiko eines Schadens unabweisbar ist und keine vernünftigen geschäftlichen Gründe dafür sprechen, es dennoch einzugehen. So ist nach dem Urteil des BGH eine Pflichtverletzung insbesondere dann gegeben, wenn das Vorstandsmitglied gegen die in dieser Branche anerkannten Erkenntnisse und Erfahrungsgrundsätze verstößt.[155]

564 Entscheidend für die Beantwortung der Frage, ob eine Sorgfaltspflichtverletzung vorliegt, ist der Zeitpunkt, zu dem die unternehmerische Entscheidung vorgenommen wurde »ex ante«. Das Gericht kann daher nicht eine nachträgliche Beurteilung (»ex post«) der Handlung des betreffenden Vorstandsmitglieds vornehmen. Der Prüfungsmaßstab für das Handeln des Vorstandsmitglieds ist aber auch unter Berücksichtigung des unternehmerischen Ermessensspielraums, ob eine ordnungsmäßige Vorbereitung, Durchführung und Erfolgskontrolle des Entscheidungsprozesses erfolgte.[156]

565 Im Anschluss an die o. g. Rechtsprechung des BGH hat der Gesetzgeber im Rahmen des Gesetzes zur Unternehmensintegrität und Modernisierung des Anfechtungsrechts (UMAG) vom 22.09.2005[157] die Regelung des § 93 Abs. 1 Satz 2 AktG eingefügt (sog. »Business Judgement Rule«). Danach liegt eine Pflichtverletzung nicht vor, wenn das Vorstandsmitglied bei einer unternehmerischen Entscheidung vernünftigerweise annehmen durfte, auf der Grundlage angemessener Information zum Wohle der Gesellschaft zu handeln.[158] Trotz des »weiten Ermessens- und Prognosespielraums«

---

155 BGH, Urteil v. 3.12.2001, II ZR 308/99, DB 2002 S. 473.

156 Hillebrand/Keßler/*Keßler*, GenG, § 34 Rn. 18 unter Verweis auf die »ARAG/Garmenbeck-Entscheidung« und m. w. N.

157 BGBl. I 2802.

158 Siehe zu den (unabdingbaren) Informationsbeschaffungs- und Planungspflichten des Vorstands im Einzelnen Hillebrand/Keßler/*Keßler*, GenG, § 34 Rn. 23–25.

hat der Vorstand nach der Begründung des Gesetzentwurfs zu § 91 Abs. 1 Satz 2 AktG[159] jedoch seine Pflichten, die sich für ihn aus dem Gesetz, der Satzung oder dem Anstellungsvertrag ergeben, zu beachten. Insoweit kommen zugunsten des Vorstands weder ein Ermessens- noch ein Prognosespielraum in Betracht.[160]

Mit der Genossenschaftsrechtsreform 2017 ist die »Business Judgement Rule« zur Klarstellung in das Genossenschaftsgesetz aufgenommen worden (§ 34 Abs. 1 Satz 2 GenG).[161] Die »Business Judgement Rule« im Aktienrecht war bereits in der Vergangenheit im Genossenschaftsrecht analog angewandt worden.[162] 566

Wenn die Tätigkeit eines Vorstandsmitglieds also erfolglos war, ohne dass ihm eine Pflichtverletzung vorzuwerfen ist, hat die eG nur die Möglichkeiten, die Entlastung zu verweigern (siehe Rn. 587 ff.), keine Wiederbestellung vorzunehmen oder ggf. sogar die Bestellung zu widerrufen (siehe Rn. 605 ff.). 567

Im Fall des Erwerbs eines anderen Unternehmens (hier: eines weiteren Klinikbetriebs) und der Haftung eines Geschäftsleiters (hier: eines GmbH-Geschäftsführers nach § 43 GmbHG) hat das OLG Oldenburg[163] entschieden, dass der weite Handlungsspielraum bei der unternehmerischen Tätigkeit überschritten ist, wenn die Grundlagen, Chancen und Risiken der Investitionsentscheidung nicht ausreichend geklärt sind. Zumindest dann, wenn nicht ausreichende, gesicherte Erkenntnisse über das zu erwerbende Unternehmen vorhanden sind oder wenn vorhandene Informationen Unklarheiten aufweisen, muss nach dem Urteil des Gerichts eine umfassende »Due Diligence« durchgeführt werden. Wird dies unterlassen, kommt bei einer zu erheblichen Verlusten führenden Fehlinvestition eine Geschäftsführerhaftung in Betracht. Ist bei einem Unternehmen der Aufsichtsrat in die Entscheidung über den Unternehmenserwerb eingebunden, haben die Geschäftsführer außerdem den Aufsichtsrat über die für die Erwerbsentscheidung wesentlichen Umstände vollständig und sachlich zutreffend zu informieren. 568

Die Entscheidung des OLG Oldenburg ist, obwohl sie konkret nur die Haftung eines GmbH-Geschäftsführers betraf, auch für Wohnungsunternehmen in der Rechtsform Genossenschaft von Bedeutung. Trotz des weiten Handlungsspielraums, den Unternehmensleiter im Rahmen ihrer wirtschaftlichen Tätigkeit haben, müssen gerade bei Investitionsentscheidungen mit erheblichen wirtschaftlichen Auswirkungen für das Unternehmen die Grundlagen, Chancen und Risiken der Investi- 569

159 BT-Drs. 15/5092, 11.
160 Siehe u. a. auch Hillebrand/Keßler/*Keßler*, GenG, § 34 Rn. 22, 26.
161 Gesetzentwurf der Bundesregierung v. 13.3.2017, BT-Drs. 18/11506, 28.
162 S dazu u. a. Hillebrand/Keßler/*Keßler*, GenG, § 34 Rn. 20.
163 OLG Oldenburg, Urteil v. 22.6.2006, 1 U 34/03, DB 2006 S. 2511.

tionsentscheidung sorgfältig ermittelt werden, ggf. in Verbindung mit einer umfassenden »Due Dilligence«. Die Mustersatzung lässt im Rahmen des Zwecks und Gegenstands des Unternehmens (!) grundsätzlich als Investitionsentscheidungen auch den Erwerb anderer Unternehmen oder ihre Beteiligung daran zu (§ 2 Abs. 4 MS) (siehe Rn. 88 ff.). In diesem Zusammenhang ist aber auch zu beachten, dass nach der Mustersatzung Vorstand und Aufsichtsrat über solche Beteiligungen nach gemeinsamer Beratung durch getrennte Abstimmung beschließen müssen (§ 28 Buchst. h MS).

570 Handelt der Vorstand einer eG pflichtwidrig, indem er Geschäfte betreibt, die nicht vom Unternehmenszweck gedeckt sind (zum Beispiel unzulässige Spekulationsgeschäfte), kann dies zu Schadensersatzansprüchen führen (siehe dazu auch Rn. 85).[164]

4.1.9.1.4 Verschwiegenheitspflicht

571 Ausdrücklich ist im Gesetz geregelt, dass die Vorstandsmitglieder zur Verschwiegenheit verpflichtet sind. Über vertrauliche Angaben und Geheimnisse der Genossenschaft, namentlich Betriebs- oder Geschäftsgeheimnisse, die ihnen durch die Tätigkeit im Vorstand bekannt geworden sind, haben die Mitglieder des Vorstands Stillschweigen zu bewahren (§ 34 Abs. 1 Satz 3 GenG).

Zu den Betriebs- und Geschäftsgeheimnissen gehören Tatsachen, die offenkundig nur einem begrenzten Personenkreis bekannt sind und an deren Geheimhaltung die Genossenschaft ein berechtigtes schutzwürdiges Interesse sowie den Willen hat, diese Tatsachen geheim zu halten.[165]

!

Beispiele[166]

Zu den Betriebs- und Geschäftsgeheimnissen gehören:
- Geschäftspolitische Ziele der eG,
- Buchungsunterlagen,
- Unterlagen und Informationen im Hinblick auf Geschäftsbeziehungen zu Dritten,
- Computerprogramme,
- Kennzahlen und -daten der eG zur eigenen Leistungskontrolle.

Die Verschwiegenheitspflicht betrifft auch das eigene und fremde Abstimmungsverhalten im Vorstand und Aufsichtsrat der Genossenschaft.[167]

164 BGH, Urteil v. 15.1.2013, II ZR 90/11, NJW 2013 S. 1958.
165 Lang/Weidmüller/*Holthaus/Lehnhoff*, GenG, § 34 Rn. 96 m. w. N.
166 Siehe im Einzelnen Lang/Weidmüller/*Holthaus/Lehnhoff*, GenG, § 34 Rn. 96 ff.
167 Lang/Weidmüller/*Holthaus/Lehnhoff*, GenG, § 34 Rn. 98.

Zwischen den Mitgliedern des Vorstands und Aufsichtsrats sowie im Verhältnis zum gesetzlichen Prüfungsverband besteht dagegen keine Pflicht zur Verschwiegenheit, sondern grundsätzlich eine umfassende Informations-, Auskunfts- und Vorlagepflicht.[168] 572

Die Pflicht zur Verschwiegenheit besteht grundsätzlich auch gegenüber den einzelnen Mitgliedern der eG. Besonderheiten sind allerdings im Rahmen der Generalversammlung zu beachten. Grundsätzlich hat jedes Mitglied der Genossenschaft in der Generalversammlung (und jeder Vertreter in der Vertreterversammlung) ein umfassendes Auskunftsrecht gegenüber dem Vorstand und dem Aufsichtsrat.[169] Die Mustersatzung sieht jedoch ebenfalls ausdrücklich für die Mitglieder des Vorstands und des Aufsichtsrats vor, dass die Auskunft verweigert werden darf, soweit 573

1. die Erteilung der Auskunft nach vernünftiger kaufmännischer Beurteilung geeignet ist, der Genossenschaft einen nicht unerheblichen Nachteil zuzufügen,
2. die Erteilung der Auskunft strafbar wäre oder wenn eine gesetzliche, satzungsmäßige oder vertragliche Geheimhaltungspflicht verletzt würde,
3. das Auskunftsverlangen die persönlichen oder geschäftlichen Verhältnisse eines Dritten betrifft,
4. es sich um arbeitsvertragliche Vereinbarungen mit Vorstandsmitgliedern oder Mitarbeitern der Genossenschaft handelt,
5. die Verlesung von Schriftstücken zu einer unzumutbaren Verlängerung der Mitgliederversammlung führen würde (§ 37 Abs. 2 MS).

Im jeweiligen Einzelfall einer Entscheidung über die Auskunftsverweigerung ist eine sorgfältige Abwägung zwischen dem Informationsinteresse des Mitglieds und dem möglichen Nachteil für die Genossenschaft notwendig.[170]

Auch nach der Beendigung der Tätigkeit im Vorstand (und im Aufsichtsrat) besteht die Verschwiegenheitspflicht fort und kann zur Haftung nach § 34 GenG führen.[171] 574

Verletzungen der Verschwiegenheitspflicht können nicht nur zu Schadensersatzansprüchen führen. Daneben kann mit Freiheitsstrafe bis zu einem Jahr oder mit Geldstrafe bestraft werden, wer ein Geheimnis der Genossenschaft, namentlich ein Betriebs- oder Geschäftsgeheimnis, das ihm in seiner Eigenschaft als Mitglied des Vor- 575

168 Hillebrand/Keßler/*Keßler*, GenG, § 34 Rn. 31 m. w. N.; siehe zum Zeugnisverweigerungsrecht von Vorstandsmitgliedern in Straf- und Zivilprozessen der eG Lang/Weidmüller/*Holthaus/Lehnhoff*, GenG, § 34 Rn. 105 sowie Hillebrand/*Keßler*, GenG, § 34 Rn. 37.

169 So ausdrücklich § 37 Abs. 1 MS, MS-VV; siehe dazu Hillebrand/Keßler/*Keßler*, GenG, § 34 Rn. 32; siehe zum Anspruch auf Auskunftserteilung außerhalb der Generalversammlung in Ausnahmefällen Lang/Weidmüller/*Holthaus/Lehnhoff*, GenG, § 43 Rn. 32.

170 Hillebrand/Keßler/*Keßler*, GenG, § 34 Rn. 33 m. w. N.

171 Lang/Weidmüller/*Holthaus/Lehnhoff*, GenG, § 34 Rn. 103.

stands (oder u. a. auch des Aufsichtsrats) bekannt geworden ist, unbefugt offenbart (§ 151 Abs. 1 Nr. 1 GenG).[172]

4.1.9.2 Schadensersatzpflicht und Beweislast

4.1.9.2.1 Schadensersatzpflicht und gesamtschuldnerische Haftung

576 Vorstandsmitglieder, die ihre Pflichten verletzen, sind der eG zum Ersatz des daraus entstehenden Schadens als Gesamtschuldner verpflichtet (§ 34 Abs. 2 Satz 1 GenG). Die Regelung des § 34 Abs. 2 Satz 1 GenG ist eine eigenständige Anspruchsgrundlage. Für die Beurteilung von Art, Inhalt und Umfang der Schadensersatzleistung gelten jedoch die allgemeinen zivilrechtlichen Vorschriften der §§ 249 ff. BGB.[173]

576a Im Rahmen der Genossenschaftsrechtsreform 2017 wurde § 34 Abs. 2 GenG dahingehend ergänzt, dass in den Fällen, in denen ein Vorstandsmitglied im Wesentlichen unentgeltlich tätig ist, dies bei der Beurteilung seiner Sorgfalt zu seinen Gunsten berücksichtigt werden muss (§ 34 Abs. 2 Satz 3 GenG).

Der Gesetzgeber hat von einer starren Vergütungsgrenze, insbesondere entsprechend § 31a Abs. 1 Satz 1 BGB für Vorstandsmitglieder von Vereinen in Höhe von 720 Euro jährlich in Orientierung an dem Steuerfreibetrag gemäß § 3 Nr. 26a EStG (sog. Ehrenamtspauschale) abgesehen. Stattdessen wurde eine flexible Regelung gewählt, durch die nach der Begründung zum Gesetzentwurf im jeweiligen Einzelfall ggf. auch bei Überschreiten des Betrags von jährlich 720 Euro ein angemessenes Ergebnis zur Entlastung von Vorstandsmitgliedern gefunden werden soll.[174]

577 Vorstandsmitglieder haften bei Vorliegen der gesetzlichen Voraussetzungen persönlich und grundsätzlich unbegrenzt.[175] Zudem sind die Haftungsrisiken angesichts der verschärften rechtlichen Anforderungen gestiegen. Um in Fällen von großen finanziellen Schäden die Schadensersatzforderungen der Genossenschaften realisieren zu können, hat die Bedeutung von entsprechenden Vermögensschadensversicherungen, insbesondere von sog. »Directors-and-Officers(D&O)-Versicherungen«, zugenommen.[176]

172 Siehe wegen der weiteren Einzelheiten § 151 GenG.
173 Lang/Weidmüller/*Holthaus/Lehnhoff*, GenG, § 34 Rn. 107 ff. m. w. Einzelheiten.
174 Gesetzentwurf der Bundesregierung v. 13.3.2017, BT-Drs. 18/11506, 28; siehe dazu insbesondere auch Lang/Weidmüller/*Holthaus/Lehnhoff*, GenG, § 34 Rn. 95d bis 95f m. w. Einzelheiten.
175 Siehe u. a. Lang/Weidmüller/*Holthaus/Lehnhoff*, GenG, § 34 Rn. 111.
176 Siehe dazu ausführlich Hillebrand/Keßler/*Keßler*, GenG, § 34 Rn. 75 ff.

Nur diejenigen Vorstandsmitglieder, »die ihre Pflichten verletzen»[177], sind der Genossenschaft zum Schadensersatz als Gesamtschuldner verpflichtet. Eine »automatische« Verschuldenszurechnung zwischen den Vorstandsmitgliedern findet deshalb nicht statt.[178] Somit scheidet bereits eine gesamtschuldnerische (Mit-)Haftung eines Vorstandsmitglieds, das seine Pflichten ordnungsgemäß erfüllt hat, für die Verletzung einer Sorgfaltspflicht eines anderen Mitglieds des Vorstands aus. 578

Nur im Fall einer gesamtschuldnerischen Haftung kann daher die Genossenschaft nach ihrer Wahl jedes Vorstandsmitglied, das seine Pflichten gegenüber der eG verletzt hat, ganz oder teilweise zum Ersatz des entstandenen Schadens in Anspruch nehmen (§ 421 BGB). Intern sind die einzelnen Vorstandsmitglieder dann ggf. untereinander zum Schadensausgleich verpflichtet (sog. »Gesamtschuldner-Regress«, § 426 Abs. 1 BGB).[179] 579

Praxis-Beispiel !

Der Vorstand einer eG besteht aus drei Mitgliedern. Zwei Vorstandsmitglieder haben ein verlustreiches Bauvorhaben unter Verletzung der Sorgfaltspflicht trotz erheblicher Bedenken des dritten Vorstandsmitglieds durchgesetzt. Beide Vorstandsmitglieder haften als Gesamtschuldner gegenüber der eG für den entstandenen Schaden.

4.1.9.2.2 Beweislast

Wenn zwischen Vorstandsmitgliedern und der eG streitig ist, ob sie sorgfältig gehandelt haben, tragen sie die Beweislast (§ 34 Abs. 2 Satz 2 GenG). 580

Im Rahmen eines evtl. Rechtsstreits zwischen einer Genossenschaft und einem Mitglied des Vorstands muss die eG zunächst darlegen und ggf. beweisen, dass aufgrund eines möglicherweise pflichtwidrigen Verhaltens des Vorstandsmitglieds in dessen Pflichtenkreis ein Schaden entstanden ist. Dabei kann ihr u. a. ggf. die Beweiserleichterung der Schadensschätzung (§ 287 ZPO) zugute kommen.[180] 581

Im Gegenzug muss das betreffende Vorstandsmitglied darlegen und beweisen, dass sein Verhalten dem gebotenen Pflichtenmaßstab entspricht oder dass es hinsichtlich des eingetretenen Schadens kein Verschulden trifft bzw. der Schaden auch bei pflichtgemäßem Verhalten eingetreten wäre.[181] Das betreffende Vorstandsmitglied muss 582

177 So ausdrücklich § 34 Abs. 2 Satz 1 GenG.
178 Hillebrand/Keßler/*Keßler*, GenG, § 34 Rn. 43.
179 Hillebrand/Keßler/*Keßler*, GenG, § 34 Rn. 43, 44.
180 BGH, Urteil v. 8.1.2007, II ZR 304/04, DB 2007 S. 389.
181 BGH, Urteil v. 8.1.2007, a. a. O.

sich also sowohl im Hinblick auf eine fehlende objektive Pflichtwidrigkeit als auch ein fehlendes subjektives Verschulden entlasten.[182]

!

Praxis-Beispiel

Eine eG macht gerichtlich Schadensersatzansprüche gegenüber ihrem ehemaligen Vorstandsmitglied B geltend. Die eG hat aus einem Bauträgergeschäft Verluste erlitten. Zwischen den Parteien ist streitig, ob B vor dem Einstieg in das Bauvorhaben die wirtschaftlichen Risiken für die eG ausreichend berücksichtigt hat. B muss nun zunächst beweisen, dass er sorgfältig gehandelt hat, indem er die Aussichten des Verkaufs von Eigenheimen am örtlichen Immobilienmarkt z. B. durch Einholung einer Marktanalyse, geprüft hat.

4.1.9.3 Gesetzliche Beispiele von Haftungsfällen

583 Das Genossenschaftsgesetz enthält in § 34 Abs. 3 besonders schwere Pflichtverletzungen (»namentlich»), bei denen vermutet wird, dass der eG zumindest in Höhe der dabei geleisteten Zahlungen ein Schaden entstanden ist.[183] Die Vermutungswirkung kann vom Vorstand widerlegt werden.[184] Die Mitglieder des Vorstands sind in den folgenden Fällen – sofern ein Verstoß gegen das Genossenschaftsgesetz oder die Satzung vorliegt – zum Ersatz verpflichtet:

Auszahlung von Geschäftsguthaben (§ 34 Abs. 3 Nr. 1 GenG)

!

Praxis-Beispiel

Die Frist für die Kündigung der Mitgliedschaft in der eG beträgt zwei Jahre. Der Vorstand beschließt dennoch die Auszahlung des Auseinandersetzungsguthabens bereits vor Ablauf dieser Frist und vor der Feststellung des Jahresabschlusses für das betreffende Geschäftsjahr (vgl. §§ 73 Abs. 2 Satz 1, 2 GenG; 12 Abs. 4 MS).

182 Hillebrand/Keßler/*Keßler*, GenG, § 34 Rn. 42; siehe zur Beweislast gem. § 34 Abs. 2 Satz 2 GenG u. a. auch Beuthien/*Beuthien*, GenG, § 34 Rn. 19 m. w. N.

183 Beuthien/*Beuthien*, GenG, § 34 Rn. 20.

184 Siehe dazu näher Beuthien/*Beuthien*, GenG, § 34 Rn. 20; Hillebrand/Keßler/*Keßler*, GenG, § 34 Rn. 46.

Gewährung von Zinsen oder Gewinnanteilen an die Mitglieder (§ 34 Abs. 3 Nr. 2 GenG)

Praxis-Beispiel !

- Obwohl in der Satzung keine Regelung enthalten ist, dass das Geschäftsguthaben verzinst wird (vgl. § 21a Abs. 1 GenG)[185], gewährt der Vorstand einem langjährigen Mitglied der eG als Dank für dessen ehrenamtliches Engagement Zinsen auf sein Geschäftsguthaben.
- Der Vorstand lässt aus Anlass des 100-jährigen Jubiläums der eG allen Mitgliedern ohne Beschlussfassung durch die Generalversammlung eine zusätzliche Dividende zukommen.

Verteilung des Genossenschaftsvermögens (§ 34 Abs. 3 Nr. 3 GenG)

Praxis-Beispiel !

In der Satzung der eG ist geregelt, dass nach der Auflösung und Liquidation der eG das verbleibende Vermögen einer bestimmten gemeinnützigen Institution zufallen soll. Dies ist nach § 91 Abs. 3 GenG möglich.[186] Der Vorstand lässt aber nur einen Teil des Restvermögens der eG an diese Einrichtung überweisen.

Leistung von Zahlungen, nachdem die Zahlungsunfähigkeit der Genossenschaft eingetreten ist oder sich eine Überschuldung ergeben hat, die für die Genossenschaft nach § 98 Grund für die Eröffnung des Insolvenzverfahrens ist (§ 34 Abs. 3 Nr. 4 GenG)

Praxis-Beispiel !

Der Vorstand hat festgestellt, dass die eG zahlungsunfähig ist. Er ist damit – von Ausnahmen abgesehen – nicht mehr berechtigt, Zahlungen zu leisten (siehe Rn. 1024 ff.). Der Vorstand leistet dennoch Zahlungen an Bauunternehmen aufgrund eines abgeschlossenen Werkvertrags.

Nach einer Entscheidung des Bundesgerichtshofs[187] muss der Geschäftsleiter (hier: 584
Geschäftsführer einer GmbH) für eine Organisation sorgen, die es ihm jederzeit ermöglicht, die zur Wahrnehmung seiner Pflichten erforderliche Übersicht über die wirtschaftliche und finanzielle Situation zu haben. Die Entscheidung des BGH betont die

185 Satzungsregelungen zur Verzinsung von Geschäftsguthaben sind auch in der Praxis der Wohnungsgenossenschaften nicht üblich.
186 U. a. Lang/Weidmüller/*Holthaus/Lehnhoff*, GenG, § 91 Rn. 13.
187 BGH, Urteil v. 19.6.2012, II ZR 243/11, DB 2012 S. 1797.

strenge Haftung von Geschäftsleitern in Fällen der Insolvenz und deren Pflicht, eine laufende Überwachung der wirtschaftlichen Situation des Unternehmens zu gewährleisten. Ggf. muss dafür eine fachkundige externe Beratung in Anspruch genommen werden. Die Auswirkungen des BGH-Urteils betreffen auch Wohnungsunternehmen in der Rechtsform der Genossenschaft.

Gewährung von Kredit (§ 34 Abs. 3 Nr. 5 GenG)

! **Praxis-Beispiel**

Das Genossenschaftsgesetz verbietet, dass Mitgliedern Kredit gewährt wird, damit sie Einzahlungen auf ihren Geschäftsanteil leisten können (§ 22 Abs. 4 Satz 2 GenG). Der Vorstand verstößt dagegen und gewährt einem Mitglied ein Darlehen, um die Einzahlungen satzungsgemäß leisten zu können.

4.1.9.4 Haftungsausschluss nach Billigung durch den Aufsichtsrat oder die Generalversammlung

585 Im Fall eines möglichen Haftungsausschlusses nach § 34 Abs. 4 GenG ist zu unterscheiden:

Der Genossenschaft gegenüber tritt die Ersatzpflicht des Vorstandsmitglieds nicht ein, wenn die Handlung auf einem gesetzmäßigen Beschluss der Generalversammlung beruht (§ 34 Abs. 4 Satz 1 GenG). Voraussetzung dafür ist aber, dass die Generalversammlung in einem solchen Fall zuständig ist (»gesetzmäßiger Beschluss«).[188]

! **Praxis-Beispiel**

Die Generalversammlung beschließt den Verkauf eines Gebäudes, weil sie nach der Satzung der eG dafür zuständig ist.

Im Hinblick auf die umfassende Leitungsbefugnis des Vorstands (§ 27 Abs. 1 GenG) sind Fälle, in denen ein Haftungsausschluss für Vorstandsmitglieder aufgrund eines Beschlusses der Generalversammlung in Betracht kommt, in der Praxis kaum relevant.[189]

188 Siehe auch Lang/Weidmüller/*Holthaus/Lehnhoff*, GenG, § 34 Rn. 133.

189 Lang/Weidmüller/*Holthaus/Lehnhoff*, GenG, § 34 Rn. 133 mit Verweis auf den Fall (siehe Beispiel unter Rn. 585), dass nach der Satzung die Generalversammlung über den Erwerb oder die Veräußerung von Grundstücken beschließt.

Dadurch, dass der Aufsichtsrat die Handlung gebilligt hat, wird dagegen die Ersatzpflicht nicht ausgeschlossen (§ 34 Abs. 4 Satz 2 GenG).

Praxis-Beispiel !

Entsprechend der Regelung in der Mustersatzung ist der Vorstand für den Verkauf eines Gebäudes zuständig. Der Aufsichtsrat stimmt dennoch ausdrücklich zu. Hier kann zum Beispiel eine Haftung der Vorstandsmitglieder in Betracht kommen, wenn der Verkaufspreis zu gering war.

Der Vorstand hat nach der Mustersatzung dem Aufsichtsrat über die beabsichtigte Geschäftspolitik und andere grundsätzliche Fragen der Unternehmensplanung zu berichten. Dazu gehören insbesondere die Finanz-, Investitions- und Personalplanung (§ 23 Abs. 3 Satz 1 MS). 586

Praxis-Tipp !

Es kann sinnvoll sein und kommt in der Praxis der Wohnungsgenossenschaften häufig vor, dass vor allem wichtige Entscheidungen, für die der Vorstand allein zuständig ist, vom Aufsichtsrat durch Beschluss »gebilligt« werden. Falls aber der Aufsichtsrat eine vom Vorstand geplante Maßnahme ablehnt, die in die Zuständigkeit der Unternehmensleitung fällt, ist der Vorstand nicht von der Verantwortung entbunden, ggf. dennoch die Maßnahme auch gegen den Widerstand des Aufsichtsrats durchzuführen.

4.1.9.5 Entlastung der Vorstandsmitglieder

Entlastung bedeutet, dass die bisherige Vorstandstätigkeit gebilligt und gleichzeitig das Vertrauen für die künftige Arbeit ausgesprochen wird.[190] Vorstandsmitglieder haben zwar einen Anspruch darauf, dass über eine Entlastung entschieden wird. Einen Anspruch auf Erteilung der Entlastung, der vor Gericht eingeklagt werden kann, lehnt die Rechtsprechung aber mit der Begründung ab, dass der mit der Entlastung verbundene Vertrauensbeweis subjektiv ist und nicht erzwungen werden kann.[191] Die Mitglieder des Vorstands haben somit nur einen Anspruch auf eine Beschlussfassung über die Entlastung. Die Entscheidung über die Erteilung oder Nichterteilung der Entlastung steht dagegen im pflichtgemäßen Ermessen der Generalversammlung.[192] 587

190 BGH, Urteil v. 20.5.1985, II ZR 165/84, NJW 1986 S. 129; siehe dazu u. a. auch Beuthien/*Beuthien*, GenG, § 48 Rn. 8.
191 BGH, Urteil v. 20.5.1985, a. a. O.
192 Siehe dazu u. a. Beuthien/*Beuthien*, GenG, § 48 Rn. 9 m. w. N.

588 Nach der früheren Rechtsprechung des BGH[193] und der überwiegenden Meinung in der Literatur[194] war bisher mit der Entlastung eines Vorstandsmitglieds einer eG die Verzichtswirkung auf Schadensersatzansprüche verbunden, die der Generalversammlung bekannt waren oder bei sorgfältiger Prüfung bekannt sein konnten.

589 Nach einer weiteren BGH-Entscheidung deutet sich jedoch eine Änderung der bisherigen Rechtsprechung zum Umfang der Entlastungswirkung an[195]: Entsprechend § 120 Abs. 2 AktG soll mit der Entlastung kein Verzicht auf Schadensersatzansprüche verbunden sein.[196] Der BGH hat in einer Entscheidung[197] zwar im konkreten Fall offen gelassen, ob eine Verzichtswirkung der Entlastung im Genossenschaftsrecht (§ 48 Abs. 1 GenG) nicht ohnehin entsprechend § 120 Abs. 2 Satz 2 AktG abzulehnen sei. Unter Bezugnahme auf seine bisherige Rechtsprechung hat das Gericht zunächst betont, dass sich eine Verzichtswirkung jedenfalls nicht auf Ansprüche erstrecke, welche die Genossenschaftsmitglieder aus den bei der Rechnungslegung unterbreiteten Unterlagen bei Anlegung eines lebensnahen Maßstabes nicht zu überblicken vermögen. Darüber hinaus hat der BGH nun in seiner Urteilsbegründung aber darauf hingewiesen, dass – anders als von den in die Geschäftspolitik des Gesellschaftsunternehmens eingebundenen und mit Kontroll- und Weisungsrechten gegenüber der Geschäftsleitung ausgestatteten Gesellschaftern einer GmbH (§ 46 Nr. 6 GmbHG) – von den Genossenschaftsmitgliedern bei lebensnaher Betrachtung regelmäßig nicht erwartet werden könne, aus den ihnen erteilten Informationen über die Geschäftslage eigenständige Schlussfolgerungen im Hinblick auf ein mögliches Fehlverhalten des Vorstands zu ziehen und damit die Tragweite eines mit der Entlastung verbundenen Anspruchsverzichts zu überblicken.

590 Zwingend zuständig für die Entlastung ist die Generalversammlung (siehe auch § 35 Abs. 1 Buchst. f MS).[198] Die Entscheidung über die Entlastung wird in der Regel in jeder Generalversammlung für die Vorstandstätigkeit des vergangenen Geschäftsjahrs ausgesprochen. Wenn aber z. B. bestimmte Vorgänge noch nicht abschließend beurteilt werden können, ist es sinnvoll und zulässig, die Entscheidung über die Entlastung zu verschieben, bis Klarheit besteht.

193 Zuletzt BGH, Urteil v. 1.12.2003, II ZR 216/01, DB 2004 S. 534.
194 Hillebrand/Keßler/*Keßler*, GenG, §§ 48, 49, 50 Rn. 19 m. w. N.
195 Hillbrand/Keßler/*Keßler*, GenG, §§ 48, 49, 50 Rn. 20, 21 m. w. N.
196 Siehe dazu mit dogmatischen Bedenken zur Auffassung des BGH Hillebrand/Keßler/*Keßler*, GenG, § 34 Rn. 62.
197 BGH, Urteil v. 21.3.2005 II ZR 54/03, DB 2005 S. 1269.
198 Beuthien/*Beuthien*, GenG, § 48 Rn. 7.

Praxis-Beispiel !

Gegen ein Vorstandsmitglied läuft ein staatsanwaltschaftliches Ermittlungsverfahren wegen des Verdachts des Betrugs zulasten der eG. Die Entscheidung der Generalversammlung über die Entlastung dieses Vorstandsmitglieds wird zunächst ausgesetzt, bis das Ermittlungsverfahren abgeschlossen ist.

Es ist zwar die Regel und grundsätzlich auch sinnvoll, dass die Entscheidung über die 591
Entlastung für alle Vorstandsmitglieder zusammen getroffen wird (»en-block-Abstimmung«, vgl. § 35 Abs. 1 Buchst. f MS: »Die Mitgliederversammlung beschließt über die Entlastung der Vorstandsmitglieder.»). Aus rechtlicher Sicht erfolgt aber auch in solchen Fällen immer eine individuelle Entlastung jedes einzelnen Vorstandsmitglieds. Es haften auch jeweils nur die Vorstandsmitglieder, die ihre Pflichten verletzen, und nicht generell alle Vorstandsmitglieder zusammen. Wenn also Anlass besteht, die Tätigkeit der Vorstandsmitglieder differenziert zu beurteilen, so sollte die Generalversammlung beschließen, einzeln über die Entlastung jedes oder bestimmter Vorstandsmitglieder abzustimmen. Es wird in der Literatur auch die Ansicht vertreten, dass in solchen Fällen eine Minderheit i. S. d. § 45 Abs. 1 GenG oder sogar einzelne Mitglieder eine Einzelentlastung verlangen können.[199]

Praxis-Beispiel !

Der Vorstand einer eG besteht aus zwei Mitgliedern. Der Aufsichtsrat und die Mitglieder der eG sind mit der Tätigkeit eines Vorstandsmitglieds sehr unzufrieden, wodurch auch das Vertrauensverhältnis gestört ist. In einem solchen Fall ist zu empfehlen, aufgrund eines Beschlusses der Generalversammlung einzeln über die Entlastung der Vorstandsmitglieder abzustimmen.

Praktische Umsetzung 592

Wenn getrennt über die Entlastung der Vorstandsmitglieder abgestimmt werden soll, können der betreffende Tagesordnungspunkt und der Beschlussvorschlag für die Generalversammlung lauten:

Muster: TOP und Beschlussvorschlag zur Entlastung der Vorstandsmitglieder !

TOP ___: Entlastung der Vorstandsmitglieder
Vorstandsmitglied A
Vorstandsmitglied B
Beschlussvorschläge zu TOP ___
Vorstandsmitglied A wird keine Entlastung erteilt.
Vorstandsmitglied B wird Entlastung erteilt.

199 Siehe dazu Hillebrand/Keßler/*Keßler*, GenG, §§ 48, 49, 50 Rn. 23 m. w. N.

593 Eine nicht erfolgte Entlastung hat nicht zwingend die Geltendmachung von Schadensersatzansprüchen oder die Abberufung des Vorstandsmitglieds zur Folge. Es ist ohne Weiteres möglich, dass die Genossenschaft aus unterschiedlichen Gründen (insbesondere wegen eines erheblichen Prozessrisikos) aufgrund einer Entscheidung der Generalversammlung[200] von weiteren Schritten gegenüber dem Vorstandsmitglied absieht und die fehlende Entlastung ohne weitere Folgen »im Raum stehen bleibt«.

4.1.9.6 Führung von Prozessen gegen Vorstandsmitglieder

4.1.9.6.1 Prozesse gegen amtierende Vorstandsmitglieder

594 Der Aufsichtsrat vertritt die eG auch gerichtlich gegenüber den Vorstandsmitgliedern. Die Satzung kann aber bestimmen, dass vorher ein Beschluss der Generalversammlung darüber einzuholen ist, ob ein solcher Prozess geführt werden soll (§ 39 Abs. 1 Satz 3 GenG; so auch § 35 Abs. 1 Buchst. k MS).

595 Der Grund für einen möglichen satzungsrechtlichen Vorbehalt der Generalversammlung besteht darin, dass das oberste Organ der eG entscheiden soll, ob z. B. gegenüber einem langjährigen Vorstandsmitglied juristische Ansprüche gerichtlich geltend gemacht werden sollen und damit eine bisher interne Angelegenheit mit eventuellen negativen Folgen für das Unternehmen in die Öffentlichkeit getragen wird.[201]

596 **Praktische Umsetzung**

Der Tagesordnungspunkt (TOP) sowie der Beschlussvorschlag in der Generalversammlung, die nach der Satzung über einen Prozess gegen ein (amtierendes) Vorstandsmitglied entscheiden muss, könnten lauten:

!

Muster: TOP und Beschlussvorschlag zur Prozessführung gegen ein Vorstandsmitglied

TOP ___: Führung eines Prozesses gegen Vorstandsmitglied ____________

Beschlussvorschlag zu TOP ___

Die Generalversammlung beschließt die Führung eines Prozesses gegen das Vorstandsmitglied ____________ (Name des Vorstandsmitglieds) im Zusammenhang mit dem Bauvorhaben ____________ Die Pflichtverletzungen und die Höhe der Schadensersatzforderung ergeben sich aus dem vorliegenden Gutachten der Rechtsanwälte ____________

200 Siehe zur Führung von Prozessen gegen Vorstandsmitglieder Rn. 594 ff.

201 Siehe dazu u. a. Beuthien/*Beuthien*, GenG, § 39 Rn. 8; Lang/Weidmüller/*Holthaus/Lehnhoff*, GenG, § 39 Rn. 28.

Anmerkung zu vorstehendem Muster:
Ein fehlender Beschluss der Generalversammlung, der nach der Satzung notwendig ist, kann dazu führen, dass die Klage vor dem zuständigen Gericht – in der Regel das Landgericht – unbegründet ist.[202] Es ist nach der Rechtsprechung aber nicht erforderlich, dass der Sachverhalt, aufgrund dessen Regressansprüche gegenüber dem Vorstandsmitglied geltend gemacht werden sollen, schon in der Generalversammlung genau abgegrenzt wird. Vielmehr genügt es, wenn die Pflichtverletzungen benannt und die sich daraus ergebenden Ansprüche der eG angegeben werden. Der Beschluss muss nur den Anspruch der eG in seinem wesentlichen Kern konkret beschreiben.[203]

4.1.9.6.2 Prozesse gegen ehemalige Vorstandsmitglieder

Die formalen Anforderungen bei der Geltendmachung von Schadensersatzansprü- 597
chen der eG gegenüber Vorstandsmitgliedern müssen auch dann eingehalten werden, wenn diese aus ihrem Amt ausgeschieden sind.[204] Der Aufsichtsrat vertritt die eG somit gerichtlich (und außergerichtlich) auch gegenüber den ehemaligen Vorstandsmitgliedern. Ein satzungsrechtlicher Vorbehalt, dass für die Prozessführung ein Beschluss der Generalversammlung einzuholen ist, gilt auch gegenüber ehemaligen Vorstandsmitgliedern.[205] Die Ausführungen zu Prozessen gegen amtierende Vorstandsmitglieder gelten also entsprechend (siehe Rn. 594 ff.).

4.1.10 Verjährung

Die Ansprüche der eG gegenüber Vorstandsmitgliedern, die ihre Pflichten nach dem 598
Genossenschaftsgesetz verletzen, verjähren in fünf Jahren (§ 34 Abs. 6 GenG). Wenn durch eine Pflichtverletzung und einen daraus resultierenden Schaden auch andere Rechtsvorschriften verletzt wurden, ist zu prüfen, ob daneben noch andere Verjährungsfristen in Betracht kommen.

Praxis-Beispiel !

Hat ein Vorstandsmitglied durch eine Pflichtverletzung auch einen Straftatbestand verwirklicht, etwa einen Betrug (§ 263 StGB), so liegt darin eine sog. unerlaubte Handlung i. S. des § 823 BGB. Schadensersatzansprüche aus dieser Vorschrift verjähren aber bereits in drei Jahren (§§ 195, 199 BGB).

202 Lang/Weidmüller/*Holthaus/Lehnhoff*, GenG, § 39 Rn. 26 m. w. N.
203 Siehe dazu u. a. Hillebrand/Keßler/*Keßler*, GenG, § 39 Rn. 18 sowie Beuthien/*Beuthien*, GenG, § 39 Rn. 8.
204 U. a. Beuthien/*Beuthien*, GenG, § 39 Rn. 6; Lang/Weidmüller/*Holthaus/Lehnhoff*, § 39 GenG Rn. 24 m. w. N.
205 Siehe Lang/Weidmüller/*Holthaus/Lehnhoff*, GenG, § 39 Rn. 26; so ausdrücklich § 35 Abs. 1 Buchst. k MS: »... und ausgeschiedene Vorstandsmitglieder ....«.

599 Die Verjährung eines Anspruchs aus Pflichtverletzungen nach dem Genossenschaftsgesetz beginnt, wenn der Anspruch entsteht (§ 200 BGB). Der Anspruch ist wiederum entstanden, sobald die pflichtwidrige Handlung abgeschlossen, ein Schaden eingetreten und der Anspruch gerichtlich geltend gemacht werden kann. Es genügt, dass der Schaden dem Grunde nach feststeht. Nach der Rechtsprechung läuft die Verjährungsfrist zur Geltendmachung von Schadensersatzansprüchen gegenüber Vorstandsmitgliedern unabhängig davon, ob der eG der Schaden und die Person des Ersatzpflichtigen bekannt sind.[206]

! **Praxis-Beispiel**

Der Vorstand hat im Jahr 2019 für die eG mehrere Grundstücke zu völlig überhöhten Preisen erworben. Der Genossenschaft ist dadurch ein Schaden entstanden. Die Verjährung des Schadensersatzanspruchs der eG beginnt mit der Auflassung, d. h. der Einigung der Kaufvertragsparteien über die Übertragung des Eigentums an einem Grundstück (§ 925 Satz 1 BGB). Die Auflassungen wurden vom Notar zusammen mit den Kaufverträgen beurkundet. Die Ansprüche der eG gegenüber den Vorstandsmitgliedern verjähren in diesem Fall fünf Jahre nach der Auflassung, d. h. im Jahr 2024.

4.1.11 Beendigung des Amts eines Vorstandsmitglieds

4.1.11.1 Überblick

600 Das Vorstandsamt kann aus unterschiedlichen Gründen beendet werden. In der Praxis spielen vor allem folgende Beendigungsgründe eine Rolle:

- Ablauf der Bestelldauer,
- Widerruf der Bestellung,
- Amtsniederlegung.

Als weitere Gründe zur Beendigung des Vorstandsamts kommen die Fälle der Auflösung (siehe Rn. 1004 ff.) sowie der Verschmelzung der Genossenschaft (siehe Rn. 1037 ff.), der Tod des Vorstandsmitglieds sowie der Verlust der Mitgliedschaft in der Genossenschaft in Betracht.

601 Da die Mitglieder des Vorstands auch Mitglied der Genossenschaft sein müssen (§ 9 Abs. 2 Satz 1 GenG, Grundsatz der Selbstorganschaft), endet das Vorstandsamt auch vor Ablauf der Bestelldauer, wenn die Mitgliedschaft eines Vorstandsmitglieds bereits während der Amtszeit beendet wird. Der Verlust der Mitgliedschaft eines Vorstandsmitglieds durch Ausschluss ist allerdings nur aufgrund eines Beschlusses der General-

206 BGH, Urteil v. 23.3.1987, II ZR 190/86, NJW 1987 S. 1887.

versammlung möglich.[207] Die Mustersatzung sieht daher vor, dass ein Mitglied des Vorstands erst ausgeschlossen werden kann, wenn die Mitgliederversammlung den Widerruf der Bestellung beschlossen hat (§§ 11 Abs. 7, 35 Abs. 1 Buchst. h MS).

4.1.11.2 Ablauf der Bestelldauer

Das Amt eines Vorstandsmitglieds endet »automatisch« mit Ablauf der Bestelldauer. 602
Die Mustersatzung sieht diesbezüglich vor, dass die Vorstandsmitglieder vom Aufsichtsrat für eine bestimmte Höchstdauer bestellt werden und die Bestellung der hauptamtlichen Vorstandsmitglieder spätestens mit Ende des Kalenderjahrs endet, in dem das Vorstandsmitglied das jeweils geltende gesetzliche Rentenalter erreicht (§ 21 Abs. 4 Satz 1, 3 MS). Zudem sollen die Anstellungsverträge für die Dauer der Bestellung abgeschlossen werden (§ 21 Abs. 6 Satz 1 MS).

Im Genossenschaftsgesetz ist nicht geregelt, ob sich spätere Satzungsänderungen im 603
Hinblick auf die Dauer der Bestellung auch auf amtierende Vorstandsmitglieder auswirken, z. B. bei der Verkürzung der Bestelldauer oder der Einführung oder der Herabsetzung einer Altersgrenze. In der genossenschaftsrechtlichen Fachliteratur wird dazu die Auffassung vertreten, dass in solchen Fällen auch die Bestelldauer der gegenwärtigen Vorstandsmitglieder davon betroffen ist.[208]

Praxis-Tipp !

Um Unklarheiten und rechtliche Risiken zu vermeiden, sollte bei einer Änderung der Bestelldauer oder der Einführung oder der Herabsetzung einer Altersgrenze im Beschluss zur Satzungsänderung ausdrücklich geregelt werden, ob auch die amtierenden Vorstandsmitglieder davon betroffen sein sollen oder nicht.

Praktische Umsetzung 604

Dafür bieten sich folgende alternative Beschlussvorschläge an:

Muster: Beschlussvorschläge zur Gültigkeit von Satzungsänderungen für amtierende Vorstandsmitglieder !

Beschlussvorschlag zu TOP ___

Die Änderung des § ___ der Satzung findet auch auf die Vorstandsmitglieder Anwendung, die zum Zeitpunkt der Wirksamkeit der Satzungsänderung im Amt sind.

---

207 BGH, Urteil v. 6.2.1984, II ZR 119/83, NJW 1984 S. 1884; Lang/Weidmüller/*Holthaus/Lehnhoff*, GenG, § 68 Rn. 47 f.; Hillebrand/Keßler/*Keßler*, GenG, § 68 Rn. 19 m. w. N.

208 So Hillebrand/Keßler/*Keßler*, GenG, § 24 Rn. 33 m. w. N.; Lang/Weidmüller/*Holthaus/Lehnhoff*, GenG, § 24 Rn. 68 m. w. N.; Beuthien/*Beuthien*, GenG, § 16 Rn. 38.

[Alternativ:] **Beschlussvorschlag zu TOP ___**
Die Änderung des § ___ der Satzung findet auf die Vorstandsmitglieder keine Anwendung, die zum Zeitpunkt der Wirksamkeit der Satzungsänderung im Amt sind.

4.1.11.3 Widerruf der Bestellung

605 Die Bestellung der Vorstandsmitglieder kann jederzeit widerrufen werden (§ 24 Abs. 3 Satz 2 Hs. 1 GenG). Das Gesetz geht von der Zuständigkeit der Generalversammlung aus, lässt aber auch die Abberufung durch ein anders Organ zu (§ 24 Abs. 2 Satz 2 GenG).[209] Es ist also möglich, dass der Aufsichtsrat nach der Satzung nicht nur die Vorstandsmitglieder bestellt, sondern auch abberuft. Die Mustersatzung empfiehlt allerdings, dass die Mitgliederversammlung für den Widerruf der Bestellung von Vorstandsmitgliedern zuständig ist (§ 35 Abs. 1Buchst. h MS).

606 Der Widerruf der Bestellung eines Vorstandsmitglieds kann ohne Vorliegen eines wichtigen Grundes erfolgen.[210] Auch eine Begründung im Einzelfall ist nicht notwendig.[211] Im Gegensatz zum Genossenschaftsgesetz sieht die Mustersatzung aber zumindest vor, dass den vom Aufsichtsrat vorläufig ihres Amtes enthobenen Mitgliedern des Vorstands in der Generalversammlung Gehör zu geben ist (§ 21 Abs. 5 Satz 4 MS).[212]

Erforderlich ist, dass die Tagesordnung einen entsprechenden Beschlussgegenstand enthält. Für das Zustandekommen eines solchen Beschlusses genügt nach dem Gesetz die einfache Mehrheit der abgegebenen Stimmen.[213] Die Mustersatzungen sehen im Fall der Zuständigkeit der Generalversammlung aber vor, dass ein solcher Beschluss nur mit einer Mehrheit von drei Vierteln der abgegebenen Stimmen möglich ist (§ 36 Abs. 2 Buchst. c MS).

607 Zu beachten ist, dass im Fall eines vorzeitigen Widerrufs der Bestellung eines Vorstandsmitglieds Ansprüche aus dem Anstellungsverhältnis unberührt bleiben (§ 24 Abs. 3 Satz 2 Hs. 2 GenG). Nach der Mustersatzung sollen Anstellungsverträge mit hauptamtlichen und nebenamtlichen Vorstandsmitgliedern auf die Dauer der Bestellung abgeschlossen werden (§ 21 Abs. 6 Satz 1 MS). Das Recht zur ordentlichen Kündigung von Anstellungsverträgen wird in der Praxis der Wohnungsgenossenschaften im Regelfall für die Dauer der Bestellung ausgeschlossen. Sofern daher in solchen Fällen

209 Siehe – wie in der Praxis üblich – zur Bestellung der Vorstandsmitglieder durch den Aufsichtsrat Rn. 425.

210 U. a. Lang/Weidmüller/*Holthaus/Lehnhoff*, GenG, § 24 Rn. 73; Beuthien/*Beuthien*, GenG, § 24 Rn. 20; Hillebrand/Keßler/*Keßler*, GenG, § 24 Rn. 37 m. w. N.

211 U. a. Hillebrand/Keßler/*Keßler*, GenG, § 24 Rn. 37 m. w. N.

212 Siehe zur vorläufigen Amtsenthebung von Vorstandsmitgliedern (§ 40 GenG) durch den Aufsichtsrat Rn. 439 ff.

213 U. a. Beuthien/*Beuthien*, GenG, § 24 Rn. 20; Hillebrand/Keßler/*Keßler*, GenG, § 24 Rn. 39.

nicht gleichzeitig ein wichtiger Grund für die fristlose Kündigung des Anstellungsvertrags vorliegt, ist die Abberufung von Vorstandsmitgliedern häufig mit erheblichen wirtschaftlichen Belastungen für die Genossenschaft verbunden.

4.1.11.4 Amtsniederlegung

Ein Vorstandsmitglied kann sein Amt durch einseitige Erklärung gegenüber der Genos- 608
senschaft, vertreten durch den Aufsichtsrat,[214] aufgeben (Amtsniederlegung). Nach der Rechtsprechung[215] ist es für die Wirksamkeit der Niederlegung nicht erforderlich, dass ein wichtiger Grund vorliegt. Tritt ein Vorstandsmitglied ohne wichtigen Grund mit sofortiger Wirkung von seinem Amt zurück, macht es sich jedoch gegenüber der Genossenschaft ggf. schadensersatzpflichtig (Verstoß gegen den Anstellungsvertrag aufgrund der Amtsniederlegung).[216] Sofern aber eine ordentliche Kündigung möglich ist oder ein wichtiger Grund für eine außerordentliche Kündigung vorliegt, scheidet ein Schadensersatzanspruch der Genossenschaft aus.[217]

Als wichtiger Grund für eine Amtsniederlegung kommen u. a. in Betracht:[218]

- dauernde Arbeitsunfähigkeit,
- unüberbrückbare Differenzen mit anderen Vorstandsmitgliedern oder dem Aufsichtsrat sowie
- unzulässige Eingriffe des Aufsichtsrats in die Leitung der eG.

Ehrenamtliche Vorstandsmitglieder können dagegen ihr Amt jederzeit niederlegen.[219] 609
Der Rücktritt darf in diesem Fall aber nicht »zur Unzeit« erfolgen, um der Genossenschaft die Möglichkeit zu geben, dafür zu sorgen, dass die Leitung der Geschäfte der eG fortgeführt werden können.

Praxis-Tipp !

Vor allem wenn zweifelhaft ist, ob ein wichtiger Grund für eine sofortige Niederlegung des Vorstandsamts vorliegt, sollte nach Möglichkeit mit dem Aufsichtsrat eine einvernehmliche Beendigung des Vorstandsamts und ggf. des Anstellungsvertrags (Abschluss eines Aufhebungsvertrags) vereinbart werden.

214 Beuthien/*Beuthien*, GenG, § 24 Rn. 19; Hillebrand/Keßler/*Keßler*, GenG, § 24 Rn. 43.
215 BGH, Urteil v. 8.2.1993, II ZR 58/92; NJW 1993 S. 1198.
216 Siehe dazu auch BGH, Urteil v. 8.2.1993, II ZR 58/92; NJW 1993 S. 1198.
217 Siehe dazu u. a. Hillebrand/Keßler/*Keßler*, GenG, § 24 Rn. 44.
218 Siehe dazu Lang/Weidmüller/*Holthaus/Lehnhoff*, GenG, § 24 Rn. 92.
219 Lang/Weidmüller/*Holthaus/Lehnhoff*, GenG, § 24 Rn. 92.

4.2 Aufsichtsrat

4.2.1 Der Aufsichtsrat als Organ der Genossenschaft

610 Der Aufsichtsrat ist ein gesetzlich vorgeschriebenes Organ der Genossenschaft. Nach dem Gesetz muss grundsätzlich jede eG einen Aufsichtsrat haben (§ 9 Abs. 1 Satz 1 GenG). Eine Ausnahme davon besteht nur für sog. Kleinstgenossenschaften: Genossenschaften mit nicht mehr als 20 Mitgliedern können durch eine Regelung in ihrer Satzung auf einen Aufsichtsrat verzichten. In solchen Fällen nimmt die Generalversammlung die Aufgaben des Aufsichtsrats wahr, soweit nicht im Genossenschaftsgesetz etwas anderes bestimmt ist (§ 9 Abs. 1 Satz 2 und 3 GenG). Diese Regelung wurde im Rahmen der Genossenschaftsreform 2006 geschaffen mit dem Ziel, die Gründung von Genossenschaften zu erleichtern und die Attraktivität der genossenschaftlichen Rechtsform zu stärken.[220]

611 Die Aufgaben des Aufsichtsrats können auch durch eine Satzungsregelung weder ganz noch teilweise auf andere Organe übertragen werden. Abweichungen von den Bestimmungen des Genossenschaftsgesetzes durch eine Satzungsregelung sind nur insoweit möglich, als dies das Gesetz ausdrücklich zulässt (§ 18 Satz 2 GenG). Zulässig und in der Praxis der Wohnungsgenossenschaften weitverbreitet ist die Möglichkeit, dem Aufsichtsrat über seine wichtigste Aufgabe hinaus, d. h. der Überwachung des Vorstands (§ 38 Abs. 1 Satz 1 GenG), weitere Aufgaben zu übertragen (§ 38 Abs. 3 GenG). Dazu gehört insbesondere die Einräumung eines Mitwirkungsrechts in grundlegenden Geschäftsführungsangelegenheiten. Die Mustersatzung enthält in diesem Zusammenhang Zustimmungsvorbehalte für bestimmte Geschäftsführungsmaßnahmen (»Gegenstände der gemeinsamen Beratungen von Vorstand und Aufsichtsrat«, § 28 MS) (siehe Rn. 546 ff.).

4.2.2 Anzahl der Aufsichtsratsmitglieder

612 Der Aufsichtsrat einer eG besteht mindestens aus drei Mitgliedern (§ 36 Abs. 1 Satz 1 GenG). Von dieser Mindestzahl kann auch nicht durch eine Satzungsregelung abgewichen werden.

Das Gesetz lässt aber ausdrücklich zu, dass die Satzung eine höhere Zahl festsetzt (§ 36 Abs. 1 Satz 1 GenG). Dafür kommen mehrere Alternativen in Betracht:[221]

220 Gesetzentwurf der Bundesregierung v. 23.3.2006, BT-Drucks. 16/1025.
221 So u. a. Hillebrand/Keßler/*Keßler*, GenG, §§ 36, 37 Rn. 32.

- Die Satzung kann eine feste höhere Zahl vorschreiben (»Der Aufsichtsrat besteht aus fünf Mitgliedern.»).
- In der Satzung wird eine flexible höhere Mindestzahl bestimmt (»Der Aufsichtsrat besteht mindestens aus fünf Mitgliedern.»). Die Satzung enthält eine Kombination von Mindest- und Höchstzahl (»Der Aufsichtsrat besteht aus mindestens drei und höchstens sieben Mitgliedern.»)

Die Mustersatzung enthält hinsichtlich der Zahl der Aufsichtsratsmitglieder folgende 613
Regelung (§ 24 Abs. 1 S 1, 2 MS): »Der Aufsichtsrat besteht aus mindestens drei Mitglieder. Die Mitgliederversammlung kann eine höhere Zahl festsetzen.«.

In der Praxis der Wohnungsgenossenschaften ist die Zahl der Mitglieder im Aufsichts- 614
rat unterschiedlich und insbesondere abhängig von der Unternehmensgröße. Ein kleineres Aufsichtsratsgremium kann der Verbesserung der Arbeitsfähigkeit dienen. Mit einer Verkleinerung des Aufsichtsrats kann ggf. auch eine Verringerung oder sogar die Abschaffung von Ausschüssen des Aufsichtsrats verbunden werden, um deren Arbeit wieder dem Gesamtorgan zu übertragen. Der Aufsichtsrat kann nach der Mustersatzung aus seiner Mitte Ausschüsse bestellen, insbesondere um seine Verhandlungen und Beschlüsse vorzubereiten oder um deren Ausführung zu überwachen (§ 25 Abs. 6 MS) (siehe Rn. 708).

4.2.3 Anforderungen an die Aufsichtsratsmitglieder

4.2.3.1 Gesetzliche Anforderungen

4.2.3.1.1 Überblick

Als Aufsichtsratsmitglieder kommen nur natürliche und unbeschränkt geschäftsfä- 615
hige Personen in Betracht. Darüber hinaus dürfen sie während ihrer Aufsichtsratstätigkeit bestimmte andere Ämter nicht ausüben. Außerdem müssen sie – von wenigen Ausnahmen abgesehen – für die Dauer ihrer Amtszeit Mitglied der Genossenschaft sein.

4.2.3.1.2 Natürliche Person mit unbeschränkter Geschäftsfähigkeit

Aufsichtsratsmitglieder können nur natürliche Personen sein (§ 9 Abs. 2 Satz 1 GenG), 616
die – entsprechend § 100 Abs. 1 Satz 1 AktG – unbeschränkt geschäftsfähig sind.[222] Daher scheiden sowohl juristische Personen als auch beschränkt geschäftsfähige

222 Siehe u. a. Hillebrand/Keßler/*Keßler*, GenG, §§ 36, 37 Rn. 5.

natürliche Personen für die Übernahme des Aufsichtsratsamts einer Genossenschaft aus. Ein Betreuter, der bei der Besorgung seiner Vermögensangelegenheiten ganz oder teilweise einem Einwilligungsvorbehalt (§ 1903 BGB) unterliegt, kann deshalb z. B. nicht Mitglied des Aufsichtsrats sein (so ausdrücklich § 100 Abs. 1 Satz 2 AktG für Mitglieder des Aufsichtsrats einer AG)[223]. Die Voraussetzung der unbeschränkten Geschäftsfähigkeit muss allerdings erst zum Zeitpunkt der Übernahme des Aufsichtsratsamts vorliegen, sodass die Wahl eines (noch) Minderjährigen in den Aufsichtsrat möglich ist.[224]

4.2.3.1.3 Unvereinbarkeit bestimmter Ämter mit der Aufsichtsratstätigkeit

617 Nach dem Genossenschaftsgesetz dürfen Aufsichtsratsmitglieder nicht zugleich dem Vorstand angehören,[225] nicht dauernde Stellvertreter der Vorstandsmitglieder, Prokuristen oder Handlungsbevollmächtigte sein, deren Vollmacht sich auf den gesamten Geschäftsbetrieb erstreckt (und damit nicht nur für einzelne Geschäfte oder bestimmte Arten gilt, § 37 Abs. 1 Satz 1 GenG). Außerdem dürfen die Mitglieder des Aufsichtsrats nicht zugleich der Vertreterversammlung angehören (§ 43a Abs. 2 Satz 1 GenG). Die Satzung kann aber darüber hinaus als weitere Einschränkung vorsehen, dass generell die Wahl von Arbeitnehmern in den Aufsichtsrat unzulässig ist (siehe Rn. 627).

4.2.3.1.4 Mitgliedschaft in der Genossenschaft

618 Das Genossenschaftsgesetz verlangt grundsätzlich, dass die Mitglieder des Aufsichtsrats – wie auch die des Vorstands – Mitglieder der Genossenschaft sind (Grundsatz der Selbstorganschaft, § 9 Abs. 2 Satz 1 GenG). Es reicht jedoch aus, wenn die gewählten Aufsichtsratsmitglieder mit Beginn ihrer Amtsausübung die Mitgliedschaft erwerben. Somit können auch Nichtmitglieder für die Tätigkeit im Aufsichtsrat der eG gewonnen und Personen zu Aufsichtsratsmitgliedern gewählt werden, die (noch) nicht Mitglieder der eG sind. In diesem Fall ist der Vorstand als das Organ, das nach der Mustersatzung über die Zulassung des Beitritts zur Genossenschaft und damit über den Erwerb der Mitgliedschaft beschließt (§ 4 Satz 2 MS), verpflichtet, das von der Generalversammlung gewählte Aufsichtsratsmitglied als Genossenschaftsmitglied aufzunehmen, sofern es die Aufnahmevoraussetzungen erfüllt, weil es sonst sein Amt nicht ausüben darf.[226]

619 Eine Ausnahme vom Grundsatz der Selbstorganschaft besteht aber u. a. dann, wenn der eG selbst eingetragene Genossenschaften als Mitglied angehören: In dem Fall kön-

223 Hillebrand/Keßler/*Keßler*, GenG, §§ 36, 37 Rn. 5.
224 Hillebrand/Keßler/*Keßler*, GenG, §§ 36, 37 Rn. 5 m. w. N.
225 Siehe aber zur befristeten Bestellung von Aufsichtsratsmitgliedern zu Stellvertretern von verhinderten Vorstandsmitgliedern (§ 37 Abs. 1 Satz 2 GenG) Rn. 518 ff.
226 Siehe dazu u. a. Beuthien/*Beuthien*, GenG, § 9 Rn. 8; Hillebrand/Keßler/*Keßler*, GenG, § 9 Rn. 22.

nen deren Mitglieder, sofern sie natürliche Personen sind, in den Vorstand oder Aufsichtsrat der Genossenschaft berufen werden (§ 9 Abs. 2 Satz 2 Hs. 1 GenG). Gehören der Genossenschaft andere juristische Personen oder Personengesellschaften an, gilt dies für deren zur Vertretung befugte Personen (§ 9 Abs. 2 Satz 2 Hs. 2 GenG). In diesen Ausnahmefällen ist es daher nicht erforderlich, dass die in den Aufsichtsrat – bzw. in den Vorstand – berufenen Personen die Mitgliedschaft in der Genossenschaft erwerben.

Arbeitnehmervertreter im Aufsichtsrat müssen nach dem Gesetz über die Drittelbeteiligung (DrittelbG) sowie dem Gesetz über die Mitbestimmung der Arbeitnehmer (MitbestG) ebenfalls nicht Mitglied in der Genossenschaft werden (siehe Rn. 629 ff.). 620

4.2.3.2 Anforderungen aufgrund der Satzung

4.2.3.2.1 Überblick

Die Satzung kann – über die gesetzlichen Anforderungen hinaus – weitere besondere Anforderungen für die Wahl in den Aufsichtsrat vorsehen. In der Praxis der Wohnungsgenossenschaften kommen dabei nicht nur bei der Bestellung von Vorstandsmitgliedern, sondern auch bei der Wahl von Aufsichtsratsmitgliedern vor allem 621

- Altersgrenzen,
- der Ausschluss von Interessenkollisionen und
- die Einhaltung einer Wartezeit

in Betracht. Zudem ist der Ausschluss der Wahl von (allen) Arbeitnehmern der Genossenschaft in den Aufsichtsrat möglich.

Außerdem kann die Satzung eine verhältnismäßige Begrenzung des Anteils von Aufsichtsratsmitgliedern am Gesamtgremium vorsehen, die einer bestimmten Berufsgruppe (insbesondere dem Baugewerbe) angehören. Zulässig sind auch Satzungsregelungen, die vorschreiben, dass dem Aufsichtsrat eine bestimmte Anzahl von Männern und Frauen angehören muss (Geschlechterquoten).[227]

227 Siehe zu den Frauen- bzw. Geschlechterquoten im Vorstand Rn. 415; siehe zur Pflicht des Aufsichtsrats, bei einer eG, die der Mitbestimmung unterliegt, Zielgrößen für den Frauenanteil im Aufsichtsrat und im Vorstand festzulegen, § 9 Abs. 4 GenG sowie Lang/Weidmüller/*Holthaus/Lehnhoff*, GenG, § 9 Rn. 19a ff., § 36 Rn. 17a, 93a.

4.2.3.2.2 Altersgrenzen

622 In der Praxis der Wohnungsgenossenschaften sind Altersgrenzen (Höchstgrenzen) für die Wahl und Wiederwahl in den Aufsichtsrat weit verbreitet. Die Mustersatzung empfiehlt die Festlegung einer von der Genossenschaft individuell festzulegenden Altersgrenze (»Wahl bzw. Wiederwahl kann nur vor Vollendung des ___ Lebensjahres erfolgen.«, § 24 Abs. 1 Satz 5 MS).

4.2.3.2.3 Ausschluss von Interessenkollisionen

623 In der Satzung kann geregelt werden, dass bestimmte Fälle von Interessenkollisionen der Wahl in den Aufsichtsrat entgegenstehen.[228] Die Wahl in den Aufsichtsrat kann z. B. auch durch Satzungsregelung ausgeschlossen werden, wenn bereits Angehörige des Bewerbers (Ehegatten, Lebenspartner oder Verwandte) dem Vorstand oder Aufsichtsrat angehören. Die Mustersatzung sieht in diesem Zusammenhang vor, dass folgende »Angehörige« eines Vorstands- oder Aufsichtsratsmitglieds gemäß § 21 Abs. 2 MS oder eines Mitarbeiters, der in einem Arbeitsverhältnis zur Genossenschaft steht, nicht Mitglieder des Aufsichtsrats sein können (§ 24 Abs. 2 Satz 3 MS):

1. Ehegatten, Verlobte, Mitglieder einer eheähnlichen oder lebenspartnerschaftsähnlichen Gemeinschaft oder eingetragene Lebenspartner,
2. Geschwister der in Nr. 1 genannten Personen,
3. Eltern, Kinder, Enkel oder Geschwister sowie deren Ehegatten, Verlobte, Mitglieder einer eheähnlichen oder lebenspartnerschaftsähnlichen Gemeinschaft oder eingetragene Lebenspartner.

4.2.3.2.4 Einhaltung einer Wartezeit

624 Zulässig ist, dass ehemalige Vorstandsmitglieder aufgrund einer entsprechenden Satzungsregelung für eine bestimmte Dauer (oder sogar ganz) von der Wahl in den Aufsichtsrat ausgeschlossen sind. Durch eine zeitliche Unterbrechung vor dem Wechsel vom Leitungs- in das Kontrollorgan können Interessenkonflikte vermieden und die Unabhängigkeit des Kontrollorgans der Genossenschaft gestärkt werden.

625 Auch nach dem »Deutschen Corporate Governance Kodex« dürfen Vorstandsmitglieder (grundsätzlich) vor Ablauf von zwei Jahren nach dem Ende ihrer Bestellung nicht Mitglied des Aufsichtsrats der Gesellschaft werden.[229] Der Deutsche Corporate Governance Kodex stellt wesentliche gesetzliche Vorschriften zur Leitung und Überwachung

228 Zu Zeiten der Gemeinnützigkeit im Wohnungswesen (bis zum 31.12.1989) war zwingend vorgeschrieben, dass im Aufsichtsrat höchstens ein Drittel der Stimmen Angehörigen des Baugewerbes zustehen dürfen. Eine solche freiwillige Satzungsregelung ist auch weiterhin möglich.

229 Nr. 5.4.4 in der Fassung v. 7. Februar 2017.

deutscher börsennotierter Gesellschaften (Unternehmensführung) dar und enthält international und national anerkannte Standards guter und verantwortungsvoller Unternehmensführung. Der Kodex richtet sich in erster Linie an börsennotierte Gesellschaften und Gesellschaften mit Kapitalmarktzugang im Sinne des § 161 Absatz 1 Satz 2 AktG. Auch nicht kapitalmarktorientierten Gesellschaften wird die Beachtung des Kodex empfohlen.[230] Der Deutsche Corporate Governance Kodex ist für Wohnungsgenossenschaften nicht verbindlich.

Die Mustersatzung empfiehlt, dass ehemalige Vorstandsmitglieder erst zwei Jahre 626
nach Ausscheiden aus dem Amt und nach erteilter Entlastung in den Aufsichtsrat gewählt werden können (§ 24 Abs. 3 MS).[231]

4.2.3.2.5 Ausschluss der Wahl von Arbeitnehmern

Die Satzung kann – über die gesetzlichen Anforderungen im Hinblick auf die dort 627
genannten Personengruppen (§ 37 Abs. 1 Satz 1 GenG) hinaus – auch vorsehen, dass die Wahl von Arbeitnehmern in den Aufsichtsrat, die nicht unter diesen Personenkreis fallen, generell ausgeschlossen ist.

In der Mustersatzung ist geregelt, dass Aufsichtsratsmitglieder nicht als Mitarbeiter in einem Arbeitsverhältnis zur eG stehen dürfen (§ 24 Abs. 2 Satz 2 MS).

4.2.3.2.6 Sonstige Anforderungen

Als weitere Anforderungen aufgrund der Satzung an die Wahl von Aufsichtsratsmit- 628
gliedern können u. a. auch

- eine bestimmte Berufsausbildung und Berufserfahrung,
- ein Mindestalter oder
- eine bestimmte Dauer der Mitgliedschaft in der Genossenschaft

in Betracht kommen.[232]

4.2.3.3 Arbeitnehmervertretung im Aufsichtsrat

Auch für Wohnungsgenossenschaften gilt aber, dass bei einer bestimmten Zahl von 629
Arbeitnehmern deren Vertreter im Aufsichtsrat vertreten sein müssen.

230 Nr. 1 (Präambel) des Deutschen Corporate Governance Kodex in der Fassung v. 7. Februar 2017.

231 Siehe zu den Anforderungen an die Entlastung ehemaliger Vorstandsmitglieder gemäß § 37 Abs. 2 GenG Rn. 651 ff.

232 Hillebrand/Keßler/*Keßler*, GenG, §§ 36, 37 Rn. 24.

630 Nach dem »Gesetz über die Drittelbeteiligung der Arbeitnehmer im Aufsichtsrat (Drittelbeteiligungsgesetz – DrittelbG)« muss der Aufsichtsrat bei Genossenschaften mit in der Regel mehr als 500 Arbeitnehmern zu einem Drittel aus Arbeitnehmervertretern bestehen (§§ 1 Abs. 1 Nr. 5 Satz 1; 4 Abs. 1 DrittelbG).[233] Die Vorschriften des Genossenschaftsgesetzes über die Zusammensetzung des Aufsichtsrats sowie über die Wahl und die Abberufung von Aufsichtsratsmitgliedern gelten insoweit nicht, als sie den Vorschriften dieses Gesetzes widersprechen (§ 1 Abs. 3 DrittelbG). Die Arbeitnehmervertreter werden von den Arbeitnehmern des Unternehmens gewählt (§ 5 DrittelbG). Eine Wahl dieser Aufsichtsratsmitglieder durch die Generalversammlung scheidet also aus. Die Arbeitnehmervertreter müssen auch nicht Mitglied der Genossenschaft sein und unterliegen nicht den eventuellen besonderen persönlichen Anforderungen nach der Satzung. Zudem kann die Satzung, um die Drittelbeteiligung der Arbeitnehmer zu ermöglichen, nur eine durch drei teilbare Zahl von Aufsichtsratsmitgliedern festsetzen.[234]

631 Das »Gesetz über die Mitbestimmung der Arbeitnehmer (Mitbestimmungsgesetz – MitbestG)« schreibt bei Genossenschaften mit in der Regel mehr als 2.000 Arbeitnehmern vor, dass die Aufsichtsratsmitglieder zur Hälfte von den Arbeitnehmern bzw. durch von den Arbeitnehmern gewählte Delegierte zu wählen sind (§§ 1 Abs. 1; 7 Abs. 1; 9 Abs. 1 MitbestG; siehe zu den weiteren Einzelheiten der Zusammensetzung des Aufsichtsrats § 7 MitbestG). Die Arbeitnehmervertreter müssen nach den Vorschriften des Mitbestimmungsgesetzes ebenfalls nicht Mitglied der Genossenschaft sein (siehe § 6 Abs. 3 Satz 2 GenG). Die Wählbarkeitsvoraussetzungen für die Wahl zum Arbeitnehmervertreter im Aufsichtsrat ergeben sich aus § 7 Abs. 4 MitbestG.

4.2.3.4 Fachliche Anforderungen an die Aufsichtsratsmitglieder

632 Das Genossenschaftsgesetz enthält keine Regelungen zu den konkreten fachlichen Anforderungen an die einzelnen Mitglieder des Aufsichtsrats. In der Praxis der Wohnungsgenossenschaften sind die Mitglieder des Aufsichtsrats zwar durchweg ehrenamtlich tätig und erhalten ggl. auch ein i.d.R. geringfügiges Entgelt.[235] Dennoch müssen sie bei der Erfüllung ihrer Aufgaben – entsprechend der Verantwortlichkeit der Vorstandsmitglieder – die Sorgfalt eines ordentlichen und gewissenhaften Aufsichtsratsmitglieds anwenden (§§ 41, 34 Abs. 1 Satz 1 GenG) (siehe Rn. 743 ff.). Ihre Aufgaben

233 Das Gesetz findet u. a. keine Anwendung auf sog. Tendenzbetriebe i. S. d. § 1 Abs. 2 Nr. 2 DrittelbG, d. h. Unternehmen, die unmittelbar oder überwiegend z. B. konfessionellen oder karitativen Bestimmungen dienen.

234 Hillebrand/Keßler/*Keßler*, GenG, §§ 36, 37 Rn. 113 mit Verweis auf § 1 Abs. 3 DrittelbG; siehe dort auch zu den weiteren Einzelheiten und Auswirkungen des Gesetzes für die Wohnungsgenossenschaften.

235 Siehe dazu näher unter Rn. 639 ff.

ergeben sich aus dem Genossenschaftsgesetz (insbesondere die Überwachung des Vorstands, § 38 Abs. 1 Satz 1 GenG) und darüber hinaus ggf. aus der Satzung (siehe Rn. 673 ff.).

4.2.4 Wahl (Bestellung) der Aufsichtsratsmitglieder

4.2.4.1 Bestellungsorgan

Das Genossenschaftsgesetz schreibt hinsichtlich der Bestellung[236] der Aufsichtsratsmitglieder vor, dass diese von der Generalversammlung gewählt werden (§ 36 Abs. 1 Satz 1 GenG). Das Genossenschaftsgesetz lässt allerdings durch eine Satzungsregelung zu, dass bestimmten Mitgliedern das Recht eingeräumt wird, Mitglieder in den Aufsichtsrat zu entsenden (Entsendungsrecht). Die Zahl der in den Aufsichtsrat entsandten Personen darf allerdings zusammen mit der Zahl der investierenden Mitglieder im Aufsichtsrat ein Drittel der Aufsichtsratsmitglieder nicht überschreiten (§ 36 Abs. 5 GenG). Eine entsprechende Regelung enthält bereits das Aktiengesetz (§ 101 Abs. 2 AktG). Ein solches Entsendungsrecht ist vergleichbar mit entsprechenden Regelungen in Satzungen und Gesellschaftsverträgen von Wohnungsgesellschaften in den Rechtsformen der AG bzw. der GmbH zugunsten einzelner Aktionäre und Gesellschafter. Mit dieser Neuregelung im Rahmen der Genossenschaftsrechtsreform 2017 wird bezweckt, insbesondere die Beteiligung an Genossenschaften für kommunale Gebietskörperschaften attraktiver zu machen.[237] 633

4.2.4.2 Dauer der Bestellung

Das Genossenschaftsgesetz regelt die Dauer der Bestellung nicht, sondern überlässt diese der Satzung oder bei Fehlen einer Satzungsregelung der Wahl durch die Generalversammlung. 634

Die Mustersatzung sieht vor, dass die Aufsichtsratsmitglieder für drei Jahre gewählt werden. Hierbei wird das Geschäftsjahr, in dem das Aufsichtsratsmitglied gewählt wird, nicht mitgerechnet (§ 24 Abs. 4 Satz 1, 2 MS). Die Amtszeit der Aufsichtsratsmitglieder endet mit dem Schluss der dritten ordentlichen Mitgliederversammlung nach der Wahl (§ 24 Abs. 4 Satz 3 MS). 635

236 Siehe zum Begriff der »Bestellung« auch Rn. 423 (Bestellung der Vorstandsmitglieder).
237 Gesetzentwurf der Bundesregierung v. 13.3.2017, BT-Drucks. 18/11506, 28.

! **Praxis-Beispiel**

Die Generalversammlung einer eG wählt im Jahr 2019 ein Mitglied neu in seinen Aufsichtsrat. Dessen Amtszeit endet mit dem Schluss der ordentlichen Generalversammlung im Jahr 2022. Das Geschäftsjahr 2019, in dem die Wahl stattgefunden hat, wird nicht mitgerechnet.

4.2.4.3 Gesetzliche Anforderungen

636 Das Genossenschaftsgesetz enthält keine umfassende Regelung für die Wahl der Aufsichtsratsmitglieder. § 43 Abs. 2 Satz 1 GenG schreibt nur vor, dass die Generalversammlung mit der Mehrheit der abgegebenen Stimmen (einfache Stimmenmehrheit) beschließt, soweit nicht Gesetz oder Satzung eine größere Mehrheit oder weitere Erfordernisse bestimmen. Für Wahlen kann die Satzung eine abweichende Regelung treffen (§ 43 Abs. 2 Satz 2 GenG).

4.2.4.4 Anforderungen aufgrund der Satzung

637 Die Mustersatzung sieht Empfehlungen zum Wahlverfahren vor (§ 34 Abs. 4 MS). Danach ist für die Wahl der Aufsichtsratsmitglieder Folgendes zu beachten:

- Der Versammlungsleiter ernennt die Stimmenzähler (in der Regel bereits zu Beginn der Generalversammlung).
- Wahlen zum Aufsichtsrat erfolgen nur aufgrund von Einzelvorschlägen (Listenvorschläge sind unzulässig).

! **Praxis-Beispiel**

Es ist unzulässig, dass ein oder mehrere Mitglieder einer eG eine Liste mit mehreren Kandidaten für die Wahl zum Aufsichtsrat aufstellen und nur die Stimmabgabe für die gesamte Liste möglich ist anstelle der Wahl der aufgeführten einzelnen Kandidaten. Zulässig ist aber, sofern die Satzung keine entsprechende Einschränkung vorsieht, dass zum Beispiel ein Mitglied mehrere einzelne Personen zur Wahl vorschlägt.

- Jedes Mitglied bzw. jeder Vertreter kann – sofern die Satzung nichts anderes regelt – vor oder auch während der Mitglieder- bzw. Vertreterversammlung Wahlvorschläge machen. (Dagegen kann die Satzung vorsehen, dass für Wahlvorschläge eine bestimmte Form und/oder die Einhaltung einer Frist erforderlich ist.[238]) Bei einer Generalversammlung in Form der Vertreterversammlung haben Mitglieder, die keine Vertreter sind, kein Anwesenheits- und Stimmrecht. Sie können ihre

238 Siehe dazu u. a. Hillebrand/Keßler/*Keßler*, GenG, §§ 36, 37 Rn. 43 m. w. N.

Wahlvorschläge während der Vertreterversammlung nur noch durch die anwesenden Vertreter übermitteln lassen.

- Ein Mitglied darf sich selbst als Kandidat vorschlagen.
- Der Aufsichtsrat darf als Organ Wahlvorschläge unterbreiten.[239] Wahlvorschläge durch den Vorstand als Organ sowie dessen einzelne Mitglieder sind jedoch unzulässig.[240]
- Als Formen der Abstimmung kommen in Betracht: durch Handheben oder Aufstehen (offene Wahl) oder durch Stimmzettel (geheime Wahl). Bei der Wahl ohne Stimmzettel wird einzeln über die zu wählenden Personen abgestimmt.
- Die Generalversammlung kann auf Antrag mit einfacher Mehrheit beschließen, geheim durch Stimmzettel abzustimmen (§ 34 Abs. 2 Satz 2 MS). Erfolgt die Wahl mit Stimmzetteln, werden die Bewerber, die der Wahlberechtigte wählen will, auf dem Stimmzettel bezeichnet; pro Bewerber darf nur eine Stimme abgegeben werden.
- Jeder Wahlberechtigte hat so viele Stimmen, wie Aufsichtsratsmitglieder zu wählen sind. Ein Mitglied der eG, das für den Aufsichtsrat kandidiert, darf mit abstimmen und sich auch selbst wählen.

Praxis-Tipp !

Zur Feststellung des Wahlergebnisses ist insbesondere bei einer größeren Generalversammlung eine geheime Wahl zu empfehlen, wenn sich z. B. mehr Kandidaten bewerben, als Aufsichtsratsmandate neu zu besetzen sind.

Praxis-Tipp !

Vor dem ersten Wahlgang sollte der Versammlungsleiter erläutern, wann die Wahl unwirksam wird (z. B. bei der Abgabe von mehr Stimmen als zu wählende Aufsichtsratsmitglieder vorhanden sind, bei undeutlicher Bezeichnung der Stimmabgabe bei einer Wahl mit Stimmzettel). Und vor jedem Wahlgang sollte der Versammlungsleiter darauf hinweisen, wie viele Stimmen jeder Wahlberechtigte höchstens hat.

- Gewählt ist, wer jeweils mehr als die Hälfte der abgegebenen gültigen Stimmen erhalten hat. Haben im ersten Wahlgang zahlenmäßig mehr Bewerber die Hälfte der abgegebenen Stimmen erhalten, als es Aufsichtsratsmandate gibt, sind diejenigen als Aufsichtsratsmitglied gewählt, die jeweils die meisten Stimmen erhalten.
- Für die Feststellung des Stimmverhältnisses kommt es nur auf die abgegebenen Stimmen an, d. h. Enthaltungen und ungültige Stimmen zählen nicht.

239 Hillebrand/Keßler/*Keßler*, GenG, §§ 36, 37 Rn. 41 m. w. N.
240 Siehe dazu u. a. Hillebrand/Keßler/*Keßler*, GenG, §§ 36, 37 Rn. 42 m. w. N.

- Das Abstimmungsergebnis wird durch den Versammlungsleiter bekannt gegeben; er stellt auch fest, welche konkreten Bewerber gewählt worden sind.
- Der Gewählte hat unverzüglich zu erklären, ob er die Wahl annimmt (§ 34 Abs. 4 Satz 11 MS). In der Regel geschieht dies sofort.
- Es können auch Personen zu Aufsichtsratsmitgliedern gewählt werden, die während des Wahlverfahrens nicht anwesend sind. Ihre Erklärungen, ob sie die Wahl annehmen, müssen dann nach der Versammlung unverzüglich, d. h. so bald wie möglich, gegenüber dem Versammlungsleiter, d. h. in der Regel dem Aufsichtsratsvorsitzenden, abgegeben werden. Bei abwesenden Kandidaten ist aber auch die vorherige Erklärung der Bereitschaft zur Wahlannahme möglich.
- Soweit die Bewerber im ersten Wahlgang nicht mehr als die Hälfte der abgegebenen Stimmen erhalten, sind im zweiten Wahlgang die Bewerber gewählt, die die meisten Stimmen erhalten (§ 34 Abs. 4 Satz 9 MS).
- Der Versammlungsleiter hat – wie bereits im ersten Wahlgang – das Abstimmungsergebnis festzustellen und den/die Gewählten zu fragen, ob er/sie die Wahl annimmt/annehmen.
- Bei Stimmengleichheit entscheidet das durch den Versammlungsleiter zu ziehende Los (§ 34 Abs. 4 Satz 10 MS).

! **Praxis-Tipp**

Zur Durchführung des Losverfahrens sollten Zettel mit den Namen der Kandidaten, die die gleiche Stimmenzahl erhalten haben, in verschlossenen Umschlägen in ein dafür geeignetes Gefäß gelegt werden.

! **Wichtig**

Checkliste Aufsichtsratswahl

Bei der Wahl der Aufsichtsratsmitglieder sollte Folgendes beachtet werden:

- Genaue Beachtung der konkreten Regelung des Wahlverfahrens in der Satzung.
- Ernennung von Stimmenzählern spätestens vor Beginn des Wahlverfahrens (in der Regel zu Beginn der Generalversammlung).
- Ausdrückliche Frage des Versammlungsleiters nach (weiteren) Wahlvorschlägen in der Generalversammlung.
- Keine Wahlvorschläge durch den Vorstand oder einzelne Vorstandsmitglieder.
- Technische Vorbereitungen für den Fall der geheimen Wahl durch Stimmzettel, wenn mehr Kandidaten vorhanden als Aufsichtsratsmandate zu besetzen sind.
- Bereitstellung eines geeigneten Gefäßes für ein eventuelles Losverfahren.
- Erläuterung des Wahlverfahrens gegenüber den Mitgliedern bzw. Vertretern (insbesondere über die Anzahl der möglichen Stimmen).
- Ausdrückliche Bekanntgabe des Abstimmungsergebnisses und Feststellung des gewählten Aufsichtsratsmitglieds nach jedem Wahlgang.
- Frage an jedes gewählte Aufsichtsratsmitglied durch den Versammlungsleiter nach der Annahme der Wahl.

Praktische Umsetzung 638
Der betreffende Tagesordnungspunkt der Generalversammlung zur Wahl von Aufsichtsratsmitgliedern könnte so aussehen:

Muster: TOP zur Aufsichtsratswahl
TOP ___: Wahl von Aufsichtsratsmitgliedern

4.2.4.5 Auslagenersatz (Aufwendungsersatz) und Vergütung für Aufsichtsratsmitglieder

4.2.4.5.1 Auslagenersatz

Auch hinsichtlich der Mitglieder des Aufsichtsrats ist – wie im Fall der Vorstandsmit- 639
glieder[241] – zwischen dem organschaftlichen Bestellungsakt und dem schuldrechtlichen Verhältnis zwischen dem einzelnen Mitglied und der eG zu trennen. In der Fachliteratur bestehen unterschiedliche Auffassungen dahingehend, ob mit der Annahme der Wahl durch ein Aufsichtsratsmitglied konkludent ein Anstellungsverhältnis oder damit unmittelbar ein gesetzliches Schuldverhältnis mit Geschäftsbesorgungscharakter zustandekommt.[242]

Durch den Auslagenersatz sollen die erforderlichen Aufwendungen abgegolten werden, die den Aufsichtsratsmitgliedern bei der Ausübung ihres Amtes entstehen. In der Regel fallen unter den Auslagenersatz

- Aufwendungen für Telefonate,
- Porto und
- Fahrtkosten für öffentliche Verkehrsmittel oder privat eingesetzte PKW.[243]

Der Auslagenersatz umfasst auch Aufwendungen für die erforderliche Fort- und Weiterbildung, d. h. Fachliteratur und geeignete Veranstaltungen, sofern diese Anschaffungen und Maßnahmen nicht die Genossenschaft unmittelbar getätigt bzw. beauftragt und die entstehenden Kosten bereits deshalb zu tragen hat.[244]

Das Genossenschaftsgesetz enthält keine ausdrückliche Regelung zur Erstattung der 640
Auslagen, die den Aufsichtsratsmitgliedern im Rahmen ihrer Tätigkeit entstehen. Aufsichtsratsmitglieder haben aber – auch ohne satzungsrechtliche Regelung – Anspruch auf Ersatz der erforderlichen Aufwendungen (Aufwendungsersatzanspruch, §§ 675,

241 Siehe dazu Rn. 423.
242 Siehe dazu Hillebrand/Keßler/*Keßler*, GenG, §§ 36, 37 Rn. 55. m. w. N.
243 U. a. Lang/Weidmüller/*Holthaus/Lehnhoff*, GenG, § 36 Rn. 40.
244 Hillebrand/Keßler/*Keßler*, GenG, §§ 36, 37 Rn. 56.

670 BGB).[245] Die Mustersatzung sieht ausdrücklich vor, dass dem Aufsichtsrat ein angemessener Auslagenersatz, auch in pauschalierter Form, zusteht (§ 24 Abs. 8 Satz 1 MS).

641 Sowohl die Abgeltung von Auslagen gegen Einzelnachweis als auch Pauschalen in Form eines Sitzungs- oder Tagungsgelds fällt in die Zuständigkeit des Vorstands. Es ist jedoch zulässig, dass die Satzung diese Zuständigkeit dem Vorstand und dem Aufsichtsrat zuweist.[246]

642 Bestimmte erstattungsfähige Aufwendungen können auch pauschal – etwa in Form eines Sitzungsgelds – festgelegt werden.[247] Dabei ist zu beachten, dass der pauschalierte Auslagenersatz angemessen ist. Auch bei einer Auslagenerstattung in pauschalierter Form müssen Auslagen tatsächlich entstehen. Die gezahlten Pauschalbeträge, mit denen die entstandenen Auslagen erstattet werden, müssen den realen Erfahrungswerten der anfallenden Aufwendungen entsprechen. Sind die Pauschalbeträge höher als die tatsächlichen Aufwendungen, ist der Betrag, der die Auslagen übersteigt, als (verdeckte) Vergütung anzusehen.[248] In solchen Fällen bedarf es einer Regelung in der Satzung oder eines Beschlusses der Generalversammlung (siehe Rn. 645).

4.2.4.5.2 Vergütung

643 Sofern durch Geld- oder Sachleistungen der eG an die Mitglieder des Aufsichtsrats nicht nur tatsächlich entstandene Auslagen abgegolten werden, sondern Arbeitsleistungen für die Aufsichtsratstätigkeit und der damit verbundene Zeitaufwand mit umfasst werden sollen, ist dies rechtlich als Vergütung zu bewerten.[249]

644 Im Genossenschaftsgesetz ist nur geregelt, dass die Mitglieder des Aufsichtsrats keine nach dem Geschäftsergebnis bemessene Vergütung beziehen dürfen (§ 36 Abs. 2 GenG). Im Übrigen schweigt das Gesetz zu der Frage, ob und wenn ja, in welcher Höhe, Aufsichtsratsmitglieder Anspruch auf eine Vergütung haben.

645 Nach § 113 Abs. 1 Satz 1 AktG kann den Aufsichtsratsmitgliedern für ihre Tätigkeit eine Vergütung gewährt werden. Sie kann in der Satzung festgesetzt oder von der Hauptversammlung bewilligt werden (§ 113 Abs. 1 Satz 2 AktG). Diese aktienrechtliche Vorschrift wird im Genossenschaftsrecht analog angewendet.[250]

245 Hillebrand/Keßler/*Keßler*, GenG, §§ 36, 37 Rn. 56.
246 Lang/Weidmüller/*Holthaus/Lehnhoff*, GenG, § 36 Rn. 41.
247 Hillebrand/Keßler/*Keßler*, GenG, §§ 36, 37 Rn. 59; siehe auch diesbzgl. § 24 Abs. 8 Satz 1 MS.
248 Hillebrand/Keßler/*Keßler*, GenG, §§ 36, 37 Rn. 59.
249 Siehe dazu auch Lang/Weidmüller/*Holthaus/Lehnhoff*, GenG, § 36 Rn. 36; Hillebrand/Keßler/*Keßler*, GenG, §§ 36, 37 Rn. 57; siehe dort auch hins. der Ausnahmen, z. B. bei Verdienstausfall als Folge der Aufsichtsratstätigkeit.
250 U. a. Lang/Weidmüller/*Holthaus/Lehnhoff*, GenG, § 36 Rn. 37 sowie Hillebrand/Keßler/*Keßler*, GenG, §§ 36, 37 Rn. 60.

Der Grund, dass die Generalversammlung die Vergütung für die Aufsichtsratsmitglieder festsetzen muss, liegt darin, dass kein anderes Organ der eG unbefangen über diesen Punkt entscheiden kann.[251] Die Aufsichtsratsmitglieder dürfen sich nicht selbst eine Vergütung festsetzen. Außerdem ist der Aufsichtsrat – unabhängig davon, ob er selbst oder die Generalversammlung die Vorstandsmitglieder bestellt[252] – bereits für den Abschluss des Anstellungsvertrags mit den Vorstandsmitgliedern zuständig (§ 39 Abs. 1 GenG) und damit auch für die Vereinbarung der Vorstandsvergütung. Der Vorstand kommt daher ebenfalls nicht für die Festsetzung der Aufsichtsratsvergütung in Betracht. 646

Zur Klarstellung sieht auch die Mustersatzung vor, dass dem Aufsichtsrat für seine Tätigkeit eine Vergütung gewährt werden kann. Über die Vergütung sowie über deren Höhe beschließt die Mitgliederversammlung (§§ 24 Abs. 8 Satz 2; 35 Abs. 1 Buchst. g MS). 647

Sofern Zahlungen, die als Vergütung einzustufen sind, ohne die dafür erforderliche Rechtsgrundlage erfolgen, kann eine Pflicht zur Rückerstattung der Beträge durch die betreffenden Aufsichtsratsmitglieder nach den Vorschriften des BGB über die ungerechtfertigte Bereicherung (§§ 812 ff. BGB) in Betracht kommen. Unter Umständen sind auch Schadensersatzansprüche der eG gegenüber den Vorstandsmitgliedern, die solche Zahlungen angewiesen haben, möglich, weil diese damit gegen ihre Sorgfaltspflicht verstoßen haben. 648

Die Vergütung soll in einem angemessenen Verhältnis zu den Aufgaben der Aufsichtsratsmitglieder und zur Lage der Genossenschaft stehen (§ 113 Abs. 1 Satz 3 AktG analog). Die Unternehmensgröße, die unternehmerischen Aktivitäten, die damit verbundene Verantwortung und die wirtschaftliche Lage der eG spielen also für die Bemessung der Vergütung die entscheidende Rolle.[253] Vor einer Beschlussfassung über die Festsetzung und die konkrete Höhe der Vergütung für die Aufsichtsratsmitglieder sollte ggf. eine Abstimmung mit dem zuständigen Prüfungsverband erfolgen. Die Aufsichtsratsvergütung ist einkommen- und grundsätzlich umsatzsteuerpflichtig (§ 18 Abs. 1 Nr. 3 EStG; §§ 1 Abs. 1 Nr. 1, 2 Abs. 1 UStG).[254] 649

251 Siehe hierzu auch Lang/Weidmüller/*Holthaus/Lehnhoff*, GenG, § 36 Rn. 34 sowie Hillebrand/Keßler/*Keßler*, GenG, §§ 36, 37 Rn. 60.

252 Lang/Weidmüller/*Holthaus/Lehnhoff*, GenG, § 24 Rn. 48.

253 Siehe dazu u. a. auch Hillebrand/Keßler/*Keßler*, GenG, §§ 36, 37 Rn. 62 m. w. N.

254 Siehe dazu u. a. Beuthien/*Beuthien*; GenG, § 36 Rn. 10.

4.2.4.5.3 Praktische Umsetzung

650 Der betreffende Tagesordnungspunkt sowie der Beschlussvorschlag der Generalversammlung zur Festsetzung einer Vergütung für die Mitglieder des Aufsichtsrats könnten so aussehen:

!

Muster: TOP und Beschlussvorschlag zur Vergütung von Aufsichtsratsmitgliedern

TOP ___: Festsetzung der Vergütung der Aufsichtsratsmitglieder
Beschlussvorschlag zu TOP ___
Der Vorsitzende des Aufsichtsrats erhält eine monatliche Vergütung in Höhe von ______ Euro (Höhe der Vergütung).[255] Die übrigen Mitglieder des Aufsichtsrats erhalten eine monatliche Vergütung in Höhe von ______ Euro (Höhe der Vergütung).
Der Anspruch auf die Vergütung beginnt am ________ (Datum).
Sofern die Vergütung im Einzelfall umsatzsteuerpflichtig ist, wird die Vergütung zuzüglich der gesetzlichen Umsatzsteuer gezahlt.

!

Praxis-Tipp

Es bestehen grundsätzlich keine Bedenken, Aufsichtsratsmitgliedern von Wohnungsgenossenschaften eine Vergütung zukommen zu lassen, um zumindest einen Teil des Arbeits- und Zeitaufwands finanziell auszugleichen, der mit der Aufsichtsratstätigkeit verbunden ist. Wichtig ist aber, dass das zuständige Organ, d. h. die Generalversammlung, darüber beschließt. Dadurch wird auch Transparenz hinsichtlich der Zahlungen an das Kontrollorgan geschaffen. Die Praxis im Bereich der Wohnungsgenossenschaften zeigt, dass Generalversammlungen bei guter Argumentation in der Regel angemessene Vergütungen an Aufsichtsratsmitglieder von Wohnungsgenossenschaften beschließen.

Der Beschlussvorschlag für die Festsetzung bzw Erhöhung einer Vergütung für die Aufsichtsratsmitglieder einer eG kann wie folgt begründet werden:

!

Muster: Begründung einer Vergütung für Aufsichtsratsmitglieder

(...)
In der Praxis der Wohnungsgenossenschaften werden den Mitgliedern des Aufsichtrats bereits häufig nicht nur die im Rahmen ihres Amts entstehenden Auslagen erstattet. Vielmehr erhalten sie darüber hinaus oft auch eine Gegenleistung für den Arbeits- und Zeitaufwand, der mit der Aufsichtsratstätigkeit verbunden ist.
Auch in der öffentlichen Diskussion ist das Bewusstsein der Bedeutung der Aufsichtsratstätigkeit, die mit hohen rechtlichen Anforderungen verbunden ist, gestiegen.

255 Ggf. kann zusätzlich auch eine gesonderte Vergütung für den stellvertretenden Aufsichtsratsvorsitzenden festgesetzt werden bzw. für die Zeit, in der er den Vorsitz tatsächlich stellvertretend ausübt.

Entsprechend den Vorschriften für Vorstandsmitglieder haben die Aufsichtsratsmitglieder die Sorgfalt eines ordentlichen und gewissenhaften Aufsichtsratsmitglieds einer Genossenschaft zu beachten (§§ 41, 34 GenG).
Die Tätigkeit von Aufsichtsratsmitgliedern beschränkt sich nicht nur auf die Teilnahme an den Sitzungen und ist nicht nur mit Rechten, sondern vor allem auch mit Pflichten verbunden.
Jedes Mitglied des Aufsichtsrats einer Wohnungsgenossenschaft muss in der Lage sein, sich eigenständig, d. h. ohne fremde Hilfe, aufgrund des Geschäftsgangs, der Berichte des Vorstands und der Feststellungen der Verbandsprüfer ein eingehendes fachliches Bild von der Lage und Entwicklung der eG zu machen. Daneben muss es beurteilen können, ob der Aufsichtsrat als Gremium seinen Aufgaben gerecht wird, und zwar hinsichtlich seiner Zusammensetzung, Organisation und Arbeitsweise. Vor allem ist eine genaue Kenntnis der für die Mitglieder des Aufsichtsrats maßgeblichen gesetzlichen und satzungsrechtlichen Vorschriften sowie der Geschäftsordnung des Aufsichtsrats notwendig. Und schließlich ist auch ein Einblick jedes Aufsichtsratsmitglieds in die allgemein anerkannten betriebswirtschaftlichen Erkenntnisse und Erfahrungssätze erforderlich.
Ebenso wie Vorstandsmitglieder sind auch die Aufsichtsratsmitglieder, die ihre Sorgfaltspflicht verletzen, der eG als Gesamtschuldner zum Schadensersatz verpflichtet. Ansprüche der eG gegenüber Aufsichtsratsmitgliedern verjähren in fünf Jahren.

4.2.4.6 Sonderfall: Wechsel vom Vorstand in den Aufsichtsrat

4.2.4.6.1 Entlastung für die gesamte Vorstandstätigkeit

Das Genossenschaftsgesetz (GenG) schreibt zwingend vor, dass in Fällen, in denen 651
Vorstandsmitglieder aus ihrem Amt ausscheiden, sie nicht vor erteilter Entlastung in den Aufsichtsrat gewählt werden dürfen (§ 37 Abs. 2 GenG).

Die Besonderheit bei der Entlastung eines ehemaligen Vorstandsmitglieds vor einem Wechsel in den Aufsichtsrat besteht darin, dass von der Entlastung ggf. nicht nur das vergangene Geschäftsjahr, sondern auch das laufende, sog. Rumpfgeschäftsjahr, betroffen ist.

Praxis-Beispiel !

Die Generalversammlung findet am 12. Juni 2019 statt. Ein hauptamtliches Vorstandsmitglied ist am 31. Mai 2019 aus seinem bisherigen Amt ausgeschieden und möchte in den Aufsichtsrat wechseln. Die Satzung enthält nicht die Empfehlung der Mustersatzung, wonach ehemalige Vorstandsmitglieder erst zwei Jahre nach Ausscheiden aus dem Amt und nach erteilter Entlastung in den Aufsichtsrat gewählt werden können (§ 24 Abs. 3 MS).[256] Neben der Entlastung aller Vorstandsmitglieder für das Geschäftsjahr 2018 muss das ehemalige

256 Siehe zur Einhaltung einer Wartezeit aufgrund einer Satzungsregelung Rn. 624 ff.

Vorstandsmitglied außerdem für das Rumpfgeschäftsjahr 2019, d. h. für den Zeitraum vom 1. Januar 2019 bis zum 31. Mai 2019, entlastet werden, um in den Aufsichtsrat gewählt werden zu können.

4.2.4.6.2 Entlastung für das Rumpfgeschäftsjahr

652 Das Genossenschaftsgesetz regelt jedoch nicht, welche konkreten Anforderungen an die Entlastung des betreffenden Vorstandsmitglieds für das Rumpfgeschäftsjahr zu stellen sind. In der genossenschaftsrechtlichen Fachliteratur wird dazu die Auffassung vertreten, dass der Generalversammlung für die Entscheidung über die Entlastung nicht notwendigerweise eine Zwischenbilanz des Rumpfgeschäftsjahres vorgelegt werden muss. Es wird danach vielmehr auch als ausreichend angesehen, wenn die Generalversammlung in anderer Weise, z. B. durch einen Bericht des Aufsichtsrats oder eine Stellungnahme des Prüfungsverbands, so unterrichtet wird, dass deren Mitglieder in der Lage sind, ihre Entscheidung auf einer ausreichenden Grundlage zu treffen.[257]

! **Praxis-Tipp**

Der genannte Vorschlag in der Fachliteratur, eine Stellungnahme des Prüfungsverbands einzuholen, ist ein sinnvolles und rechtlich geeignetes Mittel, um eine Entlastungsentscheidung für ein Rumpfgeschäftsjahr zu treffen und eine evtl. anschließende Wahl eines ehemaligen Vorstandsmitglieds juristisch abzusichern.

653 Die Wahl eines ehemaligen Vorstandsmitglieds in den Aufsichtsrat ohne ordnungsgemäße Entlastung, d. h. ohne Entlastung für das Rumpfgeschäftsjahr, hat für die Genossenschaft erhebliche Konsequenzen: Eine solche Wahl ist nach überwiegender Meinung in der genossenschaftsrechtlichen Fachliteratur nichtig und somit nicht durch eine nachträgliche Entlastung rückwirkend heilbar.[258] Das hat zur Folge, dass eine Neuwahl notwendig wird, um eine ordnungsgemäße Besetzung des Aufsichtsrats, allerdings nur mit Wirkung für die Zukunft, zu erreichen.

654 Ob in einem solchen Fall außerdem ggf. Beschlüsse des Aufsichtsrats erneut gefasst werden müssen, weil das Gremium nicht ordnungsgemäß besetzt war, hängt davon ab, ob es für deren Zustandekommen auf die Stimme des Aufsichtsratsmitglieds (und ehemaligen Vorstandsmitglieds) ankam, das ohne ordnungsgemäße Entlastung in das Kontrollorgan gewechselt ist.

---

257 Hillebrand/Keßler/*Keßler*, GenG, §§ 36, 37 Rn. 7 m. w. N.

258 Siehe auch dazu Hillebrand/Keßler/*Keßler*, GenG, §§ 36, 37 Rn. 8 m. w. N.

Praxis-Beispiel !

Ein ehemaliges Vorstandsmitglied war ohne ordnungsgemäße Entlastung für das Rumpfgeschäftsjahr in das Kontrollgremium der eG gewählt worden. Ein Beschluss des Aufsichtsrats über die Einstellung in die Ergebnisrücklagen bei der Aufstellung des Jahresabschlusses und über den Vorschlag für die Verwendung des Jahresüberschusses (unverbindliche Vorwegzuweisung, vgl. § 28 Buchst. n MS) kam einstimmig zustande. Für die Wirksamkeit von Beschlüssen des Aufsichtsrats genügte nach der Satzung die Mehrheit der abgegebenen Stimmen (vgl. § 27 Abs. 6 Hs. 1 MS). Es kam daher für das Zustandekommen des Beschlusses nicht auf die Stimme des ehemaligen Vorstandsmitglieds an. Der Beschluss ist deshalb trotz der Nichtigkeit der Wahl des ehemaligen Vorstandsmitglieds zum Aufsichtsratsmitglied wirksam.

Praktische Umsetzung 655

Die betreffenden Tagesordnungspunkte der Generalversammlung zur Wahl eines ehemaligen Vorstandsmitglieds in den Aufsichtsrat könnten so aussehen[259]:

Muster: TOP zur Wahl eines ehemaligen Vorstandsmitglieds in den Aufsichtsrat !

TOP ___: Entlastung der Vorstandsmitglieder für das Geschäftsjahr _______
TOP ___: Entlastung des Vorstandsmitglieds ___________ (Name des Vorstandsmitglieds) für die Zeit vom ________ bis zum _______ (Angabe des Zeitraums des Rumpfgeschäftsjahrs)
TOP ___: Wahl von Aufsichtsratsmitgliedern

4.2.4.7 Fehler bei der Wahl von Aufsichtsratsmitgliedern

Auch bei der Wahl der Aufsichtsratsmitglieder können Fehler, insbesondere aufgrund von Verstößen gegen Satzungsrecht, in Betracht kommen. 656

Es kann z. B. vorkommen, dass ein Bewerber zum Aufsichtsratsmitglied gewählt worden ist, obwohl die erforderliche Mehrheit nicht erreicht wurde. In solchen Fällen besteht die Möglichkeit, die Wahl, d. h. das vom Versammlungsleiter verbindlich festgestellte Beschlussergebnis, im Wege der Klage anzufechten (Anfechtungsklage gemäß § 51 GenG) (siehe Rn. 987 ff.).[260] Zur Anfechtungsklage ist unter anderem jedes Mitglied befugt, das in der Generalversammlung zur Wahl des Aufsichtsratsmitglieds erschienen ist und das gegen den Beschluss Widerspruch zum Protokoll erklärt hat

259 Sofern die Satzung nicht die Empfehlung in der Mustersatzung enthält, wonach ehemalige Vorstandsmitglieder erst zwei Jahre nach Ausscheiden aus dem Amt und nach erteilter Entlastung in den Aufsichtsrat gewählt werden können (§ 24 Abs. 3 MS); siehe dazu Rn. 624 ff.

260 Siehe zur Anfechtung von Beschlüssen der Generalversammlung u. a. auch Hillebrand/Keßler/*Keßler*, GenG, § 51 Rn. 9.

(§ 51 Abs. 2 Satz 1 GenG). Die Anfechtungsklage muss innerhalb eines Monats erhoben werden (§ 51 Abs. 1 Satz 2 GenG).[261]

657 Ein Verstoß gegen Satzungsrecht ist zum Beispiel auch in der Form möglich, dass ein Bewerber zum Aufsichtsratsmitglied gewählt wird, obwohl er die in der Satzung festgesetzte Altersgrenze für die Wahl und Wiederwahl bereits überschritten hat. In diesem Zusammenhang wird in der Fachliteratur u. a. die Ansicht vertreten, dass zunächst die entsprechende Satzungsregelung nach ihrem Sinn zur Lösung auszulegen ist. Wenn z. B. ausdrücklich geregelt ist, dass unter konkreten Voraussetzungen eine Person »nicht in den Aufsichtsrat gewählt werden kann«, wird eine dennoch erfolgte Wahl als nichtig[262] angesehen.[263] Enthält dagegen die Satzung statt einer zwingenden Vorschrift nur eine rechtliche Verpflichtung zur Einhaltung bestimmter Voraussetzungen (»Sollvorschrift»), wird die Wahl trotz des Rechtsverstoßes als gültig angesehen – mit der Möglichkeit einer Anfechtung des Beschlusses nach § 51 GenG.[264]

4.2.4.8 Ehrenmitglieder des Aufsichtsrats

658 In der Praxis der Wohnungsgenossenschaften wurden vor allem in der Vergangenheit in Einzelfällen langjährige Aufsichtsratsmitglieder für ihr Engagement und ihre Verdienste für die eG durch die Verleihung des Titels »Ehrenmitglied des Aufsichtsrats« ausgezeichnet. Daneben kommt als Auszeichnung auch die Ehrenmitgliedschaft im Vorstand oder in der Genossenschaft in Betracht. Es können schließlich auch Personen zu Ehrenvorsitzenden des Aufsichtsrats oder des Vorstands ernannt werden.

! **Praxis-Beispiel**

Ein Aufsichtsratsmitglied ist 72 Jahre alt und scheidet nach Ablauf seiner Amtszeit aus dem Aufsichtsrat der eG aus, weil die Satzung nach Vollendung des 70. Lebensjahrs eine erneute Wahl nicht zulässt. Der Ausscheidende war mehr als 30 Jahre Mitglied im Aufsichtsrat. Die Satzung sieht keine Ehrenmitgliedschaften in Organen der eG vor.

659 Das Genossenschaftsgesetz enthält keine Regelungen über Ehrenmitgliedschaften. Es wird jedoch in der genossenschaftsrechtlichen Literatur die Auffassung vertreten, dass solche Ehrentitel sogar ohne eine Regelung in der Satzung verliehen werden dür-

---

261 Siehe wegen der weiteren Einzelheiten § 51 GenG sowie Hillebrand/Keßler/*Keßler*, GenG, § 51 Rn. 23 ff.

262 Siehe zur Abgrenzung »Nichtigkeit – Anfechtbarkeit« und der gerichtlichen Geltendmachung der Nichtigkeit Rn. 435.

263 Lang/Weidmüller/*Holthaus/Lehnhoff*, § 36 Rn. 19; § 24 Abs. 1 Satz 5 MS schreibt ebenso in dem Sinne vor, dass die Wahl oder Wiederwahl (in den Aufsichtsrat) »nur vor Vollendung des _____ Lebensjahres erfolgen kann«.

264 Lang/Weidmüller/*Holthaus/Lehnhoff*, § 36 Rn. 19 m. w. N.; siehe zur zumindest vorläufigen Wirksamkeit von anfechtbaren Beschlüssen und deren Unanfechtbarkeit und (endgültigen) Bestandskraft nach Ablauf der Anfechtungsfrist Rn. 435.

fen. In dem Zusammenhang wird u. a. auch die Meinung vertreten, dass die Generalversammlung entsprechend § 36 Abs. 1 Satz 1 GenG – und nicht der Aufsichtsrat selbst – bei fehlender satzungsrechtlicher Grundlage einzelne Mitglieder der Genossenschaft zu Ehrenmitgliedern des Aufsichtsrats bestellen darf.[265] Die Verleihung und eventuelle spätere Aberkennung von Ehrenmitgliedschaften sollte daher nur durch das Organ erfolgen, das auch für die Verleihung der »ordentlichen« Mitgliedschaften im jeweiligen Organ der eG zuständig ist.[266]

Im o. g. Beispiel kann das ausscheidende Aufsichtsratsmitglied aufgrund der in der 660
Fachliteratur vertretenen Ansicht auch ohne Satzungsregelung zum Ehrenmitglied des Aufsichtsrats ernannt werden. Weil die Mitglieder des Aufsichtsrats von der Generalversammlung gewählt werden, sollte auch die Vergabe der Ehrenmitgliedschaft im Aufsichtsrat an das ausgeschiedene Mitglied durch die Generalversammlung der eG erfolgen.

Über die rechtlichen Folgen der Verleihung von Ehrentiteln besteht dagegen weitge- 661
hend Einigkeit. Ehrenmitglieder erlangen durch die Ehrung (»Ehrenmitglied») keine Rechte und keine Pflichten in den betreffenden Organen, insbesondere kein Antrags- und Stimmrecht.[267] Die gesetzlichen Voraussetzungen für den Erwerb der Mitgliedschaft in den jeweiligen Organen, d. h. zum Beispiel die Wahl der Aufsichtsratsmitglieder durch die Generalversammlung, sind zwingend (vgl. § 18 Satz 2 GenG).

Es wird jedoch u. a. auch die Ansicht vertreten, dass z. B. mit der Ehrenmitgliedschaft 662
im Aufsichtsrat ein Teilnahme- und Rederecht in den Sitzungen verbunden werden kann.[268]

Zu beachten ist auf jeden Fall, dass die Aufsichtsrats- und Vorstandsmitglieder der 663
Verschwiegenheitspflicht unterliegen (siehe Rn. 750 zum Aufsichtsrat und Rn. 571 ff. zum Vorstand). Zumindest ein ständiges Anwesenheits- und Rederecht von Ehrenmitgliedern in den betreffenden Sitzungen der Organe ist daher bereits abzulehnen, weil ihnen keine vertraulichen Informationen oder sogar Geschäftsgeheimnisse zukommen dürfen.

Praxis-Tipp !

Wenn z. B. ein langjähriges Aufsichtsratsmitglied nach Ablauf seiner Amtszeit zum Ehrenmitglied des Aufsichtsrats ernannt werden soll, sollte ihm gegenüber bereits vorher deutlich gemacht werden, dass mit der Auszeichnung keine Fortsetzung der bisherigen Aufsichtsrats-

265 U. a. Hillebrand/Keßler/*Keßler*, GenG, §§ 36, 37 GenG Rn. 39 m. w. N.
266 So auch Beuthien/*Beuthien*, GenG, § 24 Rn. 16.
267 Hillebrand/Keßler/*Keßler*, GenG, §§ 36, 37 Rn. 39 m. w. N.
268 Siehe auch dazu Hillebrand/Keßler/*Keßler*, GenG, §§ 36, 37 Rn. 39 m. w. N.

tätigkeit verbunden ist. Ggf. kann auch darauf hingewiesen werden, dass das künftige Ehrenmitglied grundsätzlich nicht zur Teilnahme an den Aufsichtsratssitzungen berechtigt ist, weil es kein (ordentliches) Mitglied dieses Gremiums mehr ist, sondern ihm nur noch symbolisch, nämlich »ehrenhalber« angehört.

4.2.5 Wahl von Ersatzmitgliedern des Aufsichtsrats

4.2.5.1 Gesetzliche Anforderungen

664 Das Genossenschaftsgesetz enthält keine Vorschrift zur Wahl von Ersatzmitgliedern für den Aufsichtsrat. Eine solche rechtliche Regelung, die analog im Genossenschaftsrecht angewendet werden kann, findet sich aber im Aktiengesetz (§ 101 Abs. 3 Satz 2 AktG). Ein Ersatzmitglied wird danach aufschiebend bedingt gewählt, d. h. es wird erst dann Mitglied des Aufsichtsrats, wenn ein Mitglied endgültig ausfällt. Dazu gehören die Fälle des Todes, der Amtsniederlegung oder des Ausscheidens des bisherigen Aufsichtsratsmitglieds.[269]

665 Für die Wahl von Ersatzmitgliedern des Aufsichtsrats bestehen zwei Möglichkeiten: Es können Ersatzmitglieder für bestimmte Aufsichtsratsmitglieder gewählt werden. Stattdessen kann aber auch eine Wahl von Ersatzmitgliedern für alle Aufsichtsratsmitglieder erfolgen. In dem Fall ist aber im Rahmen der Wahl eine Festlegung erforderlich, in welcher Reihenfolge die Ersatzmitglieder für ausscheidende Aufsichtsratsmitglieder nachrücken.[270]

! **Praxis-Beispiel**

Der Aufsichtsrat einer eG ist gewählt und besteht aus drei Mitgliedern. Die Generalversammlung wählt gleichzeitig für jedes Aufsichtsratsmitglied ein Ersatzmitglied, also insgesamt drei Ersatzmitglieder.
Möglich wäre aber auch, dass z. B. nur für ein bestimmtes Aufsichtsratsmitglied, das u. U. nicht für die volle Amtszeit im Aufsichtsrat zur Verfügung steht, ein Ersatzmitglied bestellt wird. Denkbar ist schließlich auch, dass z. B. zwei Ersatzmitglieder gewählt werden und dass aufgrund der Festlegung im Rahmen der Wahl das Ersatzmitglied, das die meisten Stimmen erhalten hat, als erstes Ersatzmitglied in den Aufsichtsrat nachrückt.

666 Ersatzmitglieder des Aufsichtsrats können aufgrund der analog im Genossenschaftsrecht anzuwendenden Vorschrift des § 101 Abs. 3 Satz 2 AktG auch dann gewählt werden, wenn dies in der Satzung nicht vorgesehen ist.[271] Die Wahl von Ersatzmitgliedern kommt vor allem für Genossenschaften, deren Aufsichtsrat eine geringe Anzahl an Mitgliedern hat, in Betracht.

---

269 Hillebrand/Keßler/*Keßler*, GenG, §§ 36, 37 Rn. 37 m. w. N.
270 Siehe dazu Hillebrand/Keßler/*Keßler*, GenG, §§ 36, 37 Rn. 37.
271 So z. B. auch nicht in der Mustersatzung.

4.2.5.2 Wahlverfahren

Die Mustersatzung enthält – wie auch das Gesetz – keine Regelung zur Wahl von Ersatzmitgliedern des Aufsichtsrats. Es empfiehlt sich daher, die Regelungen in der Satzung für die Wahl der Aufsichtsratsmitglieder entsprechend anzuwenden. 667

Praxis-Tipp !

Wenn ein Aufsichtsrat, wie es nach dem Genossenschaftsgesetz ausreicht, nur aus drei Mitgliedern besteht, sollte immer eine voraussichtlich ausreichende Zahl an Ersatzmitgliedern gewählt werden. Da in solchen Fällen das Gremium bereits beim vorzeitigen Ausscheiden eines Aufsichtsratsmitglieds beschlussunfähig wird, ist andernfalls eine außerordentliche Generalversammlung für die vorzeitige Neuwahl eines Aufsichtsratsmitglieds erforderlich.

4.2.5.3 Praktische Umsetzung

Der betreffende Tagesordnungspunkt der Generalversammlung zur Wahl von Ersatzmitgliedern des Aufsichtsrats könnte so aussehen: 668

TOP für Wahl von Ersatzmitgliedern
TOP …: Wahl von Ersatzmitgliedern des Aufsichtsrats

4.2.6 Ersatzwahlen für ausgeschiedene Aufsichtsratsmitglieder

Eine gesetzliche Regelung für die Durchführung einer (in der Regel außerordentlichen) Generalversammlung zur Ersatzwahl von ausgeschiedenen Aufsichtsratsmitgliedern gibt es nicht. Das Genossenschaftsgesetz schreibt nur vor, dass der Aufsichtsrat mindestens aus drei Mitgliedern bestehen muss (§ 36 Abs. 1 Satz 1 GenG). 669

Die Mustersatzung sieht vor, dass der Aufsichtsrat bis zur nächsten ordentlichen Generalversammlung, in der die Ersatzwahlen vorgenommen werden, nur aus den verbleibenden Mitgliedern besteht, wenn Mitglieder während ihrer Amtszeit ausscheiden (§ 24 Abs. 5 Satz 1 MS). Frühere Ersatzwahlen durch eine außerordentliche Generalversammlung sind nur dann erforderlich, wenn die Zahl der Aufsichtsratsmitglieder unter drei sinkt oder der Aufsichtsrat nicht mehr beschlussfähig im Sinne von § 27 Abs. 4 der Mustersatzung ist (§ 24 Abs. 5 Satz 2 MS). Nach der Mustersatzung ist der Aufsichtsrat beschlussfähig, wenn mehr als die Hälfte der satzungsgemäß oder gemäß Beschluss der Generalversammlung festgelegten Zahl der Mitglieder bei der Beschlussfassung anwesend ist (§ 27 Abs. 4 MS). Ersatzwahlen erfolgen jedoch nur für den Rest der Amtsdauer der ausgeschiedenen Aufsichtsratsmitglieder (§ 24 Abs. 5 Satz 3 MS). 670

! **Praxis-Beispiel**

- Der Aufsichtsrat einer eG besteht aus drei Mitgliedern. Einen Monat nach der ordentlichen Generalversammlung stirbt ein Aufsichtsratsmitglied. Weil kein Ersatzmitglied gewählt worden ist, muss wegen der erforderlichen Neuwahl eine außerordentliche Generalversammlung einberufen werden.
- Eine Wohnungsgenossenschaft hat einen Aufsichtsrat, der aus neun Mitgliedern besteht. Die in der letzten Vertreterversammlung gewählten zwei Ersatzmitglieder sind bereits in den Aufsichtsrat nachgerückt. Wegen erheblicher Differenzen zwischen dem Vorstand und Teilen des Aufsichtsrats legen fünf Aufsichtsratsmitglieder ihr Amt mit sofortiger Wirkung nieder. Der Aufsichtsrat besteht nun aus weniger als der Hälfte der satzungsgemäß festgelegten Zahl der Mitglieder. Auch in diesem Fall muss eine außerordentliche Vertreterversammlung für die Neuwahlen zum Aufsichtsrat stattfinden.

4.2.7 Gerichtliche Bestellung eines Notaufsichtsrats

671 Eine Bestellung eines oder mehrerer Aufsichtsratsmitglieder durch das Amtsgericht (§§ 29 BGB, 104 AktG analog) kommt nur in dringenden Fällen in Betracht.[272]

! **Praxis-Beispiel**

Gegen ein Vorstandsmitglied einer Wohnungsgenossenschaft hat die Staatsanwaltschaft ein Ermittlungsverfahren wegen des Verdachts der Untreue zulasten des Wohnungsunternehmens eingeleitet. Das Vorstandmitglied soll vorläufig von seinem Amt enthoben werden. Der Aufsichtsrat der eG besteht nach dem Tod eines Aufsichtsratsmitglieds aber nur noch aus zwei Mitgliedern und ist somit nicht mehr beschlussfähig. Eine außerordentliche Generalversammlung zur Nachwahl des fehlenden dritten Aufsichtsratsmitglieds kann frühestens in vier Wochen stattfinden. In diesem Fall kommt die gerichtliche Bestellung eines Aufsichtsratsmitglieds in Betracht.

4.2.8 Eintragung in das Genossenschaftsregister

672 Die Aufsichtsratsmitglieder einer eG werden – im Gegensatz zu den Vorstandsmitgliedern – nicht im Genossenschaftsregister eingetragen. Eine Ausnahme besteht nur insoweit, dass eine Abschrift der Urkunde über die Erstbestellung des Aufsichtsrats einer neu gegründeten eG beim Registergericht eingereicht werden muss (siehe Rn. 31). Wenn sich die Zusammensetzung des Aufsichtsrats später ändert, muss dies dem Genossenschaftsregister nicht mitgeteilt werden.

272 Siehe dazu im Einzelnen Lang/Weidmüller/*Holthaus/Lehnhoff*, GenG, § 9 Rn. 9.

4.2.9 Aufgaben des Aufsichtsrats

4.2.9.1 Überblick

Die Aufgaben des Aufsichtsrats einer Wohnungsgenossenschaft ergeben sich zunächst aus dem Genossenschaftsgesetz. Das Gesetz sieht aber vor, dass die Genossenschaft dem Aufsichtsrat in ihrer Satzung weitere Aufgaben übertragen kann (§ 38 Abs. 3 GenG). Die Mustersatzung hat deshalb nicht nur die gesetzlichen Aufgaben übernommen, sondern dem Aufsichtsrat darüber hinaus noch weitere Funktionen gegeben. 673

Nach dem Genossenschaftsgesetz und der Mustersatzung hat der Aufsichtsrat folgende konkrete Aufgaben: 674
- Überwachung des Vorstands,
- Förderung des Vorstands,
- Bestellung der Vorstandsmitglieder[273],
- Vertretung der Genossenschaft gegenüber den Vorstandsmitgliedern,
- Mitwirkungsrecht in grundlegenden Geschäftsführungsangelegenheiten,
- befristete Bestellung von Aufsichtsratsmitgliedern zu Stellvertretern verhinderter Vorstandsmitglieder sowie
- Berufungsinstanz bei Ausschluss eines Mitglieds.

4.2.9.2 Überwachung des Vorstands

4.2.9.2.1 Praktische Durchführung der Überwachung

Die wichtigste gesetzliche Aufgabe des Aufsichtsrats ist die Überwachung des Vorstands bei dessen Geschäftsführung (vgl. § 38 Abs. 1 Satz 1 GenG). 675

Bei der Überwachungstätigkeit des Aufsichtsrats können viele Unklarheiten auftreten. In der gängigen Literatur zum Genossenschaftsrecht werden zwar teilweise auch Einzelfragen behandelt, durchweg aber keine konkreten Ratschläge zur praktischen Durchführung der Überwachung des Vorstands gegeben. In der genossenschaftlichen Praxis gibt es zahlreiche Varianten in der Durchführung der Aufsichtsratsprüfung. Viele davon haben sich im Laufe der Jahrzehnte eingespielt und werden mehr oder weniger geduldet, auch wenn sie im Einzelfall durchaus zweifelhaft sein können oder sogar unzulässig sind. Das Genossenschaftsgesetz enthält zudem keine Bestimmungen zum Ablauf einer Prüfung des Vorstands durch den Aufsichtsrat. Und auch in den 676

273 Siehe zum Regelfall der Bestellung der Vorstandsmitglieder durch den Aufsichtsrat aufgrund von Satzungsrecht Rn. 425 sowie zur vorläufigen Amtsenthebung der Vorstandsmitglieder durch den Aufsichtsrat Rn. 439 ff.

anderen Gesetzen zu den maßgeblichen Gesellschaftsformen, wie z. B. dem Aktiengesetz oder dem GmbH-Gesetz, sind keine entsprechenden Hinweise oder gar Anleitungen zu den Details einer solchen Prüfung vorhanden.

677 Das Gesetz hat dem Aufsichtsrat die Aufgabe des Kontrollorgans zugewiesen und ihm verschiedene Mittel zur Verfügung gestellt, damit er seiner Überwachungsaufgabe nachkommen kann. Auch wenn dem Aufsichtsrat die Aufgabe der Überwachung des Vorstands obliegt, sollen die beiden Organe jedoch im Interesse der eG nicht mit Misstrauen, sondern vertrauensvoll zusammenarbeiten, wobei aufseiten des Aufsichtsrats ein »kritisches Vertrauen« die Grundlage sein muss.[274]

678 Unter »Kontrolle des Vorstands durch den Aufsichtsrat« ist keine Totalkontrolle, d. h. keine unmittelbare Kontrolle eines jeden Schrittes der Geschäftsleitung, zu verstehen. Dies ist rechtlich nicht notwendig und vor allem unzulässig. Eine solche Kontrolle wäre darüber hinaus auch kaum praktikabel, würde häufig den ordnungsgemäßen Betriebsablauf stören und wäre daher nicht sinnvoll im Interesse der eG. »Kontrolle« bedeutet hier eine Überwachung der Vorstandstätigkeit, die grundsätzlich in Form von Stichproben und Ergebniskontrollen zu erfolgen hat.

679 Stichprobenkontrollen stellen auf einzelne Maßnahmen der Geschäftsführung ab, die dann voll und ganz geprüft werden müssen. Betrifft die Stichprobenkontrolle laufende Geschäfte, so sollte sich die Kontrolle nur auf Gegenstände beziehen, die für die eG erheblich sind.

! **Praxis-Beispiel**

Der Aufsichtsrat einer eG hat erfahren, dass die vom Vorstand kalkulierten Kosten für eine laufende und große Baummaßnahme erheblich überschritten werden. Trotz der Aufforderung durch den Aufsichtsrat hat der Vorstand aber keine konkreten Angaben zu den Gründen der Kostenüberschreitung gemacht. Daraufhin beschließt der Aufsichtsrat, dass zwei seiner Mitglieder Einsicht in die entsprechenden Unterlagen des Bauvorhabens nehmen sollen.

Stellt der Aufsichtsrat jedoch im Rahmen seiner Kontrolle Unregelmäßigkeiten fest, muss er seine Kontrolle über die durchgeführten Stichprobenkontrollen hinaus ausweiten.

680 Ergebniskontrollen sind auf die gesamte Tätigkeit des Vorstands gerichtet und sollen feststellen, ob deren Ergebnis den unternehmerischen Planungen entspricht.

274 Lang/Weidmüller/*Holthaus/Lehnhoff*, GenG, § 41 Rn. 4.

Das OLG Stuttgart hat in einer Entscheidung[275] ebenfalls darauf hingewiesen, dass vom Aufsichtsrat grundsätzlich nicht die laufende Überwachung des Vorstands in allen Einzelheiten zu erwarten ist. Es ist nach dem Beschluss des Gerichts grundsätzlich nicht Aufgabe des Überwachungsorgans, einzelne Geschäftsvorfälle, Zahlungseingänge und Buchhaltungsunterlagen zu überprüfen. Eine intensivere Überwachungstätigkeit ist aber in Krisenzeiten sowie dann, wenn Anhaltspunkte für eine Verletzung der Geschäftsführungspflichten und insbesondere Hinweise auf existenzgefährdende Geschäftsführungsmaßnahmen vorliegen, erforderlich. Höhere Anforderungen an die Überwachungspflichten des Aufsichtsrats können nach Ansicht des OLG Stuttgart schließlich auch bei einer neu gegründeten Gesellschaft bestehen. 681

Nach dem Genossenschaftsgesetz hat der Aufsichtsrat den Vorstand bei seiner Geschäftsführung zu überwachen. Die Kontrollen des Aufsichtsrats dienen der Überprüfung bzw. der Einhaltung der gesetzlichen und satzungsmäßigen Aufgaben, insbesondere bei 682

- der Förderung der Mitglieder aufgrund des genossenschaftlichen Förderauftrags,
- der Organisation der eG,
- den grundsätzlichen unternehmerischen Entscheidungen des Vorstands,
- der laufenden Geschäftsführung des Vorstands sowie
- den Führungsaufgaben des Vorstands.

Geprüft werden kann somit beispielsweise:

- die Personalverwaltung
- Löhne- und Gehälter von Mitarbeitern,
- die Vergabe von Aufträgen,
- die Durchführung und Abrechnung einer Neubaumaßnahme oder einer Modernisierung bzw. Sanierung,
- die Verwaltung der Miet- und Nutzungsverhältnisse,
- die Durchführung von Erhöhungen der Nutzungsentgelte,
- die Einzahlungen auf die Geschäftsanteile.

Der Überwachungsauftrag des Aufsichtsrats bezieht sich zunächst nur auf das gesamte Gremium. Einzelne Mitglieder des Organs haben weder einen individuellen Auftrag, noch besitzen sie eine eigenständige Befugnis, Prüfungshandlungen vorzunehmen. Als Mitglieder des Gremiums haben sie aber die Möglichkeit, bestimmte Prüfungshandlungen zu beantragen. 683

275 OLG Stuttgart v. 19.6.2012, 20 W 1/12, DB 2012 S. 2332; siehe dazu auch unter Rn. 753 (Schadensersatzpflicht und Beweislast).

Der Aufsichtsrat kann jedoch einzelne seiner Mitglieder beauftragen, die Einsichtnahme und Prüfung durchzuführen (§ 38 Abs. 1 Satz 3 GenG). Auch kann ein einzelnes Mitglied des Aufsichtsrats Auskünfte, jedoch nur an den Aufsichtsrat, verlangen (§ 38 Abs. 1 Satz 4 GenG).[276]

Um seinem gesetzlichen Überwachungsauftrag nachzukommen, ist ein formeller Beschluss des Gremiums erforderlich, der den Gegenstand der Prüfung benennt und auch die Frage klärt, welche Personen mit der Prüfung beauftragt werden. Hierzu kann auch ein Prüfungsausschuss gebildet werden, der dann wiederum dem gesamten Gremium über das Ergebnis der Prüfung zu berichten hat (siehe Rn. 708).

684 Obwohl die Aufsichtsratsmitglieder ihre Aufgaben nicht durch andere Personen wahrnehmen lassen dürfen (§ 38 Abs. 4 GenG), kann der Aufsichtsrat zur Erfüllung seiner Aufgaben Dritte in Anspruch nehmen, sofern dies erforderlich ist. Dies beschränkt sich jedoch auf umfangreiche bzw. schwierige Fragestellungen, für deren Beantwortung eine besondere Fachkenntnis notwendig ist.[277] Deshalb darf der Aufsichtsrat in Einzelfragen Sachverständige, wie z. B. Rechtsanwälte oder Vertreter des Verbands (Durchführung von Sonderprüfungen), beauftragen. Die dafür erforderlichen Verträge kann er im Namen und für Rechnung der eG abschließen.

685 Bei der Prüfungsdurchführung muss sichergestellt sein, dass der Vorstand geschützt ist. Es gilt der Grundsatz »Keine Prüfung ohne festgelegte Verantwortlichkeit«. Denn letztlich ist der Vorstand der Verantwortliche für die Ordnungsmäßigkeit und Vollständigkeit der Unterlagen. Das bedeutet, dass der Vorstand prinzipiell anwesend sein darf bzw. nur Unterlagen herausgeben muss, deren Übergabe an den Aufsichtsrat im Umfang dokumentiert ist. Hier könnten die Grundsätze einer Kassenprüfung sinngemäß angewendet werden.

686 Die Benutzung der EDV der Genossenschaft durch den prüfenden Aufsichtsrat ist insoweit nicht zu gestatten, als Veränderungen vorgenommen werden könnten. Sofern die Benutzung der EDV jedoch ohne Veränderungsmöglichkeit gewährt wird, ist hiergegen nichts einzuwenden, da sich beispielsweise verdeckte Konten oder sonstige Unschlüssigkeiten im elektronischen Rechnungswesen möglicherweise nur durch einen direkten Einblick in die EDV entdecken lassen.

687 Vor diesem Hintergrund beantwortet sich auch die Frage nach dem Zugang zu den Räumen der Geschäftsstelle. Dies wird in der Praxis recht unterschiedlich gehandhabt. Gegen einen jederzeit möglichen Zugang des Aufsichtsrats bestehen keine

---

276 Siehe zu den Kontrollbefugnissen einzelner Aufsichtratsmitglieder Hillebrand/Keßler/*Keßler*, GenG, § 38 Rn. 27, 28.

277 U. a. Hillebrand/Keßler/*Keßler*, GenG, § 38 Rn. 29.

Bedenken, sofern die vorstehenden Grundsätze beachtet werden und die Sicherheit sowie Vollständigkeit der Unterlagen durchgehend gewährleistet ist. Der Aufsichtsrat hat auch ein Recht darauf, jederzeit in den Räumen der Genossenschaft alleine zu tagen (z. B. im Besprechungsraum).

Der Aufsichtsrat darf aber den Vorstand mit Umfang und Zeit seiner Kontrollen 688 nicht unverhältnismäßig belasten. Die Prüfung des Vorstands durch den Aufsichtsrat hat immer »schonend« zu erfolgen. Das bedeutet, dass der Ablauf des Geschäftsbetriebs nicht mehr beeinträchtigt werden darf als unbedingt notwendig. Auch darf die Kontrolle durch den Aufsichtsrat nie als Mittel der Schikane zweckentfremdet werden. Der Vorstand darf durch die Prüfung nicht »vorgeführt« werden im Sinne einer »Vorverurteilung« oder eines offen kundgetanen Misstrauens. Der Aufsichtsrat hat mit der Überwachung des Vorstands »nur« seine gesetzliche Pflicht zu erfüllen.

Letztlich werden der Umfang der Prüfungsaktivität des Aufsichtsrats sowie der 689 Umgang miteinander vom Vertrauen zwischen beiden Organen bestimmt und hiervon getragen. Es besteht ein Ermessensspielraum für beide Seiten, der im Normalfall, d. h. ohne dass eine gravierende Störung vorliegt, auch ausgefüllt werden darf. In Zweifelsfällen sollte ggf. eine juristische Einzelfallberatung in Anspruch genommen werden.

4.2.9.2.2 Mittel zur Überwachung des Vorstands

Das Gesetz hat dem Aufsichtsrat die Aufgabe des Kontrollorgans zugewiesen und ihm 690 dafür folgende konkrete Mittel zur Verfügung gestellt, um seiner Überwachungsfunktion nachzukommen:

Berichterstattung des Vorstands

Der Aufsichtsrat kann jederzeit vom Vorstand Bericht über alle Angelegenheiten der 691 eG verlangen (§ 38 Abs. 1 Satz 2 Alt. 1 GenG). Die Mustersatzung sieht sogar ausdrücklich vor, dass der Vorstand dem Aufsichtsrat über die beabsichtigte Geschäftspolitik und andere grundsätzliche Fragen der Unternehmenspolitik (insbesondere über die Finanz-, Investitions- und Personalplanung) zu berichten hat (§ 23 Abs. 3 MS). Die Berichtspflicht gegenüber dem Aufsichtsrat über wichtige Angelegenheiten der eG folgt auch aus der Sorgfaltspflicht des Vorstands (§ 34 Abs. 1 Satz 1 GenG).

Auch ein einzelnes Aufsichtsratsmitglied kann vom Vorstand Auskünfte verlangen, allerdings nur an den (gesamten) Aufsichtsrat (§ 38 Abs. 1 Satz 4 GenG).[278]

278 Siehe dazu Rn. 683.

Einsichtsrecht

692 Der Aufsichtsrat kann außerdem die Bücher und Schriften der Genossenschaft sowie den Bestand der Genossenschaftskasse und die Bestände an Wertpapieren und Waren einsehen und prüfen (§ 38 Abs. 1 Satz 2 Alt. 2 GenG).

Im Rahmen seiner Überwachungsfunktion muss der Aufsichtsrat die Möglichkeit haben, sämtliche Geschäftsunterlagen einzusehen, wozu auch die Protokolle der Vorstandssitzungen gehören.[279] Der Vorstand ist daher grundsätzlich nicht berechtigt, z. B. mit Hinweis auf Geheimhaltung die Einsicht in die Vorstandsprotokolle zu verweigern.[280] Aufsichtsratsmitglieder unterliegen schließlich im Rahmen ihrer Amtsausübung ebenso der Verschwiegenheitspflicht (siehe Rn. 750). Es liegt jedoch im Ermessen des Aufsichtsrats, ob und inwiefern er von diesem Einsichtsrecht Gebrauch macht.[281]

Im Hinblick auf die Einsicht in Unterlagen ist der Ansprechpartner für den Aufsichtsrat grundsätzlich der Vorstand, ggf. ein bestimmtes Vorstandsmitglied. Ein eigenes und selbstständig ausgeübtes Zugriffsrecht besteht nur in Ausnahmefällen, etwa wenn ein dringender Verdacht besteht, dass es schon zu Unregelmäßigkeiten gekommen ist und die Gefahr der Verdeckung oder Vertuschung besteht (z. B. in Form einer Vernichtung oder nachträglichen »Korrektur« von Unterlagen). Gleiches gilt für die Frage, ob der Aufsichtsrat im Rahmen seiner Prüfung direkt mit den Mitarbeitern der Geschäftsstelle korrespondieren darf. Diese sind im Normalfall nicht der zulässige Ansprechpartner für den prüfenden Aufsichtsrat.

693 Prüfung von Jahresabschluss, Lagebericht und Vorschlag für die Verwendung des Jahresüberschusses/ für die Deckung des Jahresfehlbetrags

Der Aufsichtsrat hat den Jahresabschluss, den Lagebericht und die Vorschläge des Vorstands für die Verwendung eines Jahresüberschusses oder die Deckung eines Jahresfehlbetrags zu prüfen, über das Ergebnis der Prüfung hat er der Generalversammlung vor der Feststellung des Jahresabschlusses zu berichten (§§ 38 Abs. 1 Satz 5 GenG, 25 Abs. 5 MS).

694 Einbeziehung des Aufsichtsrats in den Prüfungsablauf

Der Prüfungsbericht ist ein wichtiges Mittel für den Aufsichtsrat, um seiner Aufgabe, den Vorstand zu überwachen, nachkommen zu können.[282] Im Genossenschaftsgesetz

279 Lang/Weidmüller/*Holthaus/Lehnhoff*, GenG, § 38 Rn. 13.

280 Lang/Weidmüller/*Holthaus/Lehnhoff*, GenG, § 38 Rn. 14 zum Ausnahmefall, wenn dem Einsichtnahmeverlangen nachweislich persönliche Zwecke zugrunde liegen.

281 Hillebrand/Keßler/*Keßler*, GenG, § 38 Rn. 21.

282 Hillebrand/Keßler/*Keßler*, GenG, § 58 Rn. 1.

ist daher bereits eine frühzeitige Einbeziehung des Aufsichtsrats in den Ablauf der Prüfung durch den Prüfungsverband[283] vorgeschrieben.

Der Verband hat dem Vorsitzenden des Aufsichtsrats den Beginn der Prüfung rechtzeitig anzuzeigen. Der Aufsichtsratsvorsitzende hat daraufhin die übrigen Mitglieder des Aufsichtsrats unverzüglich über den Beginn der Prüfung zu unterrichten und sie auf ihr Verlangen oder auf Verlangen des Prüfers zur Prüfung zuzuziehen (§ 57 Abs. 2 GenG). 695

Von wichtigen Feststellungen, nach denen dem Prüfer sofortige Maßnahmen des Aufsichtsrats erforderlich erscheinen, soll der Prüfer unverzüglich den Aufsichtsratsvorsitzenden in Kenntnis setzen (§ 57 Abs. 3 GenG). 696

Praxis-Beispiel !

Während der Prüfung wird festgestellt, dass der Vorstand Geld der eG unterschlagen hat. Der Prüfer informiert davon den Aufsichtsratsvorsitzenden, damit der Aufsichtsrat u. a. entscheiden kann, ob eine vorläufige Amtsenthebung in Betracht kommt.

In unmittelbarem Zusammenhang mit der Prüfung soll der Prüfer in einer gemeinsamen Sitzung den Vorstand und den Aufsichtsrat über das voraussichtliche Ergebnis der Prüfung mündlich unterrichten (Prüfungsschlusssitzung, § 57 Abs. 4 Satz 1 GenG). Der Prüfer kann zu diesem Zweck außerdem verlangen, dass der Vorstand oder der Vorsitzende des Aufsichtsrats zu einer solchen Sitzung einladen; wird seinem Verlangen nicht entsprochen, so kann er selbst Vorstand und Aufsichtsrat unter Mitteilung des Sachverhalts einberufen (§ 57 Abs. 4 Satz 2 GenG). 697

Wenn nach der Satzung kein Aufsichtsrat gebildet werden muss, so werden die Rechte und Pflichten des Aufsichtsratsvorsitzenden nach § 57 Abs. 2 bis 4 GenG durch einen Bevollmächtigten wahrgenommen, den die Generalversammlung wählt. Der Bevollmächtigte muss in diesem Fall ein Mitglied der Genossenschaft sein (§ 57 Abs. 5 GenG). Diese Regelung betrifft die Kleinstgenossenschaften nach § 9 Abs. 2 Satz 1 GenG (siehe Rn. 610). 698

Der Prüfungsverband hat über das Ergebnis der Prüfung schriftlich zu berichten (§ 58 Abs. 1 Satz 1 GenG). Der Prüfungsbericht ist dem Vorstand der Genossenschaft sowie dem Vorsitzenden des Aufsichtsrats vorzulegen. Jedes Mitglied des Aufsichtsrats hat von seinem Inhalt Kenntnis zu nehmen (§ 58 Abs. 3 Satz 1, 3 GenG). Über das Ergebnis 699

283 Siehe zur Pflichtmitgliedschaft der Genossenschaft in einem Prüfungsverband und zur Prüfung gemäß § 53 GenG Rn. 52 ff.

der Prüfung haben der Vorstand und der Aufsichtsrat in gemeinsamer Sitzung zu beraten (§ 58 Abs. 4 Satz 1 GenG).

700 **Bericht an die Generalversammlung**
Der Aufsichtsrat hat der Generalversammlung über das Ergebnis seiner Prüfung nach § 38 Abs. 1 Satz 5 Hs. 1 GenG (Jahresabschluss, Lagebericht, Vorschlag für die Verwendung des Jahresüberschusses oder die Deckung des Jahresfehlbetrags) vor der Feststellung des Jahresabschlusses zu berichten (§ 38 Abs. 1 Satz 5 Hs. 2 GenG).

4.2.9.3 Förderung des Vorstands

701 Nach den Regelungen in der Mustersatzung wird die Aufgabe des Aufsichtsrats, den Vorstand zu überwachen, noch dadurch erweitert, dass er das Leitungsorgan der eG auch fördern soll (§ 25 Abs. 1 Satz 1 Alt. 1 MS). »Fördern« bedeutet hier, dass das Kontrollorgan den Vorstand durch Anregung und Rat unterstützen soll (fördernde Beratung).

! **Praxis-Beispiel**

Der komplett neu gewählte Vorstand einer eG beabsichtigt, in zwei Wohnanlagen aus dem Bestand der eG die sehr geringen Nutzungsgebühren anzuheben, soweit dies nach den Vorschriften des Bürgerlichen Gesetzbuchs (BGB) möglich ist. Der Aufsichtsrat ist ebenso wie der Vorstand der Ansicht, dass die geplante Maßnahme für die eG wirtschaftlich notwendig ist und unterstützt grundsätzlich den Vorstand in seiner geplanten Maßnahme. Einige langjährige Aufsichtsratsmitglieder haben aber erfahren, dass mit erheblichem Widerstand zahlreicher betroffener Wohnungsnutzern gegen die beabsichtigten Erhöhungen zu rechnen ist und eine Vielzahl von Rechtsstreitigkeiten droht.
Deshalb rät der Aufsichtsrat dem Vorstand, in diesem Fall die geplante Erhöhung der Nutzungsgebühr nicht sofort im geplanten Umfang durchzuführen.

702 Die fördernde Beratung des Vorstands darf aber nicht dazu führen, dass sich der Aufsichtsrat als Kontrollorgan in Geschäftsführungsangelegenheiten einmischt.

! **Praxis-Beispiel**

Im o. g. Beispielsfall führen die Mitglieder des Aufsichtsrats ohne Absprache mit dem Vorstand Gespräche mit den betroffenen Wohnungsnutzern und sichern diesen eine zeitliche Verschiebung der geplanten Erhöhungen der Nutzungsgebühren zu.

703 Eine Ausnahme vom Verbot, sich in Geschäftsführungsangelegenheiten einzumischen, besteht aber in den Fällen, in denen der Aufsichtsrat nach der Satzung ein Mitwirkungsrecht in grundlegenden Geschäftsführungsangelegenheiten hat (Zustimmungsvorbehalte des Aufsichtsrats) hat (siehe Rn. 544 ff.).

4.2.9.4 Vertretung der Genossenschaft gegenüber den Vorstandsmitgliedern

Der Aufsichtsrat vertritt die Genossenschaft gegenüber den Vorstandsmitgliedern gerichtlich und außergerichtlich (§ 39 Abs. 1 Satz 1 GenG).[284] 704

4.2.9.5 Mitwirkungsrecht in grundlegenden Geschäftsführungsangelegenheiten

Das Genossenschaftsgesetz sieht vor, dass durch eine Satzungsregelung dem Aufsichtsrat ein Mitwirkungsrecht in grundlegenden Geschäftsführungsangelegenheiten eingeräumt werden kann (§ 27 Abs. 1 Satz 2 GenG). Die Mustersatzung enthält deshalb einen Katalog von Gegenständen der gemeinsamen Beratungen von Vorstand und Aufsichtsrat auf der Grundlage von Vorlagen des Vorstands (§ 28) (siehe Rn. 546). 705

4.2.9.6 Befristete Bestellung von Aufsichtsratsmitgliedern zu Stellvertretern verhinderter Vorstandsmitglieder

Aufsichtsratsmitglieder dürfen zwar nicht zugleich Vorstandsmitglieder der eG sein (§ 37 Abs. 1 Satz 1 GenG, Unvereinbarkeit von Geschäftsleitung und Geschäftsleitungsaufsicht).[285] Der Aufsichtsrat kann aber für einen im Voraus bestimmten Zeitraum einzelne seiner Mitglieder zu Stellvertretern verhinderter Vorstandsmitglieder bestellen (§§ 37 Abs. 1 Satz 2 Hs. 1 GenG) (siehe Rn. 518 ff.). 706

4.2.9.7 Berufungsinstanz beim Ausschluss eines Mitglieds

In der Mustersatzung ist der Aufsichtsrat auch als Berufungsinstanz vorgesehen, wenn der Vorstand ein Mitglied ausgeschlossen hat (§ 11 Abs. § 11 Abs. 5 Satz 2).[286] 707

284 Siehe zum Abschluss von Anstellungsverträgen und (sonstigen) Verträgen der eG mit Vorstandsmitgliedern Rn. 446, 447, 450, 450a.
285 Beuthien/*Beuthien*, GenG, § 37 Rn. 2.
286 Siehe zum Ausschluss eines Mitglieds aus der eG Rn. 183 ff.

4.2.9.8 Zusammenarbeit der Aufsichtsratsmitglieder

4.2.9.8.1 Gesamtverantwortung und Ausschüsse des Aufsichtsrats

708 Die Aufgaben des Aufsichtsrats gemäß § 38 GenG (siehe Rn. 673 ff.), insbesondere die Pflicht zur Überwachung des Vorstands, richten sich an alle Mitglieder dieses Organs der Genossenschaft.[287] Der Aufsichtsrat kann aber – trotz fehlender Regelung im Genossenschaftsgesetz – aus seiner Mitte Ausschüsse bestellen, insbesondere um seine Verhandlungen und Beschlüsse vorzubereiten oder um deren Ausführung zu überwachen (so ausdrücklich § 25 Abs. 6 MS).[288] In der Praxis der Wohnungsgenossenschaften spielen vor allem Prüfungsausschüsse, Bauausschüsse sowie Organisationsausschüsse bzw. Personalausschüsse eine Rolle.[289] Für die Einrichtung von Ausschüssen kann – zumindest bei Aufsichtsratsgremien mit einer größeren Anzahl von Mitgliedern – wegen der geringeren Anzahl an Ausschussmitgliedern eine effizientere Ausübung der Kontrollfunktion im Vergleich zum (größeren) Gesamtgremium sprechen.[290]

4.2.9.8.2 Sitzungen des Aufsichtsrats

709 **Gesetzliche Regelungen**

Die Teilnahme an den Sitzungen ist eine wesentliche Pflicht des einzelnen Aufsichtsratsmitglieds. Die Mitglieder des Aufsichtsrats können ihre Aufgaben nicht durch andere Personen wahrnehmen lassen (§ 38 Abs. 4 GenG; siehe auch § 25 Abs. 7 Satz 1 MS). Es ist deshalb auch nicht möglich, dass ein Mitglied einen Dritten oder ein anderes Aufsichtsratsmitglied bevollmächtigt, ihn in einer Aufsichtsratssitzung zu vertreten und z. B. sein Stimmrecht auszuüben. Zulässig ist aber, dass ein Aufsichtsratsmitglied einem anderen Mitglied des Gremiums für einen konkreten Beschlussgegenstand ein Schreiben übergibt, in dem sein Votum für die Abstimmung festgelegt ist (Stimmbotenschaft).[291]

710 An den Aufsichtsratssitzungen dürfen grundsätzlich nur die Aufsichtsratsmitglieder selbst teilnehmen. Daneben ist es möglich, dass Hilfskräfte, insbesondere zur Protokollerstellung, anwesend sind. Zu einzelnen Tagesordnungspunkten können auch Sachverständige, z. B. Mitarbeiter der eG, Rechtsanwälte, Architekten etc., hinzugezogen

287 Dazu u. a. Hillebrand/Keßler/*Keßler*, GenG, § 38 Rn. 1.
288 Siehe u. a. Beuthien/*Beuthien*, GenG, § 36 Rn. 27 ff.; Hillebrand/Keßler/*Keßler*, GenG, §§ 36, 37 Rn. 88 bis 91.
289 Siehe dazu Hillebrand/Keßler/*Keßler*, GenG, §§ 36, 37 Rn. 89.
290 Hillebrand/Keßler/*Keßler*, GenG, §§ 36, 37 Rn. 89.
291 Beuthien/*Beuthien*, GenG, § 36 Rn. 17.

werden. Ein ständiges Anwesenheitsrecht Dritter, d.h. von Personen, die dem Aufsichtsrat nicht angehören, ist aber nicht zulässig.[292]

Praxis-Tipp !

Zu Beginn der Aufsichtsratssitzung sollte der Vorsitzende das Einverständnis des Gremiums einholen, dass bei der Beratung über einen bestimmten Tagesordnungspunkt (nicht aber bei der Beschlussfassung!) ein Gast (z. B. ein Sachverständiger) teilnimmt.

Das Genossenschaftsgesetz enthält keine Regelung über die Zusammenarbeit des Aufsichtsrats im Rahmen von Sitzungen, d.h. u.a. über deren Einberufung und Beschlussfassung. Es regelt auch nicht, welches Organ für den Erlass einer Geschäftsordnung für den Aufsichtsrat zuständig ist. 711

Regelungen in der Satzung 712

Die Satzung kann Regelungen zur Zusammenarbeit von Aufsichtsratsmitgliedern enthalten. Soweit dies nicht der Fall ist, kann sich der Aufsichtsrat selbst eine Geschäftsordnung geben.[293] Die Mustersatzung (§ 25 Abs. 9 MS) sieht vor, dass sich der Aufsichtsrat eine Geschäftsordnung gibt.

Geschäftsordnung für den Aufsichtsrat 713

Durch eine Geschäftsordnung sind Regelungen der inneren Ordnung des Gremiums und von Verfahrensfragen möglich, jedoch nicht die Begründung oder die Änderung von Rechten und Pflichten im Verhältnis zur eG bzw. zu deren anderen Organen.

Die Mustergeschäftsordnung für den Aufsichtsrat von Wohnungsgenossenschaften (GO-AR) enthält u. a. Regelungen bezüglich: 714

- Wahl und Vorsitz,
- Sitzungen sowie
- Beschlussfassung und Protokollierung.

Der Aufsichtsrat gibt sich die Geschäftsordnung einstimmig (§ 12 Satz 1 GO-AR). Änderungen erfordern einen einstimmigen Beschluss (§ 12 Satz 2 GO-AR). Die geänderte Geschäftsordnung ist von jedem Mitglied des Aufsichtsrats zu unterschreiben. Ein hinzutretendes Aufsichtsratsmitglied erkennt die Geschäftsordnung mit der schriftlichen Empfangsbestätigung an (§ 12 Sätze 3 u. 4 GO-AR).

292 Siehe dazu u. a. auch Hillebrand/Keßler/*Keßler*, GenG, §§ 36, 37 Rn. 95; zur Teilnahme von Ehrenmitgliedern an Aufsichtsratssitzungen siehe Rn. 662 f.

293 U. a. Hillebrand/Keßler/*Keßler*, GenG, §§ 36, 37 Rn. 86.

715 **Anzahl der Sitzungen**

In der Mustersatzung ist geregelt, dass der Aufsichtsrat nach Bedarf Sitzungen abhält (§ 27 Abs. 1 Satz 1 MS; siehe auch § 7 Abs. 1 Satz 1 GO-AR). Er soll einmal im Kalendervierteljahr, er muss einmal im Kalenderhalbjahr zusammentreten (§ 27 Abs. 1 Satz 2 MS, § 7 Abs. 1 Satz 3 der GO-AR).

Als Sitzungen des Aufsichtsrats gelten auch die gemeinsamen Sitzungen von Vorstand und Aufsichtsrat gemäß § 29 der Mustersatzung (§ 7 Abs. 1 Satz 4 GO-AR).

716 **Einberufung der Sitzungen**

Die Sitzungen werden von dem bzw. der Vorsitzenden des Aufsichtsrats oder dem stellvertretenden Mitglied einberufen (§ 7 Abs. 1 Satz 2 GO-AR).

Der Vorsitzende des Aufsichtsrats muss den Aufsichtsrat unverzüglich einberufen, wenn ein Drittel der Mitglieder des Aufsichtsrats oder der Vorstand unter Angabe des Zwecks und der Gründe dies verlangen (§ 7 Abs. 3 GO-AR).

Einladungen (zu Aufsichtsratssitzungen) sollen unter Mitteilung der Tagesordnung spätestens zehn Tage vor der Sitzung ergehen (§ 7 Abs. 4 Satz 1 GO-AR).

717 **Teilnahme der Vorstandsmitglieder**

Nach der Mustersatzung sind die Vorstandsmitglieder berechtigt, an den Sitzungen des Aufsichtsrats teilzunehmen, wenn die Teilnahme nicht durch besonderen Beschluss des Aufsichtsrats ausgeschlossen wird (§ 22 Abs. 10 Satz 1 MS). Der Aufsichtsrat soll den Vorstand in der Regel zu seinen Sitzungen einladen (§ 7 Abs. 2 Satz 1 GO-AR).[294] Der Vorstand nimmt ohne Stimmrecht an den Sitzungen teil (§ 27 Abs. 2 Satz 2 MS).

Wenn der Vorstand zu einer Sitzung (des Aufsichtsrats) Bericht erstatten oder Unterlagen vorlegen soll, ist ihm dies rechtzeitig bekannt zu geben (§ 7 Abs. 2 Satz 2 GO-AR).

718 **Beschlussfähigkeit**

Der Aufsichtsrat ist beschlussfähig, wenn mehr als die Hälfte der satzungsgemäß oder gemäß Beschluss der Mitgliederversammlung/Vertreterversammlung festgelegten Zahl der Mitglieder bei der Beschlussfassung anwesend ist (§ 8 Abs. 1 GO-AR).[295]

294 Siehe auch § 27 Abs. 2 Satz 1 MS.
295 Siehe auch § 27 Abs. 4 Satz 1 MS.

Beschlussfassung 719

Der Aufsichtsrat fast nach der Mustersatzung und der Mustergeschäftsordnung seine Beschlüsse mit Mehrheit der abgegebenen Stimmen; bei Stimmengleichheit gilt ein Antrag als abgelehnt (§ 8 Abs. 2 Satz 1 und 2 GO-AR).[296] Bei der Ermittlung des Abstimmungsergebnisses werden Stimmenthaltungen und ungültige Stimmen nicht mitgezählt (§ 8 Abs. 2 Satz 3 GO-AR).

Aufsichtsratsmitglieder, die bei einem Beratungsgegenstand persönlich oder wirtschaftlich beteiligt sind, dürfen bei der Beratung und Beschlussfassung über diesen Gegenstand nicht mitwirken. Sie haben den Versammlungsraum zu verlassen (§ 8 Abs. 5 GO-AR).

Alternative Formen der Beschlussfassung 720

Anstelle einer Aufsichtsratssitzung sind schriftliche Beschlussfassungen oder Beschlussfassungen im Wege von Fernkommunikationsmedien nur zulässig, wenn kein Mitglied diesem Verfahren widerspricht (§ 8 Abs. 3 GO-AR).[297]

Protokollierung der Beschlüsse 721

Über die Beschlüsse sind Niederschriften anzufertigen, die vom Vorsitzenden und vom Schriftführer zu unterschreiben sind. Die Vollständigkeit und Verfügbarkeit der Niederschriften sind sicherzustellen (§ 8 Abs. 6 Sätze 1, 2 und 4 GO-AR).[298]

Die Niederschrift über die Beschlüsse muss die Feststellung der Beschlussfähigkeit, 722 die Art der Beschlussfassung, das Abstimmungsergebnis und im Fall der schriftlichen oder im Wege von Fernkommunikationsmedien erfolgten Beschlussfassung die Feststellung enthalten, dass niemand diesem Verfahren widersprochen hat (§ 8 Abs. 6 Satz 3 GO-AR).[299]

Die Protokollierung von Aufsichtsratssitzungen, d. h. vor allem von seinen Beschlüs- 723 sen, dient unter anderem als Nachweis für eine ordnungsgemäße Überwachungstätigkeit. Die Protokolle können somit in Fällen, in denen die eG Schadensersatzansprüche gegenüber Aufsichtsratsmitgliedern geltend macht, von Bedeutung sein. In Ausnahmefällen (!) kann es auch wichtig sein, dass aus dem Protokoll hervorgeht, wie das Stimmverhalten der einzelnen Aufsichtsratsmitglieder zu einem strittigen Tagesordnungspunkt war, d. h. welches konkrete Aufsichtsratsmitglied bei der Beschlussfassung mit »Ja« oder »Nein« gestimmt hat.

296 Siehe auch § 27 Abs. 6 MS.
297 Siehe auch § 27 Abs. 5 MS.
298 Siehe auch § 27 Abs. 7 MS.
299 Siehe im Übrigen § 8 Abs. 6 GO-AR.

724 **Ausführung der Beschlüsse**
Die Beschlüsse des Aufsichtsrats werden von dem Vorsitzenden bzw. von der Vorsitzenden, im Falle seiner/ihrer Verhinderung durch seinen/ihren Stellvertreter/Stellvertreterin, ausgeführt (§ 8 Abs. 7 GO-AR).[300]

725 **Fehlerhafte Beschlüsse des Aufsichtsrats**
Wie im Fall von fehlerhaften Vorstandsbeschlüssen (siehe Rn. 540 f.) kann es in der Praxis insbesondere vorkommen, dass der Aufsichtsrat für die Beschlussfassung nicht zuständig oder trotz Zuständigkeit nicht beschlussfähig war sowie die notwendige Mehrheit nicht erreicht worden ist. In solchen Fällen sind die gefassten Beschlüsse grundsätzlich nichtig.[301]

726 Die Geschäftsordnungen für den Aufsichtsrat enthalten üblicherweise auch Regelungen für die Einladung, die zu beachten sind (siehe § 7 Abs. 4 Satz 1 GO-AR). § 7 Abs. 4 Satz 3 GO-AR sieht aber vor, dass Mängel bei der Einberufung als geheilt gelten, wenn sämtliche Mitglieder des Aufsichtsrats an der Sitzung teilnehmen und keinen Widerspruch gegen die Art und Weise der Einberufung zur Niederschrift geben. Dazu gehört z. B. der Fall, dass bei der Einladung zur Aufsichtsratssitzung die Frist nicht beachtet und daher der Termin zu früh angesetzt wurde.

727 Ein Beschluss des Aufsichtsrats, an dem ein Mitglied mitgewirkt hat, das zu dem betreffenden Tagesordnungspunkt wegen eines Interessenkonflikts nicht stimmberechtigt war, ist aber für die Wirksamkeit des Beschlusses bedeutungslos, wenn für das Zustandekommen des Beschlusses die Stimme des betroffenen Aufsichtsratsmitglieds nicht entscheidend war.[302]

! **Praxis-Beispiel**

Der Aufsichtsrat einer eG besteht aus fünf Mitgliedern. Er ist nach der Satzung der eG beschlussfähig, wenn mindestens drei Mitglieder an der Sitzung teilnehmen. In der Sitzung sind vier Aufsichtsratsmitglieder anwesend. Beschlüsse werden mit der Mehrheit der abgegebenen Stimmen gefasst.
Es wird nach Beratung darüber abgestimmt, ob ein Aufsichtsratsmitglied, das Rechtsanwalt ist, die eG in mietrechtlichen Angelegenheiten beraten und vor Gericht vertreten darf (vgl. § 30a Abs. 3 MS).[303] Es werden drei Ja-Stimmen und eine Nein-Stimme abgegeben. Der Rechtsanwalt, der als Aufsichtsratsmitglied bei der Beratung und Beschlussfassung als

300 Siehe auch § 25 Abs. 8 MS.
301 Beuthien/*Beuthien*, GenG, § 36 Rn. 31; Lang/Weidmüller/*Holthaus/Lehnhoff*, § 36 Rn. 68, jew. mit weiteren Einzelheiten; siehe zur Abgrenzung »Nichtigkeit – Anfechtbarkeit« und der gerichtlichen Geltendmachung der Nichtigkeit Rn. 435.
302 Lang/Weidmüller/*Holthaus/Lehnhoff*, § 36 Rn. 69.
303 Siehe dazu im Einzelnen Rn. 498 ff. (Besonderheiten bei Verträgen mit Aufsichtsratsmitgliedern (Beraterverträge)).

Betroffener nicht mitwirken durfte und damit auch kein Stimmrecht hatte (vgl. § 8 Abs. 5 GO-AR)[304], hat dennoch mit »Ja« gestimmt.
Der Beschluss ist trotz des Satzungsverstoßes wirksam, weil er auch ohne die Ja-Stimme des betroffenen Aufsichtsratsmitglieds zustande gekommen wäre. Es hätte auch in diesem Fall mehr Ja-Stimmen als Nein-Stimmen (Verhältnis 2:1) gegeben.

4.2.9.8.3 Gemeinsame Sitzungen von Vorstand und Aufsichtsrat

Gesetzliche Regelungen 728
Das Genossenschaftsgesetz enthält keine Regelung über die Einberufung der gemeinsamen Sitzungen von Vorstand und Aufsichtsrat.

Regelungen in der Satzung 729
§ 29 Abs. 1 Satz 1 der Mustersatzung schreibt ausdrücklich vor, dass gemeinsame Sitzungen des Vorstands und des Aufsichtsrats regelmäßig abgehalten werden sollen.

Geschäftsordnungen für den Vorstand/für den Aufsichtsrat 730
Regelungen für die Grundlage der gemeinsamen Sitzungen von Vorstand und Aufsichtsrat finden sich in den §§ 9 der Geschäftsordnungen für den Vorstand und für den Aufsichtsrat:

Anzahl der Sitzungen 731
Vorstand und Aufsichtsrat halten danach regelmäßig, mindestens halbjährlich, gemeinsame Sitzungen ab (§ 9 Abs. 2 Satz 1 GO-AR).

Einberufung der gemeinsamen Sitzungen 732
Die Sitzungen werden in der Regel auf Vorschlag des Vorstands von dem bzw. der Vorsitzenden des Aufsichtsrats oder dem stellvertretenden Mitglied einberufen (§ 9 Abs. 2 Satz 2 GO-AR).[305] Außerdem ist auf Verlangen des Prüfungsverbands eine gemeinsame Sitzung des Vorstands und des Aufsichtsrats einzuberufen (§ 29 Abs. 1 Satz 4 MS).

Der Vorstand hat die in gemeinsamer Sitzung mit dem Aufsichtsrat zu behandelnden Angelegenheiten vorzubereiten (§ 9 Abs. 1 Satz 2 GO-V).

Im Übrigen gelten die Bestimmungen über die Sitzungen des Aufsichtsrats sinngemäß, soweit die Satzung nicht etwas anderes vorschreibt (§ 9 Abs. 2 Satz 6 GO-AR). 733
Insofern wird hinsichtlich der Frist der Einberufung auf die entsprechenden Ausführungen dazu verwiesen (siehe Rn. 716).

---

304 Siehe Rn. 719.
305 Siehe auch § 29 Abs. 1 Satz 2 MS.

734 **Beschlussfähigkeit**

Zur Beschlussfähigkeit der gemeinsamen Sitzungen ist erforderlich, dass jedes der Organe beschlussfähig ist (§ 9 Abs. 2 Satz 3 GO-AR).[306]

735 Jedes Organ beschließt getrennt. Anträge, deren Annahme nicht jedes der beiden Organe beschließt, gelten als abgelehnt (§ 9 Abs. 2 Sätze 4 und 5 GO-AR).[307]

736 **Protokollierung der Beschlüsse**

Über die Beschlüsse der gemeinsamen Sitzungen sind vom Schriftführer des Aufsichtsrats Niederschriften anzufertigen, die vom Vorsitzenden, dem Schriftführer und einem Vorstandsmitglied zu unterschreiben sind. Die Vollständigkeit und Verfügbarkeit sind sicherzustellen (§ 29 Abs. 3 MS).

Im Übrigen gelten die Bestimmungen über die Sitzungen des Aufsichtsrats sinngemäß, soweit die Satzung nicht etwas anderes vorschreibt (§ 9 Abs. 2 Satz 5 GO-AR). Insofern wird hinsichtlich des Umfangs der Protokollierung ergänzend auf die entsprechenden Ausführungen verwiesen (siehe Rn. 721 ff.).

737 **Praktische Umsetzung**

Die Einladung zu einer gemeinsamen Sitzung von Vorstand und Aufsichtsrat könnte so aussehen:

! **Muster: Einladung zu einer gemeinsamen Sitzung von Vorstand und Aufsichtsrat**

Anschrift

Betreff: Einladung zu __________________

Sehr geehrter Herr __________,

sehr geehrte Frau __________,

hiermit lade ich zur gemeinsamen Sitzung von Vorstand und Aufsichtsrat ein. Die Sitzung findet statt am

____________ (Wochentag), den ________ (Datum),

in der Geschäftsstelle der Genossenschaft in ... (Angabe des Raumes).

Die Tagesordnung lautet:

TOP 1: Genehmigung der Tagesordnung

TOP 2: Genehmigung der Niederschrift über die gemeinsame Sitzung von Vorstand und Aufsichtsrat vom ________ (Datum)

TOP 3: Bericht des Vorstands über den Stand des Bauvorhabens _____________

TOP 4: Neufassung der »Regeln für die Vergabe von Genossenschaftswohnungen« gem. § 28 Buchst. b der Satzung

306 Siehe auch § 29 Abs. 2 Satz 1 MS.

307 Siehe auch § 29 Abs. 2 Sätze 2 und 3 MS.

TOP 5: Neufassung der »Grundsätze und das Verfahren für die Veräußerung von bebauten und unbebauten Grundstücken« gem. § 28 Buchst. c der Satzung
TOP 6: Verschiedenes

Mit freundlichen Grüßen
__________ (Name)
Aufsichtsratsvorsitzender

Die entsprechenden Beschlussvorschläge könnten wie folgt formuliert werden:

Muster: Beschluss über eine Neufassung der Regeln für die Vergabe von Genossenschaftswohnungen sowie der »Grundsätze und das Verfahren für die Veräußerung von bebauten und unbebauten Grundstücken» !

Beschlussvorschlag zu TOP 4:
Die Neufassung der »Regeln für die Vergabe von Genossenschaftswohnungen« gemäß § 28 Buchst. b der Satzung vom ________ (Datum) wird beschlossen.
Beschlussvorschlag zu TOP 5: Die Neufassung der »Grundsätze und das Verfahren für die Veräußerung von bebauten und unbebauten Grundstücken« gemäß § 28 Buchst. c der Satzung vom ________ (Datum) wird beschlossen.

4.2.9.8.4 Aufsichtsratsvorsitzender

4.2.9.8.5 Aufgaben des Aufsichtsratsvorsitzenden

Das Genossenschaftsgesetz schreibt nicht vor, dass eine eG einen Aufsichtsratsvorsitzenden haben muss. An mehreren Stellen im Gesetz wird jedoch ein Aufsichtsratsvorsitzender vorausgesetzt, z. B. § 58 Abs. 3 Satz 1 GenG (Vorlage des Prüfungsberichts durch den Verband u. a. an den Aufsichtsratsvorsitzenden).[308] 738

Praxis-Tipp !

Aus organisatorischen Gründen ist jeder Genossenschaft, unabhängig von deren Größe, zu empfehlen, in der Satzung einen Vorsitzenden für den Aufsichtsrat vorzusehen. Dies entspricht auch der Praxis in der Wohnungswirtschaft.

Anerkannt ist aber, dass ein Aufsichtsrat auch ohne eine satzungsrechtliche Regelung berechtigt ist, einen Vorsitzenden zu wählen.[309]

308 Hillebrand/Keßler/*Keßler*, GenG, §§ 36, 37 Rn. 79 m. w. N.
309 U. a. Hillebrand/Keßler/*Keßler*, GenG, §§ 36, 37 Rn. 79.

In der Mustersatzung wird sogar ausdrücklich vorgeschrieben, dass der Aufsichtsrat aus seiner Mitte einen Vorsitzenden und einen Stellvertreter wählt (§ 24 Abs. 7 Satz 1 MS).[310]

739 Im Genossenschaftsgesetz finden sich zu den Aufgaben des Aufsichtsratsvorsitzenden nur wenige Regelungen, dafür aber entsprechende Einzelheiten in der Mustersatzung:

- Der Vorsitzende führt die Beschlüsse des Aufsichtsrats aus (§ 25 Abs. 8 MS). So unterzeichnet der Aufsichtsratsvorsitzende im Namen der eG die Anstellungsverträge mit den Vorstandsmitgliedern (§ 21 Abs. 6 Satz 2 MS).
- Er vertritt zudem den Aufsichtsrat als Gremium bei der ordentlichen Kündigung des Anstellungsverhältnisses eines Vorstandsmitglieds sowie beim Abschluss von Aufhebungsvereinbarungen (§ 21 Abs. 6 Satz 3 MS).
- Der Aufsichtsratsvorsitzende beruft die Aufsichtsratssitzungen ein und leitet sie (§ 27 Abs. 1 Satz 3 MS). Der Vorsitzende des Aufsichtsrats unterzeichnet – neben dem Schriftführer – die Niederschrift über die Beschlüsse des Aufsichtsrats (§ 27 Abs. 7 Satz 1 MS). Außerdem beruft der Aufsichtsratsvorsitzende die gemeinsamen Sitzungen von Vorstand und Aufsichtsrat ein, leitet diese und unterschreibt die Niederschrift über die Beschlüsse der gemeinsamen Sitzungen mit (§ 29 Abs. 1 Sätze 2 u. 3, Abs. 3 Satz 1 MS).
- Schließlich beruft in der Regel der Aufsichtsratsvorsitzende die Generalversammlung ein und lädt zu ihr ein, leitet die Versammlung, ernennt einen Schriftführer sowie die Stimmenzähler und unterschreibt die Niederschrift (§§ 33 Abs. 1 Satz 1, Abs. 2 Satz 3; 34 Abs. 1 Satz 1, 3, Abs. 5 Satz 5 MS).
- Nachdem der Prüfungsverband dem Aufsichtsratsvorsitzenden den Beginn der Prüfung der Genossenschaft angezeigt hat, muss dieser die übrigen Mitglieder des Aufsichtsrats vom Beginn der Prüfung unverzüglich unterrichten und sie auf ihr Verlangen oder auf Verlangen des Prüfers zur Prüfung hinzuzuziehen (§ 57 Abs. 2 Satz 2 GenG).

740 **Wahl des Aufsichtsratsvorsitzenden**

Es gibt keine gesetzliche Regelung, in welchen Zeitabständen und in welcher Form der Aufsichtsratsvorsitzende zu wählen ist.

Nach der Mustersatzung sind ein Aufsichtsratsvorsitzender und dessen Stellvertreter nach jeder Wahl von Aufsichtsratsmitgliedern erneut zu wählen, auch wenn sich die Zusammensetzung des Aufsichtsrats durch die Wahlen nicht verändert hat (§ 24 Abs. 7 Satz 1, 3 MS).[311] Entsprechendes gilt nach der Geschäftsordnung für den Aufsichtsrat

310 Siehe auch § 6 Abs. 1 Satz 1 GO-AR.
311 Siehe auch § 6 Abs. 1 Satz 1, 3 GO-AR.

ebenfalls, wenn einzelne Gewählte an der Ausübung ihres Amts voraussichtlich dauernd verhindert sind oder es niederlegen (§ 6 Abs. 1 Satz 4 GO-AR).

Bei der Durchführung der Wahl des Aufsichtsratsvorsitzenden gelten die allgemeinen Regelungen zur Beschlussfassung des Aufsichtsrats nach der Mustersatzung (§ 27 Abs. 4 bis 6 MS) und der Mustergeschäftsordnung für den Aufsichtsrat (§ 8 Abs. 1 bis 3 GO-AR) (siehe Rn. 719).

4.2.10 Haftung der Aufsichtsratsmitglieder

4.2.10.1 Allgemeine Voraussetzungen der Haftung

4.2.10.1.1 Anwendungsbereich der §§ 41, 34 GenG

Das Genossenschaftsgesetz schreibt vor, dass § 34 GenG (Sorgfaltspflicht und Verant- 741
wortlichkeit der Vorstandsmitglieder) für die Sorgfaltspflicht und Verantwortlichkeit der Aufsichtsratsmitglieder entsprechend sinngemäß gilt (§ 41 GenG). Wie im Fall der Haftung der Vorstandsmitglieder ist die gesetzliche Haftungsregelung für die Aufsichtsratsmitglieder ebenso zwingend und kann, da das Gesetz dies nicht ausdrücklich zulässt (vgl. § 18 Satz 2 GenG), auch durch eine Satzungsregelung weder gemildert noch verschärft werden.[312] Prüfungsmaßstab des § 41 GenG ist immer nur das mögliche Fehlverhalten eines individuellen Aufsichtsratsmitglieds und nicht des Aufsichtsrats als Gesamtorgan.[313]

Die Vorschrift des § 41 GenG begründet die Haftung von Aufsichtsratsmitgliedern 742
gegenüber der Genossenschaft (Innenhaftung). Außenstehende (Gläubiger und Mitglieder) können Ansprüche wegen Verletzung der Sorgfaltspflicht von Aufsichtsratsmitgliedern aufgrund des § 41 GenG grundsätzlich nur gegenüber der Genossenschaft geltend machen.[314] Eine »Außenhaftung« der Aufsichtsratsmitglieder gegenüber Dritten ist darüber hinaus aber im Einzelfall aufgrund anderer gesetzlicher Regelungen möglich.[315]

312 Siehe dazu u. a. Hillebrand/Keßler/*Keßler*, GenG, § 34 Rn. 2 entsprechend der Haftung der Vorstandsmitglieder.

313 Siehe zur gesamtschuldnerischen Haftung von (mehreren) Aufsichtsratsmitgliedern Rn. 751.

314 Siehe zur Ausnahme bei (teilweiser) Zahlungsunfähigkeit der eG entsprechend der Haftung der Vorstandsmitglieder gemäß § 34 Abs. 5 GenG Hillebrand/Keßler/*Keßler*, GenG, § 34 Rn. 1, 47 sowie Beuthien/*Beuthien*, GenG, § 41 Rn. 5, § 34 Rn. 7.

315 Lang/Weidmüller/*Holthaus/Lehnhoff*, GenG, § 41 Rn. 53; siehe zur Außenhaftung von Aufsichtsratsmitgliedern im Rahmen der Insolvenzhaftung im Einzelnen Hillebrand/Keßler/*Keßler*, GenG, Anhang zu § 34 Rn. 31.

4.2.10.1.2 Objektiver Sorgfaltsmaßstab

743 Die Aufsichtsratsmitglieder haben bei der Ausübung ihres Amtes – entsprechend den Regelungen für die Vorstandsmitglieder – die Sorgfalt eines ordentlichen und gewissenhaften Aufsichtsratsmitglieds anzuwenden (§§ 41, 34 GenG).

744 Die Sorgfaltspflicht für die Aufsichtsratsmitglieder als Maßstab jeder vorzunehmenden Einzelfallprüfung ist objektiv (objektiver Sorgfaltsmaßstab). Konkret bedeutet dies, dass festgestellt werden muss, wie das typische Aufsichtsratsmitglied einer eG handeln muss, um seine Pflichten ordentlich und gewissenhaft zu erfüllen.[316] Entscheidend sind daher nicht die individuellen Fähigkeiten und Kenntnisse des betroffenen Mitglieds des Aufsichtsrats. Maßgeblich sind vielmehr die objektiven Anforderungen an die Mitglieder des Überwachungsorgans aufgrund des satzungsmäßigen und tatsächlichen Geschäftsfelds der eG.

745 Jedes Mitglied des Aufsichtsrats einer Genossenschaft muss in der Lage sein, sich eigenständig, d. h. ohne fremde Hilfe, aufgrund des Geschäftsgangs, der Berichte des Vorstands und der Feststellungen der Verbandsprüfer[317] ein eingehendes fachliches Bild von der Lage und Entwicklung der eG zu machen. Daneben muss es beurteilen können, ob der Aufsichtsrat als Gremium seinen Aufgaben gerecht wird, und zwar hinsichtlich seiner Zusammensetzung, Organisation und Arbeitsweise. Vor allem ist eine genaue Kenntnis der für die Mitglieder des Aufsichtsrats maßgeblichen gesetzlichen und satzungsrechtlichen Vorschriften sowie der Geschäftsordnung des Aufsichtsrats notwendig. Und schließlich ist auch ein Einblick jedes Aufsichtsratsmitglieds in die allgemein anerkannten betriebswirtschaftlichen Erkenntnisse und Erfahrungssätze erforderlich.[318]

746 Es wird aber nicht verlangt, dass jedes Mitglied des Aufsichtsrats als Kollegialorgan über ein umfangreiches Wissen und Kenntnisse in allen Bereichen seiner Aufgaben, vor allem der Überwachung des Vorstands, verfügt.[319] Eventuelle »Defizite« bei einzelnen Aufsichtsratsmitgliedern können durch die Fähigkeiten und Qualifikationen anderer Aufsichtsratsmitglieder ausgeglichen werden. Entscheidend ist somit, dass die Mitglieder des Gremiums in ihrer Gesamtheit (»der Aufsichtsrat») ihren Aufgaben gerecht werden.[320]

---

316 Siehe dazu u. a. Hillebrand/Keßler/*Keßler*, GenG, § 41 Rn. 3.
317 Siehe zur Einbeziehung des Aufsichtsrats in den Prüfungsablauf Rn. 694 ff.
318 Beuthien/*Beuthien*, GenG, § 41 Rn. 12.
319 Hillebrand/Keßler/*Keßler*, GenG, § 41 Rn. 3.
320 Hillebrand/Keßler/*Keßler*, GenG, § 41 Rn. 3.

Ein Fall, in dem der Aufsichtsrat seiner Überwachungsfunktion nicht nachgekommen ist, kann wie folgt aussehen:

Praxis-Beispiel !

Die Mitglieder des Aufsichtsrats haben den Ausführungen des Vorstands vertraut, dass der Bau von Eigenheimen für die eG wirtschaftlich vorteilhaft ist. Es gab keine kritischen Nachfragen der Mitglieder des Überwachungsorgans, ob aufgrund des entspannten regionalen Mietwohnungsmarkts und der unmittelbar bevorstehenden Schließung eines Industriebetriebs, der der größte Arbeitgeber vor Ort ist, der Verkauf der Objekte in absehbarer Zeit zu realisieren ist. Die Eigenheime konnten tatsächlich nur mit erheblichen Verlusten für die eG veräußert werden. Die eG macht nicht nur gegenüber den Vorstandsmitgliedern gerichtlich Schadensersatzansprüche geltend, sondern verklagt auch die Aufsichtsratsmitglieder.

Sofern ein neu gewähltes Aufsichtsratsmitglied nicht über die für sein Amt erforderlichen Kenntnisse verfügt, ist es verpflichtet, sich diese in engem zeitlichem Zusammenhang mit der Amtsübernahme anzueignen.[321] 747

Durch entsprechende Fortbildung zu Beginn und im weiteren Verlauf der Aufsichtsratstätigkeit ist somit sicherzustellen, dass die o. g. Anforderungen durch die einzelnen Aufsichtsratsmitglieder erfüllt werden. Die Kosten, die den Aufsichtsratsmitgliedern zum Erwerb und zur Vertiefung der notwendigen Fachkenntnisse entstehen, sind von der eG zu tragen. Hierzu gehören z. B. die Anschaffung von Fachliteratur oder die Teilnahme an Seminaren. Es empfiehlt sich allerdings eine vorherige Absprache zwischen Vorstand und Aufsichtsrat. Anschaffungen oder Anmeldungen zu Fortbildungsveranstaltungen erfolgen in der Praxis in der Regel über die eG und damit durch den Vorstand.

Nach einem Urteil des OLG Hamm[322] erfüllen Studienfahrten, bei denen die Information und die Fortbildung der Aufsichtsratsmitglieder im Hinblick auf aktuelle bzw. anstehende Bauvorhaben gegenüber touristischen Aspekten überwiegen, wegen eines fehlenden gravierenden Pflichtverstoßes nicht die Voraussetzung des strafrechtlichen Tatbestands der Untreue (§ 266 StGB). Im vorliegenden Fall war der Geschäftsführer eines kommunalen, ehemals gemeinnützigen Wohnungsunternehmens in der Rechtsform der GmbH erstinstanzlich vom Amtsgericht Münster wegen Untreue in vier Fällen zu einer Geldstrafe verurteilt worden. Das OLG Hamm hatte dagegen die Revision verworfen und damit den Freispruch des Geschäftsführers durch das Landgericht Münster rechtskräftig bestätigt. 748

321 Siehe dazu u. a. Hillebrand/Keßler/*Keßler*, GenG, § 41 Rn. 5 m. w. N.
322 OLG Hamm, Urteil v. 21.8.2012, III-4 RVs 42/12.

Die Entscheidung des OLG Hamm ist auch für Wohnungsgenossenschaften von Bedeutung. Sie bietet eine Orientierung und Argumentationshilfe bei der Entscheidung, im jeweiligen Einzelfall Studienreisen für die Mitglieder des eigenen Aufsichtsrats zu planen und durchzuführen. Dabei ist – neben den entstehenden Kosten – insbesondere auf die Unternehmensgröße sowie auf die Art und den Umfang der derzeitigen und zukünftig geplanten Geschäftstätigkeit abzustellen.[323]

4.2.10.1.3 Handlungsspielraum bei unternehmerischen Entscheidungen

749 Die Mitglieder des Vorstands haben bei ihrer unternehmerischen Tätigkeit einen eigenen Handlungsspielraum. Die sog. »Business Judgement Rule« des § 34 Abs. 1 Satz 2 GenG gilt vorrangig für die Vorstandsmitglieder einer Genossenschaft (siehe Rn. 561 ff., 565 ff.). Soweit jedoch auch dem Aufsichtsrat über seine Überwachungsfunktion hinaus unternehmerische Entscheidungen eigenständig übertragen worden sind oder soweit er daran beteiligt ist, steht auch den Aufsichtsratsmitgliedern ein entsprechender eigener Handlungsspielraum zu. Dies betrifft in der Praxis der Wohnungsgenossenschaften vor allem die Bestellung von Vorstandsmitgliedern und den Abschluss von Anstellungsverträgen sowie die Ausübung von Zustimmungsvorbehalten (§§ 27 Abs. 1 Satz 2 GenG, 28 MS).[324]

4.2.10.1.4 Verschwiegenheitspflicht

750 Entsprechend den Regelungen für die Vorstandsmitglieder unterliegen auch die Mitglieder des Aufsichtsrats der Pflicht, über vertrauliche Angaben und Geheimnisse der Genossenschaft, namentlich Betriebs- oder Geschäftsgeheimnisse, die ihnen durch die Tätigkeit im Aufsichtsrat bekannt geworden sind, Stillschweigen zu bewahren (§§ 41, 34 Abs. 1 Satz 3 GenG).[325]

4.2.10.2 Schadensersatzpflicht und Beweislast

4.2.10.2.1 Schadensersatzpflicht und gesamtschuldnerische Haftung

751 Aufsichtsratsmitglieder, die ihre Pflichten verletzen, sind der eG zum Ersatz des daraus entstehenden Schadens als Gesamtschuldner verpflichtet (§§ 41, 34 Abs. 2 Satz 1

323 Siehe zu Zweck und Gegenstand der Genossenschaft Rn. 74 ff.
324 Siehe dazu Hillebrand/Keßler/*Keßler*, GenG, § 41 Rn. 14 ff. m. w. N.
325 Siehe daher zu den weiteren Einzelheiten der Verschwiegenheitspflicht Rn. 571 ff.

GenG). Auch hier gelten die Voraussetzungen der Haftung der Vorstandsmitglieder entsprechend.[326]

Die im Rahmen der Genossenschaftsrechtsreform 2017 neu geschaffene Haftungserleichterung für die Vorstandsmitglieder nach § 34 Abs. 2 Satz 3 GenG findet für die Mitglieder des Überwachungsorgans ebenfalls entsprechend Anwendung. Das bedeutet, dass auch in Fällen, in denen ein Aufsichtsratsmitglied im Wesentlichen unentgeltlich tätig ist, dies bei der Beurteilung seiner Sorgfalt zu seinen Gunsten berücksichtigt werden muss.[327] 751a

4.2.10.2.2 Beweislast

Wie im Fall der Haftung der Vorstandsmitglieder kommt der Genossenschaft hinsichtlich der Geltendmachung von Schadensersatzansprüchen gegenüber Aufsichtsratsmitgliedern die Beweiserleichterung des § 34 Abs. 2 Satz 2 und 3 GenG i. V. m. § 41 GenG zugute. 752

Das OLG Stuttgart[328] hat dementsprechend entschieden, dass in Fällen, in denen gegen ein Aufsichtsratsmitglied (hier: einer Aktiengesellschaft in der Insolvenz) ein Schadensersatzprozess geführt wird, den Insolvenzverwalter die Darlegungs- und Beweislast dafür trifft, dass der Gesellschaft ein Schaden entstanden ist, der durch ein möglicherweise pflichtwidriges Verhalten des Aufsichtsratsmitglieds entstanden ist. Dagegen hat das Aufsichtsratsmitglied darzulegen und ggf. zu beweisen, dass es seine Sorgfaltspflichten erfüllt hat oder dass es kein Verschulden trifft oder dass der Schaden auch bei pflichtgemäßem Alternativverhalten eingetreten wäre. 753

4.2.10.3 Haftungsausschluss nach Billigung durch die Generalversammlung

Die Ersatzpflicht der Aufsichtsratsmitglieder tritt gegenüber der Genossenschaft wie im Fall der Haftung der Vorstandsmitglieder auch nicht ein, wenn die Handlung auf einem gesetzesgemäßen Beschluss der Generalversammlung beruht (§§ 41, 34 Abs. 4 Satz 1 GenG).[329] 754

---

326 Lang/Weidmüller/*Holthaus/Lehnhoff*, GenG, § 41 Rn. 50; Hillebrand/Keßler/*Keßler*, GenG, § 41 Rn. 19 bis 20; siehe dazu entsprechend die Schadensersatzpflicht für die Vorstandsmitglieder Rn. 576 ff.

327 Siehe dazu die entsprechenden Ausführungen für die Vorstandsmitglieder unter Rn. 576a.

328 OLG Stuttgart, Beschluss v. 19.6.2012, 20 W 1/12, DB 2012 S. 2332; siehe dazu auch bereits Rn. 681 (Umfang der Überwachung des Vorstands).

329 Siehe dazu entsprechend die Ausführungen zum Haftungsausschluss gegenüber den Vorstandsmitgliedern Rn. 585.

4.2.10.4 Entlastung der Aufsichtsratsmitglieder

755 Hinsichtlich der Einzelheiten der Entlastung der Mitglieder des Aufsichtsrats und der Auswirkungen auf die Geltendmachung von Schadensersatzansprüchen, d.h. eines damit verbundenen möglichen Verzichts, gelten die Ausführungen zur Entlastung der Vorstandsmitglieder entsprechend (siehe Rn. 587 ff.).

4.2.10.5 Führung von Prozessen gegen Aufsichtsratsmitglieder

4.2.10.5.1 Prozesse gegen amtierende Aufsichtsratsmitglieder

756 In Prozessen gegen die Mitglieder des Aufsichtsrats wird die eG durch Bevollmächtigte vertreten wird, die von der Generalversammlung gewählt werden (§ 39 Abs. 3 GenG). Damit ist gleichzeitig die Entscheidung über die Geltendmachung des Anspruchs verbunden.[330] § 39 Abs. 3 GenG nach Ansicht in der Fachliteratur betrifft aber nicht nur Schadensersatzansprüche gemäß § 41 GenG, sondern darüber hinaus sämtliche mögliche Ansprüche der eG gegenüber Aufsichtsratsmitgliedern.[331] Die Mustersatzung sieht vor, dass die Mitgliederversammlung über die Führung von Prozessen gegen im Amt befindliche Aufsichtsratsmitglieder wegen ihrer Organstellung beschließt (§ 35 Abs. 1 Buchst. k MS). Zum Bevollmächtigten im Rahmen der Prozessvertretung können von der eG – neben Nichtmitgliedern – auch Vorstands- oder Aufsichtsratsmitglieder bestimmt werden.[332]

757 **Praktische Umsetzung**

Der Tagesordnungspunkt (TOP) sowie der Beschlussvorschlag der Generalversammlung, die darüber beschließt, ob gegen ein Aufsichtsratsmitglied ein Prozess geführt werden soll, können lauten:

! **Muster: TOP und Beschlussvorschlag zur Prozessführung gegen ein Aufsichtsratsmitglied**

TOP ___: Führung eines Prozesses gegen Aufsichtsratsmitglied ____________

Beschlussvorschlag zu TOP ___

Die Generalversammlung beschließt die Führung eines Prozesses gegen das Aufsichtsratsmitglied ____________ (Name des Aufsichtsratsmitglieds).

Zum Bevollmächtigten gemäß § 39 Abs. 3 GenG wird ____________ (Name des Bevollmächtigten) bestellt.

330 Siehe dazu Hillebrand/Keßler/*Keßler*, GenG, § 39 Rn. 21 m. w. N.

331 Hillebrand/Keßler/*Keßler*, GenG, § 39 Rn. 21 m. w. N.

332 Siehe dazu Hillebrand/Keßler/*Keßler*, GenG, § 39 Rn. 23 m. w. N.

4.2.10.5.2 Prozesse gegen ehemalige Aufsichtsratsmitglieder

In Prozessen gegen ehemalige Aufsichtsratsmitglieder wird die eG grundsätzlich vom Vorstand vertreten. In der Fachliteratur wird jedoch die Ansicht vertreten, dass für die Führung von Prozessen gegen ehemalige Aufsichtsratsmitglieder im Zusammenhang mit der Organstellung, insbesondere aufgrund der Sorgfaltspflichten, ebenfalls die Bestellung eines besonderen Prozessvertreters erforderlich ist.[333] 758

Die Mustersatzung sieht vor, dass die Mitgliederversammlung auch über die Führung von Prozessen gegen ausgeschiedene Aufsichtsratsmitglieder wegen ihrer Organstellung beschließt (§ 35 Abs. 1 Buchst. k MS).

4.2.10.6 Verjährung

Entsprechend der Regelung für die Vorstandsmitglieder verjähren auch die Ansprüche der eG gegenüber Aufsichtsratsmitgliedern in fünf Jahren.[334] 759

4.2.11 Beendigung des Amts eines Aufsichtsratsmitglieds

4.2.11.1 Überblick

Ebenso wie im Fall der Beendigung des Amtes eines Vorstandsmitglieds (siehe Rn. 600) kann auch das Amt eines Aufsichtsratsmitglieds aus unterschiedlichen Gründen enden. In der Praxis spielen auch hier vor allem folgende Beendigungsgründe eine Rolle: 760

- Ablauf der Bestelldauer,
- Widerruf der Bestellung sowie
- Amtsniederlegung.

Als weitere Gründe zur Beendigung des Aufsichtsratsamts kommen die Fälle der Auflösung (siehe Rn. 1004 ff.) sowie der Verschmelzung der Genossenschaft (siehe Rn. 1037 ff.), der Tod des Aufsichtsratsmitglieds sowie der Verlust der Mitgliedschaft in der Genossenschaft in Betracht.

Da die Mitglieder des Aufsichtsrats auch Mitglieder der Genossenschaft sein müssen (§ 9 Abs. 2 Satz 1 Alt. 2 GenG, Grundsatz der Selbstorganschaft), endet das Aufsichts- 761

333 U. a. Hillebrand/Keßler/*Keßler*, GenG, § 39 Rn. 23 m. w. N.
334 Siehe dazu entsprechend die Ausführungen zur Verjährung der Ersatzansprüche gegenüber Vorstandsmitgliedern in Rn. 598 f.

ratsamt vor Ablauf der Bestelldauer, wenn die Mitgliedschaft des Aufsichtsratsmitglieds bereits während der Amtszeit beendet wird. Der Verlust der Mitgliedschaft eines Aufsichtsratsmitglieds durch einen Ausschluss ist allerdings nur aufgrund eines Beschlusses der Generalversammlung möglich.[335] Die Mustersatzung sieht daher vor, dass ein Mitglied des Aufsichtsrats erst ausgeschlossen werden kann, wenn die Mitgliederversammlung die Abberufung beschlossen hat (§§ 11 Abs. 7; 35 Abs. 1 Buchst. h MS).

4.2.11.2 Ablauf der Bestelldauer

762 Das Amt eines Aufsichtsratsmitglieds endet »automatisch« mit Ablauf der Bestelldauer. Die Mustersatzung sieht vor, dass die Aufsichtsratsmitglieder für drei Jahre gewählt werden (§ 24 Abs. 4 Satz 1 MS). Hierbei wird das Geschäftsjahr, in dem das Aufsichtsratsmitglied gewählt wird, nicht mitgerechnet. Die Amtszeit der Aufsichtsratsmitglieder endet mit dem Schluss der dritten ordentlichen Mitgliederversammlung nach der Wahl (§ 24 Abs. 4 Sätze 2, 3 MS)[336]

763 Im Genossenschaftsgesetz ist nicht geregelt, ob sich Satzungsänderungen auch auf die amtierenden Aufsichtsratsmitglieder auswirken, d. h. z. B. im Rahmen der Verkürzung der Bestelldauer. Dazu gehören auch die Fälle, in denen während der Bestelldauer erstmalig eine Altersgrenze für die Mitglieder des Aufsichtsrats eingeführt oder eine bereits vorhandene Altersgrenze herabgesetzt wird.

764 In der genossenschaftsrechtlichen Literatur[337] wird die Meinung vertreten, dass die Verkürzung der Amtszeit von Aufsichtsratsmitgliedern sich auch auf die amtierenden Mitglieder auswirkt. Ein Bestandsschutz wird solchen Aufsichtsratsmitgliedern nach der Auffassung damit nicht eingeräumt, es sei denn, dass die Satzung etwas Abweichendes dazu regelt.

! **Praxis-Tipp**

Wenn zum Beispiel erstmals eine Altersgrenze für die Wahl der Aufsichtsratsmitglieder eingeführt werden soll, empfiehlt sich eine Klarstellung im Beschluss, ob die amtierenden Aufsichtsratsmitglieder davon betroffen sein sollen oder nicht.

335 Siehe dazu BGH, Urteil v. 6.2.1984, II ZR 119/83, NJW 1984 S. 1884 (Ausschluss eines Vorstandsmitglieds eines e. V. durch die übrigen Mitglieder des Vorstands) unter Bezugnahme auf BGH, Urteil v. 23.11.1959, II ZR 193/57, NJW 1960 S. 193 (keine Befugnis des Vorstands einer eG, Aufsichtsratsmitglieder auszuschließen): Lang/Weidmüller/*Holthaus/Lehnhoff*, GenG, § 68 Rn. 47 ff.; Hillebrand/Keßler/*Keßler*, GenG, § 68 Rn. 19 m. w. N.

336 Siehe zur Bestelldauer im Einzelnen Rn. 634 f.

337 Beuthien/*Beuthien*, GenG, § 36 Rn. 21; Hillebrand/Keßler/*Keßler*, GenG, §§ 36, 37 Rn. 52; Lang/Weidmüller/*Holthaus/Lehnhoff*, GenG, § 24 Rn. 46 (Verkürzung betrifft im Zweifel auch die amtierenden Aufsichtsratsmitglieder).

Für den Beschlussvorschlag bieten sich folgende Formulierungen an:

Muster: Beschlussvorschlag zur Gültigkeit einer Satzungsänderung über die Altersgrenze gegenüber amtierenden Aufsichtsräten !

Beschlussvorschlag zu TOP ___
Die Änderung des § ___ der Satzung findet auch auf die Aufsichtsratsmitglieder Anwendung, die zum Zeitpunkt der Wirksamkeit der Satzungsänderung im Amt sind.
[Alternativ:] **Beschlussvorschlag zu TOP ___**
Die Änderung des § ___ der Satzung findet auf die Aufsichtsratsmitglieder keine Anwendung, die zum Zeitpunkt der Wirksamkeit der Satzungsänderung im Amt sind.

4.2.11.3 Widerruf der Bestellung

Die Bestellung zum Mitglied des Aufsichtsrats kann auch vor Ablauf des Zeitraums, für 765 den es gewählt ist, durch die Generalversammlung widerrufen werden (§ 36 Abs. 3 Satz 1 GenG). Ebenso wie im Fall des Widerrufs der Bestellung eines Vorstandsmitglieds (siehe Rn. 605 ff.) ist dafür weder ein wichtiger Grund noch eine Begründung im Einzelfall notwendig; das betreffende Aufsichtsratsmitglied hat, sofern die Satzung keine entsprechende Regelung vorsieht, auch keinen Anspruch auf rechtliches Gehör.[338]

Erforderlich ist nur, dass die Tagesordnung einen entsprechenden Beschlussgegenstand enthält. Der Beschluss bedarf einer Mehrheit von drei Vierteln der abgegebenen Stimmen (§ 36 Abs. 3 Satz 2 GenG, § 36 Abs. 2 Buchst. c MS).

Es besteht aber nicht die Möglichkeit, ein Aufsichtsratsmitglied aus wichtigem Grund 766 auf Antrag des Aufsichtsrats vom Gericht abberufen zu lassen. Eine analoge Anwendung des § 103 Abs. 3 Satz 1 AktG kommt im Genossenschaftsrecht nicht in Betracht.[339]

4.2.11.4 Amtsniederlegung

Nach überwiegender Meinung in der Fachliteratur[340] kann ein Aufsichtsratsmitglied sein 767 Amt durch einseitige Erklärung gegenüber der Genossenschaft (Amtsniederlegung) jederzeit aufgeben und nicht nur dann, wenn ein wichtiger Grund[341] dafür vorliegt.

338 Hillebrand/Keßler/*Keßler*, GenG, §§ 36, 37 Rn. 74 m. w. N.
339 U. a. Lang/Weidmüller/*Holthaus/Lehnhoff*; GenG, § 36 Rn. 86a; Beuthien/*Beuthien*, GenG, 3 36 Rn. 21; a. M. Müller, GenG, §§ 36 Rn. 45a ff.
340 Hillebrand/Keßler/*Keßler*, GenG, §§ 36, 37 Rn. 77 m. w. N.; Lang/Weidmüller/*Holthaus/Lehnhoff*, GenG, § 36 Rn. 80 (jederzeit, wenn – wie in der Praxis der Wohnungsgenossenschaften üblich – das Aufsichtsratsmitglied auf der Grundlage eines Auftragsverhältnisses tätig ist).
341 Siehe die entsprechenden Beispiele für die Amtsniederlegung eines Vorstandsmitglieds aus wichtigem Grund in Rn. 608.

Ein Aufsichtsratsmitglied kann sein Amt durch einseitige Erklärung sowohl gegenüber dem Vorstand als gesetzlichem Vertreter der eG als auch gegenüber dem Aufsichtsrat bzw. dessen Vorsitzenden aufgeben.[342]

768 Tritt ein Aufsichtsratsmitglied ohne wichtigen Grund »zur Unzeit« mit sofortiger Wirkung von seinem Amt zurück, macht es sich – ebenso wie ein Vorstandsmitglied (siehe Rn. 608) – jedoch ggf. gegenüber der Genossenschaft schadensersatzpflichtig.[343]

! **Praxis-Tipp**

Vor allem wenn zweifelhaft ist, ob ein wichtiger Grund für eine sofortige Niederlegung des Aufsichtsratsamts vorliegt, sollte nach Möglichkeit mit den übrigen Mitgliedern des Aufsichtsrats eine einvernehmliche Beendigung vereinbart werden. Dies kommt vor allem dann in Betracht, wenn der Aufsichtsrat nur aus drei Mitgliedern besteht und keine Ersatzmitglieder vorhanden sind.

4.3 Generalversammlung – Vertreterversammlung

4.3.1 Begrifflichkeiten, Konkurrenzen und Befugnisse

4.3.1.1 Generalversammlung – Vertreterversammlung

769 Die Generalversammlung der eG kann, wenn man so will, als das »oberste« Gremium einer eG bezeichnet werden. Hiermit ist allerdings noch nicht zum Ausdruck gebracht, in welchem Umfang die Generalversammlung Einfluss auf Vorstand und Aufsichtsrat der eG nehmen kann. Die Generalversammlung ist ein Organ der eG. Sie ist die Versammlung der Eigentümer der eG und stellt das dar, was bei anderen Gesellschaftsformen aus dem Kreis der juristischen Personen »Mitgliederversammlung« (e. V.), »Gesellschafterversammlung« (GmbH) oder »Hauptversammlung« (AG) genannt wird.

770 Die Generalversammlung kann alle Mitglieder der eG umfassen, falls diese vollzählig daran teilnehmen. Sie kann aber auch nur einen Ausschnitt aller Mitglieder der eG darstellen, falls nur ein Teil der Mitglieder an ihr teilnimmt. Letzteres ist erfahrungsgemäß

342 Lang/Weidmüller/*Holthaus/Lehnhoff*, GenG, § 36 Rn. 83 m. w. N.

343 Siehe dazu u. a. Hillebrand/Keßler/*Keßler*, GenG, §§ 36, 37 Rn. 77; Lang/Weidmüller/*Holthaus/Lehnhoff*, GenG, § 36 Rn. 80.

in der Praxis der Regelfall. Ein deutliches Ansteigen der Teilnehmerzahlen ist meist nur dann zu erwarten, wenn es in der Versammlung um besondere, aufsehenerregende Beschlussgegenstände geht, wie z. B. die vorzeitige Absetzung von Vorstands- oder Aufsichtsratsmitgliedern, gewichtige Satzungsänderungen, Fusionen oder die Auflösung.

Da die eG ihrer Struktur nach und historisch dem e. V. sehr ähnlich ist, haben es Vorstand und Aufsichtsrat in der »Eigentümerversammlung« daher mit einer Vielzahl von »Gesellschaftern« zu tun, mit denen sie menschlich und im kommunikativen Sinne richtig umgehen müssen. Sie müssen im Zusammenspiel mit den Teilnehmern der Generalversammlung den ordnungsgemäßen Ablauf der Versammlung bewerkstelligen und hierbei insbesondere die in der Einladung angekündigten Tagesordnungspunkte korrekt abarbeiten. Dies ist für den Versammlungsleiter eine verantwortungsvolle und in manchen Fällen auch nicht leicht zu bewerkstelligende Aufgabe. Das Genossenschaftsgesetz regelt die Generalversammlung und die Vertreterversammlung in den §§ 43 bis 51. 771

Die Vertreterversammlung ist das verkleinerte Abbild einer Generalversammlung. Sachlich unterscheidet sie sich aber in nichts von der Generalversammlung. Vielmehr kommen ihr die gleichen Aufgaben zu, die der Generalversammlung durch das GenG zugewiesen sind. Die Vertreterversammlung soll es einer mitgliederstarken eG ermöglichen, die »Generalversammlung« in praktikabler Weise abhalten zu können. Sofern nämlich eine eG beispielsweise 7.000 Mitglieder ihr Eigen nennen kann, könnte die praktische Durchführung der Generalversammlung schwierig werden. 772

Daher sieht das Genossenschaftsgesetz vor, dass bei einer eG mit mehr als 1.500 Mitgliedern (d. h. 1.500 plus 1) durch Satzungsregelung eine Vertreterversammlung eingeführt werden kann, die dann »die« Generalversammlung »darstellt«. Nach dem Wortlaut des Genossenschaftsgesetzes »besteht« die Generalversammlung in diesem Fall »aus Vertretern der Mitglieder« (§ 43a Abs. 1 Satz 1 GenG). 773

Die Einführung einer Vertreterversammlung ist jedoch nicht zwingend. Auch eine mitgliederstarke eG kann es bei der Generalversammlung belassen. Die Bildung einer Vertreterversammlung ist bei entsprechender Größe der eG jedoch empfehlenswert. In der Praxis gibt es mit Vertreterversammlungen regelmäßig sehr gute Erfahrungen. Oft bündelt sich hier der in der Mitgliedschaft vorherrschende Sachverstand sowie Vernunft. 774

Durch das vorgeschaltete Wahlverfahren (Vertreterwahlen) kommt es oftmals zu einer Auslese der »Besten« einer genossenschaftlichen Mitgliedschaft.

Der Ablauf der Vertreterversammlung ist dem einer Generalversammlung, von wenigen Ausnahmen abgesehen, vergleichbar, sodass im weiteren Verlauf ausschließlich 775 die Generalversammlung dargestellt wird. Sofern es Besonderheiten aus dem Bereich der Vertreterversammlung gibt, wird dies im Text ausdrücklich erwähnt.

4.3.1.2 Generalversammlung – Mitgliederversammlung

776 In den in der Praxis verwendeten Satzungen von Wohnungsgenossenschaften wird statt des Begriffs »Generalversammlung« von der »Mitgliederversammlung« gesprochen. Der Begriff »Mitgliederversammlung« ist dem Vereinsrecht der §§ 21 ff. BGB entlehnt. Er findet sich im Genossenschaftsgesetz nicht. Auch nach der Novellierung aus dem Jahr 2006 verwendet das Genossenschaftsgesetz den Begriff »Generalversammlung«. Im Allgemeinen wie auch im politischen Sprachgebrauch hat sich der Begriff »Mitgliederversammlung« jedoch schon seit Längerem eingebürgert. In der Praxis hatte es bislang vereinzelt registergerichtliche Beanstandungen im Rahmen von Satzungsänderungen oder Neugründungen gegeben. In der Verwendung des Begriffs »Mitgliederversammlung« wurde eine »Irreführung des Rechtsverkehrs« gesehen. Es bestehe die Gefahr, dass die Mitglieder der eG den Begriff »Mitgliederversammlung« nicht verstehen. Es handele sich um eine unzulässige Abweichung von den gesetzlichen Vorgaben. Die Wahrscheinlichkeit dieser Befürchtung sei hier dahingestellt. In der Praxis lässt sich eine entsprechende »Verwirrung« von Genossenschaftsmitgliedern oder anderen Personen jedenfalls nicht wahrnehmen. Eine gerichtliche Stellungnahme hierzu aus dem Genossenschaftsrecht liegt, soweit ersichtlich, noch nicht vor. Vielmehr sind in der Praxis ungezählte Satzungen, die den Begriff »Mitgliederversammlung« verwenden, beanstandungslos eingetragen worden. Die vom GdW Bundesverband deutscher Wohnungs- und Immobilienunternehmen e. V. erstellte Mustersatzung für Wohnungsgenossenschaften verwendet den Begriff »Mitgliederversammlung« ebenfalls seit vielen Jahrzehnten.

777 Es sprechen zahlreiche Gründe dafür, dass dies genossenschaftsrechtlich auch zulässig ist. Zum einen kann der Begriff »Mitgliederversammlung« schon im Hinblick auf das durchschnittliche Sprachverständnis, das in der Bevölkerung herrscht, auch im genossenschaftlichen Zusammenhang als ausreichend klar, vielleicht sogar als verständlicher angesehen werden. Und hinzu kommt, dass sich die eG, rechtshistorisch gesehen, aus der Idee des e. V. entwickelt hat. Im 19. und frühen 20. Jahrhundert firmierten zahlreiche Wohnungsunternehmen als »Bauvereine e. V.«, einige wenige bis zum heutigen Tag.

778 Im Rahmen der Genossenschaftsnovelle 2006 wurde der Begriff »Generalversammlung« – entgegen früherer Absicht – zwar beibehalten, jedoch der Begriff »Genosse« durchgängig durch den Begriff »Mitglied« ersetzt. Heute heißt es in § 43 Abs. 1 GenG: »Die Mitglieder üben ihre Rechte in den Angelegenheiten der Genossenschaft in der Generalversammlung aus, soweit das Gesetz nichts anderes bestimmt.« Vor der Novellierung im Jahr 2006 hieß es demgegenüber in § 43 Abs. 1 GenG: »Die Genossen

üben ihre Rechte in den Angelegenheiten der Genossenschaft in der Generalversammlung aus, soweit das Gesetz nichts anderes bestimmt.« Auch der Wortlaut des Gesetzes führt jeden durchschnittlich Verständigen somit auf die richtige Bahn, nämlich zur Mitgliederversammlung. Kommt es im Rahmen von Eintragungsverfahren zu Problemen, so kann es sich empfehlen, unter Einbeziehung der vorstehend aufgeführten Argumente die Frage des »richtigen« Begriffs im Wege eines persönlichen Gesprächs mit dem zuständigen Registerbeamten zu erörtern. Führt dies zu keinem zufriedenstellenden Ergebnis, so steht der Weg in die Rechtsbeschwerde offen.

4.3.1.3 Verhältnis von Generalversammlung und Vertreterversammlung

Die Vertreterversammlung löst die Generalversammlung, wie vorstehend erwähnt, in 779
ihrer Aufgabenstellung ab. Ist hier keine Einschränkung durch Satzungsbestimmungen vorgesehen, gilt dies in einem umfassenden Sinne. Die Vertreterversammlung entscheidet dann ab dem Zeitpunkt ihrer wirksamen Einsetzung durch Eintragung des entsprechenden Satzungsbeschlusses auch über ganz wesentliche Fragen der eG, wie z. B. weitere Satzungsänderungen, Umwandlungen der Rechtsform (z. B. von der eG in eine GmbH) oder gar die Auflösung der eG.

Will man die Zuständigkeit der Vertreterversammlung beschränken, dann muss dies 780
in der Satzung festgeschrieben sein. Eine »ungeschriebene« Restzuständigkeit der Generalversammlung wird zu Recht abgelehnt; vielmehr verliert die Generalversammlung grundsätzlich ihre Zuständigkeit.[344]

Die Zuständigkeit der Vertreterversammlung ist jedoch erst dann gegeben, wenn der 781
die Vertreterversammlung etablierende Generalversammlungsbeschluss als satzungsändernder Beschluss in das Genossenschaftsregister eingetragen worden ist.

Eine Wechselwirkung zwischen Generalversammlung und Vertreterversammlung 782
besteht in der Form, dass Beschlüsse der Generalversammlung nichtig sind, sofern eine Vertreterversammlung wirksam eingesetzt ist, bzw. Beschlüsse der Vertreterversammlung ihrerseits nichtig sind, falls diese noch nicht oder nicht mehr besteht.

Der Beschluss zur Etablierung einer Vertreterversammlung bedarf der erforderlichen 783
Mehrheit von drei Vierteln. Denn nach der Mustersatzung für Wohnungsgenossenschaften ist für jedwede Satzungsänderung eine Dreiviertelmehrheit erforderlich (§ 36 Abs. 2a MS). Durch Satzungsregelung kann allerdings bestimmt werden, dass dennoch

344 Lang/Weidmüller/*Holthaus/Lehnhoff*, GenG, § 43a Rn. 6; Bauer, Genossenschafts-Handbuch, § 43a Rn. 14, 15.

bestimmte Beschlüsse, die von grundlegender Bedeutung sind, der Generalversammlung vorbehalten bleiben (§ 43a Abs. 1 Satz 2 GenG).

784 Ein seit 2006 gesetzlich geregelter Fall verbleibender Generalversammlungszuständigkeit ist die Abschaffung der Vertreterversammlung. Es ist der einzige Fall, der gesetzlich geregelt ist: Gemäß § 43a Abs. 7 Satz 1 GenG ist die Generalversammlung zur Beschlussfassung über die Abschaffung der Vertreterversammlung unverzüglich einzuberufen, wenn dies von mindestens einem Zehntel der Mitglieder oder dem in der Satzung hierfür bestimmten geringeren Teil in Textform beantragt wird. Aus diesen beiden gesetzlichen Regelungen wird somit klar, dass Vertreterversammlung und Generalversammlung nebeneinander bestehen, obwohl die Vertreterversammlung ja letztlich die »verkleinerte« Generalversammlung sein soll. Über die Bewertung dieser Rechtsverhältnisse besteht Uneinigkeit. Jedenfalls lässt sich aber sagen: Die »große« Generalversammlung besteht neben der »kleineren« Generalversammlung im Schatten weiter und kann ggf. aktiviert werden bzw. wird automatisch in den Fällen aktiv, in denen die Satzung oder das Genossenschaftsgesetz dies vorgeben.

4.3.1.4 Abschaffung und Ende der Vertreterversammlung

785 Verändert sich die Mitgliederzahl von 1.500 plus 1 nicht, besteht also eine für die Beibehaltung einer Vertreterversammlung ausreichend hohe Anzahl von Genossenschaftsmitgliedern unverändert weiter, so kann die Vertreterversammlung, wie soeben ausgeführt, durch die weiter bestehende Generalversammlung im Wege einer Satzungsänderung auch wieder abgeschafft werden. Hierzu sind eine satzungsändernde Mehrheit sowie die Eintragung des satzungsändernden Beschlusses in das Genossenschaftsregister erforderlich.

Die Frage, wie hoch die satzungsändernde Mehrheit sein muss, bestimmt sich nach der jeweils geltenden Satzung. Die Mustersatzung für Wohnungsgenossenschaften sieht für jede Satzungsänderung eine Mehrheit von drei Vierteln der abgegebenen Stimmen vor (§ 36 Abs. 2a MS-2018).

786 Fraglich ist, ob sich bei unverändert ausreichender Mitgliederzahl von mehr als 1.500 Personen die Vertreterversammlung auch selbst abschaffen kann. Diese Frage ist derzeit nicht rechtssicher geklärt. Nach dem Willen des Gesetzgebers soll sich seit der Gesetzesnovelle 2006 die Vertreterversammlung im Gegensatz zu früher nicht mehr selbst abschaffen können.[345] Die Regelung des § 43a Abs. 7 GenG zeigt, dass hierfür jetzt die Generalversammlung (ausschließlich) zuständig ist.

345 Vergleiche BT-Drucksache 16/1025, zu § 43a lit. f, S. 87.

Die überwiegende Ansicht in der Kommentarliteratur sieht dies ebenfalls so und geht von einem ausschließlichen Auflösungsrecht der Generalversammlung aus.[346] Eine Minderheitenmeinung vertritt demgegenüber die Ansicht, dass sich die Vertreterversammlung auch weiterhin selbst auflösen kann, zumindest solange die Generalversammlung die Zuständigkeit für die Auflösung in einer Satzungsregelung nicht ausdrücklich an sich zieht.[347]

Sinkt die Zahl der Genossenschaftsmitglieder unter die für die Einführung einer Ver- 787
treterversammlung erforderliche Zahl von 1.501, dann verliert die Vertreterversammlung ihre Rechtsmacht und es tritt die Generalversammlung automatisch wieder an ihre Stelle.

Eine vorherige Satzungsänderung ist nach allgemeiner und systematisch richtiger 788
Überzeugung nicht erforderlich. Die Satzung würde dann durch die Veränderung der faktischen Verhältnisse jedoch nachträglich unrichtig und müsste somit der Entwicklung angepasst werden. Man spricht hier von »deklaratorischer« Satzungsanpassung.[348]

Der für die Feststellung der erforderlichen Mitgliederzahl relevante Zeitpunkt ist für 789
jedes Geschäftsjahr das Ende des vorausgegangenen Geschäftsjahres. Die Frage, ob die für die Einrichtung einer Vertreterversammlung erforderliche Mindestmitgliederanzahl von 1.500 plus 1 noch vorhanden ist, ist von größter Bedeutung. Denn fehlt diese, so sind Beschlüsse der Vertreterversammlung nichtig.[349] Wird eine hierüber hinausgehende, in der Satzung festgelegte Grenze unterschritten, so sollen die Beschlüsse der Vertreterversammlung nur anfechtbar sein.[350]

Steigt nach einem Absinken die Zahl der Mitglieder wieder über 1.500 und war die Sat- 790
zung deklaratorisch geändert worden, dann entsteht die Vertreterversammlung nicht wieder automatisch. Vielmehr muss von der Generalversammlung dann ein neuer satzungsändernder Beschluss mit Eintragung in das Genossenschaftsregister gefasst werden. In der Satzung kann allerdings für die genannten Fälle ein Automatismus dergestalt eingerichtet werden, dass sich mit einer entsprechenden Änderung der Anzahl der Genossenschaftsmitglieder auch automatisch ein wiederholter Wechsel von der Generalversammlung hin zur Vertreterversammlung ergeben soll.[351]

346 Beuthien/*Beuthien*, GenG, § 43a Rn. 3; Hillebrand/*Keßler*, GenG, § 43a Rn. 6; Bauer, Genossenschafts-Handbuch, § 43a Rn. 10, 17.
347 Pöhlmann/*Fandrich*/Bloehs, GenG, § 43a Rn. 28; Lang/Weidmüller/*Holthaus/Lehnhoff*, GenG, § 43a Rn. 81a.
348 Für viele: Lang/Weidmüller/*Holthaus/Lehnhoff*, GenG, § 43a Rn. 14.
349 Lang/Weidmüller/*Holthaus/Lehnhoff*, GenG, § 43a Rn. 17.
350 Pöhlmann/*Fandrich*/Bloehs, GenG, § 43a Rn. 10.
351 Lang/Weidmüller/*Holthaus/Lehnhoff*, GenG, § 43a Rn. 15.

4.3.1.4.1 Befugnisse der Generalversammlung

791 Wie den Organen Vorstand und Aufsichtsrat auch kommen der Generalversammlung – und damit ggf. auch der Vertreterversammlung – bestimmte Aufgaben und Befugnisse zu. Unter »Befugnis« versteht man die Fähigkeit, im Wege der Beschlussfassung Recht zu setzen. Hier gibt es

- gesetzliche Befugnisse, die der Generalversammlung nicht entzogen werden können, auch durch Satzungsregelung nicht,
- Befugnisse, die durch Satzungsregelung anderweitig geregelt werden können, als dies das Gesetz vorsieht, sowie
- Befugnisse, die im Gesetz nicht geschrieben sind, die sich jedoch »aus der Natur der Sache heraus« als ungeschriebene Zuständigkeit, gewissermaßen als Auffangzuständigkeit ergeben.

792 **Unentziehbare Befugnisse**

Die im Genossenschaftsgesetz als unentziehbar festgelegten Befugnisse einer Generalversammlung oder Vertreterversammlung sind:

- **Satzungsänderungen**
  Diese fallen ausnahmslos, gleichgültig, um welchen Inhalt es geht, in die Zuständigkeit der Generalversammlung (z. B. §§ 16, 22 Abs. 1, 65 Abs. 2, 87a Abs. 2 GenG). Vorstand und Aufsichtsrat können durch den Erlass von Geschäftsordnungen für ihre Organtätigkeit Satzungsregelungen nicht verändern oder unterlaufen.
- **Wahl des Aufsichtsrats**
  Diese ist nur durch die Generalversammlung möglich §§ 36 Abs. 1, Satz 1 GenG).
- **Amtsenthebung von Mitgliedern des Aufsichtsrats**
  Die vorzeitige Beendigung der Amtszeit eines Aufsichtsratsmitglieds unterfällt zwingend der Generalversammlung (§ 36 Abs. 3, Satz 1 GenG). Ein anderes Abberufungsorgan ist undenkbar und kann auch durch Satzungsregelung nicht geschaffen werden.
- **Prozesse gegen Aufsichtsratsmitglieder**
  Die Frage, ob Prozesse gegen aktive oder ehemalige Aufsichtsratsmitglieder geführt werden sollen, sowie die Wahl der Prozessbevollmächtigten hierfür obliegt allein der Generalversammlung (§ 39 Abs. 3 GenG).
- **Beschränkung der Leitungsmacht des Vorstands durch Satzung**
  Die einzig zulässige Form einer Beschränkung der eigenverantwortlichen Leitungsmacht des Vorstands, die sich aus § 27 Abs. 1 GenG ergibt, besteht in der Festlegung von Zustimmungserfordernissen, die jedoch ihre Grundlage in der Satzung haben müssen, womit die Zuständigkeit der Generalversammlung eröffnet ist.
- **Wirtschaftliche Regularien**
  Die Feststellung des Jahresabschlusses, der Beschluss über die Gewinnverwendung, der Beschluss über eine Verlustdeckung (§ 48 Abs. 1 GenG) erfolgt ausschließlich durch die Generalversammlung.

- **Entlastungen**
  Sowohl die Entlastung des Vorstands wie auch die Entlastung des Aufsichtsrats können keinem anderen Organ übertragen werden (§ 48 Abs. 1, Satz 2 GenG).
- **Festsetzung der Höchstkreditgrenzen (§ 49 Abs. 1 GenG)**
  Falls eine Satzungsregelung besteht, dann ergibt sich die Zuständigkeit der Generalversammlung wiederum hieraus.
- **Stundung bzw. Ratenzahlung bei Einzahlungspflichten (§§ 50, 7 GenG)**
  Der Ratenzahlungsplan für die Einzahlungen auf die Pflichtanteile muss gemäß § 7 GenG in der Satzung und somit wiederum über die Generalversammlung festgelegt sein oder direkt von der Generalversammlung beschlossen werden (§ 50 GenG).

Außerdem:
- Herabsetzung von Geschäftsanteilen oder Einzahlungspflichten (§ 22 Abs. 1 GenG)
- Verlängerung von Fristen für Einzahlungen auf den Geschäftsanteil (§ 22 GenG)
- Beschlussfassung »über« den Prüfungsbericht (§ 59 GenG; bzw. Ankündigung des Prüfungsberichts als »Gegenstand der Beschlussfassung»)
- Beschlussfassung über Beanstandungen des Prüfungsberichts auf der Generalversammlung, die vom Verband einberufen wird (§ 60 GenG)
- Nachschussleistung (§ 87a GenG)
- Auflösung der Genossenschaft (§ 78 GenG)
- Bestellung und Abberufung besonderer Liquidatoren (§ 83 Abs. 1 und 3 GenG)
- Verschmelzung, Formwechsel, Umwandlungen usw. nach dem Umwandlungsgesetz.

4.3.1.4.2 Anderweitige Regelung von Befugnissen der Generalversammlung

- **Wahl des Vorstands** 793
  Der Vorstand wird von der Generalversammlung gewählt (§ 24 Abs. 2, Satz 1 GenG). Durch Satzungsregelung kann der Aufsichtsrat für zuständig erklärt werden (§ 24 Absatz 2, Satz 2 GenG).
- **Amtsenthebung von Mitgliedern des Vorstands**
  Der Vorstand kann vorzeitig durch die Generalversammlung abberufen werden, es sei denn, dass die Satzung eine andere Art der Abberufung bestimmt (§ 24 Abs. 2, Satz 2, Abs. 3 GenG). Ist dies der Fall, dann ist der Aufsichtsrat auch für die vorzeitige und endgültige Abberufung zuständig. Die Vorschrift des § 40 GenG, wonach im Fall einer vorzeitigen Abberufung des Vorstands der Aufsichtsrat dies nur vorläufig tun kann und unverzüglich eine Generalversammlung einberufen muss, die danach über die endgültige vorzeitige Abberufung zu beschließen hätte, läuft dann ins Leere.
- **Beschlussfassung über Prozesse gegen den Vorstand**
  Die Entscheidung, ob gegen amtierende oder ehemalige Vorstandsmitglieder Prozesse geführt werden sollen, kann seit der Novelle 2006 durch Satzungsregelung

nun weg vom Aufsichtsrat auf die Generalversammlung verlegt werden (§ 39 Abs. 1 Satz 3 GenG). Da dies vor der Novelle 2006 zwingend bei der Generalversammlung angesiedelt war, findet sich eine solche Bestimmung noch in zahlreichen Satzungen der Praxis. Auch die Mustersatzung ist bei der früheren Regelung einer Zuständigkeit der Generalversammlung geblieben. Liegt eine Verlagerung der Zuständigkeit auf die Generalversammlung durch Satzungsregelung nicht vor, dann liegt die Zuständigkeit beim Aufsichtsrat.

4.3.1.4.3 Grenzen einer Verlagerung von Befugnissen auf die Generalversammlung

794 Es ist dem Grunde nach nicht ausgeschlossen, der Generalversammlung noch weitere Befugnisse zu übertragen. Fraglich ist jedoch, welche dies sein könnten. Eine solche Übertragung hätte sicherlich ihre Grenzen zu finden. So ist das Machtgefüge, das zwischen den Organen einer eG in Form von Vorstand, Aufsichtsrat und Generalversammlung herrscht, nach dem Willen des Gesetzgebers schon relativ ausgewogen gestaltet, und zwar durchaus im Sinne eines gewissen Gleichgewichts der Kräfte. Das bedeutet, dass die Zuweisung von weiteren Befugnissen an die Generalversammlung im Wege einer Satzungsregelung ihre Grenze an den Bereichen finden müsste, die unentziehbar den anderen Organen, nämlich Vorstand und Aufsichtsrat, zugewiesen sind.

795 Eine klare Grenze, die sich hierzu aus dem Genossenschaftsrecht ergibt, ist sicherlich der Grundsatz, dass es zwischen den Organen der eG keine Weisungsrechte bzw. Weisungsunterworfenheit gibt. So ist beispielsweise der Vorstand zur eigenverantwortlichen Leitung der Genossenschaft »verpflichtet« und somit gleichzeitig auch berechtigt (§ 27 Abs. 1 GenG). Mit diesem Grundsatz wäre es beispielsweise nicht vereinbar, dass die Generalversammlung dem Vorstand direkte und diesen bindende Weisungen für die Erledigung der täglichen Geschäfte oder auch nur Weisungen für die grundlegende Ausrichtung der Geschäftspolitik geben würde. Auch durch den Aufsichtsrat der eG können keine rechtlich wirksamen Weisungen an den Vorstand ergehen. Der Aufsichtsrat selbst ist im Hinblick auf die Generalversammlung ebenfalls weisungsfrei.[352] Natürlich sind die Organe Vorstand und Aufsichtsrat letztendlich beide von der Generalversammlung abhängig, da die Bestellung, Wiederbestellung oder Abberufung der Vorstands- und Aufsichtsratsmitglieder jeweils auf die Generalversammlung unmittelbar oder zumindest mittelbar zurückgeht. Dies ändert jedoch nichts an der grundlegenden Selbstständigkeit der Organe Vorstand und Aufsichtsrat.

796 Auch Streitigkeiten aus den Nutzungsverhältnissen, wie z. B. Fragen von Mieterhöhungen, Mietminderungen, Tierhaltung, nachbarschaftliche Probleme oder Ähnliches,

352 Lang/Weidmüller/*Holthaus/Lehnhoff*, GenG, § 43 Rn. 13.

können der Generalversammlung zur abschließenden Beurteilung nicht überantwortet werden. Die Generalversammlung kann nicht als »Mietgericht« oder sonstige Streitschlichtungsstelle auftreten. Die Generalversammlung kann schon aus vertragsrechtlichen Gründen nicht in bestehende Rechtspositionen einzelner Genossenschaftsmitglieder, die sich z. B. aus laufenden Verträgen im Rahmen der Förderbeziehung ergeben, eingreifen. Ein entsprechender Beschluss der Generalversammlung wäre mangels Zuständigkeit sicherlich nichtig. Der Daten- und Persönlichkeitsschutz gebietet es, die Privatsphäre der Genossenschaftsmitglieder zu wahren.

Daher sollten entsprechende Themen auch von vornherein nicht auf die Liste der 797
Tagesordnungspunkte in der Einladung zur Generalversammlung aufgenommen werden, und zwar auch nicht unter dem TOP »Sonstiges«, etwa »zur Aussprache«. Abgesehen von den vorstehend aufgeführten Argumenten würden durch ein solches Vorgehen bei den Teilnehmern wohl falsche, weil nicht erfüllbare Erwartungen geweckt und hierdurch möglicherweise vorhandene Spannungen noch verschärft werden.

4.3.1.4.4 Ungeschriebene Befugnisse der Generalversammlung

Für bestimmte Angelegenheiten der Genossenschaft wird in der Rechtsprechung eine 798
Zuständigkeit der Generalversammlung angenommen, obwohl sich hierüber im Genossenschaftsgesetz oder in der jeweils geltenden Satzung nichts finden lässt. Es handelt sich um Angelegenheiten, die für das Unternehmen Genossenschaft von grundlegender Natur und großer Bedeutung sind.

In der Praxis der Wohnungsgenossenschaften stellt sich die Frage einer Beteiligung 799
der Generalversammlung an Entscheidungen des geschäftsführenden Organs meistens dann, wenn ein Verkauf von bewohntem Bestand an einen nicht genossenschaftlich organisierten Erwerber ansteht. Dies ist genossenschaftsrechtlich ein bedeutsamer Vorgang, da hier dem Grunde nach eine Verletzung des genossenschaftlichen Förderauftrags vorliegt. Eine derartige Fallgestaltung war im Fall »Gartenheim« gegeben, der vom LG Hannover im Jahr 2003 entschieden wurde.[353] Dort ging es um den Verkauf von 735 Wohnungen aus einem Gesamtbestand von 4.781 Wohnungen (also ca. 15,4 %). Der Verkauf war nicht erforderlich, um eine Insolvenz abzuwenden, und nicht einmal notwendig, um frisches Kapital zu schöpfen, etwa für anstehende umfangreiche Modernisierungsmaßnahmen. Es handelte sich vielmehr um eine betriebswirtschaftlich begründete Bereinigung von Streubesitz. Der Vorstand hatte den Aufsichtsrat einbezogen, beide Organe gingen mit ihrem Anliegen in die Vertreterversammlung. Diese segnete den Verkauf mit einfacher Mehrheit ab.

353 LG Hannover, Urteil v. 31.1.2003, 9 O 5509/01, veröffentlicht unter www.gartenheim.de.

Im darauf folgenden Gerichtsverfahren entschied das LG Hannover, dass eine eG aus allgemeinen wirtschaftlichen Gründen Wohnungen veräußern darf, solange sie insgesamt noch den Zweck verfolgt, eine Wohnungsversorgung für alle ihre Mitglieder sicherzustellen. Gerade dieser Zweck, so das Gericht weiter, mache es erforderlich, wirtschaftlich zu handeln und dafür ggf. auch Wohnungen zu verkaufen.

Interessant war die abschließende Feststellung des LG Hannover, wonach eine einfache Mehrheit in der Vertreterversammlung ausreiche. Die von einem Genossenschaftsmitglied erhobene Feststellungsklage hatte sich darauf bezogen, dass eine Dreiviertelmehrheit erforderlich gewesen wäre. Das Gericht wies die Feststellungsklage des Mitglieds jedoch ab. Das LG Hannover hatte also nicht zur Frage entschieden, ob eine Befassung der General- bzw. Vertreterversammlung mit der Angelegenheit überhaupt erforderlich gewesen wäre.

800 Mit der vorstehend erörterten Grundfrage hatte sich auch der BGH zu beschäftigen. Die Entscheidungen des BGH ergingen allerdings nicht zur Rechtsform der eG. Vielmehr standen hier regelmäßig Aktiengesellschaften im Zentrum der Frage. Nach der Rechtsprechung des BGH ist eine allgemeine Zuständigkeit der Versammlung der Eigner (in unserem Fall: der Generalversammlung) dann gegeben, wenn es um »grundlegende Angelegenheiten« geht, die »für den Bestand des Unternehmens wesentlich« sind. Nachdem der BGH in seiner sog. »Holzmüller»-Entscheidung'[354] für das Eingreifen dieser ungeschriebenen Beschlusszuständigkeit eher niedrigere Anforderungen gestellt hatte, betont er inzwischen wieder eher den Ausnahmecharakter des Eingreifens einer solchen ungeschriebenen Zuständigkeit der Eigentümerversammlung bzw. Generalversammlung.

In den nachfolgenden Entscheidungen, die wegen des Unternehmensgegenstandes im konkreten Fall als »Gelatine»-Entscheidungen[355] bezeichnet werden, wies der BGH nämlich ausdrücklich darauf hin, dass eine ungeschriebene Zuständigkeit der »Hauptversammlung« (nur) dann gegeben sei, wenn der jeweilige Gegenstand, der zur Beschlussfassung ansteht, zur »Notwendigkeit einer Satzungsänderung« führen würde. Dies wäre beispielsweise bei einer Veränderung des Unternehmensgegenstands der Fall, z. B. bei der Aufnahme einer neuen Geschäftstätigkeit der Genossenschaft oder wenn die Genossenschaft ihr ganzes Vermögen auf einen neu gegründeten Rechtsträger, auf eine Tochtergesellschaft, übertragen wollte.

In solchen schwerwiegenden Fällen dürfte der Vorstand trotz seiner weitgehend autonomen Stellung, was die Leitungsmacht in der eG anbelangt, sicherlich nicht alleine

354 BGH, Urteil v. 25.2.1982, II ZR 174/80, NJW 1982 S. 870.
355 BGH, Urteil v. 26.4.2004, II ZR 154/02 und 155/02, NZG 2004 S. 571.

handeln. Und auch ein Beschluss des Aufsichtsrats würde in derartigen Fällen wohl nicht ausreichen, um das Handeln legitimieren zu können.

Beim Verkauf von mit Genossenschaftsmitgliedern bewohntem Bestand an einen 801
Erwerber, der nicht in der Rechtsform der eG verfasst ist, sollte bei umfangreichen Verkäufen, die ohne wirtschaftliche Notwendigkeit erfolgen, jedenfalls an einen Beschluss der Generalversammlung gedacht werden. Hält sich der Umfang des zu verkaufenden Bestands jedoch in Grenzen, dann genügt in der Regel ein Zusammenwirken von Vorstand und Aufsichtsrat. Denn ein Gang in die Generalversammlung kann durchaus auch risikoreich sein, da er dort letztlich auch abschlägig beschieden werden kann. In solchen Fällen ist eine Einzelberatung über die Strategie durch den zuständigen Verband oder einen anderen Berater unumgänglich.

4.3.1.4.5 Verhältnis von Generalversammlung zu Vorstand und Aufsichtsrat

Die Generalversammlung, wie auch die Vertreterversammlung, kann den Vorstand 802
und den Aufsichtsrat nicht »beherrschen«. Eine Versammlung der Eigner, wie sie die Generalversammlung darstellt, ist zwar schon offenkundig ein »gewichtiges« Organ. Allerdings ist in der Rechtsform einer eG, wie schon erwähnt, die Stellung des Vorstands durch §27 Abs. 1 GenG sehr stark ausgestaltet, sodass von einer »Hierarchie« zwischen beiden Organen einer eG, wenn überhaupt, nur sehr eingeschränkt gesprochen werden kann. Eine »Basisdemokratie«, wonach die Generalversammlung als »Basis« die anderen beiden Organe der Genossenschaft durch Weisungen »überspielen« könnte, gibt es trotz der wichtigen Stellung, welche die Generalversammlung insbesondere bei der Bestellung von Vorstand und Aufsichtsrat bzw. Abberufung von Organmitgliedern oder im Rahmen ihrer Vetorechte einnimmt, nicht.

Die Generalversammlung – so wie die Vertreterversammlung auch – kann dem Vorstand nach heutiger und wohl weit überwiegender und auch richtiger Ansicht keine rechtsverbindlichen Weisungen erteilen.[356] Dies ginge nach richtiger Ansicht auch durch eine Satzungsregelung nicht.[357]

Hieran ändert auch die Vorschrift des §34 Abs. 4 Satz 1 GenG nichts, die festlegt, dass die Ersatzpflicht eines Vorstandsmitglieds der eG gegenüber nicht eintritt, wenn die Handlung auf einem gesetzmäßigen Beschluss der Generalversammlung beruht.

356 Beuthien/*Beuthien*, GenG, §27 Rn. 7 und Rn. 9; Pöhlmann/*Fandrich*/Bloehs, GenG, §27 Rn. 1 und Rn. 10; Bauer, Genossenschafts-Handbuch, §27 Rn. 11; Hillebrand/Keßler, GenG, §27 Abs.1 Rn. 3 und Rn. 31; Lang/Weidmüller/*Holthaus/Lehnhoff*, GenG, §27 Rn. 12; anders nur: Müller, GenG, §27 Rn. 6, jedoch als Einzelmeinung und heute veraltet, da Auflage nicht mehr fortgeführt wurde.

357 Beuthien/*Beuthien*, GenG, §27 Rn. 9.

Etwaige Weisungsbeschlüsse der Generalversammlung sind unverbindliche Ratschläge an den Vorstand. Sind diese formal und inhaltlich rechtmäßig und befolgt er sie, dann bleibt er nach besagter Vorschrift haftungsfrei. Er muss sie aber nicht befolgen. Die Nichtbefolgung eines Weisungsbeschlusses durch die Generalversammlung ist daher »für sich genommen« auch kein Haftungsgrund.[358]

4.3.2 Einberufung der Generalversammlung

4.3.2.1 Zuständigkeit für die Einberufung – Regelfälle

803 Nach dem Genossenschaftsgesetz wird die Generalversammlung durch den Vorstand einberufen (§ 44 Abs. 1 GenG). Unter dem Begriff »Vorstand« wird hierbei der Vorstand als gemeinschaftlich handelndes Gesamtorgan, nicht jedoch das einzelne Vorstandsmitglied verstanden. Es ist somit im Vorstand im Vorfeld der Einberufung ein Beschluss über die Einberufung zu fassen. Die Satzung kann nach der ausdrücklichen gesetzlichen Anordnung hierzu jedoch etwas Abweichendes bestimmen und die Kompetenz zur Einberufung einer »anderen Person« übertragen, mithin auch einem einzelnen Vorstandsmitglied.[359]

804 Nach der Mustersatzung für Wohnungsgenossenschaften wurde die Aufgabe der Einberufung der Generalversammlung auf den Vorsitzenden des Aufsichtsrats als Person verlagert (§ 33 Abs. 1 Satz 1 MS, jedoch stellt die Regelung in der Mustersatzung gleich im Anschluss klar, dass das »gesetzliche Recht des Vorstands« hierdurch nicht beeinträchtigt wird, § 33 Abs. 1 Satz 2 MS). Ob der Aufsichtsratsvorsitzende hierfür einen Beschluss seines Gremiums benötigt, ist in der Mustersatzung nicht ausdrücklich bestimmt. Allerdings sollte entsprechend dem allgemeinen Organisationsprinzip für Gremien auch hier ein Beschluss im Gesamtgremium »Aufsichtsrat« gefasst werden. Hierdurch werden rechtliche Unsicherheiten vermieden und der größtmögliche Konsens hergestellt.

805 In der Fachliteratur wird zu dieser Frage die Ansicht vertreten, dass sich das Einberufungsrecht nur auf das jeweilige Gesamtgremium (Vorstand oder Aufsichtsrat) bezieht und einzelne Gremiumsmitglieder nur dazu ermächtigt werden können, den vorher im Gesamtgremium gefassten Beschluss über die Einberufung dann in eigener Person zu vollziehen.[360] Etwas anderes soll aber dann gelten, wenn die Satzung durch klare Regelung das Einberufungsrecht auf eine einzelne Person überträgt.[361]

---

358 Lang/Weidmüller/*Holthaus/Lehnhoff*, GenG, § 27 Rn. 11.
359 Pöhlmann/*Fandrich*/Bloehs, GenG, § 44 Rn. 4.
360 Beuthien/*Beuthien*, GenG, § 44 Rn. 1; Lang/Weidmüller/*Holthaus/Lehnhoff*, GenG, § 44 Rn. 12.
361 Beuthien/*Beuthien*, GenG, § 44 Rn. 2; Lang/Weidmüller/*Holthaus/Lehnhoff*, GenG, § 44 Rn. 17; Pöhlmann/*Fandrich*/Bloehs, GenG, § 44 Rn. 4.

Man wird die genannte Regelung der Mustersatzung entsprechend auslegen können, sodass sie für Notfälle taugt, etwa weil zahlreiche Organmitglieder zurückgetreten sind und der Aufsichtsrat daher nicht mehr beschlussfähig ist. In diesen Fällen kann hierauf zurückgegriffen und die Generalversammlung durch den Vorsitzenden einberufen werden. Ist in besagter Fallkonstellation auch der Vorsitzende nicht mehr im Amt, dann dürfte auf der Grundlage der entsprechenden Satzungsregelung auch sein Stellvertreter zur Einberufung ermächtigt sein. Denn das Stellvertreteramt ist seinem Sinn und Zweck nach gerade dazu da, im Fall einer Verhinderung der eigentlich berechtigten bzw. verpflichteten Person Ersatz zu leisten. Wäre jedoch auch der Stellvertreter nicht mehr im Amt, wäre eine Einberufung der Generalversammlung durch ein »einfaches« Aufsichtsratsmitglied mit erheblichen rechtlichen Risiken behaftet. In einem solchen Fall müsste der Vorstand, sofern dieser ordentlich besetzt ist, zum Wohle und im Interesse der eG eingreifen, da er, bei gegebener Satzungslage jedoch nur als Gesamtorgan (§ 44 Abs. 1 GenG, § 33 Abs. 1 Satz 2 MS), immer zur Einberufung berechtigt ist und ihm dieses Recht auch durch Satzungsregelung nicht entzogen werden kann.[362] 806

Bleibt der Vorstand jedoch untätig, dann sollten die verbleibenden und handlungsunfähigen Gremienmitglieder sicherheitshalber über das Minderheitenrecht der Mitglieder eine Versammlung einberufen (§ 45 GenG). Die sich aus § 33 Abs. 1 MS ergebende Kompetenz zur Einberufung der Generalversammlung bezieht sich sowohl auf die ordentliche wie auch auf die außerordentliche Generalversammlung. Das bedeutet, dass Vorstand wie Aufsichtsrat bzw. auch der Aufsichtsratsvorsitzende allein eine außerordentliche Generalversammlung einberufen können. 807

4.3.2.2 Zuständigkeit für die Einberufung – Ausnahmefälle

Es gibt weitere Fälle, in denen nach dem Genossenschaftsgesetz oder einer bestehenden Satzungsregelung eine »andere Person« bzw. ein anderes Organ zur Einberufung einer Generalversammlung befugt oder sogar verpflichtet ist. Dies kann wichtig sein, etwa um die Einberufung einer Generalversammlung auf diesem Weg auch gegen den Willen des anderen Organs oder bestimmter Personen erzwingen zu können. Es handelt sich um folgende Fälle: 808

- Seitens des Genossenschaftsgesetzes ist das Recht zur Einberufung der Generalversammlung zwingend dann auf den Aufsichtsrat der eG und damit weg vom Vorstand verlagert, wenn die Einberufung der Generalversammlung »im Interesse« der eG »erforderlich« ist (§ 38 Abs. 2 Satz 1 GenG).
- Umgekehrt ist seitens des Genossenschaftsgesetzes eine strenge Pflicht des Vorstands zur unverzüglichen Einberufung einer Generalversammlung und Information

362 Lang/Weidmüller/*Holthaus/Lehnhoff*, GenG, § 44 Rn. 9.

derselben gegeben, wenn sich bei Aufstellung der Jahresbilanz oder einer Zwischenbilanz oder bei Annahme im Rahmen pflichtgemäßen Ermessens ein Verlust ergibt, der durch die Hälfte des Gesamtbetrags der Geschäftsguthaben und die Rücklagen nicht gedeckt ist (§ 33 Abs. 3 GenG).

- Ein weiterer Fall liegt vor, wenn es um die vorzeitige, jedoch nur vorläufige Abberufung eines Vorstandsmitglieds geht und das Recht zur vorzeitigen und auch endgültigen Abberufung nicht durch Satzungsregelung auf den Aufsichtsrat verlagert ist (§ 40 GenG). In diesem Fall hat der Aufsichtsrat die Generalversammlung »unverzüglich« einzuberufen, die dann über die vorzeitige und auch endgültige Abberufung des Vorstandsmitglieds zu beschließen hat.
- Der zuständige genossenschaftliche Prüfungsverband, in dem die eG Mitglied ist, ist dann zur selbstständigen Einberufung auf Kosten der eG berechtigt, wenn er die Überzeugung gewinnt, dass die Beschlussfassung über den Prüfungsbericht ungebührlich verzögert wird oder die Generalversammlung bei der Beschlussfassung nur »unzulänglich« über wesentliche Feststellungen oder Beanstandungen der Prüfung unterrichtet war (§ 60 Abs. 1 GenG). Durch Satzungsregelung kann dem Prüfungsverband auch ein weitergehendes Recht, eine Generalversammlung einzuberufen, eingeräumt werden. So ist in der Mustersatzung für Wohnungsgenossenschaften bestimmt, dass außerordentliche Mitgliederversammlungen außer in den konkret genannten Fällen dann einzuberufen sind, wenn dies im Interesse der eG erforderlich ist. Und dies sei besonders dann anzunehmen, wenn der Prüfungsverband die Einberufung zur »Besprechung« des Prüfungsergebnisses oder zur »Erörterung der Lage« der eG für »notwendig hält« (§ 32 Abs. 3 MS).
- Eine qualifizierte Minderheit in Form des zehnten Teils der Genossenschaftsmitglieder kann die Einberufung der Generalversammlung zunächst verlangen und diese bei unberechtigter Verweigerung durch den satzungsmäßig Zuständigen mithilfe des Gerichts, das die Genossenschaftsmitglieder dann hierzu ermächtigt, letztlich auch selbst einberufen (§ 45 Abs. 3 GenG). Durch Satzungsregelung kann zur erforderlichen Qualifizierung des Quorums ein geringerer Teil festgelegt werden. Wichtig ist jedoch: Das Gericht muss in diesem Fall die Minderheit zur Einberufung »ermächtigen«. Die Minderheit muss allerdings den Zweck und die Gründe für die Einberufung in Textform angeben. Textform bedeutet, dass die Eingabe von den betreffenden Personen nicht eigenhändig unterzeichnet sein muss (§ 126b BGB). Vielmehr genügt es, dass die Erklärung auf Papier lesbar ist, deren Abschluss erkenntlich wird und die Personen, die sich die Erklärung zurechnen lassen wollen, mit Namen identifizierbar sind.
- Ein Sonderfall besteht für die Situation einer Liquidation. Hier haben die Liquidatoren das Recht und die Pflicht zur Einberufung der Generalversammlung (§ 89 i. V. m. § 44 GenG). Ein weiterer Sonderfall ist bei Genossenschaften mit nicht mehr als 20 Mitgliedern gegeben (§ 9 Abs. 1 GenG, sog. »Kleinstgenossenschaften»), bei denen ein Aufsichtsrat nicht etabliert ist. Hier fällt die Aufgabe der Einberufung wieder dem Vorstand gemäß § 44 GenG zu.

4.3.2.3 Folgen einer fehlerhaften Einberufung

809 Die Frage, ob eine Generalversammlung vom richtigen Gremium oder durch die richtige Person einberufen wurde, ist von erheblicher Bedeutung. Beschlüsse, die auf einer Generalversammlung gefasst werden, die von einem nicht zuständigen Gremium oder einer nicht zuständigen Person einberufen wurde, sind nach weithin vertretener Ansicht in Rechtsprechung und Literatur nichtig. Das bedeutet, dass die in der Generalversammlung gefassten Beschlüsse

- »automatisch« und »von Anfang an« unwirksam sind,
- von niemandem beachtet werden müssen,
- von den Organen der eG auch gar nicht vollzogen sowie
- zum Genossenschaftsregister nicht angemeldet und auch nicht eingetragen werden dürfen.[363]

810 Einer Anfechtung der Beschlüsse gemäß § 51 GenG bedarf es hierbei nicht. Die Monatsfrist des § 51 Abs. 1 Satz 2 GenG ist in diesem Fall folglich bedeutungslos. Die hier zur Verfügung stehende Nichtigkeitsklage aus dem Aktienrecht (§§ 249, 246 ff. AktG) als besondere Form der allgemeinen Feststellungsklage (§ 256 ZPO) kann jedenfalls bis zum Ablauf von drei Jahren ab Beschlussfassung (§ 242 Abs. 2 Satz 1 AktG) in den Grenzen der Verwirkung jederzeit erhoben werden.[364] Sie wirkt im Gegensatz zur allgemeinen Feststellungsklage nach § 256 ZPO nicht nur zwischen den Klageparteien, sondern zwischen der eG und allen Mitgliedern.[365] Zuständig ist unabhängig vom Streitwert das LG am Sitz der eG.

811 Anders verhält es sich nur, wenn eine sog. »Heilung« des Einberufungsmangels eintritt. Hierzu müssen jedoch alle Genossenschaftsmitglieder zur Versammlung erschienen sein, zumindest aber im Wege der Stimmvollmacht vertreten sein, und die Genossenschaftsmitglieder dürfen zudem keine Einwände gegen die Durchführung der Generalversammlung erheben.[366] Dies dürfte in der Praxis bei Bestandsgenossenschaften mit zahlreichen Mitgliedern so gut wie nie erreicht werden. Auch ist die Annahme einer Heilung wiederum mit erheblichen rechtlichen Risiken behaftet. Eine ältere Rechtsprechung des BGH zieht beispielsweise eine Grenze dort, wo eine »offensichtlich und eindeutig« unzuständige Person[367] die Einberufung vorgenommen hat. In der Literatur wird eine Einschränkung für den Fall gemacht, dass nur eine »Scheinversammlung»[368] vorgelegen habe.

363 Lang/Weidmüller/*Holthaus/Lehnhoff*, GenG, § 51 Rn. 13.
364 Lang/Weidmüller/*Holthaus/Lehnhoff*, GenG, § 51 Rn. 15.
365 Lang/Weidmüller/*Holthaus/Lehnhoff*, GenG, § 51 Rn. 15.
366 BGH, Urteil v. 26.10.1955, VI ZR 90/54, NJW 1955 S. 1917, zit. bei Pöhlmann/*Fandrich*/Bloehs, GenG, § 45 Rn. 7.
367 BGH, Urteil v. 26.10.1955, a. a. O., zit. bei Pöhlmann/*Fandrich*/Bloehs, GenG, § 45 Rn. 7.
368 Müller, GenG, § 45 Rn. 10, zit. bei: Pöhlmann/*Fandrich*/Bloehs, GenG, § 45 Rn. 7.

812 Es ist für die Praxis der Verwaltung einer Genossenschaft daher ausgesprochen wichtig, dass sich die handelnden Personen immer der Kompetenz zur Einladung zur Versammlung vergewissern. Hierzu ist ein Blick in die Satzung und ergänzend in das Genossenschaftsgesetz unumgänglich. Besteht der Einberufungsmangel lediglich darin, dass dem für die Einberufung eigentlich zuständigen Organ ein Fehler im Rahmen der Beschlussfassung unterlaufen war, dann soll nach einer in der Literatur vertretenen Ansicht nur eine Anfechtbarkeit im Rahmen des § 51 GenG gegeben sein.[369]

4.3.2.4 Fristen für die Einberufung

813 Für den zur Generalversammlung Einladenden ist wichtig, dass bei der Einberufung Fristen beachtet werden müssen. Diese Fristen sind zwingend. Sie dürfen auch in eilbedürftigen Fällen nicht verkürzt oder gar völlig außer Acht gelassen werden. Eilbedürftigkeit kann sich z. B. dann ergeben, wenn es um die möglichst schnelle Abberufung eines Vorstandsmitglieds geht.

4.3.2.4.1 Die »große« Einladungsfrist

814 Die Einberufung der Generalversammlung muss nach der seit 2006 festgelegten »neuen« gesetzlichen Bestimmung immer mit einer Frist von mindestens zwei Wochen erfolgen (§ 46 Abs. 1 Satz 1 GenG). Die gesetzliche Formulierung »zwei Wochen« bedeutet hierbei eine Frist von 14 (Kalender-)Tagen. Sonn- und Feiertage werden mitgezählt. Da das Genossenschaftsgesetz jedoch nur von einer Mindestfrist spricht, bleibt Raum für eine Satzungsregelung, die diese Frist erweitert. Eine satzungsmäßige Verkürzung der Zweiwochenfrist ist jedoch nicht zulässig.

815 Ist in der bestehenden Satzung auf der Grundlage des bis 2006 geltenden Genossenschaftsrechts eine kürzere Frist für die Einladung festgelegt (früher: nach dem Gesetz sieben Tage, in den Satzungen zehn Tage), so »überspielt« das heutige Genossenschaftsrecht diese durch die Novelle 2006 unwirksam gewordene Satzungsregelung. Es gilt also das Genossenschaftsgesetz in § 46 Abs. 1. Die Mustersatzung für Wohnungsgenossenschaften übernimmt die gesetzliche Frist von mindestens zwei Wochen (§ 33 Abs. 2 MS).

816 Die Einhaltung der Einladungsfrist bestimmt sich danach, in welcher Weise eingeladen wird. Wird durch schriftliche Mitteilung eingeladen, so kommt es darauf an, dass zwischen dem Zugang der Einladung beim Empfänger und dem Tag der Generalversamm-

369 Pöhlmann/*Fandrich*/Bloehs, GenG, § 44 Rn. 8, mit Verweis auf die a. A. von Hillebrand/Keßler, GenG, § 45 Rn. 42.

lung 14 Kalendertage liegen. Wird durch Bekanntmachung in einem öffentlichen Blatt eingeladen, so muss die Frist zwischen den Tag der Veröffentlichung und den Tag der Generalversammlung passen.

Die Einladung im Wege einer schriftlichen Mitteilung kann Probleme aufwerfen, da es 817
für den rechtzeitigen Zugang beim Empfänger auf die Frage ankommt, wann ein Absender vernünftigerweise und nach allgemeiner Verkehrsauffassung mit der Kenntnisnahme rechnen durfte.

Bei einem Einwurf des Schreibens in den Briefkasten des Mitglieds an einem Sonntag, Feiertag oder Samstagabend darf nach der Verkehrsanschauung nicht unbedingt mit einer sofortigen Kenntnisnahme durch den Empfänger gerechnet werden. Auch bleibt nach den allgemeinen Zugangsregelungen des Zivilrechts der Absender der schriftlichen Einladung dafür beweispflichtig, dass das Schreiben auch wirklich im Machtbereich des Empfängers zugegangen ist (§ 130 Abs. 1 Satz 1 BGB).

Das Verschicken von Einladungen in Form eines Einschreibens (Einwurfeinschreiben oder Einschreiben mit Rückschein) dürfte zumindest für den Regelfall der Praxis nicht praktikabel sein und wird erfahrungsgemäß auch nicht praktiziert. Im Fall von besonders wichtigen Generalversammlungen kann die Wahl einer förmlichen und somit nachweisbaren Zustellung jedoch empfehlenswert sein (z. B. bei einer außerordentlichen Generalversammlung zur Absetzung von Organmitgliedern).

Werden die schriftlichen Einladungen durch einen Boten (z. B. Hausmeister) persönlich in die Briefkästen geworfen, so sollten die Zusteller eine schriftliche Bestätigung über die erfolgten Einwürfe verfassen, die dann zu den Akten genommen wird. Die Bestätigung sollte enthalten, was eingeworfen wurde (die Einladung) und in etwa, wann dies in welchen Häusern geschehen ist. Die Postzustellzeiten mit eventuellen Verzögerungen wären bei der schriftlichen Einladung ebenfalls einzuberechnen.

Im Fall der Einladung durch Veröffentlichung in einer Zeitung muss der Redaktionsschluss der Zeitung beachtet werden.

Um den Unwägbarkeiten Herr werden zu können, empfiehlt es sich für die Praxis, immer einen zeitlichen Sicherheitsabstand einzuhalten. Es wird in der Fachliteratur für zulässig gehalten, dass die Satzung durch eine entsprechende Regelung fingiert, dass die unmittelbare Einladung als rechtzeitig gilt, wenn sie spätestens zwei Werktage vor Beginn der Einberufungsfrist zur Post aufgegeben wurde.[370] Vereinzelt wird

370 Pöhlmann/*Fandrich*/Bloehs, GenG, § 46 Rn. 3, unter Verweis auf die »gesetzlichen Vorbilder« in § 41 Abs. 2 VwVfG und § 122 Abs. 2 Nr. 1 AO; Lang/Weidmüller/*Holthaus/Lehnhoff*, GenG, § 44 Rn. 2.

dies sogar für den Fall angenommen, dass zwar keine Satzungsregelung besteht, die eG aber nachweisen kann, dass die Einladung an die richtige Adresse gerichtet war[371], wenn auch eine entsprechende Satzungsregelung sogar nach dieser Ansicht dennoch für »empfehlenswert« gehalten wird.[372]

818 Für die Einladung ist die zuletzt bei der eG angegebene Adresse maßgeblich. Die eG wird nicht für verpflichtet gehalten, die Adressen zu ermitteln.[373]

819 Die Einladungsfrist ist eine Zwischenfrist. Das bedeutet, dass sie zwischen den Tag der Generalversammlung, der nicht mitgezählt wird, und den Tag, an dem die Einladung bekannt gemacht wurde, »passen« muss. Die Frist muss vom Tag der Generalversammlung an (diese ist das Ereignis) zurückgerechnet werden, wobei dieser Tag bei der Fristberechnung nicht mitzählt (§ 187 Abs. 1 BGB). Der erste Tag der Frist ist vielmehr der Tag vor der Generalversammlung (auf ihn kommt es bei der Zählung jedoch gar nicht an; entscheidend sind vielmehr die »Entsprechenstage»). Vom gewünschten Tag der Generalversammlung her gesehen: Der Anfang der Frist fällt auf den Tag des Ereignisses, das Ende der Frist – entsprechend der Länge der Frist – eben zwei Wochen vorher (§ 188 Abs. 2 1. Alt. 1 BGB, weil vom Tag der Generalversammlung an rückwärts gerechnet). Die Einladung muss aufgrund der Eigenschaft der Einladungsfrist als Zwischenfrist also vor diesem Tag erfolgen.

! **Praxis-Beispiel**

Soll die Generalversammlung am Mittwoch, dem 26.06. stattfinden, dann ist der erste Tag der rückwärtsgewandten Fristberechnung Dienstag, der 25.06.
Als Ereignisfrist endet diese aber schematisch an dem Tag der Benennung nach, an dem das Ereignis, nämlich die Generalversammlung, stattfinden soll, somit wiederum an einem Mittwoch – allerdings zwei Wochen vorher, also am Mittwoch, dem 12.06. Die Einladung muss aufgrund der Zwischenfrist vorher, also spätestens am Dienstag, dem 11.06., zugehen oder bekanntgemacht worden sein.
Rechenweg: Mittwoch, 26.6.2019, dann: Dienstag, der 25.6. (1. Tag), 24.6. (2. Tag), 23.6. (3. Tag), 22.6. (4. Tag), 21.6. (5. Tag), 20.6. (6. Tag), 19.6. (7. Tag) = Mittwoch (= 7. Tag, nach Grundsätzen der Ereignisfrist), jetzt weiter: Dienstag, der 18.6. (8. Tag), 17.6. (9. Tag), 16.6. (10. Tag), 15.6. (11. Tag), 14.6. (12. Tag), 13.6. (13. Tag), 12.6. (14. Tag) = Mittwoch (= 14. Tag, nach den Grundsätzen der Ereignisfrist), jetzt ein Tag vorher, da Zwischenfrist: Dienstag, der 11.6.2019 ist der letzte Tag einer Bekanntgabe.

371 Zur Anfechtbarkeit eines Beschlusses bei der GmbH-Gesellschafterversammlung und Wirksamkeit der Einladung: OLG München, Urteil v. 3.11.1993, 7 U 2905/93, DB 1994 S. 320, für die GmbH; OLG Düsseldorf, Urteil v. 9.11.1989, 6 U 21/89, NJW-RR 1990 S. 806.

372 Hillebrand/*Keßler*, GenG, §§ 43 bis 47, Rn. 28.

373 Hillebrand/*Keßler*, GenG, §§ 43 bis 47, Rn. 28.

4.3.2.4.2 Die »kleine« Bekanntmachungsfrist

Im Rahmen einer Einladung zur Generalversammlung muss zudem bedacht werden, dass über Gegenstände, die nicht mindestens eine Woche vor der Generalversammlung angekündigt worden sind, keine Beschlüsse gefasst werden können (§ 46 Abs. 2 Satz 1 GenG). Diese Frist ist durch die Novelle zum Genossenschaftsgesetz 2006 verlängert worden (früher handelte es sich um eine Frist von drei Tagen). Auch hierfür gilt das vorstehend Gesagte: Ist in der aktuell geltenden Satzung eine kürzere Frist geregelt, so »überspielt« das heutige Genossenschaftsgesetz die (jetzt unwirksam gewordene) Satzungsregelung. Die kleine Frist ist ebenfalls nicht verkürzbar. Werden von den Mitgliedern nachträglich Anträge zur Tagesordnung eingereicht, so müssen diese der eG so rechtzeitig zugehen, dass diese eine realistische Chance hat, auch die kleine Bekanntmachungsfrist einzuhalten. Hierfür tragen dann die Initiatoren eines Begehrens die Verantwortung. Für die Berechnung gilt das zur »großen« Einladungsfrist Ausgeführte. 820

4.3.2.5 Form der Einberufung

Die Form der Einladung zur Generalversammlung wird vom Genossenschaftsgesetz streng geregelt. So muss die Berufung der Generalversammlung entweder durch »unmittelbare Benachrichtigung« sämtlicher Genossenschaftsmitglieder oder durch »Bekanntmachung in einem öffentlichen Blatt« erfolgen (§ 6 Nr. 4 GenG). Unter »öffentlichem Blatt« wird jedes allgemein zugängliche Publikationsorgan verstanden, so z. B. die örtliche Tageszeitung, Magazine usw. Die Bekanntmachung im Bundesanzeiger genügt hierfür nach ausdrücklicher Anordnung des Gesetzes in § 6 Nr. 4 GenG jedoch nicht. Auch muss das Blatt öffentlich zugänglich sein, sodass eine Mitgliederzeitschrift ebenfalls nicht genügt.[374] 821

Eine Einladung über Bekanntmachung im Internet wird zu Recht auch heute noch weithin abgelehnt.[375] Die Vorschrift des § 6 Nr. 4 GenG war bislang als abschließend verstanden worden, da im Wortlaut klar. Weder liegt bei einer Internetbekanntmachung ein »öffentliches Blatt« vor, noch kann dieser Weg als »unmittelbar« angesehen werden. Es steht – faktisch gesehen – auch heute noch nicht fest, dass wirklich jedes Genossenschaftsmitglied über einen privaten Internetanschluss verfügt. 822

374 So z. B. Beuthien/*Beuthien*, GenG, § 6 Rn. 10; differenzierend Lang/Weidmüller/*Holthaus/Lehnhoff*, GenG, § 46 Rn. 3, die eine Zulässigkeit der Einladung durch Mitgliederzeitschrift dann annehmen, wenn diese auch von Dritten bezogen werden kann.

375 Hillebrand/*Keßler*, GenG, § 7 Rn. 12; Bauer, Genossenschafts-Handbuch, § 6 Rn. 17a; Pöhlmann/*Fandrich*/Bloehs, GenG, § 46 Rn. 1: hierzu keine Stellungnahme mehr in: Lang/Weidmüller/*Holthaus/Lehnhoff*, GenG, § 46 Rn. 3.

Deshalb ist auch im Rahmen der Genossenschaftsnovelle im Jahr 2017 durch das »Transparenz- und Bürokratieabbaugesetz« in § 6 Nr. 4 GenG ausdrücklich festgeschrieben worden, dass eine Bekanntmachung der Einberufung der Generalversammlungen durch ein »anderes öffentlich zugängliches elektronisches Informationsmedium« nicht genüge. Diese Regelung wird als zwingend verstanden und kann nicht durch eine anderweitige, satzungsmäßige Definition im Sinne des § 6 Nr. 5 GenG ausgehebelt werden, wo es heißt, dass die Satzung »öffentlich zugängliche elektronische Informationsmedien« als »öffentliches Blatt« bezeichnen könne. Das Zusammenspiel der beiden Vorschriften Nr. 4 und Nr. 5 ist vom Gesetzgeber handwerklich daher sehr schlecht gestrickt worden.

823 Die eG muss sich entscheiden, welche der beiden Einladungsformen sie wählt und in ihrer Satzung festschreibt. Sie kann auch beide Formen parallel vorschreiben, muss sich aber dann später bei ihren Einladungen daran halten, d. h. beide gleichzeitig praktizieren. Der eG ist nach der hier vertretenen Ansicht – trotz rechtlicher Zulässigkeit – jedoch eher nicht dazu zu raten, dass sie beide Einberufungsalternativen in die Satzung aufnimmt[376] und die Wahl des Einberufungsweges durch unmittelbare Mitteilung oder öffentliche Bekanntmachung – durch entsprechende Satzungsregelung – jedoch dem einladenden Organ im Einzelfall überlässt.

824 Eine Wahlfreiheit des einladenden Organs wird in der Fachliteratur zwar überwiegend für zulässig gehalten[377], da die Empfänger der Einladungen dann wissen können, dass sie in ein bestimmtes Blatt sehen müssen, falls sie keine schriftliche Einladung erhalten haben. Jedoch bestehen auch hier mögliche Unsicherheiten bei der Kenntnisnahme oder andere Quellen für Verwerfungen, etwa wenn der Einladende die Personen, die er in der Versammlung dabeihaben will, auch noch persönlich einlädt, andere jedoch nicht – in der Hoffnung, dass diese die öffentliche Bekanntmachung übersehen.[378] Für rechtlich bedenklich wird es zu Recht gehalten, wenn die Satzung mehrere öffentliche Blätter vorsieht, und die Auswahl unter diesen dem Vorstand im Einzelfall überlässt.[379]

825 Hat eine eG in ihrer Satzung den Weg der öffentlichen Bekanntmachung festgelegt, dann ist es problematisch, falls sie daneben einzelne Mitglieder zusätzlich durch Mitteilung einlädt. Dieser zweite Weg hat dann keine unmittelbare rechtliche Wirkung, da dieser Einladungsweg nicht satzungskonform ist. Vielleicht ließe sich seitens der eG

376 So wie hier: Beuthien/*Beuthien*, GenG, § 6 Rn. 6; Müller, GenG, § 6 Rn. 26, die ein solches Vorgehen sogar für rechtlich unzulässig halten.

377 Pöhlmann/*Fandrich*/Bloehs, GenG, § 46 Rn. 1; Lang/Weidmüller/*Holthaus/Lehnhoff*, GenG, § 46 Rn. 3; Bauer, Genossenschafts-Handbuch, § 46 Rn. 6, unter Berufung auf KG, JW 1939 S. 297.

378 So zu Recht: Beuthien/*Beuthien*, GenG § 6 Rn. 10.

379 So zu Recht: Lang/Weidmüller/*Holthaus/Lehnhoff*, GenG, § 46 Rn. 3, unter Berufung auf ältere Rechtsprechung; ebenso: Bauer, Genossenschafts-Handbuch § 46 Rn. 5 ff.; Müller, GenG, § 46 Rn. 11.

mit Treu und Glauben argumentieren, da die Kenntnis von der Versammlung immerhin gegeben war, wenn auch nicht auf streng juristischem Weg.

Eine andere Einladungsform als die beiden in § 6 Nr. 4 GenG vorgesehenen ist nicht möglich. Eine Satzungsregelung, die hier Abweichendes festschreiben würde, wäre wegen Verstoßes gegen das Genossenschaftsgesetz nichtig. Nur das Gericht kann nach der gesetzlichen Regelung hier Ausnahmen zulassen. 826

Ist die Einladung in der Satzung durch »schriftliche« Mitteilung vorgesehen, so darf dies als »Textform« interpretiert werden, da eine solche Satzungsregelung regelmäßig als Ordnungsvorschrift dergestalt anzusehen ist, dass die Einladung in Briefform ergehen soll. Das Genossenschaftsgesetz schreibt nur die »unmittelbare« Benachrichtigung vor, nicht jedoch die »schriftliche«, sodass ein Verstoß gegen das Genossenschaftsgesetz nicht vorläge. Die Einladungen müssen vom Einladenden dann auch nicht persönlich unterzeichnet werden. Die Satzung könnte für die Einladung auch gleich die Textform anordnen.[380] 827

4.3.2.6 Inhalt der Einberufung

Die Einladung muss bestimmte inhaltliche Anforderungen erfüllen, die im Genossenschaftsgesetz ausdrücklich erwähnt sind oder sich aus der Natur der Sache ergeben – insbesondere aus der Funktion der Generalversammlung im Gefüge der genossenschaftlichen Organe und aus der Aufgabenstellung einer Generalversammlung heraus. 828

4.3.2.6.1 Ort und Zeit

Die Einladung muss den Ort und die Zeit der Generalversammlung eindeutig bezeichnen. Unklarheiten müssen hier zum Schutz der Mitglieder unbedingt vermieden werden. Denn Sinn und Zweck der Einladung ist es, dass sich die Mitglieder auf den Termin einstellen und an der Versammlung teilnehmen können. Bei der Wahl des Ortes und der Zeit ist der zur Einberufung der Generalversammlung Berechtigte in seiner Entscheidung mangels gesetzlicher Vorgaben frei. Es besteht hier ein Ermessensspielraum, der jedoch sachgerecht auszuüben ist. Im Einzelfall muss allerdings auch die jeweils geltende Satzung dazu konsultiert werden, ob sich in ihr vielleicht nicht doch entsprechende Regelungen finden lassen. 829

In der Fachliteratur wird hierzu unter Berufung auf eine ältere Entscheidung des BayObLG und unter Heranziehung des § 121 Abs. 5 AktG für die Hauptversammlung 830

380 LG Oldenburg, Beschluss v. 27.9.2007, 12 T 882/07, zit. bei: Bauer, Genossenschaftshandbuch, § 46 Rn. 6.

einer AG vertreten, dass die Generalversammlung üblicherweise am Sitz der eG abgehalten werden »soll«. Ein Verstoß hiergegen soll zur Anfechtbarkeit der Beschlüsse führen.[381]

831 Ungewöhnliche Orte, wie zum Beispiel im Ausland, sind grundlegend zu vermeiden. Die Genossenschaftsmitglieder müssen den Versammlungsort in zumutbarer Weise erreichen können.

832 Auch ein extremer Zeitpunkt im Jahreskreislauf für die Generalversammlung, wie z. B. an einem staatlichen oder kirchlichen Feiertag, am Sonntag oder an Silvester ist unbedingt zu vermeiden. Darüber hinaus wird es in der Praxis vielfach empfehlenswert sein – zumindest soweit dies möglich ist –, die Haupturlaubszeiten zu berücksichtigen. Eine rechtliche Verpflichtung hierzu besteht jedoch nicht. Allerdings kann auf diese Weise unnötiger Unmut in der Mitgliedschaft vermieden werden. Auch extreme Witterungsverhältnisse, z. B. in schneereichen Gegenden in den Wintermonaten, können einen – wenn auch außerrechtlichen – Grund darstellen, auf das Abhalten der Generalversammlung zu verzichten.

833 Außerdem sollte eine zu frühe oder zu späte Uhrzeit vermieden werden. Ein zu später Beginn kann die Generalversammlung zu weit in den Abend hinein verlagern, mit der möglichen Konsequenz, dass die Versammlung bis 24 Uhr oder noch länger dauert. Zudem werden die Versammlungsteilnehmer in den späteren Abendstunden erfahrungsgemäß müde, unkonzentriert und letztlich auch zunehmend »unwilliger«. Die Generalversammlung sollte somit auch unter dem zeitlichen Gesichtspunkt ihres Verlaufs eine Einheit darstellen und nicht durch Unterbrechungen beliebig aufgespalten werden.

4.3.2.6.2 Bekanntmachung der Tagesordnung

834 Das Gesetz schreibt in § 46 Abs. 1 Satz 2 vor, dass »bei« der Einberufung zur Versammlung die Tagesordnung bekannt zu machen ist. Damit ist nach allgemeiner Ansicht nichts über die Form der Bekanntmachung ausgesagt. Die Form der Einladung zur Generalversammlung und die Form der Bekanntmachung der Tagesordnung müssen somit nicht zwingend identisch sein. Allerdings ist dies in der Praxis weithin der Fall und für den Regelfall letztlich auch zu empfehlen, da beides dann in »einem Aufwasch« erledigt werden kann und den Mitgliedern so eine einheitliche Mitteilung vorliegt. Jedenfalls muss die Form der Bekanntmachung der Tagesordnung in der Satzung geregelt sein.

381 Lang/Weidmüller/*Holthaus/Lehnhoff*, GenG, § 43 Rn. 117; Hillebrand/*Keßler*, GenG, §§ 43 bis 47, Rn. 44; BayObLG, NJW 1959 S. 485 f. = ZfG 1960 S. 265; Müller, GenG, § 44 Rn. 16.

Stehen problematische Generalversammlungsbeschlüsse an, wie z. B. die Amtsenthebung von Organmitgliedern oder der Beschluss über die Geltendmachung von Schadensersatzansprüchen gegen Organmitglieder, dann kann eine Bekanntmachung in einem öffentlichen Blatt unangenehm und belastend sein. 835

Ist in der Satzung sowohl die Einladung in Form einer Bekanntgabe in einem öffentlichen Blatt, wie auch die unmittelbare Einladung vorgesehen, dann wird es für vertretbar gehalten, dass die Einladung zur Generalversammlung im öffentlichen Blatt erfolgt und den Hinweis enthält, dass den Genossenschaftsmitgliedern die Tagesordnung zugesandt wird.[382] Die alternativen Einladungsmodalitäten sind jedoch, wie vorstehend dargestellt, nach hiesiger Ansicht nicht bedenkenfrei. Ein Hinweis in der Einladung, dass die Tagesordnung in den Geschäftsräumen eingesehen werden könne, soll zu Recht nicht genügen[383]. 836

Gleiches gilt nach umstrittener Ansicht für eine Unterrichtung der Mitglieder über die Tagesordnung auf der Internetseite der eG.[384] Die Gegenmeinung, die eine Bekanntgabe der Tagesordnung auf der Internetseite der eG für zulässig hält, verweist darauf, dass in § 46 Abs. 2 Satz 1 GenG nur geregelt sei, dass es eine Satzungsregelung hierzu geben muss. Daher könne die Satzung auch regeln, dass die Tagesordnung in der Mitgliederzeitschrift bekanntgegeben wird.[385] 837

Besonderheiten gelten hier für die Vertreterversammlung: Für sie regelt das Gesetz inzwischen auch die Möglichkeit einer Bekanntgabe der Tagesordnung im Internet (§ 46 Abs. 1 Satz 3 GenG). Die Tagesordnung einer Vertreterversammlung ist hiernach allen Mitgliedern durch 838

- Veröffentlichung in den Genossenschaftsblättern,
- im Internet unter der Adresse der eG oder
- unmittelbare schriftliche Benachrichtigung

bekannt zu machen.

Das Genossenschaftsgesetz regelt die Bekanntmachung der Tagesordnung an sich wie auch die Frist hierfür (»kleine« Bekanntmachungsfrist, s. o.). Der Zweck dieser beiden Regelungsgegenstände besteht darin, dass die Genossenschaftsmitglieder im Vorfeld der Versammlung wissen müssen, worüber in der Versammlung Beschluss gefasst 839

382 Lang/Weidmüller/*Holthaus/Lehnhoff*, GenG, § 46 Rn. 14.
383 Lang/Weidmüller/*Holthaus/Lehnhoff*, GenG, § 46 Rn. 14.
384 Lang/Weidmüller/*Holthaus/Lehnhoff*, GenG, § 46 Rn. 14, unklar, ob hier der Fall gemeint ist, dass eine Satzungsregelung nicht besteht; a. A. jedenfalls Pöhlmann/*Fandrich*/Bloehs, GenG, § 46 Rn. 6, sofern die Satzung hierzu eine Regelung trifft, § 46 Abs. 2 Satz 1 GenG.
385 Pöhlmann/*Fandrich*/Bloehs, GenG, § 46 Rn. 6.

werden soll. Dies müssen sie zudem rechtzeitig wissen. Unter dem TOP »Verschiedenes« oder »Sonstiges« oder »Aussprache« können keine Beschlüsse gefasst werden, da man sich hierunter nichts vorstellen kann.

Zu diesem Zusammenhang besteht daher auch die Frage, wie genau die Tagesordnungspunkte überhaupt bezeichnet sein müssen, damit sich die Genossenschaftsmitglieder ein Bild von den zu erwartenden Beschlussgegenständen machen können. Diese Frage wird in der Fachwelt, zusammengefasst, dahin gehend beantwortet, dass die Gegenstände zur Beschlussfassung zumindest »allgemein umschrieben«, gleichzeitig aber auch hinreichend deutlich sein müssen. Den Einladenden ist unbedingt anzuraten, schon in oder mit der Einladung eine »aussagekräftige« Tagesordnung mit klar formulierten Themen anzugeben. Maßstab für die Formulierung könnte sein:

- Kann man sich überhaupt etwas darunter vorstellen?
- Um welche Entscheidung geht es genau?
- Verbergen sich hinter dem Formulierten noch weitere Gegenstände, über die befunden werden müsste?
- Wird ein Teil des zu Beschließenden möglicherweise durch das Ausformulierte verschleiert?

In der Fachliteratur werden hierzu folgende Beispiele genannt:

!

Praxis-Beispiel

- Unter der Bezeichnung »Personalangelegenheiten oder Vorstandsangelegenheiten« ist die Abberufung von Vorstands- oder Aufsichtsratsmitgliedern nicht möglich.[386]
- Ebenfalls nicht ausreichend wäre es, den TOP »Neuwahl zum Vorstand« zu formulieren, wenn es zuvor erst einmal um eine Abberufung gehen muss.[387]
- Die Formulierung »Ergänzungswahl zum Vorstand« ist nicht aussagekräftig genug, wenn es um eine Abwahl und eine Neuwahl geht.[388] Die Formulierung »Abberufung eines Aufsichtsratsmitglieds« oder »Abberufung eines Vorstandsmitglieds« genügt jedoch. Eine Namensnennung ist nicht erforderlich.[389]
- Die Ankündigung des TOP »Vorstandsangelegenheiten« genügt nicht für die außerordentliche Kündigung eines Vorstandsanstellungsvertrags.[390] Jedoch kann im Widerruf der Bestellung zum Vorstandsmitglied gleichzeitig auch die fristlose Kündigung des Dienstvertrags liegen.[391] Dies soll jedenfalls dann der Fall sein, wenn »der Widerruf erkennbar der Ausdruck eines Vertrauensverlustes ist, der die Rechtsbeziehungen zu

386 Hillebrand/*Keßler*, GenG, § 43 bis 47, Rn. 33, unter Verweis auf: BGH, NJW-RR 2000 S. 1278 und OLG Stuttgart, DB 2003 S. 932.
387 Lang/Weidmüller/*Holthaus/Lehnhoff*, GenG, § 46 Rn. 17, unter Verweis auf: RG, JW 1915 S. 1366.
388 Lang/Weidmüller/*Holthaus/Lehnhoff*, GenG, § 46 Rn. 17.
389 Lang/Weidmüller/*Holthaus/Lehnhoff*, GenG, § 46 Rn. 17.
390 Lang/Weidmüller/*Holthaus/Lehnhoff*, GenG, § 46 Rn. 17.
391 Lang/Weidmüller/*Holthaus/Lehnhoff*, GenG, § 40 Rn. 15.

dem Entlassenen in ihrer Gesamtheit belastet.»[392] Dennoch ist in solchen Fällen unbedingt dazu zu raten, die Abberufung aus dem Organamt und die außerordentliche fristlose Kündigung des Vorstandsanstellungsvertrags zu trennen und eigens zu erwähnen.

Die Formulierung des TOP »Satzungsänderung« ist ebenfalls nicht ausreichend.[393] 840
Vielmehr muss den Mitgliedern mindestens mitgeteilt werden, um welche Vorschriften der Satzung es geht (Nennung der Paragrafen und der Überschrift).

Zu Satzungsänderungen werden inzwischen unterschiedlich strenge Auffassungen vertreten. So wird – abgestuft – verlangt, dass neben einer Auflistung der Paragrafennummern auch der wesentliche Inhalt der zu ändernden Materie anzugeben ist.[394] Andere Stimmen verlangen unter Berufung auf § 124 Abs. 2 Satz 2 AktG in der Bekanntmachung der Tagesordnung auch die genaue Angabe des Wortlauts der Änderungen.[395] Eine Auslegung des Satzungstextes in den Geschäftsräumen der eG soll nicht ausreichen.[396] Teilweise wird dies zumindest eingeschränkt auf »umfangreiche« Satzungsänderungen, etwa im Fall einer Anpassung der Satzung an eine neue Mustersatzung.[397] Diese Ansicht ist nach der hier vertretenen Auffassung abzulehnen, da zu streng und formalistisch, zudem in manchen Fällen auch nicht praktikabel.[398]

Dem Informationszweck der Bekanntmachungsvorschriften ist Genüge getan, wenn 841
das Genossenschaftsmitglied durch Lesen der Einladung bei durchschnittlicher Konzentration und Aufmerksamkeit erkennen kann, dass es eine Satzungsänderung geben soll und welche Regelungsbereiche hiervon betroffen sind (dies wird sich manchmal schon aus der Überschrift ergeben, oder kann eben durch Fließtext überblicksartig formuliert werden). Hierdurch wird es in die Lage versetzt, in seinem eigenen Satzungsexemplar nachzulesen, um im Detail herauszufinden, worum es geht. Danach kann es sich in die Geschäftsräume der eG begeben und die Details der geplanten Neufassung studieren. Man wird in einer gut geführten eG sicherlich auch dazu bereit sein, eine Kopie der neuen Satzungsregelungen auf Kosten der eG anzufertigen und dem Mitglied auszuhändigen. Ein weitergehendes Schutzbedürfnis des Genossenschaftsmitglieds ist nicht erkennbar.

392 Lang/Weidmüller/*Holthaus/Lehnhoff*, GenG, § 40 Rn. 15; Müller, GenG, § 24 Rn. 68; Bauer, Genossenschafts-Handbuch, § 40 Rn. 23.
393 Hillebrand/*Keßler*, GenG, § 46, Rn. 33.
394 Beuthien/*Beuthien*, GenG, § 46 Rn. 3.
395 Hillebrand/*Keßler*, GenG, §§ 43 bis 47 Rn. 33.
396 Pöhlmann/*Fandrich*/Bloehs, GenG, § 46 Rn. 7, der diese Meinung offenbar für jede Satzungsänderung vertritt.
397 Hillebrand/*Keßler*, GenG, §§ 43 bis 47 Rn. 33.
398 Im Ergebnis wohl ebenso: Lang/Weidmüller/*Holthaus/Lehnhoff*, GenG, § 46 Rn. 18; Bauer, Genossenschafts-Handbuch, § 46 Rn. 20; Beuthien/*Beuthien*, GenG, § 46 Rn. 3; Müller, GenG, § 46 Rn. 20b.

842 Der »Königsweg« oder die »Kür« besteht sicherlich darin, den Mitgliedern mit der Einladung zur Generalversammlung eine Gegenüberstellung (Synopse) des alten und neuen Satzungstextes zukommen zu lassen. Dadurch kann in der Generalversammlung der oft polemisch vorgetragene Anwurf, man habe die Satzungsänderung »überraschend«, »handstreichartig« oder »überfallartig« vorgenommen, ohne die kritischen Mitglieder zu informieren, gut pariert werden. In hoch emotionalen Versammlungen dringt man oftmals mit dem Einwand, der neue Satzungstext habe doch zur Einsicht ausgelegen und hierauf sei in der Einladung auch hingewiesen worden, nicht mehr durch. Schon deshalb empfiehlt es sich, bei der Information der Mitglieder über eine geplante Satzungsänderung nicht zu sparen. Rechtlich zwingend ist dies nach der hier vertretenen Auffassung allerdings nicht.

843 Ein konkreter Beschlussantrag muss in der Tagesordnung nicht formuliert werden. Beschlüsse zur Versammlungsleitung (sog. Geschäftsordnungsbeschlüsse; dies wäre wohl denklogisch auch gar nicht möglich) sowie Anträge auf Einberufung einer außerordentlichen Generalversammlung bedürfen keiner vorherigen Ankündigung (§ 46 Abs. 2 Satz 2 GenG). Eine Ankündigung ist auch dann entbehrlich, wenn Beschlüsse eben gerade nicht gefasst werden sollen (§ 46 Abs. 3 GenG). Sind jedoch sämtliche Mitglieder erschienen und mit dem Vorgehen einverstanden, dann ist eine Beschlussfassung wiederum möglich.

844 Die möglichst präzise und transparente Formulierung der Tagesordnungspunkte schafft zum einen mehr Rechtssicherheit, wenn später in der Generalversammlung Beschlüsse gefasst werden sollen. Ein präzises Vorgehen wirkt aber auch unter strategischen Gesichtspunkten nach außen positiv: Die Einladenden sorgen durch die frühzeitige und klare Bekanntgabe der Tagesordnung nämlich für Transparenz, was im Mitgliederkreis sicherlich immer gut ankommt. Einem möglichen Vorwurf der Mitglieder, etwas »vertuschen« zu wollen oder »Geheimpolitik« zu betreiben, wäre hierdurch von vornherein der Boden entzogen.

4.3.2.6.3 Zuständigkeit für die Erstellung der Tagesordnung

845 Der Einberufende erstellt regelmäßig auch die Tagesordnung.[399] Ist der Einberufende eine Person, dann erstellt die Person die Tagesordnung; ist der Einberufende ein Organ, dann wird die Tagesordnung vom Gesamtgremium beschlossen. Ruft der Prüfungsverband ein, dann erstellt er die Tagesordnung, die sich allerdings auf die vom Gesetz oder der Satzung gewährte Kompetenzgrundlage hinsichtlich des sachlichen Bereichs begrenzen muss (z. B. nur Darlegung wesentlicher Feststellungen

399 Bauer, Genossenschafts-Handbuch, § 46 Rn. 21.

des Prüfungsberichts, nicht jedoch Abwahl der Aufsichtsratsmitglieder wegen Inkompetenz o. Ä.).

In der Praxis vieler Genossenschaften wird auch in der ersten Variante (Einladender ist eine Person) oftmals ein Beschluss im Gremium herbeigeführt. Dies ist sinnvoll, da der auch nach außen getragene, größtmögliche Konsens sicherlich der ideale Weg ist.

Der Einberufende hat bis zum Beginn der Wochenfrist aus § 46 Abs. 2 Satz 1 GenG die Möglichkeit, Tagesordnungspunkte auch wieder von der Tagesordnung herunterzunehmen[400] Auch Ergänzungen sind selbstverständlich möglich. Hat die gesetzliche Einwochenfrist zu laufen begonnen, dann ist dieser Weg versperrt.[401] Ab diesem Zeitpunkt ist nur noch die Generalversammlung für eine Änderung, Absetzung oder Ergänzung, der Tagesordnung zuständig. Diese entscheidet mit Mehrheitsbeschluss. Begründet wird dies mit dem genossenschaftlichen Selbstverwaltungsgrundsatz und einem Vertrauensschutz für die Mitglieder, die sich auf die Tagesordnung auch verlassen können müssen.[402] 846

Dem Einladenden kommt bei Erstellung der Tagesordnung ein gewisses Ermessen zu. 847 Allerdings sind natürlich die vom Genossenschaftsgesetz verpflichtend vorgeschriebenen Regularien einer ordentlichen Generalversammlung zu beachten und als Tagesordnungspunkt immer auf die Tagesordnung aufzunehmen: Insbesondere

- die Berichte von Vorstand und Aufsichtsrat über das abgelaufene Geschäftsjahr,
- die Feststellung des Jahresabschlusses,
- der Beschluss über die Gewinnverwendung oder die Verlustdeckung usw.

Im Fall von außerordentlichen Generalversammlungen zur Absetzung eines haupt- 848 oder nebenamtlichen Vorstandsmitglieds müssen die Abberufung und die außerordentliche Vertragskündigung sicherheitshalber separat genannt werden. Sie können allerdings unter einen Tagesordnungspunkt zusammengefasst werden, da über beides sinnvollerweise nur einheitlich entschieden werden kann.

Muster: TOP zu Abberufung und Kündigung !

TOP ___: Abberufung des Vorstandsmitglieds Herr/Frau ___________ und außerordentliche fristlose Kündigung des Anstellungsvertrags

400 Pöhlmann/*Fandrich*/Bloehs, GenG, § 46 Rn. 12.

401 Pöhlmann/*Fandrich*/Bloehs, GenG, § 46 Rn. 12; Bauer, Genossenschafts-Handbuch, § 46 Rn. 21; Hillebrand/*Keßler*, GenG, §§ 43 bis 47 Rn. 35; Lang/Weidmüller/*Holthaus/Lehnhoff*, GenG, § 46 Rn. 20.

402 So die allgemeine Meinung, für viele: Bauer, Genossenschafts-Handbuch, § 46 Rn. 21.

Der Generalversammlung muss klar gemacht werden, dass mit der Abberufung und Beendigung der Organstellung auch die Vertragsbeziehung beendet wird.[403]

849 Entsteht Streit über die Frage, was als TOP aufgenommen werden soll, ist es rechtlich durchaus schwierig, hier Ansprüche durchzusetzen. Hierzu ist bislang nur wenig kommentiert oder in der Rechtsprechung entschieden worden. Weigert sich der Einberufende beispielsweise, einen TOP aufzunehmen, dann bleibt den anderen Gremien nur die Möglichkeit, unter Beachtung der gesetzlichen oder satzungsmäßigen Vorgaben eine eigene Versammlung einzuberufen, um diesen TOP auf die Tagesordnung zu bringen. Auch bestünde die grundlegende Möglichkeit, gegen den Beschluss, der auf Grundlage eines zu Unrecht auf die Tagesordnung genommenen TOPs ergangen ist, rechtlich vorzugehen – etwa im Wege der Anfechtungsklage nach dem Genossenschaftsgesetz oder einer allgemeinen Nichtigkeitsklage nach dem Aktiengesetz. Letztlich kann im Rahmen des Rederechts, das zu jedem TOP in der Generalversammlung besteht, auch Stellung genommen werden, sodass im Zuge der Abstimmung hierüber eine Ablehnung erfolgt.

4.3.2.6.4 Anspruch auf Aufnahme eines TOPs zur Tagesordnung

850 Einzelne Mitglieder der eG haben keinen Anspruch auf Aufnahme der von ihnen gewünschten Tagesordnungspunkte. Das Genossenschaftsrecht sieht einen solchen Individualanspruch nicht vor. Entsprechende Eingaben einzelner Genossenschaftsmitglieder werden daher rechtlich als bloße »Anregung« betrachtet. Dieser Anregung kann nachgekommen werden oder eben auch nicht.

851 Eine Verpflichtung zur Aufnahme von Tagesordnungspunkten ergibt sich erst dann, wenn der zehnte Teil der Mitglieder (oder der hierfür in der Satzung vorgesehene geringere Teil) die Aufnahme eines Tagesordnungspunktes verlangt (§ 45 Abs. 2 Satz 1 GenG). Dieses Recht steht in unmittelbarem Zusammenhang mit der Möglichkeit, mit demselben Quorum die unverzügliche Einberufung einer Generalversammlung zu verlangen (§ 45 Abs. 1 Satz 1 GenG). Hierdurch entsteht eine Rechtspflicht des Einladenden, den gewünschten Gegenstand zur Beratung und Beschlussfassung offiziell in die Tagesordnung aufzunehmen.

852 Allerdings muss auch hier die Mindestfrist von einer Woche zur Bekanntgabe der Tagesordnungspunkte vor Beginn der Generalversammlung beachtet werden. Gelingt es wegen verspäteter Einreichung der Eingabe nicht mehr, diese Frist einzuhalten, so können die Tagesordnungspunkte erst in einer neu einzuberufenden Generalver-

403 In der Abberufung wird mitunter auch gleichzeitig eine fristlose Kündigung gesehen, so z. B.: Lang/Weidmüller/*Holthaus/Lehnhoff*, GenG, § 24 Rn. 75, am Ende, jedoch ist dies mit Rechtsunsicherheiten behaftet.

sammlung zur Abstimmung gestellt werden. Dies ist dann eine außerordentliche Generalversammlung, für die das Unverzüglichkeitsgebot gilt. Auch im Fall der Eingabe eines TOPs durch einen Antragsteller in der Versammlung kann keine Veränderung mehr vorgenommen werden. Hier entscheidet dann ebenfalls die Generalversammlung durch einen Mehrheitsbeschluss, ob eine weitere – dann außerordentliche – Versammlung anberaumt werden soll.[404]

4.3.2.6.5 TOP »Satzungsänderung»: Spontananträge in der Versammlung

Der TOP »Satzungsänderung« wirft in der Praxis zahlreiche Rechtsfragen auf, die in der gängigen Kommentarliteratur zum Genossenschaftsrecht nicht oder zumindest nicht in der erforderlichen Tiefe besprochen werden. Rechtsprechung hierzu, die sich auf das Genossenschaftsrecht bezieht, gibt es, soweit ersichtlich, nicht. Hat man einmal eine Generalversammlung in einer derartigen Situation miterlebt, so weiß man, dass Genossenschaftsmitglieder in der Versammlung, die durchaus emotional aufgeheizt sein kann, Redebeiträge beisteuern, die sich kritisch mit den vorgeschlagenen neuen Satzungsregelungen auseinandersetzen. Dies ist auch völlig in Ordnung, da die Behandlung in der Versammlung ja gerade dazu dient, eine Diskussion über die Neuregelungen zu führen, um die erforderliche Mehrheit zu erhalten. 853

Eine kritische Diskussion mit dem Ergebnis, andere Regelungen als die vorgeschlagenen präsentiert zu bekommen, ist der Erfahrung nach aber eher nicht erwünscht. Und dies hat seinen guten Grund: Haben sich Vorstand und Aufsichtsrat der eG auf einen Satzungsentwurf geeinigt (was manchmal schon schwer genug ist), dann wollen sie aus verständlichen Gründen auch den Erfolg dieses Vorschlags. Zum einen waren schon im Vorfeld unter Umständen schwierige Rechtsfragen unter Einschaltung des Verbands oder anderer Berater zu klären, sodass eine Abweichung von den Vorschlägen wiederum Rechtsunsicherheiten aufwerfen würde. Zum anderen handelt es sich manchmal um inhaltlich und systematisch nicht ausgereifte Vorschläge, sodass Zeit vonnöten ist, diese gebrauchstauglich zu gestalten, nicht zuletzt auch zu formulieren. Zeit also, die im Rahmen einer Generalversammlung ganz sicher nicht vorhanden ist. Dass die Organe der eG wiederum keine Sicherheit haben können, dass ihr Vorschlag auch angenommen wird, versteht sich allerdings ebenfalls von selbst. Dieser Aspekt spielt vor dem Hintergrund, die Versammlung zügig und rechtssicher abwickeln zu können aber auch keine Rolle. 854

Fraglich ist dennoch, ob zum TOP »Satzungsänderung« direkt in der Versammlung über neue Vorschläge eines neuen Satzungstextes abgestimmt werden kann (ggf. etwa als »Eil-« oder »Spontan-»Antrag). Muss oder darf der Versammlungsleiter über 855

404 Lang/Weidmüller/*Holthaus/Lehnhoff*, GenG, § 46 Rn. 20.

spontan hervorgebrachte Satzungstexte in der Versammlung abstimmen lassen? Wie oben erwähnt, wird diese Frage in der Fachliteratur nach der hier vertretenen Auffassung nicht mit der erforderlichen Tiefe behandelt. Üblicherweise wird darauf hingewiesen, dass der TOP »Satzungsänderung« insgesamt, d. h. in der oben beschriebenen Abstufung, was die weiteren Anforderungen im Rahmen der Ankündigung anbelangt, ausreichend bezeichnet ist, sodass eigentlich alles darunter fallen müsste, was mit diesem TOP zusammenhängt – also auch neue Satzungstexte. Dies ist nach der hier vertretenen Auffassung aus folgenden Gründen jedoch nicht der Fall: Im Fall einer geplanten Satzungsänderung muss, wie oben beschrieben, so angekündigt werden, dass die Genossenschaftsmitglieder in zumutbarer Weise Kenntnis von den neuen Satzungstexten erlangen können müssen. Dies wird, wie gezeigt, in unterschiedlicher Strenge angenommen, von der Möglichkeit eines Verweises auf die in den Geschäftsräumen ausliegende Satzung bis hin zur Anforderung, dass der neue Satzungstext so bekannt gemacht werden muss, wie die Einladung selbst. Das Ergebnis ist nach allen hierzu vertretenen Meinungen aber das Gleiche:

- Alle Genossenschaftsmitglieder wissen, dass auf der anstehenden Generalversammlung über neue Satzungstexte entschieden werden wird,
- sie können sich kundig machen, über welche, und
- alle Teilnehmer an der Generalversammlung haben diesen Vorschlag eines neuen Satzungstextes zur Entscheidung vor sich.

Dieser neue Satzungstext wird von den Organen der eG der Versammlung vorgeschlagen, und zwar genau in der Form, die er konkret aufweist. Ein Vorschlag zur Beschlussfassung muss hierbei nach den allgemeinen Prinzipien jeder Beschlussfassung in Gremien so formuliert werden, dass er mit »Ja« angenommen oder mit »Nein« abgelehnt werden kann. Wollte man in der Versammlung auch Vorschläge aus dem Teilnehmerkreis generieren, so müsste man in einem eigenen Schritt fragen, welche Vorschläge denn noch vorhanden sind. Und in einem zweiten Schritt müsste dann wiederum darüber in den Kategorien »Ja« oder »Nein« entschieden werden. Wobei, um es zu wiederholen, ein solches Vorgehen aufgrund der Komplexität einer Satzungsneuregelung abwegig und daher hiervon abzuraten ist. Der Versammlungsleiter ist nach der hier vertretenen Auffassung nicht verpflichtet, neue Vorschläge aus der Versammlung einzuholen.

856 Alle Vorschriften über die Einladung zur Generalversammlung, auch das Recht der Minderheit nach § 45 Abs. 1 und Abs. 2 GenG, gehen ihrem Sinn und Zweck nach davon aus, dass ein bestimmter Beschlussgegenstand schon rechtzeitig vorher angekündigt wird und dann angenommen oder abgelehnt werden kann. Daher treten die Organe der eG im Fall einer Satzungsänderung mit einem bestimmten Antrag in die Versammlung. Dieser Antrag ist konkret formuliert, nämlich in Form des vorgeschlagenen Satzungstextes. Nur über diesen wird abgestimmt. Dieser kann natürlich abgelehnt werden. Dann ist der Versuch einer Satzungsänderung eben gescheitert.

Es kann aber der Versammlung keinen neu gefassten Spontanantrag geben, da dieser gar nicht Gegenstand der Tagesordnung war und auch nicht rechtzeitig angekündigt wurde. Die nicht zur Versammlung erschienenen Genossenschaftsmitglieder kennen nur den angekündigten Antrag und haben danach ihre Entscheidung getroffen, an der Versammlung nicht teilnehmen zu wollen. Daher sind Spontananträge zur Satzungsänderung in der bestehenden Generalversammlung nach hier vertretener Ansicht unzulässig. Der Versammlungsleiter muss sie ablehnen. 857

Spontananträge können aber als Antrag auf Durchführung einer weiteren Generalversammlung zur Entscheidung über die neuen Vorschläge umgedeutet werden. Der Versammlungsleiter sollte hier jedoch eine Klarstellung herbeiführen, ob dies auch wirklich gewollt ist. Das bedeutet, dass er ggf. einen Geschäftsordnungsbeschluss hierüber herbeiführt mit dem Inhalt: Soll in einer weiteren (ggf. außerordentlichen) Generalversammlung über die vorgebrachten Vorschläge entschieden werden? 858

Die Sichtweise, dass nicht abstrakt über »irgendeine Satzungsänderung« abgestimmt wird (mit der Folge, dass dann, wie soeben ausgeführt, jeder neue Vorschlag in der Generalversammlung diskutiert und beschlossen werden könnte bzw. müsste), sondern dass ausschließlich über genau den im Rahmen der Einladung veröffentlichten und vorgeschlagenen Satzungstext abgestimmt wird, ist auch alleine praxisgerecht. Wer den Ablauf von Generalversammlungen kennt, weiß, dass es in der Hektik und auch in einer Streitsituation unmöglich ist, Vorschläge auf ihre Rechtsmäßigkeit und Vernunft hin zu überprüfen, um sie dann anschließend gleich den Mitgliedern zur Entscheidung vorzulegen. Bei Satzungsänderungen werden immerhin die rechtlichen Grundlagen der eG und ihrer Mitglieder berührt. Ein neuer Satzungstext muss, jenseits von Zweckmäßigkeitsüberlegungen, schon für sich genommen zuerst einmal rechtlich zulässig sein und sich zudem noch systematisch in den bestehenden Satzungszusammenhang einfügen. Die Mitglieder erleiden durch eine Zugrundelegung der dargestellten Sichtweise keinen Nachteil. 859

Vielmehr muss an Folgendes erinnert werden: Sollen andere Vorschläge für einen Satzungstext für die anstehende Generalversammlung ins Spiel gebracht werden, dann bleibt es den Mitgliedern unbenommen, diese gemäß § 45 Abs. 2 Satz 1 GenG bzw. § 33 Abs. 5 MS fristgerecht vor Beginn der Generalversammlung einzureichen, womit dann über diese ebenfalls zu beraten und zu beschließen wäre. Dann war jedoch zumindest ein gewisser Zeitraum gegeben, sich mit diesen unter rechtlichen und sonstigen Gesichtspunkten zu befassen. Eine »Überraschung in der Generalversammlung« ist dann ausgeschlossen. 860

Die hier dargebotene Sichtweise kann sich nach derzeitigem Stand nicht auf Kommentarstellen aus der Literatur zum Genossenschaftsrecht stützen. Jedoch hat der BGH zur Rechtsform des e. V. im Ergebnis ebenso entschieden, und zwar noch eine Nuance 861 strenger als vorstehend ausgeführt: Hiernach sind im Rahmen von Satzungsänderungen sogar satzungsmäßig vorgesehene Eilanträge unzulässig.[405] Auch der BGH sieht die Unmöglichkeit, mit den spontan eingebrachten Vorschlägen für eine Satzungsregelung aufgrund der Eile vernünftig umzugehen.

4.3.2.6.6 Der TOP »Verschiedenes»

862 Unter dem TOP »Verschiedenes« dürfen in der Generalversammlung keine Beschlüsse gefasst werden. Eine Ausnahme wird für den Fall angenommen, dass alle Genossenschaftsmitglieder anwesend sind und mit der Beschlussfassung einverstanden sind. Dies dürfte in der Praxis aber, zumindest bei größeren Genossenschaften, höchst unwahrscheinlich sein. Da der TOP »Verschiedenes« inhaltlich unbestimmt und unklar ist, kann hierzu auch kein Beschluss gefasst werden. Denn der Sinn und Zweck der Einladungsformalien wäre andernfalls vereitelt. Durch die Formvorschriften bei der Einladung zur Generalversammlung soll gerade sichergestellt werden, dass die Genossenschaftsmitglieder frei entscheiden können, ob sie an der Versammlung teilnehmen wollen oder nicht. Eine Abstimmung über ein Thema innerhalb des TOP »Verschiedenes« könnte jedoch für die nicht anwesenden Mitglieder zu einer erheblichen Überraschung werden. Auch die anwesenden Mitglieder können sich »überfahren« fühlen, etwa weil sie sich nicht auf den Abstimmungsgegenstand einstellen konnten. Genau dies soll durch die Formalien der Einladung und Vorbereitung zu einer Generalversammlung aber vermieden werden.

4.3.2.6.7 Geschäftsordnungsbeschlüsse

863 Beschlüsse, welche die Leitung der Versammlung betreffen, sog. »Geschäftsordnungsbeschlüsse«, müssen nach § 46 Abs. 2 Satz 2 2. Var. GenG nicht vorher angekündigt werden (was faktisch schon meistens unmöglich wäre). Geschäftsordnungsbeschlüsse sind beispielsweise

Beschlüsse zur Frage der Versammlungsleitung wie
- Umstellung oder Vertagung eines Tagesordnungspunktes,
- Vertagung der ganzen Generalversammlung,
- Verzicht auf die weitere Aussprache zu einem bestimmten Thema,
- Rederecht,
- Begrenzung und Festsetzung von Redezeiten,
- Schluss der Rednerliste zu einem bestimmten Sachthema, Auskunftsrecht usw.

Der Versammlungsleiter hat jedoch teilweise einen eigenen Ermessensspielraum, diese Fragen auch in eigener Verantwortung zu lösen (siehe Rn. 888). Ebenso wenig

405 BGH, Urteil v. 17.11.1986, II ZR 304/85, NJW 1987 S. 1811, sog. DFB-Entscheidung (Dt. Fußballbund).

müssen Anträge auf Berufung einer außerordentlichen Generalversammlung angekündigt werden (§ 46 Abs. 2 Satz 2 3. Var. GenG).

4.3.2.7 Zeitliche Lage der Generalversammlung im Jahr

Der Einladende muss die Anordnung des Gesetzes im Auge haben, dass die General- 864
versammlung in den ersten sechs Monaten des Geschäftsjahres stattzufinden hat (§ 48 Abs. 1 Satz 2 GenG).

Dies hat seine Bedeutung auch für die Auszahlung der in Auseinandersetzungsguthaben umgewandelte Geschäftsguthaben der ausgeschiedenen Mitglieder, die nach Anordnung des Gesetzes in der Regel innerhalb von sechs Monaten seit dem Ausscheiden aus der eG auszuzahlen sind (§ 73 Abs. 2 Satz 2 GenG). Da sich das Ausscheiden im Regelfall zum Schluss des Geschäftsjahres vollzieht, ergibt sich hier der gleiche Zeitraum wie vorstehend (§§ 73 Abs. 2 Satz 2, 65 Abs. 2 Satz 1 GenG).

In der Praxis ist es aber nicht selten der Fall, dass die Generalversammlungen nicht 865
innerhalb der ersten sechs Monate abgehalten werden. Begründet wird dies zumeist mit terminlichen Problemen bei der Bilanzierung und vor allem bei der Prüfung des Jahresabschlusses durch den Verband. In diesem Fall werden die Auseinandersetzungsguthaben mit Ablauf des 6. Monats im neuen Geschäftsjahr entweder nach den Regelungen der Satzung oder nach den gesetzlichen Vorschriften des BGB verzinst (§§ 246 ff. BGB). Anzumerken ist hierzu, dass die Generalversammlung mit der Feststellung des Jahresabschlusses aber auch ohne Vorliegen des Prüfungsberichts die Auszahlung beschließen kann.

Wichtig !

Nach der Novelle zum Genossenschaftsrecht im Jahr 2006 ist es inzwischen möglich, die Frist für die Auszahlung der Geschäftsguthaben durch Satzungsregelung zu verlängern (§ 73 Abs. 4 GenG). Die Pflicht zur Abhaltung der Generalversammlung innerhalb der ersten sechs Monate ist allerdings weiterhin festgeschrieben und wird hierdurch nicht berührt (§ 48 Abs. 1 Satz 3 GenG).

Diese Unstimmigkeit hat der Gesetzgeber entweder nicht bedacht oder letztlich in Kauf genommen. Im Ergebnis würde es daher bei einem Verstoß gegen das Genossenschaftsgesetz bleiben, wenn die Generalversammlung erst in der zweiten Jahreshälfte abgehalten wird, auch wenn die Frist für die Auszahlung des Auseinandersetzungsguthabens beispielsweise auf das Kalenderjahr ausgedehnt worden wäre. Nur die Verzinsungspflicht entfiele dann.

Es ist jedoch unter praktischen Erwägungen nicht ganz unproblematisch, die Auszahlungsfrist zu verlängern, da die Genossenschaftsmitglieder ja auch die Kündigungsfristen für die Beendigung ihrer Mitgliedschaft zwingend einhalten müssen (§ 65 Abs. 5 GenG), sodass sie meistens sowieso relativ lange auf ihr Geld warten müssen. In der Praxis führt dieser Umstand häufig zu Diskussionen um eine Abkürzung der Fristen, die unzulässig wäre (§ 65 Abs. 5 GenG). Zur neuen, sich im Vordringen befindenden Ansicht, die nach der hier vertretenen Auffassung jedoch abzulehnen ist, siehe Rn. 135.

4.3.2.8 Die übliche Reihenfolge der Tagesordnungspunkte

866 Ein typischer **Ablauf** der Generalversammlung enthält folgende Bestandteile:

Einleitung
- Eröffnung der Versammlung und Begrüßung der Teilnehmer
- Feststellung der form- und fristgerechten Einladung
- Feststellung der Beschlussfähigkeit
- Ehrung der Verstorbenen (Aufstehen der Teilnehmer von den Plätzen und Schweigeminute, mitunter Vorlesen der Namen der im letzten Jahr Verstorbenen oder Sammelgedenken)

Berichte der Organe Vorstand und Aufsichtsrat, Prüfungsergebnis
- Bericht des Vorstands über das vergangene Geschäftsjahr mit Vorlage der Bilanz und Gewinn-und-Verlust-Rechnung sowie dem Lagebericht (in freier Gestaltung oder förmlich nach dem HGB)
- Bericht des Aufsichtsrats über das abgelaufene Geschäftsjahr
- Bericht des Aufsichtsrats über das Prüfungsergebnis und »Beschlussfassung« hierüber
- Auch möglich: Bericht durch einen Vertreter des Prüfungsverbands

Beschlussfassungen über die wirtschaftlichen Regularien
- Beschlussfassung der GV über den Jahresabschluss
- Beschlussfassung der GV über Gewinnverwendung bzw. Verlustdeckung
- Beschluss der GV über die Entlastung der Organe Vorstand und Aufsichtsrat

Entlastung von Vorstand und Aufsichtsrat

Satzungsänderung (sofern eine solche ansteht)

Wahlen
- Vorstand (falls nicht der Aufsichtsrat für die Bestellung zuständig ist)
- Aufsichtsrat (hier ist immer die Generalversammlung zuständig)

Besonderheiten

- Eventuell aus der Mitgliedschaft eingegangene Anträge zur Beschlussfassung

Sonstiges bzw. Aussprache o. Ä. (muss nicht angekündigt werden; die Beschlussfassung ist ohnehin nicht möglich)

Dank an die Teilnehmer

Förmliche Schließung der Versammlung

4.3.3 Durchführung der Generalversammlung

4.3.3.1 Praxishinweise zur Vorbereitung einer Generalversammlung

Im Vorfeld einer Generalversammlung sollte der Einberufende bestimmte Dinge beachten, die für die ordnungsgemäße Abwicklung der Versammlung sehr hilfreich sein können:

4.3.3.1.1 Versammlungsraum und zeitlicher Beginn

Der **Versammlungsraum** muss zum Termin sicher verfügbar sein. Das bedeutet, dass 867
der Betreiber des Versammlungsraums verbindlich zusagen muss. Der Raum muss seiner Größe nach geeignet sein, die zu erwartende Anzahl an Teilnehmern aufzunehmen. Hier ist es nach allgemeiner Ansicht in der Fachliteratur kein Fehler, auf Erfahrungswerte der Vergangenheit zu vertrauen. In der Praxis ist es nicht selten der Fall, dass von etwa 900 Genossenschaftsmitgliedern nur ca. 80 Mitglieder zur Versammlung erscheinen. Steht eine Generalversammlung bevor, bei der mit einer erhöhten Teilnehmerzahl zu rechnen ist, muss sich der Einladende unbedingt hierauf einstellen und u. U. einen größeren Raum als sonst anmieten. Es kann geschehen, dass – etwa weil es um die Absetzung eines prominenten Vorstandsmitglieds geht – statt der 80 Teilnehmer (s. o.) auf einmal 500 vor der Tür des Versammlungsraums stehen.

Eine Aufteilung der Versammlungsteilnehmer auf mehrere Räume, auch wenn diese 868
»als Schlauch« baulich miteinander verbunden sind, ist zumindest unter praktischen Gesichtspunkten nicht unproblematisch. Hier kann es nämlich leicht zu einer eingeschränkten Sicht auf das Rednerpult und damit auf den Versammlungsleiter sowie die anderen vortragenden Personen kommen. Auch haben die Teilnehmer in einem solchen Fall häufig Schwierigkeiten, die am Rednerpult gefallenen Äußerungen akustisch zu verstehen, es sei denn, es gibt eine gute Mikrofonanlage. Dies führt nicht selten zum Unmut der in den Nebenräumen platzierten Teilnehmer, was den Versammlungsverlauf beeinträchtigen kann.

Als rechtlich unzulässig muss es angesehen werden, die Teilnehmer auf baulich vollständig getrennte Räume zu verteilen und eine Verbindung nur mit Videoleinwänden und Lautsprechern herzustellen.

869 Da die Generalversammlung prinzipiell eine geschlossene und somit nichtöffentliche Versammlung ist, sollte es sich um einen Raum handeln, der von fremden Dritten abgegrenzt werden kann. Das Nebenzimmer in einer Gaststätte sollte durch eine Tür abzuschließen sein. Die Versammlung sollte nicht in einem Gastraum stattfinden, in dem sich auch noch unbeteiligte Dritte aufhalten. Dritte stören allein schon durch ihre Anwesenheit, weil die Unbefangenheit der Teilnehmer hierdurch leiden kann und weil auch Interna besprochen werden, die die Öffentlichkeit nichts angehen.

870 Der Fall einer sog. »virtuellen« Generalversammlung, die seit der Novelle 2006 durch Satzungsregelung gemäß §43 Abs. 7 GenG für zulässig erklärt werden kann, ist hiervon abzugrenzen. Hier stellen sich die Fragen zum Versammlungsraum natürlich nicht. Liegt eine entsprechende Satzungsregelung vor, dann soll eine Generalversammlung auch über eine Internetplattform möglich sein.[406] Diese neuere Regelung im Genossenschaftsgesetz sieht weiter vor, dass Beschlüsse der Mitglieder auch schriftlich oder in elektronischer Form gefasst werden können, wenn die Satzung dies zulässt. Die Satzung hat hierbei »das Nähere« zu regeln.

871 Die Satzung kann ferner vorsehen, dass in bestimmten Fällen Mitglieder des Aufsichtsrats im Wege der Bild- und Tonübertragung an der Generalversammlung teilnehmen können und dass die Generalversammlung in Bild und Ton übertragen werden darf. Dies ist auch einige Jahre nach der Neuregelung im Genossenschaftsgesetz zumindest im Kreis der Bestandsgenossenschaften noch weithin unüblich, sodass es hierzu zum jetzigen Zeitpunkt noch wenig Praxiserfahrung gibt.

872 Der zeitliche Beginn der Versammlung sollte so gelegt werden, dass diese zu einem vernünftigen Zeitpunkt wieder endet, insbesondere wenn die Versammlung in den Abendstunden liegen soll. Die Versammlung sollte jedenfalls vor Mitternacht beendet werden können (siehe Rn. 880). Liegen daher schwerwiegende und möglicherweise umstrittene Entscheidungen an, so könnte ein Beginn erst um 20.00 Uhr unter diesem Gesichtspunkt problematisch werden. Zu bedenken wäre auch, dass im Fall eines großen Andrangs an Teilnehmern die verwaltungstechnischen Anforderungen bei der Einlasskontrolle, Registrierung der Teilnehmer und Prüfung der Stimmvollmachten erheblich steigen und zu einer deutlichen Verzögerung des Beginns führen können.

406 Lang/Weidmüller/*Holthaus/Lehnhoff*, GenG, §43 Rn. 114.

4.3.3.1.2 Kommunikation – Verständigung – Verstärkeranlage

Im Rahmen der Vorbereitung der Generalversammlung sollte unbedingt bedacht werden, dass für die Durchsetzungsfähigkeit der Stimme des Versammlungsleiters oder anderer Redner eine elektronische Verstärkung der Stimmen unerlässlich ist. Auch wenn der Raum eher klein ist und die Anzahl der Teilnehmer überschaubar sein sollte, kann es aufgrund der Dauer der Versammlung und der Lautstärke von Zwischenrufen aus dem Teilnehmerkreis oder im Falle tumultartiger Ausschreitungen sehr mühsam werden, sich mit der eigenen Stimme durchzusetzen. Der allgemeine Lärmpegel im Versammlungsraum kann auch dadurch sehr schnell zunehmen, dass die Teilnehmer untereinander diskutieren oder dass in einer Wirtschaft Bestellungen aufgenommen werden. Eine elektronische Verstärkung sichert erfahrungsgemäß auch »stimmlich« die Autorität des Versammlungsleiters in ganz erheblichem Maße. Wichtig ist, dass rechtzeitig vor Versammlungsbeginn das Funktionieren der Verstärkeranlage sichergestellt wird. Als sinnvoll hat sich auch erwiesen, dass weitere Saalmikrofone vorhanden sind, mit deren Hilfe sich die Teilnehmer verständlich machen können, wenn sie von ihrem Rederecht Gebrauch machen. Denn es führt auch zu Unmut unter den Teilnehmern, wenn Redebeiträge akustisch nicht verstanden werden. Die Saalmikrofone können durch Mitarbeiter der eG durchgereicht werden oder aber auch an einem Standort im Saal verbleiben, zu dem redewilligen Teilnehmer gehen müssen. 873

4.3.3.1.3 Sicherheitsvorkehrungen und Alkoholkonsum

Es kann, steht eine turbulente Versammlung bevor, sich anbieten, auch an Sicherheitsvorkehrungen und den Umgang mit Alkoholkonsum zu denken. Es ist z. B. möglich, dass zur Generalversammlung 700 Teilnehmer erwartet werden, wobei schon im Vorfeld Störungen des Versammlungsverlaufes angekündigt werden oder zu vermuten sind. Bei einer solchen Sachlage kann die Bemühung eines Sicherheitsdienstes sinnvoll sein. Dies wirkt schon im Vorfeld der Versammlung und hilft, im Bedarfsfall das Hausrecht des Versammlungsleiters durchzusetzen. 874

Gleiches gilt für die Frage, ob alkoholische Getränke ausgeschenkt werden sollen oder nicht. Eine im Verlauf der Versammlung zunehmende Alkoholisierung lässt erfahrungsgemäß auch die Emotionen steigen. Dies gilt umso mehr, wenn die Versammlung sehr lange dauert. In manchen Genossenschaften wird daher zu Recht auf den Ausschank alkoholischer Getränke verzichtet. Herrscht in der Zeit, in der die Generalversammlung stattfindet z. B. besonders feucht-heißes Wetter, kann es sich auch empfehlen, Sanitätskräfte zu engagieren – oder gleich einen klimatisierten Saal zu buchen.

4.3.3.1.4 Vorbereitung der Abstimmungs- und Wahlakte

875 Abstimmungen über Sachfragen und Wahlen können offen erfolgen. Es gibt keinen Rechtssatz, dass generell eine geheime Abstimmung zwingend erforderlich ist. Dies gilt auch für Wahlen. Allerdings kann es Situationen geben, in denen eine geheime und schriftliche Abstimmung zu empfehlen ist. Die schriftliche Abstimmung hat den Vorteil, dass das Abstimmungsergebnis sicher bestimmt werden kann. Erfolgt nämlich die Abstimmung per Akklamation, kann es beim Auszählen der Stimmen durch die damit beauftragten Personen zu erheblichen Unsicherheiten kommen. Es kommt hinzu, dass durch Antragstellung eines Mitglieds und nachfolgenden Beschluss der Generalversammlung eine schriftliche Abstimmung erzwungen werden kann.

876 Daher sollte man auch dann, wenn die anstehende Generalversammlung unproblematisch erscheint, auf die Durchführung von schriftlichen Beschlussfassungen oder Stimmabgaben vorbereitet sein. Hierzu müsste für jeden Beschlussgegenstand bzw. Wahlakt ein schriftlicher Beschluss- oder Wahlzettel angefertigt werden. Die Praxis der Generalversammlungen zeigt in diesem Punkt immer wieder, dass es für den weiteren Verlauf der Versammlung und auch im Hinblick auf das Anfechtungsrisiko fatal ist, wenn eine erforderliche schriftliche Beschlussfassung entweder gar nicht durchgeführt werden kann oder aber auf leeren Zetteln »improvisiert« werden muss.

4.3.3.1.5 Schutz der Persönlichkeitsrechte aller Teilnehmer

877 In den Zeiten moderner Kommunikationsmittel und deren ständiger technischer Verfeinerung kann es sich empfehlen, zu Beginn der Generalversammlung einen kurzen Hinweis zu geben, dass Tonaufnahmen, Bildaufnahmen oder das Anfertigen von Videoaufzeichnungen durch Mobiltelefone, Smartphones oder ähnliche Geräte untersagt ist und auch nicht geduldet wird.

4.3.3.2 Feststellung über Eröffnung und Schluss der Versammlung

878 Der Beginn und das Ende einer Generalversammlung werden vom Versammlungsleiter durch eine formale Eröffnung sowie eine formale Beschließung fixiert (»Ich eröffne die Generalversammlung« bzw. »Die Generalversammlung ist hiermit geschlossen»). Dies ist mit Uhrzeit in das Protokoll aufzunehmen. Das sichere Feststehen des Beginns sowie des Endes der Generalversammlung ist für die Frage bedeutsam, ob Beschlüsse, Wahlen oder sonstige Handlungen noch innerhalb oder schon außerhalb der Generalversammlung diskutiert, beschlossen oder vorgenommen worden sind. Nur Geschehnisse, die innerhalb der Generalversammlung stattfinden, haben die Rechtsqualität, dass sie im Rahmen einer Generalversammlung stattgefunden haben. Außerhalb der Generalversammlung kann kein Beschluss mehr gefasst und auch keine Wahl mehr

durchgeführt werden. Ein solcher Beschluss bzw. eine derartige Wahl wäre wegen schweren Formmangels nichtig und damit von vornherein vollständig unwirksam. Auch eine nachträgliche Diskussion bestimmter Angelegenheiten der eG oder der Mitglieder hätte nicht mehr Bedeutung, als es bei einer informellen Unterhaltung der Fall ist.

In der Praxis der Generalversammlungen ist manchmal festzustellen, dass der Ver- 879
sammlungsleiter die Versammlung versehentlich zu früh für beendet erklärt hat. In diesem Fall kann er die Verkündung der Beendigung nicht rückgängig machen und die Versammlung kurzzeitig wieder eröffnen. Ob hierfür ein Geschäftsordnungsbeschluss der Generalversammlung genügen würde, ist rechtlich, soweit ersichtlich, noch nicht geklärt. Nach hier vertretener Ansicht ist dies jedenfalls dann abzulehnen, wenn nicht mehr alle Generalversammlungsteilnehmer anwesend und damit auch einverstanden sind.

Praxis-Tipp !

Der Versammlungsleiter sollte nach Abarbeitung der Tagesordnung noch einmal kurz innehalten und prüfen, ob auch wirklich alles Relevante gesagt oder getan wurde, bevor er die Versammlung förmlich schließt.

4.3.3.3 Versammlungsdauer über Mitternacht hinaus

Der Versammlungsleiter sollte darauf achten, dass sich die Generalversammlung nicht 880
über Mitternacht hinaus ausdehnt. Für diesen Fall wird in den Fachveröffentlichungen zum Genossenschaftsrecht zwar nicht von einer Nichtigkeit, jedoch von einer Anfechtbarkeit der nach Mitternacht gefassten Beschlüsse ausgegangen, wenn die Zumutbarkeit nicht mehr gegeben war.[407] Zur Begründung wird hierzu angeführt, dass die Generalversammlung in einem solchen Fall nicht mehr an dem Tag stattfinde, zu dem die Einladung ergangen ist.[408] Diese Erwägung mag spitzfindig erscheinen, ist jedoch nicht von der Hand zu weisen.

Entscheidend ist aber auch der Aspekt der Zumutbarkeit: Schon am späteren Abend, erst recht jedoch nach Mitternacht ist mit erheblicher Ermüdung der Teilnehmer zu rechnen, was diese im Rahmen der Beschlussfassung erfahrungsgemäß durchaus auch beeinträchtigt. Zudem verringert sich häufig die Zahl der Teilnehmer ab Mitter-

407 Bauer, Genossenschafts-Handbuch, § 51 Rn. 103b; für Nichtigkeit bei der Hauptversammlung einer AG: LG Düsseldorf, ZIP 2007 S. 1859, zit. bei: Bauer, § 51 Rn. 8, sowie LG Mainz, Urteil v. 14.4.2005, NZG 2005 S. 819, sofern der einladende Vorstand bei absehbar langer Verfahrensdauer in der Einladung nicht hierauf hinweist und den nächsten Tag mit aufnimmt.

408 LG Mainz, Urteil v. 14.4.2005, a. a. O.

nacht erheblich. Viele Teilnehmer sind zu dieser Zeit vom schleppenden Fortgang der Versammlung und den zugrunde liegenden Streitigkeiten und Verwerfungen verständlicherweise frustriert und gehen nach Hause. Die Verzögerung des Versammlungsverlaufs wird im Rahmen von Streitigkeiten manchmal bewusst eingesetzt, um eine Abstimmung unzulässig zu beeinflussen. Von einer ordnungsmäßigen Durchführung der Generalversammlung kann daher nach der hier vertretenen Ansicht in solchen Fällen nicht mehr gesprochen werden.[409]

4.3.3.4 Versammlungsleitung

881 Das Gesetz enthält keine Regelung zur Frage, wem die Versammlungsleitung allgemein zukommt. Allerdings ordnet es an, dass in der Satzung ein Versammlungsleiter bestimmt sein muss (§ 6 Nr.4 GenG). In der Praxis ist daher – u. U. auch zur Klärung der Stellvertretung in der Versammlungsleitung – ein Blick in die jeweils geltende Satzung empfehlenswert.

Die Leitung der Versammlung obliegt im Regelfall dem Vorsitzenden des Aufsichtsrats und im Fall seiner Verhinderung seinem Stellvertreter. Sind beide verhindert, hat ein Mitglied des Vorstands die Versammlung zu leiten (§ 34 Abs. 1 Satz 1 und 2 MS). Hier besteht eine parallele Gestaltung, da der Vorsitzende des Aufsichtsrats die Generalversammlung auch einberuft (§ 33 Abs. 1 Satz 1 MS).

Beruft eine andere Person ein, dann ist die Satzungslage unklar. Man wird aber bei gegebener Satzungsregelung vertreten können, dass auch in diesem Fall die Versammlungsleitung beim Aufsichtsratsvorsitzenden und ggf. seinem Stellvertreter bleibt bzw. bei Verhinderung beider durch einen Vorstand erfolgt. Ob es ein allgemeines Prinzip gibt, wonach der zur Versammlung Einladende konsequenterweise auch die Versammlung leitet[410], ist noch nicht geklärt. Diese Frage stellt sich vor allem bei außerordentlichen Generalversammlungen, wenn diese z. B. vom Vorstand einberufen werden (§ 44 Abs. 1 GenG). Sicherheitshalber wird man aber die Satzung so, wie vorstehend beschrieben, anwenden.[411]

882 Einen Sonderfall, in dem die Versammlungsleitung durch das GenG bestimmt ist, gibt es jedoch: Gewinnt nämlich der Prüfungsverband die Überzeugung, dass die Beschlussfassung über den Prüfungsbericht »ungebührlich verzögert« wird oder die

---

409 Im Ergebnis ebenso: Hillebrand/*Keßler*, GenG, § 43 Rn. 47; Lang/Weidmüller/*Holthaus/Lehnhoff*, GenG, § 43 Rn. 119; Pöhlmann/*Fandrich*/Bloehs, GenG, § 43 Rn. 11; für die AG: Hüffer, AktG, § 121 Rn. 17; a. A. Versammlung auch über Mitternacht hinaus: Müller, GenG, § 43 Rn. 103.

410 So z. B.: Lang/Weidmüller/*Holthaus/Lehnhoff*, GenG, § 6 Rn. 24, für Parallelität von Einberufendem und Versammlungsleiter.

411 So z. B.: Pöhlmann/*Fandrich*/Bloehs, GenG, § 6 Rn. 13, für strenge Anwendung der Satzungsregelung.

Generalversammlung bei der Beschlussfassung unzulänglich über wesentliche Feststellungen oder Beanstandungen des Prüfungsberichts unterrichtet war, so ist der Verband berechtigt, eine außerordentliche Generalversammlung auf Kosten der eG einzuberufen (s. o.). In dieser vom Verband einberufenen Generalversammlung führt dann eine Person den Vorsitz, die vom Verband bestimmt wird (§ 60 Abs. 2 GenG). Diese Person muss kein Mitglied der eG sein.

Rechtlich stellt sich die Frage, ob der Versammlungsleiter, vom eben angesprochenen 883 Ausnahmefall einer Einberufung durch den Prüfungsverband abgesehen, Mitglied der eG sein muss und ob für die Übertragung der Versammlungsleitung auf eine andere Person, die nicht Mitglied der eG ist, ein Beschluss der Generalversammlung erforderlich ist. Weit überwiegend wird angenommen, dass die Leitung der Generalversammlung auch einer Person übertragen werden kann, die nicht Mitglied der eG ist.[412] Ein Prinzip der Selbstorganschaft gebe es hier nicht, das Gesetz enthalte hierzu keine dem § 9 Abs. 2 GenG vergleichbare Regelung.[413] Zudem kann es auch nach den Erfahrungen des Verfassers sehr hilfreich sein, wenn in einer aufgeheizten Situation ein Dritter die Verhandlung neutral moderiert.

In entsprechenden Streitfällen ist es durchaus üblich, dass der eigentliche Versamm- 884 lungsleiter selbst (Aufsichtsratsvorsitzenden oder Vorstand) den zuständigen gesetzlichen Prüfungsverband der eG freiwillig beauftragt, die Generalversammlung durch einen entsandten Vertreter bei bestimmten Tagesordnungspunkten oder auch vollständig zu leiten. Dies bietet sich in der Praxis immer dann an, wenn sich der satzungsgemäß vorgesehene Leiter der Versammlung z. B. aufgrund eines erheblichen Streitpotenzials in der eG und vorliegender oder befürchteter Befangenheit nicht mehr in der Lage sieht, die Versammlung ordnungsgemäß abzuwickeln. Eine solche Maßnahme sollte sicherlich der Ausnahmefall bleiben, kann jedoch in schwerwiegenden Einzelfällen eine Hilfe sein und zum Wohle der eG auch so praktiziert werden.

Nicht ganz einheitlich wird allerdings die Frage beantwortet, unter welchen Voraus- 885 setzungen die Übertragung der Versammlungsleitung auf einen Vertreter des gesetzlichen Prüfungsverbands geschehen kann. So wird von manchen Stimmen der Fach-

412 Bauer, Genossenschafts-Handbuch, § 43 Rn. 196; Lang/Weidmüller/*Holthaus/Lehnhoff*, GenG, § 43 Rn. 122; Lang/Weidmüller/*Holthaus/Lehnhoff*, GenG, § 6 Rn. 24; Pöhlmann/*Fandrich*/Bloehs, GenG, § 6 Rn. 13; Hillebrand/*Keßler*, GenG, §§ 43–47 Rn. 49; a. A. Beuthien/*Beuthien*, GenG, § 43 Rn. 50; Müller, GenG, § 43 Rn. 90; vermittelnd: Gätsch, Beck Genossenschafts-Handbuch, § 5 Rn. 182, der die Möglichkeit, dass ein Genossenschaftsfremder die Versammlung leitet, offenbar dann ablehnt, wenn die Satzung dem Aufsichtsratsvorsitzenden die Leitung überträgt (zit. bei: Lang/Weidmüller/*Holthaus/Lehnhoff*, GenG, § 43 Rn. 122); nach hier vertretener Ansicht jedoch abzulehnen, da der Regelfall einer Versammlungsleitung durch den Aufsichtsratsvorsitzenden bei entsprechender Problemlage ja gerade nicht ausreicht und die Versammlungsleitung für den Regelfall in der Satzung bestimmt sein muss, sodass eine solche Regelung meistens vorliegt.

413 Pöhlmann/*Fandrich*/Bloehs, GenG, § 6 Rn. 13.

literatur dafür eine Satzungsregelung verlangt.[414] Andere Stimmen erwähnen ein solches Erfordernis nicht.[415] Denkbar wäre es, bei fehlender Satzungsgrundlage einen Geschäftsordnungsbeschluss der Generalversammlung herbeizuführen.

Nach der hier vertretenen Auffassung liegt es in der Kompetenz des regulären Versammlungsleiters, die Versammlungsleitung auch ohne Geschäftsordnungsbeschluss auf einen Vertreter des gesetzlichen Prüfungsverbands überzuleiten. Denn wenn der Prüfungsverband schon das Recht hat, eine Generalversammlung auf Kosten der eG einzuberufen und dort unstreitig den Versammlungsleiter stellen kann, dann müsste es als »kleinerer Weg« auch möglich sein, dass ein amtierender Versammlungsleiter eine solche Konstellation herstellt – zumindest dann, wenn er einen sachlichen Grund, wie z. B. Befangenheit, geltend machen kann. Ein Generalversammlungsbeschluss dürfte hierzu nicht nötig sein.

886 Der sichere Weg besteht vor dem Hintergrund des dargestellten Meinungsspektrums aber unzweifelhaft darin, eine Satzungsregelung zur Übertragung der Versammlungsleitung auf Dritte herbeizuführen bzw. beim Fehlen einer solchen, zumindest einen Generalversammlungsbeschluss zu erwirken.

4.3.3.5 Inhalt der Versammlungsleitung

887 Die Versammlungsleitung umfasst alle Rechte und Pflichten der Person, die satzungsmäßig oder gesetzlich für die Durchführung der Generalversammlung verantwortlich ist. Hierzu zählen u. a.

- die Eröffnung und Schließung der Versammlung,
- das Bewerkstelligen des Fortgangs der Versammlung durch Abarbeiten der Tagesordnung in Form eines Herbeiführens von Beschlüssen durch Beschlussvorlagen und Abstimmungen hierüber, einschließlich der Auszählung der Stimmen, und in Form der Durchführung von Wahlen,
- die Verkündung von Abstimmungs- und Wahlergebnissen,
- die Bestimmung und Überwachung der Redezeiten,
- die Aufrechterhaltung der Ordnung im Versammlungsraum sowie
- die Veranlassung der Verfassung des Protokolls zur Generalversammlung (§ 47 GenG).

888 Im Meinungsstreit steht die Frage nach der Unabhängigkeit des Versammlungsleiters gegenüber der Generalversammlung. Hierzu wird die Frage aufgeworfen, ob sich der

414 Müller, GenG, § 43 Rn. 90a; Bauer, Genossenschafts-Handbuch, § 43 Rn. 195.

415 Hillebrand/*Keßler*, GenG, § 43 Rn. 49; Pöhlmann/*Fandrich*/Bloehs, GenG, § 43 Rn. 12 ff., der zu Recht auch ganz generell den Versammlungsleiter in einer starken Position sieht.

Versammlungsleiter den Beschlüssen der Generalversammlung beugen muss, und vorher, ob er solche möglicherweise einholen muss. Eine hierzu vertretene Ansicht geht von einer umfangreichen Bindung des Versammlungsleiters an den Willen der Generalversammlung aus. Die Generalversammlung könne aufgrund ihres Rechts zur Selbstorganisation und ihrer grundsätzlich umfassenden Beschlusskompetenz alle Entscheidungen über Ablauf und Dauer der Verhandlung an sich ziehen.[416] Die Gegenmeinung sieht sämtliche Maßnahmen der Versammlungsleitung im pflichtgemäßen Ermessen des Vorsitzenden, wobei ihn die Generalversammlung ohne Satzungsregelung durch eigene Beschlüsse nicht binden kann.[417] Entgegen der Ansicht des Kammergerichts vom 12.3.1957 stehe die Generalversammlung nicht über dem Versammlungsleiter.[418] Die funktionsbezogenen Befugnisse des Versammlungsleiters stammen nicht aus einer von der Generalversammlung abgeleiteten Kompetenz, sondern werden aus eigenem Recht wahrgenommen.[419] In diese unabhängige Leitungskompetenz dürfe nur auf Grundlage einer Satzungsregelung und auch nur dann in engen Grenzen eingegriffen werden.[420] Hingewiesen wird zu Recht auch darauf, dass eine andere Ansicht die Folge hätte, dass eine sachgerechte Erledigung durch zahlreiche Geschäftsordnungsanträge in erheblichem Maße behindert werden könnte.[421] Im Prinzip müsste danach bis zur Grenze des Schikaneverbots gemäß § 226 BGB über jeden Antrag abgestimmt werden, der gestellt wird.[422] Dies lässt sich an nicht wenigen Generalversammlungen bestätigen. Der zuletzt genannten Ansicht ist daher zuzustimmen.

Die Unabhängigkeit des Versammlungsleiters in seiner Stellung der Generalversamm- 889
lung gegenüber müsste nach der hier vertretenen Ansicht und aufgrund der Praxiserfahrungen des Verfassers sogar so weit gehen, dass der Versammlungsleiter eine Generalversammlung eigenständig abbrechen darf, wenn die Mitternachtsgrenze aufgrund zahlreicher und intensiver Streitigkeiten überschritten ist und die Generalversammlung hiergegen nicht einschreitet. Es kann nämlich geschehen, dass eine Generalversammlung dadurch handlungsunfähig wird, dass sie zu vorgerückter Stunde von Querulanten und Teilnehmern mit unfairen Absichten dominiert wird. Dies hätte dann in der Tat die Handlungsunfähigkeit der eG zur Folge.

Von der Annahme, dass die verfahrenstechnische Behandlung von Anträgen grund- 890
sätzlich dem Versammlungsleiter obliegt, geht auch noch eine weitere Ansicht zu Recht aus.[423] Über Geschäftsordnungsfragen entscheidet er hiernach allein. Der Ver-

416 Beuthien/*Beuthien*, GenG, § 43 Rn. 50, unter Berufung auf: KG, NJW 1957 S. 1680.
417 Pöhlmann/*Fandrich*/Bloehs, GenG, § 43 Rn. 14, 15.
418 Pöhlmann/*Fandrich*/Bloehs, GenG, § 43 Rn. 15.
419 Pöhlmann/*Fandrich*/Bloehs, GenG, § 43 Rn. 15.
420 Pöhlmann/*Fandrich*/Bloehs, GenG, § 43 Rn. 15.
421 Pöhlmann/*Fandrich*/Bloehs, GenG, § 43 Rn. 15.
422 Pöhlmann/*Fandrich*/Bloehs, GenG, § 43 Rn. 15.
423 Lang/Weidmüller/*Holthaus/Lehnhoff*, GenG, § 43 Rn. 26.

sammlungsleiter kann die Entscheidung über die Behandlung von Anträgen aus dem Teilnehmerkreis an die Generalversammlung delegieren. Die Generalversammlung hat aber nicht das Recht, diese Entscheidung an sich zu ziehen. Der Versammlungsleiter kann die Entscheidung der Generalversammlung natürlich einholen, um sich eines breitgefächerten Rückhaltes zu vergewissern. Lehnt die Versammlung seinen Antrag aber ab, so ist er hieran gebunden. Darin liegt das Risiko.

891 Unter »Schließung« der Generalversammlung ist die förmliche Beendigung der Versammlung nach Erledigung der Tagesordnung zu verstehen.[424] Hiervon muss der »Abbruch« der Versammlung unterschieden werden. Der Abbruch ist die Beendigung der Versammlung vor Erledigung der Tagesordnung.[425] Ein Abbruch der Generalversammlung geht meistens einher mit einer Vertagung der Versammlung, also einer Fortsetzung zu einem späteren Termin. Über beides, Abbruch wie Vertagung, muss nach überwiegend vertretener Ansicht die Generalversammlung beschließen.[426] Dies gilt jedenfalls für den Regelfall (siehe vorstehend zur Ausnahme im Fall der Schikane Rn. 888 und Mitternachtsgrenze Rn. 880).

892 Es kann auch geschehen, dass die bisher abgehaltene Generalversammlung schon so viele Fehler enthält, dass es sich empfiehlt, zum Ersatztermin eine völlig neue Versammlung »von Anfang an« durchzuführen.

893 Eine Abberufung von Tagesordnungspunkten fällt im Übrigen nach Ablauf der Mindestbekanntmachungsfrist nicht mehr in die Zuständigkeit des Versammlungsleiters, sondern in die der Generalversammlung.[427] Die Umstellung der Tagesordnung, ohne dass ein TOP wegfällt, wird gleichermaßen beurteilt, wie vorstehend dargelegt. Die eine Ansicht lässt die Änderung durch den Versammlungsleiter zu, soweit sich nicht die Generalversammlung einschaltet.[428] Eine weitere Ansicht lehnt dies strikt ab, und lässt die Änderung nur durch die Generalversammlung als »Herrin der Tagesordnung« zu.[429] Die gegenteilige Ansicht verweist auf die souveräne Stellung des Versammlungsleiters, wonach dieser von der Reihenfolge der angekündigten Tagesordnung eigenständig abweichen darf[430], bis hin zur Kompetenz, Tagesordnungspunkte auch zusammen aufrufen zu dürfen[431].

424 Beuthien/*Beuthien*, GenG, § 43 Rn. 52.
425 Beuthien/*Beuthien*, GenG, § 43 Rn. 52.
426 Beuthien/*Beuthien*, GenG, § 43 Rn. 52; Lang/Weidmüller/*Holthaus/Lehnhoff*, GenG, § 43 Rn. 135; Bauer, Genossenschafts-Handbuch, § 43 Rn. 199; Müller, GenG, § 43 Rn. 97b.
427 Lang/Weidmüller/*Holthaus/Lehnhoff*, GenG, § 43 Rn. 132; Bauer, Genossenschafts-Handbuch, § 43 Rn. 199.
428 Bauer, Genossenschafts-Handbuch, § 43 Rn. 199.
429 Beuthien/*Beuthien*, GenG, § 43 Rn. 50.
430 Pöhlmann/*Fandrich*/Bloehs, GenG, § 43 Rn. 12.
431 Pöhlmann/*Fandrich*/Bloehs, GenG, § 43 Rn. 12, jedoch insoweit zu weitgehend.

4.3.3.6 Teilnahmerecht

Jedes Mitglied der eG hat ein Recht, an der Generalversammlung teilzunehmen. Dieses Recht folgt aus der Mitgliedschaft in der eG und ist somit an das Bestehen der Mitgliedschaft gebunden. Das bedeutet im Umkehrschluss, dass ab dem Erlöschen der Mitgliedschaft ein Teilnahmerecht nicht mehr besteht. 894

Praxis-Beispiel !

Wird die Mitgliedschaft zum 31.12.2018 beendet, so hat das Genossenschaftsmitglied im sich anschließenden Kalenderjahr 2019 kein Recht mehr auf eine Teilnahme an der Generalversammlung. Dass z. B. in der Versammlung 2019 über den Jahresabschluss 2018 und die hieraus folgende Gewinnverwendung Beschluss gefasst wird, ändert hieran nichts.

Scheidet das Genossenschaftsmitglied während des Jahres durch Übertragung des 895
vollständigen Geschäftsguthabens auf einen Dritten nach § 76 Abs. 1 Satz 1 GenG, § 8 Abs. 1 MS-2009 aus, so erlischt das Teilnahmerecht nicht erst zum Kalenderjahresschluss, sondern schon zum Zeitpunkt des Wirksamwerdens der vollständigen Übertragung. Die Beendigung erfolgt hier meistens mitten im Jahr.

Wird gegen ein Mitglied das Ausschließungsverfahren betrieben, so verliert das 896
betroffene Mitglied ab dem Zeitpunkt der Absendung der Mitteilung des Ausschließungsbeschlusses sein Recht auf Teilnahme an der General- oder Vertreterversammlung (§ 68 Abs. 2 Satz 2 GenG). Dies ist, gemessen an sonstigen Rechtsstandards, eine ausgesprochen ungewöhnliche Regelung, da nicht nur die Frage, ob das Ausschließungsverfahrens überhaupt Rechtmäßigkeit für sich beanspruchen kann, irrelevant ist, sondern auch die Frage, ob die Mitteilung über den Ausschließungsbeschluss beim Adressaten überhaupt angekommen ist.

Dies ist nicht zuletzt auch deswegen bemerkenswert, da das Teilnahmerecht der Mitglieder an der Generalversammlung ihr wesentliches »genossenschaftliche Grundrecht« ist. Aus dem Teilnahmerecht ergeben sich auch die weiteren grundlegenden Rechte wie das Antragsrecht, das Rederecht, das Auskunftsrecht und das Recht, an der Willensbildung der Versammlung durch Abstimmungen und Wahlen teilzunehmen.

In der Praxis bedarf das Betreiben eines Ausschließungsverfahrens daher schwerwiegender und ernsthafter Gründe. Es darf nicht zur willkürlichen Ausschaltung missliebiger Generalversammlungsteilnehmer oder zur Verhinderung einer Kandidatur missbraucht werden. Hier bestünde andernfalls die Gefahr, dass sich Vorstände und Aufsichtsräte schadensersatzpflichtig machen.

Das Teilnahmerecht darf aufgrund seiner Bedeutung auch im Vorfeld einer Versamm- 897
lung nicht »vorsorglich« entzogen werden, etwa wegen »zu befürchtender Störungen«

durch das Mitglied oder wegen eines »zu erwartenden unsachgemäßen Auftretens« des Mitglieds. Dies gilt selbst dann, wenn die Befürchtungen nicht aus der Luft gegriffen sind, sondern sich auf negative Vorerfahrungen zurückführen lassen.

898 Erst bei konkret eingetretenen Störungen des Versammlungsablaufs durch das Verhalten eines Teilnehmers obliegt es dem Versammlungsleiter, dessen Teilnahmerecht vorübergehend einzuschränken oder gar ganz auszuschließen, indem es des Saales verwiesen wird (Hausrecht und Ordnungsrecht des Versammlungsleiters, ggf. unter Zuhilfenahme von Polizeikräften oder eines Sicherheitsdienstes).

899 Wegen der Bedeutung des Teilnahmerechts ist der Versammlungsleiter jedoch verpflichtet, verhältnismäßig vorzugehen. Dies bedeutet, dass er die Schwere der Störung berücksichtigen, das jeweils mildere Mittel wählen muss (z. B. Entzug des Rederechts) und vor der Durchsetzung des Hausrechts auch deutliche Verwarnungen ausspricht, in denen die Folge eines Ausschlusses aus der Versammlung angedroht wird (eine Art Abmahnung oder Ermahnung bzw. Ordnungsruf).

900 Spannend ist die Frage, wie sich

- die Kündigung durch einen Gläubiger des Genossenschaftsmitglieds im Wege der Einzelzwangsvollstreckung wegen Forderungen gegen das Genossenschaftsmitglied (§ 66 Abs. 1 Satz 1 GenG) oder
- die Kündigung des Insolvenzverwalters im Fall einer Verbraucherinsolvenz des Mitglieds (§ 66a GenG)

auf das Teilnahmerecht des Mitglieds auswirken. Nimmt man den Wortlaut beider Vorschriften ernst, so dürfte die Formulierung »… das Kündigungsrecht des Mitglieds an dessen Stelle ausüben …«, die in beiden Vorschriften gleichermaßen ausgestaltet ist, dafür sprechen, dass das Mitglied in beiden Verfahrensvarianten weiterhin selbst zur Teilnahme berechtigt ist.

901 Kündigt der Gläubiger eines Mitglieds dessen Mitgliedschaft im Wege der Zwangsvollstreckung (§ 66 Abs. 1 Satz 1 GenG) oder der Insolvenzverwalter im Rahmen einer Verbraucherinsolvenz (§ 66a GenG), so muss trotzdem der Ablauf der Kündigungsfrist abgewartet werden, sodass sich in dieser Zeitspanne – bei langen Kündigungsfristen – noch mehrere Generalversammlungen abspielen können. Während des Ablaufs der Kündigungsfrist besteht die Mitgliedschaft mit allen Rechten und Pflichten bis zum planmäßigen Ende fort.

In die Einzelzwangsvollstreckung verstrickt oder im Rahmen eines Insolvenzverfahrens auf den Insolvenzverwalter übergegangen ist ausweislich des gesetzlichen Wortlauts aber nur das »Kündigungsrecht« des Mitglieds, nicht jedoch das Teilnahmerecht oder die anderen Rechte. Somit müssten alle anderen Rechte, also auch das Teilnahmerecht, beim Mitglied verbleiben.

Daher besteht für die Zeit ab Zugang der Kündigung bei der eG bis zur Beendigung der Mitgliedschaft durch Ablauf der Kündigungsfrist nach der hier vertretenen Auffassung das Teilnahmerecht des Mitglieds an der Generalversammlung weiter, sodass auch nur dieses einzuladen ist und ihm im Rahmen der Generalversammlung auf Wunsch auch das Antrags-, Rede- und Auskunftsrecht gewährt werden sowie die Teilnahme an Abstimmungen und Wahlen ermöglicht werden muss.

Weder der Vollstreckungsgläubiger in der Zwangsvollstreckung noch der Insolvenz- 902
verwalter in der Verbraucherinsolvenz werden zu Genossenschaftsmitgliedern oder diesen auch nur gleichgestellt. Auch die entsprechende Vorschrift für die Zwangsvollstreckung (§ 829 Abs. 1 ZPO) bezieht sich nur auf den Vollstreckungsgegenstand, nämlich die gepfändete Forderung (des Mitglieds auf das Auseinandersetzungsguthaben). Und auch die einschlägige Vorschrift des Insolvenzverfahrens (§ 80 Abs. 1 InsO) lässt das Verwaltungsrecht nur soweit auf den Insolvenzverwalter übergehen, als es sich auf »das zur Insolvenzmasse gehörende Vermögen« bezieht.

Rechtsprechung hierzu ist bislang, soweit ersichtlich, allerdings noch nicht veröffentlicht worden.

In § 43 Abs. 6 GenG ist festgelegt, dass niemand für sich oder einen anderen das Stimmrecht ausüben kann, wenn darüber Beschluss gefasst wird, ob er oder das vertretene Mitglied zu entlasten oder von einer Verbindlichkeit zu befreien ist oder ob die eG gegen ihn oder das vertretene Mitglied einen Anspruch geltend machen soll. Diese Einschränkung bezieht sich ihrem Wortlaut nach ebenfalls ausschließlich auf das Stimmrecht, nicht jedoch auf das Teilnahmerecht an der Versammlung. Es ist hier auch nicht vorgeschrieben, dass das Mitglied den Versammlungssaal verlassen müsste (anders als in vielen Geschäftsordnungen für Vorstand und Aufsichtsrat, wo angeordnet wird, dass die betroffene Person im Fall persönlicher oder wirtschaftlicher Betroffenheit für den gesamten Tagesordnungspunkt auch das Sitzungszimmer verlassen muss).

4.3.3.7 Persönliche Teilnahme, Stimmvollmacht und gesetzliche Vertretung

Das Genossenschaftsmitglied »soll« sein Stimmrecht »persönlich« ausüben (§ 43 903
Abs. 4 Satz 1 GenG). Stimmrecht und Teilnahmerecht hängen jedoch zusammen, da in der Regel bei persönlicher Anwesenheit in der Versammlung abgestimmt wird. So ist

auch der Wortlaut des Gesetzes zu verstehen: als Apell, da das Abstimmungsverhalten des Mitglieds durch die vorherige Diskussion maßgeblich beeinflusst werden kann.

904 Die Erteilung einer Stimmvollmacht durch das Mitglied an eine andere Person, sodass das Mitglied selbst nicht in der Versammlung anwesend sein muss, wird von der gesetzlichen Regelung zugelassen (§ 43 Abs. 5 Satz 1 GenG). Dieser Fall betrifft die rechtsgeschäftliche Erteilung einer Stimmvollmacht. Er ist zu unterscheiden vom Fall der gesetzlichen Vertretung und der Teilnahme an der Versammlung sowie Ausübung des Stimmrechts in diesem Rahmen.

905 Die rechtsgeschäftliche Bevollmächtigung einer anderen Person kann nach heutiger Gesetzeslage durch Satzungsregelung nicht mehr ausgeschlossen werden. Dies war bis zur Novellierung des Genossenschaftsgesetzes 2006 noch anders. Daher steht in mancher Satzung, die schon seit Längerem nicht mehr der Entwicklung angepasst worden ist, unter Umständen noch ein Ausschluss der Stimmvollmacht. Eine solche Satzungsregelung wäre jedoch unwirksam und vom Versammlungsleiter somit nicht zu beachten.

906 Gesetzlich ist inzwischen festgelegt, dass ein Genossenschaftsmitglied bis zu zwei andere Mitglieder vertreten kann (§ 43 Abs. 5 Satz 3 GenG). Die Bevollmächtigung muss immer schriftlich erfolgen, d. h. vom Vollmachtgeber eigenhändig und original unterschrieben sein (§ 126 Abs. 1 BGB, d. h. E-Mails, SMS-Nachrichten, Kopien, Telefaxe oder die bloß mündliche Versicherung einer ordnungsgemäßen Bevollmächtigung genügen nicht).

907 Zur Frage, wie streng die Anforderung der Schriftform zu erfüllen ist, werden in der Fachliteratur allerdings unterschiedliche Auffassungen vertreten, wobei hier auch noch die Gefahr eines Missverständnisses besteht, da in manchen Darstellungen der Begriff »elektronische Form« ohne nähere Erläuterung verwendet wird. Die »elektronische Form« ist nicht mit einer »einfachen E-Mail«, die ja auch in »elektronischer« Form ergeht, zu verwechseln. Vielmehr verlangt die Vorschrift des § 126a Abs. 1 BGB für die »elektronische Form«, dass der Aussteller der Erklärung seinen Namen hinzufügt und dass er das elektronische Dokument mit einer qualifizierten elektronischen Signatur nach dem Signaturgesetz versieht. Nur für diesen Fall lässt § 126 Abs. 3 BGB zu, dass die schriftliche Form auch durch die elektronische Form ersetzt werden kann. Als weitere Voraussetzung wird in § 126 Abs. 3 BGB zudem verlangt, dass sich »aus dem Gesetz« nichts »anderes«, also Gegenläufiges, ergibt, was beim Genossenschaftsgesetz zu dieser Thematik aber auch nicht der Fall ist.

Eine in der Fachliteratur vertretene Ansicht überlässt es dem Vorstand (bzw. wohl allgemein dem Versammlungsleiter, in vielen Fällen also auch dem Aufsichtsratsvorsitzenden), ob er die »elektronische Form« zulassen will, oder nicht.[432] Ob diese Entscheidungsfreiheit so angenommen werden kann, dürfte fraglich sein. Denn die Vorschriften der §§ 126 Abs. 3 (»kann« ersetzt werden) und 126a BGB regeln das Ersetzenkönnen im Sinne der Formvorschriften, also die Herstellung einer Gleichwertigkeit zwischen den beiden Formen, nicht aber das »Können« im Sinne einer Kompetenz zur Auswahl im genossenschaftsrechtlichen Sinne. Nach der hier vertretenen Ansicht wird man den Versammlungsleiter im Rahmen seiner pflichtgemäßen Ermessensausübung daher für verpflichtet halten müssen, auch die (qualifizierte) elektronische Form im Sinne des § 126a Abs. 1 BGB beim Nachweis ordnungsgemäßer Bevollmächtigung zuzulassen.[433]

Unstreitig ist, dass es nicht genügt, dass der Bevollmächtigte eine schriftliche Vollmacht hat, sondern dass er diese auch nachweisen können muss.[434] Kann er den Nachweis nicht führen, so kann er nicht wirksam abstimmen (Rechtsgedanke des § 174 Satz 1 BGB, wonach ein einseitiges Rechtsgeschäft, das ein Bevollmächtigter einem anderen gegenüber vornimmt, unwirksam ist, wenn der Bevollmächtigte eine Vollmachtsurkunde nicht vorlegt und der andere das Rechtsgeschäft aus diesem Grunde unverzüglich zurückweist). 908

Noch nicht geklärt ist die Frage, ob der Vollmachtgeber dem Versammlungsleiter etwa durch einen persönlichen Telefonanruf versichern kann, dass er an die betreffende Person eine Bevollmächtigung in entsprechender Weise erteilt hat. Die Vorschrift des § 174 Satz 2 BGB, wonach die Zurückweisung ausgeschlossen ist, wenn der Vollmachtgeber den anderen von der Bevollmächtigung »in Kenntnis gesetzt« hatte, könnte man für ausreichend halten, um eine ordnungsgemäße Bevollmächtigung akzeptieren zu müssen. Die Vorschrift des § 174 Satz 2 BGB legt nicht fest, in welcher Form diese In-Kenntnis-Setzung zu erfolgen hat.[435] 909

Andererseits wird in der Fachliteratur darauf hingewiesen, dass für den Fall einer zur Zeit der Abstimmung nur mündlich vorliegenden Vollmacht dieser Mangel »unheilbar« sei.[436] Die Gefahr besteht natürlich darin, dass entweder eine wegen des fehlenden ordnungsgemäßen Nachweises der Bevollmächtigung nichtberechtigte Person zur Versammlung und Abstimmung zugelassen wird oder aber eine an sich hierzu berechtigte Person hiervon in rechtswidriger Weise ausgeschlossen wird. Es liegt also ein Dilemma vor.

432 Beuthien/*Beuthien*, GenG, § 43 Rn. 34, 33.
433 Unklar: Pöhlmann/*Fandrich*/Bloehs, GenG, § 43 Rn. 53; sowie: Hillebrand/*Keßler*, GenG, §§ 43 bis 47 Rn. 89.
434 So zu Recht: Beuthien/*Beuthien*, GenG, § 43 Rn. 34.
435 Auf diesen Aspekt wird bei Beuthien/*Beuthien*, GenG, § 43 Rn. 34, leider nicht eingegangen.
436 So Beuthien/*Beuthien*, GenG, § 43 Rn. 34.

Für die hier vertretene Ansicht, dass auch eine direkte In-Kenntnis-Setzung durch den Vollmachtgeber genügen könnte, spräche auch die Funktion der in §43 Abs. 5 Satz 2 GenG verlangten Schriftform. Diese soll nach ihrem Sinn und Zweck den Nachweis ordnungsgemäßer Bevollmächtigung und den Umfang der Bevollmächtigung sicherstellen. Dies wird aber durch ein persönliches Gespräch zwischen Vollmachtgeber und Versammlungsleiter am Telefon wohl zu erreichen sein. Der Versammlungsleiter sollte sich hierüber aber eine kurze Telefon- oder Aktennotiz anfertigen.

910 Das Schriftformerfordernis wird in der Fachliteratur allerdings allgemein als »strenges« Schriftformerfordernis angesehen.[437] Die Folgen einer Verletzung der Schriftform werden in der Fachliteratur mitunter als gravierend dargestellt. Die Stimmrechtsausübung sei dann unwirksam; der Bevollmächtigte handele als Vertreter ohne Vertretungsmacht; die Stimmabgabe sei im Sinne des allgemeinen Vertretungsrechts (§177 Abs. 1 BGB) nicht genehmigungsfähig, sondern von Anfang an nichtig.[438] Argument ist, dass Beschlüsse keine schwebende Unwirksamkeit bis zu einem späteren Genehmigungszeitpunkt vertrügen.[439]

Nach anderer Ansicht soll auch das spätere Nachreichen der Urkunde über die Bevollmächtigung genügen, damit die Stimmabgabe wirksam ist.[440] Letztere Ansicht stellt, ohne dies ausdrücklich zu benennen, auch auf die Nachweisfunktion der Schriftform ab.

911 Dieser für die Praxis zugegebenermaßen verwirrenden Rechtslage kann dadurch begegnet werden, dass der Versammlungsleiter auf Vorlage einer schriftlichen Vollmacht besteht und alles andere ablehnt. Bei diesem Vorgehen kann er sich zumindest auf die »klassische Sichtweise« in der genossenschaftsrechtlichen Fachliteratur berufen.

912 Die Satzung kann persönliche Voraussetzungen, die der Bevollmächtigte erfüllen muss, aufstellen. Hierzu gehört beispielsweise der Ausschluss gewerblich tätiger Stimmbevollmächtigter (§43 Abs. 5 Satz 4 GenG).

Ob ein ausgeschlossenes Mitglied oder ein Mitglied, gegen das ein Ausschlussverfahren läuft, bevollmächtigt werden kann, ist gesetzlich nicht geregelt. Die Satzung kann hier eine Regelung treffen. Gegen ein Teilnahmerecht in diesem Fall spricht die Vorschrift des §68 Abs. 2 Satz 2 GenG, wonach das betroffene Mitglied selbst nicht teil-

437 Lang/Weidmüller/*Holthaus/Lehnhoff*, GenG, §43 Rn. 94.
438 Beuthien/*Beuthien*, GenG, §43 Rn. 35.
439 Beuthien/*Beuthien*, GenG, §43 Rn. 35.
440 Lang/Weidmüller/*Holthaus/Lehnhoff*, GenG, §43 Rn. 94.

nehmen kann. Dann dürfte dies aber auch nicht durch Bevollmächtigung unterlaufen werden können.

Empfehlenswert ist jedenfalls eine Satzungsregelung, wonach der Bevollmächtigte 913
selbst Mitglied der eG sein muss. Dies verhindert dann, dass fremde Personen die Versammlung in ihrem Verlauf beeinflussen und ggf. bei inhaltlich ungebundener Bevollmächtigung (sog. »freie« Vollmacht: keine inhaltliche Weisung für das Abstimmungsverhalten durch den Vollmachtgeber) dann auch ihren eigenen Willen einbringen.

Das Thema der Stimmvollmacht ist von weitreichender Bedeutung, da der Vertreter alle damit logischerweise verbundenen weiteren Rechte in der Versammlung erwirbt (Rede-, Antrags- und Auskunftsrecht, sowie Teilnahme an der Willensbildung).[441]

Wichtig ist auch der Fall einer Interessenkollision (§ 43 Abs. 6 GenG). Hiernach darf nie- 914
mand das Stimmrecht für sich oder einen anderen ausüben, wenn Beschluss darüber gefasst wird, ob er oder das vertretene Mitglied zu entlasten oder von einer Verbindlichkeit zu befreien ist oder ob die eG gegen ihn oder das vertretene Mitglied einen Anspruch geltend machen soll. Zudem wird angenommen, dass im Fall der Ausübung der Stimmrechtsvollmacht der Vertretene, d. h. der Vollmachtgeber, kein eigenes Teilnahmerecht mehr hat.[442] Dieser könne aber als Gast zugelassen werden.[443] Dies hätte dann konsequenterweise zur Folge, dass im Umfang der Vollmachtausübung auch die weiteren Rechte nur vom Bevollmächtigten ausgeübt werden können. Dies ist aber nicht unwidersprochen.

Hiergegen wird angenommen, dass es sehr wohl Gründe geben kann, warum sich ein Mitglied trotz Bevollmächtigung zur Stimmabgabe dennoch in die Diskussion einschalten will.[444] Die letztgenannte Ansicht weist auch auf Folgendes hin: Der Vollmachtgeber könne auch in der Versammlung die Vollmacht wieder zurückziehen. Im Falle einer Verkomplizierung des Versammlungsverlaufs könne der Versammlungsleiter das Wort entziehen. Das Stimmrecht kann aber natürlich nur einmal ausgeübt werden.[445] Hier kann sich der Versammlungsleiter also auf unterschiedliche Rechtsansichten stützen.

Vertritt eine bevollmächtigte Person zwei Mitglieder, so ist er nach allgemeiner und 915
zutreffender Ansicht nicht verpflichtet, einheitlich abzustimmen.[446] Dies ergibt sich

441 Hillebrand/*Keßler*, GenG, §§ 43 bis 47 Rn. 89.

442 Pöhlmann/*Fandrich*/Bloehs, GenG, § 43 Rn. 55; Beuthien/*Beuthien*, GenG, 43 Rn. 41; Bauer, Genossenschafts-Handbuch, § 43 Rn. 164.

443 Pöhlmann/*Fandrich*/Bloehs, GenG, § 43 Rn. 55.

444 Lang/Weidmüller/*Holthaus/Lehnhoff*, GenG, § 43 Rn. 98; wohl ebenso: Hillebrand/*Keßler*, GenG, § 43 Rn. 60, 87.

445 Lang/Weidmüller/*Holthaus/Lehnhoff*, GenG, § 43 Rn. 19.

446 Für viele: Bauer, Genossenschafts-Handbuch, § 43 Rn. 163.

schon daraus, dass er unterschiedlichen Weisungen seiner Vollmachtgeber unterliegen kann.

916 Vom rechtsgeschäftlich ermächtigten Vertreter ist der gesetzliche Vertreter abzugrenzen. Hierbei ist wichtig, dass die Fälle einer gesetzlichen Vertretung sehr eng gefasst sind. Es bedarf eines besonderen Umstandes oder Grundes, dass eine gesetzliche Vertretung überhaupt vorliegen kann.

917 Um schon an dieser Stelle einem weitverbreiteten Missverständnis zu begegnen, sei erwähnt, dass Eheleute oder eingetragene Lebenspartner jeweils füreinander keine gesetzlichen Vertreter sind. Der Bereich einer gegenseitigen Vertretung beschränkt sich in diesen Fällen auf Alltagsgeschäfte, denen keine größere Bedeutung zukommt (§ 1357 BGB, § 8 Abs. 2 LPartG, Geschäfte zur angemessenen Deckung des Lebensbedarfs der Familie). Hierzu zählt die Teilnahme und Mitwirkung an einer Generalversammlung jedoch nicht. Erkrankt einer der Ehegatten im Vorfeld einer Generalversammlung, sodass er oder sie an dieser nicht teilnehmen kann, dann muss der andere Ehegatte rechtsgeschäftlich, wie vorstehend ausgeführt, bevollmächtigt werden, damit dieser das Stimmrecht des erkrankten Mitglieds in der Versammlung ausüben kann. Hierbei sind die von der Satzung aufgestellten Voraussetzungen zu beachten.

Ist der andere Ehegatte beispielsweise nicht Mitglied der eG, hat die Satzung jedoch die Bevollmächtigung an die Mitgliedschaft in der eG gebunden, dann liefe die Bevollmächtigung in diesem Fall ins Leere.

918 Ein für die Praxis der Generalversammlungen typischer Fall ist die gesetzliche Vertretung Minderjähriger, die entweder geschäftsunfähig (§ 104 Nr. 1 BGB) oder nur beschränkt geschäftsfähig (§ 106 BGB) sind. Gemäß § 43 Abs. 4 Satz 2 GenG übt hier der gesetzliche Vertreter das Stimmrecht aus. Hierbei kann es sich um mehrere gesetzliche Vertreter handeln.

Im Fall gemeinsamer ehelicher Kinder üben die Eltern im Regelfall das Sorgerecht gemeinsam aus (§ 1626 Abs. 1 BGB, Vermögenssorge, § 1629 Abs. 1 Satz 2 BGB, wonach die Eltern das Kind gemeinschaftlich vertreten, wobei hier familienrechtlich auch andere Konstellationen bestehen können, z. B. bei Übertragung des Sorgerechts auf nur einen Elternteil). Bei gemeinsamem Sorgerecht kann das Stimmrecht des Kindes nur gemeinschaftlich ausgeübt werden. Erscheint nur ein Elternteil zur Generalversammlung, dann braucht er für eine wirksame Stimmabgabe die schriftliche Einwilligung des anderen Teils.[447]

447 Bauer, Genossenschafts-Handbuch, § 43 Rn. 150; Hillebrand/*Keßler*, GenG, § 43 Rn. 84.

Mit Einwilligung der gesetzlichen Vertreter können Minderjährige, sofern sie das siebte Lebensjahr vollendet haben, auch selbst abstimmen (§ 107 BGB).

Sind die Eltern des Kindes nicht miteinander verheiratet, so steht ihnen die elterliche Sorge nur dann gemeinsam zu, wenn sie »öffentlich« erklären, dass sie die Sorge gemeinsam übernehmen wollen (Sorgeerklärungen), wenn sie einander heiraten oder soweit ihnen das Familiengericht die elterliche Sorge gemeinsam überträgt (§ 1626a Abs. 1 BGB). Im Übrigen hat die Mutter die elterliche Sorge (§ 1626a Abs. 3 BGB).

Ein weiterer Fall gesetzlicher Vertretung liegt bei Volljährigen vor, wenn diese 919
geschäftsunfähig sind und/oder ein Betreuer bestellt ist. Ein Geschäftsunfähiger kann nicht rechtlich wirksam handeln (§ 104 Nr. 2 BGB). Ist einer erwachsenen Person ein Betreuer zur Seite gestellt, muss zwischen der »einfachen« Betreuung und der »qualifizierten« Betreuung unterschieden werden:

- Die einfache Betreuung belässt der betreuten Person grundlegend die Handlungsfähigkeit. Sofern bei dieser Person im entscheidenden Augenblick kein Zustand vorliegt, der die freie Willensbestimmung ausschließt, kann sie also trotz bestehender Betreuung selbst noch rechtswirksam Handlungen vornehmen, d. h. auch abstimmen. Allerdings vertritt auch in diesem Fall der Betreuer den handlungsfähigen Betreuten, sodass der Betreuer ebenfalls abstimmen könnte (§ 1902 BGB). Es stehen somit beide Handlungsberechtigungen nebeneinander. In der Praxis wird man hier aber wohl der betreuten Person den Vorrang gewähren. Liegt in einem solchen Fall der einfachen Betreuung im entscheidenden Zeitpunkt jedoch Geschäftsunfähigkeit vor, dann besteht wiederum nur die Handlungsmacht des Betreuers.
- Grundlegend anders verhält sich dies im Fall der »qualifizierten« Betreuung. Hier ist die betreute Person, unabhängig von ihrer geistigen Tagesform, auf den Stand eines beschränkt geschäftsfähigen Minderjährigen reduziert, und zwar für den Bereich, für den der Betreuer im Betreuungsbeschluss des Betreuungsgerichts einen Aufgabenkreis mit Einwilligungsvorbehalt zugesprochen bekommen hat (§ 1903, Aufgabenkreis lautet meist »Vermögenssorge« oder »Wohnungsangelegenheiten»). In diesem Fall ist der Betreuer dann der gesetzliche Vertreter des Genossenschaftsmitglieds. Insoweit könnte der Betreuer entweder (und ausschließlich) selbst abstimmen oder aber mit dessen Einwilligung auch (und dann nur) der Betreute. Die Ausnahme-Fallgruppe eines »lediglich rechtlichen Vorteils«, in dem die betreute Person trotz Einwilligungsvorbehalts selbst handeln könnte, wird meistens nicht vorliegen. Gleiches gilt für den gesetzlich parallel geregelten Fall einer »geringfügigen Angelegenheit des täglichen Lebens« (§ 1903 Abs. 3 BGB).

Es ist in der Alltagspraxis zum vorliegenden Themenbereich nicht zu übersehen, dass 920
Fälle aus dem Betreuungsrecht oftmals überraschend oder gar kurios entschieden werden. Dies liegt einerseits daran, dass die Betreuungsgerichte sehr unterschiedli-

che Betreuungsbeschlüsse fassen, und andererseits daran, dass das Genossenschaftsrecht wie auch das Wohnraummietrecht jeweils sehr besondere Rechtsgebiete sind, die bei Betreuungsgerichten nicht unbedingt bekannt sind.

So liegen Erfahrungswerte vor[448], wonach einem Betreuer mit dem Aufgabenkreis »Wohnungsangelegenheiten« die Teilnahme an der Generalversammlung per Gerichtsbeschluss zu gestatten war, damit dieser für die betreute Person deren auf das Wohnen bezogene Mitgliedschaftsrechte wahrnehmen konnte. Dieses Teilnahmerecht war im Beschluss jedoch ausdrücklich auf mietrechtliche Fragen beschränkt worden. Für rein institutionelle oder allgemeine Angelegenheiten der Genossenschaft solle dies nicht gelten. Insofern sei dem Betreuer ggf. nur für bestimmte Punkte ein Teilnahme- und Abstimmungsrecht zu gewähren. Eine generelle Verweigerung des Zutritts des Betreuers sei unzulässig.

Hierzu lässt sich sagen, dass mietrechtliche Fragen in einer Generalversammlung regelmäßig nicht Gegenstand der Tagesordnung sind. Vielmehr werden in der Generalversammlung gerade »institutionelle Fragen« besprochen und beschlossen. Es zeigt sich hieran auch, dass die Ansicht, dass nur entweder der Vertreter oder aber der Vertretene an der Versammlung teilnehmen dürfen, in der Praxis nur schwer durchzuhalten ist.

921 Sind an der eG juristische Personen des Privatrechts als Mitglieder beteiligt (Aktiengesellschaften, Vereine, andere Genossenschaften, eine GmbH), so richtet sich die gesetzliche Vertretung nach den einschlägigen Gesetzen und Gesellschaftsverträgen bzw. Satzungen (insbesondere dem Aktiengesetz, GmbH-Gesetz, Genossenschaftsgesetz und dem Vereinsrecht des Bürgerlichen Gesetzbuchs).

Ist eine Personengesellschaft (OHG, KG oder GbR) beteiligt, so richtet sich die gesetzliche Vertretung ebenfalls nach dem Gesellschaftsvertrag und den Gesetzen, hier insbesondere dem Handelsgesetzbuch. Meist wird die Vertretung hier von vertretungsberechtigten Gesellschaftern (entweder einzeln oder zusammen) ausgeübt.

Im Fall von öffentlich-rechtlichen Körperschaften, wie z. B. Städten, Gemeinden, Landkreisen, Bezirken o. Ä., richtet sich die Vertretung nach dem jeweils geltenden Kommunalrecht. Hier vertritt beispielsweise der Oberbürgermeister, Bürgermeister oder Landrat die Kommune oder Körperschaft und übt deren Stimmrecht aus.

Auch für die gesetzliche Vertretung wird in der Fachliteratur angenommen, dass neben dem Vertreter oder den Vertretern für die vertretene Person kein eigenes Teil-

448 AG Erlangen, Beschluss v. 4.11.2010, 6 C 1495/10.

nahmerecht mehr besteht.[449] Die beim Thema der Stimmbevollmächtigung hiergegen vorgebrachten Argumente sind auch hier von Bedeutung.

4.3.3.8 Begleitpersonen (Gäste, Presse, Familienangehörige, Berater)

Das Teilnahmerecht an der Generalversammlung ist vom Ansatz her auf den Kreis der Genossenschaftsmitglieder beschränkt. Allerdings verfährt das Genossenschaftsgesetz hier nicht sehr streng. **Gäste** können somit zugelassen werden. Hierüber entscheidet der Versammlungsleiter. Im Streitfall kann er einen Geschäftsordnungsbeschluss der Generalversammlung herbeiführen. 922

In der Praxis werden Gäste nicht selten zugelassen. Oft ist es geradezu üblich, dass Vertreter der örtlichen Presse zugelassen werden. Dieser Aspekt ist dann zu überdenken, wenn es um höchst streitige Versammlungsgegenstände geht, wie z. B. die Abberufung von Organmitgliedern oder wenn Straftaten Gegenstand der Erörterungen und Beschlussfassung sind. Hier kann es im Interesse der eG geboten sein, die Presse nicht beizuziehen. Eine Verpflichtung der eG, die Presse zuzulassen besteht jedenfalls nicht, und zwar unter keinem denkbaren Umstand. 923

In manchen (oft kleineren) Wohnungsgenossenschaften, mit z. B. eher familiärer Grundstruktur, werden hin und wieder auch Familienangehörige von Genossenschaftsmitgliedern, die selbst aber keine Mitgliedschaft innehaben, in der Versammlung geduldet. Auch hiergegen ist prinzipiell nichts einzuwenden. 924

Personen, die nicht Mitglied in der Genossenschaft sind, haben jedoch kein Recht auf Zulassung zur Versammlung.

Wichtig ist hierbei auch, dass bei den Abstimmungen sichergestellt wird, dass niemand mit abstimmt, der nicht auch Mitglied in der eG ist. Das bedeutet, dass in der Regel schriftlich abgestimmt werden muss oder bei offener Abstimmung wenigstens mit Stimmkarten, sodass die Auszählenden feststellen können, wer stimmberechtigt ist und wer nicht. Von einer solchen Handhabung kann jederzeit auch wieder abgewichen werden. 925

Letztlich ist der Versammlungsleiter befugt, über die Zulassung von Gästen, welcher Art auch immer, zu entscheiden. Soweit es sich um den Berater eines Mitglieds 926

449 Hillebrand/*Keßler*, GenG, § 43 Rn. 60, der unverständlicherweise den Rat erteilt, dass sich »der Vertretene entscheiden« müsse, »ob er seine Interessen höchstpersönlich wahrnehmen oder sich vertreten lassen will«, und daher selbst an der Versammlung teilnehmen wolle; dies ist zumindest für den Fall der gesetzlichen Vertretung sinnlos, da der Vertretene hier in der Regel gar keine Möglichkeit hat, von seinem »Vertretenwerden« Abstand zu nehmen (siehe Kinder); Bauer, Genossenschafts-Handbuch, § 43 Rn. 44.

handelt (z.B. einen Rechtsanwalt, einen Steuerberater oder einen sonstigen Beistand), kann sich im Einzelfall ein Recht auf Zulassung der fremden Person ergeben. Dies ist dann der Fall, wenn das betreffende Genossenschaftsmitglied ein berechtigtes Interesse hieran geltend machen kann, etwa weil es sich in der Versammlung gegen schwere Vorwürfe verteidigen muss.

Hier muss der Versammlungsleiter nach pflichtgemäßem Ermessen über die Zulassung der fremden Person entscheiden. Er muss eine Abwägung aller Argumente, die dafür oder dagegen sprechen, vornehmen. Das Verlangen des Mitglieds auf Zulassung eines persönlichen Beraters zur Versammlung muss jedenfalls auf sachlich nachvollziehbaren Umständen beruhen. Sofern es in der Generalversammlung um schwierige Fragen, die mit dem betroffenen Genossenschaftsmitglied zusammenhängen, geht, wird die pflichtgemäße Ermessensausübung im Regelfall wohl eher in Richtung einer Zulassung von Fachberatern tendieren müssen. Will das betreffende Genossenschaftsmitglied allerdings einen Rechtsanwalt aus strategischen Gründen zur Ausübung von »Druck« auf andere Versammlungsteilnehmer mitbringen, weil es z.B. einen persönlichen Konflikt mit einem anderen Teilnehmer oder mit den Mitgliedern von Vorstand und Aufsichtsrat austragen möchte, dann wird man die Zulassung des fremden Dritten auch verneinen dürfen, vielleicht sogar müssen. Durch die Anwesenheit eines Rechtsanwalts kann der ordnungsgemäße Ablauf der Versammlung erheblich gestört werden, insbesondere wenn der Rechtsanwalt nicht angemessen auftritt. In einer solchen Lage wäre es allerdings wiederum auch möglich, die betreffende Person aus dem Saal zu weisen.

927 Ein Grundproblem bei der Teilnahme Dritter besteht in der möglichen »Befangenheit« der anderen Teilnehmer. Daher ist dieser Punkt heikel. Die übrigen Genossenschaftsmitglieder haben ein legitimes Interesse daran, »unter sich« zu bleiben und im Raum zumindest eines gewissen Vertrauens agieren zu können. Die Gefahr, dass der Verlauf der Versammlung durch die Teilnahme von Dritten gestört werden könnte, sowie die Behandlung geheimhaltungsbedürftiger Beschlussgegenstände können den Versammlungsleiter im Einzelfall zum Ausschluss der fremden Dritten von der Versammlung geradezu verpflichten. Bestehen hierüber Unklarheiten, so kann, wie schon erwähnt, der Versammlungsleiter auch einen sog. Geschäftsordnungsbeschluss der Generalversammlung über diese Frage herbeiführen. Verpflichtet hierzu ist er allerdings nicht. Denn er hat nach der hier vertretenen Ansicht ein Ermessen, die Versammlung zu gestalten. Holt er das Votum der Generalversammlung allerdings ein, dann ist er hieran auch gebunden.

4.3.3.9 Rederecht der Teilnehmer

4.3.3.9.1 Möglicher Inhalt des Rederechts

928 Das Teilnahmerecht umfasst neben dem Anwesenheitsrecht natürlich auch das Rederecht der jeweiligen Person.

Bei den Wortbeiträgen der Teilnehmer kann es sich um Redebeiträge im Sinne von »allgemeinen Meinungsäußerungen« und Kommentierungen handeln. Weitergehend kann es sich aber auch, eine Stufe weiter, um »Anregungen« handeln. Diese sind zwar ebenfalls noch rechtlich unverbindlich. Es dürfte eine Angelegenheit der geschickten Versammlungsführung sein, sich als Versammlungsleiter um diese Beiträge ernsthaft zu kümmern, d. h. auf diese einzugehen und diese auch ggf. als Antrag auf Beschluss durch die Versammlung zu verstehen.

Sofern es sich jedoch um »echte«, d. h. thematische Anträge zur Tagesordnung (Sachantrag) oder zum Ablauf der Versammlung (Verfahrensantrag, Geschäftsordnungsantrag) handelt, müssen die Eingaben der Teilnehmer vom Versammlungsleiter zwingend beachtet, und letztlich auch behandelt werden. Hierbei kann er seinen Ermessensspielraum ausüben, aber auch, insbesondere bei Verfahrensanträgen, die Generalversammlung im Wege einer Beschlussfassung befragen. Zu Letzterem gezwungen werden kann der Versammlungsleiter nach der hier vertretenen Ansicht jedoch nicht.

4.3.3.9.2 Grenzen des Rederechts

Das Rederecht ist eines der elementaren Rechte der Generalversammlungsteilneh- 929
mer. Es besteht allerdings nicht unbegrenzt, sondern nur insoweit, als auch das Rederecht der anderen Teilnehmer sowie der ungestörte Fortgang der Versammlung (einschließlich der zügigen Abarbeitung der Tagesordnung) gewährleistet bleiben.

Der Versammlungsleiter kann im Rahmen einer sachgerechten Ermessensausübung das Rederecht beschränken und u. U. ganz ausschließen, falls diese Vorgabe gefährdet ist.

Das Rederecht der Versammlungsteilnehmer bezieht sich auf die Tagesordnungs- 930
punkte. Ein freies Rederecht, in Form allgemeiner Erwägungen ohne Bezug zur eG und deren »Sachverhalte« gibt es nicht. Sofern in der Mitgliedschaft ein entsprechender Bedarf besteht, können Beiträge, die nicht direkt zu einzelnen TOPs passen, unter dem TOP »Sonstiges« gebracht werden, u. U. mit der Empfehlung, den besprochenen Gegenstand bei der nächsten Generalversammlung auf die Tagesordnung zu nehmen.

4.3.3.9.3 Inhaber des Rederechts

Das Rederecht steht den Mitgliedern der eG, den ordnungsgemäß Bevollmächtigten 931
der Genossenschaftsmitglieder, den gesetzlichen Vertretern der Mitglieder sowie ggf. den Vertretern des Prüfungsverbands (§§ 59, 60 GenG) zu. In der Praxis ist immer wieder zu bemerken, dass Unkenntnis darüber herrscht, dass die Ehefrau nicht der gesetzliche Vertreter ihres Ehemanns – und umgekehrt – ist. Falls sich in der konkret

geltenden Satzung eine Regelung befindet, wonach bei persönlicher Verhinderung ausschließlich der gesetzliche Vertreter für das Genossenschaftsmitglied abstimmen und reden darf, ist ein Agieren eines bloß rechtsgeschäftlich Bevollmächtigten (Einzelvollmacht) nicht möglich.

4.3.3.9.4 Tonbandaufnahmen und sonstige Aufzeichnungen der Redebeiträge

932 Bei Durchführung der Versammlung ist das allgemeine Persönlichkeitsrecht der Teilnehmer zu wahren. Dies bedeutet, dass Film- und Tonaufzeichnungen zumindest dann zu unterlassen sind, wenn die einzelnen Teilnehmer, die einen Redebeitrag leisten, damit nicht einverstanden sind.

Sofern es jedoch um den Ablauf der Versammlung ohne die Redebeiträge geht, werden Tonaufzeichnungen zur späteren Verfassung des Protokolls für zulässig gehalten. Die Teilnehmer der Generalversammlung haben in diesem Fall nach vertretener Ansicht keinen Anspruch auf ein Abspielen der Aufzeichnungen.

Die Herstellung privater Tonaufzeichnungen bedarf der vorherigen Zustimmung aller Teilnehmer. Sofern auch nur ein Teilnehmer der Aufzeichnung widerspricht, ist die Aufzeichnung zu unterlassen.

Schriftliche Aufzeichnungen des Verlaufs der Generalversammlung (z. B. in Stenografie) können demgegenüber jedoch nicht verboten werden.

4.3.3.10 Auskunftsrecht

4.3.3.10.1 Auskunftspflichtiger

933 Die Erteilung der Auskunft fällt nach häufig vertretener Ansicht in den Zuständigkeitsbereich des Vorstands. Dies folgt aus dem Umstand, dass der Vorstand als Geschäftsleitungsorgan meistens den besten Überblick über die gesamte Geschäftstätigkeit und Verhältnisse der eG hat und somit auch die Materie, auf die sich die Auskunft bezieht, meistens am besten beherrschen dürfte. Allerdings ist es auch nicht ausgeschlossen, dass die verlangte Auskunft den Aufgabenbereich des Aufsichtsrats betrifft. In einem solchen Fall sind dann das betreffende Organ oder die betreffenden Organmitglieder zur Auskunft berechtigt bzw. verpflichtet, möglicherweise also nicht nur der Aufsichtsratsvorsitzende, sondern auch ein sonstiges Aufsichtsratsmitglied.

Daher sollte jedes Organmitglied, soweit sich dies in den Vorabinformationen zur Versammlungen andeutet, gut auf Fragen vorbereitet sein, auch wenn es in der Versammlung keine »besondere Funktion« einnimmt. Diese besondere Funktion kann einem im Rahmen des Auskunftsrechts der Mitglieder sehr schnell zugesprochen werden.

4.3.3.10.2 Inhalt, Umfang und Ort

Die Teilnehmer der Generalversammlung haben ein weitreichendes Auskunftsrecht. 934
Das Auskunftsrecht ist im Genossenschaftsgesetz nicht eigens erwähnt, wird aber in der Kommentarliteratur von mancher Stimme aus dem Aktienrecht hergeleitet[450] (§ 131 Abs. 1 Satz 1 und 2 AktG) oder aber direkt aus dem gesellschaftsrechtlichen Verhältnis zwischen eG und Mitglied, wobei die Besonderheiten der genossenschaftsrechtlichen Struktur auch für Inhalt und Umfang des Auskunftsrecht für bestimmend gehalten werden[451]. Nach § 131 Abs. 1 Satz 1 und 2 AktG ist jedem Aktionär auf der Hauptversammlung vom Vorstand Auskunft über Angelegenheiten der Gesellschaft zu geben, soweit sie zur sachgemäßen Beurteilung des Gegenstands der Tagesordnung erforderlich ist. Die Auskunftspflicht erstreckt sich hierbei auch auf die rechtlichen und geschäftlichen Beziehungen der Gesellschaft zu einem verbundenen Unternehmen. Die Auskunft hat den Grundsätzen einer gewissenhaften und getreuen Rechenschaft zu entsprechen (§ 131 Abs. 2 Satz 1 AktG).

Das Auskunftsrecht ist für die Mitglieder ein ganz wichtiges Recht. Dieses Recht 935
besteht allerdings, ebenso wie das Rederecht, zeitlich nicht unbegrenzt. Es darf zudem nicht zu Zwecken der Störung des Versammlungsverlaufs verwendet werden, etwa indem zahllose Auskunftsgesuche in der Versammlung geltend gemacht werden.

Dem Versammlungsleiter kommt die verantwortungsvolle Aufgabe zu, hier regulierend einzugreifen, immer aber unter Berücksichtigung der Bedeutung des Auskunftsrechts. Das Auskunftsrecht kann einem Genossenschaftsmitglied und Teilnehmer der Generalversammlung nicht durch einen Mehrheitsbeschluss der Generalversammlung entzogen werden.[452] Das Auskunftsrecht hängt auch nicht davon ab, dass der auskunftssuchende Teilnehmer ein »nachvollziehbares Motiv« angeben kann.[453] Erscheint das Motiv nicht lauter, so ergeben sich Grenzen in der Erteilung der Auskunft. Eine Begründung für das Auskunftsverlangen kann jedoch nicht verlangt werden.[454]

Ein Informationsbedürfnis des Auskunftssuchenden wird immer dann angenommen, 936
wenn die Auskunft zur sachgemäßen Beurteilung des Verhandlungsgegenstandes

450 Beuthien/*Beuthien*, GenG, § 43 Rn. 17.
451 Lang/Weidmüller/*Holthaus/Lehnhoff*, GenG, § 43 Rn. 31, unter Hinweis auf: Bauer, Genossenschafts-Handbuch, § 43 Rn. 79, der ebenfalls auf das Aktienrecht verweist.
452 Lang/Weidmüller/*Holthaus/Lehnhoff*, GenG, § 43 Rn. 31.
453 Lang/Weidmüller/*Holthaus/Lehnhoff*, GenG, § 43 Rn. 31.
454 Beuthien/*Beuthien*, GenG, § 43 Rn. 17 am Ende.

erforderlich ist.[455] Das Auskunftsrecht bezieht sich auch im Genossenschaftsrecht nur auf den jeweiligen Tagesordnungspunkt.[456] Dies ist jedoch eher großzügig zu beurteilen; gemeint sind hier alle Angelegenheiten der eG, die zum Tagesordnungspunkt gehören.[457]

Eine Ausnahme zum Umfang des Auskunftsrechts wird für den Fall gemacht, dass es um die Entlastung von Vorstands- oder Aufsichtsratsmitgliedern geht. Hierzu wird angenommen, dass das Mitglied ausnahmsweise Auskunft auch über Vorfälle des laufenden Geschäftsjahres – und nicht nur des Berichtsjahres – verlangen kann.[458] Diese Ansicht geht auf eine ältere Rechtsprechung des BGH zur Aktiengesellschaft zurück.[459]

937 Das Auskunftsrecht im Rahmen der Generalversammlung ist in der Generalversammlung auszuüben, die angestrebte Auskunft auch in der Generalversammlung zu geben.[460] Hiervon wird in der genossenschaftsrechtlichen Fachliteratur vereinzelt zu Recht der Fall unterschieden, dass es um eine Rechtsposition des Mitglieds im Verhältnis zur eG geht, die mit der Generalversammlung und den dort besprochenen Themen jedoch nichts zu tun hat. In diesem Fall hat das Mitglied dann auch ein Recht darauf, außerhalb der Generalversammlung Auskunft zu verlangen.[461]

Das Mitglied kann darauf bestehen, dass die Auskunft mündlich erteilt wird.[462] Es muss sich nicht auf eine spätere schriftliche Beantwortung verweisen lassen.[463] Auch ein Verweis auf Unterlagen ist im Regelfall nicht ausreichend, dem Auskunftsrecht genüge zu tun.

938 Die Auskunft ist nur auf Verlangen zu erteilen[464], und nicht von selbst, wobei dieser Grundsatz die Berichtspflicht von Vorstand und Aufsichtsrat im Vorfeld zu den Abstimmungen über den Jahresabschluss und die Entlastungen unberührt lässt. Hieraus folgt auch, dass das Mitglied den Gegenstand seines Auskunftsverlangens benennen muss[465], zumindest so, dass dieser auslegbar ist. Der Versammlungsleiter muss unpräzise Fragen einer Klärung zuführen.[466]

455 Beuthien/*Beuthien*, GenG, § 43 Rn. 17 in der Mitte.
456 Beuthien/*Beuthien*, GenG, § 43 Rn. 17 in der Mitte; Lang/Weidmüller/*Holthaus/Lehnhoff*, GenG, § 43 Rn. 33.
457 Beuthien/*Beuthien*, GenG, § 43 Rn. 17 in der Mitte; Pöhlmann/*Fandrich*/Bloehs, GenG, § 43 Rn. 19.
458 Beuthien/*Beuthien*, GenG, § 43 Rn. 17; Pöhlmann/*Fandrich*/Bloehs, GenG, § 43 Rn. 19.
459 BGHZ 32, S. 159, 164, zit. bei: Lang/Weidmüller/*Holthaus/Lehnhoff*, GenG, § 43 Rn. 33.
460 Bauer, Genossenschafts-Handbuch, § 43 Rn. 83; Pöhlmann/*Fandrich*/Bloehs, GenG, § 43 Rn. 19; Beuthien/*Beuthien*, GenG, § 43 Rn. 17 am Anfang.
461 Bauer, Genossenschafts-Handbuch, § 43 Rn. 84; insoweit zu pauschal: Pöhlmann/*Fandrich*/Bloehs, GenG, § 43 Rn. 19, der davon ausgeht, dass die Auskunft »stets« in der Generalversammlung zu erteilen ist.
462 Bauer, Genossenschafts-Handbuch, § 43 Rn. 90.
463 Bauer, Genossenschafts-Handbuch, § 43 Rn. 90.
464 Bauer, Genossenschafts-Handbuch, § 43 Rn. 85.
465 Bauer, Genossenschafts-Handbuch, § 43 Rn. 85.
466 Beuthien/*Beuthien*, GenG, § 43 Rn. 17.

Sehr unterschiedlich wird in der Fachliteratur[467] der Punkt diskutiert, ob die Frage auch schriftlich eingereicht werden kann. Hier sollte man nach der hier vertretenen Ansicht jedoch weniger rechtliche Spitzfindigkeiten bemühen, als vielmehr eine pragmatische Lösung wählen. Diese bestünde darin, die schriftlich eingereichte Frage der Generalversammlung vorzulesen oder zumindest in eigenen Worten so zu erläutern, dass die Zuhörer mit der Antwort etwas anfangen können. Eine strenge Ansicht geht demgegenüber davon aus, dass die Frage immer mündlich zu stellen ist, da die Mündlichkeit die gesamte Generalversammlung durchzieht.[468] 939

Ebenfalls wird diskutiert, wie es sich auswirkt, wenn der Fragesteller den Versammlungsraum verlässt. Ein solches Verhalten des Auskunftssuchenden kann durchaus als Rücknahme seines Auskunftsverlangens »in schlüssiger Weise« gewertet werden, es sei denn, er hat einem anderen Teilnehmer Stimmvollmacht erteilt. In diesem Fall soll das Auskunftsverlangen zugunsten des Stimmrechtsbevollmächtigten weiterwirken.[469] Hierbei ist zu bedenken, dass die begehrte Auskunft auch für die anderen Generalversammlungsteilnehmer interessant oder gar wichtig sein könnte. Dem Versammlungsleiter ist hier zu empfehlen, die Generalversammlung darauf hinzuweisen, dass der Fragesteller die Versammlung verlassen hat und er nur dann weiter Auskunft gibt, wenn die Fortsetzung der Auskunft von einem anderen Teilnehmer ebenfalls gewünscht wird.[470] 940

Die Auskunft muss vollständig und wahr sein.[471] Das Auskunftsrecht ergänzt insoweit das Rederecht, da ohne Kenntnis der jeweils zu diskutierenden Sachzusammenhänge eine Aussprache in der Regel nicht oder nur schwer möglich sein dürfte. Die Aussprache aber bereitet eine sachgerechte Beschlussfassung über den jeweiligen Tagesordnungspunkt vor. 941

Das Auskunftsrecht der Mitglieder ist jedoch nicht grenzenlos. Ein Recht des Mitglieds auf Einsicht in Unterlagen, Akten oder Urkunden der eG gibt es nicht[472], und zwar auch nicht zur Überprüfung der Wahrheit der Auskunft. Das Auskunftsrecht findet eine Grenze dort, wo dem Auskunftspflichtigen die Auskunft unmöglich ist.[473] Der Vorstand und Aufsichtsratsvorsitzende wird für verpflichtet gehalten, dass sie sich auf die Generalversammlung vorbereiten und sich deshalb auch zu komplexeren Themen, soweit 942

467 Zum Ganzen: Bauer, Genossenschafts-Handbuch, § 43 Rn. 85.
468 OLG Frankfurt a. M., Urteil v. 19.9.2006, 20 W 55/05, NJW-RR 2007 S. 546, zit. bei: Bauer, Genossenschafts-Handbuch, § 43 Rn. 85, mit weiteren Verweisen auf Fundstellen, die jedoch allesamt der aktienrechtlichen Literatur zuzuordnen sind.
469 Bauer, Genossenschafts-Handbuch, § 43 Rn. 86a.
470 So zu Recht: Bauer, Genossenschafts-Handbuch, § 43 Rn. 86a.
471 Bauer, Genossenschafts-Handbuch, § 43 Rn. 90a.
472 Bauer, Genossenschafts-Handbuch, § 43 Rn. 94.
473 Bauer, Genossenschafts-Handbuch, § 43 Rn. 92.

mit diesen nach vernünftiger Einschätzung zu rechnen ist, sachkundig äußern können. Es wird von einer eher strengen Ansicht sogar gefordert, dass der Vorstand während der Generalversammlung das notwendige Personal vorhält, um unschwer herauszusuchende Unterlagen beschaffen zu können.[474]

943 Das Auskunftsrecht der Mitglieder beschränkt sich, wie erwähnt, auf die Tagesordnungspunkte der im Rahmen der Einladung bekanntgegebenen Tagesordnung. Da der Vorstand aber in diesem Zusammenhang auch über das gesamte abgelaufene Geschäftsjahr berichtet, reicht das Auskunftsrecht natürlich recht weit. Es ist aber auch unter diesem Aspekt nicht grenzenlos. Vielmehr darf oder muss die Auskunft im Einzelfall verweigert werden.

Die Auskunft darf verweigert werden,
- wenn die Verlesung von Schriftstücken im Rahmen des Auskunftsersuchens zu einer unzumutbaren Verlängerung der Generalversammlung führen würde[475];
- wenn die Geltendmachung des Auskunftsanspruchs missbräuchlich[476] erscheint, etwa weil sie dazu dient, eine andere Person in negativer Weise darzustellen oder »vorzuführen»;
- wenn es um eine überflüssige[477] Frage geht, die bereits beantwortet ist oder zu der es schon eine frühere Antwort gegeben hat. Eine wiederholte Antwort auf dieselbe Frage gilt weithin für die Erledigung eines Tagesordnungspunktes als nicht erforderlich.

Es ist nicht zu verkennen, dass der Versammlungsleiter oder sonstige Auskunftgebende vorsichtig und geschickt vorgehen müssen, um keinen unnötigen Unmut zu erregen. Andererseits darf es nicht so weit gehen, dass sich die verantwortlichen Personen von einem Auskunftsuchenden »vorführen« lassen. Hier ist die Balance zu halten.

944 In diesem Zusammenhang wird in der Fachliteratur mitunter darauf hingewiesen, dass eine Auskunft verweigert werden kann, wenn sich die Antwort unmittelbar aus Unterlagen ergibt, die von der eG verschickt wurden oder im Versammlungsraum ausliegen.[478] Hier werden als Beispiele der Jahresabschluss und der Geschäftsbericht genannt.

Aus hiesiger Sicht ist hierzu jedoch anzumerken, dass dies kein empfehlenswertes Vorgehen darstellen würde. Denn es ist nicht davon auszugehen, dass alle Mitglieder

474 Bauer, Genossenschafts-Handbuch, § 43 Rn. 91, unter Verweis auf zahlreiche Fundstellen in der Rechtsprechung, die allerdings weithin zur Aktiengesellschaft ergangen sein dürfte.
475 Bauer, Genossenschafts-Handbuch, § 43 Rn. 103.
476 Bauer, Genossenschafts-Handbuch, § 43 Rn. 105.
477 Bauer, Genossenschafts-Handbuch, § 43 Rn. 106.
478 Hillebrand/*Keßler*, GenG, § 43 Rn. 74, am Ende; ebenso: Bauer, Genossenschafts-Handbuch, § 43 Rn. 107.

mit einer Bilanz oder einem anderen Rechenwerk so einfach umgehen können. Es dürfte hier geradezu die Aufgabe des Vorstands sein, den Mitgliedern die Rechenwerke verständlich zu erläutern. Genau dies ist also im vorstehend angesprochenen Sinne ein Beispiel dafür, wie man Konflikte heraufbeschwören oder besser von vornherein geschickt vermeiden kann.

Eine relativ leicht zu durchschauende Missbräuchlichkeit liegt nach Überzeugung der 945
Fachliteratur dann vor, wenn ein im Unfrieden ausgeschiedenes, früheres Organmitglied eine oder mehrere Fragen trotz eigener Vorkenntnisse stellt.[479] Aber auch hier gilt das vorstehend Gesagte. Beantwortet man diese Frage souverän und mit dem Hinweis, dass der Fragende die Antwort »doch eigentlich schon weiß«, dann sammelt man sicherlich im guten Sinne Punkte, zumindest bei den vernünftigen Teilnehmern der Generalversammlung.

Die Auskunft kann und muss auch dann verweigert werden, wenn durch die Erteilung 946
der Auskunft

- der eG als Unternehmen ein nicht unerheblicher Nachteil zugefügt würde,
- die Auskunft selbst strafbar wäre oder
- eine gesetzliche, satzungsmäßige oder vertragliche Geheimhaltungspflicht verletzen würde.

Die persönlichen oder geschäftlichen Verhältnisse eines Dritten sind zumindest für 947
den Regelfall vertraulich – hierzu gehören auch die arbeitsvertraglichen Vereinbarungen mit den Mitarbeitern der eG sowie die dienstvertraglichen Vereinbarungen mit den haupt- oder nebenamtlichen Mitgliedern des Vorstands.[480] Etwas anderes kann sich in eng umgrenzten Einzelfällen ergeben, wenn beispielsweise der Verdacht besteht, dass ein Vorstandsmitglied Familienangehörige oder sonstige nahestehenden Personen zu ungewöhnlich guten Konditionen als Arbeitnehmer der eG eingestellt hat.

Dieses Thema ist allerdings, was die Auskunft der Bezüge der einzelnen Vorstandsmitglieder anbelangt, nicht mehr ganz unumstritten. Mit unterschiedlichen Schwerpunkten werden in etwa folgende Eckpfeiler herausgearbeitet:

Von manchen, insbesondere auch in der älteren Kommentarliteratur[481], wird darauf 948
verwiesen, dass prinzipiell auch die persönlichen Angelegenheiten der Organträger als »Angelegenheiten der eG« anzusehen seien, zumindest soweit die Qualifikation

479 Bauer, Genossenschafts-Handbuch, § 43 Rn. 105.
480 So wie hier: Bauer, Genossenschafts-Handbuch, § 43 Rn. 102.
481 Müller, GenG, § 43 Rn. 18.

der Organträger oder die Beurteilung ihrer Verhältnisse für die eG von Bedeutung sein können. Auch die Bezüge der einzelnen Organträger sind hiernach der Auskunft unterworfen.[482] Nach dieser Ansicht ist die Auskunft zwar nur zu erteilen, wenn sie »erforderlich« ist. Dies sei aber bereits zu bejahen, wenn der Tagesordnungspunkt Fragen aufwerfe, für die die rechtlichen Beziehungen des Organträgers zur eG von Bedeutung sind.[483] Für Wahl, Wiederwahl oder Entlastung des Organmitglieds wird von dieser Ansicht so gut wie immer eine Relevanz für die weitere Frage nach dem Entgelt ausgehen, insbesondere weil das Maß der Sorgfaltspflicht sowie der Arbeitsaufwand, die vom Vorstand zu verlangen sind, wie üblich, in Relation zur Vergütung stehen.[484] Die Verantwortung eines hoch dotierten Vorstandsmitglieds müsse in einer ganz anderen Spannweite gesehen werden, als die Verantwortlichkeit eines Vorstandsmitglieds, das nur die durchschnittlichen Bezüge eines kaufmännischen Angestellten erhält.[485] Auch der Gesundheitszustand und etwaige Vorstrafen des Vorstandsmitglieds sollen hiernach erfragt werden können.[486]

949 In der neueren Kommentarliteratur wird hierzu noch ergänzt, dass die Bezüge der einzelnen Vorstandsmitglieder nach § 87 AktG in einem angemessenen Verhältnis zu den Aufgaben des Vorstands und der Lage der Gesellschaft stehen müssen.[487] Dies stehe wiederum in engem Zusammenhang mit dem Prüfbericht des Verbands und dem Jahresabschluss.[488] Die Argumente, die dafür sprechen, dass nach Einzelbezügen von Vorstandsmitgliedern nicht gefragt werden darf, seien nicht überzeugend.[489] Da Vorstandsmitglieder letztlich von den Genossenschaftsmitgliedern bezahlt werden (wenn auch nur mittelbar über das Vermögen der eG), sollen sie sich den Mitgliedern gegenüber nicht auf einen Geheimnisschutz oder das Recht auf informationelle Selbstbestimmung berufen können.[490] Eine arbeitsvertragliche oder allgemein arbeitsrechtliche Diskretion sei nicht zu wahren, da die Vorstandsmitglieder keine Arbeitnehmer sind.[491]

950 Eine wiederum andere Ansicht stellt sich auf den Standpunkt, dass die Frage nach den Bezügen der einzelnen Organmitglieder grundsätzlich nicht zulässig sei.[492] Hiernach gehe es um persönliche Bereiche der einzelnen Vorstandsmitglieder, sodass das Aus-

482 Müller, GenG, § 43 Rn. 18.
483 Müller, GenG, § 43 Rn. 18.
484 Müller, GenG, § 43 Rn. 18.
485 Müller, GenG, § 43 Rn. 18.
486 Müller, GenG, § 43 Rn. 18.
487 Beuthien/*Beuthien*, GenG, § 43 Rn. 18.
488 Beuthien/*Beuthien*, GenG, § 43 Rn. 18.
489 Beuthien/*Beuthien*, GenG, § 43 Rn. 18.
490 Beuthien/*Beuthien*, GenG, § 43 Rn. 18, unter Verweis auf BVerfG, Urteil v. 15.12.1983, 1 BvR 209/83, BVerfGE 65, S. 1.
491 Beuthien/*Beuthien*, GenG, § 43 Rn. 18.
492 Lang/Weidmüller/*Holthaus/Lehnhoff*, GenG, § 43 Rn. 38.

kunftsverlangen nur gerechtfertigt sei, wenn »gerade diese Auskunft« zur Entscheidungsfindung »unverzichtbar erforderlich« sei.[493] Diese Ansicht führt zu ihrer Begründung vor allem handelsrechtliche Argumente an (§§ 286 Abs. 4, 285 Nr. 9 HGB). Hiernach müssen (und können) die Angaben über die Gesamtbezüge des Vorstands unterbleiben, wenn sich daraus das Einkommen einzelner Personen in den Organen feststellen lässt. Dies entspringe dem verfassungsrechtlichen Grundsatz in Form des Rechts auf informationelle Selbstbestimmung.[494]

Hiergegen wendet sich eine weitere vertretene Ansicht, die zu Recht darauf hinweist, 951
dass sich die genannten Vorgaben des HGB lediglich auf die Außenpublizität beziehen, nicht jedoch auf eine mögliche Offenlegungspflicht den Mitgliedern gegenüber.[495] Diese Ansicht betont, dass die individuellen Belange des Vorstandsmitglieds gegen das Informationsbedürfnis der Generalversammlung abzuwägen sind. Hierbei soll aufgrund »normativer Wertung« grundsätzlich dem Vorstandsinteresse der Vorrang zukommen. Etwas anderes solle ausnahmsweise nur dann gelten, wenn, z. B. auf der Grundlage des Prüfungsberichts, anhand substanziierter Anhaltspunkte begründete Zweifel bestehen, ob die Bezüge eines Organmitglieds in einem angemessenen Verhältnis zu den Aufgaben des Vorstandsmitglieds und zur Lage der eG stehen.[496]

Diese Ansicht tendiert also ähnlich wie die vorher dargestellte eher dazu, vom Vorrang 952
einer Vertraulichkeit von Einzelbezügen auszugehen. Diese Ansicht erscheint durchaus vorzugswürdig. Im Regelfall können die Mitglieder auch bei laienhafter Betrachtung des Jahresabschlusses bzw. den vorgetragenen Erläuterungen hierzu erkennen, wie hoch die Belastung der eG mit Personal- oder Verwaltungskosten ist. Die Berichterstattung hierzu lässt sich auch ohne Nennung konkreter Zahlen ausreichend informativ gestalten. Es kommt noch hinzu, dass der Aufsichtsrat für die Vertragsgestaltung bei Vorstandsmitgliedern der eG gemäß § 39 Abs. 1 GenG zuständig ist und diesbezüglich seine Entscheidungen natürlich auch zu verantworten hat.[497] Insoweit ist eine Kontrolle der Bezüge und weiteren Vertragsbedingungen für die regelmäßigen Fälle einer störungsfreien Alltagspraxis gegeben.

Liegen jedoch Verwerfungen vor oder sind diese ernsthaft zu befürchten, dann wird man dem Informationsinteresse der Generalversammlung den Vorzug geben müssen.

493 Lang/Weidmüller/*Holthaus/Lehnhoff*, GenG, § 43 Rn. 38, wofür die anstehende Entscheidung über die Entlastung ein Beispiel sein soll.

494 Lang/Weidmüller/*Holthaus/Lehnhoff*, GenG, § 43 Rn. 38, ebenfalls unter Verweis auf BVerfG, Urteil v. 15.12.1983, 1 BvR 209/83, BVerfGE 65, S. 1, jedoch in gegenläufiger Absicht zu Beuthien/*Beuthien*, GenG, § 43 Rn. 18.

495 Hillebrand/*Keßler*, GenG, § 43 Rn. 78.

496 Hillebrand/*Keßler*, GenG, § 43 Rn. 78.

497 So zu Recht auch: Hillebrand/*Keßler*, GenG, § 43 Rn. 78; für eine Pflicht zur Verschwiegenheit auch: Bauer, Genossenschafts-Handbuch, § 43 Rn. 102.

Es besteht durchaus die Praxiserfahrung, dass Gehaltsthemen in den Versammlungen gerne dazu missbraucht werden, um die Generalversammlung über eine Neiddebatte in negativer Weise zu emotionalisieren. Dies gilt insbesondere für den Fall, dass die Generalversammlung überwiegend aus Teilnehmern besteht, denen die Erfahrung im Bereich der Organe juristischer Personen und von Vergütungen fehlt.

953 Die Auskunft kann außerdem verweigert werden, wenn es durch die Erteilung der Auskunft zu einer unzumutbaren Verlängerung der Mitgliederversammlung kommen würde. Eine besondere Falle für die Personen, die in der Generalversammlung Auskunft erteilen, liegt in der Strafvorschrift des § 353d StGB. Hiernach macht sich strafbar, wer u. a. aus öffentlichen Verfahren (z. B. aus einer Anklageschrift der Staatsanwaltschaft, Vernehmungsprotokollen und anderen Dokumenten) im Wortlaut öffentlich zitiert, bevor diese nicht in öffentlicher Verhandlung erörtert wurden, bzw. Tatsachen veröffentlicht, die in nichtöffentlicher Verhandlung erörtert worden waren. Sofern in der Generalversammlung Vorgänge mit strafrechtlicher Relevanz zu besprechen sind (z. B. vermutete Veruntreuung im Vorstand), sollte der Auskunftsgebende auf eine wörtliche Zitierung aus einer Anklageschrift oder sonstigen amtlichen Dokumenten sicherheitshalber verzichten. Hier kann es sich anbieten, zusammengefasst und mit eigenen Worten eine kurze Einschätzung der Sachlage zu geben, ohne jedoch in die Tiefe zu gehen.

Beim vorliegenden Thema wirkt sich auch nochmals die Eigenschaft der Generalversammlung als nichtöffentliche Versammlung aus. Sind Gäste, wie die Presse, anwesend, so kann es sich empfehlen, diese vor Auskunftserteilung aus dem Saal zu bitten. Sind die Genossenschaftsmitglieder wirklich vollständig unter sich, dann wäre die Öffentlichkeit wohl nicht mehr gegeben.

In der Praxis zeigt sich natürlich, dass eine Geheimhaltung so gut wie nie bewerkstelligt werden kann, da es immer wieder Teilnehmer gibt, die den Verlauf der Versammlung und die Inhalte nach außen tragen. Eine andere Darstellung wäre, so bedauerlich dies ist, lebensfremd. Wie sich also der Ausschluss der Öffentlichkeit auf die Anwendung des § 353d StGB auswirkt, ist derzeit noch offen.

Eine Strafbarkeit der Auskunft kann dann gegeben sein, wenn mit der Auskunft üble Nachrede (§ 186 StGB) oder die Preisgabe persönlicher Daten (§ 203 StGB) verbunden ist. Die Geheimhaltungsvorschrift des § 151 GenG, wonach ein Vorstandsmitglied schadensersatzpflichtig wird, wenn es diese Pflicht, namentlich Betriebs- oder Geschäftsgeheimnisse, verletzt, soll auf die Generalversammlung mangels Öffentlichkeit nicht anwendbar sein[498] (Voraussetzung: keine Gäste).

498 Bauer, Genossenschafts-Handbuch, § 43 Rn. 99.

4.3.3.10.3 Folgen einer zu Unrecht verweigerten Auskunft

Die Satzungen regeln zur Frage der Auskunftsverweigerung oftmals, dass das Genossenschaftsmitglied verlangen darf, dass die Frage und der Grund, weswegen die Auskunft verweigert wurde, in die Niederschrift aufgenommen werden (§ 37 Abs. 3 MS-2009). Das Thema »Auskunftserteilung« ist für den, der letztlich zur Auskunft berufen ist, nicht ohne Bedeutung. Wird die Auskunft nämlich aus sachfremden Gründen verweigert, unvollständig erteilt oder inhaltlich falsch gegeben, so kann es möglicherweise 954

- zu einer Erzwingung der Auskunft auf dem Klageweg,
- zu einer Anfechtung der in der Generalversammlung gefassten Beschlüsse und
- ggf. auch zu Schadensersatzansprüchen

kommen. Zu Letzterem ist anzumerken, dass Schadensersatzansprüche wohl meistens nicht durchgreifen, schon weil es in der Regel an einem bezifferbaren Schaden fehlen dürfte.[499] Eine vorsätzlich falsche Auskunft würde zu einer Strafbarkeit gemäß § 147 Abs. 2 Nr. 1 GenG führen.

Die Auskunft kann durch das auskunftssuchende Mitglied mit einer Leistungsklage erzwungen werden. Mitunter wird hier zwischen dieser und der aktienrechtlichen »gerichtlichen Entscheidung über das Auskunftsrecht« nach § 132 AktG analog differenziert. Das Mitglied habe die freie Wahl, ob es eine Leistungsklage erheben oder das aktienrechtliche Auskunftserzwingungsverfahren wählen will, da es sich um zwei unterschiedliche Streitgegenstände handele.[500] Das Auskunftserzwingungsverfahren habe hier keinen Vorrang, da keine Rechtskrafterstreckung stattfindet.[501] 955

Gestritten wird auch über die Frage, ob das die Auskunft begehrende Mitglied in der Generalversammlung einen Widerspruch zu Protokoll geben muss. Eine Ansicht verneint dies.[502] Von anderen Stimmen wird dies demgegenüber vorausgesetzt.[503] Erheben die anderen Genossenschaftsmitglieder, die keine Auskunft verlangt hatten, die Klage, so müssen diese allerdings in der Generalversammlung einen Widerspruch zu Protokoll gegeben haben. 956

Wird ein berechtigtes Auskunftsverlangen ignoriert oder wird ihm nicht ausreichend Rechnung getragen, so besteht außerdem die erhebliche Gefahr, dass die in der Gene- 957

499 So zu Recht: Bauer, Genossenschafts-Handbuch, § 43 Rn. 111.
500 Beuthien/*Beuthien*, GenG, § 43 Rn. 19.
501 Beuthien/*Beuthien*, GenG, § 43 Rn. 19, unter Verweis auf: BGH, AG 1983 S. 75.
502 Bauer, Genossenschafts-Handbuch, § 43 Rn. 109; Hillebrand/*Keßler*, GenG, § 43 Rn. 81.
503 Lang/Weidmüller/*Holthaus/Lehnhoff*, GenG, § 43 Rn. 41, in entsprechender Anwendung des § 132 Abs. 2 AktienG; unklar: Beuthien/*Beuthien*, GenG § 43 Rn. 19, dies könnte auch nur für die anderen Mitglieder gemeint sein, die keine Auskunft verlangt hatten.

ralversammlung zum jeweiligen TOP gefassten Beschlüsse anfechtbar sind. Hierzu ist ein Widerspruch erforderlich (§ 51 Abs. 2 Satz 1 GenG). Im Rahmen der Kausalitätsprüfung soll es hierbei nicht darauf ankommen, ob der tatsächliche Inhalt der in der Versammlung verweigerten Auskunft ein objektiv urteilendes Mitglied von der Zustimmung zur Beschlussvorlage abgehalten hätte.[504] Es ist also allein maßgeblich, ob ein objektiv gedachtes Mitglied, das genauso objektiv verständig urteilt, die Erteilung der gewünschten Auskunft als wesentliche Voraussetzung für die sachgerechte Wahrnehmung seiner Teilnahme- und Mitgliedschaftsrechte angesehen hätte (sog. Relevanztheorie).[505]

958 Beide Klagen, Auskunftsklage und Anfechtungsklage, sind voneinander unabhängig. Das Mitglied kann den Beschluss daher unmittelbar nach der Generalversammlung anfechten und später trotzdem noch eine Auskunftsklage anstrengen.[506]

4.3.3.11 Antragsrecht

959 Über Geschäftsordnungsfragen der Generalversammlung werden Geschäftsordnungsbeschlüsse gefasst. Sie betreffen den formalen Ablauf der Versammlung. Sie sind im Rahmen der Generalversammlung zu jeder Zeit möglich, also auch während der Abhandlung eines Tagesordnungspunktes.[507] Als Beispiel für Geschäftsordnungsanträge lassen sich nennen:

- Umstellung der Tagesordnung,
- Vertagung eines Tagesordnungspunktes,
- Vertagung der gesamten Versammlung,
- Verzicht auf eine weitere Aussprache,
- Schließung der Rednerliste (es dürfen nur noch diejenigen reden, die auf der Rednerliste stehen),
- sofortiger Schluss der Diskussion (niemand darf mehr reden, auch diejenigen nicht, die sich hierzu noch angemeldet haben),
- allgemeine Begrenzungen der Redezeit.[508]

960 Über diese verfahrenstechnischen Fragen beschließt der Versammlungsleiter in eigener Zuständigkeit.[509] Der Versammlungsleiter kann die Entscheidung über einen Verfahrensantrag an die Generalversammlung weitergeben.[510] Hierdurch erreicht er ein

504 Bauer, Genossenschafts-Handbuch, § 43 Rn. 110.
505 Bauer, Genossenschafts-Handbuch, § 43 Rn. 110.
506 Hillebrand/*Keßler*, GenG, § 43 Rn. 82, am Ende.
507 Lang/Weidmüller/*Holthaus/Lehnhoff*, GenG, § 43 Rn. 28.
508 Lang/Weidmüller/*Holthaus/Lehnhoff*, GenG, § 43 Rn. 26.
509 Lang/Weidmüller/*Holthaus/Lehnhoff*, GenG, § 43 Rn. 28.
510 Lang/Weidmüller/*Holthaus/Lehnhoff*, GenG, § 43 Rn. 26.

großes Maß an Sicherheit, dass er Mitgliederrechte nicht verletzt. Aber auch die Versammlung kann natürlich Mitgliederrechte verletzen. Dies muss der Versammlungsleiter verhindern, indem er eingreift und seine Kompetenz geltend macht. Diese Kompetenz besteht u. a. darin, dass er auch gegen die Generalversammlung handeln kann. Weder die General- noch die Vertreterversammlung haben das Recht, einen Geschäftsordnungsantrag gegen den Willen des Versammlungsleiters an sich zu ziehen.[511] Der Versammlungsleiter nimmt seine Kompetenz »aus eigenem Recht« wahr.[512]

Eine andere Ansicht geht demgegenüber vom Recht zur Selbstorganisation der Gene- 961
ralversammlung aus, wonach die Generalversammlung alle Entscheidungen über Ablauf und Dauer auch gegen den Willen des Versammlungsleiters an sich ziehen kann.[513] Diese Ansicht, dass die Generalversammlung »oberste Herrin»[514] über den Ablauf der Versammlung sei, ist jedoch abzulehnen. Andernfalls bestünde die ganz erhebliche Gefahr (was sich leider durch entsprechende praktische Erfahrungen mitunter bestätigt), dass ein ordnungsgemäßer Ablauf der Versammlung nicht mehr gewährleistet werden kann. Eine Versammlung kann bei turbulentem Verlauf durchaus nicht mehr »führbar« sein.

Der Generalversammlung bleibt nach hier vertretener Ansicht insoweit nur die Abbe- 962
rufung des Versammlungsleiters (auch des satzungsmäßigen), die bei Vorliegen eines »wichtigen Grundes« zumindest von einigen Stimmen der genossenschaftsrechtlichen Fachliteratur für möglich gehalten wird.[515] Dies ist dann eine sehr wirksame Maßnahme der Generalversammlung, da der Versammlungsleiter bei substanziiertem Vortrag aus der Versammlung auf Geschäftsordnungsantrag hin auch über seine eigene Abberufung abstimmen lassen muss.[516] Lässt dagegen der Versammlungsleiter diese Abstimmung in pflichtwidriger Weise nicht zu, dann werden die gefassten Sachbeschlüsse von mancher Stimme sogar für nichtig gehalten (§§ 241 Nr. 2 AktG, 47 Abs. 1 GenG analog), da ein unzulässig amtierender Versammlungsleiter die gefassten Sachbeschlüsse nicht mehr wirksam feststellen kann.[517] Eine andere Ansicht[518], der allerdings eher zu folgen ist, geht dagegen zu Recht nur von einer Anfechtbarkeit nach

511 So zu Recht: Lang/Weidmüller/*Holthaus/Lehnhoff*, GenG, § 43 Rn. 26; Pöhlmann/*Fandrich*/Bloehs, GenG, § 43 Rn. 15.
512 So zu Recht: Pöhlmann/*Fandrich*/Bloehs, GenG, § 43 Rn. 15.
513 Beuthien/*Beuthien*, GenG, § 43 Rn. 50, auch unter Verweis auf KG v. 12.3.1957, 2 U 2347/56, NJW 1957 S. 1680; Müller, GenG, § 43 Rn. 39.
514 Müller, GenG, § 43 Rn. 39.
515 Hillebrand/*Keßler*, GenG, § 43 Rn. 51; Beuthien/*Beuthien*, GenG, § 43 Rn. 50; Bauer, Genossenschafts-Handbuch, § 43 Rn. 197c.
516 Bauer, Genossenschafts-Handbuch, § 43 Rn. 197c; Hillebrand/*Keßler*, GenG, § 43 Rn. 51; der Versammlungsleiter unterliegt hierbei keinem Stimmverbot nach § 43 Abs. 6 GenG.
517 Hillebrand/*Keßler*, GenG, § 43 Rn. 51, am Ende, unter fehlerhaftem Hinweis auf: Bauer, Genossenschafts-Handbuch, § 43 Rn. 197d, der vielmehr genau die gegenteilige Ansicht vertritt und von einer bloßen Anfechtbarkeit ausgeht.
518 Bauer, Genossenschafts-Handbuch, § 43 Rn. 197d.

§ 51 GenG aus (Anfechtungsgrund wäre dann die Verkündung des Beschlussergebnisses durch eine nicht zuständige Person). Die Verhältnisse einer aktienrechtlichen Hauptversammlung sind in diesem Punkt auf die eG schon wegen fehlender notarieller Beurkundungspflicht nicht übertragbar.

963 Auch Mitglieder, die nach § 43 Abs. 6 GenG vom Stimmrecht ausgeschlossen sind, können Verfahrensanträge stellen[519]. Einzelne Mitglieder von Vorstand und Aufsichtsrat können ebenfalls Anträge stellen, dann jedoch nur in ihrer Eigenschaft als »einfaches« Mitglied.[520] Die Organe Vorstand und Aufsichtsrat haben als Gesamtorgan nach Beschlussfassung, die während der Versammlung aber auch schlüssig und stillschweigend erfolgen kann (Widerspruch unterbleibt), ebenfalls ein Antragsrecht.

964 Der Vorstand als Gesamtgremium darf keine Wahlvorschläge für die Wahl zum Aufsichtsrat unterbreiten.[521] Ob dies einzelne Vorstandsmitglieder als Mitglied dürfen, ist umstritten.[522] Die überwiegende Ansicht lehnt dies zu Recht ebenfalls ab.

4.3.3.12 Die Willensbildung in der Versammlung: Beschlüsse und Wahlen

4.3.3.12.1 Mehrheiten und Beschlussvorlagen

965 Die Willensbildung der Genossenschaftsmitglieder findet in der Generalversammlung statt (§ 43 Abs. 1 GenG, sinngemäß). Die Willensbildung vollzieht sich im Beschlusswege. Die Generalversammlung beschließt mit der Mehrheit der abgegebenen Stimmen, was vom Genossenschaftsgesetz als »einfache Stimmenmehrheit« definiert wird (§ 43 Abs. 2 Satz 1 GenG). Das Genossenschaftsgesetz oder die Satzung können allerdings eine größere Mehrheit oder weitere Erfordernisse bestimmen. Eine größere Mehrheit wird vom Genossenschaftsgesetz beispielsweise in den Fällen des § 16 Abs. 2, der Satzungsänderungen betrifft, verlangt. Hier geht es um Fragen, wie z. B.

- die Änderung des Unternehmens,
- die Erhöhung des Geschäftsanteils,
- die Einführung oder Erweiterung einer Pflichtbeteiligung mit mehreren Geschäftsanteilen,
- die Einführung oder Erweiterung der Verpflichtung der Mitglieder zur Leistung von Nachschüssen oder
- die Verlängerung der Kündigungsfrist auf eine längere Frist als zwei Jahre.

519 Bauer, Genossenschafts-Handbuch, § 43 Rn. 73.
520 Bauer, Genossenschafts-Handbuch, § 43 Rn. 77.
521 Bauer, Genossenschafts-Handbuch, § 43 Rn. 73.
522 Bauer, Genossenschafts-Handbuch, § 43 Rn. 77, verneinend: OLG Hamm, Urteil v. 7.1.1985, ZIP 1985 S. 741; ebenso: Lang/Weidmüller/*Holthaus/Lehnhoff*, GenG, § 36 Rn. 24; Beuthien/*Beuthien*, GenG, § 36 Rn. 2, am Ende; Hillebrand/*Keßler*, GenG, § 36 Rn. 42; Pöhlmann/*Fandrich*/Bloehs, GenG, § 36 Rn. 12.

Die Satzungen in der Praxis der Wohnungsgenossenschaften verlangen für jede Satzungsänderung eine Mehrheit von drei Vierteln der abgegebenen (gültigen) Stimmen (§ 36 Abs. 2a MS, so auch für die Abberufung von Organmitgliedern aus dem Amt).

Die Frage von Stimmenthaltungen wird nicht geregelt. Allerdings sehen die Satzungen 966
hier allgemein vor, dass Stimmenthaltungen nicht gewertet werden (allgemeines Prinzip). Eine weitere Regelung trifft das Genossenschaftsgesetz jedoch nicht.

Die Beschlussvorlagen sollten »positiv« formuliert werden. Das bedeutet, dass man 967
die Frage zur Abstimmung stellt, ob ein Vorschlag – positiv – »angenommen« wird, nicht jedoch die Frage, ob er – negativ – »abgelehnt« wird.

Praxis-Beispiel !

Die richtige Formulierung zur Entlastung des Vorstands wäre so: »Wir stimmen nun über die Entlastung des Vorstands ab. Wer für die Entlastung ist, der hebe die Hand! Wer ist dafür?« Nicht zu empfehlen wäre jedoch die folgende Vorgehensweise: »Wir stimmen nun über die Entlastung des Vorstands ab. Wer gegen die Entlastung ist, der hebe die Hand! Wer ist dagegen?«

Wenn im letztgenannten Fall keine Mehrheit im Sinne der Jastimmen zustande kommt, stellte sich die Frage, was der Beschluss bedeutet. Die Entlastung ist dann natürlich erst einmal nicht mehrheitlich verweigert worden. Aber ist sie auch positiv erteilt worden? Hierzu kommt es auf die Neinstimmen im Hinblick auf die negative Frage an. Liegen diese nicht über der Hälfte der abgegebenen gültigen Stimmen, dann gibt es keine Mehrheit der Neinstimmen, und somit wurde auch keine Entlastung erteilt.

Wäre der Antrag positiv gestellt worden und hätte er die Mehrheit verfehlt, dann wäre die Entlastung zwar ebenfalls nicht erteilt worden (da ja die erforderliche Mehrheit ausdrücklich nicht dafür gestimmt hat). Das Ergebnis wäre aber deshalb klar, weil eine Mehrheit mit Nein gestimmt hat.

Die positiv gestellte Abstimmungsfrage muss von den Versammlungsteilnehmern mit »Ja« oder »Nein« beantwortet werden können. Ein Stimmzettel, der nur die Möglichkeit einer Ja-Stimme enthält, wäre unsachgemäß, da das Nichtankreuzen der Ja-Stimme eine Enthaltung wäre, die jedoch nicht gezählt wird. Die Stimme wäre also, ohne Wirkung entfalten zu können, verloren.

4.3.3.12.2 Die Stimmkraft in der Versammlung

Das Genossenschaftsgesetz legt fest, dass jedes Mitglied eine Stimme hat (§ 43 Abs. 3 968
Satz 1 GenG). Es ist gleichgültig, mit wie viel Kapital das Genossenschaftsmitglied an der eG beteiligt ist.

969 Die Satzung kann sog. »Mehrstimmrechte« festlegen. Allerdings ist dies auch nicht unbeschränkt möglich. In Wohnungsgenossenschaften, bei denen die Mitgliedschaft traditionell weit überwiegend aus natürlichen Personen besteht, kann die Satzung einem Mitglied bis zu drei Stimmen geben (§ 43 Abs. 3 Nr. 1 GenG, mit weiteren Einschränkungen für bestimmte Beschlussgegenstände). Die Erteilung von Mehrstimmrechten sollte jedoch auch nach dem Willen des Gesetzgebers die Ausnahme bleiben. Entsprechend kommt dies bei Wohnungsgenossenschaften so gut wie nicht vor. Das Genossenschaftsgesetz weist zu Recht darauf hin, dass Mehrstimmrechte nur dann erteilt werden »sollen«, wenn das betreffende Mitglied den Geschäftsbetrieb »besonders« fördert. Weitere Mehrstimmrechte können in Genossenschaften festgelegt werden, an denen überwiegend Unternehmen beteiligt sind (§ 43 Abs. 3 Nr. 2 und 3 GenG), was im Fall von Wohnungsgenossenschaften jedoch nicht gegeben ist.

970 Die Unabhängigkeit der Stimmkraft von der Höhe der Kapitalbeteiligung stellt einen wesentlichen Unterschied zur GmbH dar. Dies sorgt in Beratungen zur Genossenschaftsgründung nicht selten für Erstaunen unter den Gründungswilligen.

4.3.3.12.3 Ausschluss des Stimmrechts

971 Es kann sein, dass ein Genossenschaftsmitglied in der Generalversammlung nicht mit abstimmen darf, sondern sich der Stimme enthalten muss. Dies ist bei Interessenkollisionen der Fall. So gilt, dass niemand für sich oder für einen anderen das Stimmrecht ausüben kann, wenn darüber Beschluss gefasst wird, ob er oder das vertretene Genossenschaftsmitglied zu entlasten oder von einer Verbindlichkeit zu befreien ist. Gleiches gilt, wenn es um eine Beschlussfassung darüber geht, ob gegen das betreffende Mitglied bzw. die vertretene Person ein Anspruch geltend gemacht werden soll (§ 43 Abs. 6 GenG).

4.3.3.12.4 Wahlen

972 Die Wahlen in der Generalversammlung sind erfahrungsgemäß oftmals ein heikles Thema. Die Praxis lehrt: Läuft alles reibungslos und planmäßig ab, d. h. ist sich die Versammlung über einen Kandidaten beispielsweise einstimmig einig, wird hierzu auch nichts hinterfragt. Dann wird auch meistens offen abgestimmt. Besteht allerdings Streit in der eG, vor allem auch Uneinigkeit über Kandidaten, dann wird das Wahlverfahren erfahrungsgemäß sehr kritisch hinterfragt.

973 Das Wahlverfahren für die Wahl zum Aufsichtsrat ist regelmäßig in den Satzungen geregelt. Hiernach gilt Folgendes (§ 34 Abs. 4 MS):

- Wahlen zum Aufsichtsrat erfolgen aufgrund von Einzelwahlvorschlägen. Listenvorschläge sind unzulässig.

- Erfolgt die Wahl mit Stimmzetteln, so bezeichnet der Wahlberechtigte auf seinem Stimmzettel die Bewerber, die er wählen will. Dabei darf für jeden Bewerber nur eine Stimme abgegeben werden. Jeder Wahlberechtigte hat so viele Stimmen, wie Aufsichtsratsmitglieder zu wählen sind.
- Erfolgt die Wahl ohne Stimmzettel, so ist über die zu wählenden Personen einzeln abzustimmen.
- Gewählt ist, wer mehr als die Hälfte der abgegebenen gültigen Stimmen erhalten hat.
- Erhalten die Bewerber im ersten Wahlgang nicht mehr als die Hälfte der abgegebenen Stimmen, so sind im zweiten Wahlgang die Bewerber gewählt, die die meisten Stimmen erhalten. Bei Stimmengleichheit entscheidet das durch den Versammlungsleiter zu ziehende Los.

Besonders strittig ist hier die Regelung, dass im zweiten Wahlgang der Bewerber gewählt ist, der die meisten Stimmen auf sich vereinigt. Es könnte im Extremfall nämlich seine eigene Stimme sein, die den Ausschlag gibt, und zwar weit unterhalb einer Mehrheit von 50 % plus x. Dieses Defizit wird jedoch in Kauf genommen, da es oftmals schwierig ist, geeignete Kandidaten für ein Amt im Aufsichtsrat zu finden. Rechtlich ist dies noch nicht problematisiert worden – weder in der Rechtsprechung noch in der Fachliteratur. Es handelt sich aber um ein Verfahren, das den praktischen Bedürfnissen vieler Genossenschaften gerecht wird.

Letztlich wirkt das Verfahren jedenfalls für den Fall, dass es mehr Kandidaten als freie Sitze gibt. Ist die Anzahl der zu vergebenden Sitze jedoch gleich mit der Anzahl der Kandidaten, dann kommt letztlich jeder der Kandidaten in das Amt, wenn alle auf einer Liste stehen und keine ausdrückliche Neinstimme auf dem Wahlzettel vorgesehen ist. Diese Praxis kann sicherlich zumindest als bedenklich angesehen werden.

4.3.3.12.5 Verkündung des Beschluss- oder Wahlergebnisses

Von größter Wichtigkeit ist, dass der Versammlungs- und Wahlleiter das ermittelte 974
Ergebnis – nach dem Vorgang der Willensbildung – noch einmal verkündet. Dieser Akt ist wörtlich in das Protokoll aufzunehmen, da das Protokoll Beweiskraft hat und das Gegebensein des Vorgangs letztlich bestätigt. Der Bundesgerichtshof hat hierzu entschieden, dass eine Abstimmung nicht wirksam werden könne, wenn deren Ergebnis der Versammlung nicht in entsprechender Weise nochmals verkündet worden ist.[523]

Wird die Verkündung versäumt, so kann dies fatale Folgen haben. Im entschiedenen 975
Fall hatte dieser Umstand die Unwirksamkeit einer von der Generalversammlung aus-

523 BGH, Urteil v. 23.9.1996, II ZR 126/95, NJW 1997 S. 318.

gesprochenen außerordentlichen Kündigung des Anstellungsvertrags des hauptamtlichen Vorstands zur Konsequenz. Daher war der Vertrag nicht beendet worden und die vertraglichen Vergütungsansprüche des Vorstandsmitglieds bestanden weiterhin, was erhebliche finanzielle Konsequenzen für die eG hatte.

976 Auch das Ergebnis von Wahlen muss in dieser Weise nach dem Wahlvorgang nochmals verkündet werden – zusammen mit der Frage an den gewählten Kandidaten, ob er die Wahl annimmt. Daran muss der Versammlungsleiter unbedingt denken. Die große Gefahr besteht hier darin, dass dieses Vorgehen in der Hektik eines Versammlungsverlaufs manchmal wie ein überflüssige Formvorgabe erscheint. Dem ist aber nicht so. Daher empfiehlt sich folgende Formulierung:

! **Praxis-Beispiel**

»Wir haben soeben abgestimmt über ____________ (Beschlussantrag/Wahl). Hierbei wurde ein Ergebnis von ___ Ja-Stimmen und ___ Nein-Stimmen erzielt. Somit ist ___________ Entlastung erteilt (Beschlussgegenstand nennen) / Herr/Frau ___________ zum Aufsichtsrat gewählt. »
»Herr/Frau ___________, nehmen Sie diese Wahl an?»

4.3.3.12.6 Beschlussfassung zum Prüfungsbericht des Prüfungsverbands

977 Der Vorstand hat nach der gesetzlichen Anordnung den Prüfungsbericht des Prüfungsverbands bei der Berufung der nächsten Generalversammlung als »Gegenstand der Beschlussfassung« anzukündigen (§ 59 Abs. 1 GenG). Die gesetzliche Formulierung ist missverständlich. Die Generalversammlung kann durch ihre Abstimmung über den Prüfungsbericht dessen Wirksamkeit nicht beeinflussen. Ein ablehnender Beschluss der Generalversammlung würde an der Geltung des Prüfungsberichts nichts ändern. In der Mustersatzung für Wohnungsgenossenschaften ist daher statt von einer »Beschlussfassung« nur von der »Beratung« im Sinne einer Kenntnisnahme die Rede.

4.3.3.12.7 Beschlussprotokollierung

978 Es muss kein Wortprotokoll über den gesamten Verlauf der Generalversammlung erstellt werden. Das Gesetz nennt vielmehr nur die »Beschlüsse«. Über die »Beschlüsse« der Generalversammlung ist hiernach eine Niederschrift anzufertigen (§ 47 Abs. 1 Satz 1 GenG). Die Niederschrift soll nach dem Willen des Gesetzgebers zudem

- den Ort und den Tag der Versammlung,
- den Namen des Vorsitzenden,
- Art und Ergebnis der Abstimmung und
- die Feststellung des Vorsitzenden über die Beschlussfassung enthalten (§ 47 Abs. 1 Satz 2 GenG).

Sehr wichtig ist der letztgenannte Punkt: Die Ergebnisse der durchgeführten Abstimmungen, die der Versammlungsleiter während der Versammlung verkündet hat, müssen unbedingt protokolliert sein.

Bei in der Generalversammlung beschlossenen gravierenden Satzungsänderungen ist 979
der Niederschrift zudem ein Verzeichnis der erschienenen oder vertretenen Mitglieder sowie der vertretenden Personen beizufügen (§ 47 Abs. 3 Satz 1 GenG). Unter solche Satzungsänderungen fallen

- eine Erhöhung des Geschäftsanteils (§ 16 Abs. 2 Satz 1 Nr. 2 GenG),
- die Einführung oder Erweiterung einer Pflichtbeteiligung mit mehreren Geschäftsanteilen (§ 16 Abs. 2 Satz 1 Nr. 3 GenG),
- die Einführung oder Erweiterung der Verpflichtung von Mitgliedern zur Leistung von Nachschüssen (§ 16 Abs. 2 Satz 1 Nr. 4 GenG) oder
- die Verlängerung der Kündigungsfrist auf eine längere Frist als zwei Jahre (§ 16 Abs. 2 Satz 1 Nr. 5 GenG).

Von jedem erschienenen oder vertretenen Mitglied ist dessen Stimmenzahl zu vermerken (§ 47 Abs. 3 Satz 2 GenG).

Gleiches gilt, wenn der Unternehmensgegenstand wesentlich geändert wird oder die Fortsetzung der Genossenschaft bei einer Insolvenz nach § 117 GenG beschlossen wird (§ 47 Abs. 3 Satz 1 GenG).

Durch die Genossenschafts-Novelle 2006 sind in diesem Zusammenhang auch noch folgende Themen einer erheblichen Satzungsänderung hinzugekommen:

- die Einführung oder Erhöhung eines sog. »Mindestkapitals« (§ 16 Abs. 2 Satz 1 Nr.9, 8 a GenG),
- die Einschränkung des Anspruchs eines Mitglieds nach § 73 Abs. 2 Satz 2 und Abs. 4 GenG auf Auszahlung des Auseinandersetzungsguthabens (§ 16 Abs. 2 Satz 1 Nr. 10 GenG) sowie
- die Beschlussfassung über die Einführung der Möglichkeit nach § 8 Abs. 2 Satz 1 und 2, »investierende Mitglieder« zuzulassen (§ 16 Abs. 2 Satz 1 Nr. 11 GenG).

Auch hier gelten die erhöhten Anforderungen an die Niederschrift. Diese erhöhten Anforderungen an das Protokoll in den genannten Fällen sollen das außerordentliche Kündigungsrecht der Genossenschaftsmitglieder absichern, das bei Änderung der genannten Satzungsinhalte entsteht (§ 67a GenG).

Der Niederschrift sind auch die Belege der Einberufung als Anlage beizufügen (§ 47 980
Abs. 2 Satz 2 GenG). Hierdurch soll prüfbar werden, ob die Ladungsformalien beachtet wurden. Auch hier soll die Geltendmachung von Ladungsmängeln durch anfechtende Mitglieder erleichtert werden. Zu den Unterlagen der Ladung gehören somit das Ein-

ladungsschreiben bzw. das öffentliche Blatt, in dem zur Generalversammlung eingeladen wurde. Ebenfalls gehört die Tagesordnung hierzu. Die Einhaltung von Frist, Form und Inhalt der Berufung der Generalversammlung wird hierdurch überprüfbar.

981 Die Niederschrift ist vom Vorsitzenden und den anwesenden Mitgliedern des Vorstands zu unterschreiben (§ 47 Abs. 2 Satz 1 GenG). Gemeint sind die Vorstandsmitglieder, die zum Zeitpunkt der Versammlung im Amt waren, nicht jedoch die Vorstandsmitglieder, die zur Zeit der (späteren) Unterzeichnung amtieren. Die Unterschrift auch der anderen Vorstandsmitglieder hat den Zweck, dem Protokoll eine erhöhte Glaubwürdigkeit zu verleihen. Dieser Zweck wäre nicht zu erreichen, würden die neu amtierenden Vorstandsmitglieder die Unterschrift leisten, nicht aber diejenigen, die die Versammlung persönlich verfolgt hatten. Die Unterzeichnung des Protokolls ist eine Organpflicht der genannten Personen. Das bedeutet, dass die Unterzeichnung nicht einfach verweigert werden darf.

982 Manchmal entsteht in der Praxis Streit über die Frage, welcher Protokollinhalt der richtige ist. Der Inhalt des Protokolls muss der Wahrheit entsprechen. Da verschiedene Personen hin und wieder unterschiedliche Wahrheiten erkennen, kann es hier zu Problemen kommen. Niemand kann gezwungen werden, etwas zu bestätigen, was er nicht für gegeben hält. Insoweit müssten die betreffenden Personen ihre Sicht der Dinge auf dem Protokoll vermerken und diese dann unterschreiben. Der Inhalt des Protokolls ist in diesem Sinne natürlich nicht »abstimmungsfähig«.

983 In schwerwiegenden Fällen, in denen zudem eine Einigung über das Festhalten der anderen Ansichten im Protokoll nicht möglich ist, nimmt man auch ein Recht zur Verweigerung der Unterschrift an. Die Gründe für die Verweigerung der Unterschrift sollten allerdings im Protokoll vermerkt werden. Eine leichtfertige oder gar willkürliche Verweigerung der Unterschrift muss jedenfalls unterbleiben.

984 Umstritten ist, welche Folgen es hat, wenn die in der Generalversammlung gefassten Beschlüsse nicht protokolliert wurden. Eine Unwirksamkeit der Beschlüsse ergibt sich aus der rechtswidrig unterbliebenen Protokollierung nach überwiegend vertretener Ansicht wohl nicht. Die gesetzliche Pflicht zur Protokollierung wird von dieser Ansicht vielmehr als »bloßes« Ordnungsgebot zur Beweissicherung im Hinblick auf die gefassten Beschlüsse verstanden.

Allerdings ist dies in der genossenschaftsrechtlichen Fachwelt nicht die einhellige Meinung. Vereinzelt wird hierzu nämlich auch die Ansicht vertreten, dass die Beschlüsse in entsprechender Anwendung des Aktiengesetzes (§ 241 Nr. 2 AktG) nicht (nur) anfechtbar, sondern sogar nichtig sind. Um hier Rechtsunsicherheiten in der praktischen Arbeit zu vermeiden, empfiehlt sich eine möglichst genaue und vollständige Protokollierung aller gefassten Beschlüsse.

Eine Nichtigkeit der Beschlüsse ergäbe sich bei fehlender Protokollierung der Beschlüsse aber jedenfalls dann, wenn die Aufnahme der Beschlüsse in das Protokoll von der jeweils geltenden Satzung als zwingendes Formgebot vorgesehen ist (§ 6 Nr. 4 GenG). Dies ist erfahrungsgemäß in der Praxis aber eher selten der Fall und auch nicht in der Mustersatzung für Wohnungsgenossenschaften vorgesehen.

Die Aufzeichnung des Versammlungsverlaufs mit Aufnahmegeräten ohne eine nachfolgende schriftliche Fixierung wird in der Fachliteratur zu Recht als nicht ausreichend angesehen, da das Erfordernis der Unterschrift des Protokolls hierbei nicht erfüllbar wäre. Eine Tonbandaufnahme reicht selbst dann nicht aus, wenn alle Versammlungsteilnehmer mit der Vorgehensweise einverstanden wären. Denn auch durch vollständig übereinstimmende Willensbekundung der Genossenschaftsmitglieder (was im Übrigen unrealistisch sein dürfte) können die zwingenden Vorschriften des GenG nicht ausgehebelt werden. Zudem erscheint eine ausschließliche Fixierung des Versammlungsverlaufs durch Tonaufnahmen nicht praktikabel, da einzelne Stellen des Protokolls aus den Aufnahmen schwerer auffindbar sein dürften als bei schriftlicher Fixierung. 985

Die rechtliche Wirkung des Protokolls besteht darin, dass bis zum Beweis des Gegenteils vermutet wird, dass die im Protokoll dokumentierten Vorgänge auch wirklich so stattgefunden haben. Die Vermutungswirkung ist hierbei allerdings keine unumstößliche. Sie kann vielmehr durch geeigneten Tatsachenvortrag und Beweisführung mithilfe anderer Beweismittel (z. B. Zeugen usw.) widerlegt werden. Allerdings werden die Hürden für eine Beweisführung gegen die Vermutungswirkung des Protokolls sehr hoch liegen. 986

4.3.4 Nach der Versammlung: Beschlussanfechtung

Beschlüsse der Generalversammlung unterliegen der Anfechtung (§ 51 GenG). Die Anfechtung ist fristgebunden (Klageerhebung binnen einem Monat) und muss begründet werden. In Betracht kommen hierbei die Verletzung des Gesetzes oder der Satzung. Wegen »Unzweckmäßigkeit« kann ein Beschluss nicht angefochten werden. Allerdings könnte der Beschluss natürlich auch wegen einer Verletzung ungeschriebener Rechtsgrundsätze aus dem Genossenschaftsrecht, z. B. Gleichbehandlungsgrundsatz oder Treuegebot, angefochten werden. Es muss gegen die eG geklagt werden. Die eG wird hierbei durch den Vorstand, sofern dieser nicht selbst klagt, und durch den Aufsichtsrat, sofern dieser ebenfalls nicht selbst klagt, vertreten – dies bedeutet, dass die eG durch beide Organe zusammen vertreten wird. 987

Zuständig ist ausschließlich das Landgericht (LG), in dessen Bezirk die eG ihren Sitz hat. Auf den Streitwert kommt es hier, anders als im Fall eines Ausschließungsverfahrens, nicht an. Die Erhebung der Klage sowie der Termin zur mündlichen Verhandlung 988 sind vom Vorstand unverzüglich in den für die Bekanntmachung der eG bestimmten Blättern zu veröffentlichen. Dies ist ein Fall, in dem das Genossenschaftsgesetz selbst ein Veröffentlichungsblatt vorschreibt (§ 6 Nr. 5 GenG).

Ist der Beschluss in das Genossenschaftsregister eingetragen, hat der Vorstand das Urteil – im Fall der Nichtigerklärung des Beschlusses durch das Gericht – dort einzureichen und dessen Eintragung zu beantragen.

Soweit der Beschluss rechtskräftig durch Urteil für nichtig erklärt wird, wirkt dieses Urteil auch gegenüber den Mitgliedern der eG, die nicht Partei des Verfahrens waren.

989 Zur Anfechtung befugt ist jedes in der Generalversammlung erschienene Mitglied, sofern es gegen den Beschluss Widerspruch zu Protokoll gegeben hat. Der Widerspruch im Protokoll ist aber nicht zwingende Voraussetzung. Es würde genügen, wenn der Nachweis eines Widerspruchs anderweitig vom anfechtenden Mitglied geführt werden könnte. Wenn das anfechtende Mitglied nicht erschienen ist, weil es zur Generalversammlung unberechtigterweise nicht zugelassen worden war, ist der Widerspruch natürlich erst recht entbehrlich.

990 Nach der Neuregelung seit der Genossenschaftsnovelle 2006 sind ferner der Vorstand und der Aufsichtsrat – jeweils als Gesamtorgan zu verstehen – zur Anfechtung berechtigt. Ebenso ist jedes Mitglied des Vorstands und Aufsichtsrats einzeln hierzu berechtigt, sofern es durch die Ausführung des Beschlusses eine strafbare Handlung oder eine Ordnungswidrigkeit begehen würde oder ersatzpflichtig werden würde (§ 51 Abs. 2 Satz 2 GenG).

Beispiele für eine **Anfechtbarkeit** von Generalversammlungsbeschlüssen sind:[524]

! **Praxis-Beispiel**

- Einberufungsmängel, sofern eine Generalversammlung immer noch vorliegt,
- Einberufung an einen unzulässigen Ort und zu einer unzulässigen Zeit,
- Nichteinhaltung der Einberufungsfrist,
- Mängel bei der Beschreibung von Tagesordnungspunkten in der Ankündigung (das völlige Fehlen der Ankündigung führt im Zweifel zur Nichtigkeit des Beschlusses; Ausnahme: alle sind erschienen und stimmen der Handhabung zu),
- unzulässige Beeinflussung der Abstimmung,
- unsachgemäße Entlastung von Organmitgliedern,
- Wahl eines Aufsichtsrats aufgrund von Vorschlägen des Vorstands,
- Mitzählen der Stimmen von Nichtmitgliedern,
- unangemessene Beschränkung der Redezeit.

524 Lang/Weidmüller/*Holthaus/Lehnhoff*, GenG, § 51 Rn. 27.

4.3.5 Besonderheiten der Vertreterversammlung auf einen Blick

Da im Fall des Bestehens einer Vertreterversammlung die Genossenschaftsmitglieder, 991
die nicht Vertreter sind, von der Versammlung ausgeschlossen sind, ergeben sich zur Vertreterversammlung Besonderheiten:

Besteht in der eG eine Vertreterversammlung, so können auch die Genossenschafts- 992
mitglieder, die dieser nicht als Vertreter angehören, über ihr Minderheitenrecht eine Vertreterversammlung einberufen (§ 45 Abs. 1 Satz 2 und Satz 1 GenG). Diese Mitglieder haben dann auch ein Teilnahmerecht an der einberufenen Vertreterversammlung, und zwar mit Rede- und Antragsrecht (§ 45 Abs. 1 Satz 2 GenG). Die Satzung kann bestimmen, dass das Rede- und Antragsrecht dieser Genossenschaftsmitglieder in der Vertreterversammlung jedoch nur von einem oder mehreren dieser teilnehmenden Mitglieder, d. h. von aus ihrem Kreis gewählten Bevollmächtigten, ausgeübt werden kann (§ 45 Abs. 1 Satz 3 GenG). Dies gilt in gleicher Weise für den Fall, dass die Genossenschaftsmitglieder über ihr Minderheitenrecht verlangen, dass bestimmte Gegenstände zur Beschlussfassung in diese Vertreterversammlung aufgenommen werden (§ 45 Abs. 2 Satz 1 GenG).

Die Tagesordnung einer Vertreterversammlung muss allen Mitgliedern bekanntge- 993
macht werden (§ 46 Abs. 1 Satz 3 GenG), und zwar

- durch Veröffentlichung in den Genossenschaftsblättern oder
- im Internet unter der Adresse der eG oder
- durch unmittelbare schriftliche Benachrichtigung.

Jedem Mitglied ist auf Verlangen eine Abschrift der Niederschrift einer Vertreterver- 994
sammlung unverzüglich zur Verfügung zu stellen (§ 47 Abs. 4 Satz 2 GenG). Das OLG Nürnberg entschied zu diesem Punkt, dass dieses Recht kein besonderes Rechtsschutzinteresse voraussetze, und zwar auch dann nicht, wenn es sich um länger zurückliegende Vertreterversammlungen handelt und der Antragsteller in dieser Zeit gar nicht Mitglied der eG war. Lediglich bei erkennbarem Rechtsmissbrauch könne das Abschriftsrecht ausnahmsweise versagt werden.[525]

Als Vertreter kann jede natürliche, unbeschränkt geschäftsfähige Person, die Mitglied 995
der eG ist und nicht dem Vorstand oder Aufsichtsrat angehört, gewählt werden (§ 43a Abs. 2 Satz 1 GenG). Ist ein Mitglied der eG eine juristische Person oder eine Personengesellschaft, können natürliche Personen, die zu deren gesetzlicher Vertretung befugt sind, als Vertreter gewählt werden (§ 43a Abs. 2 Satz 2 GenG).

525 OLG Nürnberg, Urteil v. 6.11.2013, 12 W 1484/13, NZG 2013 S. 1396.

996 Die Vertreterversammlung besteht aus mindestens 50 Vertretern, die von den Mitgliedern der eG gewählt werden (§ 43a Abs. 3 Satz 1 GenG). Die Vertreter können nicht durch Bevollmächtigte vertreten werden (§ 43a Abs. 3 Satz 2 GenG). Mehrstimmrechte können den Vertretern nicht eingeräumt werden (§ 43a Abs. 3 Satz 3 GenG). Die Vertreter werden in allgemeiner, unmittelbarer, gleicher und geheimer Wahl gewählt, wobei Mehrstimmrechte unberührt bleiben (§ 43a Abs. 4 Satz 1 GenG). Für die Vertretung von Mitgliedern bei der Wahl gilt § 43 Abs. 4 und 5 GenG (Ausübung des Stimmrechts, Stimmrechtsvertretung) entsprechend (§ 43a Abs. 4 Satz 2 GenG). Kein Vertreter kann für längere Zeit als bis zur Beendigung der Vertreterversammlung gewählt werden, die über die Entlastung der Mitglieder des Vorstands und des Aufsichtsrats für das vierte Geschäftsjahr nach dem Beginn der Amtszeit beschließt (§ 43a Abs. 4 Satz 3 GenG). Die Satzung muss weitere Bestimmungen treffen, nämlich auf wie viele Mitglieder ein Vertreter entfällt, und die Amtszeit der Vertreter im gegebenen Rahmen festlegen (§ 43a Abs. 4 Satz 5 GenG). Eine Zahl von 150 Mitgliedern ist in jedem Fall ausreichend, um einen Wahlvorschlag einreichen zu können (§ 43a Abs. 4 Satz 6 GenG).

997 Nähere Bestimmungen über das Wahlverfahren einschließlich der Feststellung des Wahlergebnisses können in einer Wahlordnung getroffen werden, die von Vorstand und Aufsichtsrat aufgrund übereinstimmender Beschlüsse erlassen wird (§ 43a Abs. 4 Satz 7 GenG). Die Wahlordnung bedarf der Zustimmung der Generalversammlung (§ 43a Abs. 4 Satz 8 GenG).

Der BGH hatte im Jahr 2013 entschieden, dass eine Wahlordnung für die Wahl zur Vertreterversammlung bestimmen könne, dass Kandidaten nicht zugleich Mitglied des Wahlvorstands oder Wahlhelfer sein können. Hierdurch werde weder das passive Wahlrecht (§ 43a Abs. 2 Satz 1 GenG) noch der Grundsatz der allgemeinen Wahl (§ 43a Abs. 4 Satz 1 1. Halbsatz GenG) eingeschränkt.[526] Der BGH führte weiter aus: Sehen Satzung und Wahlordnung zur Vertreterwahl einer eG vor, dass Wahlvorschläge zu ihrer Wirksamkeit 20 Unterstützungsunterschriften benötigen, so verstößt dies bei einer eG mit mehr als 70.000 Mitgliedern und einer auf Wahrung der Gleichheit des Wahlrechts ausgerichteten Einteilung der Wahlbezirke nicht gegen die Grundsätze der allgemeinen und gleichen Wahl. Dies gilt auch dann, wenn nach der Wahlordnung auch ein Wahlvorschlagsrecht des Wahlvorstands besteht, dessen Wahlvorschläge ohne Unterstützung wirksam sind. In der Wahlordnung zur Vertreterversammlung einer eG kann dem Wahlvorstand jedenfalls dann ein Wahlvorschlagsrecht eingeräumt werden, wenn ihm ausschließlich Mitglieder der eG angehören, die mehrheitlich von der Vertreterversammlung oder Generalversammlung gewählt werden, und wenn es auch den anderen Mitgliedern möglich ist, Wahlvorschläge zu unterbreiten.

526 BGH, Urteil v. 15.1.2013, II ZR 83/11, NZG 2013 S. 390.

Fällt ein Vertreter vor Ablauf der Amtszeit aus, muss ein Ersatzvertreter an seine Stelle treten (§ 43a Abs. 5 Satz 1 GenG). Seine Amtszeit erlischt spätestens mit Ablauf der Amtszeit des weggefallenen Vertreters (§ 43a Abs. 5 Satz 2 GenG). Auf die Wahl des Ersatzvertreters sind die für den Vertreter geltenden Vorschriften anzuwenden (§ 43a Abs. 5 Satz 3 GenG). 998

Eine Liste mit den Namen und Anschriften der gewählten Vertreter und Ersatzvertreter ist mindestens zwei Wochen lang in den Geschäftsräumen der eG und ihren Niederlassungen zur Einsichtnahme für die Mitglieder auszulegen (§ 43a Abs. 6 Satz 1 GenG). Durch das »Transparenz- und Bürokratieabbaugesetz« 2017 gibt es an dieser Stelle Neuerungen: Die Liste kann bis zum Ende der Amtszeit der Vertreter auch auf der Internetseite der eG zugänglich gemacht werden. Es ist zudem die Möglichkeit der Angabe einer E-Mail-Adresse in dieser Liste in das Genossenschaftsgesetz aufgenommen worden. Die Auslegung oder die Zugänglichkeit im Internet ist in einem öffentlichen Blatt bekannt zu machen (§ 43a Abs. 6 Satz 2 GenG). Die Auslegungsfrist oder die Frist für die Zugänglichmachung im Internet beginnt mit der Bekanntmachung (§ 43a Abs. 6 Satz 3 GenG). Jedes Mitglied kann jederzeit eine Abschrift der Liste der Vertreter und Ersatzvertreter verlangen; hierauf ist in der Bekanntmachung hinzuweisen (§ 43a Abs. 6 Satz 4 GenG). 999

Die Vertreter üben ihr Mandat weisungsfrei aus.[527] Sie sind auch nicht ihrem Wahlbezirk gegenüber verpflichtet.[528] Sie müssen ihr Amt eigenverantwortlich und uneigennützig ausüben.[529] Im Fall von Interessenkollisionen sind die Vertreter von der Stimmabgabe ausgeschlossen, und zwar nach vertretener Ansicht[530] auch über die Fälle des § 43 Abs. 6 GenG hinaus (Entlastung/Befreiung von einer Schuld). Sie sind treuhänderisch im Interesse der eG, jedoch weisungsfrei und auf dieser Grundlage wenigstens mittelbar auch im – idealerweise zumindest unterstellten – Gesamtinteresse aller Genossenschaftsmitglieder tätig.[531] Die Vertreter üben ihr Amt nur in der Vertreterversammlung aus, nicht jedoch außerhalb.[532] Die Vertreter müssen ihr Amt gewissenhaft ausüben, wozu auch die regelmäßige Teilnahme an den Vertreterversammlungen gehört und die sachgerechte Mitwirkung bei Abstimmungen.[533] 1000

527 Lang/Weidmüller/*Holthaus/Lehnhoff*, GenG, § 43a Rn. 61; Pöhlmann/*Fandrich*/Bloehs, GenG, § 43a Rn. 21; Beuthien/*Beuthien*, GenG, § 43a Rn. 5; Bauer, Genossenschafts-Handbuch, § 43a Rn. 82; Hillebrand/Keßler, GenG, § 43a Rn. 30; a. A. Müller, GenG, § 43a Rn. 57, der offenbar zumindest dann von der Möglichkeit einer Bindung an den Wählerwillen ausgeht, wenn dies dem Interesse der eG nicht widerspricht; jedoch heute nicht mehr vertretbar.

528 Lang/Weidmüller/*Holthaus/Lehnhoff*, GenG, § 43a Rn. 61.

529 Beuthien/*Beuthien*, GenG, § 43a Rn. 5.

530 Lang/Weidmüller/*Holthaus/Lehnhoff*, GenG, § 43a Rn. 63, unter Verweis auf: Müller, GenG, § 43a Rn. 49.

531 Sinngemäß wohl ebenso: Pöhlmann/*Fandrich*/Bloehs, GenG, § 43a Rn. 21; Lang/Weidmüller/*Holthaus/Lehnhoff*, GenG, § 43a Rn. 61.

532 Lang/Weidmüller/*Holthaus/Lehnhoff*, GenG, § 43a Rn. 61.

533 Lang/Weidmüller/*Holthaus/Lehnhoff*, GenG, § 43a Rn. 64.

1001 Vertreter können nach den allgemeinen Vorschriften (§§ 280, 823 ff. BGB) auf Schadensersatz haften. Umstritten ist, ob es hierbei bleibt oder ob auch eine Haftung nach § 34, 41 GenG (Organhaftung bei Vorstand und Aufsichtsrat analog) in Betracht kommt. Nach der hier vertretenen Ansicht wäre die »echte« Organhaftung zu streng und ist letztlich auch vom Ansatz her nicht für das Vertreteramt konzipiert, selbst wenn dieses Organqualität hat. Die Vertreterversammlung soll bei mitgliederstarken Genossenschaften eine Vereinfachung der Abläufe der Generalversammlung bewirken. Würde man die Vertreter jedoch der strengen Haftung, wie sie den Organen Vorstand und Aufsichtsrat zukommt, unterwerfen, so wären diese im Vergleich zu den Teilnehmern einer Generalversammlung erheblich schlechter gestellt, da die Teilnehmer der Generalversammlung jedenfalls nicht nach § 34 GenG analog haften. Hierfür gibt es aber keinen nachvollziehbaren Grund. Die Rechtsform der eG ist auch aus ihrer historischen Entstehung heraus die Rechtsform der »wirtschaftlichen Laien«. Das bedeutet, dass diese auch einen entsprechenden Schutz vor kaufmännischen Anforderungen genießen können müssen. Es gibt die Vertreterversammlung nicht deswegen, weil sich die Haftung für einzelne Genossenschaftsmitglieder, nämlich für diejenigen, die ein Vertreteramt innehaben, erhöhen soll. Die in der Geschichte der Genossenschaften schon im ausgehenden 19. Jahrhundert eingeführte Möglichkeit, eine Nachschusspflicht auszuschließen, unterstreicht die legitime Schutzbedürftigkeit von Genossenschaftsmitgliedern, zumindest wenn diese nicht in Vorstand oder Aufsichtsrat tätig sind. Von der Generalversammlung kann der Rechtsverkehr keinen besonderen Sachverstand im Sinne der kaufmännischen Sorgfaltspflichten erwarten und von der Vertreterversammlung, die allein wegen der Anzahl der Genossenschaftsmitglieder eingerichtet ist, auch nicht.

5 Auflösung und Abwicklung (Liquidation) der Genossenschaft

5.1 Gründe der Auflösung einer Wohnungsgenossenschaft

Im Genossenschaftsgesetz und in anderen Rechtsvorschriften findet sich eine Vielzahl von Gründen, die zur Auflösung einer Genossenschaft führen. Dazu gehören insbesondere[1]: 1002

- Beschluss der Generalversammlung (§ 78 GenG),
- Zeitablauf (§ 79 GenG),
- gerichtliche Entscheidung (§§ 54a Abs. 2 Satz 1; 80 GenG),
- Antrag der obersten Landesbehörde (§ 81 GenG),
- Insolvenz (§ 81a GenG),
- Eröffnung des Insolvenzverfahrens (§ 101 GenG).

Im Fall der Umwandlung einer eG, insbesondere einer Verschmelzung (§ 2 ff. UmwG), findet keine eigentliche Auflösung im Sinne des Gesetzes statt, weil die Vereinigung der Genossenschaft, z. B. mit einer anderen eG, ohne Liquidation erfolgt («... unter Auflösung ohne Abwicklung ...«, § 2 UmwG).[2]

Nachfolgend wird auf die wichtigsten Punkte eingegangen, die bei der Auflösung und Abwicklung einer eG durch Beschluss der Generalversammlung und durch Eröffnung des Insolvenzverfahrens zu beachten sind. Darüber hinaus wird die Verschmelzung unter Beteiligung von zwei Genossenschaften erläutert. 1003

5.2 Auflösung durch Beschluss der Generalversammlung

5.2.1 Anforderungen nach Gesetz und Satzung

Eine Genossenschaft kann jederzeit durch Beschluss der Generalversammlung aufgelöst werden. Das Genossenschaftsgesetz verlangt dafür lediglich, dass der Beschluss mit einer Mehrheit von mindestens drei Vierteln der abgegebenen Stimmen zustande kommt (§ 78 Abs. 1 Satz 1 GenG). 1004

1 Siehe dazu auch Beuthien/*Beuthien*, GenG, § 78 Rn. 1 ff.
2 Lang/Weidmüller/*Holthaus/Lehnhoff*, GenG, § 2 UmwG Rn. 4.

1005 Durch eine Regelung in der Satzung kann die Auflösung aber erschwert werden, indem weitere Anforderungen, d. h. eine größere Mehrheit oder weitere Erfordernisse erfüllt sein müssen (§ 78 Abs. 1 Satz 2 GenG). So können nach der Mustersatzung Beschlüsse über die Auflösung nur gefasst werden, wenn mindestens die Hälfte aller Mitglieder in der Mitgliederversammlung anwesend oder vertreten ist (§ 36 Abs. 3 Satz 1 MS). Dieses weitere Erfordernis (i. S. d. § 78 Abs. 1 Satz 2 GenG) gilt nach der Mustersatzung aber nicht für die Auflösung der Genossenschaft durch Umwandlung oder Spaltung sowie ebenfalls nicht für die Umwandlung durch Formwechsel (§ 36 Abs. 3 Satz 1 i. V. m. Abs. 2 Buchst. d MS).

1006 Wenn diese Mindestzahl der Hälfte der anwesenden bzw. vertretenen Mitglieder nicht erreicht wird, muss erneut eine Mitgliederversammlung einberufen werden. Dabei ist die satzungsmäßige Einladungsfrist einzuhalten. Außerdem muss diese Mitgliederversammlung spätestens vier Wochen nach der ersten Versammlung stattfinden. Diese weitere Mitgliederversammlung kann dann mit einer Mehrheit von drei Vierteln der abgegebenen Stimmen unabhängig von der Zahl der anwesenden Mitglieder die Auflösung der Genossenschaft beschließen. In der Einladung für diese weitere Versammlung muss aber ausdrücklich darauf hingewiesen werden, dass in dieser Versammlung nicht mindestens die Hälfte der Mitglieder anwesend sein muss (§ 36 Abs. 3 Sätze 2 u. 3 MS).

5.2.2 Praktische Umsetzung

1007 Bei der Formulierung des Tagesordnungspunkts und des Beschlussvorschlags für die Generalversammlung empfiehlt es sich, möglichst genau den entsprechenden Wortlaut der Satzung oder der anzuwendenden gesetzlichen Vorschriften zu verwenden.[3]

Der Tagesordnungspunkt sowie der Beschlussvorschlag der Generalversammlung, die über die Auflösung der Genossenschaft beschließen soll, könnten wie folgt formuliert werden:

!

Muster: TOP und Beschlussvorschlag zur Genossenschaftsauflösung

TOP ___: Beschluss über die Auflösung der Genossenschaft (§ ___ der Satzung).
Beschlussvorschlag zu TOP ___
Die Generalversammlung beschließt die Auflösung der Genossenschaft.

1008 Bereits mit dem Zustandekommen des entsprechenden Beschlusses tritt die Auflösung der Genossenschaft ein; auf die vorzunehmende Eintragung im Genossenschafts-

3 Dies gilt auch für die übrigen Tagesordnungspunkte der Generalversammlung und der Sitzungen von Aufsichtsrat und Vorstand.

register kommt es deshalb nicht an. Möglich ist aber auch, stattdessen einen späteren, d. h. zukünftigen Auflösungszeitpunkt im Beschluss festzulegen. Dagegen ist eine rückwirkende Auflösung der Genossenschaft nicht möglich.[4]

5.2.3 Eintragung der Auflösung im Genossenschaftsregister und Bekanntmachung

Der von der Generalversammlung gefasste Auflösungsbeschluss ist durch den Vorstand – d. h. durch die Vorstandsmitglieder in vertretungsberechtigter Zahl[5] – unverzüglich zur Eintragung in das Genossenschaftsregister anzumelden (§ 78 Abs. 2 GenG).[6] Der Auflösungsbeschluss ist der Anmeldung zum Nachweis der Auflösung beizufügen.[7] Durch das Gericht ist dann ohne Verzug die Auflösung der eG in das Genossenschaftsregister einzutragen (§§ 82 Abs. 1 GenG, 20 GenRegVO). Die Eintragung hat nur rechtsbekundende Wirkung, d. h. deklaratorische Bedeutung. Die Auflösung der Genossenschaft tritt schon mit dem Zustandekommen des Beschlusses oder zu dem dabei festgelegten späteren Zeitpunkt ein (siehe Rn. 1008). 1009

Die Auflösung der Genossenschaft muss außerdem von den Liquidatoren (siehe Rn. 1013) bekannt gemacht werden, und zwar durch die Bekanntmachungsblätter[8] der eG (§ 82 Abs. 2 Satz 1 GenG). In der Bekanntmachung sind zugleich die Gläubiger aufzufordern, sich bei der eG zu melden, um ihre Forderungen geltend zu machen (§ 82 Abs. 2 Satz 2 GenG). Darüber hinaus ist eine besondere Aufforderung an die einzelnen Gläubiger nicht erforderlich.[9] Meldet sich ein Gläubiger, der der eG bekannt ist, auf die Bekanntmachung nicht, so ist der geschuldete Betrag beim Amtsgericht zu hinterlegen (§ 90 Abs. 2 Satz 1 GenG).[10] 1010

Forderungen, die unstreitig und fällig sind, müssen sofort durch Erfüllung (§ 362 BGB) beglichen werden.[11] Dagegen muss für Forderungen, deren Berichtigung zurzeit nicht ausführbar ist oder die zwischen der eG und dem Gläubiger strittig sind, Sicherheit geleistet werden (§ 90 Abs. 2 Satz 2 GenG). 1011

4 Siehe dazu insgesamt Hillebrand/Keßler/*Herzberg*, GenG, § 78 Rn. 3 m. w. N.
5 U. a. Beuthien/*Beuthien*, GenG, § 78 Rn. 10; Hillebrand/Keßler/*Herzberg*, GenG, § 78 Rn. 4.
6 Siehe u. a. Hillebrand/Keßler/*Herzberg*, GenG, § 78 Rn. 4 m. w. N.
7 Beuthien/*Beuthien*, GenG, § 78 Rn. 10; Hillebrand/Keßler/*Herzberg*, GenG, § 78 Rn. 4.
8 Siehe dazu Kapitel 1 Fn. 8.
9 Hillebrand/Keßler/*Herzberg*, GenG, § 82 Rn. 2.
10 Siehe zur Hinterlegung im Einzelnen §§ 372 ff. BGB.
11 Beuthien/*Beuthien*, GenG, § 90 Rn. 5; Hillebrand/Keßler/*Kühnberger*, GenG, § 90 Rn. 4.

1012 Durch die Bekanntmachung wird das sog. Sperrjahr in Kraft gesetzt. Vor der Tilgung oder Deckung der Schulden und vor Ablauf eines Jahres seit der Bekanntmachung des Gläubigeraufrufs darf eine Verteilung des Vermögens unter die Mitglieder nicht vollzogen werden (§ 90 Abs. 1 GenG).[12] Das Sperrjahr muss auch dann eingehalten werden, wenn offensichtlich alle Gläubiger bekannt und berücksichtigt worden sind.[13]

5.2.4 Abwicklung (Liquidation)

5.2.4.1 Bestellung von Liquidatoren

1013 Die Liquidation der Genossenschaft erfolgt grundsätzlich durch den Vorstand. Durch die Satzung oder einen Beschluss der Generalversammlung kann die Liquidation aber auch anderen Personen übertragen werden (§ 83 Abs. 1 GenG). Nicht nur natürliche Personen, sondern auch juristische Person können Liquidator sein (§ 83 Abs. 2 GenG). Das bedeutet, dass auch eine (andere) Wohnungsbaugenossenschaft oder -gesellschaft Liquidator einer aufgelösten eG sein kann.

1014 Die (ersten) Liquidatoren sind ebenfalls vom Vorstand zur Eintragung in das Genossenschaftsregister anzumelden (siehe zu den Einzelheiten § 84 GenG).

5.2.4.2 Aufgaben der Liquidatoren

1015 Die Liquidatoren einer Genossenschaft haben folgende Aufgaben (§ 88 Satz 1 GenG):

- Beendigung der laufenden Geschäfte,
- Erfüllung der Verpflichtungen der aufgelösten eG,
- Einziehung der Forderungen und Umsetzung des Vermögens der Genossenschaft in Geld sowie
- gerichtliche und außergerichtliche Vertretung der eG.

1016 Die Beendigung der laufenden Geschäfte muss grundsätzlich nach den gleichen Maßstäben erfolgen, die auch gelten, wenn keine Liquidation stattfindet. Das Ziel der Liquidation ist, so gut wie möglich das Vermögen der eG zu verwerten.[14] Zur Beendigung schwebender Geschäfte können die Liquidatoren auch neue Geschäfte eingehen (§ 88 Satz 2 GenG).

12 Siehe zu den Einzelheiten der Vermögensverteilung §§ 91, 92 GenG.
13 Beuthien/*Beuthien*, GenG, § 90 Rn. 4.
14 Beuthien/*Beuthien*, GenG, § 88 Rn. 2.

Praxis-Beispiel !

Der Liquidator vergibt einen Bauauftrag, um Mängel an einem neu erstellten Reihenhaus der eG, das verkauft werden soll, beseitigen zu lassen.

Die Liquidatoren müssen für den Beginn der Liquidation eine Bilanz (sog. Eröffnungsbilanz) aufstellen und in den Bekanntmachungsblättern der eG veröffentlichen (§ 89 Sätze 2, 3 GenG). Die Bekanntmachung muss beim Genossenschaftsregister eingereicht werden (§ 89 Satz 3 GenG). Während der Liquidation ist für den Schluss eines jeden Jahres ein Jahresabschluss und ggf. ein Lagebericht aufzustellen (§ 89 Satz 2 GenG). 1017

Zur Erfüllung ihrer Aufgaben weist das Genossenschaftsgesetz den Liquidatoren im Wesentlichen die Rechte und Pflichten der Vorstandsmitglieder zu. Dabei werden sie – wie die Vorstandsmitglieder – vom Aufsichtsrat überwacht (§ 89 Satz 1 GenG). Die Genossenschaft muss also auch während der Liquidation – neben der Generalversammlung und dem Vorstand – einen Aufsichtsrat haben. 1018

5.2.5 Folgen des Auflösungsbeschlusses

Nach der Auflösung ist es nicht mehr möglich, durch Austritt aus der eG auszuscheiden.[15] Das Genossenschaftsgesetz sieht darüber hinaus vor, dass ein Ausscheiden als nicht erfolgt gilt und somit die Mitgliedschaft wiederauflebt, wenn die eG innerhalb von sechs Monaten nach dem Ausscheiden des Mitglieds aufgelöst wird (§ 75 Satz 1 GenG). Der Grund besteht darin, dass ein Mitglied nicht die Möglichkeit haben soll, sich den Folgen der Liquidation durch ein Ausscheiden kurz vor der Auflösung der eG zu entziehen.[16] 1019

Während der Liquidation darf die eG auch keine neuen Mitglieder mehr aufnehmen, weil die Abwicklung Vorrang vor der Förderung der Mitglieder hat. Ebenso ist ausgeschlossen, dass die Mitglieder in diesem Zeitraum weitere freiwillige Geschäftsanteile übernehmen.[17] Nach der Auflösung der eG sind auch die Erhöhung des Geschäftsanteils und der Haftsumme ausgeschlossen (§ 87b GenG). Die Mitglieder müssen aber auch während der Liquidation fällige, d. h. rückständige Zahlungen auf bereits übernommene Geschäftsanteile leisten.[18] Wenn während der Liquidation die Überschuldung der eG festgestellt wird, kann die Generalversammlung beschließen, dass die Mitglieder, die ihren Geschäftsanteil noch nicht voll eingezahlt haben, zu weiteren Ein- 1020

15 Beuthien/*Beuthien*, GenG, § 87 Rn. 2.
16 Beuthien/*Beuthien*, GenG, § 75 Rn. 1.
17 Beuthien/*Beuthien*, GenG, § 87 Rn. 2; Hillebrand/Keßler/*Kühnberger*, GenG, § 87 Rn. 3.
18 Beuthien/*Beuthien*, GenG, § 87 Rn. 2.

zahlungen auf ihren Geschäftsanteil verpflichtet sind, soweit dies zur Deckung des Fehlbetrags aus der Bilanz notwendig ist (§ 87a Abs. 1 GenG). Die Generalversammlung kann darüber hinaus auch unter bestimmten Voraussetzungen beschließen, dass die Mitglieder nach dem Verhältnis ihrer Geschäftsanteile weitere Zahlungen zur Deckung des Fehlbetrags leisten müssen (siehe im Einzelnen § 87a Abs. 2 GenG).

5.3 Auflösung durch Eröffnung des Insolvenzverfahrens

5.3.1 Insolvenzgründe

1021 § 101 GenG schreibt vor, dass die Genossenschaft durch Eröffnung des Insolvenzverfahrens aufgelöst wird.[19]

Grundsätzlich findet die Insolvenzordnung auch im Fall der Insolvenz einer Genossenschaft Anwendung. Besondere Regelungen sieht daneben aber das Genossenschaftsgesetz vor (§§ 98 bis 118 GenG).

1022 Neben der Zahlungsunfähigkeit bzw. der drohenden Zahlungsunfähigkeit (siehe dazu §§ 17, 18 InsO) gilt für Genossenschaften die Überschuldung als Grund für die Eröffnung des Insolvenzverfahrens – abweichend von § 19 Abs. 1 der Insolvenzordnung – nur unter folgenden Voraussetzungen (§ 98 GenG):

- Die Mitglieder haben Nachschüsse bis zu einer Haftsumme zu leisten und die Überschuldung übersteigt 1/4 des Gesamtbetrags der Haftsumme aller Genossen,
- die Mitglieder haben keine Nachschüsse zu leisten oder
- die Genossenschaft ist aufgelöst (durch Beschluss der Generalversammlung gemäß §§ 78 ff. GenG).

5.3.2 Antragspflicht auf Eröffnung des Insolvenzverfahrens

1023 Wird eine juristische Person zahlungsunfähig oder überschuldet, haben die Mitglieder des Vertretungsorgans oder die Abwickler ohne schuldhaftes Zögern, spätestens aber drei Wochen nach Eintritt der Zahlungsunfähigkeit oder Überschuldung, einen Eröffnungsantrag zu stellen (§ 15a Abs. 1 Satz 1 InsO). Die Dreiwochenfrist ist eine Höchstfrist und darf daher nur dann voll ausgeschöpft werden, wenn dafür triftige Gründe

19 Die Auflösung der eG nach § 81a GenG kommt dagegen entweder mit der Rechtskraft des Beschlusses, durch den die Eröffnung des Insolvenzverfahrens mangels Masse abgelehnt worden ist (§ 81a Nr. 1 GenG) oder durch die Löschung wegen Vermögenslosigkeit nach § 394 des Gesetzes über das Verfahren in Familiensachen und in den Angelegenheiten der freiwilligen Gerichtsbarkeit (FamFG) (§ 81a Nr. 2 GenG) in Betracht.

vorliegen. Wenn von Anfang an feststeht oder sich vor Ablauf der Frist herausstellt, dass keine ernsthaften Erfolgsaussichten für eine außergerichtliche Sanierung bestehen, muss umgehend der Insolvenzantrag gestellt werden.[20]

5.3.3 Zahlungsverbot bei Zahlungsunfähigkeit oder Überschuldung

Der Vorstand darf grundsätzlich einer eG keine Zahlungen mehr leisten, sobald die eG 1024 zahlungsunfähig geworden ist oder die Voraussetzungen des Insolvenzgrunds der Überschuldung nach § 98 GenG vorliegen (§ 99 Satz 1 GenG). In der Literatur wird die Ansicht vertreten, dass dieses Verbot zwar in erster Linie Geldleistungen erfasst, dass der Vorstand aber auch nicht berechtigt ist, durch sonstige Leistungen das Genossenschaftsvermögen zu verringern.[21]

§ 34 Abs. 3 Nr. 4 GenG schreibt zudem für die Genossenschaft vor, dass die Mitglieder 1025 des Vorstands namentlich zum Ersatz verpflichtet sind, wenn entgegen diesem Gesetz oder der Satzung Zahlungen geleistet werden, nachdem die Zahlungsunfähigkeit der Genossenschaft eingetreten ist oder sich eine Überschuldung ergeben hat, die für die Genossenschaft nach § 98 Grund für die Eröffnung des Insolvenzverfahrens ist (siehe Rn. 1022).

Das grundsätzliche Verbot, nach Eintritt der Insolvenzreife Zahlungen zu leisten, ist 1026 auch zu beachten, wenn steuerbefreite Wohnungsgenossenschaften – wie es in der Praxis vorkommt – als Alleingesellschafterin Gesellschaften in der Rechtsform der GmbH gegründet haben, um sog. steuerschädliche Rechtsgeschäfte durch die Tochtergesellschaft betreiben zu lassen (siehe Rn. 93). Neben den gesellschaftsrechtlichen Stammeinlagen werden in solchen Fällen zur Kapitalausstattung und Anschubfinanzierung oft auch Gesellschafterdarlehen gewährt.

Ausnahmsweise dürfen aber, auch nachdem ein Insolvenzgrund vorliegt, Zahlungen 1027 erfolgen, wenn sie zu diesem Zeitpunkt auch ein ordentlicher und gewissenhafter Geschäftsleiter einer eG leisten würde (§ 99 Satz 2 GenG).

Praxis-Beispiel !

Der Vorstand weist weiterhin die Zahlungen für die Löhne und Gehälter der Mitarbeiter des Regiebetriebs der eG und der Betriebskosten an. Der Regiebetrieb erbringt nicht nur Leistungen für die eG, sondern ist auch ständig für andere Immobilieneigentümer tätig und könnte im Rahmen der Verwertung des Vermögens der eG veräußert werden.

20 BGH, Urteil v. 9.7.1979, II ZR 118/77, NJW 1979 S. 1823; siehe zu Insolvenzantragspflicht und den Rechtsfolgen bei Verletzung im Einzelnen Hillebrand/Keßler/*Hunscha*, § 99 Rn. 63 ff.

21 U. a. Beuthien/*Beuthien*, GenG, § 99 Rn. 6 m. w. N.

5.3.4 Folgen der Eröffnung des Insolvenzverfahrens

1028 Im Fall der Insolvenz geht die Befugnis, das Vermögen der Genossenschaft zu verwalten und darüber zu verfügen, auf den Insolvenzverwalter über (§ 80 Abs. 1 Satz 1 InsO). Der Insolvenzverwalter muss sofort das gesamte Vermögen der eG in Besitz und Verwaltung nehmen (§ 148 Abs. 1 InsO), um es für die Entscheidung über die Verwertung zu sichern.

1029 Auch während des Insolvenzverfahrens muss die eG weiterhin mit allen Rechten und Pflichten einem Prüfungsverband angehören. Vor allem besteht weiterhin die Prüfungspflicht fort (§§ 54, 64 c GenG).[22]

1030 Die Organe der eG bleiben trotz der Eröffnung des Insolvenzverfahrens weiterhin bestehen. Vor allem wegen des Übergangs des Verwaltungs- und Verfügungsrechts auf den Insolvenzverwalter (§ 80 Abs. 1 InsO) sind jedoch die Rechte der Organe stark eingeschränkt, insbesondere die Vertretungsmacht des Vorstands.[23]

1031 Zu beachten ist auch bei der Auflösung durch Insolvenz, dass die Mitgliedschaft von Mitgliedern, die in den letzten sechs Monaten vor Eröffnung des Insolvenzverfahrens ausgeschieden sind, wieder auflebt (§ 75 Satz 1 GenG). Auch ein Austritt nach Eröffnung des Insolvenzverfahrens scheidet aus, wenn sich ein Mitglied dadurch seiner Nachschusspflicht entzieht. In Fällen, in denen die Nachschusspflicht durch eine Satzungsregelung ausgeschlossen ist, wird in der Literatur aber die Meinung vertreten, dass ein Mitglied sowohl innerhalb der letzten sechs Monate vor als auch nach Eröffnung des Insolvenzverfahrens aus der eG ausscheiden kann, weil keine Haftungsmasse für die Gläubiger verloren geht.[24]

1032 Ein Mitglied kann nach Eröffnung des Insolvenzverfahrens aber sein Geschäftsguthaben an ein anderes Mitglied übertragen, das hierfür keinen weiteren Geschäftsanteil übernehmen muss, und dadurch aus der eG ausscheiden.[25] In diesem Fall haftet das ausscheidende Mitglied für Nachschüsse, zu denen es verpflichtet gewesen wäre, wenn die eG innerhalb von sechs Monaten seit seinem Ausscheiden aufgelöst wird und der Erwerber seines Geschäftsguthabens die Nachschüsse nicht leisten kann (§ 76 Abs. 3 GenG).

1033 Die Aufnahme neuer Mitglieder und die Übernahme weiterer Geschäftsanteile sind während des Insolvenzverfahrens nicht mehr möglich. Der Zweck der eG ist nicht

22 U. a. Beuthien/*Beuthien*, GenG, § 101 Rn. 3 m. w. N.
23 Siehe dazu im Einzelnen Beuthien/*Beuthien*, GenG, § 101 Rn. 6 ff.
24 Beuthien/*Beuthien*, GenG, § 101 Rn. 11 m. w. N.
25 Beuthien/*Beuthien*, GenG, § 101 Rn. 11.

mehr die Förderung und Werbung von Mitgliedern. Vielmehr steht nun die Abwicklung der eG im Vordergrund.[26]

Die Eröffnung des Insolvenzverfahrens ist von Amts wegen in das Genossenschaftsregister einzutragen (§ 102 Abs. 1 Satz 1 GenG). 1034

Für den Fall, dass die Ansprüche der Gläubiger aus dem Vermögen der eG nicht ausgeglichen werden können, sind die Mitglieder der eG zur Leistung von Nachschüssen verpflichtet, sofern die Nachschusspflicht[27] nicht in der Satzung ausgeschlossen ist (§ 105 Abs. 1 Satz 1 GenG). 1035

Wenn das Insolvenzverfahren z. B. nach der Bestätigung eines Insolvenzplans, der den Fortbestand der eG vorsieht, aufgehoben wird, kann die Generalversammlung die Fortsetzung der eG beschließen (§ 117 Abs. 1 Satz 1 GenG). 1036

5.4 Verschmelzung

5.4.1 Möglichkeiten der Verschmelzung

Das Umwandlungsgesetz sieht zwei Möglichkeiten der Umwandlung durch Verschmelzung vor (§ 2 UmwG): 1037

- Verschmelzung im Wege der Aufnahme
- Verschmelzung im Wege der Neugründung

Im Fall der Verschmelzung im Wege der Aufnahme wird das Vermögen der Genossenschaft (sog. übertragender Rechtsträger) auf einen anderen, den sog. übernehmenden Rechtsträger (z. B. eine andere eG), übertragen. 1038

Praxis-Beispiel !

Die Genossenschaften A (Bestand: 500 Wohnungen) und B (Bestand: 4.500 Wohnungen) werden in der Form verschmolzen, dass das Vermögen der Genossenschaft A (übertragende eG) auf die Genossenschaft B (übernehmende eG) übergeht.

Bei der Verschmelzung im Wege der Neugründung werden das Vermögen der Genossenschaft und das Vermögen mindestens eines weiteren Rechtsträgers, z. B. einer zweiten eG (sog. übertragender Rechtsträger), auf einen neuen Rechtsträger übertragen, der von ihnen neu gegründet wird (z. B. eine neue Genossenschaft). 1039

26 Beuthien/*Beuthien*, GenG, § 101 Rn. 11.
27 Siehe dazu im Einzelnen Rn. 397 ff.

! **Praxis-Beispiel**

Die Genossenschaft A (Bestand: 3.000 Wohnungen) und die Genossenschaft B (Bestand: 3.200 Wohnungen) verschmelzen, indem das Vermögen beider Genossenschaften auf die von ihnen neu gegründete Genossenschaft C übertragen wird.

1040 Die Verschmelzung ist ein Sonderfall der Auflösung, weil dabei keine Abwicklung der aufgenommenen oder übertragenden Genossenschaften erfolgt.[28] Das Vermögen der beteiligten Genossenschaft(en) einschließlich der Verbindlichkeiten geht auf die übernehmende oder die neu gegründete Gesellschaft, z. B. eine andere oder neue eG, über. Im Gegenzug erhalten die Mitglieder der Genossenschaft(en), die nach der Verschmelzung aufgelöst wird bzw. werden, Anteile oder Mitgliedschaften an der übernehmenden oder neuen Gesellschaft bzw. Genossenschaft.

! **Praxis-Beispiel**

Das Vermögen der Genossenschaft A geht durch Verschmelzung auf die Genossenschaft B über. Die bisherigen Mitglieder der Genossenschaft A werden Mitglieder der Genossenschaft B.

Eine Einzelfallberatung in juristischer, steuerlicher[29] und wirtschaftlicher Hinsicht im Rahmen einer geplanten Verschmelzung ist unbedingt zu empfehlen.

5.4.2 Verschmelzung durch Aufnahme

1041 Der formelle Ablauf einer Verschmelzung im Wege der Aufnahme unter Beteiligung von zwei Genossenschaften sieht wie folgt aus:

1042 **Verschmelzungsvertrag oder Entwurf des Verschmelzungsvertrags**
Die Vorstände beider Genossenschaften schließen einen Verschmelzungsvertrag (§ 4 Abs. 1 UmwG), der notariell beurkundet werden muss (§ 6 UmwG). Im Verschmelzungsvertrag werden die Einzelheiten der Verschmelzung geregelt – so z. B. Angaben über die Vereinbarung zur Übertragung des Vermögens als Ganzes auf die übernehmende eG gegen die Gewährung der Mitgliedschaft an der übernehmenden eG und Angaben für die Festlegung des Umtauschverhältnisses der Anteile (siehe zum Mindestinhalt des Verschmelzungsvertrags oder seines Entwurfs, wenn der aufnehmende Rechtsträger eine eG ist, § 5 i. V. m. § 80 UmwG). Der Verschmelzungsvertrag wird aber nur wirksam, wenn die Generalversammlungen beider Genossenschaften durch Beschluss (Verschmelzungsbeschluss) zustimmen (§ 13 Abs. 1 UmwG).

---

28 So die Formulierung in § 2 UmwG »... Auflösung ohne Abwicklung ...«.

29 Sofern bei der Verschmelzung von Genossenschaften das Eigentum an Immobilien übertragen wird, sind diese sog. Erwerbsvorgänge grunderwerbsteuerpflichtig (§ 1 Abs. 1 Nr. 3 Satz 1 i. V. m. § 8 Abs. 2 Nr. 2 GrEStG).

Es besteht die Möglichkeit, einen schriftlichen Entwurf des Verschmelzungsvertrags aufzustellen, wenn der Vertrag erst nach der Zustimmung durch die Versammlungen abgeschlossen werden soll (§ 4 Abs. 2 UmwG). 1043

Verschmelzungsbericht 1044

Die Vorstände der Genossenschaften müssen den Mitgliedern einen ausführlichen Verschmelzungsbericht erstatten. In dem Bericht sind die Verschmelzung, der Verschmelzungsvertrag oder sein Entwurf im Einzelnen rechtlich und wirtschaftlich zu erläutern. Insbesondere ist auf das Umtauschverhältnis der Anteile oder die Angaben über die Mitgliedschaft bei dem übernehmenden Rechtsträger sowie die Höhe einer anzubietenden Barabfindung einzugehen (§ 8 Abs. 1 Satz 1 UmwG).

Gutachten des Prüfungsverbands 1045

Vor der Einberufung der Generalversammlung, die über die Zustimmung zum Verschmelzungsvertrag beschließen soll, ist für jede Genossenschaft ein Gutachten des Prüfungsverbands einzuholen (Prüfungsgutachten). Der Prüfungsverband hat darin zu beurteilen, ob die Verschmelzung mit den Belangen der Mitglieder und der Gläubiger der eG vereinbar ist (§ 81 Abs. 1 Satz 1 UmwG). Das Prüfungsgutachten kann für mehrere beteiligte Genossenschaften auch gemeinsam erstattet werden (§ 81 Abs. 1 Satz 2 UmwG).

Beschluss der Generalversammlung 1046

Der Verschmelzungsbeschluss der Generalversammlung muss mit einer Mehrheit von drei Vierteln der abgegebenen Stimmen gefasst werden (§§ 84 Satz 1 UmwG, 36 Abs. 2b MS). Die Satzung kann eine größere Mehrheit oder weitere Erfordernisse bestimmen (§ 84 Satz 2 UmwG). Der Verschmelzungsbeschluss ist von einem bei der Beschlussfassung anwesenden Notar zu beurkunden.[30]

Anmeldung der Eintragung in das Genossenschaftsregister 1047

Die Vorstände der Genossenschaften, die an der Verschmelzung beteiligt, haben schließlich die Verschmelzung zur Eintragung in das Register des Sitzes ihrer eG anzumelden (§ 16 Abs. 1 Satz 1 UmwG). Der Anmeldung sind bestimmte Anlagen beizufügen (siehe dazu im Einzelnen §§ 17, 86 UmwG).

Eintragung in das Genossenschaftsregister 1048

Schließlich wird die Verschmelzung in die Register der Genossenschaften, die an der Verschmelzung beteiligt sind, eingetragen und bekannt gemacht (vgl. § 19 UmwG).

30 Siehe dazu im Einzelnen § 13 Abs. 3 UmwG.

1049 **Eintragung und Benachrichtigung der neuen Mitglieder**

Nach der Eintragung der Verschmelzung in das Register des Sitzes der übernehmenden eG müssen die neuen Mitglieder (d. h. die bisherigen Mitglieder der übertragenden Genossenschaft) unverzüglich in die Mitgliederliste eingetragen und davon benachrichtigt werden (siehe zu den weiteren Einzelheiten § 89 UmwG).

1050 **Ausschlagung der Mitgliedschaft an der übernehmenden eG**

Die Anteile und die Mitgliedschaft an dem übernehmenden Rechtsträger als Wirkung der Verschmelzung gelten als nicht erworben, wenn sie ausgeschlagen werden (§ 90 Abs. 2 UmwG).

1051 Jedes Mitglied einer übertragenden Genossenschaft hat das Recht zur Ausschlagung, wenn es in der Generalversammlung oder als Vertreter in der Vertreterversammlung, die gemäß § 13 Abs. 1 UmwG über die Zustimmung zum Verschmelzungsvertrag beschließen soll,

1. erscheint und gegen den Verschmelzungsbeschluss Widerspruch zur Niederschrift erklärt oder
2. nicht erscheint, sofern es zu der Versammlung zu Unrecht nicht zugelassen worden ist oder die Versammlung nicht ordnungsgemäß einberufen oder der Gegenstand der Beschlussfassung nicht ordnungsgemäß bekannt gemacht worden ist (§ 90 Abs. 3 Satz 1 UmwG).

1052 Wird der Verschmelzungsbeschluss einer übertragenden Genossenschaft von einer Vertreterversammlung gefasst, so steht das Recht zur Ausschlagung auch jedem anderen Mitglied dieser Genossenschaft zu, das zum Zeitpunkt der Beschlussfassung nicht Vertreter ist (§ 90 Abs. 3 Satz 2 UmwG).[31]

5.4.3 Verschmelzung durch Neugründung

1053 Im Fall der Verschmelzung durch Neugründung sind mit wenigen Ausnahmen die Vorschriften über die Verschmelzung durch Aufnahme entsprechend anzuwenden (siehe dazu im Einzelnen §§ 36, 96 UmwG).

31 Siehe zu Form und Frist der Ausschlagung, der Eintragung der Ausschlagung in die Mitgliederliste, der Auseinandersetzung sowie der Fortdauer der (ggf. bestehenden) Nachschusspflicht §§ 91 bis 95 UmwG.

5.4.4 Vorbereitung der Einberufung der Generalversammlungen

Vor der Einberufung der Generalversammlungen, die über eine Verschmelzung in Form der Aufnahme oder Neugründung unter Beteiligung eingetragener Genossenschaften beschließen, sind in den Geschäftsräumen der Genossenschaften folgende Unterlagen auszulegen (§ 82 Abs. 1 Satz 1 UmwG): 1054

- der Verschmelzungsvertrag oder sein Entwurf,
- die Jahresabschlüsse und die Lageberichte der an der Verschmelzung beteiligten Genossenschaften für die letzten drei Geschäftsjahre,
- falls sich der letzte Jahresabschluss auf ein Geschäftsjahr bezieht, das mehr als sechs Monate vor dem Abschluss des Verschmelzungsvertrags oder der Aufstellung des Entwurfs abgelaufen ist: eine Bilanz auf einen Stichtag, der nicht vor dem ersten Tag des dritten Monats liegt, der dem Abschluss oder der Aufstellung vorausgeht (Zwischenbilanz).

Praxis-Beispiel !

Der Verschmelzungsvertrag ist am 15. Juli 2019 abgeschlossen worden. Der letzte Jahresabschluss bezieht sich auf das Geschäftsjahr vom 1. Januar bis 31. Dezember 2018. Dieses Geschäftsjahr ist damit mehr als sechs Monate vor dem Abschluss des Verschmelzungsvertrags abgelaufen. Deshalb muss eine Zwischenbilanz aufgestellt und den Mitgliedern vorgelegt werden. Der Stichtag der Zwischenbilanz darf nicht vor dem 1. April 2019 liegen.

- die Verschmelzungsberichte aller Genossenschaften, die an der Verschmelzung beteiligt sind,
- die Prüfungsgutachten für jede Genossenschaft, die an der Verschmelzung beteiligt ist (§ 81 UmwG).

5.4.5 Praktische Umsetzung

Auch hier empfiehlt sich eine enge Anbindung an die Satzung bzw. die gesetzlichen Vorschriften. 1055

Die Tagesordnungspunkte und der Beschlussvorschlag der Generalversammlungen zur Verschmelzung im Wege der Aufnahme können wie folgt gefasst werden:

Muster: TOP und Beschlussvorschlag über eine Verschmelzung durch Aufnahme !

TOP ___: Beschluss über die Umwandlung der Genossenschaft durch Verschmelzung im Wege der Aufnahme (§ ___ der Satzung der ___________ eG) / Zustimmung zum Verschmelzungsvertrag vom _________ zwischen der ___________ eG und der ___________ eG.

Beschlussvorschlag zu TOP ___
Die Generalversammlung stimmt dem Verschmelzungsvertrag vom __________ zwischen der ____________ eG und der ____________ eG zu und beschließt hierdurch die Verschmelzung im Wege der Aufnahme mit der ____________ eG.

5.4.6 Wirkung der Eintragung der Verschmelzung

1056 Die Verschmelzung im Wege der Aufnahme wird erst mit der Eintragung in das Register des Sitzes der übernehmenden eG wirksam (§ 19 Abs. 1 Satz 2 UmwG). Mit dieser Eintragung geht das Vermögen der übertragenden eG einschließlich der Verbindlichkeiten auf die übernehmende Genossenschaft über. Die übertragende eG erlischt ohne besondere Löschung. Die bisherigen Mitglieder der übertragenden Genossenschaft werden Mitglieder in der übernehmenden eG (§ 20 UmwG).

Literaturverzeichnis

Bauer, Genossenschafts-Handbuch, Loseblatt, Stand 2019

Beuthien, Genossenschaftsgesetz, 16. Auflage 2018

Börstinghaus, Mieterhöhung und Gleichbehandlungsgrundsatz bei Genossenschaftswohnungen, juris Praxisreport Mietrecht 2/2009

Drasdo, Genossenschaftliches Wohnen, NZM Neue Zeitschrift für Miet- und Wohnungsrecht, 2012, 596

Feßler, Sigrid und Roth, Stefan, Zum Einfluss des Wohnraummietrechts auf das Genossenschaftsrecht: Kann die Kautionsvorschrift des § 551 BGB den Umfang einer genossenschaftlichen Beteiligung begrenzen? WuM 2010, 67 ff.

GdW Arbeitshilfe 29, Mustersatzung für Wohnungsgenossenschaften 1999

GdW Arbeitshilfe 55, Band 1, Neufassung der Mustersatzungen und Mustergeschäftsordnungen 2007

GdW Arbeitshilfe 80, Band 1, Mustersatzungen, Mustergeschäftsordnungen und Musterwahlordnung für Wohnungsgenossenschaften 2017

GdW Arbeitshilfe 80, Band 2, Erläuterungen und Alternativregelungen zur Mustersatzung, 2018

GdW Information 125, Inhaberschuldverschreibungen – Ein alternatives Finanzierungsinstrument für Wohnungsgenossenschaften, 2010

GdW Leitfaden zu Grundsätzen für die Vergabe von Genossenschaftswohnungen, 2015

Hannemann/Wiegner (Hrsg.), Münchener Anwaltshandbuch Mietrecht, 3. Auflage 2010

Gies, Anmerkung zu AG Kiel, Urteil vom 11.8.2011, Az. 108 C 24/11, jurisPR-MietR 20/2011 Anm. 2

Herzberg, Anja, Zur Frage der Bewirtschaftung des Immobilienbestands einer Wohnungsgenossenschaft, ZMR 2014, 701

Hillebrand, Rückvergütung bei Wohnungsgenossenschaften, 1. Aufl. 2008

Hillebrand/Keßler (Hrsg.), Berliner Kommentar zum Genossenschaftsgesetz, 3. Auflage 2019

Keßler, Genossenschaftliches Nutzungsverhältnis und Mietrecht, 1. Auflage 2003

Keßler, Ist der absolute Gleichbehandlungsgrundsatz hinsichtlich der Pflichtbeteiligung noch zeitgemäß? ZfgG 2012, 263

Lang/Weidmüller, Genossenschaftsgesetz, 39. Auflage 2019

Michel/Schlüter (Hrsg.), Handbuch Betreutes Wohnen – Wohnen und Dienstleistungen für ältere Menschen, 2012

Müller, Kommentar zum Genossenschaftsgesetz

Band 1, 2. Auflage 1991

Band 2, 2. Auflage 1996

Band 3, 2. Auflage 1998

Band 4, 2. Auflage 1996

Palandt, Bürgerliches Gesetzbuch, 78. Auflage 2019

Pöhlmann/Fandrich/Bloehs, GenG, Genossenschaftsgesetz nebst umwandlungsrechtlichen Vorschriften, 4. Auflage 2012

Roth, Beendigung des genossenschaftlichen Nutzungsverhältnisses wegen Aufgabe der Mitgliedschaft – Ein Tabubruch? NZM 2000, 743

Roth, Genossenschaftsausschluss als berechtigtes Kündigungsinteresse – Wohnbedarfsabhängig? NZM 2004, 129

Roth, Kappung genossenschaftlicher Anteilszeichnungspflicht unter Berufung auf mietrechtlichen Kautionsrahmen? NZM 2008, 356

Roth, § 573 BGB: Das »berechtigte Interesse« bei der Kündigung des Mietvertrages durch eine Wohnungsgenossenschaft – Keine Berücksichtigung des Genossenschaftsrechts? In: 10 Jahre Mietrechtsreformgesetz – Eine Bilanz, 2011, 782

Schmidt-Futterer, Mietrecht Kommentar, 13. Auflage 2017

Die Autoren

Thomas Schlüter studierte Rechtswissenschaften in Hamburg. Er ist Rechtsanwalt in Düsseldorf mit dem Schwerpunkt im Immobilien- und Genossenschaftsrecht. Vor seiner Anwaltstätigkeit war er Justiziar und Leiter der Rechtsberatung des Verbands der Wohnungs- und Immobilienwirtschaft Rheinland Westfalen. Thomas Schlüter ist daneben Fachautor und bietet Seminare an.

Mirjam Luserke studierte Rechtswissenschaften in Tübingen. Seit vielen Jahren ist sie beim Verband Sächsischer Wohnungsgenossenschaften e. V. in Dresden tätig und arbeitet als Rechtsanwältin. In ihrer Verbands- und anwaltlichen Tätigkeit befasst sie sich schwerpunktmäßig mit Genossenschaftsrecht und Mietrecht.

Dr. Stefan Roth studierte Rechtswissenschaften in Würzburg. Er arbeitet seit vielen Jahren in leitender Funktion beim Verband Bayerischer Wohnungsunternehmen e. V. in München. Die Beratung von Wohnungsgenossenschaften gehört hierbei zu seinen zentralen Aufgaben, gleichermaßen das Abhalten von Seminaren und das Verfassen von Publikationen hierzu.

Stichwortverzeichnis

Feedback